2021年

专利代理师资格考试
通关秘笈

相关法律知识

杨敏锋 ◎ 编写

重点勾画　助你备考减负
与时俱进　紧跟法律变化
八百真题　覆盖考试重点
深度解析　揭示命题思路

知识产权出版社
全国百佳图书出版单位
—北京—

图书在版编目（CIP）数据

2021年专利代理师资格考试通关秘笈.相关法律知识/杨敏锋编写．—北京：知识产权出版社，2021.7
ISBN 978-7-5130-7273-1

Ⅰ.①2… Ⅱ.①杨… Ⅲ.①专利—代理（法律）—中国—资格考试—自学参考资料 Ⅳ.①D923.42

中国版本图书馆CIP数据核字（2021）第119200号

内容提要

本书是针对2021年专利代理师资格考试科目——相关法律知识所编写的通关秘笈。书中将真题放在相关考点之后，通过此种方式使得考生对每个考点的考查频率和考查方式一目了然。考生在做题的同时也容易返回教材正文温习考点内容，加深印象。本书注重法律的与时俱进，所有的真题都采用新法进行解析，并在解析的过程中，对法律进行了易于考生理解的阐述，便于考生理解出题者的意图，降低记忆难度。此外，本书在解析过程中还对一些相近的知识点进行了串讲，帮助考生充分深入地掌握考点，为考生顺利通过考试奠定了坚实的基础。

责任编辑：许　波　　　　　　　　责任印制：刘译文

2021年专利代理师资格考试通关秘笈——相关法律知识
2021 NIAN ZHUANLI DAILISHI ZIGE KAOSHI TONGGUAN MIJI——XIANGGUAN FALÜ ZHISHI

杨敏锋　编写

出版发行：知识产权出版社 有限责任公司		网　　址：http://www.ipph.cn	
电　　话：010-82004826		http://www.laichushu.com	
社　　址：北京市海淀区气象路50号院		邮　　编：100081	
责编电话：010-82000860 转8380		责编邮箱：xubo@cnipr.com	
发行电话：010-82000860 转8101		发行传真：010-82000893	
印　　刷：天津嘉恒印务有限公司		经　　销：各大网上书店、新华书店及相关专业书店	
开　　本：787mm×1092mm　1/16		印　　张：29.75	
版　　次：2021年7月第1版		印　　次：2021年7月第1次印刷	
字　　数：647千字		定　　价：128.00元	
ISBN 978-7-5130-7273-1			

出版权专有　侵权必究
如有印装质量问题，本社负责调换。

规范性法律文件全称与简称对照表

序号	全称	发文字号	颁布时间	本书简称
1	最高人民法院关于贯彻执行《中华人民共和国民法通则》若干问题的意见（试行）	法办发〔1988〕6号	1988-04-02	民通意见
2	中华人民共和国合同法	主席令第15号	1999-03-15	合同法
3	中华人民共和国行政复议法	主席令第16号	1999-04-29	行政复议法
4	最高人民法院关于适用《中华人民共和国合同法》若干问题的解释（一）	法释〔1999〕19号	1999-12-19	合同法解释一
5	最高人民法院关于适用《中华人民共和国担保法》若干问题的解释	法释〔2000〕44号	2000-12-08	担保法解释
6	集成电路布图设计保护条例	国务院令第300号	2001-04-02	—
7	最高人民法院关于对诉前停止侵犯专利权行为适用法律问题的若干规定	法释〔2001〕20号	2001-06-07	诉前停止侵犯专利权规定
8	最高人民法院关于诉前停止侵犯注册商标专用权行为和保全证据适用法律问题的解释	法释〔2002〕2号	2002-01-09	诉前停止侵犯商标权和保全证据解释
9	最高人民法院关于行政诉讼证据若干问题的规定	法释〔2002〕21号	2002-07-24	行诉证据规定
10	最高人民法院、最高人民检察院关于办理侵犯知识产权刑事案件具体应用法律若干问题的解释	法释〔2004〕19号	2004-12-08	知识产权刑事案件解释
11	展会知识产权保护办法	商务部、国家工商总局、国家版权局、国家知识产权局2006年第1号令	2006-01-13	—
12	最高人民法院《关于审理涉及计算机网络著作权纠纷案件适用法律若干问题的解释》	法释〔2006〕11号	2006-11-20	网络著作权纠纷解释
13	中华人民共和国物权法	主席令第62号	2007-03-16	物权法
14	最高人民法院、最高人民检察院关于办理侵犯知识产权刑事案件具体应用法律若干问题的解释（二）	法释〔2007〕6号	2007-04-05	知识产权刑事案件解释（二）
15	中华人民共和国行政复议法实施条例	国务院令第499号	2007-05-29	行政复议法实施条例
16	中华人民共和国反垄断法	主席令第68号	2007-8-30	反垄断法
17	中华人民共和国海关关于《中华人民共和国知识产权海关保护条例》的实施办法	海关总署令第183号	2009-03-03	海关保护条例实施办法
18	最高人民法院关于适用《中华人民共和国合同法》若干问题的解释（二）	法释〔2009〕5号	2009-04-24	合同法解释（二）
19	中华人民共和国民法通则	主席令第18号	2009-08-27	民法通则

续表

序号	全称	发文字号	颁布时间	本书简称
20	中华人民共和国侵权责任法	主席令第 21 号	2009-12-26	侵权责任法
21	中华人民共和国知识产权海关保护条例	国务院令第 572 号	2010-03-24	知识产权海关保护条例
22	中华人民共和国涉外民事关系法律适用法	主席令第 36 号	2010-10-28	涉外民事关系法律适用法
23	中华人民共和国国家赔偿法	主席令第 28 号	2012-10-26	国家赔偿法
24	计算机软件保护条例	国务院令第 632 号	2013-01-30	—
25	信息网络传播权保护条例	国务院令第 634 号	2013-01-30	—
26	中华人民共和国著作权法实施条例	国务院令第 633 号	2013-01-30	著作权法实施条例
27	中华人民共和国消费者权益保护法	主席令第 7 号	2013-10-25	消费者权益保护法
28	中华人民共和国商标法实施条例	国务院令第 651 号	2014-04-29	商标法实施条例
29	中华人民共和国植物新品种保护条例	国务院令第 653 号	2014-07-29	植物新品种保护条例
30	中华人民共和国对外贸易法	主席令第 57 号	2016-11-07	对外贸易法
31	中华人民共和国民法总则	主席令第 66 号	2017-03-15	民法总则
32	中华人民共和国行政诉讼法	主席令第 71 号	2017-6-27	行政诉讼法
33	中华人民共和国民事诉讼法	主席令第 71 号	2017-06-27	民事诉讼法
34	中华人民共和国律师法	主席令第 76 号	2017-09-01	律师法
35	中华人民共和国中外合作经营企业法	主席令第 81 号	2017-11-07	中外合作经营企业法
36	最高人民法院关于适用《中华人民共和国行政诉讼法》的解释	法释〔2018〕1 号	2018-02-06	行诉法解释
37	中华人民共和国广告法	主席令第 16 号	2018-10-26	广告法
38	最高人民法院关于审查知识产权纠纷行为保全案件适用法律若干问题的规定	法释〔2018〕21 号	2018-12-12	知识产权纠纷行为保全规定
39	中华人民共和国食品安全法	主席令第 22 号	2018-12-29	食品安全法
40	中华人民共和国反不正当竞争法	主席令第 29 号	2019-04-23	反不正当竞争法
41	中华人民共和国商标法	主席令第 29 号	2019-04-23	商标法
42	中华人民共和国药品管理法	主席令第 31 号	2019-08-26	药品管理法
43	最高人民法院关于民事诉讼证据的若干规定	法释〔2019〕19 号	2019-12-25	民诉证据规定
44	中华人民共和国民法典	主席令第 45 号	2020-05-28	民法典
45	最高人民法院关于审理侵犯商业秘密民事案件适用法律若干问题的规定	法释〔2020〕7 号	2020-09-10	侵犯商业秘密民事案件法律适用规定

续表

序号	全称	发文字号	颁布时间	本书简称
46	最高人民法院关于审理专利授权确权行政案件适用法律若干问题的规定（一）	法释〔2020〕8号	2020-09-10	专利授权确权案件适用法律规定（一）
47	最高人民法院、最高人民检察院关于办理侵犯知识产权刑事案件具体应用法律若干问题的解释（三）	法释〔2020〕10号	2020-09-14	侵犯知产刑事案件应用法律解释（三）
48	中华人民共和国专利法	主席令第55号	2020-10-17	专利法
49	中华人民共和国著作权法	主席令第62号	2020-11-11	著作权法
50	最高人民法院关于知识产权民事诉讼证据的若干规定	法释〔2020〕12号	2020-11-16	知产民事诉讼证据规定
51	中华人民共和国技术进出口管理条例	国务院令第732号	2020-11-29	技术进出口管理条例
52	中华人民共和国刑法	主席令第66号	2020-12-26	刑法
53	最高人民法院关于适用《中华人民共和国民法典》时间效力的若干规定	法释〔2020〕15号	2020-12-29	适用民法典时间效力规定
54	最高人民法院关于审理不正当竞争民事案件应用法律若干问题的解释	法释〔2020〕19号	2020-12-29	不正当竞争民事案件解释
55	最高人民法院关于审理技术合同纠纷案件适用法律若干问题的解释	法释〔2020〕19号	2020-12-29	技术合同解释
56	最高人民法院关于适用《中华人民共和国民事诉讼法》的解释	法释〔2020〕20号	2020-12-29	民诉法解释
57	最高人民法院关于审理侵犯专利权纠纷案件应用法律若干问题的解释（二）	法释〔2020〕19号	2020-12-29	侵犯专利权纠纷解释二
58	最高人民法院关于审理商标案件有关管辖和法律适用范围问题的解释	法释〔2020〕19号	2020-12-29	商标管辖和法律适用解释
59	最高人民法院关于审理商标民事纠纷案件适用法律若干问题的解释	法释〔2020〕19号	2020-12-29	商标民事纠纷解释
60	最高人民法院关于审理商标授权确权行政案件若干问题的规定	法释〔2020〕19号	2020-12-29	商标授权确权规定
61	最高人民法院关于适用《中华人民共和国涉外民事关系法律适用法》若干问题的解释（一）	法释〔2020〕18号	2020-12-29	涉外民事关系法律适用法解释一
62	最高人民法院关于审理民事案件适用诉讼时效制度若干问题的规定	法释〔2020〕17号	2020-12-29	诉讼时效规定
63	最高人民法院关于审理侵害植物新品种权纠纷案件具体应用法律问题的若干规定	法释〔2020〕19号	2020-12-29	侵害植物新品种权纠纷规定
64	最高人民法院关于审理著作权民事纠纷案件适用法律若干问题的解释	法释〔2020〕19号	2020-12-29	著作权民事纠纷解释
65	最高人民法院关于审理专利纠纷案件适用法律问题的若干规定	法释〔2020〕19号	2020-12-29	专利纠纷规定
66	最高人民法院关于适用《中华人民共和国民法典》有关担保制度的解释	法释〔2020〕28号	2020-12-31	担保制度解释
67	最高人民法院关于审理侵害知识产权民事案件适用惩罚性赔偿的解释	法释〔2021〕4号	2021-03-02	知产民事案件惩罚性赔偿解释

序　言

前段时间在北京市高级人民法院开庭时，遇到本书作者杨敏锋，他告诉我他的专利代理师资格考试辅导系列教材《专利代理师资格考试通关秘笈》将在知识产权出版社出版。他的这套经典辅导书能够顺利出版，我也很为他感到高兴。虽然我们在法庭上"各为其主"，但丝毫不影响我们之间的友谊。当他请我继续为他的新书作序时，我自然也是毫不犹豫地答应下来。

我国的专利代理师资格的获得，经历了1984—1987年的培训考核时期、1988—2004年的两年一考时期和2006年以来的每年一考时期，考试制度日益规范和成熟。进入21世纪以来，专利代理师资格考试的报名人数也从2000年的1924人陡增到2020年的45320人，社会影响力不断扩大。

随着越来越多的考生参加专利代理师资格考试，他们对优质教材的需求也变得更加迫切。不过，本人虽然在知识产权界从业近三十年，涉足专利撰写、无效和专利诉讼，发表过若干篇论文，也常常为事务所的新人或企业的研发人员讲课培训，从2011年以来，更是兼职在清华大学法学院为法律硕士讲授专利代理实务课程，但依然感觉到要写出一套高质量的专利代理师资格应试教材，是一件非常不容易的事情。专利代理的实际工作和资格考试之间存在一些区别，实务经验丰富的考生未必就能在资格考试中脱颖而出。在司法考试中，情况也是如此，甚至有段子说法学博士还考不过本科生，法学科班出身的考不过非法学专业的考生。

由于专利代理师资格考试的考生都是理工科出身，法律基础普遍比较薄弱，同时大部分考生都是在职人员，复习迎考的时间非常有限，故需要作者摸透历年考试的规律，帮助考生高效率地通过考试。此外，虽然2006—2019年国家知识产权局每年都会公布考试真题和参考答案，但随着法律的不断修改，历年真题的答案也会随之变化，也需要作者随时根据法律的最新修改有针对性地调整真题答案。

该书作者在专利代理师资格考试培训上潜心研究多年，对2006年以来的全部真题进行了深入分析，深谙专利代理师资格考试的出题规律。同时，作者也曾先后接受各地方知识产权局、兵器工业集团、思博网、智燃界等多家单位的考前培训邀请，讲授专利代理师资格考试课程，对学员在复习和解题时存在的问题与困惑也极为熟悉。正因如此，这套通关秘笈考虑到了广大考生的现实情况，体现了实战的特点，具有以下鲜明风格。

（1）重点勾画，全面准确。作者统计了2006年以来的全部真题所涉及的考点，对其中的重要知识点用波浪线进行标注，帮助考生及时把握重点，提高复习效率。

（2）真题筛选，详略得当。专利代理师资格考试的考点重复性比较高，熟悉历年真题无疑是最为有效的复习方式之一。本书对历年真题进行了精心的筛选，力图用最少的真题囊括最多的知识点，帮助考生高效率地复习。

（3）真题解析，深入浅出。针对考生法律基础普遍薄弱的问题，本书在"解题思路"上，用简明扼要的叙述帮助考生理解考点，对考点所涉及的法律进行了适合考生理解的理论阐述，以减轻考生的记忆和理解压力，帮助考生知其然更知其所以然。

（4）真题答案与时俱进。专利代理师资格考试所涉及的专利法和相关的法律都处在修订的高峰期，如2017年的《民事诉讼法》和《行政诉讼法》，2018年的《专利代理条例》，2019年的《专利代理管理办法》《商标法》和《反不正当竞争法》，2020年的《著作权法》《专利法》以及通过的《民法典》等。本书并不拘泥于历年真题的标准答案，而是根据最新法条对答案进行了适应性的调整。尤其在"专利法律知识"部分的历年真题中，那些考查现有技术、抵触申请的题目，都给出了明确的时间。如果根据题中的时间，考虑到新法生效的日期，这些真题应该适用旧法。不过为了便于考生复习应试，该书一律适用最新法条。另外，根据作者介绍，这套教材在今后的修订中，也会遵循"与时俱进"这一惯例，根据法律的变化，随时对真题答案进行再次调整。

相信本书能够有效地帮助考生进行复习，也衷心祝愿广大考生能够顺利通过考试。

是为序。

刘国伟

北京乾成律师事务所　知识产权部合伙人

2021年5月

前　言

一、历年真题不再公布

从 2011 年本人开始撰写"应试宝典"系列专利代理师资格考试用书以来，至今已经走过 10 个年头。按照以前的惯例，2021 年版应该用 2020 年考试的真题替换以前的部分真题。不过，自 2020 年起，国家知识产权局不再公开考试真题及参考答案，故本版无法再进行大规模的真题替换。

这种不公布考试真题和参考答案的做法，并非专利代理师资格考试独有，如国家公务员考试就从未公开过试题和答案。另外，从 2018 年开始，司法部也不再公布国家统一法律职业资格考试（简称"法考"）真题及参考答案，理由是根据计算机化考试的需要，提高法考题库数量，考试真题或将在一定考试年度内循环使用。针对司法部不公开法考试题和答案的行为，曾经有考生以违反政府信息公开义务为由提起行政诉讼，不过一审和二审法院都认为司法部有权决定是否批准公开考试真题及答案，该考生的诉求并未获得法院支持。❶

在专利代理师资格考试中，不管是《专利代理条例》还是《专利代理师资格考试办法》都未规定国家知识产权局在考试结束后有公开试题和答案的义务。如果有考生想要依样画葫芦，通过行政诉讼来尝试让国家知识产权局公开真题，恐怕也会遭遇败绩。为此，考生比较现实的做法是在这种"新常态"下，努力备考。

二、法律法规的修改

2021 年是法律修订的"大年"，新颁布和修订的法律法规和司法解释数量众多。《民法典》于 2020 年 5 月颁布，2021 年 1 月 1 日起施行，《民法通则》《合同法》《侵权责任法》《民法总则》等法律同时废止。《专利法》《著作权法》《刑法》《行政处罚法》《技术进出口管理条例》等法律法规进行了修改，施行时间也都在考试日之前。在司法解释方面，最高人民法院颁布了《侵犯商业秘密民事案件法律适用规定》《专利授权确权案件适用法律规定（一）》《侵犯知产刑事案件应用法律解释（三）》《知产民事诉讼证据规定》《适用民法典时间效力规定》《担保制度解释》《知产民事案件惩罚性赔偿解释》，并对《诉讼时效规定》《涉外民事关系法律适用法解释》《不正当竞争民事案件解释》《技术合同解释》《商标管辖和法律适用解释》《商

---

❶　参见北京市第三中级人民法院（2020）京 03 行初 23 号行政判决书，北京市高级人民法院（2020）京行终 3396 号行政判决书。

标民事纠纷解释》《商标授权确权规定》《侵害植物新品种权纠纷规定》《著作权民事纠纷解释》《专利纠纷规定》《侵犯专利权纠纷解释二》《民诉法解释》等进行了修改，《民通意见》《合同法解释一》《担保法解释》《诉前停止侵犯商标权和保全证据解释》《诉前停止侵犯专利权规定》《网络著作权纠纷解释》《合同法解释（二）》等被废止。

不过考生也不必压力过大，虽然新颁布和修订的法律数量众多，但发生变化的知识点数量其实并没有那么庞大。《民法总则》制定的目的就是作为《民法典》中的"总则编"，双方除在部分文字表述和标点符号方面有细微差异外，绝大部分条文并未发生实质性的变化。同样，《合同法》与《民法典》"合同编"相比，考试大纲涉及的部分中，除与《民法典》"总则编"中冲突的部分被删除外，其余条文大部分仅在文字表述方面进行了调整，实质含义并未改变。至于司法解释，其本来就不是考试的重点。更重要的是，这些司法解释基本上都是针对法律的修改而进行的适应性修改。考生需要重点关注的是《著作权法》和《专利法》的修改内容。

三、本书的法条适用

专利代理师资格考试考查的是现行有效的法律，但部分历年真题的题干中明确给出了时间，如果严格按照新法生效的日期来判断，则应当适用旧法。不过考虑到专利代理师资格考试考查的是现行有效的法律，故本书依然对这些题目适用新法来解析。另外，部分真题明确指明要按照《民法通则》《民法总则》《合同法》的规定来进行选择，但考虑到这些法律已经被《民法典》所取代，故本书也会有意忽略题干的要求，适用《民法典》来进行解析。

本书以前的版本中，在相关法条之前用"★"和"☆"来标注近十年考查的频率。由于2020年之后真题不再公布，无法再进行统计，只能将五角星删除。五角星标注的方式，给考生提供了重点法条的复习指引，同时也可能为出题者有意避开重点提供了指引，故删除标注也未必就是坏事。删除标注后，考生依然可以根据相关法条下面真题数量的多少，来大致判断知识点的重要性，并不会完全一头雾水。

四、2020年考试情况

2020年的考试真题并未公布，故无法进行细致的分析。不过从考生的反馈来看，法律知识部分难度偏高，尤其是"相关法律知识"科目。根据部分考生的回忆，有个别真题来源于司法考试，如请客吃饭是否属于民事法律行为；有个别真题则紧跟时事，如"钟南山""雷神山"是否可以注册为商标；还有个别真题则直接来自商标审查的规范性文件《商标审查及审理标准》中的范例。前两种变化其实以前也曾经有过，如2018年相关法律知识第82题考查不得作为商标使用的标志，选项"叫只鸡"和国家知识产权局的标志都来源于当时的热点案例。

2020年考试最大的意外应该是分数线进行了调整。多年来，分数线一直稳定为法律知识 150 分（满分 250 分）、专利代理实务 90 分（满分 150 分），今年则分别调整为 145 分和 85 分。关于这次调整，官方给出的理由是为贯彻落实中央"六稳""六保"决策部署及《国务院办公厅关于应对新冠肺炎疫情影响强化稳就业举措的实施意见》要求，积极发挥专利代理行业对稳定和扩大就业的促进作用，吸引更多的人才进入专利代理行业，完善市场竞争机制，促进代理服务水平的提高。在降分之后，2020 年全国共有 7386 人通过考试。按照报名人数计算，考试通过率为 16.29%；按照实际参考人数计算，通过率则为 24.32%。2020 年的报考通过率高于 2016 年的 16.01%、2017 年的 15.56%、2018 年的 13.30% 和 2019 年的 12.35%，改变了近年来通过率逐年下降的趋势。

不过，个人认为 2020 年的通过率并不会是常态。《专利代理行业发展"十三五"规划》中提出，到 2020 年全国具有专利代理师资格的人员数量要达到 6 万人，执业专利代理师达到 2.5 万人。目前，6 万人拥有资格证的目标已经顺利实现，专利行业正在由注重数量走向强调质量，专利代理行业的准入也会趋严，通过率可能会恢复到前几年的水平。

五、复习应试策略

国家知识产权局不再公布历年真题之后，考生在复习应试方面也需要进行适当的调整，但这也并不意味着复习策略需要彻底推倒重来。经过十几年的实践，考试的模式和题型已经比较成熟和固定。"相关法律知识"涉及十几部不同的法律法规，但知识点考查深度要低于法考，这也意味着知识点的考查角度和方式会受到较多的限制，重复难以避免。"专利法律知识"主要考查的就是《专利法》及其实施细则和《专利审查指南》，知识点之间存在层级机构，虽然考查得比较深，但知识点数量较少，同样难以避免重复。为此，2006 年以来的历年真题依然具有很高的参考价值。

不过，真题不再公布后，考试命题如果出现新的变化，考生也难以紧跟趋势。为此，考生更需要放弃死记硬背的模式，加深对知识点的理解。毕竟，万变不离其宗。本书在解题思路部分，对知识点进行了深入浅出的解释，有利于考生更为深入地理解知识点。

如果考生发现本书中有遗漏甚至谬误之处，欢迎向笔者发送邮件批评指正，邮箱地址为 hawk019@sina.com。如有指教，感激不尽。

祝广大考生都能发挥出自己的水平，顺利通过考试。

杨敏锋
2021 年 4 月

目 录

第一章 相关基本法律法规 ... 1

第一节 民法概述 ... 1
一、民法的基本概念和原则 ... 1
二、民事主体 ... 3
三、民事权利 ... 18
四、民事法律行为 ... 27
五、民事责任 ... 40
六、诉讼时效 ... 43
七、涉外民事关系的法律适用 ... 46

第二节 合同 ... 49
一、合同的适用范围和基本原则 ... 50
二、合同的订立 ... 51
三、合同的效力 ... 60
四、合同的履行 ... 68
五、合同的变更和转让 ... 76
六、合同的终止 ... 80
七、违约责任 ... 86
八、技术合同 ... 91
九、委托合同 ... 100

第三节 民事诉讼法 ... 104
一、民事诉讼法的基本知识 ... 105
二、民事诉讼的管辖 ... 114
三、审判组织和诉讼参加人 ... 121

  四、民事诉讼证据 129
  五、保全 143
  六、民事审判程序 147
  七、审判监督程序 159
  八、执行程序 164
  九、涉外民事诉讼程序 171
 第四节 行政复议法 172
  一、行政复议的概念和基本原则 172
  二、行政复议机关和行政复议参加人 173
  三、行政复议程序 178
  四、行政复议决定 192
 第五节 行政诉讼法 199
  一、行政诉讼的基本知识 200
  二、行政诉讼的管辖 209
  三、行政诉讼参加人 215
  四、行政诉讼的证据 223
  五、行政诉讼的审理和判决 233
  六、国家赔偿 258
 第六节 其他相关法律 263
  一、《对外贸易法》 263
  二、《刑法》 266

第二章 相关知识产权法律法规 273
 第一节 著作权法 273
  一、著作权的客体 273
  二、著作权的主体 275
  三、著作权及与著作权有关的权利内容 287
  四、著作权及其相关权利的保护 309
  五、计算机软件著作权的特殊规定 317
  六、信息网络传播权的保护 323

第二节 商标法 ... 324
一、注册商标专用权的客体 ... 325
二、注册商标专用权的主体 ... 329
三、注册商标专用权的取得 ... 330
四、注册商标专用权的内容 ... 345
五、注册商标专用权的消灭 ... 351
六、商标使用的管理 ... 357
七、注册商标专用权的保护 ... 361
八、驰名商标 ... 369
九、商标代理 ... 372

第三节 反不正当竞争法 ... 375
一、适用范围和基本原则 ... 375
二、商业秘密 ... 379

第四节 植物新品种保护条例 ... 383
一、品种权的保护客体 ... 383
二、品种权的主体 ... 386
三、获得品种权的程序 ... 387
四、品种权的内容 ... 390
五、品种权的无效 ... 392
六、品种权的保护 ... 393

第五节 集成电路布图设计保护条例 ... 394
一、集成电路布图设计专有权的客体 ... 394
二、集成电路布图设计专有权的主体 ... 395
三、集成电路布图设计专有权的取得 ... 396
四、集成电路布图设计专有权的内容 ... 401
五、布图设计登记申请的复审、复议和专有权的撤销 ... 404
六、集成电路布图设计专有权的保护 ... 405

第六节 其他知识产权法规、规章 ... 406
一、知识产权的备案 ... 407

二、侵权嫌疑货物的扣留及其处理 ··· 410
　　三、法律责任 ·· 413
　　四、展会知识产权的保护 ··· 415

第三章　相关国际条约及国外专利、商标制度 ··· 419
　第一节　保护工业产权巴黎公约 ··· 419
　　一、《巴黎公约》基本知识 ·· 419
　　二、《巴黎公约》确立的核心原则和内容 ··· 420
　第二节　与贸易有关的知识产权协定 ··· 427
　　一、协定的基本知识 ·· 427
　　二、知识产权保护的基本要求 ·· 429
　　三、对协定许可中限制竞争行为的控制 ·· 444
　　四、知识产权执法 ··· 445
　　五、争端的防止和解决 ··· 448
　第三节　国外主要国家和地区专利、商标制度基础 ·· 450
　　一、国外主要国家和地区专利制度基础知识 ·· 450
　　二、国外主要国家和地区商标制度基础知识 ·· 454

参考文献 ··· 459

第一章 相关基本法律法规

第一节 民法概述

【基本要求】

了解民法的概念、民法典、民法的调整对象和基本原则；了解涉外民事关系的法律适用。

掌握民事法律行为、民事主体、民事权利、民事责任、诉讼时效的规定。

本节内容主要涉及《民法典》"总则编"和《适用民法典时间效力规定》的规定。

一、民法的基本概念和原则

（一）民法的调整对象

《民法典》第2条："民法调整平等主体的自然人、法人和非法人组织之间的人身关系和财产关系。"

1.【2011年第1题】根据民法通则及相关规定，下列哪些属于民法调整的范围？

A．甲公司与乙公司之间因签订办公设备买卖合同产生的关系

B．田某因申请专利与国家知识产权局产生的关系

C．美国公民怀特与中国公民赵某因在中国结婚产生的关系

D．石某死亡后其配偶与子女之间因财产继承产生的关系

【解题思路】

民法的调整范围为人身关系和财产关系，前者如婚姻和继承，后者最常见的就是货物买卖。此外，需要注意的是，中国公民和外国人结婚适用婚姻缔结地的法律。在中国结婚的，适用中国法律，无疑属于民法调整的范围。申请专利产生的关系则属于行政法规制的范畴，国家知识产权局在法律规定的范围内履行职责，而申请人有服从的义务，双方地位并不平等，也不存在自愿选择的余地。

【参考答案】 ACD

2.【2019年第1题】根据民法总则及相关规定，下列哪项法律关系不属于民法调整的范围？

A．张某与王某之间订立的电脑买卖合同关系

B．李某与丁某之间缔结的婚姻关系

C．某市税务机关与王某之间的税款征收关系

D．某市税务机关与王某之间订立的办公电脑买卖合同关系

【解题思路】

民法调整的是平等主体之间的关系，平等就意味着当事人之间有选择权，可以同意，可以拒绝，当然也可以讨价还价。买卖电脑在价格上可以讨价还价，属于民法调整的范围。在判断是否属于民法调整范围时，关键是看行为本身而不是行为的主体。税务机关征税属于行政行为，但税务机关向自然

人购买电脑，并不是在履行行政职责，故属于民法调整的范围。至于婚姻，《民法典》第五编就是"婚姻家庭"。另外，婚姻自由的说法已经明确告诉大家属于民法调整的范围。

【参考答案】 C

（二）民法的基本原则

《民法典》第4条："民事主体在民事活动中的法律地位一律平等。"

《民法典》第5条："民事主体从事民事活动，应当遵循自愿原则，按照自己的意思设立、变更、终止民事法律关系。"

《民法典》第6条："民事主体从事民事活动，应当遵循公平原则，合理确定各方的权利和义务。"

《民法典》第7条："民事主体从事民事活动，应当遵循诚信原则，秉持诚实，恪守承诺。"

【提醒】

等价有偿并不适用于全部的民事活动，如赠与和继承都不需要对方付出相应的对价。此外，民事代理也存在无偿代理的情形。另外，公开透明原则应当是对权力机关的要求，用以防止腐败，而不是对平等的民事主体的要求。如果公开透明是民事活动的一项基本原则，那么个人隐私就无法存在。

3.【2018年第1题】甲诉某专利的专利权利人乙专利权权属纠纷一案正在审理中，证据交换阶段乙觉得自己胜诉无望，随即向国家知识产权局提出撤回该专利的申请，乙的行为违背民法的下列哪一基本原则？

A．平等原则

B．自愿原则

C．公平原则

D．诚信原则

【解题思路】

如果乙成功地从国家知识产权局撤回了涉案专利申请，那么甲即使在专利权属纠纷诉讼中获胜，最终也会变得毫无意义。乙的这种行为，缺乏诚信。

【参考答案】 D

《民法典》第8条："民事主体从事民事活动，不得违反法律，不得违背公序良俗。"

《民法典》第9条："民事主体从事民事活动，应当有利于节约资源、保护生态环境。"

《民法典》第10条："处理民事纠纷，应当依照法律；法律没有规定的，可以适用习惯，但是不得违背公序良俗。"

（三）民事法律关系的概念和要素

1. 民事法律关系

民事法律关系是指基于民事法律事实，由民法规范调整而形成的民事权利义务关系。民事法律关系是包括主体、客体和内容3个不可分离要素的有机整体。

2. 民事法律关系的客体

民事法律关系的客体是指民事权利、义务所指向的对象，主要分为物、行为、智力成果和人身利益四类。有些权利也可以成为民事法律关系的客体，如国有土地使用权。

3. 民事法律关系的主体

民事法律关系的主体是指参加民事法律关系，享有民事权利和承担民事义务的当事人，包括自然人、法人和不具有法人资格的其他组织。在一些特殊情况下，国家也可成为民事法律关系的主体。

4. 民事权利和民事义务

民事权利和民事义务属于民事法律关系的内容，即民事法律关系的一方主体对他方享有的民事权利或者负有的民事义务。

二、民事主体

（一）自然人

1. 民事权利能力

《民法典》第13条："自然人从出生时起到死亡时止，具有民事权利能力，依法享有民事权利，承担民事义务。"

4.【2009年第1题】 根据民法通则及相关规定，公民从何时起具有民事权利能力？

A. 出生时
B. 年满10周岁时
C. 年满16周岁时
D. 年满18周岁时

【解题思路】

在专利代理师资格考试中，民事权利能力和民事行为能力经常会放在一起考查。自然人的民事权利能力始于出生，而民事行为能力需要达到一定的年龄并且精神正常才能享有。另外，《民法典》中还规定了对胎儿利益的特殊保护。胎儿在继承遗产、接受赠与等方面，视为享有民事权利。当然，如果胎儿娩出时为死体的，其民事权利能力自始不存在。

【参考答案】 A

5.【2013年第39题】 根据民法通则及相关规定，关于民事权利能力和民事行为能力，下列哪些说法是正确的？

A. 公民从出生时起到死亡时止，具有民事权利能力，依法享有民事权利，承担民事义务

B. 公民的民事权利能力一律平等

C. 限制民事行为能力人可以进行与其年龄、智力相适应的民事活动

D. 无民事行为能力人的民事活动由其法定代理人代理

【解题思路】

民事权利能力是享有民事权利和承担民事义务的资格，这是人人平等的，时间是从出生到死亡。民事行为能力则是通过自己的行为去享有权利和承担义务。民事行为能力与行为人的智力发展状况及精神状态相关。如果行为人无民事行为能力，其民事活动就需要由代理人代理，或者经过其法定代理人同意或追认。D选项的表述不够完整，但没有"只能""必须"之类的绝对化表述，在专利代理师资格考试中，这种情形一般认为属于正确。

【参考答案】 ABCD

《民法典》第14条："自然人的民事权利能力一律平等。"

《民法典》第15条："自然人的出生时间和死亡时间，以出生证明、死亡证明记载的时间为准；没有出生证明、死亡证明的，以户籍登记或者其他有效身份登记记载的时间为准。有其他证据足以推翻以上记载时间的，以该证据证明的时间为准。"

6.【2018年第3题】 一般情况下，自然人的出生时间和死亡时间，以____记载的时间为准。

A. 出生证明、死亡证明
B. 户籍登记证明、死亡证明
C. 出生证明、居委会出具的证明
D. 户籍登记证明、居委会出具的证明

【解题思路】

俗话说，专业的人做专业的事情。从相关证明的名称就可以看出，出生证明和死亡证明就是用来记载出生和死亡的相关事项，故出生时间和死亡时间应当以它们为准。实践中，自然人大都是在医院出生和死亡，医院开具出生证明、死亡证明后，再去办理户籍登记和注销等事宜。出生证明和死亡证明属于"第一手资料"，证明效力最高。

【参考答案】 A

2. 民事行为能力

民事行为能力是指民事主体以自己的行为取得民事权利和承担民事义务的资格。

【提醒】

民事权利能力和民事行为能力之间的区别就在于是否"以自己的行为"来获得某种"资格"。自然人只有在达到一定年龄，且智力正常的情况下，才能具有判断自己行为后果的能力，从而能以自己的行为取得民事权利、承担民事义务。

7.【2014年第8题】 根据民法通则及相关规定，关于民事权利能力和民事行为能力，下列哪种说法是正确的？

A. 成立不满一年的企业法人不具备完全民事行为能力

B. 12岁的公民为限制民事权利能力人

C. 13岁的公民进行的任何民事活动均无效

D. 17岁的公民以自己的劳动收入为主要生活来源的，视为完全民事行为能力人

【解题思路】

法人和自然人在民事权利能力和民事行为能力上存在显著区别。有无行为能力与心智是否成熟息息相关，故自然人中存在限制行为能力人和无行为能力人。不过，企业就不存在心智逐渐发展成熟的问题，故企业只要一成立，就具有完全的民事行为能力。另外需要强调的是，自然人的民事"行为"能力可以受到限制，但民事"权利"能力一律平等，不存在B选项所述的"限制民事权利能力人"。13周岁的公民是限制民事行为能力人，可以从事与他的年龄、智力相适应的民事活动，比如去药店买一包医用口罩。一般来说，过于绝对的选项很有可能不正确。16周岁以上不满18周岁的公民，如果能用自己的劳动养活自己，那就视为完全民事行为能力人。

【参考答案】 D

（1）完全民事行为能力人。18周岁以上的自然人是成年人，具有完全民事行为能力，可以独立进行民事活动，是完全民事行为能力人。16周岁以上的自然人，以自己的劳动收入为主要生活来源的，视为完全民事行为能力人。判断该自然人的劳动收入是否能成为主要生活来源的依据是看此份收入能否让该自然人维持当地群众的一般生活水平。

【提醒】

"视为"完全民事行为能力人和一般的完全民事行为能力人存在差异，如参加专利代理师资格考试需要年满18周岁。如果年龄不够，即使能用双手养活自己，那也无法报考。另外，完全民事行为能力人也并不是所有的民事行为都可以从事。根据《民法典》第1047条，男的年满22周岁，女的年满20周岁才可以结婚。如果自然人某甲刚过完18周岁生日，那他无疑是完全民事行为能力人，但不能结婚。

8.【2019年第32题】根据民法总则的规定，关于民事行为能力下列哪些表述是错误的？

A．十六周岁以上的公民是成年人，具有完全民事行为能力，可以独立进行民事活动，是完全民事行为能力人

B．十四周岁以上不满十六周岁的公民，以自己的劳动收入为主要生活来源的，视为完全民事行为能力人

C．十周岁以上的未成年人是限制民事行为能力人，进行民事活动应当征得他的法定代理人的同意

D．无民事行为能力人、限制民事行为能力人的监护人是他的法定代理人

【解题思路】

成年人和未成年人的分界线是18周岁，而不是16周岁。能被视为完全民事行为能力人的未成年人，需要年满16周岁而不是14周岁。需要指出的是，《民法通则》中使用的是"公民"这个政治概念，而《民法典》将其改为"自然人"。C选项的表述可以将其理解为无民事行为能力人、限制民事行为能力人的年龄分界是10周岁，也可以理解为某个10周岁以上的未成年人为限制民事行为能力人。如果理解为前者，则由于年龄界限已经从原来的10周岁下降到8周岁，C选项的表述不正确，如果理解为后者，则C选项正确。另外，未成年人的民事活动，首选项是由其法定代理人代理，其次才是获得代理人同意。监护人的主要职责之一就是代理被监护人的民事活动，故无民事行为能力人、限制民事行为能力人的监护人就是其法定代理人。

【参考答案】 ABC

（2）限制民事行为能力人。8周岁以上的未成年人和不能完全辨认自己行为的成年人为限制民事行为能力人，实施民事法律行为由其法定代理人代理或者经其法定代理人同意、追认；但是，可以独立实施纯获利益的民事法律行为或者与其年龄/智力、精神状况相适应的民事法律行为。

9.【2018年第31题】根据民法总则的相关规定，下列哪些属于限制民事行为能力人？

A．6岁上初中的神童甲

B．18岁依靠父母资助上大学的乙

C．9岁在读小学生丙

D．16岁已经掌握一定维修技术的技校生丁

【解题思路】

考虑到社会形势的变化，《民法典》将无民事行为能力人的年龄从原来的10周岁降低到8周岁，9周岁的小学生属于限制民事行为能力人。如果年龄未满8周岁，就算是已经上初中，还是无民事行为能力人。年满16周岁，如能够用自己的劳动养活自己，视为完全民事行为能力人。技校生丁虽然掌握了一定的维修技术，还没能够养活自己，不能视为完全民事行为能力人。如果丁年龄超过18周岁，不管能否养活自己，都是完全民事行为能力人。顺便提及，本题中的"岁"严格地说应当改为"周岁"。

【参考答案】 CD

（3）无民事行为能力人。不满8周岁的未成年人和不能辨认自己行为的成年人是无民事行为能力人，由他的法定代理人代理民事行为。

10.【2017年第34题】根据民法通则

及相关规定，对于11周岁的王某实施的下列哪些行为，他人不得以王某不具备完全民事行为能力为由主张无效？

A．接受亲友赠与的玩具
B．接受某基金会的资助
C．购买一套价值千万的别墅
D．接受参加歌唱比赛所获得的奖品

【解题思路】

11周岁的王某属于限制民事行为能力人，可以从事与他的年龄、智力相适应的民事活动，如购买价值1元的铅笔，而购买价值千万元的别墅则超过了王某行为能力的范围。对于那些纯获利益的行为，如接受亲友赠送的玩具、接受捐助、领取奖品等，行为人是否具有足够的判断能力，是否能够意识到其行为的后果，对行为人的利益并无妨害。从保护未成年人利益的精神出发，法律应当承认此类行为的效力，不需要其代理人追认。

【参考答案】 ABD

3. 监护

《民法典》第27条："父母是未成年子女的监护人。

未成年人的父母已经死亡或者没有监护能力的，由下列有监护能力的人按顺序担任监护人：

（一）祖父母、外祖父母；
（二）兄、姐；
（三）其他愿意担任监护人的个人或者组织，但是须经未成年人住所地的居民委员会、村民委员会或者民政部门同意。"

《民法典》第28条："无民事行为能力或者限制民事行为能力的成年人，由下列有监护能力的人按顺序担任监护人：

（一）配偶；
（二）父母、子女；
（三）其他近亲属；
（四）其他愿意担任监护人的个人或者组织，但是须经被监护人住所地的居民委员会、村民委员会或者民政部门同意。"

11．【2016年第2题】李某是无民事行为能力的精神病人，其近亲属对担任李某的监护人有争议，并且对李某住所地居民委员会的指定不服，向人民法院提起诉讼。根据民法通则及相关规定，人民法院一般应按照下列哪项中的顺序指定监护人？

A．配偶、父母、成年子女
B．配偶、成年子女、父母
C．父母、配偶、成年子女
D．父母、成年子女、配偶

【解题思路】

在继承法上，配偶、父母和子女都是第一顺位的继承人，但是在指定监护人的时候，三方的顺序却并不相同。男女结婚后一般都会离开父母，建立自己的小家庭，配偶相互照顾起来比父母更方便，因此配偶排在父母和子女之前。在很多情况下，父母关怀和照顾子女要高于子女对父母的关心和照顾，为人父母的考生对此应深有体会，故父母的顺序排在成年子女之前。

【参考答案】 A

《民法典》第29条："被监护人的父母担任监护人的，可以通过遗嘱指定监护人。"

《民法典》第30条："依法具有监护资格的人之间可以协议确定监护人。协议确定监护人应当尊重被监护人的真实意愿。"

《民法典》第31条："对监护人的确定有争议的，由被监护人住所地的居民委员会、村民委员会或者民政部门指定监护人，有关当事人对指定不服的,可以向人民法院申请指定监护人;有关当事人也可以直接向人民法院申请指定监护人。

居民委员会、村民委员会、民政部门或者人民法院应当尊重被监护人的真实意愿,按照最有利于被监护人的原则在依法具有监护资格的人中指定监护人。

依据本条第一款规定指定监护人前,被监护人的人身权利、财产权利以及其他合法权益处于无人保护状态的,由被监护人住所地的居民委员会、村民委员会、法律规定的有关组织或者民政部门担任临时监护人。

监护人被指定后,不得擅自变更;擅自变更的,不免除被指定的监护人的责任。"

表 1　未成年人和无民事行为能力、限制民事行为能力的成年人的监护

项目	未成年人	无民事行为能力、限制民事行为能力的成年人
近亲属监护人	①父母 ②祖父母、外祖父母 ③兄、姐	①配偶 ②父母、子女 ③其他近亲属
非近亲属监护人	范围:其他个人或者组织 主观:愿意担任监护人 程序:经被监护人住所地的居民委员会或村民委员会或民政部门同意	
监护争议	由被监护人所在地的居民委员会或村民委员会或民政部门指定,对指定不服的,可以向法院申请指定监护人;也可直接向法院申请指定监护人	
兜底条款	没有依法具有监护资格的人的,监护人由民政部门担任,也可以由具备履行监护职责条件的被监护人住所地的居民委员会或村民委员会担任	

12.【2010 年第 9 题】根据民法通则及相关规定,下列关于监护的说法哪些是正确的?

A. 只有自然人才能担任监护人

B. 监护人可以是一人,也可以是多人

C. 监护人可以代理被监护人进行民事活动

D. 监护人被指定后,不得自行变更

【解题思路】

监护制度的设立是为了维护被监护人的利益,如果某个机构能够履行监护的职责,那没有理由排除该机构担任监护人。只要能更好地维护被监护人的利益,监护人的数量不是问题,如父母为未成年人的法定监护人,法律没有规定必须是父亲还是母亲。监护人为维护被监护人的利益,自然需要有权代理被监护人进行民事活动。指定监护人是一件严肃的事情,如果可以自行变更,那被监护人的利益就难以获得有效保护。

【参考答案】 BCD

13.【2017 年第 3 题】陈某夫妇因意外事故双亡,二人的儿子陈畅刚刚年满 3 周岁。根据民法通则及相关规定,下列关于陈畅的监护人的哪种说法是错误的?

A. 可以由陈畅的祖父母、外祖父母中的一人或数人担任监护人

B. 对担任监护人有争议的,可以由陈畅住所地的居民委员会在近亲属中指定

C. 陈畅的祖父被指定担任监护人后,可以自行变更监护人

D. 若关系密切的其他亲属、朋友愿意承担监护责任,经陈畅住所地的居民委员会同意,也可以作为陈畅的监护人

【解题思路】

一般情况下,父母是未成年人的监护人。如果父母不幸亡故,那监护人就变成祖父母或者外祖父母。需要注意的是,祖父母、外祖父母属于直系血亲,而兄、姐属于旁系血亲,在监护人的顺序上,前者优先。至于祖父母、外祖父母和兄、姐之外的其他亲属和朋友,他们并没有担任监护人的强制

义务。只有在自愿的情况下，才能作为监护人。另外，这些亲友的关系相对来说要远一些，故还需要未成年人所在地的居委会、村委会或民政部门来把关同意。如果双方对监护有争议，那可以由前述组织来指定。在发生监护争议时，《民法通则》规定只有对指定不服的，才能向法院提起诉讼确认监护人，而《民法典》增加了直接向法院提起诉讼的救济手段。指定监护人属于严肃的法律行为，如果可以随意变更，那指定监护制度就会变得形同虚设。如果擅自变更监护人，则由原被指定的监护人和变更后的监护人共同承担监护责任。

【参考答案】 C

《民法典》第1045条："亲属包括配偶、血亲和姻亲。

配偶、父母、子女、兄弟姐妹、祖父母、外祖父母、孙子女、外孙子女为近亲属。

配偶、父母、子女和其他共同生活的近亲属为家庭成员。"

14.【2015年第3题】 根据民法通则及相关规定，下列哪项不属于民法通则中规定的近亲属？

A．配偶

B．孙女

C．兄弟

D．堂兄弟

【解题思路】

配偶属于近亲属当无疑义。父母、子女、孙子女和外孙子女都属于直系血亲，兄弟姐妹属于二代旁系血亲，血缘关系都比较近。表兄弟姐妹和堂兄弟姐妹属于三代旁系血亲，血缘关系比较远，故不属于近亲属。

【参考答案】 D

《民法典》第34条："监护人的职责是代理被监护人实施民事法律行为，保护被监护人的人身权利、财产权利以及其他合法权益等。

监护人依法履行监护职责产生的权利，受法律保护。

监护人不履行监护职责或者侵害被监护人合法权益的，应当承担法律责任。

因发生突发事件等紧急情况，监护人暂时无法履行监护职责，被监护人的生活处于无人照料状态的，被监护人住所地的居民委员会、村民委员会或者民政部门应当为被监护人安排必要的临时生活照料措施。"

《民法典》第39条："有下列情形之一的，监护关系终止：

（一）被监护人取得或者恢复完全民事行为能力；

（二）监护人丧失监护能力；

（三）被监护人或者监护人死亡；

（四）人民法院认定监护关系终止的其他情形。

监护关系终止后，被监护人仍然需要监护的，应当依法另行确定监护人。"

15.【2018年第34题】 根据民法总则的相关法律规定，导致监护关系终止有以下哪些原因？

A．被监护人或者监护人死亡

B．监护人丧失监护能力

C．经民政部门认定监护关系终止

D．监护人与未成年的被监护人协商一致解除监护关系

【解题思路】

监护关系持续的前提是监护人具备监护能力，如果监护人死亡或者丧失监护能

力，则监护关系就无法再维持。如果被监护人死亡，监护人自己也是继承人，有自己的利益，这就和他要维护被监护人利益的职责发生冲突，故此时监护关系应当终止，否则容易损害其他继承人的利益。监护关系源自法律的规定，民政部门或者相关当事人不能擅自改变。

【参考答案】 AB

4. 宣告失踪和宣告死亡

《民法典》第40条："自然人下落不明满两年的，利害关系人可以向人民法院申请宣告该自然人为失踪人。"

《民法典》第41条："自然人下落不明的时间自其失去音讯之日起计算。战争期间下落不明的，下落不明的时间自战争结束之日或者有关机关确定的下落不明之日起计算。"

【提醒】

《民法典》对战争期间下落不明的时间起算点进行了修改，除了战争结束之日，还增加了有关机关确定的下落不明之日。

《民法典》第42条："失踪人的财产由其配偶、成年子女、父母或者其他愿意担任财产代管人的人代管。

代管有争议，没有前款规定的人，或者前款规定的人无代管能力的，由人民法院指定的人代管。"

《民法典》第43条："财产代管人应当妥善管理失踪人的财产，维护其财产权益。

失踪人所欠税款、债务和应付的其他费用，由财产代管人从失踪人的财产中支付。

财产代管人因故意或者重大过失造成失踪人财产损失的，应当承担赔偿责任。"

【提醒】

宣告失踪的目的是通过法院确认失踪人失踪的事实，结束失踪人财产无人管理以及其应当履行的义务不能得到及时履行的不正常状态，保护失踪人和利害关系人的利益，维护社会经济秩序的稳定。宣告死亡则不仅结束被宣告死亡人财产关系的不稳定状态，而且要结束被宣告死亡人人身关系的不稳定状态。宣告失踪重在保护失踪人的利益，而宣告死亡重在保护被宣告死亡人的利害关系人的利益。由于这两项制度的目的不同，故宣告失踪并不是宣告死亡的必经程序。另外，需要强调的是，《民法典》中增加了财产代管人在存在故意或者重大过失时需要承担赔偿责任的条款。

16.【2013年第77题】根据民法通则及相关规定，关于宣告失踪的下列哪些说法是正确的？

A. 公民下落不明满2年的，利害关系人可以向人民法院申请宣告其为失踪人

B. 宣告失踪是宣告死亡的必经程序

C. 宣告失踪后，失踪人的财产由其配偶、父母、成年子女或关系密切的其他亲属、朋友代管

D. 宣告失踪后，失踪人所欠税款、债务和应付的其他费用应暂停支付

【解题思路】

宣告失踪要求自然人下落不明满2年。宣告失踪和宣告死亡这两种制度的立法目的不同，前者并不是后者的必经程序。宣告失踪后，需确定财产的代管人。《民法典》中对财产代管人的表述和《民法通则》略有区别：《民法典》中排在最后的为"其他愿意担任财产代管人的人"，而《民法通则》中

为"关系密切的其他亲属、朋友"。C选项的表述来自《民法通则》，不过这里不必过于苛求。宣告失踪后，失踪人的欠款从其财产中支付。如果可以暂停支付，那就意味着自然人可以通过玩"人间蒸发"来逃避债务，这显然是不合理的。

【参考答案】 AC

《民法典》第45条："失踪人重新出现，经本人或者利害关系人申请，人民法院应当撤销失踪宣告。

失踪人重新出现，有权请求财产代管人及时移交有关财产并报告财产代管情况。"

《民法典》第46条："自然人有下列情形之一的，利害关系人可以向人民法院申请宣告该自然人死亡：

（一）下落不明满四年；

（二）因意外事件，下落不明满二年。

因意外事件下落不明，经有关机关证明该自然人不可能生存的，申请宣告死亡不受二年时间的限制。"

17.【2010年第17题】王某于2002年4月1日离家出走、音信全无，虽经多方努力，但仍然没有找到。根据民法通则及相关规定，王某的配偶欲申请宣告其死亡，最早可从何时提出申请？

A. 2004年4月2日

B. 2005年4月2日

C. 2006年4月2日

D. 2007年4月2日

【解题思路】

一般情况下，宣告死亡需要下落不明满4年。王某离家出走是在2002年，2006年才能请求宣告死亡。另外需要注意，王某离家出走的当天不计算在内。

【参考答案】 C

《民法典》第47条："对同一自然人，有的利害关系人申请宣告死亡，有的利害关系人申请宣告失踪，符合本法规定的宣告死亡条件的，人民法院应当宣告死亡。"

18.【2017年第35题】李某因所乘飞机失事自2011年6月1日至今下落不明。根据民法通则及相关规定，下列哪些说法是正确的？

A. 如果李某的父母欲申请宣告李某死亡，其妻不同意，人民法院可以根据李某父母的申请宣告李某死亡

B. 如果李某的配偶申请宣告李某死亡，人民法院最早可在2016年6月1日宣告李某死亡

C. 如果人民法院宣告李某死亡，则判决宣告之日为李某死亡的日期

D. 如果与李某具有民事权利义务关系的人发现李某尚在世，即使李某的配偶不同意，该利害关系人也可以申请撤销对李某的死亡宣告

【解题思路】

《民通意见》第25条规定，宣告死亡时配偶的顺序优于父母和子女，其理由是优先考虑配偶在死亡宣告后可以重新与他人缔结婚姻的重要利益。不过，《民法典》取消了利害关系人的顺序，当利害关系人之间意见不一致时，只要失踪人符合宣告死亡的条件，则就可以宣告死亡。宣告死亡是一种法律上的推定，与实际事实可能并不一致。如果有证据证明被宣告死亡的当事人其实还活着，为有利于恢复正常状态，撤销死亡宣告不应当存在顺序。意外事故导致下落不明

的，期限从原来的4年减半为2年。另外，如果该空难事故的失踪者不可能生还，还可以不受2年期限的限制。一般情况下，法院宣告死亡的判决做出之日视为被宣告死亡的人的死亡日期。不过，如果是意外事件，被宣告死亡人十有八九死于意外事件发生之日，故《民法典》规定意外事件发生之日为其死亡的日期。

【参考答案】 AD

《民法典》第48条："被宣告死亡的人，人民法院宣告死亡的判决做出之日视为其死亡的日期；因意外事件下落不明宣告死亡的，意外事件发生之日视为其死亡的日期。"

《民法典》第49条："自然人被宣告死亡但是并未死亡的，不影响该自然人在被宣告死亡期间实施的民事法律行为的效力。"

【提醒】

从法律上看，自然人被宣告死亡和自然死亡产生相同的法律后果，即以被宣告死亡人原住所地为中心的一切民事法律关系全部归于消灭，如婚姻关系消灭、继承关系开始、债权债务关系清算了结、保险金或者保险赔款开始履行给付等。需要指出的是，宣告死亡只是一种法律上的推定。如果该推定与事实不符，那就以实际事实为准。

19.【2015年第1题】根据民法通则及相关规定，下列关于宣告死亡的哪种说法是正确的？

A. 公民下落不明满4年的，利害关系人可以向人民法院申请宣告他死亡

B. 宣告失踪是宣告死亡的必经程序

C. 有民事行为能力人在被宣告死亡期间实施的民事法律行为无效

D. 同一顺序的利害关系人，有的申请宣告死亡，有的不同意宣告死亡，则不应当宣告死亡

【解题思路】

不管是宣告失踪还是宣告死亡，都需要公民下落不明满一定的期限，其中宣告失踪是2年，宣告死亡则翻倍为4年。需要注意，宣告失踪和宣告死亡制度设立的目的不同，故宣告失踪并不是宣告死亡的必经程序。宣告死亡只是一种推定，如果与实际事实不符，则实际事实效力优先。例如，张某在老家被宣告死亡，但实际上一直在北京生活。如果张某被宣告死亡后，其在北京实施的民事法律行为都被认定为无效，则会产生很多不必要的纠纷。如果宣告死亡的利害关系人在是否宣告死亡上的意见不一致，那么法律需要进行价值方面的权衡。考虑到宣告死亡制度旨在结束被宣告死亡人的财产和人身关系的不稳定状态，维护社会秩序的稳定，故在这种情况下，应当宣告死亡。

【参考答案】 A

《民法典》第50条："被宣告死亡的人重新出现，经本人或者利害关系人申请，人民法院应当撤销死亡宣告。"

死亡宣告一旦被撤销，将产生以下法律后果：

（1）人身关系上的后果。

《民法典》第51条："被宣告死亡的人的婚姻关系，自死亡宣告之日起消除。死亡宣告被撤销的，婚姻关系自撤销死亡宣告之日起自行恢复，但是其配偶再婚或者向婚姻登记机关书面声明不愿意恢复的除外。"

《民法典》第52条："被宣告死亡的人在被宣告死亡期间，其子女被他人依法收养的，在死亡宣告被撤销后，不得以未经本人

11

同意为由主张收养行为无效。"

20.【2019年第34题】根据民法通则及相关规定，下列关于宣告死亡和宣告失踪的说法正确的是？

A. 宣告失踪不是宣告死亡的必经程序

B. 公民下落不明满二年的，利害关系人可以向人民法院申请宣告他为失踪人

C. 有民事行为能力人在被宣告死亡期间实施的民事行为无效

D. 被宣告死亡的人与配偶的婚姻关系，自死亡宣告之日起消灭

【解题思路】

B选项中的"公民"应当改为"自然人"。C选项中的"民事行为"也应当是"民事法律行为"。宣告失踪和宣告死亡的立法宗旨不同，故宣告失踪不是宣告死亡的必经程序。自然人宣告失踪的前提是下落不明满2年，程序是向法院申请。宣告死亡是一种法律上的推定，如果与实际事实不符，那自然以实际事实为准，故有民事行为能力人在被宣告死亡期间实施的民事法律行为有效。被宣告死亡，产生的法律效果和自然死亡相同，婚姻关系从宣告死亡之日起消灭。

【参考答案】 ABD

（2）财产关系上的后果。

《民法典》第53条："被撤销死亡宣告的人有权请求依照本法第六编取得其财产的民事主体返还财产；无法返还的，应当给予适当补偿。

利害关系人隐瞒真实情况，致使他人被宣告死亡而取得其财产的，除应当返还财产外，还应当对由此造成的损失承担赔偿责任。"

21.【2012年第15题】2008年，何某在一次意外事故中下落不明。2011年，经何某妻子申请，人民法院宣告何某死亡，其名下的财产也被继承。2012年，何某回到家中。原来何某在该次事故中被救起，后一直在其他城市打工，但未与家人联系。根据民法通则及相关规定，下列哪种说法是正确的？

A. 由于何某下落不明未满四年，因此人民法院不应宣告其死亡

B. 经何某申请，人民法院应当撤销对他的死亡宣告

C. 何某被宣告死亡期间，其实施的民事行为应当被认定为无效

D. 何某无权请求返还其被继承的财产

【解题思路】

意外事故下落不明的，宣告死亡的期限是2年。宣告死亡制度涉及民事主体资格的存在和消灭，事关重大，故无论是宣告死亡还是撤销死亡宣告都要向人民法院申请。在被宣告死亡期间，该自然人的民事行为有效。宣告死亡被撤销后，能够恢复的法律关系要依法恢复，但也要考虑相对人的利益。在财产关系方面，如果相对人是支付了对价才获得了被宣告死亡人的财产，那要求他无偿地返还财产显然不公平。如果相对人并没有支付对价，比如说是通过继承而无偿获得财产，那要求他返还是应有之义。

本题没有考查人身关系上的法律后果。如果此题中，何某的妻子没有再婚，那撤销死亡宣告后，《民法通则》规定夫妻关系可以自然恢复。不过，《民法典》考虑到婚姻自由，如果何某离家这么多年，夫妻之间已经不存在感情，何某妻子不同意恢复夫妻关系，那夫妻关系就不能恢复。此外，如果何某妻子再婚后又离婚或者再婚后丈夫又死亡

的，情况就比较复杂，毕竟还涉及另外一个家庭，故婚姻关系不能自动恢复。在这种情况下，如果何某和其妻子还有感情，那再去领一次结婚证也并不麻烦。

收养关系也同样如此，假定何某的女儿小何被外地的孙某一家收养，孙某一家和小何产生了深厚的感情。如果在何某归来之后，一定要强迫小何离开已经熟悉的养父家庭和教育环境，回到何某的身边，那恐怕并不合适。当然，民事领域意思自治，如果孙某一家和小何自己都同意解除收养关系，那小何回到何某身边自然可以。

【参考答案】 B

5. 自然人的住所、经常居所

《民法典》第25条："自然人以<u>户籍登记或者其他有效身份登记记载的居所</u>为住所；经常居所与住所不一致的，<u>经常居所视为住所</u>。"

22.【2009年第10题】王某户籍所在地是上海，大学毕业后在北京工作了两年。因身体原因前往广州就医，并在广州某医院住院一年半。痊愈后在深圳居住工作，至今已逾一年半。根据民法通则及相关规定，王某在下列哪个城市的居住地视为其现在的住所？

A．上海

B．北京

C．广州

D．深圳

【解题思路】

《民通意见》规定的经常居所需要连续居住一年以上。王某已经在深圳连续居住一年半，深圳为其经常居所。住所是用来解决民事诉讼中管辖权的重要依据，自然人户籍所在地的居住地为住所，但如果自然人的经常居所与户籍所在地不一致，那在经常居所进行诉讼显然更为方便，故双方不一致时，经常居所视为住所。当然，要成为经常居所，也需要最后连续居住一年。住院治疗并不是自然人工作生活的常态，故医院不能成为经常居所。

【参考答案】 D

（二）法人

1. 法人的概念和特征

《民法典》第57条："法人是具有民事权利能力和民事行为能力，依法<u>独立享有民事权利和承担民事义务的组织</u>。"

23.【2017年第31题】根据民法通则及相关规定，下列关于法人的哪些说法是正确的？

A．法人是具有民事权利能力和民事行为能力，依法独立享有民事权利和承担民事义务的组织

B．法人的民事权利能力和民事行为能力，从法人成立时产生，到法人终止时消灭

C．企业法人合并，它的权利和义务由变更后的法人享有和承担

D．法人以它的法定代表人住所地为住所

【解题思路】

法人作为民事主体，享有民事权利能力。法人通过其机关的行为人来实施民事行为，具备行为能力。法人需要对其法定代表人的行为和职员的职务行为负责，承担相应的民事责任。自然人存在心智成熟的过程，故获得民事行为能力须达到一定的年龄，法人则不存在这个问题，成立时即具民事行为能力。法人合并后，原来的法人不复存

在，合并后的法人就取代了原来法人的地位，享有和承担原法人的权利和义务。如果法人办公的写字楼在市中心，法定代表人则住在郊区的别墅，将法定代表人住所地作为法人的住所显然不合适。

【参考答案】 ABC

2. 法人应具备的条件

《民法典》第58条："法人应当依法成立。

法人应当有自己的名称、组织机构、住所、财产或者经费。法人成立的具体条件和程序，依照法律、行政法规的规定。

设立法人，法律、行政法规规定须经有关机关批准的，依照其规定。"

24.【2016年第32题】根据民法通则及相关规定，下列哪些属于法人应当具备的条件？

A. 依法成立

B. 有必要的财产或者经费

C. 有自己的名称、组织机构和场所

D. 能够独立承担民事责任

【解题思路】

法人应当具备的条件：良民（依法成立）、有钱（必要的财产或者经费）、有组织（有自己的名称、组织机构和住所）和有担当（能够独立承担民事责任）。需要注意的是，《民法典》将《民法通则》里的"场所"改为"住所"，使之更为准确。

【参考答案】 ABCD

《民法典》第60条："法人以其全部财产独立承担民事责任。"

25.【2008年第49题】甲公司的注册地在天津，其在北京全资设立了法人企业乙公司。2008年年底，由于全球经济衰退，乙公司欠下丙公司人民币2亿元债务。对此，下列哪些说法是正确的？

A. 该债务应以甲公司的全部财产清偿

B. 该债务应以乙公司的全部财产清偿

C. 甲公司应当对乙公司的债务承担连带责任

D. 当乙公司的全部财产不足清偿时，由甲公司承担补充责任

【解题思路】

法人要以自己的全部财产独立承担责任，出资人在履行出资义务之后，对法人的债务不承担责任。公司是最常见的法人，公司的常见类型就是有限责任公司和股份有限公司，其中的"有限"二字就代表了公司承担的责任是有限的，其限度就是公司的全部财产。股东仅仅以各自的出资额或者是持有的股份额为限对公司债务承担责任，超过部分不赔偿。也就是说，股东至多是投给公司的钱全部打了水漂，不可能还要再从自己的口袋里掏出钱来进行赔偿。

【参考答案】 B

3. 法人的能力和责任

《民法典》第59条："法人的民事权利能力和民事行为能力，从法人成立时产生，到法人终止时消灭。"

表2 法人和自然人的民事权利能力和民事行为能力情况对比

项目		法人	自然人
民事权利能力	开始和终止	始于法人成立，终于法人消灭	始于出生，终于死亡
	范围	由于法人的性质、宗旨、类型、经营范围等各不相同，不同法人的民事权利能力也各不相同	内涵和外延一致，自然人的民事权利能力相同

续表

项目		法人	自然人
民事权利能力	内容	法人的某些民事权利自然人不得享有，如土地、矿藏资源的所有权，申请破产的权利等	自然人的某些民事权利法人不得享有，如生命健康权、肖像权和继承权
民事行为能力	开始和终止	民事行为能力和民事权利能力同时取得，同时终止	民事权利能力始于出生，民事行为能力却依其年龄和智力状况的不同而存在差异
	范围	民事行为能力与其民事权利能力的范围完全一致	民事行为能力与其权利能力可以一致，也可以不一致
	实现方式	由法人机关来实现	由其自身行为来实现

26.【2012年第50题】根据民法通则及相关规定，关于民事权利能力和民事行为能力，下列哪些说法是正确的？

A. 公民的民事权利能力出生时产生，死亡时消灭

B. 公民的民事行为能力出生时产生，死亡时消灭

C. 法人的民事权利能力成立时产生，终止时消灭

D. 法人的民事行为能力成立时产生，终止时消灭

【解题思路】

不管是自然人还是法人，民事权利能力和民事主体总是同时产生，同时消灭。民事行为能力则不同，自然人存在心智逐步成熟的过程，故获得民事行为能力须达到一定的年龄，法人则不存在这个问题，成立时即具有民事行为能力。顺便需要指出的是，根据现行法律，A和B选项中的"公民"应当改为"自然人"。

【参考答案】 ACD

4. 法定代表人

《民法典》第61条："依照法律或者法人章程的规定，代表法人从事民事活动的负责人，为法人的法定代表人。

法定代表人以法人名义从事的民事活动，其法律后果由法人承受。

法人章程或者法人权力机构对法定代表人代表权的限制，不得对抗善意相对人。"

《民法典》第62条："法定代表人因执行职务造成他人损害的，由法人承担民事责任。

法人承担民事责任后，依照法律或者法人章程的规定，可以向有过错的法定代表人追偿。"

27.【2013年第1题】企业法人甲公司的法定代表人赵某以甲公司名义从事经营活动，给他人造成了经济损失。根据民法通则及相关规定，应由谁就该经济损失承担民事责任？

A. 赵某

B. 甲公司

C. 赵某和甲公司

D. 赵某和甲公司均无须承担

【解题思路】

公司属于法人，需要通过代表的活动来实现自己的经营目的，产生的民事权利义务则由法人来承担。从另一个角度上说，赵某是以甲公司的名义在从事经营活动，相对方是在和甲公司打交道，有了损失自然是去找甲公司，甲公司的赔偿能力也高于自然人赵某。就算是赵某在经营活动中存在违规行为，甲公司需要对其进行追偿，那也是该公司内部的事情，和公司之外的相对方无关。

【参考答案】 B

28.【2009年第30题】甲公司与乙公司签订了一份供货合同，甲公司派其司机张某负责运送货物。张某在送货途中由于酒后驾车被公安机关拘留，致使乙公司未能按时收到货物，乙公司要求赔偿因此受到的损失。根据民法通则及相关规定，赔偿乙公司损失的责任应当由谁来承担？

A. 由张某承担

B. 由甲公司承担

C. 由于张某是甲公司的员工，因此由张某和甲公司承担连带责任

D. 张某被拘留属于不可抗力，张某和甲公司无须承担责任

【解题思路】

法人需要通过其代表的活动来实现经营目的，法人的法定代表人和其他机关人员代表法人从事经营活动，其行为就是法人的行为，由法人承担责任。张某为甲公司的员工，代表公司履行合同义务，给乙公司造成了损失，应该由甲公司承担责任。从另一个角度上说，公司的赔偿能力要远高于员工个人，如果承担赔偿责任的主体变成了张某，那乙公司的利益恐怕得不到保障。连带责任涉及的是两个相互关联的主体，张某送货的行为是在代表甲公司履行合同义务，而不是张某和甲公司作为两个主体在和乙公司发生法律关系，故不涉及连带责任的问题。不可抗力是指不能预见、不能避免并不能克服的客观情况，酒驾被拘留明显不属于不可抗力。

【参考答案】 B

5. 法人的住所

《民法典》第63条："法人以其主要办事机构所在地为住所。依法需要办理法人登记的，应当将主要办事机构所在地登记为住所。"

29.【2019年第2题】甲公司为有限责任公司，总部设在青岛，在北京、上海、广州均设有办事处，根据民法总则及相关规定，下列关于该公司住所的表述哪个是正确的？

A. 甲公司的住所为青岛

B. 甲公司的住所为北京

C. 甲公司的住所为上海

D. 甲公司的住所为广州

【解题思路】

本题参考答案为A，笔者认为该选项不够严密。根据《民法典》第63条，法人以其主要办事机构所在地为住所。不过在A选项中，青岛是甲公司的总部，而总部不一定是主要办事机构所在地。在确定公司的主要办事机构时，参考因素包括：①公司的董事、监事、高级管理人员、法定代表人等公司权力机构的办公地；②公司的主要业务部门所在地，如公司的财务部门、人力资源部门、市场部、法务部等公司核心业务部门所在地；③公司在司法、商务活动中所用的联系地址；④营业面积的大小、主要员工的工作地、办公场所的性质（自有、租赁）等辅助认定因素。当然，本题中北京、上海和广州都是办事处，未给出进一步的信息，通过排除法也只能选择A选项。

【参考答案】 A

6. 企业法人的变更和终止

《民法典》第67条："法人合并的，其权利和义务由合并后的法人享有和承担。

法人分立的，其权利和义务由分立后的法人享有连带债权，承担连带债务，但是

债权人和债务人另有约定的除外。"

《民法典》第68条："有下列原因之一并依法完成清算、注销登记的，法人终止：

（一）法人解散；

（二）法人被宣告破产；

（三）法律规定的其他原因。

法人终止，法律、行政法规规定须经有关机关批准的，依照其规定。"

《民法典》第70条第1款："法人解散的，除合并或者分立的情形外，清算义务人应当及时组成清算组进行清算。"

《民法典》第72条："清算期间法人存续，但是不得从事与清算无关的活动。

法人清算后的剩余财产，按照法人章程的规定或者法人权力机构的决议处理。法律另有规定的，依照其规定。

清算结束并完成法人注销登记时，法人终止；依法不需要办理法人登记的，清算结束时，法人终止。"

30.【2013年第61题】根据民法通则及相关规定，下列有关法人的哪些说法是正确的？

A．法人的民事权利能力与民事行为能力的存续时间一致

B．法人以它的主要办事机构所在地为住所

C．企业法人分立、合并，它的权利和义务由变更后的法人享有和承担

D．法人终止的，应当停止一切活动

【解题思路】

自然人的民事行为能力和行为人的心智相关，故其民事行为能力并不能刚出生就享有，法人则不存在这个问题，故法人的民事行为能力始于法人成立，终于法人终止。法人的住所为主要办事机构所在地，这样便于管理。企业法人合并或者分立后，其权利义务必须有下家接受，不然对另一方当事人不公平。如果法人合并，则下家就是变更后的法人。如果法人分立，则由分立后的法人连带承担，除非债权人和债务人有另外的约定。法人终止时，需要进行清算，了结权利义务，并非所有活动都不能进行。

【参考答案】 ABC

7. 法人的类型

《民法典》第76条："以取得利润并分配给股东等出资人为目的成立的法人，为营利法人。

营利法人包括有限责任公司、股份有限公司和其他企业法人等。"

《民法典》第87条："为公益目的或者其他非营利目的成立，不向出资人、设立人或者会员分配所取得利润的法人，为非营利法人。

非营利法人包括事业单位、社会团体、基金会、社会服务机构等。"

《民法典》第96条："本节规定的机关法人、农村集体经济组织法人、城镇农村的合作经济组织法人、基层群众性自治组织法人，为特别法人。"

31.【2018年第2题】关于民法总则对法人分类的规定，下列哪些表述是正确的？

A．社团法人、营利法人、机关法人

B．营利法人、非营利法人、特别法人

C．机关法人、企业法人、特别法人

D．企业法人、非营利法人、财团法人

【解题思路】

以法人是否以营利为目的，可以分为营利法人和非营利法人。另外，还有一类法

人，不适宜用是否营利来区分，此类法人就是特别法人。

【参考答案】 B

（三）非法人组织

《民法典》第102条："非法人组织是不具有法人资格，但是能够依法以自己的名义从事民事活动的组织。

非法人组织包括个人独资企业、合伙企业、不具有法人资格的专业服务机构等。"

三、民事权利

（一）物权

1.物权的概念和种类

《民法典》第114条："民事主体依法享有物权。

物权是权利人依法对特定的物享有直接支配和排他的权利，包括所有权、用益物权和担保物权。"

《民法典》第240条："所有权人对自己的不动产或者动产，依法享有占有、使用、收益和处分的权利。"

32.【2017年第33题】 根据民法通则及相关规定，财产所有权是指所有人依法对自己的财产享有哪些权利？

A. 占有

B. 使用

C. 收益

D. 处分

【解题思路】

所有权包括占有、使用、收益和处分四项。占有是对财产的实际控制，如赵某把购买的金条藏在家里的保险箱里。使用则意味着所有权人可以根据财产的性能和用途加以利用，如钱某买了一部新的智能手机并不是要在家里放着，而是可以用来打电话、拍照片、刷视频、看小说或上App购物等。收益则是收取所有物孳息的权利，如孙某在农村老家种了一棵樱桃树，樱桃成熟后自然有权利去采摘。处分则是对所有物依法予以处置的权利，如李某购买的专利代理师资格考试辅导书，在通过考试后，可以将其送给其他的考生，也可以按斤卖给收废纸的小贩。

【参考答案】 ABCD

《民法典》第314条："拾得遗失物，应当返还权利人。拾得人应当及时通知权利人领取，或者送交公安等有关部门。"

33.【2011年第25题】 根据民法通则及相关规定，下列关于财产所有权的说法哪些是正确的？

A. 财产所有人依法对自己的财产享有占有、使用、收益和处分的权利

B. 财产所有权的取得，不得违反法律规定

C. 所有人不明的埋藏物、隐藏物，归发现的个人所有

D. 财产可以由两个以上的公民、法人共有

【解题思路】

财产权的内容就是占有、使用、收益和处分。获得财产权不能违法，通过坑蒙拐骗获得的财产不应受到法律的保护。共有制度是民法中的重要制度，自然人当然可以合伙买东西共同使用，比如同一个宿舍的大学生合伙买电脑。按照我国法律，发现埋藏物、隐藏物，无法返还权利人的，应送交公安部门。公安部门会发布招领公告，一年内无人认领的，归国家所有。我国关于埋藏物与隐藏物的规定和很多国家

不同，考生需要注意。

【参考答案】 ABD

《民法典》第316条："拾得人在遗失物送交有关部门前，有关部门在遗失物被领取前，应当妥善保管遗失物。因故意或者重大过失致使遗失物毁损、灭失的，应当承担民事责任。"

34.【2008年第40题】甲拾得一台笔记本电脑，在寻找失主过程中不小心将电脑摔坏。后笔记本电脑失主被确认为乙。根据民法通则及相关规定，对于因该笔记本被摔坏而给乙造成的损失，下列哪些说法是正确的？

A．由甲承担赔偿责任
B．甲不承担赔偿责任
C．由甲和乙各承担50%的损失
D．由甲进行适当补偿

【解题思路】

甲拾得笔记本电脑后努力寻找失主，发扬了雷锋精神，应受到鼓励。甲不小心摔坏笔记本电脑，也不是故意的，不应承担太重的民事责任。需要注意，在拾得遗失物的情况下，当事人只有在故意或者重大过失致使遗失物毁损、灭失的情况下才承担赔偿责任，一般过失不需要承担民事责任。

【参考答案】 B

2. 物权的转移

《民法典》第214条："不动产物权的设立、变更、转让和消灭，依照法律规定应当登记的，自记载于不动产登记簿时发生效力。"

《民法典》第224条："动产物权的设立和转让，自交付时发生效力，但是法律另有规定的除外。"

35.【2007年第51题】乙公司从甲公司购得一批电脑，双方于2005年6月1日签订买卖合同。乙公司于2005年6月10日支付第一笔货款。甲公司于2005年6月12日将这批电脑交付给乙公司。乙公司收到电脑后，于2005年6月15日付清剩余的货款。根据民法通则的规定，这批电脑的所有权在何时从甲公司转移到乙公司？

A．2005年6月1日
B．2005年6月10日
C．2005年6月12日
D．2005年6月15日

【解题思路】

所有权自交付时转移，电脑于6月12日交付，故所有权从该时转移。物权从交付时转移最为简洁明了，有利于确认财产的归属和维护交易安全。当然，如果甲乙双方约定当甲方付清货款之后电脑的所有权才转移，那根据民事意思自治的原则，这种约定也是合法的。

【参考答案】 C

3. 继承

《民法典》第124条："自然人依法享有继承权。

自然人合法的私有财产，可以依法继承。"

《民法典》第230条："因继承取得物权的，自继承开始时发生效力。"

4. 共有

《民法典》第297条："不动产或者动产可以由两个以上组织、个人共有。共有包括按份共有和共同共有。"

《民法典》第298条："按份共有人对共有的不动产或者动产按照其份额享有所

有权。"

《民法典》第299条:"共同共有人对共有的不动产或者动产共同享有所有权。"

《民法典》第300条:"共有人按照约定管理共有的不动产或者动产;没有约定或者约定不明确的,各共有人都有管理的权利和义务。"

《民法典》第305条:"按份共有人可以转让其享有的共有的不动产或者动产份额。其他共有人在同等条件下享有优先购买的权利。"

36.【2010年第63题】根据民法通则及相关规定,下列关于按份共有人权利义务的说法哪些是正确的?

A. 共有人对共有财产享有共同的权利,承担共同的义务

B. 共有人按照各自的份额,对共有财产分享权利,分担义务

C. 在共有人出售其份额时,其他共有人在同等条件下有优先购买的权利

D. 共有人有权要求将自己的份额分出或转让

【解题思路】

顾名思义,按份共有的权利和义务都是按照份额来享有和承担。为促进财产的有效利用,按份共有的财产可以转让。另外,为保持财产的完整性,充分发挥财产的效益,共有人具有同等条件下的优先购买权。

【参考答案】 BCD

37.【2008年第75题】甲和乙共同出资购买了一套房产,出租给丙使用,丁是乙的儿子。现甲欲将该房产中自己拥有的份额转让,丙和丁均有购买意愿。对此,下列哪些说法是正确的?

A. 甲转让其份额,应当经乙同意

B. 甲转让其份额,无须经乙同意

C. 甲转让其份额,应当经丙同意

D. 在同等条件下,丙具有优先购买权

【解题思路】

根据经济学原理,交易能使交易双方的境况都得到改善,故民法鼓励交易。为此,按份共有的共同财产在进行转让时,不需要获得另一方的同意,更不需要经过租赁人同意。为维护财产的完整性,促进其有效利用,共有财产在转让时,共有人具有优先购买权。不过本题中的丁并不是共有人,而是共有人的儿子,不享有优先购买权。另外,为降低交易成本,房屋的承租人也具有优先购买权。当然,承租人的优先购买权低于共有人。这是因为共有人的优先购买权源于财产所有权,而承租人的优先购买权源于租赁权,所有权优于租赁权。

【参考答案】 BD

《民法典》第311条:"无处分权人将不动产或者动产转让给受让人的,所有权人有权追回;除法律另有规定外,符合下列情形的,受让人取得该不动产或者动产的所有权:

(一)受让人受让该不动产或者动产时是善意;

(二)以合理的价格转让;

(三)转让的不动产或者动产依照法律规定应当登记的已经登记,不需要登记的已经交付给受让人。

受让人依据前款规定取得不动产或者动产的所有权的,原所有权人有权向无处分权人请求损害赔偿。

当事人善意取得其他物权的,参照适

用前两款规定。"

38.【2016年第37题】郁某、施某、兰某各出三分之一价款购买了一台计算机，后郁某和施某未与常年在外打工的兰某商量，将该计算机以市场价卖给了不知情的池某，并平分了卖得的价款。根据民法通则及相关规定，下列哪些说法是正确的？

A．郁某、施某、兰某对该计算机构成共有关系

B．郁某和施某擅自处分该计算机并平分价款的行为，侵犯了兰某的权利

C．池某是善意第三人，且有偿取得该计算机的所有权，其合法权益应受到保护

D．兰某的损失应由郁某和施某赔偿

【解题思路】

在共有关系存续期间，部分共有人擅自处分财产的，一般认定无效。共有人仅仅是财产的所有权人之一，不能擅自将属于大家的财产私下进行处分。不过，如果对这种行为的效力一律予以否认，也不利于维护交易安全。商品交换非常广泛，从事交换的当事人往往并不知道对方是否有权处分财产，也很难对市场出售的商品逐一调查。如果受让人善意取得财产后，由于转让人的无权处分行为导致交易无效必须返还财产，那就不仅要推翻已经形成的财产关系，而且会造成当事人在交易时缺乏安全感，不利于商品交换秩序的稳定。为了平衡双方的利益，民法规定了善意取得制度，善意第三人可以取得财产所有权。至于其他共有人的损失，则由擅自处分财产的人进行赔偿。

【参考答案】 ABCD

（二）债权

1．债的概念和种类

《民法典》第118条："民事主体依法享有债权。

债权是因合同、侵权行为、无因管理、不当得利以及法律的其他规定，权利人请求特定义务人为或者不为一定行为的权利。"

《民法典》第178条："二人以上依法承担连带责任的，权利人有权请求部分或者全部连带责任人承担责任。

连带责任人的责任份额根据各自责任大小确定；难以确定责任大小的，平均承担责任。实际承担责任超过自己责任份额的连带责任人，有权向其他连带责任人追偿。

连带责任，由法律规定或者当事人约定。"

39.【2007年第58题】甲和乙为丙的连带债务人。后甲和乙约定，甲负责偿还60%的债务，乙负责偿还40%的债务。对此，根据民法通则的规定，下列哪些说法是正确的？

A．丙可以要求甲偿还全部债务

B．丙可以要求乙偿还全部债务

C．甲偿还了全部债务后，有权要求乙偿付其应当承担的40%的债务

D．甲有权拒绝偿还超过60%的债务

【解题思路】

本题中，甲和乙为连带债务人。连带债务意味着每一个债务人都负有偿还全部债务的义务，他们之间的内部协议不能用来对抗债权人。因此，丙有权要求甲或乙偿还全部债务。当然，甲或乙在偿还债务后，可以根据内部协议要求另一方承担相应的份额。

【参考答案】 ABC

2. 合同之债

合同又称契约，是指两个以上民事主体之间设立、变更、终止民事权利义务关系的协议。任何一个民事合同的有效成立，都会在当事人之间发生合同之债。合同中规定的当事人的权利义务，就是合同之债中的债权和债务。

3. 侵权之债

侵权行为是指不法侵害他人的合法权益，给他人造成损害的行为。因侵权行为受到损害的人，有请求加害人赔偿损失的权利，加害人有赔偿受害人损失的义务。

4. 不当得利

《民法典》第122条："因他人没有法律根据，取得不当利益，受损失的人有权请求其返还不当利益。"

《民法典》第985条："得利人没有法律根据取得不当利益的，受损失的人可以请求得利人返还取得的利益，但是有下列情形之一的除外：

（一）为履行道德义务进行的给付；

（二）债务到期之前的清偿；

（三）明知无给付义务而进行的债务清偿。"

40.【2019年第3题】 根据民法总则及相关规定，下列哪项属于不当得利？

A．债务人偿还未到期的债务

B．债务人清偿已超过诉讼时效的债务

C．养子女向生父母给付赡养费

D．顾客多付售货员的货款

【解题思路】

构成不当得利的要件是没有法律方面的依据。债务人有偿还债务的义务，提前清偿未到期的债务只是放弃了期限权益。超过诉讼时效，丧失的是法律强制保护的权利，权利本身还存在。债务人愿意清偿，债权人有权利接受。养子女向生父母给付赡养费，属于"赠与"，符合中华民族传统道德。顾客多付售货员的货款，则没有法律依据，构成不当得利。

【参考答案】 D

5. 无因管理

《民法典》第121条："没有法定的或者约定的义务，为避免他人利益受损失而进行管理的人，有权请求受益人偿还由此支出的必要费用。"

《民法典》第979条："管理人没有法定的或者约定的义务，为避免他人利益受损失而管理他人事务的，可以请求受益人偿还因管理事务而支出的必要费用；管理人因管理事务受到损失的，可以请求受益人给予适当补偿。

管理事务不符合受益人真实意思的，管理人不享有前款规定的权利；但是，受益人的真实意思违反法律或者违背公序良俗的除外。"

41.【2014年第65题】 根据民法通则及相关规定，下列哪些情形构成不当得利？

A．因收银员结算错误，张某在超市购物时少付了60元

B．因会计人员工作失误，李某多领了1000元工资

C．王某在垃圾箱里捡到一台破旧电视机，将其搬运回家

D．因收留了一走失的宠物狗，赵某获得失主偿付的收留期间的喂养费用

【解题思路】

不当得利和无因管理有时也会放在一

起考查。因为对方的失误而获得了不应当获得的利益属于不当得利。收养别人走失的宠物狗属于无因管理，管理人有权获得喂养该狗的费用。既然行为人有权获得，那就不可能是不当得利。

【参考答案】 AB

6. 债权人、债务人

债权人是在债的关系中享有权利的人，债务人是在债的关系中承担义务的人。

7. 债权、债务

债权是指债权人享有的权利，即债权人请求特定人为特定行为的权利。债权是一种请求权，债权人只能向特定的债务人请求给付，同一标的物上可以成立多个债权。

债务是债务人所承担的义务，即债务人向债权人为特定行为的义务。债务的内容包括积极实施特定行为，也包括不实施特定行为。

8. 债的发生

债的发生是指债的原始产生。债按照合同或者法律规定而发生。具体来说，发生债的原因包括合同、侵权行为、不当得利、无因管理以及缔约过失等。

9. 债的履行

债的履行是指债务人按照合同的约定或者依照法律的规定全面履行自己所承担的义务。

10. 债的担保

《担保制度解释》第1条："因抵押、质押、留置、保证等担保发生的纠纷，适用本解释。所有权保留买卖、融资租赁、保理等涉及担保功能发生的纠纷，适用本解释的有关规定。"

《民法典》第586条："当事人可以约定一方向对方给付定金作为债权的担保。定金合同自实际交付定金时成立。

定金的数额由当事人约定；但是，不得超过主合同标的额的百分之二十，超过部分不产生定金的效力。实际交付的定金数额多于或者少于约定数额的，视为变更约定的定金数额。"

《民法典》第587条："债务人履行债务的，定金应当抵作价款或者收回。给付定金的一方不履行债务或者履行债务不符合约定，致使不能实现合同目的的，无权请求返还定金；收受定金的一方不履行债务或者履行债务不符合约定，致使不能实现合同目的的，应当双倍返还定金。"

《民法典》第588条："当事人既约定违约金，又约定定金的，一方违约时，对方可以选择适用违约金或者定金条款。

定金不足以弥补一方违约造成的损失的，对方可以请求赔偿超过定金数额的损失。"

42.【2006年第42题】当事人双方签订买卖合同，一方当事人根据合同向另一方给付了定金。根据民法通则的规定，以下关于定金的说法哪些是正确的？

A. 债务人履行债务后，定金应当抵作价款或者收回

B. 给付定金的一方不履行债务的，无权要求返还定金

C. 接受定金的一方不履行债务的，应当如数返还定金并支付利息

D. 接受定金的一方不履行债务的，应当双倍返还定金

【解题思路】

定金是债的一种担保方式，定金的

"定"是"确定"的"定"。如果合同顺利履行，则定金作为价款或收回。如给付定金一方不履行债务，无权要求返回；接受定金一方不履行债务，则定金双倍返还。这样的规则设计，双方的权利义务获得了平衡。另外需要注意，定金和违约金性质不同。当事人如果既约定违约金，又约定定金的，对方可以选择适用违约金或者定金，但不得并用。

【参考答案】 ABD

43.【2015年第38题】根据民法通则及相关规定，当事人可以采用下列哪些方式担保债务的履行？

A. 保证

B. 抵押

C. 定金

D. 留置

【解题思路】

法律为保证特定债权人利益的实现，特别规定了以特定财产或者第三人的信用来保障债务人履行义务的制度，这就是担保制度。担保分为人的担保和物的担保两种，人的担保就是保证，物的担保包括抵押、留置和质押。定金担保属于金钱担保，金钱属于特殊的物，因而定金担保属于特别的物的担保。顺便指出的是，违约金是由当事人在订立合同时约定的一种损害赔偿额。违约金与其他各种传统担保方式不同，它不是使债权人在订立合同时就掌握对方的一定财产作为满足自己债权的担保，而是在违约事实发生之后才开始兑现。一旦债务人丧失清偿能力，违约金也会和主债务一起陷入无法清偿的泥坑，自身都难以保障，自然就谈不上担保主债务。因此，违约金不属于担保方式的一种。

【参考答案】 ABCD

11. 债的消灭

《民法典》第557条："有下列情形之一的，债权债务终止：

（一）债务已经履行；

（二）债务相互抵销；

（三）债务人依法将标的物提存；

（四）债权人免除债务；

（五）债权债务同归于一人；

（六）法律规定或者当事人约定终止的其他情形。

合同解除的，该合同的权利义务关系终止。"

（三）知识产权的客体

《民法典》第123条："民事主体依法享有知识产权。

知识产权是权利人依法就下列客体享有的专有的权利：

（一）作品；

（二）发明、实用新型、外观设计；

（三）商标；

（四）地理标志；

（五）商业秘密；

（六）集成电路布图设计；

（七）植物新品种；

（八）法律规定的其他客体。"

44.【2018年第38题】根据民法总则对知识产权的相关规定，以下属于知识产权客体的是？

A. 发明

B. 网络虚拟财产

C. 商业秘密

D. 个人信息

【解题思路】

知识产权保护的是智力成果和工商业

标记,发明属于智力成果,受《专利法》保护;商业秘密中的技术信息同样属于智力成果,受《反不正当竞争法》保护。网络虚拟财产和个人信息不含有智力成分,不属于知识产权客体。

【参考答案】 AC

(四)人身权的种类和内容

《民法典》第110条:"自然人享有生命权、身体权、健康权、姓名权、肖像权、名誉权、荣誉权、隐私权、婚姻自主权等权利。

法人、非法人组织享有名称权、名誉权和荣誉权。"

《民法典》第1005条:"自然人的生命权、身体权、健康权受到侵害或者处于其他危难情形的,负有法定救助义务的组织或者个人应当及时施救。"

《民法典》第1012条:"自然人享有姓名权,有权依法决定、使用、变更或者许可他人使用自己的姓名,但是不得违背公序良俗。"

《民法典》第1014条:"任何组织或者个人不得以干涉、盗用、假冒等方式侵害他人的姓名权或者名称权。"

《民法典》第1019条:"任何组织或者个人不得以丑化、污损,或者利用信息技术手段伪造等方式侵害他人的肖像权。未经肖像权人同意,不得制作、使用、公开肖像权人的肖像,但是法律另有规定的除外。

未经肖像权人同意,肖像作品权利人不得以发表、复制、发行、出租、展览等方式使用或者公开肖像权人的肖像。"

《民法典》第1020条:"合理实施下列行为的,可以不经肖像权人同意:

(一)为个人学习、艺术欣赏、课堂教学或者科学研究,在必要范围内使用肖像权人已经公开的肖像;

(二)为实施新闻报道,不可避免地制作、使用、公开肖像权人的肖像;

(三)为依法履行职责,国家机关在必要范围内制作、使用、公开肖像权人的肖像;

(四)为展示特定公共环境,不可避免地制作、使用、公开肖像权人的肖像;

(五)为维护公共利益或者肖像权人合法权益,制作、使用、公开肖像权人的肖像的其他行为。"

45.**【2011年第41题】**根据民法通则及相关规定,下列说法哪些是正确的?

A. 公民享有姓名权,有权决定、使用和依照规定改变自己的姓名,禁止他人干涉、盗用、假冒

B. 法人享有名称权,但是不得转让自己的名称

C. 公民享有肖像权,未经本人同意,不得以任何目的使用公民的肖像

D. 法人享有名誉权,禁止用侮辱、诽谤等方式损害法人的名誉

【解题思路】

公民的姓名权不能转让,但法人的名称权可以转让。企业本身都可以转让,何况是企业名称。根据《民法典》的规定,侵犯肖像权不再局限于营利为目的的使用,但C选项过于绝对,毕竟还存在合理使用他人肖像的情形。法人的名誉权受法律保护,不得损害。

【参考答案】 AD

《民法典》第186条:"因当事人一方

的违约行为,损害对方人身权益、财产权益的,受损害方有权选择请求其承担违约责任或者侵权责任。"

46.【2015年第37题】根据民法通则及相关规定,下列哪些行为应当承担侵权的民事责任?

A.侵害他人肖像权的

B.侵害他人商标专用权的

C.侵害公民身体造成伤害的

D.未按约定支付购货款的

【解题思路】

肖像权、商标专用权和人身权都属于民法所保护的权利,侵犯这些权利自然需要承担民事责任。未按照约定支付货款属于违约行为,承担的是违约责任。侵权责任的侵权人是不特定的,侵犯张三肖像权的可以是李四也可能是王五,而承担违约责任的前提是双方之间有合同,故责任人只能是合同的相对方。另外需要注意,某些行为可能会同时构成违约和侵权,如张三与旅行社签订旅游合同,但因旅行社的过错导致张三在旅游中受伤,此时张三可以主张旅行社在履行合同中有瑕疵,要求对方承担违约责任,也能主张人身权受到侵犯,要求对方承担侵权责任,但两者不能同时主张。

【参考答案】 ABC

《民法典》第1024条:"民事主体享有名誉权。任何组织或者个人不得以侮辱、诽谤等方式侵害他人的名誉权。

名誉是对民事主体的品德、声望、才能、信用等的社会评价。"

《民法典》第1031条:"民事主体享有荣誉权。任何组织或者个人不得非法剥夺他人的荣誉称号,不得诋毁、贬损他人的荣誉。获得的荣誉称号应当记载而没有记载的,民事主体可以请求记载;获得的荣誉称号记载错误的,民事主体可以请求更正。"

47.【2014年第75题】根据民法通则及相关规定,下列关于人身权的哪些说法是正确的?

A.公民享有肖像权,未经本人同意,不得以营利为目的使用公民的肖像

B.公民享有姓名权,有权决定、使用和依照规定改变自己的姓名

C.企业法人享有名称权,有权使用自己的名称,但不得转让

D.法人享有名誉权,禁止用侮辱、诽谤等方式损害法人的名誉

【解题思路】

肖像权属于自然人的人身权,名誉权是自然人和法人都能享有的人身权,应当受到法律保护。姓名权是自然人的人身权,如果对自己现有的名字不满意,可以去公安局申请改变名字。荣誉权、姓名权、名誉权等人身权不能转让,但企业名称权可以转让。考生可以这样想,企业本身都可以转让给他人,就更别说企业的名称了。

【参考答案】 ABD

《民法典》第1032条:"自然人享有隐私权。任何组织或者个人不得以刺探、侵扰、泄露、公开等方式侵害他人的隐私权。

隐私是自然人的私人生活安宁和不愿为他人知晓的私密空间、私密活动、私密信息。"

48.【2019年第31题】根据民法总则及相关规定,非法人组织享有下列哪些民事权利?

A．隐私权

B．健康权

C．名誉权

D．名称权

【解题思路】

隐私权是自然人享有的权利，法人没有隐私权，其拥有的类似权益为商业秘密。法人是法律所拟制的"人"，不存在身体健康的问题。名誉权是对民事主体品德、才干、声望、信誉和形象等各方面的综合评价，自然人和法人都享有。自然人享有的是姓名权，法人则是名称权。姓名权不能转让，名称权则可以。

【参考答案】 CD

《民法典》第1041条："婚姻家庭受国家保护。

实行婚姻自由、一夫一妻、男女平等的婚姻制度。

保护妇女、未成年人、老年人、残疾人的合法权益。"

四、民事法律行为

（一）民事法律行为的概念

《民法典》第133条："民事法律行为是民事主体通过意思表示设立、变更、终止民事法律关系的行为。"

【提醒】

民事主体实施民事法律行为的目的是设立、变更、终止民事权利义务关系。如某甲和某乙约定以1000元的价格转让自己的二手相机，其直接目的就是"以物换钱"。通过该行为，双方之间产生了权利义务关系，某甲需要交付相机，而某乙则需要支付款项。如果一方当事人不履行义务，另一方可以寻求法律救济。如果某甲请某乙吃饭，则其目的是增进情谊，而情谊并非法律行为的标的。如果某甲请某乙吃饭的承诺一直未兑现，在一般情况下，某乙也不能去法院诉讼要求某甲履行承诺。

《民法典》第134条："民事法律行为可以基于双方或者多方的意思表示一致成立，也可以基于单方的意思表示成立。

法人、非法人组织依照法律或者章程规定的议事方式和表决程序作出决议的，该决议行为成立。"

《民法典》第136条："民事法律行为自成立时生效，但是法律另有规定或者当事人另有约定的除外。

行为人非依法律规定或者未经对方同意，不得擅自变更或者解除民事法律行为。"

49.【2015年第35题】根据民法通则及相关规定，下列关于民事法律行为的哪些说法是正确的？

A．民事法律行为是公民或者法人设立、变更、终止民事权利和民事义务的合法行为

B．意思表示真实是民事法律行为应当具备的条件之一

C．民事法律行为一律不能采取口头形式

D．民事法律行为从成立时起具有法律约束力

【解题思路】

《民法典》对民事法律行为的概念进行了重新界定，不再强调其必须是合法行为，将无效、可撤销和效力待定的法律行为也纳入其中，故A选项不再正确。意思表示真实是民事法律行为有效的条件，而不是所有民事法律行为必须具备的条件。也就是说，虚

27

假的意思表示同样能构成一个民事法律行为，但该民事法律行为无效。民事法律行为可以是书面形式，也可以是口头形式或者是其他形式，如在菜市场买菜这一民事法律行为就是通过口头形式达成的。民事法律行为从成立时起就具有法律约束力属于一般原则，如果法律另有规定或者当事人有额外的约定则除外。D选项考查的是一般说法，是可选项。

【参考答案】 D

（二）民事法律行为的有效要件

《民法典》第143条："具备下列条件的民事法律行为有效：

（一）行为人具有相应的民事行为能力；

（二）意思表示真实；

（三）不违反法律、行政法规的强制性规定，不违背公序良俗。"

50.【2019年第33题】根据民法总则的规定，民事法律行为应当具备下列哪些条件？

A. 行为人具有相应的民事行为能力

B. 意思表示真实

C. 符合法律规定的特定形式

D. 不违反法律或者社会公共利益

【解题思路】

笔者认为本题没有正确答案。根据《民法通则》第54条，民事法律行为需要是"合法行为"。不过，《民法典》第133条对民事法律行为的定义中去除了"合法"二字，意味着违反法律规定而无效的行为也属于"民事法律行为"。因为概念上的重大变化，故《民法通则》第55条所规定的民事法律行为都应当具备的要件，在《民法典》第143条中变成了民事法律行为"有效"的要件。本题考查的是民事法律行为应当具备的条件，而不是"有效"的条件，故没有答案。好比说行为人不具备民事行为能力，其民事法律行为无效，但该行为依然属于"民事法律行为"。

【参考答案】 无

（三）意思表示

《民法典》第137条："以对话方式作出的意思表示，相对人知道其内容时生效。

以非对话方式作出的意思表示，到达相对人时生效。以非对话方式作出的采用数据电文形式的意思表示，相对人指定特定系统接收数据电文的，该数据电文进入该特定系统时生效；未指定特定系统的，相对人知道或者应当知道该数据电文进入其系统时生效。当事人对采用数据电文形式的意思表示的生效时间另有约定的，按照其约定。"

《民法典》第138条："无相对人的意思表示，表示完成时生效。法律另有规定的，依照其规定。"

《民法典》第139条："以公告方式作出的意思表示，公告发布时生效。"

《民法典》第140条："行为人可以明示或者默示作出意思表示。

沉默只有在有法律规定、当事人约定或者符合当事人之间的交易习惯时，才可以视为意思表示。"

《民法典》第141条："行为人可以撤回意思表示。撤回意思表示的通知应当在意思表示到达相对人前或者与意思表示同时到达相对人。"

《民法典》第142条："有相对人的意思表示的解释，应当按照所使用的词句，结合相关条款、行为的性质和目的、习惯以及诚信原则，确定意思表示的含义。

无相对人的意思表示的解释，不能完全拘泥于所使用的词句，而应当结合相关条款、行为的性质和目的、习惯以及诚信原则，确定行为人的真实意思。"

（四）民事法律行为的形式和效力

1. 口头形式、书面形式和其他形式

《民法典》第135条："民事法律行为可以采用书面形式、口头形式或者其他形式；法律、行政法规规定或者当事人约定采用特定形式的，应当采用特定形式。"

【提醒】

《民法典》规定，民事法律行为采用特定方式的情形，除了法律直接规定外，还可以来自行政法规的规定或者当事人的约定。民事法律行为中的其他形式包括作为的默示形式和不作为的默示形式两种。作为的默示形式，如举手招呼出租车、将汽车存放于收费停车场等。不作为的默示形式只有在法律有明确规定或当事人有特别规定的情况下才能适用。

2. 民事法律行为的附条件和附期限

《民法典》第158条："民事法律行为可以附条件，但是根据其性质不得附条件的除外。附生效条件的民事法律行为，自条件成就时生效。附解除条件的民事法律行为，自条件成就时失效。"

《民法典》第159条："附条件的民事法律行为，当事人为自己的利益不正当地阻止条件成就的，视为条件已经成就；不正当地促成条件成就的，视为条件不成就。"

《民法典》第160条："民事法律行为可以附期限，但是根据其性质不得附期限的除外。附生效期限的民事法律行为，自期限届至时生效。附终止期限的民事法律行为，自期限届满时失效。"

【提醒】

法律行为所附的条件，必须符合以下要求：①必须是将来发生的事实，该事实尚未发生。②必须是不确定的事实，将来是否发生当事人无法肯定。像下雨、自然人死亡，虽然时间不确定，但迟早会发生。如果附上这样的"条件"，实际上是一个期限。不过，如果是"下月十五下雨"，那就有不确定性，属于条件。③必须可能。如果所附条件根本不可能发生，则视为当事人根本不希望作出法律行为。④必须合法。该条件必须符合法律规定和公序良俗。如雇主与雇员规定，以雇员怀孕作为解除劳动合同的条件，则该条件因违法而无效。

51.【2019年第36题】张某在某专利代理事务所实习，表现优异。该事务所与张某达成约定，如果张某一年内通过专利代理师资格考试，将资助其出国进修三个月。根据民法总则及相关规定，在张某通过专利代理师资格考试之前，下列说法正确的是？

A. 该约定既未成立，也未生效

B. 该约定已经成立，但未生效

C. 该约定是附期限的民事法律行为

D. 该约定是附条件的民事法律行为

【解题思路】

张某能否在一年内通过专利代理师资格考试并不确定，故该专利代理事务所和张某的约定是附条件的民事法律行为。该约定已经成立，但需要张某通过考试才能生效。

【参考答案】 BD

3. 民事法律行为的效力

《民法典》第 144 条："无民事行为能力人实施的民事法律行为无效。"

【提醒】

《民法通则》中规定的民事法律行为必须是合法行为，故无效或者可撤销的只能是"民事行为"，而《民法典》中的民事法律行为取消了"合法"这一限制，故表述为无效的或者是可撤销的"民事法律行为"。

《民法典》第 146 条："行为人与相对人以虚假的意思表示实施的民事法律行为无效。

以虚假的意思表示隐藏的民事法律行为的效力，依照有关法律规定处理。"

【提醒】

民事法律行为有效的前提是意思表示真实，虚假的意思表示实施的民事法律行为无效。如行为人打着捐赠的名义而实际上受赠者需要支付对价，则该行为实际上是买卖关系。根据本条第 1 款，该行为不发生赠与的效力；根据本条第 2 款，该行为是否生效，按照法律对买卖的相关规定处理。

《民法典》第 153 条："违反法律、行政法规的强制性规定的民事法律行为无效。但是，该强制性规定不导致该民事法律行为无效的除外。

违背公序良俗的民事法律行为无效。"

【提醒】

法律法规中的强制性规定分为效力强制性规定和管理性强制性规定。如毒品禁止买卖，这是效力性强制性规定，甲乙双方违背该规定所签订的买卖海洛因的合同自然无效。又如《储蓄管理条例》第 23 条规定，储蓄机构必须挂牌公告储蓄存款利率，不得擅自变动。该规定属于对金融机构的管理性规定，不是对储蓄机构对外签订、履行储蓄存款合同的效力性规定。如果储户以银行未挂牌公告利率为由，主张储蓄合同无效，则无法获得法院支持。

52.【2008 年第 19 题】 根据民法通则及相关规定，下列哪些民事行为无效？

A. 周某因欠赌债而向孟某出具欠条

B. 吴某因骨折在医院疗养康复期间与他人签订房屋买卖合同

C. 12 岁的小学生郑某花 5 元钱在书店购买了一本课外读物

D. 王某利用李某没有经验，以 1 万元的价格从李某手中购进一套价值 50 万元的旧版人民币

【解题思路】

赌债不受法律保护，出具借条的行为无效。处于疗养康复期间的吴某依然为完全民事行为能力人，其签订的房屋买卖合同有效。12 岁的小学生属于限制民事行为能力人，有权从事与其年龄和智力相符合的民事法律行为。根据生活常识也可以知道，小学生买价值数元钱的课外读物应该有效。王某利用李某没经验，用低价购入对方的旧版人民币为显失公平的行为，属于可撤销的民事法律行为。

【参考答案】 A

《民法典》第 154 条："行为人与相对人恶意串通，损害他人合法权益的民事法律行为无效。"

53.【2014 年第 48 题】 根据民法通则及相关规定，下列哪些民事行为无效？

A. 恶意串通，损害国家利益的

B. 违反法律或者社会公共利益的

C．以合法形式掩盖非法目的的
D．显失公平的

【解题思路】

根据《民法典》，恶意串通损害他人合法权利的民事法律行为无效，"他人"也包括国家、集体和第三人。《民法通则》和《民法典》都规定违反法律的民事法律行为无效，不过《民法典》将《民法通则》中的"社会公共利益"改为"公序良俗"，但基本宗旨一致。既然是目的非法，那暗示违反了法律或者行政法规，故该行为也无效。至于显失公平的行为，在《民法通则》和《民法典》中都是属于可变更的民事法律行为，排除。

【参考答案】 ABC

54．**【2016年第34题】**根据民法通则及其他相关规定，下列哪些民事行为无效？

A．李某因欠徐某赌债向其出具欠条
B．林某是间歇性精神病人，在精神状态正常期间签订了其接受捐赠的合同
C．某国有公司经理曹某与宋某恶意串通，将公司财产以明显低价卖给宋某
D．12岁的小学生徐某花5元钱在小卖部购买了铅笔和橡皮

【解题思路】

民事法律行为的生效需要不违背法律的强制性规定，赌债不受法律保护，出具借条的行为自然无效。曹某和宋某恶意串通，损害公司利益，该行为无效。林某在精神状态正常期间，能够意识到自己行为的相应后果，该民事法律行为有效。12岁的小学生已经上小学，根据日常生活经验可知，小学生花几元钱购买铅笔、橡皮这种学习工具完全可以。顺便提一下，间歇性精神病人在发病期间实施的民事法律行为无效，正常的人在神志不清的情况下实施的民事法律行为也是无效的。

【参考答案】 AC

《民法典》第147条："基于重大误解实施的民事法律行为，行为人有权请求人民法院或者仲裁机构予以撤销。"

【提醒】

《民法典》删除了"可变更"，只保留了"可撤销"的民事法律行为。民事领域实行意思自治原则，具体条款的达成来自当事人之间的合意。对一个双方存在重大误解的民事法律行为，法院或者仲裁机构进行定性分析，将其撤销符合民法的原则；但如果要让法院或者仲裁机构代替当事人进行定量分析，重新拟定一个双方都感觉能接受的交易条件，恐怕有些强人所难。如果行为人在原民事法律行为被撤销后，还愿意继续进行交易，那让行为人自己再进行谈判确定交易条件，这更符合民事领域意思自治的原则。

《民法典》第148条："一方以欺诈手段，使对方在违背真实意思的情况下实施的民事法律行为，受欺诈方有权请求人民法院或者仲裁机构予以撤销。"

《民法典》第149条："第三人实施欺诈行为，使一方在违背真实意思的情况下实施的民事法律行为，对方知道或者应当知道该欺诈行为的，受欺诈方有权请求人民法院或者仲裁机构予以撤销。"

《民法典》第150条："一方或者第三人以胁迫手段，使对方在违背真实意思的情况下实施的民事法律行为，受胁迫方有权请求人民法院或者仲裁机构予以撤销。"

《民法总典》第151条："一方利用对方处于危困状态、缺乏判断能力等情形，致使民事法律行为成立时显失公平的，受损害方

有权请求人民法院或者仲裁机构予以撤销。"

55.【2015年第36题】根据民法通则及相关规定，对于下列哪些民事行为，一方有权请求人民法院或者仲裁机关予以变更或者撤销？

A．恶意串通，损害第三人利益的

B．行为人对行为内容有重大误解的

C．以合法形式掩盖非法目的的

D．显失公平的

【解题思路】

恶意串通损害他人利益属于无效的民事法律行为，目的非法的行为自然是无效的，形式合法并不能改变内容违法这一本质。可撤销的民事法律行为由于欠缺民事法律行为的有效要件而导致民事法律行为可能不发生法律效力，而无效的民事法律行为是严重不符合民事法律行为有效的要件而确定的，自始不发生效力。重大误解和显失公平都比较重视经济上的后果，民法基于当事人利益的考虑，赋予当事人撤销的权利。恶意串通和通过合法形式掩盖非法目的则主观恶意比较深，应当自始至终都不发生效力。

【参考答案】 BD

《民法典》第152条："有下列情形之一的，撤销权消灭：

（一）当事人自知道或者应当知道撤销事由之日起一年内、重大误解的当事人自知道或者应当知道撤销事由之日起三个月内没有行使撤销权；

（二）当事人受胁迫，自胁迫行为终止之日起一年内没有行使撤销权；

（三）当事人知道撤销事由后明确表示或者以自己的行为表明放弃撤销权。

当事人自民事法律行为发生之日起五年内没有行使撤销权的，撤销权消灭。"

【提醒】

撤销权消灭的期间属于除斥期间，按照民法法理，应当从行为成立之日起算，从而与诉讼时效所规定的"知道或者应当知道"权利被侵权之日区分。如《民通意见》中规定的撤销权消灭的时间就是行为成立之日起1年内。不过，从当事人知道或者应当知道之日起算更有利于保护撤销权人的利益，故《民法典》对此进行了修改。另外，考虑到重大误解的当事人本身也有一定的过错，故除斥期间缩短为3个月。如果是受胁迫的情形，被胁迫一方从胁迫行为终止后才能自由表达自己的意志，故此时除斥期间从胁迫行为终止之日起算。

《民法典》第155条："无效的或者被撤销的民事法律行为自始没有法律约束力。"

《民法典》第156条："民事法律行为部分无效，不影响其他部分效力的，其他部分仍然有效。"

56.【2019年第37题】根据民法总则及相关规定，关于无效、被撤销的民事行为，下列说法正确的是？

A．无效的民事行为从行为开始起就没有法律约束力

B．无效的民事行为从人民法院确认无效之日起没有法律约束力

C．被撤销的民事行为从人民法院撤销该民事行为之日起没有法律约束力

D．被撤销的民事行为从行为开始起就没有法律约束力

【解题思路】

题中的"民事行为"应当是"民事法律行为"。无效的民事法律行为从刚开始就没

有法律约束力，专利和商标的无效也是遵从相同的逻辑。可撤销的民事法律行为如果没被撤销，那是自始有效；如果被撤销了，那就是自始无效。

【参考答案】 AD

《民法典》第157条："民事法律行为无效、被撤销或者确定不发生效力后，行为人因该行为取得的财产，应当予以返还；不能返还或者没有必要返还的，应当折价补偿。有过错的一方应当赔偿对方由此所受到的损失；各方都有过错的，应当各自承担相应的责任。法律另有规定的，依照其规定。"

57.【2007年第33题】根据民法通则的规定，民事行为被确认为无效后，将产生下列哪些法律后果？

A．如果是部分无效，不影响其他部分的效力的，其他部分仍然有效

B．当事人因该行为取得的财产，应当返还给受损失的一方

C．有过错的一方应当赔偿对方因此所受的损失

D．双方恶意串通，实施民事行为损害第三人利益的，应当追缴双方取得的财产，返还第三人

【解题思路】

民法的基本原则是鼓励交易，如果民事法律行为部分无效，如不影响其他部分的效力，则其他部分依然有效。民事法律行为如确定无效，则需要恢复到原来的状态，财产是从哪来的就要返回到哪里去。如果财产来自第三人，则需要返还给第三人。另外，如果造成了损失，有过错一方自然需要赔偿。

【参考答案】 ABCD

4. 效力待定的民事法律行为

《民法典》第145条："限制民事行为能力人实施的纯获利益的民事法律行为或者与其年龄、智力、精神健康状况相适应的民事法律行为有效；实施的其他民事法律行为经法定代理人同意或者追认后有效。

相对人可以催告法定代理人自收到通知之日起三十日内予以追认。法定代理人未作表示的，视为拒绝追认。民事法律行为被追认前，善意相对人有撤销的权利。撤销应当以通知的方式作出。"

58.【2008年第47题】贫困山区12周岁小学生甲接受乙捐赠的5000元助学款。甲的老师丙将其中的2000元转赠给另一名小学生，并写信将此事告知了乙，乙表示赞同。据此，下列哪些说法是正确的？

A．甲接受赠与的行为无效，因为其是限制民事行为能力人

B．甲接受赠与的行为有效

C．丙的转赠行为有效，因为已经得到乙的同意

D．丙无权处理甲受赠的助学款

【解题思路】

甲虽然是限制民事行为能力人，但其接受赠与的行为属于纯获利益的行为，该行为有效。为更好地保护限制民事行为人的利益，这种纯获利益的行为并不需要获得其代理人的追认。由于助学款已经成为甲的财产，老师丙无权将其转赠给另一名学生。同样，该款项捐出之后，已经不再是原捐赠人乙的财产，乙没有权利对该款项进行任何的处分，故获得乙的同意并没有法律上的意义。

【参考答案】 BD

（五）代理

1. 代理的概念、种类

《民法典》第161条："民事主体可以通过代理人实施民事法律行为。

依照法律规定、当事人约定或者民事法律行为的性质，应当由本人亲自实施的民事法律行为，不得代理。"

《民法典》第162条："代理人在代理权限内，以被代理人名义实施的民事法律行为，对被代理人发生效力。"

59.【2011年第57题】 根据民法通则及相关规定，下列哪些行为属于代理行为？

A. 律师蔡某接受黄某委托代其提起民事诉讼

B. 某专利代理事务所接受强某委托为其提交专利申请

C. 某公司董事长张某代表公司出席与外商的投资洽谈活动

D. 未成年人杨某的父亲以杨某名义购买一套商品房

【解题思路】

代理指的是代理人以被代理人的名义实施民事法律行为，其法律后果由被代理人承担。律师和专利代理机构接受委托处理相关事务属于委托代理。按照《律师法》的规定，接受委托的应当是律所而不是律师，不过《律师法》不在考试范围内，故不用对A选项吹毛求疵。未成年人的父亲以该未成年人的名义购买房屋则属于法定代理。公司董事长属于公司的内部人员，代表公司出席活动时，其行为不需要进行转化就直接成为单位的行为，故不属于代理。

【参考答案】 ABD

2. 委托代理

《民法典》第163条："代理包括委托代理和法定代理。

委托代理人按照被代理人的委托行使代理权。法定代理人依照法律的规定行使代理权。"

60.【2010年第41题】 根据民法通则的规定，按照代理权产生根据的不同，代理包括下列哪些种类？

A. 委托代理

B. 特别代理

C. 指定代理

D. 法定代理

【解题思路】

这是对法条的直接考查，代理权的产生可以是基于委托，也可以来自法律的直接规定。需要注意的是，《民法通则》将指定代理作为代理的一种类型，不过指定代理实质上是法院在法定代理人中指定一个作为代理人，本质上还是法定代理的一种，故《民法典》不再将指定代理作为代理的一种类型处理。

【参考答案】 AD

3. 委托人和代理人的权利和义务

《民法典》第165条："委托代理授权采用书面形式的，授权委托书应当载明代理人的姓名或者名称、代理事项、权限和期间，并由被代理人签名或者盖章。"

61.【2010年第25题】 根据民法通则及相关规定，书面委托代理的委托书授权不明的，代理过程中产生的民事责任应如何承担？

A. 被代理人不应对第三人承担民事责任

B．由代理人单独对第三人承担民事责任

C．由被代理人单独对第三人承担民事责任，代理人不承担责任

D．由被代理人对第三人承担民事责任，代理人承担连带责任

【解题思路】

《民法通则》第65条第3款规定，委托书授权不明的，被代理人应当向第三人承担民事责任，代理人负连带责任。不过，《民法典》删除了此项规定，这意味着在这种情况下，需要具体问题具体分析。如果委托书中缺少绝对必载事项，则委托不成立，此时应当由所谓的"代理人"自己承担责任；如果缺少的事项不影响委托合同的成立，则可以根据委托合同中其他条款确定进行解释，或者根据交易习惯进行解释，此时委托合同依然可能成立，由被代理人承担责任。总之，根据《民法典》的规定，本题已经没有确定的答案。

【参考答案】 无

62．【2014年第1题】根据民法通则及相关规定，下列关于代理的哪种说法是正确的？

A．公民、法人的任何民事法律行为，均可通过代理人实施

B．代理人应当在代理权限内，以自己的名义实施民事法律行为

C．民事法律行为的委托代理，应当采用书面形式

D．代理人不履行职责而给被代理人造成损害的，应当承担民事责任

【解题思路】

代理是民事领域的一项重要制度，但并不是所有的民事法律行为都可以代理，如结婚。代理人应当以被代理人的名义来实施民事法律行为，而不是以自己的名义。委托代理的关键是代理人获得了合法的授权，至于这个授权是书面的还是口头的属于形式问题。代理人如果不履行职责给被代理人造成损害，那代理人存在过错，需要承担赔偿责任。

【参考答案】 D

《民法典》第169条："代理人需要转委托第三人代理的，应当取得被代理人的同意或者追认。

转委托代理经被代理人同意或者追认的，被代理人可以就代理事务直接指示转委托的第三人，代理人仅就第三人的选任以及对第三人的指示承担责任。

转委托代理未经被代理人同意或者追认的，代理人应当对转委托的第三人的行为承担责任；但是，在紧急情况下代理人为了维护被代理人的利益需要转委托第三人代理的除外。"

63．【2012年第74题】根据民法通则及相关规定，下列关于代理的哪些说法是正确的？

A．代理包括委托代理、法定代理和指定代理

B．代理人应当在代理权限内，以被代理人的名义实施民事法律行为

C．依照法律规定应当由本人实施的民事法律行为，不得代理

D．委托代理人需要转托他人代理的，在任何情况下均应当取得被代理人的同意

【解题思路】

《民法典》将指定代理作为法定代理的

一种特殊类型，故现在代理分为委托代理和法定代理两种情形。代理人毕竟不是本人，他的行为应当受到代理权限的限制。代理人应当以被代理人的名义实施民事法律行为，如专利代理机构为客户提交专利申请时，申请人自然应当是客户自己而不是专利代理机构。在民事领域，有些事项是不能代理的，比如结婚必须由当事人自己去民政局领取结婚证，不能由他人代领。转委托原则上需要被代理人同意，但紧急情况下除外。

【参考答案】 BC

64.【2016年第36题】甲公司特邀请知名画家张某为公司庆典创作一幅书画作品，并明确约定须由张某亲自创作完成。张某在构思过程中因事务繁忙无法在规定期限内完成作品，遂请其学生王某代为完成画作，但并未告知甲公司，甲公司收到画作后支付给张某约定的画款。根据民法通则及相关规定，下列哪些说法是正确的？

A．张某因故无法在规定期限内完成作品，可以转委托他人

B．张某系为甲公司利益着想，可以转委托他人完成作品

C．根据甲公司与张某的约定，该画作应当由张某亲自完成，不能转委托他人

D．张某应按照合同亲自完成画作，其请学生王某代为完成画作的行为无效

【解题思路】

委托关系的基础在于委托人和受托人之间的信任，一般情况下需要获得委托人的同意才能够转委托。张某如果实在无法在期限内完成作品，可以与甲公司商量延长期限，也可以取消合同，不能打着为甲公司利益着想的旗号，私下委托给学生完成。张某是知名画家，王某是他的学生，双方绘画水平不同，画作价值也有天壤之别。张某在没有告知甲公司的情况下，让自己的学生代画并收取原来的报酬，显然不合适。

【参考答案】 CD

4.不当代理及其法律后果

《民法典》第164条："代理人不履行或者不完全履行职责，造成被代理人损害的，应当承担民事责任。

代理人和相对人恶意串通，损害被代理人合法权益的，代理人和相对人应当承担连带责任。"

65.【2006年第8题】代理人与第三人串通，损害被代理人利益的，根据民法通则的规定，应当如何处理？

A．由代理人和第三人负连带责任

B．由代理人承担全部责任

C．代理人承担次要责任，第三人承担主要责任

D．代理人承担主要责任，第三人承担次要责任

【解题思路】

民法的基本归责原则是过错责任，代理人与第三人串通，损害被代理人利益，代理人和第三人都存在过错，都需要承担责任。从侵权的角度上来说，他们实施的是共同侵权，应当承担连带责任。连带责任则意味着被代理人可以要求代理人和第三人共同承担，也可以要求其中任何一人承担，其合法权益更容易获得保障。

【参考答案】 A

《民法典》第167条："代理人知道或者应当知道代理事项违法仍然实施代理行为，或者被代理人知道或者应当知道代理人的代

理行为违法未作反对表示的,被代理人和代理人应当承担连带责任。"

5. 无权代理及其后果

《民法典》第171条:"行为人没有代理权、超越代理权或者代理权终止后,仍然实施代理行为,未经被代理人追认的,对被代理人不发生效力。

相对人可以催告被代理人自收到通知之日起三十日内予以追认。被代理人未作表示的,视为拒绝追认。行为人实施的行为被追认前,善意相对人有撤销的权利。撤销应当以通知的方式作出。

行为人实施的行为未被追认的,善意相对人有权请求行为人履行债务或者就其受到的损害请求行为人赔偿,但是赔偿的范围不得超过被代理人追认时相对人所能获得的利益。

相对人知道或者应当知道行为人无权代理的,相对人和行为人按照各自的过错承担责任。"

66.【2009年第54题】 甲在代理权终止后,继续以原被代理人乙的名义与丙实施民事行为。乙知道后,佯装不知情,并未作否认表示。后乙拒绝履行相关民事义务,给丙造成了损失。根据民法通则及相关规定,如果丙不知道甲代理权已经终止,则对该损失应当由何人承担责任?

A. 由甲承担

B. 由乙承担

C. 由丙自行承担

D. 由甲承担,在甲不能承担责任时,由乙承担

【解题思路】

《民法典》和《民法通则》对本题所涉情形的规定不同。根据《民法通则》的规定,如果乙明知甲以乙名义实施民事行为而不表示反对,则视为同意,由乙承担相应的法律后果。不过,《民法典》对此进行了调整,行为人的沉默不再视为同意,此时应当由行为人甲来承担责任。不过,甲承担的责任不能超过丙的信赖利益,即不能超过乙追认时丙所能获得的利益。假定在本案例中,甲的行为最终让丙损失了10万元,但是如果甲的行为获得了乙的授权,丙最终还是会损失3万元,则此时丙只能要求甲赔偿损失7万元。

【参考答案】 A

67.【2016年第35题】 根据民法通则及相关规定,对于代理人在代理权终止后的代理行为,下列哪些说法是正确的?

A. 经过被代理人追认的,被代理人承担民事责任

B. 未经被代理人追认的,行为人承担民事责任

C. 第三人知道代理权已终止还与行为人实施民事行为给他人造成损害的,由第三人和行为人负连带责任

D. 经过被代理人追认的,由行为人和被代理人各承担百分之五十的责任

【解题思路】

代理人的权限来自被代理人的授权,代表了被代理人的意志。代理权终止后,这种关系就不存在了。如果被代理人没追认,自然应当由行为人自己承担。如果经过被代理人的追认,那意味着被代理人愿意接受相应的后果,此时由被代理人承担民事责任。如果第三人知道代理权已终止还与行为人实施民事行为,那意味着第三人也有过错,此时第三人和行为人都需要承担责任。至于责

任大小，还需要根据案情具体分析，并不是每人各50%。需要注意的是，《民法通则》规定此时第三人和行为人的过错是相关联的，双方需要承担连带责任。不过《民法典》规定双方是否构成共同过错还需要进一步讨论，可能构成连带责任，也可能不构成连带责任。

【参考答案】 AB

68.【2018年第35题】根据民法总则关于无权代理民事法律行为的相关规定，下列哪些关于无权代理法律后果的表述是错误的？

A．相对人可以催告被代理人自收到通知之日起两个月内予以追认

B．行为人实施的行为未被追认的，善意相对人只能就其受到的损害请求行为人赔偿

C．相对人知道或者应当知道行为人无权代理的，相对人和行为人按照各自的过错承担责任

D．被代理人未作出表示的，视为同意追认

【解题思路】

《民法总则》中，被代理人予以追认的期限是三十日。被代理人未做出表示的，视为拒绝追认。如果行为人实施的行为未被追认，善意相对人除就其受到的损害请求行为人赔偿外，更重要的是有权要求行为人履行债务。如果能够履行，那自然比获得赔偿更有利于保护善意相对人的利益。相对人如果知道或者应当知道行为人属于无权代理，那相对人就存在过错。不过此时相对人未必和行为人互相勾结，共同过错不一定成立，故应按照各自的过错来承担责任。

【参考答案】 ABD

6. 代理关系的消灭

《民法典》第173条："有下列情形之一的，委托代理终止：

（一）代理期限届满或者代理事务完成；

（二）被代理人取消委托或者代理人辞去委托；

（三）代理人丧失民事行为能力；

（四）代理人或者被代理人死亡；

（五）作为代理人或者被代理人的法人、非法人组织终止。"

【提醒】

《民法典》增加了被代理人死亡导致委托代理终止的规定。《民法通则》中则是考虑到还存在一些例外情形，故未规定被代理人死亡会导致委托代理终止。两者相比较，《民法典》先规定一般情形再规定特殊情形的做法更为科学。被代理人死亡的，一般情况下是委托代理终止，特殊情况则例外。另外，《民法典》中的民事主体增加了非法人组织，故本条进行了适应性修改，规定非法人组织的终止也会导致委托代理终止。

69.【2008年第80题】根据民法通则的规定，下列哪些情形下委托代理终止？

A．代理人丧失民事行为能力

B．被代理人丧失民事行为能力

C．作为代理人的法人终止

D．作为被代理人的法人终止

【解题思路】

代理关系具有严格的人身属性，代理权必须由代理人亲自行使。代理人死亡、终止或者丧失民事行为能力，那代理人就无法再从事代理行为，委托代理自然应当终止。如果被代理人是法人，法人终止需要进行清算，禁止从事清算之外的行为，故此时委托

代理也应当终止。被代理人丧失民事行为能力，但他依然是一个存活的民事主体，不会导致委托代理终止。从另一个角度上说，正是因为被代理人无法亲自从事民事法律行为，才需要委托代理人。

【参考答案】 ACD

70.【2019年第35题】根据民法总则及相关规定，下列哪些情形下委托代理终止？

A．代理期间届满或者代理事务完成

B．被代理人取消委托或者代理人辞去委托

C．代理人死亡或者作为代理人的法人终止

D．代理人丧失民事行为能力

【解题思路】

委托代理可以是一段期间的代理，也可以是一项事务的代理，故代理期间届满或者代理事务完成会导致委托代理终止。委托代理需要双方之间存在代理合同，如被代理人取消委托或者代理人辞去委托，同样会导致委托代理终止。代理人死亡、丧失民事行为能力，或者作为代理人的法人终止，此时代理人无法再履行代理义务，委托代理自然会终止。

【参考答案】 ABCD

《民法典》第174条："被代理人死亡后，有下列情形之一的，委托代理人实施的代理行为有效：

（一）代理人不知道且不应当知道被代理人死亡；

（二）被代理人的继承人予以承认；

（三）授权中明确代理权在代理事务完成时终止；

（四）被代理人死亡前已经实施，为了被代理人的继承人的利益继续代理。

作为被代理人的法人、非法人组织终止的，参照适用前款规定。"

71.【2008年第62题】某专利代理机构受孙某的委托代为办理专利申请事务。代理事项尚未完成时，孙某意外身亡。在下列哪些情况下，该代理机构在孙某死亡后实施的代理行为有效？

A．该代理机构在孙某死亡前已经进行而在孙某死亡后为了孙某的继承人的利益继续完成的

B．该代理机构不知道孙某死亡的

C．孙某和该代理机构约定到代理事项完成时代理权终止的

D．孙某的继承人均予以承认的

【解题思路】

委托代理是否需要终止，需要从有利于被代理人利益的角度出发。如果代理行为继续有利于孙某继承人的利益，或者继承人都予以承认，那自然不应该终止。如果代理机构不知道被代理人死亡，那代理机构继续代理该专利申请则具有正当性。如果孙某和代理机构约定要到代理事项完成时才终止，那应当尊重双方的这个约定。

【参考答案】 ABCD

《民法典》第175条："有下列情形之一的，法定代理终止：

（一）被代理人取得或者恢复完全民事行为能力；

（二）代理人丧失民事行为能力；

（三）代理人或者被代理人死亡；

（四）法律规定的其他情形。"

【提醒】

《民法典》将指定代理归为法定代理的一种,故这里删除了指定代理的表述。法定代理主要是指监护,法院指定的代理人其实就是监护人。《民法典》中所提及的"法律规定的其他情形",指的就是监护关系消灭的情形,如法院取消指定监护。

72.【2009年第45题】根据民法通则及相关规定,下列哪些情形下指定代理终止?

A. 代理人死亡
B. 被代理人死亡
C. 代理人丧失民事行为能力
D. 被代理人恢复民事行为能力

【解题思路】

《民法典》删除了"指定代理"这一类型,将其纳入法定代理的范畴,故本题适用《民法典》中关于法定代理的规定。如果代理人死亡或者丧失行为能力,那他就无法再为被代理人服务,法定代理自然终止。如果被代理人死亡,法定代理人作为继承人,则存在利益冲突,不再适合作为代理人。法定代理制度是为了保护限制民事行为能力人和无民事行为能力人的利益。当被代理人获得完全民事行为能力之后,就可以通过自己的行为来行使权利、履行义务,也就不再需要代理人。故在这种情况下,法定代理消灭。关于D选项,《民法典》将《民法通则》中的"恢复民事行为能力"中增加了"完全"二字,使之更为精确。不过这是2009年的真题,故D项暂且选择。

【参考答案】 ABCD

五、民事责任

(一)民事责任的概念和构成要件

民事责任是指民事主体不履行民事义务时所应当承受的法律后果。在一般情况下,民事主体承担民事责任所必须具备的条件,就叫作民事责任的一般构成要件。民事责任可以分为一般侵权行为的民事责任和违反合同的民事责任两种。

(二)民事责任的分类

1. 违反合同的民事责任

违反合同的民事责任是指当事人不履行合同义务或者履行合同义务不符合约定所应承担的民事责任。

2. 侵权的民事责任

侵权责任是指行为人不法侵害社会公共财产或者他人财产、人身权利而应承担的民事责任。

表3 违约责任和侵权责任的区别

项目	违约责任	侵权责任
发生领域	合同关系	包括合同关系在内的广泛的社会经济活动中
适用条件	只要违反合同义务,无论违约行为是否造成损害后果	实施了侵权行为并造成损害事实
归责原则	无过错责任原则	过错责任为基本原则,严格责任、公平责任为补充
责任内容	主要是财产责任,对违约造成的损害赔偿也仅限于赔偿财产损失	包括财产责任和非财产责任,如消除影响、恢复名誉、赔礼道歉;在侵权损害赔偿方面,既包括对财产损失的赔偿,也包括对人身伤害和精神损害的赔偿

(三)共同侵权

1. 共同侵权的民事责任

《民法典》第1168条:"二人以上共同实施侵权行为,造成他人损害的,应当承担连带责任。"

2. 教唆、帮助他人实施侵权的民事责任

《民法典》第1169条："教唆、帮助他人实施侵权行为的，应当与行为人承担连带责任。

教唆、帮助无民事行为能力人、限制民事行为能力人实施侵权行为的，应当承担侵权责任；该无民事行为能力人、限制民事行为能力人的监护人未尽到监护职责的，应当承担相应的责任。"

（四）承担民事责任的方式

《民法典》第179条："承担民事责任的方式主要有：

（一）停止侵害；

（二）排除妨碍；

（三）消除危险；

（四）返还财产；

（五）恢复原状；

（六）修理、重作、更换；

（七）继续履行；

（八）赔偿损失；

（九）支付违约金；

（十）消除影响、恢复名誉；

（十一）赔礼道歉。

法律规定惩罚性赔偿的，依照其规定。

本条规定的承担民事责任的方式，可以单独适用，也可以合并适用。"

【提醒】

《民法典》中新加了关于惩罚性赔偿的规定。事实上，惩罚性赔偿在其他法律中已早有规定，如《侵权责任法》第47条、《消费者权益保护法》第55条和《食品安全法》第148条。

73.【2017年第37题】张某创作了文字作品《专利代理人的一天》，其著作权受到李某的侵害。根据民法通则及相关规定，张某有权要求李某承担哪些民事责任？

A．停止侵害

B．消除影响

C．赔偿损失

D．支付违约金

【解题思路】

民事责任的适用目的主要是补偿受害人因民事违约行为或侵权行为所受到的损害。如果行为人还在侵权中，那就需要停下来；如果损害已经发生，那就需要进行赔偿；如果双方事先约定了要赔多少钱，那就要按照约定支付违约金；如果侮辱了对方，给对方造成了不良影响，那就自然应当消除影响。不过，本题中涉及的是侵权的民事责任，而支付违约金属于违反合同的民事责任，需要排除。需要强调的是，《民法典》中增加了"继续履行"这一承担民事责任的方式。

【参考答案】 ABC

74.【2018年第36题】根据民法总则的相关法律规定，在侵害知识产权纠纷案件中，当事人民事责任的承担方式主要有：

A．继续履行

B．赔偿损失

C．消除影响

D．停止侵害

【解题思路】

侵害知识产权涉及的是侵权责任，赔偿损失、消除影响和停止侵害都属于侵权责任的承担方式，而继续履行是违约责任的承担方式。顺便提及的是，罚款属于行政处罚，其罚没的款项是上交国库而不是支付给被侵权人，故不属于民事责任的承担方式。

【参考答案】 BCD

（五）侵权责任的归责原则

1. 过错责任原则

《民法典》第1165条："行为人因过错侵害他人民事权益造成损害的，应当承担侵权责任。

依照法律规定推定行为人有过错，其不能证明自己没有过错的，应当承担侵权责任。"

《民法典》第1173条："被侵权人对同一损害的发生或者扩大有过错的，可以减轻侵权人的责任。"

75.【2006年第87题】 甲因过错损害了乙的财产，但乙对损害的发生也有过错。根据民法通则的规定，当事人应当如何承担民事责任？

A. 由甲全部承担

B. 由乙全部承担

C. 由甲承担，但是可以减轻其民事责任

D. 甲不承担民事责任，但其应当对乙的损失给予适当补偿

【解题思路】

在过错责任原则下，过错方需要承担责任。双方都有过错，则双方都需要承担责任。既然受害人也承担了部分责任，那侵害人的责任就相应减轻。

【参考答案】 C

2. 无过错责任原则

《民法典》第1166条："行为人造成他人民事权益损害，不论行为人有无过错，法律规定应当承担侵权责任的，依照其规定。"

3. 公平责任原则

《民法典》第1186条："受害人和行为人对损害的发生都没有过错的，依照法律的规定由双方分担损失。"

76.【2007年第84题】 甲患有癫痫病，一日在骑车回家的路上突然发病，连人带车栽倒路边，恰巧碰伤正在路边玩耍的6岁儿童乙。乙受伤的民事责任应当如何承担？

A. 由甲承担全部责任

B. 由乙的监护人承担全部责任

C. 由甲承担责任，但可以依法减轻其责任

D. 由乙的监护人和甲分担责任

【解题思路】

甲有癫痫病，在路上发病碰伤他人并没有过错。乙在路边玩耍也没有过错。在双方都没有过错的情况下，只能从公平的角度出发，分担责任。需要注意的是，在受害人也有过错的情况下，侵权人可以减轻责任，表面上和双方分担责任相同，但前提不同，责任双方都没有过错，而分担责任则是双方都有过错。

【参考答案】 D

（六）减轻或免除民事责任的情形

1. 不可抗力

《民法典》第180条："因不可抗力不能履行民事义务的，不承担民事责任。法律另有规定的，依照其规定。

不可抗力是不能预见、不能避免且不能克服的客观情况。"

2. 正当防卫

《民法典》第181条："因正当防卫造成损害的，不承担民事责任。

正当防卫超过必要的限度，造成不应

有的损害的，正当防卫人应当承担适当的民事责任。"

3. 紧急避险

《民法典》第182条："因紧急避险造成损害的，由引起险情发生的人承担民事责任。

危险由自然原因引起的，紧急避险人不承担民事责任，可以给予适当补偿。

紧急避险采取措施不当或者超过必要的限度，造成不应有的损害的，紧急避险人应当承担适当的民事责任。"

《民法典》第1245条："饲养的动物造成他人损害的，动物饲养人或者管理人应当承担侵权责任；但是，能够证明损害是因被侵权人故意或者重大过失造成的，可以不承担或者减轻责任。"

77.【2008年第26题】甲在早市购物时被乙的狗咬伤。甲躲闪时踩烂丙的水果若干，同时用丙的水果刀将狗刺伤。甲为治伤花去医疗费1000元，乙给狗治伤花去治疗费500元。对此，下列哪些说法是正确的？

A．甲受到的损失应当由乙赔偿

B．丙受到的损失应当由甲赔偿

C．丙受到的损失应当由乙赔偿

D．如果甲不赔偿乙的损失，则乙可以不赔偿甲的损失

【解题思路】

饲养动物致人损害，适用无过错责任，甲被乙的狗咬伤，乙应当承担责任。甲躲闪时踩烂丙的水果属于紧急避险且没超过必要限度，由导致险情发生的乙承担责任。甲用丙的水果刀刺伤乙的狗，属于正当防卫，不承担赔偿责任。

【参考答案】 AC

4. 紧急救助

《民法典》第184条："因自愿实施紧急救助行为造成受助人损害的，救助人不承担民事责任。"

78.【2018年第37题】根据民法总则的相关法律规定，下列哪些属于法定减轻或免除民事责任的情形？

A．意外事件

B．紧急避险

C．正当防卫

D．紧急救助

【解题思路】

为鼓励人民群众同违法犯罪行为做斗争，正当防卫造成损害的，行为人应当免除民事责任。紧急避险源自人类趋利避害的本能，行为人应当免除责任。紧急救助他人属于弘扬正能量，如不幸造成受助人损害，救助人不应当承担责任。如果是意外事件，双方都没有过错，根据公平责任的原则，由双方分担责任。

【参考答案】 BCD

六、诉讼时效

（一）诉讼时效的期间

1. 诉讼期间届满的法律后果

《民法典》第192条："诉讼时效期间届满的，义务人可以提出不履行义务的抗辩。

诉讼时效期间届满后，义务人同意履行的，不得以诉讼时效期间届满为由抗辩；义务人已经自愿履行的，不得请求返还。"

《民法典》第193条："人民法院不得主动适用诉讼时效的规定。"

79.【2018年第33题】根据民法总则关于诉讼时效的相关法律规定，下列哪些关

43

于诉讼时效届满法律后果的表述是正确的?

A．诉讼时效期间届满的,法院应该主动适用诉讼时效抗辩

B．诉讼时效期间届满后,义务人同意履行的,不得以诉讼时效期间届满为由抗辩

C．诉讼时效期间届满后,义务人已经自愿履行的,不得请求返还

D．诉讼时效期间届满后,义务人已自愿履行,可以以不当得利为由要求权利人返还

【解题思路】

诉讼时效是被告的抗辩权,只能由被告主张。法院站在中立的角度上来进行审判。法院如果主动适用诉讼时效,就意味着站在被告的立场上。诉讼时效消灭的是胜诉权而不是权利本身,如果诉讼时期间届满,义务人已经履行或者同意履行,则不能反悔。

【参考答案】 BC

2．一般诉讼时效的期间

《民法典》第188条第1款:"向人民法院请求保护民事权利的诉讼时效期间为3年。法律另有规定的,依照其规定。"

80．【2018年第4题】根据民法总则的规定,向人民法院请求保护民事权利的诉讼时效期间为多少年?

A．一年

B．两年

C．三年

D．以上均不正确

【解题思路】

《民法典》将诉讼时效从原来的2年改为3年,对权利人更为有利。

【参考答案】 C

3．特殊诉讼时效的期间

《民法典》第129条:"因国际货物买卖合同和技术进出口合同争议提起诉讼或者申请仲裁的时效期间为四年。"

81．【2015年第4题】根据民法通则及相关规定,下列关于诉讼时效期间的哪种说法是正确的?

A．向人民法院请求保护民事权利的诉讼时效期间为二年,法律另有规定的除外

B．出售质量不合格的商品未声明的诉讼时效期间为五年

C．延付或者拒付租金的诉讼时效期间为二十年

D．诉讼时效期间一律不得延长

【解题思路】

《民法典》将原来2年的普通诉讼时效改为3年,A选项已经不再正确。《民法典》删除了1年的短期诉讼时效,故出售质量不合格的商品和拒付租金现在同样适用3年的诉讼时效。从立法原意上看,这两种纠纷属于在短时间内被发现,需要及时予以处理的纠纷,诉讼时效期间不可能高于普通诉讼时效,故B选项和C选项不可能正确。《民法典》中规定,诉讼时效可以延长。

【参考答案】 无

4．期间的起算点

诉讼时效的起算点是从知道或者应当知道权利被侵害时起计算,但最长诉讼时效的起算点为权利受到侵害之时。

5．诉讼时效期间的延长

《民法典》第188条第2款:"诉讼时效期间自权利人知道或者应当知道权利受到损害以及义务人之日起计算。法律另有规定的,依照其规定。但是,自权利受到损害之

日起超过二十年的，人民法院不予保护，有特殊情况的，人民法院可以根据权利人的申请决定延长。"

（二）诉讼时效的中止

《民法典》第194条："在诉讼时效期间的最后六个月内，因下列障碍，不能行使请求权的，诉讼时效中止：

（一）不可抗力；

（二）无民事行为能力人或者限制民事行为能力人没有法定代理人，或者法定代理人死亡、丧失民事行为能力、丧失代理权；

（三）继承开始后未确定继承人或者遗产管理人；

（四）权利人被义务人或者其他人控制；

（五）其他导致权利人不能行使请求权的障碍。

自中止时效的原因消除之日起满6个月，诉讼时效期间届满。"

82.【2010年第49题】根据民法通则及相关规定，在诉讼时效期间的最后六个月内，因不可抗力导致诉讼时效中止的，从中止时效的原因消除之日起，诉讼时效期间应如何计算？

A．继续计算

B．不再计算

C．重新计算

D．延长六个月

【解题思路】

诉讼时效的中止和中断经常会放在一起考，考生需要注意辨别。对这两项制度的法律效果不是很熟悉的考生也可以通过文字的字面意思来理解。中断是已经断了，需要换一个，就是从头再来，已经经过的诉讼期间归零。所谓中止，就是暂时刹车停止下来，然后继续前进。不过《民法典》对《民法通则》中的规定进行了适当的调整，在导致时效中止的原因消除后，不再继续计算，而是改为再给予6个月。如在诉讼时效期间的最后一个月当事人遭遇了不可抗力，则不可抗力消失后，根据《民法通则》的规定，当事人的时效还剩下一个月，根据《民法典》，则当事人还有6个月的时效。

【参考答案】 D

83.【2019年第4题】2017年11月5日，张某拒绝向王某偿还到期借款，王某忙于事务一直未向张某主张权利。2019年6月5日，王某出差遇险无法行使请求权的时间为一个月。根据民法总则及相关规定，王某向人民法院请求保护其权利的诉讼时效期间为？

A．二年

B．二年1个月

C．三年

D．三年1个月

【解题思路】

《民法典》规定的诉讼时效为3年。诉讼时效中止的前提是行为人不能行使请求权的事项发生在诉讼时效的最后6个月期限内。此时为避免行为人失去主张权利的机会，故需要将诉讼时效延长6个月。王某出差遇险的事情结束后，期限还有1年多，故诉讼时效不需要延长。

【参考答案】 C

（三）诉讼时效的中断

《民法典》第195条："有下列情形之一的，诉讼时效中断，从中断、有关程序终结时起，诉讼时效期间重新计算：

（一）权利人向义务人提出履行请求；

45

（二）义务人同意履行义务；

（三）权利人提起诉讼或者申请仲裁；

（四）与提起诉讼或者申请仲裁具有同等效力的其他情形。"

84.【2006年第98题】甲借给乙1万元人民币，约定2005年6月30日还款，但乙未按期还款。2005年12月31日甲的律师向乙发出律师函，要求乙还款。乙于2006年1月15日收到该律师函。根据民法通则的规定，该律师函对诉讼时效将产生何种影响？

A．诉讼时效中止

B．诉讼时效终止

C．诉讼时效中断

D．诉讼时效延长

【解题思路】

诉讼时效制度是为了防止权利睡眠，通过剥夺怠于行使权利的权利人的胜诉权以寻求经济秩序的稳定。如果有证据证明债权人积极主张权利，那自然应受到保护。诉讼时效中断实质是对债权人利益在某些情形下的适当倾斜，是诉讼时效制度的完善和利益权衡的结果。甲发出律师函要求乙还款，积极行使了自己的权利，诉讼时效应当中断。

【参考答案】 C

85.【2017年第4题】根据民法通则及相关规定，下列关于诉讼时效的哪种说法是正确的？

A．过了诉讼时效期间，义务人履行义务后又以超过诉讼时效为由反悔的，应当予以支持

B．超过诉讼时效期间，当事人自愿履行的，不受诉讼时效限制

C．诉讼时效中止的，从中止时效的原因消除之日起，诉讼时效期间重新计算

D．诉讼时效因提起诉讼而中断，从中断的原因消除之日起，诉讼时效期间继续计算

【解题思路】

诉讼时效消灭的是胜诉权而不是实体权利，超过诉讼时效后，如果义务人不愿意履行义务，那么权利人的权利就无法获得法律强制力的保护。不过此时权利人的权利本身并没有消灭，故义务人如果愿意履行债务，法律也不会禁止。如果义务人履行义务后又反悔，同样不能获得法律支持。诉讼时效的中止和中断经常会放在一起考，考生需要注意辨别。对这两项制度的法律效果不是很熟悉的考生，也可以通过文字的字面意义来理解。中断是已经断了，需要换一个，就是从头再来，已经经过的诉讼期间归零。所谓中止，就是暂时刹车停止下来，然后继续前进。《民法通则》规定的是期限耽搁了多久就补多久，而《民法典》是一律延长6个月，后者对权利人更为有利。

【参考答案】 B

七、涉外民事关系的法律适用[1]

（一）涉外民事关系法律适用的原则

《涉外民事关系法律适用法解释》第1条："民事关系具有下列情形之一的，人民法院可以认定为涉外民事关系：

（一）当事人一方或双方是外国公民、

---

[1] 我国在2010年通过了《涉外民事关系法律适用法》，2012年又通过了该法的司法解释。虽然该法及其司法解释不是考试大纲的内容，一般情况下不会被纳入考试范围，不过，笔者认为考试应以现行有效的法律为准，根据新法优于旧法、特别法优于一般法的规则，本书中与之相关的内容以《涉外民事关系法律适用法》为准。

外国法人或者其他组织、无国籍人；

（二）当事人一方或双方的经常居所地在中华人民共和国领域外；

（三）标的物在中华人民共和国领域外；

（四）产生、变更或者消灭民事关系的法律事实发生在中华人民共和国领域外；

（五）可以认定为涉外民事关系的其他情形。"

86.【2009年第96题】根据民法通则及相关规定，下列哪些属于涉外民事关系？

A．民事关系一方当事人是无国籍人，另一方当事人是中国人的

B．民事关系双方当事人均是外国人，但争议的标的物在中国的

C．民事关系双方当事人是中国人，但争议的标的物在外国的

D．民事关系一方当事人是中国人，但产生民事权利义务关系的法律事实发生在外国的

【解题思路】

顾名思义，所谓"涉外"，就是涉及外国的因素，即和外国沾上一点边的都应该计算在内。民事主体、标的物或者是法律事实涉及外国，都算是"涉外"。另外，所谓"涉外"意味着还有些要素在国内，如果所有要素都发生在国外，那就不是"涉外"而是"纯外"。

【参考答案】 ABCD

涉外民事法律关系适用的原则主要包括：

（1）国际条约优先。中国缔结或者参加的国际条约同国内法有不同规定的，适用国际条约的规定，但中国声明保留的条款除外。

（2）当事人意思自治原则及其例外。涉外合同的当事人可以选择处理合同争议所适用的法律，法律另有规定的除外。法律另有规定一般主要指在中国境内履行的中外合资经营企业合同、中外合作经营企业合同以及中外合作勘探自然资源合同，这些合同只能适用中国法律。

（3）最密切联系原则。为了方便进行管理，应当适用关系最为密切的法律。涉外合同的当事人没有选择的，适用与合同有最密切联系的国家的法律。该原则的适用前提是当事人没有约定。

（4）国际惯例补缺原则。国际惯例也是一种具有约束力的规则，但其效力在国际条约和国内法律之下。如果国内法和国际条约没有规定的，可以适用国际惯例。

87.【2006年第9题】关于涉外民事关系的法律适用，下列说法哪些是正确的？

A．我国缔结或者参加的国际条约同我国的民事法律有不同规定的，适用国际条约的规定，但我国声明保留的条款除外

B．我国法律和我国缔结或者参加的国际条约没有规定的，可以适用国际惯例

C．我国公民不论定居在国内还是国外，他的民事行为能力只能适用我国法律

D．涉外合同的当事人可以选择处理合同争议所适用的法律，但法律另有规定的除外

【解题思路】

在涉外民事法律关系的法律适用中，国际条约优先，国际惯例只能补缺。我国公民如果在国外，民事行为能力适用定居国法律。涉外合同的准据法实行意思自治，但如果法律对适用何种法律有明确规定，则排除

47

当事人意思自治。

【参考答案】 ABD

（二）定居国外的自然人的民事行为能力的法律适用

《涉外民事关系法律适用法》第12条："自然人的民事行为能力，适用经常居所地法律。

自然人从事民事活动，依照经常居所地法律为无民事行为能力，依照行为地法律为有民事行为能力的，适用行为地法律，但涉及婚姻家庭、继承的除外。"

（三）涉外不动产的法律适用

《涉外民事关系法律适用法》第36条："不动产物权，适用不动产所在地法律。"

（四）涉外合同争议的法律适用

《涉外民事关系法律适用法》第41条："当事人可以协议选择合同适用的法律。当事人没有选择的，适用履行义务最能体现该合同特征的一方当事人经常居所地法律或者其他与该合同有最密切联系的法律。"

（五）涉外侵权纠纷的法律适用

《涉外民事关系法律适用法》第44条："侵权责任，适用侵权行为地法律，但当事人有共同经常居所地的，适用共同经常居所地法律。侵权行为发生后，当事人协议选择适用法律的，按照其协议。"

88.【2017年第38题】根据民法通则及相关规定，下列有关涉外民事关系法律适用的哪些说法是正确的？

A. 不动产的所有权，适用不动产所在地法律

B. 侵权行为的损害赔偿，适用侵权行为地法律；当事人双方国籍相同或者在同一国家有住所的，也可以适用当事人本国法律或者住所地法律

C. 扶养适用与被扶养人有最密切联系的国家的法律

D. 遗产为动产的，其法定继承适用被继承人死亡时住所地法律

【解题思路】

不动产无法移动，不动产的所有权适用不动产所在地法律，这属于国际惯例。侵权行为的法律适用，可以从属人管辖和属地管辖两个角度来确定。根据《涉外民事关系法律适用法》，排除侵权行为地法的前提是双方在某国有共同的居所，并且在这种情况下是"应当"适用共同居所地的法律，而不是"可以"适用。如一位中国公民和一位美国公民在日本发生肢体冲突，处理本案时应当适用日本法律。不过如果这两位公民都在法国有经常居所地，则应当适用法国法律。关于扶养，《涉外民事关系法律适用法》则规定适用一方当事人经常居所地法律、国籍国法律或者主要财产所在地法律中有利于保护被扶养人权益的法律。遗产的继承，如果涉及动产的，适用被继承人死亡时经常居所地法律。D选项中为"住所地"指的是户籍所在地，而"经常居住地"指的是离开住所地至死亡时已连续居住1年以上的地方。D选项的表述来自《民法通则》，根据《涉外民事关系法律适用法》也有不严密之嫌，这里姑且选择。

【参考答案】 ACD

（六）涉外婚姻的法律适用

《涉外民事关系法律适用法》第21条："结婚条件，适用当事人共同经常居所地法律；没有共同经常居所地的，适用共同国籍国法律；没有共同国籍，在一方当事人经常

居所地或者国籍国缔结婚姻的,适用婚姻缔结地法律。"

《涉外民事关系法律适用法》第26条:"协议离婚,当事人可以协议选择适用一方当事人经常居所地法律或者国籍国法律。当事人没有选择的,适用共同经常居所地法律;没有共同经常居所地的,适用共同国籍国法律;没有共同国籍的,适用办理离婚手续机构所在地法律。"

《涉外民事关系法律适用法》第27条:"诉讼离婚,适用法院地法律。"

(七)涉外抚养的法律适用

《涉外民事关系法律适用法》第29条:"扶养,适用一方当事人经常居所地法律、国籍国法律或者主要财产所在地法律中有利于保护被扶养人权益的法律。"

(八)涉外继承的法律适用

《涉外民事关系法律适用法》第31条:"法定继承,适用被继承人死亡时经常居所地法律,但不动产法定继承,适用不动产所在地法律。"

89.【2012年第92题】根据民法通则及相关规定,关于涉外民事关系的法律适用,下列哪些说法是正确的?

A. 中华人民共和国公民定居国外的,他的民事行为能力可以适用定居国法律

B. 不动产的所有权,适用不动产所在地法律

C. 除法律另有规定外,涉外合同的当事人可以选择处理合同争议所适用的法律

D. 动产遗产的法定继承适用继承人住所地的法律

【解题思路】

关于定居国外的中国自然人的民事行为能力,涉及的法律包括《民法通则》和《涉外民事关系法律适用法》。不过,后者对《民法通则》的部分规定进行了修正。在《民法典》施行后,《民法通则》不再适用,而《民法典》也并没有规定涉外条款,故此时的依据就只剩《涉外民事关系法律适用法》。俗话说"入乡随俗",中国公民定居国外,民事行为能力适用定居国法律也是应有之义。当然,A选项中有"可以",而《涉外民事关系法律适用法》第12条并没有"可以",这里也不过于吹毛求疵,姑且认为正确。不动产的所有权,适用不动产所在地法律,这是各国法律普遍适用的原则。根据意思自治的原则,民事关系中,当事人可以选择适用的法律,当然法律另有规定的除外。动产的法定继承适用的是被继承人(即死者)死亡时的住所地,而不是继承人的住所地。

【参考答案】 ABC

第二节 合同

【基本要求】

了解合同的概念以及《民法典》"合同编"的一般规定;熟悉关于合同订立、变更、终止的基本规定;掌握合同的履行及违约责任的规定;掌握技术合同和委托合同的基本规定。

本节内容主要涉及《民法典》"合同编"及其相关司法解释的规定。

一、合同的适用范围和基本原则

（一）合同的适用范围

1. 合同的含义

《民法典》第464条第1款："合同是民事主体之间设立、变更、终止民事法律关系的协议。"

2. 合同编的适用范围

《民法典》第464条第2款："婚姻、收养、监护等有关身份关系的协议，适用有关该身份关系的法律规定；没有规定的，可以根据其性质参照适用本编规定。"

1.【2017年第5题】根据《合同法》及相关规定，下列哪种情形适用《合同法》的规定？

A. 商标权人林某与某公司签订的商标权转让协议

B. 张某与某福利院签订的收养该福利院孤儿的协议

C. 房屋征收部门对被征收人郑某作出的征收决定及其补偿决定

D. 刘某与徐某签订的解除婚姻关系协议

【解题思路】

《民法典》"合同编"调整的是民事法律关系，房屋征收部门征收房屋的行为属于行政法律关系，不属于《民法典》"合同编"的调整范围。另外，民事法律关系包括人身关系和财产关系两种，不过《民法典》"合同编"只调整财产关系。婚姻和收养都涉及人身关系，也不属于《民法典》"合同编"的调整范围。

【参考答案】 A

2.【2018年第39题】下列哪些合同属于《中华人民共和国合同法》中列明的有名合同？

A. 合作经营合同

B. 融资租赁合同

C. 劳务派遣合同

D. 技术合同

【解题思路】

《民法典》"合同编"调整平等民事主体之间的交易，如融资租赁、转让技术等。中国和外国的当事人签订协议成立合作企业，兹事体大，有专门的《中外合作经营企业法》进行规制。劳务派遣合同由《劳动合同法》进行规定，同样不属于《民法典》"合同编"的范围。在劳动合同的签署过程中，双方当事人可以说是平等的，但在合同执行过程中，企业和劳动者之间存在管理和被管理的关系，这和一般合同中甲乙双方的平等关系不同。考生翻阅《民法典》"合同编"也会发现，该法中并不存在关于劳动合同的相关条文。

【参考答案】 BD

（二）合同编的基本原则

《合同法》中所规定的基本原则与《民法典》总则部分基本一致，《合同法》变为《民法典》中的"合同编"后，可以直接适用《民法典》中的相关规定，故"合同编"中没有必要再重复规定基本原则。

《民法典》中的基本原则规定在总则部分，包括平等原则、自愿原则、公平原则、诚信原则、公序良俗原则、绿色原则、习惯补充原则等。具体可见本书第一章第一节。

3.【2019年第39题】根据合同法及相关规定，下列说法正确的是？

A. 合同关系是发生在平等的民事主体之间的法律关系

B. 当事人缔结合同应当遵循诚实信用的原则

C. 合同关系应当为有偿关系

D. 合同关系的缔结以当事人间的合意为基础

【解题思路】

《民法典》"合同编"属于民法这个法律部门，规制的是平等的民事主体之间的法律关系。平等意味着合同双方需要协商一致，达成合意，一方不得将自己的意志强加给另一方。诚实信用是民事领域的"帝王原则"，缔结合同时自然应当遵守该原则。大部分合同是有偿的，但也有无偿的，如赠与合同。

【参考答案】 ABD

二、合同的订立

（一）合同的形式

《民法典》第469条第1款："当事人订立合同，可以采用书面形式、口头形式或者其他形式。"

1. 书面形式

《民法典》第469条第2～3款："书面形式是合同书、信件、电报、电传、传真等可以有形地表现所载内容的形式。

以电子数据交换、电子邮件等方式能够有形地表现所载内容，并可以随时调取查用的数据电文，视为书面形式。"

2. 口头形式

口头形式是指当事人面对面谈话或者以通信设备如电话交谈达成协议。数额较小或者现款交易合同通常采用口头形式，如在自由市场买菜、在商店买衣服等。口头合同是老百姓日常生活中广泛采用的合同形式。

3. 其他形式

其他形式是指除书面形式和口头形式以外的方式来表现合同内容的形式。我们可以根据当事人的行为或者特定情形推定合同的成立，或者也可以称为默示合同，如租赁房屋的合同，在租赁房屋的合同期满后，出租人未提出让承租人退房，承租人也未表示退房且继续交房租，出租人仍然接受租金。根据双方当事人的行为，我们可以推定租赁合同继续有效。

（二）合同的一般条款

《民法典》第470条："合同的内容由当事人约定，一般包括下列条款：

（一）当事人的姓名或者名称和住所；

（二）标的；

（三）数量；

（四）质量；

（五）价款或者报酬；

（六）履行期限、地点和方式；

（七）违约责任；

（八）解决争议的方法。

当事人可以参照各类合同的示范文本订立合同。"

（三）要约和承诺

1. 要约邀请的含义及其效力

《民法典》第473条："要约邀请是希望他人向自己发出要约的表示。拍卖公告、招标公告、招股说明书、债券募集办法、基金招募说明书、商业广告和宣传、寄送的价目表等为要约邀请。

商业广告和宣传的内容符合要约条件的，构成要约。"

【提醒】

要约邀请可以是向特定人发出，也可

以是向不特定的人发出。要约邀请与要约不同，要约一经承诺，合同就成立，而要约邀请只是邀请他人向自己发出要约，自己如果承诺才成立合同。要约邀请处于合同的准备阶段，没有法律约束力。

4.【2017年第39题】甲公司发布招标公告，选择专利代理机构办理专利复审事务。乙专利代理机构根据该招标公告制作并提交了投标书参加投标。根据合同法及相关规定，下列哪些说法是正确的？

A. 甲公司发布的招标公告是要约邀请

B. 甲公司发布的招标公告是要约

C. 乙专利代理机构提交的投标书可以撤回，撤回该投标书的通知应当在甲公司发出承诺通知之前到达甲公司

D. 乙专利代理机构提交的投标书可以撤销，撤销该投标书的通知应当在甲公司发出承诺通知之前到达甲公司

【解题思路】

分辨要约邀请和要约的关键是看内容是否确定，甲公司的招标公告面向众多的代理机构，价格也没有确定，故属于要约邀请。乙公司的投标书则内容已经确定，属于要约。分辨要约和承诺则是看行为人是给出了自己的报价，还是对他人发出的报价表示同意。要约到达受要约人之后才涉及撤销问题；如果还没有到达，就是撤回。

【参考答案】 AD

5.【2019年第40题】根据合同法及相关规定，下列哪些选项属于要约？

A. 超市货架上的商品标价陈列

B. 自动售货机上标明可口可乐2.5元一罐

C. 在拍卖现场，举牌竞拍

D. 发布招股说明书，募集股份

【解题思路】

要约需要内容具体确定。超市货架上的商品、自动售货机里的饮料以及在拍卖会上举牌竞拍，价格都已经确定。至于商品的数量、交付方式等，都可以通过商业惯例确定。因此，前述选项都构成要约。招股说明书中，股价并不确定，属于要约邀请。

【参考答案】 ABC

2. 要约的含义及其要件

《民法典》第472条："要约是希望与他人订立合同的意思表示，该意思表示应当符合下列条件：

（一）内容具体确定；

（二）表明经受要约人承诺，要约人即受该意思表示约束。"

6.【2007年第14题】某超市在报纸上登出广告，求购一级大米10吨，价格面议。某粮食厂给超市打电话，表示有二级大米10吨，每吨2500元，如果超市同意购买，即刻送货上门，货到付款。据此，下列说法哪些是正确的？

A. 超市的广告构成要约

B. 粮食厂的意思表示构成承诺

C. 超市的广告构成要约邀请

D. 粮食厂的意思表示构成要约

【解题思路】

要约的内容必须特定化，超市的广告中价格需要面议，故属于要约邀请。超市既然没有发出要约，那粮食厂的回应就不可能是承诺。此外，超市要的是一级大米，粮食厂的是二级大米，发生了实质性改变。粮食厂的电话中，包含了合同标的的性质、数量、价格、送货方式及付款方式，并且表示

只要超市同意即送货上门，意思表示内容具体确定，并且愿意受该意思表示约束，属于要约。

【参考答案】 CD

3. 要约的效力

《民法典》第 474 条："要约生效的时间适用本法第一百三十七条的规定。"

《民法典》第 137 条："以对话方式作出的意思表示，相对人知道其内容时生效。

以非对话方式作出的意思表示，到达相对人时生效。以非对话方式作出的采用数据电文形式的意思表示，相对人指定特定系统接收数据电文的，该数据电文进入该特定系统时生效；未指定特定系统的，相对人知道或者应当知道该数据电文进入其系统时生效。当事人对采用数据电文形式的意思表示的生效时间另有约定的，按照其约定。"

7.【2012 年第 49 题】根据合同法及相关规定，下列哪些说法是正确的？

A．要约是希望和他人订立合同的意思表示

B．要约邀请是希望他人向自己发出要约的意思表示

C．要约在发出时生效

D．要约到达受要约人时生效

【解题思路】

A、B 选项为要约和要约邀请的定义。要约可以撤销也可以撤回，而撤销要求是在要约生效之前。如果要约发出就生效，那要约撤回根本没有机会实现，故要约应当到达受要约人时生效。

【参考答案】 ABD

4. 要约的撤销、撤回

《民法典》第 475 条："要约可以撤回。要约的撤回适用本法第一百四十一条的规定。"

《民法典》第 141 条："行为人可以撤回意思表示。撤回意思表示的通知应当在意思表示到达相对人前或者与意思表示同时到达相对人。"

8.【2016 年第 40 题】甲公司向乙公司发出要约，欲购买其生产的路由器。要约发出后，甲公司因资金周转困难欲撤回要约。根据合同法及相关规定，下列哪些情形下，甲公司发出的要约被撤回？

A．撤回要约的通知在要约到达乙公司之前到达乙公司

B．撤回要约的通知与要约同时到达乙公司

C．撤回要约的通知在要约到达乙公司之后、乙公司发出承诺通知之前到达乙公司

D．撤回要约的通知在乙公司发出承诺通知的同时到达乙公司

【解题思路】

撤回要约需要行为人的动作快一些，即撤回要约的时间要早于要约到达的时间，至少也是和要约同时到达。要约到达对方后，那就是撤销而不是撤回的问题。

【参考答案】 AB

《民法典》第 476 条："要约可以撤销，但是有下列情形之一的除外：

（一）要约人以确定承诺期限或者其他形式明示要约不可撤销；

（二）受要约人有理由认为要约是不可撤销的，并已经为履行合同做了合理准备工作。"

《民法典》第 477 条："撤销要约的意思表示以对话方式作出的，该意思表示的内容

应当在受要约人作出承诺之前为受要约人所知道；撤销要约的意思表示以非对话方式作出的，应当在受要约人作出承诺之前到达受要约人。"

9.【2014年第49题】 根据合同法及相关规定，在下列哪些情形下，要约不得撤销？

A．要约已经到达受要约人

B．要约人确定了承诺期限

C．要约人明示要约不可撤销

D．受要约人有理由认为要约是不可撤销的，并已经为履行合同作了准备工作

【解题思路】

要约到达受要约人之后才涉及撤销问题，如果还没有到达，那是撤回。如果要约到达受要约人之后都不得撤销，那就变成所有的要约都不能撤销。不可撤销的要约要么是要约人有不撤销要约的明确表示，要么是受要约人有理由认为要约不可撤销并依其信赖行事，确定承诺期限，明示不可撤销或者是对方有理由相信该要约不可撤销。

【参考答案】 BCD

《民法典》第478条："有下列情形之一的，要约失效：

（一）要约被拒绝；

（二）要约被依法撤销；

（三）承诺期限届满，受要约人未作出承诺；

（四）受要约人对要约的内容作出实质性变更。"

10.【2018年第40题】 根据合同法的规定，下列哪些情形下要约失效？

A．甲对乙讲："我有八成新电脑一台，5000元卖给你，买吗？"乙表示不买

B．甲发传真给乙，表明"现有大米1万吨，批发价格每斤1元，款到发货，请于收到传真后一周内答复"。乙收到该传真后一直未予答复

C．甲为将某物卖给乙而发送电子邮件询问，请乙在一周内回复，发信后即感报价过低而后悔，当天致电乙表明撤销该要约

D．甲对乙表示愿将数码相机30000元转让给乙，乙表示愿意以15000元的价格购买

【解题思路】

A选项中，甲向乙发出的电脑销售邀约被乙拒绝，要约失效。B选项中，甲向乙发出的传真答复期限为一周，乙超过一周没有答复，要约失效。D选项中，甲向乙发出转让数码相机的要约，乙对价格进行改变，要约失效。C选项中，甲向乙发出的电子邮件中明确规定了答复期限，这种要约不能被撤销，甲致电给乙并不能撤销要约。

【参考答案】 ABD

5. 承诺的含义

《民法典》第479条："承诺是受要约人同意要约的意思表示。"

6. 承诺的要件

《民法典》第480条："承诺应当以通知的方式作出；但是，根据交易习惯或者要约表明可以通过行为作出承诺的除外。"

《民法典》第481条："承诺应当在要约确定的期限内到达要约人。

要约没有确定承诺期限的，承诺应当依照下列规定到达：

（一）要约以对话方式作出的，应当即时作出承诺；

（二）要约以非对话方式作出的，承诺

应当在合理期限内到达。"

《民法典》第482条:"要约以信件或者电报作出的,承诺期限自信件载明的日期或者电报交发之日开始计算。信件未载明日期的,自投寄该信件的邮戳日期开始计算。要约以电话、传真、电子邮件等快速通讯方式作出的,承诺期限自要约到达受要约人时开始计算。"

7. 承诺的效力

《民法典》第483条:"承诺生效时合同成立,但是法律另有规定或者当事人另有约定的除外。"

《民法典》第484条:"以通知方式作出的承诺,生效的时间适用本法第一百三十七条的规定。

承诺不需要通知的,根据交易习惯或者要约的要求作出承诺的行为时生效。"

8. 承诺的撤回和延迟

《民法典》第485条:"承诺可以撤回。承诺的撤回适用本法第一百四十一条的规定。"

【提醒】

由于承诺通知到达要约人时生效,故如果撤回承诺的通知晚于承诺的通知到达要约人,则承诺已经生效。承诺一生效,则合同已成立。如果此时受要约人此时还能撤回承诺,那就意味着他有单方解除合同的权利。如果真是这样,那对要约人不公平。

《民法典》第486条:"受要约人超过承诺期限发出承诺,或者在承诺期限内发出承诺,按照通常情形不能及时到达要约人的,为新要约;但是,要约人及时通知受要约人该承诺有效的除外。"

《民法典》第487条:"受要约人在承诺期限内发出承诺,按照通常情形能够及时到达要约人,但是因其他原因致使承诺到达要约人时超过承诺期限的,除要约人及时通知受要约人因承诺超过期限不接受该承诺外,该承诺有效。"

《民法典》第488条:"承诺的内容应当与要约的内容一致。受要约人对要约的内容作出实质性变更的,为新要约。有关合同标的、数量、质量、价款或者报酬、履行期限、履行地点和方式、违约责任和解决争议方法等的变更,是对要约内容的实质性变更。"

11.【2016年第39题】甲公司向乙公司去函表示:"我公司生产的W型路由器,每台单价200元。如果需要请与我公司联系。"乙公司回函:"我公司愿向贵公司订购W型路由器500台,每台单价150元,如无异议,请于一个月内供货。"十天后,甲公司向乙公司发出500台路由器,并要求乙公司按照每台200元的价格付款,乙公司拒收。根据合同法及相关规定,下列哪些说法是正确的?

A. 甲公司向乙公司的去函是要约
B. 甲公司向乙公司的去函是要约邀请
C. 乙公司向甲公司的回函是新要约
D. 乙公司向甲公司的回函是承诺

【解题思路】

要约的内容必须具体确定,甲公司的去函明确了每台W型路由器的单价,属于要约而不是要约邀请。承诺的内容应当与要约的内容一致,乙公司的回函对价格作了修改,属于实质性变更,不构成承诺,属于新的要约。

【参考答案】 AC

《民法典》第489条:"承诺对要约的内

容作出非实质性变更的，除要约人及时表示反对或者要约表明承诺不得对要约的内容作出任何变更外，该承诺有效，合同的内容以承诺的内容为准。"

（四）合同的成立

1. 合同成立的要件

合同的成立，应当具备以下两个条件：①必须有两个以上的当事人。如果仅有一方当事人，无法成立合同。②各方当事人就主要条款达成一致。合同的主要条款明确了合同的基本内容，当事人各方对合同主要条款协商一致，是合同成立的标志。

2. 合同成立的时间

合同成立的时间，应根据不同种类的合同所具有的不同特点加以确定。

（1）承诺生效时成立。

《民法典》第483条："承诺生效时合同成立，但是法律另有规定或者当事人另有约定的除外。"

（2）合同签字盖章或实际履行时成立。

《民法典》第490条："当事人采用合同书形式订立合同的，自当事人均签名、盖章或者按指印时合同成立。在签名、盖章或者按指印之前，当事人一方已经履行主要义务，对方接受时，该合同成立。

法律、行政法规规定或者当事人约定合同应当采用书面形式订立，当事人未采用书面形式但是一方已经履行主要义务，对方接受时，该合同成立。"

12.【2008年第73题】 甲乙双方口头约定：甲将其祖传名画以5万元的价格卖给乙，交画日期为2008年2月1日，付款期限为同年2月10日之前，由双方签订书面合同予以确认。后甲依约定将画交付乙。乙接受该画，但以价格过高为由拒绝付款，并要求降低价格。双方一直未能签订书面合同。对此，下列哪些说法是正确的？

A．双方约定签订书面合同但实际并未签订，故合同不成立

B．双方虽未签订书面合同，但甲已将画交付于乙，乙予以接受，故合同成立

C．甲有权请求乙支付该画的价款5万元

D．因乙未付款，故该画所有权仍属于甲

【解题思路】

甲乙没有签订合同，但双方有口头约定，并且甲已经将画交付给乙，乙已经接受，故合同成立。在合同制度中，形式不是主要的，重要的在于当事人之间是否达成了一致。如果合同已经得到履行，即使没有以法律规定或者双方约定的书面形式订立，合同也应当成立。在双方没有特别约定的情况下，标的物的所有权自交付时转移，甲已经将画交付，该画册的所有权已经属于乙，甲只能要求乙支付价款，不能主张所有权还未转移。

【参考答案】 BC

（3）签订确认书时成立。

《民法典》第491条："当事人采用信件、数据电文等形式订立合同要求签订确认书的，签订确认书时合同成立。

当事人一方通过互联网等信息网络发布的商品或者服务信息符合要约条件的，对方选择该商品或者服务并提交订单成功时合同成立，但是当事人另有约定的除外。"

13.【2018年第5题】 甲6月10日向乙发信，表示欲购某型号钢材，并称必须采

用合同书形式订立合同。6月13日乙与甲通话表示同意，并与之商定了钢材的型号、单价和数量，乙随即制作了合同书并寄出，甲于6月16日在合同书上签字后寄往乙处，乙收到后于6月19日在合同书上签字，6月22日双方经商议又签订了一份确认书。甲乙之间的合同于何时成立？

A. 6月13日
B. 6月16日
C. 6月19日
D. 6月22日

【解题思路】

甲乙双方既然已经确定用合同书的形式来订立合同，那么合同成立时间就应当是双方签字盖章之日。甲于6月16日签字，乙是6月19日签字，以后一个为准。合同双方如果以信件、数据电文等形式订立合同，那就缺少一个完整记录合同事项的载体，此时可以通过签订确认书来确定合同内容。不过本案中，甲乙双方是通过合同书来订立合同，并不需要多此一举地再签订确认书。甲乙双方在签订确认书之前，合同早已成立。

【参考答案】 C

14.【2019年第41题】根据合同法及相关规定，关于合同的成立，下列说法正确的是？

A. 受要约人在承诺期限内作出承诺，该承诺因送达原因而迟到的，除要约人及时通知受要约人因承诺超过期限不接受该承诺的以外，该承诺有效
B. 以信件往来方式订立的合同，当事人不可以在合同成立之前再要求签订确认书
C. 采用数据电文形式订立合同的，当事人可以在合同成立之前要求签订确认书
D. 法律规定采用书面形式订立合同，当事人没有采用书面形式，但一方履行了主要义务，对方也接受的，合同成立

【解题思路】

受要约人在承诺期限内作出承诺，通常都应该能够及时送达。如果发生意外送达迟到，要约人需要及时通知对方，以免受要约人受到损失。以信件往来方式或数据电文方式订立的合同，合同相关条款散落在来往的信件中。为避免争议，当事人可以要求在合同成立前签订确认书。合同更注重的是"里子"，而不是外在形式的"面子"。如果合同已经履行完毕，对方也接受了，那合同自然就应当成立。

【参考答案】 ACD

3. 合同成立的地点

合同成立的地点又称合同的签订地。对合同成立地点的确定，同样要考虑合同的种类、形式等因素。

（1）承诺生效地。

《民法典》第492条："承诺生效的地点为合同成立的地点。

采用数据电文形式订立合同的，收件人的主营业地为合同成立的地点；没有主营业地的，其住所地为合同成立的地点。当事人另有约定的，按照其约定。"

（2）签字盖章地。

《民法典》第493条："当事人采用合同书形式订立合同的，最后签名、盖章或者按指印的地点为合同成立的地点，但是当事人另有约定的除外。"

15.【2014年第9题】北京市的甲公司和上海市的乙公司采用合同书形式订立合

同。在合同订立过程中，双方在深圳市谈妥合同主要条款后，在广州市盖章。根据合同法及相关规定，该合同成立的地点为下列哪个城市？

A．北京市

B．上海市

C．深圳市

D．广州市

【解题思路】

采用合同书签订合同的，合同成立地为双方签字盖章地。虽然合同的主要条款是在深圳谈妥，但盖章是在广州，合同成立地只能是广州。

【参考答案】 D

16.【2011年第58题】根据合同法及相关规定，在没有约定的情况下，对于采用数据电文形式订立合同，下列说法哪些是正确的？

A．发件人有主营业地的，其主营业地为合同成立的地点

B．发件人没有主营业地的，其经常居住地为合同成立的地点

C．收件人有主营业地的，其主营业地为合同成立的地点

D．收件人没有主营业地的，其经常居住地为合同成立的地点

【解题思路】

合同成立的地点是承诺生效的地点，作出承诺的是收件人，故合同成立地点以收件人所在地为准。收件人的所在地包括主营业地和经常居住地，其中主营业地优先。

【参考答案】 CD

（五）格式条款合同

1. 格式条款合同的含义

《民法典》第496条第1款："格式条款是当事人为了重复使用而预先拟定，并在订立合同时未与对方协商的条款。"

2. 格式条款合同的订立规则

《民法典》第496条第2款："采用格式条款订立合同的，提供格式条款的一方应当遵循公平原则确定当事人之间的权利和义务，并采取合理的方式提示对方注意免除或者减轻其责任等与对方有重大利害关系的条款，按照对方的要求，对该条款予以说明。提供格式条款的一方未履行提示或者说明义务，致使对方没有注意或者理解与其有重大利害关系的条款的，对方可以主张该条款不成为合同的内容。"

3. 格式条款的效力

《民法典》第497条："有下列情形之一的，该格式条款无效：

（一）具有本法第一编第六章第三节和本法第五百零六条规定的无效情形；

（二）提供格式条款一方不合理地免除或者减轻其责任、加重对方责任、限制对方主要权利；

（三）提供格式条款一方排除对方主要权利。"

17.【2016年第42题】某家具制造商与批发商签订的合同是该家具制造商为了重复使用而预先拟定的合同书，订立合同时并未与该批发商协商相关条款。该合同书中规定，如果因为家具质量原因给消费者造成损害的，家具制造商概不负责。且该责任条款并没有采取合理的方式提请批发商注意。根据合同法及相关规定，下列哪些说法是正确的？

A．该责任条款是格式条款

B．该责任条款无效

C. 该责任条款有效

D. 如果家具因为质量原因给消费者造成损害，该家具制造商不负责任

【解题思路】

该责任条款是家具制造商自己拟定的，并没有和批发商协商，属于格式条款。合同条款必须遵守公平原则，如果因家具质量问题给消费者造成损害都不承担民事责任，那显然不公平。此外，对于这种免除己方责任的条款，家具制造商需要采取合理的方式提请批发商注意，题中的制造商显然没有履行此项义务，这一点也会影响到格式条款的效力。

【参考答案】 AB

4. 格式条款的解释

《民法典》第498条："对格式条款的理解发生争议的，应当按照通常理解予以解释。对格式条款有两种以上解释的，应当作出不利于提供格式条款一方的解释。格式条款和非格式条款不一致的，应当采用非格式条款。"

18.【2019年第42题】根据合同法及相关规定，下列关于格式条款的说法正确的是？

A. 格式条款是当事人为了重复使用而预先拟定，并在订立合同时未与对方协商确定的条款

B. 提供格式条款一方排除对方主要权利的条款无效

C. 对格式条款有两种以上解释的，应当作出有利于提供格式条款一方的解释

D. 格式条款和非格式条款不一致的，应当采用格式条款

【解题思路】

格式条款是一方当事人单方拟定的，并没有和另外一方协商，如我们去银行开户使用的合同就是提供了格式条款的格式合同。使用格式条款可以使交易方便快捷，但也容易损害另一方当事人的利益。为保证公平，格式条款排除对方主要权利的无效；对格式条款有两种以上解释，应当不利于提供格式条款一方。非格式条款是当事人协商的结果，故如果和格式条款不一致，应当采用非格式条款。

【参考答案】 AB

（六）订立合同过程中的责任

1. 订立合同过程中的缔约过失赔偿责任

《民法典》第500条："当事人在订立合同过程中有下列情形之一，造成对方损失的，应当承担赔偿责任：

（一）假借订立合同，恶意进行磋商；

（二）故意隐瞒与订立合同有关的重要事实或者提供虚假情况；

（三）有其他违背诚信原则的行为。"

19.【2016年第43题】根据合同法及相关规定，当事人在订立合同过程中有下列哪些情形给对方造成损失的，应当承担损害赔偿责任？

A. 故意提供虚假情况

B. 假借订立合同，恶意进行磋商

C. 不正当地使用在订立合同过程中知悉的商业秘密

D. 泄露在订立合同过程中知悉的商业秘密

【解题思路】

在订立合同过程中，如果一方存在恶

意，给对方造成了损失，则需要承担赔偿责任。上述都是存在恶意的情况，从公平的角度出发，很容易选出正确答案。

【参考答案】 ABCD

2.订立合同过程中的保密责任

《民法典》第501条："当事人在订立合同过程中知悉的商业秘密或者其他应当保密的信息，无论合同是否成立，不得泄露或者不正当地使用；泄露、不正当地使用该商业秘密或者信息，造成对方损失的，应当承担赔偿责任。"

20.【2006年第10题】甲公司与乙公司就数码相机购销协议进行洽谈，其间，乙的商业秘密被甲公司获悉。甲公司将该商业秘密泄漏给乙公司的竞争对手，导致乙的市场份额锐减。据此，下列哪些说法是正确的？

A．甲的行为属于正常的商业行为
B．甲的行为侵犯了乙的商业秘密
C．甲应当承担违约责任
D．甲应当承担损害赔偿责任

【解题思路】

甲将乙的商业秘密泄露给其竞争对手，构成侵犯商业秘密。侵犯商业秘密的行为自然不属于正常的商业行为。另外，由于合同没有达成，故这不是违约责任而是侵权责任。

【参考答案】 BD

三、合同的效力

（一）合同的生效

1.一般合同的生效

《民法典》第502条第1款："依法成立的合同，自成立时生效，但是法律另有规定或者当事人另有约定的除外。"

2.特殊合同的生效

《民法典》第502条第2～3款："依照法律、行政法规的规定，合同应当办理批准等手续的，依照其规定。未办理批准等手续影响合同生效的，不影响合同中履行报批等义务条款以及相关条款的效力。应当办理申请批准等手续的当事人未履行义务的，对方可以请求其承担违反该义务的责任。

依照法律、行政法规的规定，合同的变更、转让、解除等情形应当办理批准等手续的，适用前款规定。"

《民法典》第158条："民事法律行为可以附条件，但是根据其性质不得附条件的除外。附生效条件的民事法律行为，自条件成就时生效。附解除条件的民事法律行为，自条件成就时失效。"

《民法典》第159条："附条件的民事法律行为，当事人为自己的利益不正当地阻止条件成就的，视为条件已成就；不正当地促成条件成就的，视为条件不成就。"

21.【2007年第30题】甲和乙签订租赁合同，约定：如果甲当年申请出国留学成功，则甲将其房屋租给乙居住。对此，下列哪些说法是正确的？

A．该合同是附期限的合同
B．该合同是附条件的合同
C．该合同已成立，但未生效
D．该合同已成立，且已生效

【解题思路】

附期限的合同，该期限必定会到来；附条件的合同，该条件则未必会成就。申请出国留学并不容易，甲未必会成功，故属于附条件的合同。附条件的合同，条件未成就时，合同成立但不生效。

【参考答案】 BC

《民法典》第 160 条："民事法律行为可以附期限，但是根据其性质不得附期限的除外。附生效期限的民事法律行为，自期限届至时生效。附终止期限的民事法律行为，自期限届满时失效。"

22.【2012年第59题】边某与某工厂于 2011 年 12 月 1 日签订了一份设备租赁合同，双方约定该合同自 2013 年 1 月 1 日起生效，有效期为三年。根据合同法及相关规定，下列哪些说法是正确的？

A. 该合同是附生效条件和解除条件的合同

B. 该合同是附生效期限和终止期限的合同

C. 该合同自 2011 年 12 月 1 日起成立，但未生效

D. 该合同自有效期届满时失效

【解题思路】

合同中规定了生效的具体时间和有效期，属于附期限的合同。附期限的合同，其成立和失效的时间来源于合同中在期限上的明确规定。

【参考答案】 BCD

（二）合同的效力

1. 无效合同

《民法典》第 144 条："无民事行为能力人实施的民事法律行为无效。"

《民法典》第 146 条："行为人与相对人以虚假的意思表示实施的民事法律行为无效。

以虚假的意思表示隐藏的民事法律行为的效力，依照有关法律规定处理。"

《民法典》第 153 条："违反法律、行政法规的强制性规定的民事法律行为无效。但是，该强制性规定不导致该民事法律行为无效的除外。

违背公序良俗的民事法律行为无效。"

《民法典》第 154 条："行为人与相对人恶意串通损害他人合法权益的民事法律行为无效。"

《民法典》第 505 条："当事人超越经营范围订立的合同的效力，应当依照本法第一编第六章第三节和本编的有关规定确定，不得仅以超越经营范围确认合同无效。"

【提醒】

《民法典》"合同编"中删除了"无效合同"相关的条文，因为合同属于民事法律行为的范畴，故合同是否无效可直接适用《民法典》"总则编"中关于无效民事法律行为的规定。

23.【2012年第96题】根据合同法及相关规定，下列哪些属于当事人可以请求人民法院变更或者撤销的合同？

A. 甲公司与乙公司恶意串通签订的损害丙公司利益的买卖合同

B. 贾某以欺诈的手段使齐某在违背真实意思的情况下与之订立的买卖合同

C. 韩某把一个古董花瓶错当成现代仿制花瓶与赵某签订的买卖合同

D. 非法垄断技术的技术合同

【解题思路】

恶意串通损害他人利益的合同属于无效合同，非法垄断技术则违反了法律的强制性规定，也属于无效合同。《合同法》成为《民法典》中的"合同编"后，已经不存在可变更合同，欺诈和重大误解的合同则属于可撤销合同。

【参考答案】 BC

24.【2018年第6题】根据合同法的规定，下列哪些合同无效？

　　A．甲装饰公司卖给乙公司100盏吸顶灯，乙公司发现甲公司营业执照上的核准经营范围仅为装饰业务，遂诉请求法院确认该买卖合同无效

　　B．老奶奶丁将玉佩赠与将她扶起的九岁小学生丙

　　C．戊将他人交其保管的手表擅自卖给小明

　　D．庚将其合法持有的猎枪出售给未取得持枪许可的朋友辛

【解题思路】

　　除了国家限制经营、特许经营或者禁止经营的项目，企业的经营范围并无限制。如果企业要扩大经营范围，只需变更工商登记即可。超过经营范围订立合同问题并不大，不应当导致合同无效。合同无效的原因是违背了法律的强制性规定，如我国对枪支的管制非常严格，庚将猎枪出售给没有取得持枪许可证的辛，严重违背相关法律。民事领域尊重意思自治，老奶奶愿意将自己的玉佩赠与小学生完全符合法律规定。无处分权的戊将他人的手表擅自出售，属于效力待定的合同。如果经过权利人追认，该合同有效，而无效合同自始无效，不存在被追认的情形。

【参考答案】D

2. 可撤销合同

《民法典》第147条："基于重大误解实施的民事法律行为，行为人有权请求人民法院或者仲裁机构予以撤销。"

《民法典》第148条："一方以欺诈手段，使对方在违背真实意思的情况下实施的民事法律行为，受欺诈方有权请求人民法院或者仲裁机构予以撤销。"

《民法典》第149条："第三人实施欺诈行为，使一方在违背真实意思的情况下实施的民事法律行为，对方知道或者应当知道该欺诈行为的，受欺诈方有权请求人民法院或者仲裁机构予以撤销。"

《民法典》第150条："一方或者第三人以胁迫手段，使对方在违背真实意思的情况下实施的民事法律行为，受胁迫方有权请求人民法院或者仲裁机构予以撤销。"

《民法典》第151条："一方利用对方处于危困状态、缺乏判断能力等情形，致使民事法律行为成立时显失公平的，受损害方有权请求人民法院或者仲裁机构予以撤销。"

【提醒】

《民法典》"合同编"中删除了"可变更、可撤销合同"相关的条文，因为合同属于民事法律行为的范畴，故合同是否可撤销可直接适用《民法典》"总则编"中关于可撤销民事法律行为的规定。另外，《民法典》中去除了可变更民事法律行为，故不再存在可变更合同。

25.【2006年第37题】根据合同法的规定，下列哪些属于当事人可以请求人民法院变更或者撤销的合同？

　　A．在订立合同时显失公平的

　　B．无权代理订立的合同

　　C．一方以欺诈的手段订立合同且损害国家利益的

　　D．损害社会公共利益的合同

【解题思路】

　　显失公平的属于可撤销的合同，无权代理订立的合同则属于效力待定的合同。

《合同法》规定，一方以欺诈、胁迫的手段订立合同，损害国家利益，以及损害社会公共利益的合同为无效合同，而《民法典》中并没有将这两种情形明确规定为无效的民事法律行为。不过，《民法典》第153条第2款规定，违背公序良俗的民事法律行为无效。"公序良俗"这个概念对应的就是《民法通则》与《合同法》中的"社会公共利益"的概念。"公序"指的是社会公共秩序，本质在于反映和维护国家的根本利益，如政治公众秩序和经济公众秩序等。为此，C和D选项涉及的情形，根据《民法典》同样可以认定为无效合同。

【参考答案】 A

26.【2019年第6题】王某明知自己某项专利技术落入他人专利保护范围，仍与不知情的甲公司签订专利权转让合同，并隐瞒了专利侵权的问题。根据合同法及相关规定，下列关于该合同效力的说法哪个是正确的？

A. 有效

B. 无效

C. 效力待定

D. 可变更、可撤销

【解题思路】

王某隐瞒专利侵权的问题和甲公司签订专利权转让合同，存在欺诈行为。此种合同属于可撤销合同。需要注意的是，《民法典》总则部分删除了"可变更的民事法律行为"，而"合同编"中关于合同效力的规定直接适用"总则编"，故严格来说D选项应当改为"可撤销"。

【参考答案】 D

《民法典》第152条："有下列情形之一的，撤销权消灭：

（一）当事人自知道或者应当知道撤销事由之日起一年内、重大误解的当事人自知道或者应当知道撤销事由之日起九十日内没有行使撤销权；

（二）当事人受胁迫，自胁迫行为终止之日起一年内没有行使撤销权；

（三）当事人知道撤销事由后明确表示或者以自己的行为表明放弃撤销权。

当事人自民事法律行为发生之日起五年内没有行使撤销权的，撤销权消灭。"

27.【2010年第42题】根据《合同法》及相关规定，对于因重大误解订立的合同，当事人一方有权请求人民法院予以撤销。对此，下列说法哪些是正确的？

A. 具有撤销权的当事人自知道或者应当知道撤销事由之日起一年内没有行使撤销权的，撤销权消灭

B. 具有撤销权的当事人自合同成立之日起六个月内没有行使撤销权的，撤销权消灭

C. 具有撤销权的当事人知道撤销事由后明确表示或者以自己的行为放弃撤销权的，撤销权消灭

D. 被撤销的合同自始没有法律约束力

【解题思路】

一般情况下，撤销权人行使撤销权的时间是1年而不是6个月。不过本题涉及的是重大误解的情形，撤销权的期间只有90日。基于民事自治的原则，撤销权人也可以放弃自己的撤销权，不过需要以明示的行为作出。合同被撤销的，自始无效。

【参考答案】 CD

28.【2016年第41题】根据合同法及

相关规定，下列关于合同变更或者撤销的哪些说法是正确的？

A. 因重大误解订立的合同，当事人一方有权请求人民法院或者仲裁机构变更或者撤销

B. 合同被依法撤销的，该合同自人民法院判决撤销之日起丧失法律约束力

C. 具有撤销权的当事人自知道或者应当知道撤销事由之日起1年内没有行使撤销权的，撤销权消灭

D. 当事人请求变更的，人民法院可以撤销

【解题思路】

因重大误解订立的合同，当事人一方有权要求撤销。当然，这种撤销也是有条件的：一是资格限制，必须由法院或者是仲裁机构来完成；二是时间限制，需要在知道或者应当知道撤销事由之日起1年内行使，重大误解则为90日。C选项未提及是哪种情况，按一般情形处理，选择。合同如果被撤销，那就是自始不存在。民事领域的一个重要原则是意思自治，如果当事人请求变更，法院应该尊重当事人的选择而不应该越俎代庖地改成撤销。此外，合同制度的一个基本原则是促进交易，合同变更交易还在，而撤销就没有交易，将变更改为撤销也不符合该基本原则。

【参考答案】 AC

3. 无权代理或超越代理权订立的合同

《民法典》第171条："行为人没有代理权、超越代理权或者代理权终止后，仍然实施代理行为，未经被代理人追认的，对被代理人不发生效力。

相对人可以催告被代理人自收到通知之日起三十日内予以追认。被代理人未作表示的，视为拒绝追认。行为人实施的行为被追认前，善意相对人有撤销的权利。撤销应当以通知的方式作出。

行为人实施的行为未被追认的，善意相对人有权请求行为人履行债务或者就其受到的损害请求行为人赔偿。但是，赔偿的范围不得超过被代理人追认时相对人所能获得的利益。

相对人知道或者应当知道行为人无权代理的，相对人和行为人按照各自的过错承担责任。"

《民法典》第172条："行为人没有代理权、超越代理权或者代理权终止后，仍然实施代理行为，相对人有理由相信行为人有代理权的，代理行为有效。"

29.【2008年第50题】某公司的印章由其工作人员刘某保管。刘某未经该公司授权以该公司的名义与张某签订买卖合同，并加盖该公司印章，将该公司的一批产品卖给张某。对此，下列哪些说法是正确的？

A. 该公司与张某之间的买卖合同无效

B. 该公司与张某之间的买卖合同效力待定

C. 该公司与张某之间的买卖合同有效

D. 如果该公司对该买卖合同不予追认，则该合同的当事人为刘某与张某

【解题思路】

无权代理人签订的合同原则上属于效力待定合同，但成立表见代理的，则为有效合同。所谓表见代理，是行为人没有代理权、超越代理权或者代理权终止后签订的合同。如果相对人有理由相信其有代理权，那么相对人就可以向本人主张该合同的效力，

要求本人承担合同中所规定的义务，受合同的约束。法律设立表见代理制度是为保护合同相对人的利益，并维护交易安全。在本题中，合同上加盖了刘某公司的印章，张某有理由相信刘某获得了公司的授权，因此刘某代为签订合同的行为有效。

【参考答案】 C

30.【2019年第43题】甲公司委托乙代理机构与丙公司谈判购买一项专利权，乙代理机构委派代理师王某与丙公司谈判。谈判过程中王某认为丙公司的另一项专利更好，便自作主张以甲公司的名义与丙公司签订了该项专利的转让合同。丙公司未审核乙代理机构的代理权限，便与之订立了专利权转让合同。根据合同法及相关规定，下列说法正确的是？

A．甲公司对该项合同有追认权
B．丙公司对该项合同有催告权
C．丙公司对该项合同有撤销权
D．甲公司对该项合同有撤销权

【解题思路】

甲公司对乙代理机构的越权行为，可以追认，也可以拒绝追认。甲公司如果拒绝追认，该合同的当事人就是乙代理机构和丙公司。此时甲公司并不是该合同的当事人，没有权限撤销合同。丙公司作为合同相对方可以向甲公司催告，要甲公司明确表态是否追认，也可以直接撤销该合同。

【参考答案】 ABC

4．效力待定的合同

《民法典》第145条："限制民事行为能力人实施的纯获利益的民事法律行为或者与其年龄、智力、精神健康状况相适应的民事法律行为有效；实施的其他民事法律行为经法定代理人同意或者追认后有效。

相对人可以催告法定代理人自收到通知之日起三十日内予以追认。法定代理人未作表示的，视为拒绝追认。民事法律行为被追认前，善意相对人有撤销的权利。撤销应当以通知的方式作出。"

31.【2007年第17题】十五岁的中学生李某作出了一项发明创造，并就此获得了一项发明专利。某公司认为该项技术市场前景较好，遂与李某签订了专利权转让合同，以50万元的价格受让该项专利。根据民法通则及其他相关规定，该转让合同的效力应当如何认定？

A．合同自签订之日起有效
B．由于李某不具有完全民事行为能力，因此该合同自始无效
C．经李某的法定代理人追认后，该合同方为有效
D．在李某的法定代理人追认之后，该公司有权以李某不具有完全民事行为能力为由撤销该合同

【解题思路】

李某年仅15岁，属于限制民事行为能力人，订立价值达50万元的专利权转让合同超越了他的行为能力。此类合同需要获得他的法定代理人的追认才能生效。此外，某公司作为善意相对人，有撤销合同的权利，但需要在李某的法定代理人追认之前行使。

【参考答案】 C

32.【2012年第75题】根据合同法及相关规定，下列哪些说法是正确的？

A．行为人没有代理权却以被代理人名义订立合同，未经被代理人追认的，对被代理人不发生效力，由行为人承担责任

B. 行为人代理权终止后仍以被代理人名义订立合同，相对人有理由相信行为人有代理权的，该代理行为有效

C. 限制民事行为能力人订立的任何合同均需经法定代理人追认后才有效

D. 无处分权的人处分他人财产，经权利人追认或者无处分权的人订立合同后取得处分权的，该合同有效

【解题思路】

没有代理权的人订立的合同不经被代理人追认不发生效力。不过，如果相对人有理由相信行为人具有代理权，那构成表见代理，该代理行为有效。限制民事行为能力人订立的纯获利益的合同不需要经过追认。D选项涉及的是《合同法》第51条规定的无权处分问题，该条在《民法典》中直接被删除。不过，删除的主要原因是针对无权处分中，处分人没有获得权利人的追认或者之后取得处分权时，合同的效力问题。至于D选项涉及的"先上车再买票"的情形，应当是有效的。

【参考答案】 ABD

5. 无效免责条款

《民法典》第506条："合同中的下列免责条款无效：

（一）造成对方人身损害的；

（二）因故意或者重大过失造成对方财产损失的。"

33.【2018年第41题】 根据合同法及相关规定，合同中出现的下列免责条款，哪些条款会被认定为无效？

A. 造成对方人身伤害的

B. 因意外事件造成对方财产损失的

C. 因故意造成对方财产损失的

D. 因重大过失造成对方财产损失的

【解题思路】

合同必须遵循公平原则，造成对方人身伤害，或因故意或重大过失造成对方财产损失的，都需要承担责任，否则不公平。如果是意外事件，行为人本身没有过错，要求不承担责任可以接受。

【参考答案】 ACD

6. 合同中争议解决条款的效力

《民法典》第507条："合同不生效、无效、被撤销或者终止的，不影响合同中有关解决争议方法的条款的效力。"

34.【2010年第26题】 甲乙两公司签订了一份购销合同，该合同标的是法律禁止流通的物品，其余条款均齐备并符合规定，并有独立存在的有关解决争议方法的条款。根据合同法及相关规定，下列关于该合同效力的说法哪些是正确的？

A. 该合同所有条款均无效

B. 该合同有效，但无法履行

C. 该合同无效，但不影响合同中独立存在的有关解决争议方法的条款的效力

D. 该合同的效力待定

【解题思路】

合同部分无效，不影响其他部分效力的，其他部分仍然有效。但是，本题中合同标的是法律禁止流通物品，标的无效，则整个合同无效。不过，合同无效，不影响争议解决条款的效力。

【参考答案】 C

7. 合同无效或撤销的效力

《民法典》第155条："无效的或者被撤销的民事法律行为自始没有法律约束力。"

《民法典》第156条："民事法律行为部

分无效，不影响其他部分效力的，其他部分仍然有效。"

35.【2009年第37题】根据合同法及相关规定，下列说法哪些是正确的？

A．无效合同自始没有法律约束力

B．合同部分无效，不影响其他部分效力的，其他部分依然有效

C．合同无效，不影响合同中独立存在的有关解决争议方法的条款的效力

D．合同无效后，因该合同取得的财产，一律收归国家所有

【解题思路】

合同无效的后果就相当于合同没有存在过，自始没有约束力。民法的目的之一是促进交易，尽量保持合同有效，故部分无效，如不影响其他部分的效力，其他部分保持有效。合同中的争议条款就是为了在合同发生争议或者无效的时候用来解决双方纠纷，故需要具备独立存在的效力。合同无效并不是违法犯罪，合同无效之后，财产应该返还对方而不是收归国有。如果是双方恶意串通，损害国家利益，那才谈得上将财产收归国家所有的问题。

【参考答案】 ABC

《民法典》第157条："民事法律行为无效、被撤销或者确定不发生效力后，行为人因该行为取得的财产，应当予以返还；不能返还或者没有必要返还的，应当折价补偿。有过错的一方应当赔偿对方由此所受到的损失；各方都有过错的，应当各自承担相应的责任。法律另有规定的，依照其规定。"

36.【2015年第49题】根据合同法及相关规定，合同无效后可能产生下列哪些法律后果？

A．返还财产

B．继续履行

C．赔偿损失

D．折价补偿

【解题思路】

无效的合同自始不发生效力，故合同无效的法律后果就是力图恢复到没有该合同时的情形。因合同取得的财产应当进行返还；如果无法返还，那就折算成金钱返还；如果一方因过错给对方造成了损失，那应该赔偿损失。至于合同的继续履行，那是针对违约的法律责任。

【参考答案】 ACD

37.【2017年第41题】根据《合同法》及相关规定，下列哪些说法是正确的？

A．在订立合同时显失公平的，当事人一方有权请求人民法院或者仲裁机构变更或者撤销

B．合同被依法撤销的，该合同自人民法院判决撤销之日起丧失法律约束力

C．合同部分无效，不影响其他部分效力的，其他部分仍然有效

D．合同被撤销后，因该合同取得的财产应当予以返还；不能返还或者没有必要返还的，应当折价补偿

【解题思路】

显失公平的属于可撤销的合同。合同被撤销后自始没有法律效力。合同被撤销后，具有溯及力，自始没有法律约束力，而不是从撤销之日起丧失法律约束力。民法的目的之一是促进交易，尽量保持合同有效，故部分无效，如不影响其他部分的效力，其他部分保持有效。合同被撤销后，应当力图恢复到没有该合同时的情形。为此，因合同

取得的财产应当进行返还；如果无法返还，那就折算成金钱返还；如果一方因过错给对方造成了损失，那就应该赔偿损失。

【参考答案】 ACD

四、合同的履行

（一）合同履行的原则

《民法典》第509条："当事人应当按照约定全面履行自己的义务。

当事人应当遵循诚信原则，根据合同的性质、目的和交易习惯履行通知、协助、保密等义务。

当事人在履行合同过程中，应当避免浪费资源、污染环境和破坏生态。"

（二）合同的解释

1. 合同的补充协议

《民法典》第510条："合同生效后，当事人就质量、价款或者报酬、履行地点等内容没有约定或者约定不明确的，可以协议补充；不能达成补充协议的，按照合同相关条款或者交易习惯确定。"

38.【2007年第66题】甲和乙签订一份合同，但对债务的履行期限没有明确约定，按照合同有关条款内容也不能确定履行期限。对此，下列哪些说法是正确的？

A．甲和乙可以通过补充协议确定履行期限

B．债务人可以随时向债权人履行债务，但应当给予对方适当的准备时间

C．债权人可以随时要求债务人履行债务，但应当给予对方适当的准备时间

D．由于履行期限不明属于合同的实质性内容不明，因此甲或乙可以解除合同

【解题思路】

民事领域遵循意思自治的原则，如果约定不明，首选项是双方签订补充协议。如果不能达成补充协议，那双方都可以随时履行，但需要给对方必要的准备时间。合同的标的、数量是合同的必备条款，如果约定不明，合同不能成立，而履行期限非必备条款，可以通过达成补充协议或者通过其他手段解决。

【参考答案】 ABC

《民法典》第511条："当事人就有关合同内容约定不明确，依据前条规定仍不能确定的，适用下列规定：

（一）质量要求不明确的，按照强制性国家标准履行；没有强制性国家标准的，按照推荐性国家标准履行；没有推荐性国家标准的，按照行业标准履行；没有国家标准、行业标准的，按照通常标准或者符合合同目的的特定标准履行。

（二）价款或者报酬不明确的，按照订立合同时履行地的市场价格履行；依法应当执行政府定价或者政府指导价的，依照规定履行。

（三）履行地点不明确，给付货币的，在接受货币一方所在地履行；交付不动产的，在不动产所在地履行；其他标的，在履行义务一方所在地履行。

（四）履行期限不明确的，债务人可以随时履行，债权人也可以随时请求履行，但是应当给对方必要的准备时间。

（五）履行方式不明确的，按照有利于实现合同目的的方式履行。

（六）履行费用的负担不明确的，由履行义务一方负担；因债权人原因增加的履行

费用，由债权人负担。"

39.【2006年第14题】湖南A工厂向四川B公司购买一批物品，合同对付款地点和交货期限没有约定，事后未能达成补充协议，并且按照合同有关条款或交易习惯也不能确定。根据合同法的规定，下列哪些说法是正确的？

A．湖南A工厂付款给四川B公司应在湖南履行

B．湖南A工厂付款给四川B公司应在四川履行

C．四川B公司可以随时交货给湖南A工厂，A工厂不得有异议

D．四川B公司可以随时交货给湖南A工厂，但是应当给该厂必要的准备时间

【解题思路】

合同履行时要符合经济原则，尽量方便双方当事人。很多情况下，支付货款都是通过银行转账的方式进行，约定在接受货币一方所在地进行比较方便，也不会给付款方带来多少负担。货物运输则需要较高的成本，因此当双方没有约定时，卖方没有送货上门的义务。如果履行期限不明确，双方可以随时履行，但为了公平起见，应当给对方必要的准备时间。

【参考答案】 BD

40.【2019年第45题】甲公司向乙公司订购了一批燃气热水器，但合同中对质量未作规定，根据合同法及相关规定，下列说法正确的是？

A．双方可以通过协议补充质量验收标准

B．双方无法达成补充协议且依照合同有关条款或交易习惯无法确定的，按国家标准、行业标准履行

C．关于产品质量标准没有国家标准、行业标准的，按照通常标准或者符合合同目的的特定标准履行

D．买卖合同中欠缺质量这一主要条款，合同不成立

【解题思路】

民法的基本宗旨之一是促进交易，故产品质量没有约定，双方可以协议补充，而不是规定合同不成立。如果双方无法达成补充协议，可以从合同其他条款当中去寻求解释或者求助于商业惯例。如果还不行就找外部的参考性标准，如国家标准、行业标准，再不行只能按照通常标准或者符合合同目的的特定标准来确定。

【参考答案】 ABC

《民法典》第513条："执行政府定价或者政府指导价的，在合同约定的交付期限内政府价格调整时，按照交付时的价格计价。逾期交付标的物的，遇价格上涨时，按照原价格执行；价格下降时，按照新价格执行。逾期提取标的物或者逾期付款的，遇价格上涨时，按照新价格执行；价格下降时，按照原价格执行。"

《民法典》第522条："当事人约定由债务人向第三人履行债务，债务人未向第三人履行债务或者履行债务不符合约定的，应当向债权人承担违约责任。

法律规定或者当事人约定第三人可以直接请求债务人向其履行债务，第三人未在合理期限内明确拒绝，债务人未向第三人履行债务或者履行债务不符合约定的，第三人可以请求债务人承担违约责任；债务人对债权人的抗辩，可以向第三人主张。"

41.【2013年第78题】根据合同法及相关规定,下列哪些说法是正确的?

A. 合同当事人约定由第三人向债权人履行债务的,第三人不履行债务,债务人应当向债权人承担违约责任

B. 合同当事人约定由第三人向债权人履行债务的,第三人履行债务不符合约定,应当由第三人向债权人承担违约责任

C. 合同当事人约定由债务人向第三人履行债务的,债务人未向第三人履行债务,应当向债权人承担违约责任

D. 合同当事人约定由债务人向第三人履行债务的,债务人向第三人履行债务不符合约定,应当向第三人承担违约责任

【解题思路】

合同具有相对性,如果合同涉及第三人,不管是需要第三人向债权人履行债务,还是债务人向第三人履行债务,只要没有履行,那么只能由合同的债务人向债权人承担违约责任。

【参考答案】 AC

《民法典》第523条:"当事人约定由第三人向债权人履行债务,第三人不履行债务或者履行债务不符合约定的,债务人应当向债权人承担违约责任。"

《民法典》第524条:"债务人不履行债务,第三人对履行该债务具有合法利益的,第三人有权向债权人代为履行;但是,根据债务性质、按照当事人约定或者依照法律规定只能由债务人履行的除外。

债权人接受第三人履行后,其对债务人的债权转让给第三人,但是债务人和第三人另有约定的除外。"

42.【2015年第6题】重庆甲公司和上海乙公司签订货物买卖合同,约定货物交付地点为乙公司在上海的某仓库。甲公司遂与丙公司签订运输合同,合同中载明乙公司为收货人。运输途中,丙公司车辆与丁公司车辆发生追尾事故致货物受损,无法向乙公司交货。根据合同法及相关规定,下列哪种说法是正确的?

A. 乙公司有权请求甲公司承担违约责任

B. 乙公司有权请求丙公司承担违约责任

C. 乙公司有权请求丙公司驾驶员承担违约责任

D. 乙公司有权请求丁公司驾驶员承担违约责任

【解题思路】

合同具有相对性,如果合同涉及第三人,不管是需要第三人向债权人履行债务,还是债务人向第三人履行债务,只要没有履行,那么只能由合同的债务人向债权人承担违约责任。本题中的合同双方是甲公司和乙公司,虽说甲公司未能向乙公司提供货物是由于丙公司导致的,但乙公司只能向合同相对方甲公司主张责任。至于甲公司在承担违约责任后向丙公司主张权利,则属于另外一种法律关系。

【参考答案】 A

2. 合同的解释规则

《民法典》第466条:"当事人对合同条款的理解有争议的,应当依据本法第一百四十二条第一款的规定,确定争议条款的含义。

合同文本采用两种以上文字订立并约定具有同等效力的,对各文本使用的词句推

定具有相同含义。各文本使用的词句不一致的，应当根据合同的相关条款、性质、目的以及诚信原则等予以解释。"

《民法典》第 142 条："有相对人的意思表示的解释，应当按照所使用的词句，结合相关条款、行为的性质和目的、习惯以及诚信原则，确定意思表示的含义。

无相对人的意思表示的解释，不能完全拘泥于所使用的词句，而应当结合相关条款、行为的性质和目的、习惯以及诚信原则，确定行为人的真实意思。"

43.【2017 年第 44 题】根据合同法及相关规定，当事人对合同条款的理解有争议的，应当按照下列哪些因素确定该条款的真实意思？

A. 合同所使用的词句
B. 合同的有关条款
C. 合同的目的
D. 交易习惯以及诚实信用原则

【解题思路】

合同中的条款用语言文字构成，解释合同应当由词句的含义着手。合同条款是合同整体的一部分，与其他条款有着密切的联系，故可参照其他条款的内容来解释。当事人签订合同都是为了达到一定的目的，故可以根据合同目的来解释条款的含义。按照交易习惯确定合同条款的含义，是国际贸易中普遍承认的原则，诚实信用原则是民法的基本原则之一。

【参考答案】 ABCD

（三）合同履行的抗辩权

1. 同时履行抗辩权

《民法典》第 525 条："当事人互负债务，没有先后履行顺序的，应当同时履行。一方在对方履行之前有权拒绝其履行请求。一方在对方履行债务不符合约定时，有权拒绝其相应的履行请求。"

2. 不安抗辩权

《民法典》第 527 条："应当先履行债务的当事人，有确切证据证明对方有下列情形之一的，可以中止履行：

（一）经营状况严重恶化；

（二）转移财产、抽逃资金，以逃避债务；

（三）丧失商业信誉；

（四）有丧失或者可能丧失履行债务能力的其他情形。

当事人没有确切证据中止履行的，应当承担违约责任。"

44.【2016 年第 7 题】甲公司与乙公司签订买卖合同，约定甲公司应于 2016 年 6 月 1 日交货，乙公司应于 2016 年 6 月 7 日付款。2016 年 5 月底，甲公司有确切证据证明乙公司转移财产、抽逃资金以逃避债务，已无支付货款的能力。根据合同法及相关规定，下列哪种说法是正确的？

A. 甲公司可以中止履行合同，但应及时通知乙公司
B. 甲公司可以中止履行合同，无须通知乙公司
C. 甲公司可以直接解除合同
D. 甲公司应按合同约定交货，如乙公司不支付货款可追究其违约责任

【解题思路】

本题中合同约定先交货再付款，不过乙公司已无支付货款的能力，甲公司先交货很有可能收不到货款。甲公司为了降低合同风险，可以先中止履行合同。甲公司既然决定

暂时不履行合同义务，那自然应当及时通知对方，以免给乙公司带来不必要的损失。民法的一个基本原则是促进交易的进行，故只能中止履行，而不是直接解除。如乙公司能够提供足够的担保，该合同还是应当履行。

【参考答案】 A

《民法典》第528条："当事人依据前条规定中止履行的，应当及时通知对方。对方提供适当担保的，应当恢复履行。中止履行后，对方在合理期限内未恢复履行能力且未提供适当担保的，视为以自己的行为表明不履行主要债务，中止履行的一方可以解除合同并可以请求对方承担违约责任。"

45.【2013年第28题】甲公司与乙公司签订合同，由甲公司为乙公司翻译一批技术资料，约定完成全部翻译工作后再支付报酬。后甲公司有确切证据证明乙公司经营状况严重恶化，濒临破产。根据合同法及相关规定，下列哪种说法是正确的？

A．甲公司应当无条件地继续履行该合同

B．甲公司可以中止履行该合同，并及时通知对方

C．甲公司可以直接解除该合同

D．甲公司可以要求乙公司承担违约责任

【解题思路】

如果合同一方确定对方快破产了，那继续履行合同恐怕有"肉包子打狗"的风险，但如果以此为由直接解除合同也太过简单粗暴。比较合适的方式是先暂停一下，要求对方提供一个担保。如果对方提供担保，则合同照旧履行；如不提供担保，就到此为止。

【参考答案】 B

3．顺序履行抗辩权

《民法典》第526条："当事人互负债务，有先后履行顺序，应当先履行债务一方未履行的，后履行一方有权拒绝其履行请求。先履行一方履行债务不符合约定的，后履行一方有权拒绝其相应的履行请求。"

46.【2017年第42题】甲公司与乙公司签订了买卖合同，根据《合同法》及相关规定，下列哪些说法是正确的？

A．买卖合同没有约定交货和付款的先后顺序的，甲公司在乙公司没有交货之前有权拒绝其付款的要求

B．买卖合同约定先交货后付款的，甲公司在乙公司交货不符合约定时有权拒绝其付款的要求

C．买卖合同约定先交货后付款的，乙公司在交货前有确切证据证明甲公司经营状况严重恶化的，可以中止履行合同

D．买卖合同约定先交货后付款的，乙公司在交货前有确切证据证明甲公司丧失商业信誉的，可以自行解除合同

【解题思路】

如果合同没约定履行顺序，就应该同时履行，一手交钱一手交货。如果约定先交货后付款，那么卖方未按时交货或者交货不符合约定，买方自然不用付款。如果约定先交货后付款，卖方发现先交货极有可能是"肉包子打狗有去无回"的时候，可以先中止履行合同。不过，基于民法促进交易的原则，此时不能直接解除合同。在这种情况下，如果对方提供担保，则恢复履行；如果对方在合理期限内未恢复履行能力并且未提供适当担保的，中止履行的一方可以解除合同。

【参考答案】 ABC

表4 合同履行的抗辩权

项目	同时履行抗辩权	不安抗辩权	顺序履行抗辩权
适用条件	无先后履行顺序	有先后履行顺序	有先后履行顺序
适用主体	任何一方	先履行一方	后履行一方
适用情形	对方未履行债务或者履行债务不符合约定	后履行一方有丧失履行债务能力的风险：（一）经营状况严重恶化；（二）转移财产、抽逃资金，以逃避债务；（三）丧失商业信誉；（四）有丧失或者可能丧失履行债务能力的其他情形	先履行一方未履行的债务或履行债务不符合约定
行使限制	无特殊限制	有确切证据，且必须及时通知对方	无特殊限制
行使后果	拒绝对方的履行请求或相应的履行请求	中止履行：（1）对方提供适当担保，应当恢复履行；（2）对方在合理期限内未恢复履行能力且未提供适当担保，可解除合同	拒绝对方的履行请求或相应的履行请求

（四）合同履行的保全

1. 代位权

《民法典》第535条："因债务人怠于行使其债权或者与该债权有关的从权利，影响债权人的到期债权实现的，债权人可以向人民法院请求以自己的名义代位行使债务人对相对人的权利，但是该权利专属于债务人自身的除外。

代位权的行使范围以债权人的到期债权为限。债权人行使代位权的必要费用，由债务人负担。

相对人对债务人的抗辩，可以向债权人主张。"

《民法典》第536条："债权人的债权到期前，债务人的债权或者与该债权有关的从权利存在诉讼时效期间即将届满或者未及时申报破产债权等情形，影响债权人的债权实现的，债权人可以代位向债务人的相对人请求其向债务人履行、向破产管理人申报或者作出其他必要的行为。"

47.【2019年第44题】王某享有对张某的到期债权100万元，同时，王某欠李某80万元，该债务已到期。此时，王某没有其他财产偿还给李某，但为逃避该笔债务，王某一直不积极催讨对张某的到期债权。根据合同法及相关规定，下列关于李某行使代位权的说法错误的是？

A．李某可以以自己的名义起诉张某

B．李某的诉讼请求为100万元

C．李某既可以以自己的名义起诉张某，也可以以王某的名义起诉张某

D．李某可以以张某为被申请人向仲裁机构申请仲裁

【解题思路】

代位权和代理权不同，代位权是以行为人自己的名义行使。原来债务人张某需要向债权人王某偿还债务，但在李某行使代位权的行为中，张某偿还债务的对象变成了李某。为避免代位权被滥用，行使代位权需要通过诉讼的方式进行，由法院进行审核。李某的债权为80万元，其诉讼请求也只能主张80万元。向仲裁机构申请仲裁的前提是当事人之间有仲裁协议，但在代位诉讼中，债权人和债务人的债务人之间显然不会有仲裁协议。

【参考答案】 BCD

48.【2008年第74题】甲为乙的债权人。对乙享有的已经到期的下列哪些债权，甲可以向人民法院请求以自己的名义代位行使？

A．乙的儿子应当给付的赡养费

B．丙欠乙的劳动报酬

C．丁欠乙的人身伤害赔偿费

D. 戊欠乙的货款

【解题思路】

代位权行使的一个限制是债权不能专属于债务人本身，本题中的赡养费、劳动报酬和人身伤害赔偿费具有强烈的人身属性，不得行使代位权。需要注意的是，本题中涉及的法条原为《合同法解释一》第12条。但是《民法典》施行后，该司法解释已经失效，新的司法解释尚未出台，故暂时只能从法理上进行推断。

【参考答案】 D

49.【2009年第63题】甲对乙享有5万元的到期债权；同时乙对丙享有5万元的到期债权，但乙怠于行使其到期债权。甲为了保证自己债权的实现，向人民法院依法提起代位权诉讼，请求以自己的名义代位行使乙对丙的到期债权。根据合同法及相关规定，下列说法哪些是正确的？

A. 该案件由丙住所地的人民法院管辖

B. 丙不认为乙有怠于行使其到期债权情况的，应当承担举证责任

C. 丙对乙的抗辩，可以向甲主张

D. 甲行使代位权的必要费用，由乙负担

【解题思路】

代位权诉讼和一般民事诉讼一样，同样适用"原告就被告""谁主张，谁举证"的原则。债权人甲行使代位权是由于债务人乙的不作为引起的，次债务人丙并没有过错，丙的地位不应因为行使代位权而遭到贬损，故丙对乙的抗辩可以向甲主张。代位权的行使源于债务人的不作为，从公平的角度出发，应当由债务人承担诉讼费用。

【参考答案】 ABCD

50.【2014年第71题】甲公司欠乙公司工程款50万元，债务到期后甲公司因资金不足久拖不还。同时，李某欠甲公司的80万元货款也已到期，但甲公司未以任何方式催促李某还款，对乙公司造成了损害。根据合同法及相关规定，下列关于乙公司行使代位权的哪些说法是正确的？

A. 乙公司可以向人民法院请求以自己的名义代位行使甲公司对李某的债权

B. 乙公司可以向人民法院请求以甲公司的名义代位行使甲公司对李某的债权

C. 乙公司代位权行使的范围为80万元

D. 乙公司行使代位权的必要费用，由甲公司负担

【解题思路】

代位权和代理权不同，代理权是以被代理人的名义行使，而代位权是以自己的名义行使。行使代位权的目的是为了实现自己的债权，甲公司欠乙公司的债务是50万元，乙公司能代位行使的也就这么多，不能扩大到80万元。行使代位权的原因是甲公司怠于行使自己的债权，故代位权的费用也应该由甲公司承担。

【参考答案】 AD

2. 撤销权

《民法典》第538条："债务人以放弃其债权、放弃债权担保、无偿转让财产等方式无偿处分财产权益，或者恶意延长其到期债权的履行期限，影响债权人的债权实现的，债权人可以请求人民法院撤销债务人的行为。"

《民法典》第539条："债务人以明显不合理的低价转让财产、以明显不合理的高价

受让他人财产或者为他人的债务提供担保，影响债权人的债权实现，债务人的相对人知道或者应当知道该情形的，债权人可以请求人民法院撤销债务人的行为。"

《民法典》第540条："撤销权的行使范围以债权人的债权为限。债权人行使撤销权的必要费用，由债务人负担。"

【提醒】

引起撤销权发生的要件是影响债权人的债权实现的行为。债务人实施影响债权人的债权实现的行为主要指债务人以赠与、免除等无偿行为处分债权。无偿行为不问第三人的主观动机均可以撤销。债务人、第三人若以有偿行为损害债权，则债务人与第三人之间须存在恶意串通的情形，如货物价值与价款悬殊，显失公平，故意损害了债权人的利益。倘若第三人受益时主观上无恶意，则不能撤销其善意取得的行为，以保护交易安全。

51.【2013年第15题】张某欠李某30万元借款到期未还。张某得知李某准备向人民法院起诉索款，便将自己价值50余万元的房产无偿转让给赵某，从而使自己名下无任何可供执行的财产。根据合同法及相关规定，李某得知这一情况后，可通过下列哪种途径维护自己的合法权益？

A. 请求人民法院撤销张某的无偿转让行为

B. 向人民法院请求以自己的名义代位要求赵某支付房产对价

C. 向人民法院请求赵某代张某偿还所欠借款

D. 向人民法院请求赵某承担侵权责任

【解题思路】

所谓"冤有头债有主"，李某的权益受损害是因为张某无偿转让自己的财产造成的，自然应当去向张某主张权利，主张的方式就是通过法院撤销张某的无偿转让行为。

【参考答案】 A

52.【2018年第44题】甲因开饭馆向乙借款10万元，2012年8月借款期限届满。因经营不善，甲的饭馆濒临倒闭。为逃避对乙的债务，2012年9月5日，甲将店内的冰柜等物赠与丙，将市值10万元的店面以5万元的价格卖给其亲戚丁，并以两倍于市价的高价收购戊的厨房设备。丙、丁不知道该情形，戊知情。现甲无力清偿欠乙的借款。对此，下列哪些说法是正确的？

A. 即使丙不知情，乙也能对甲的赠与行为行使撤销权

B. 因为丁不知情，故乙不能对甲将其中一间店面卖给丁的行为行使撤销权

C. 若乙于2012年11月8日知道甲高价收购戊的厨房设备，则乙可以自知道之日起1年内向法院申请行使撤销权

D. 若乙于2017年3月5日知道甲高价收购戊的厨房设备，则乙可以自知道之日起1年内行使撤销权

【解题思路】

甲将冰柜等财产赠与丙，丙并没有支付任何对价，故不管他是否知情，乙都能够行使撤销权。与之相对，丁花费5万元购买店面，撤销该行为的前提是丁知情。行使撤销权的期限是权利人知道之日起1年，为保持社会关系的稳定，如果行为发生之日已经超过5年，就无法撤销。乙在2017年3月5日才知晓甲的不当行为，其行使撤销权的期

限其实只剩下 6 个月。

【参考答案】 ABC

《民法典》第 541 条:"撤销权自债权人知道或者应当知道撤销事由之日起<u>一年</u>内行使。自债务人的行为发生之日起<u>五年</u>内没有行使撤销权的,该撤销权消灭。"

53.【2017 年第 43 题】甲公司欠乙公司工程款 100 万元,债务到期后甲公司因资金不足久拖不还。同时,甲公司将价值 200 万元的 200 件产品无偿转让给丙公司,给乙公司造成了损害。根据《合同法》及相关规定,下列关于乙公司行使撤销权的哪些说法是正确的?

A. 乙公司可以请求人民法院撤销甲公司的无偿转让行为

B. 乙公司在其知道或者应当知道撤销事由之日起 5 年内均可行使撤销权

C. 乙公司撤销权行使的范围为 200 万元

D. 乙公司行使撤销权的必要费用,由甲公司负担

【解题思路】

当债务人的某些行为危及债权人的债权时,债权人可以去法院行使撤销权,撤销债务人的行为。为鼓励当事人及早行使撤销权,撤销权的期限要短于诉讼时效,为撤销权人知道或者应当知道撤销事由之日起 1 年内。乙公司的债权只有 100 万元,行使撤销权的范围也只能是 100 万元。撤销之诉是因为债务人的不当行为所引起的,故必要费用也应当由债务人负担。

【参考答案】 AD

五、合同的变更和转让

(一) 合同的变更

1. 合同变更的条件

《民法典》第 543 条:"当事人协商一致,可以变更合同。"

2. 变更内容约定不明的处理

《民法典》第 544 条:"当事人对合同变更的内容约定不明确的,推定为未变更。"

(二) 合同的转让

1. 合同转让的含义

合同的转让,是指当事人一方将其合同权利、合同义务或者合同权利义务,全部或者部分转让给第三人,从而使合同的主体发生变化。

2. 债权的转让

《民法典》第 545 条:"债权人可以将债权的全部或者部分转让给第三人,但是有下列情形之一的除外:

(一) 根据债权性质不得转让;

(二) 按照当事人约定不得转让;

(三) 依照法律规定不得转让。

当事人约定非金钱债权不得转让的,不得对抗善意第三人。当事人约定金钱债权不得转让的,不得对抗第三人。"

54.【2012 年第 2 题】根据合同法及相关规定,关于合同的转让,下列哪种说法是正确的?

A. 合同的权利可以转让给第三人,但合同的义务不能转移给第三人

B. 合同的义务可以转移给第三人,但合同的权利不能转让给第三人

C. 债权人将合同的权利全部或者部分转让给第三人的,应当经债务人同意

D. 债务人将合同的义务全部或者部分转移给第三人的，应当经债权人同意

【解题思路】

民法的宗旨是鼓励交易，促进市场经济的发展，因此合同的权利和义务原则上都可以转让。当然，为平衡双方利益，法律对其也进行一定的限制。债权的转让中，债务人的地位并没有变，不同的只是向另外一方去履行债务而已，故法律规定转让合同权利不需要经过债务人同意。不过为了能让债务人及时了解债务转让的情况，避免在履行义务时产生不必要的损失，故债权的转让需要通知债务人。在债务的转让中，不同的债务人的资信能力和偿还能力不同，为避免债权人的损失，故债务的转移需要获得债权人的同意。

【参考答案】 D

《民法典》第546条："债权人转让债权，未通知债务人的，该转让对债务人不发生效力。

债权转让的通知不得撤销，但是经受让人同意的除外。"

55.【2006年第91题】甲根据合同对乙享有债权。后甲将该债权转让给丙，但是没有通知乙。根据合同法的规定，下列说法哪些是正确的？

A. 甲将债权转让给丙，应当经乙同意，否则对乙不发生效力

B. 甲将债权转让给丙，应当通知乙

C. 本案中的债权转让对乙不发生效力

D. 如果甲将债权转让通知了乙，则未经乙同意，该通知不得撤销

【解题思路】

对债务人乙来说，债权人的改变对他来说就是将偿还对象由甲改为丙，其他方面没有什么影响，故债权的转让不需要获得债务人的同意，但需要通知债务人，以免债务人到时弄错偿还债务的对象。本案中甲并没有通知乙，故该债权转让对乙不发生效力。债务人对债权的转让并没有决定权，故如果撤销甲和丙之间转让债权一事，也仅仅是需要再例行通知乙而已。撤销债权转让的通知需要获得受让人丙的同意，因为该通知严重影响丙的权益，如果通知撤销，那丙就不再是乙的债权人，无权要求乙向自己偿还债务。因此，除非丙同意，否则该通知不得撤销。

【参考答案】 BC

56.【2015年第44题】甲公司和乙公司双方订立合同后，债权人甲公司欲将其合同的权利转让给丙公司。根据合同法及相关规定，下列哪些说法是正确的？

A. 甲公司只能将合同的权利全部转让给丙公司，不能部分转让

B. 如果依照法律规定该合同的权利不得转让，甲公司就不能转让

C. 如果甲公司转让合同的权利未经债务人乙公司同意，甲公司就不能转让

D. 如果甲公司将合同的权利转让给丙公司，应当通知债务人乙公司，否则该转让对乙公司不发生效力

【解题思路】

民法的宗旨是鼓励交易，促进市场经济的发展，因此合同的权利和义务原则上都可以转让，除非是法律有明确的例外规定。既然债权可以转让，那自然可以全部转让，也可以部分转让。为平衡双方的利益，法律对其也进行了一定的限制。债权的转让中，

77

债务人的地位并没有变，不同的只是向另外一方去履行债务而已，故法律规定转让合同权利不需要经过债务人同意。不过，为让债务人及时了解债务转让的情况，避免在履行义务时产生不必要的损失，债权的转让需要通知债务人。在债务的转让中，不同的债务人的资信能力和偿还能力不同，为避免债权人的损失，债务的转移需要获得债权人的同意。

【参考答案】 BD

《民法典》第547条："债权人转让债权的，受让人取得与债权有关的从权利，但是该从权利专属于债权人自身的除外。

受让人取得从权利不因该从权利未办理转移登记手续或者未转移占有而受到影响。"

57.【2011年第34题】根据合同法及相关规定，下列关于合同转让的说法哪些是正确的？

A. 债权人转让权利的，所有与债权有关的从权利亦由受让人取得

B. 债权人转让权利的，应当通知债务人。否则，该转让对债务人不发生效力

C. 债务人将合同的义务全部转移给第三人的，应当经债权人同意

D. 债务人将合同的义务部分转移给第三人的，可以不经债权人同意

【解题思路】

债权的转让只需要通知债务人，债务的转让则需要获得债权人的同意。债权转让时，原则上从权利一起转移，但有些从权利带有强烈的人身属性，不会随着债权的转移而转移。

【参考答案】 BC

《民法典》第548条："债务人接到债权转让通知后，债务人对让与人的抗辩，可以向受让人主张。"

58.【2018年第46题】甲欠乙10万元，后乙通知甲将该债权转让给丙。甲接到该通知时，乙欠甲5万元，并且甲的债权先于转让的债权到期。根据合同法的规定，下列说法哪些是正确的？

A. 本案中乙的债权转让对甲发生效力

B. 本案中乙的债权转让不对甲发生效力

C. 甲可以向乙主张抵销

D. 甲可以向丙主张抵销

【解题思路】

债权转让只要通知，乙向甲履行了通知义务，债权转让就成立了。债权转让成立后，新的债权人丙取得了原债权人乙的法律地位，此时甲原来对乙享有的抵销权可以向丙主张。

【参考答案】 AD

3. 债务的转移

《民法典》第551条："债务人将债务的全部或者部分转移给第三人的，应当经债权人同意。

债务人或者第三人可以催告债权人在合理期限内予以同意，债权人未作表示的，视为不同意。"

59.【2014年第91题】根据合同法及相关规定，下列关于合同转让的哪些说法是正确的？

A. 债权人将合同的权利转让给第三人的，应当经债务人同意

B. 债权人将合同的权利转让给第三人的，应当通知债务人

C. 债务人将合同的义务转移给第三人的，应当经债权人同意

D. 债务人将合同的义务转移给第三人的，可以不经债权人同意

【解题思路】

对债务人来说，应当向张三还款还是向李四还款没有实质差别，故债权转让只须通知债务人。对债权人来说，债务人是否有还款能力至关重要，如果债务人从一个身家丰厚的土豪变成了一个一文不名的路人甲，那显然会影响债权人的利益，故合同义务的转移需要获得债权人的同意。

【参考答案】 BC

《民法典》第553条："债务人转移债务的，新债务人可以主张原债务人对债权人的抗辩；原债务人对债权人享有债权的，新债务人不得向债权人主张抵销。"

60.【2013年第80题】根据合同法及相关规定，下列关于合同权利和义务的哪些说法是正确的？

A. 当事人订立合同后合并的，由合并后的法人或者其他组织行使合同权利，履行合同义务

B. 债权人转让权利的，应当通知债务人，债务人接到债权转让通知后，债务人对让与人的抗辩，可以向受让人主张

C. 债务人将合同的义务全部转移给第三人的，应当经债权人同意

D. 债务人转移合同义务的，新债务人不得主张原债务人对债权人的抗辩

【解题思路】

当事人合并后，原来的债权债务就由合并后的主体继承。债权的转让后，债务人只是换了一个履行义务的对象而已，其境况不会变差，故只需要通知。另外，债权的转让不能影响债务人的利益，故债务人原来的抗辩并不会丧失。债务转移，新的债务人的履约能力严重影响债权人的债权实现，故债务转移需要获得债权人的同意。债务转移后，新的债务人就取代了原债务人的地位，自然也继承了原债务人拥有的抗辩权。

【参考答案】 ABC

《民法典》第554条："债务人转移债务的，新债务人应当承担与主债务有关的从债务，但是该从债务专属于原债务人自身的除外。"

61.【2008年第57题】根据合同法的规定，下列关于合同义务转让的哪些说法是正确的？

A. 债务人将合同的义务部分转让给第三人的，可以不经债权人同意

B. 债务人将合同的义务全部转让给第三人的，应当经债权人同意

C. 债务人转移义务的，新债务人可以主张原债务人对债权人的抗辩

D. 债务人转移义务的，新债务人应当承担所有与主债务有关的从债务

【解题思路】

合同义务的转移意味着承担债务的人改变，如某债务人可以不经债权人同意，将自己的债务转移给某一文不名的青年承担，那显然会严重损害债权人的利益。为此，合同义务不管是部分转让还是全部转让，都需要获得债权人的同意。债务人转移义务后，新债务人就获得了原债务人的地位，原债务人享有的抗辩权由新债务人享有。一般来说，从债务随着主债务的转移而转移，但如

79

果从债务有人身属性，则不转移。

【参考答案】 BC

4.权利和义务的一并转让

《民法典》第555条："当事人一方经对方同意，可以将自己在合同中的权利和义务一并转让给第三人。"

《民法典》第556条："合同的权利和义务一并转让的，适用债权转让、债务转移的有关规定。"

62.【2010年第64题】甲公司和乙公司签订一份食用油买卖合同，现甲公司拟将其合同中全部权利义务一并转让给丙公司。根据合同法及相关规定，下列说法哪些是正确的？

A．转让须经乙公司同意才能够进行

B．转让只需要通知乙公司就可进行

C．转让后，若丙公司违约，甲公司仍须承担连带责任

D．转让后，乙公司有权向丙公司主张其对甲公司的抗辩

【解题思路】

权利义务的一并转让中包括了债务的转让，故需要获得对方同意。权利义务转让后，甲公司即脱离了合同关系，如受让的丙公司违约，与甲公司无关。权利义务的转让不应当导致乙公司法律地位下降，故乙公司原先享有的抗辩权可以向丙公司主张。

【参考答案】 AD

《民法典》第67条："法人合并的，其权利和义务由合并后的法人享有和承担。

法人分立的，其权利和义务由分立后的法人享有连带债权，承担连带债务，但是债权人和债务人另有约定的除外。"

63.【2006年第83题】甲公司欠乙公司100万元。后甲公司分立为丙公司和丁公司，并且确定由丙公司偿还乙公司欠款。但甲公司并未与乙公司就甲公司分立后的债务承担作任何约定。现乙公司要求偿还欠款。根据合同法的规定，该债务应当如何处理？

A．由丙公司承担债务

B．由丁公司承担债务

C．由丙公司和丁公司各自承担一半债务

D．由丙公司和丁公司承担连带债务

【解题思路】

为保护债权人的利益，如果债权人和债务人没有约定的，则分立后的法人承担连带责任，以免债务人通过公司分立来逃避债务。

【参考答案】 D

六、合同的终止

（一）合同终止的法定事由

《民法典》第557条："有下列情形之一的，债权债务终止：

（一）债务已经履行；

（二）债务相互抵销；

（三）债务人依法将标的物提存；

（四）债权人免除债务；

（五）债权债务同归于一人；

（六）法律规定或者当事人约定终止的其他情形。

合同解除的，该合同的权利义务关系终止。"

《民法典》第567条："合同的权利义务关系终止，不影响合同中结算和清理条款的效力。"

64.【2015年第45题】根据合同法及

相关规定，关于合同解除的效力，下列哪些说法是正确的？

A. 合同解除的，合同的权利义务终止

B. 合同解除不影响合同中结算和清理条款的效力

C. 合同解除后，已经履行的，当事人必须恢复原状

D. 合同解除后，尚未履行的，终止履行

【解题思路】

合同解除是合同权利义务终止的情形之一。合同终止后，合同条款也相应地失去效力。但是如果该合同尚未结算清理完毕，则合同中结算和清理条款依然有效，否则后续事宜就无法了结。合同解除后，原来需要履行合同义务的一方就没有再履行的必要，已经履行完毕的则有些无法恢复原状。如甲公司和电力公司的供电合同，合同解除后，甲公司无法将电力还给供电公司。

【参考答案】 ABD

65.【2016年第46题】根据合同法及相关规定，有下列哪些情形的，合同的权利义务终止？

A. 债务已经按照约定履行

B. 合同解除

C. 债务人依法将标的物提存

D. 债权人免除债务

【解题思路】

债务已经按照约定履行后，合同债权获得实现，合同权利义务归于消灭。合同被解除后，双方之间就不存在合同上的权利义务。提存是指由于债权人的原因，债务人无法向其交付合同标的物时，将标的物交给提存机关而消灭合同的制度。合同消灭之后，合同权利义务自然终止。债权人免除债务后，债务人也就不再存在合同上的义务。

【参考答案】 ABCD

（二）合同终止后当事人的义务

《民法典》第558条：" 债权债务终止后，当事人应当遵循诚信等原则，根据交易习惯履行通知、协助、保密、旧物回收等义务。"

（三）合同解除

合同解除，是指合同依法成立后，在一定条件下，因当事人双方或者一方的意思表示而使合同关系归于消灭。合同的解除分为协议解除和法定解除两种。

【提醒】

合同解除与合同撤销不同。合同解除既可以由当事人双方协议进行，也可以由当事人一方依法行使解除权而实现，无须借助裁判机关的力量。合同解除的效力既可能溯及既往，也可能不溯及既往。合同撤销的原因是法定的，只有当事人依法申请并经法院或者仲裁机关作出裁定后，合同才可能被撤销，并且被撤销的合同始终没有法律效力。

《民法典》第562条："当事人协商一致，可以解除合同。

当事人可以约定一方解除合同的事由。解除合同的事由发生时，解除权人可以解除合同。"

66.【2014年第76题】根据合同法及相关规定，下列关于合同解除的哪些说法是正确的？

A. 因不可抗力致使不能实现合同目的的，当事人可以解除合同

B. 当事人协商一致，可以解除合同

C. 合同解除的，合同的权利义务终止

D. 合同解除后，尚未履行的，终止履行

【解题思路】

既然合同目的已经不能实现，那要求继续履行合同也就没有意义，此时解除合同最为明智。根据民事领域意思自治的原则，当事人可以协商一致后解除合同。合同解除后，权利义务自然就终止，尚未履行的也就不需要再履行。

【参考答案】 ABCD

《民法典》第563条："有下列情形之一的，当事人可以解除合同：

（一）因不可抗力致使不能实现合同目的；

（二）在履行期限届满之前，当事人一方明确表示或者以自己的行为表明不履行主要债务；

（三）当事人一方迟延履行主要债务，经催告后在合理期限内仍未履行；

（四）当事人一方迟延履行债务或者有其他违约行为致使不能实现合同目的；

（五）法律规定的其他情形。

以持续履行的债务为内容的不定期合同，当事人可以随时解除合同，但是应当在合理期限之前通知对方。"

67.【2018年第42题】 甲、乙订立房屋买卖合同，约定在1个月后甲将其自己的房屋过户登记给乙。但在交房日期到来之前，甲将该房高价出卖给了丙，并且办理了过户登记，下列哪些说法是正确的？

A. 甲的行为构成预期违约

B. 乙只能在合同规定的交房日期到来后要求甲承担违约责任

C. 乙有权解除与甲的房屋买卖合同

D. 甲与丙签订的房屋买卖合同无效

【解题思路】

甲将房屋出售给丙，已经不能再向乙履行合同义务，对乙构成预期违约。如果乙只能在合同规定的交房日期到来才能要求甲承担违约责任，那显然不利于乙维权，甲也许早已逃之夭夭。乙的合同目的已经无法实现，故有权立即解除合同，并要求甲承担违约责任。买卖合同无效的前提是违背法律的强制性规定，而甲和丙签订房屋买卖合同并进行过户并不属于这种情形，故该合同有效。乙只能要求甲赔偿自己的损失，但无权通过法律途径获得该房子的所有权。

【参考答案】 AC

68.【2018年第45题】 根据合同法及相关规定，下列哪些情况下，一方当事人无权解除合同？

A. 甲、乙签订钢材购销合同，约定甲在11月1日前向乙交付钢材500吨，货到付款。当过了11月1日，甲仍未向乙履行交付义务

B. 甲、乙签订钢材购销合同，约定甲在11月1日前向乙交付钢材500吨，货到付款。11月1日，甲向乙交付钢材450吨，剩余50吨经催告后，仍未予交付

C. 甲从商店购买电视机一台，回家后发现图像正常，但没有声音

D. 甲从商店购买电视机一台，回家发现品质良好，只是画面边角处有一个"坏点"

【解题思路】

民法的原则是促进交易，不到万不得已时，不会轻易解除。A选项中，甲迟延交付的时间不长，解除合同过于严苛。B选项中，甲方已经交付90%的货物，履行了合

同的主要义务。如果此时要解除合同，那已经交付的450吨钢材还得返还，不符合经济原则。甲购买的电视机如果没有声音，属于严重质量问题，可以解除合同退货；有个坏点属于小瑕疵，不至于解除合同。

【参考答案】 ABD

《民法典》第564条："协议解除和法定解除都有行使期限。法律规定或者当事人约定解除权行使期限，期限届满当事人不行使的，该权利消灭。

法律没有规定或者当事人没有约定解除权行使期限，自解除权人知道或者应当知道解除事由之日起一年内不行使，或者经对方催告后在合理期限内不行使的，该权利消灭。"

《民法典》第565条："当事人一方依法主张解除合同的，应当通知对方。合同自通知到达对方时解除；通知载明债务人在一定期限内不履行债务则合同自动解除，债务人在该期限内未履行债务的，合同自通知载明的期限届满时解除。对方对解除合同有异议的，任何一方当事人均可以请求人民法院或者仲裁机构确认解除行为的效力。

当事人一方未通知对方，直接以提起诉讼或者申请仲裁的方式依法主张解除合同，人民法院或者仲裁机构确认该主张的，合同自起诉状副本或者仲裁申请书副本送达对方时解除。"

69.【2008年第4题】 甲商场为在中秋节前销售月饼，与乙食品厂签订了一份月饼供销合同，约定乙食品厂在农历八月初五交货。后乙食品厂因人员变动等原因，未能按照约定及时交货。甲商场到农历八月十五时仍未收到月饼。对此，下列哪些说法是正确的？

A．甲商场可以解除合同，但必须征得乙食品厂同意

B．甲商场可以解除合同，但是应当通知乙食品厂

C．甲商场不得解除合同，因为未向乙食品厂进行催告

D．甲商场可以要求乙食品厂承担违约责任

【解题思路】

月饼销售具有很强的季节性，乙厂在八月十五前还未收到月饼，已经无法实现合同目的。一般情况下，一方迟延履行，另一方只能在催告后合理期限内未履行才能解除合同，但如果已经无法实现合同目的，则可以不经催告，径自解除。法定解除不是协定解除，不需要获得另一方同意，只需要通知对方。合同解除免除了履行合同的义务，并不免除违约责任。

【参考答案】 BD

《民法典》第566条："合同解除后，尚未履行的，终止履行；已经履行的，根据履行情况和合同性质，当事人可以请求恢复原状或者采取其他补救措施，并有权请求赔偿损失。

合同因违约解除的，解除权人可以请求违约方承担违约责任，但是当事人另有约定的除外。

主合同解除后，担保人对债务人应当承担的民事责任仍应当承担担保责任，但是担保合同另有约定的除外。"

70.【2008年第60题】 甲公司和乙公司签订合同，约定：由乙公司按照要求为甲公司制造专用机床一台，甲公司预付款300

83

万元，一方违约的应当向另一方支付违约金。机床交付后，经多次调试，仍不能实现合同目的。据此，下列哪些说法是正确的？

A．甲公司有权要求乙公司继续履行合同并支付违约金

B．因无法实现合同目的，甲公司有权要求解除合同

C．甲公司要求解除合同的，有权要求乙公司返还预付款并赔偿损失

D．合同已经履行完毕，甲公司无权要求解除合同

【解题思路】

本题中机床经过多次调试，仍不能实现合同目的，甲公司有权解除合同。法定解除是"可以"解除，当事人具有选择权，也可以选择继续履行。本题中，乙公司提供的机床存在质量问题，构成违约，甲公司可以要求对方支付违约金。合同解除后，当事人可以请求恢复原状，并要求赔偿损失。

【参考答案】 ABC

（四）抵销

《民法典》第568条："当事人互负债务，该债务的标的物种类、品质相同的，任何一方可以将自己的债务与对方的到期债务抵销；但是，根据债务性质、按照当事人约定或者依照法律规定不得抵销的除外。

当事人主张抵销的，应当通知对方。通知自到达对方时生效。抵销不得附条件或者附期限。"

71．【2011年第2题】甲公司欠乙商场货款12万元，同时乙商场应付甲公司装修费12万元。现甲公司欠款到期，甲公司欲以已到期的装修费充抵货款。根据合同法及相关规定，下列说法哪些是正确的？

A．甲公司可以将自己的债务与乙商场的债务抵销

B．双方债务性质不同，不得抵销

C．甲公司主张抵销的，须经乙商场同意

D．甲公司主张抵销的，应当通知乙商场

【解题思路】

法定抵销是经济学上的效率原则的体现，要主张法定抵销，需符合两个条件：①双方的债务都已经到期。如果一方的债务未到期，抵销就意味着该方被迫提前履行债务，这不公平。②双方标的物的种类、品质相同。如果种类或品质不同，那就涉及一个换算的问题，不能由一方说了算，故不适用法定抵销。本题中，双方的债务都是12万元，都已经到期，适用法定抵销。在法定抵销中，标的物的种类和品质相同，简洁明了，不需要双方再进行协商，只需要通知对方即可。

【参考答案】 AD

《民法典》第569条："当事人互负债务，标的物种类、品质不相同的，经协商一致，也可以抵销。"

72．【2013年第19题】甲公司与乙公司互负债务，但标的物种类、品质不相同。根据合同法及相关规定，下列哪种说法是正确的？

A．这两项债务不可能抵销

B．这两项债务可自然抵销

C．经双方协商一致，这两项债务可以抵销

D．经任何一方主张，这两项债务即可抵销

【解题思路】

甲乙公司债务的标的种类和品质不同，抵销的时候涉及如何折价计算的问题，需要双方协商一致才比较公平。

【参考答案】 C

表5 法定抵销和约定抵销的区别

项目	法定抵销	约定抵销
抵销依据	基于法律规定，只要具备法定条件，任何一方都可以将自己的债务与对方的债务抵销	双方必须协商一致，不能由单方决定抵销
债务要求	标的物种类、品质相同	标的物的种类、品质可以不同
债务期限	当事人双方互负的债务必须均已到期	双方互负的债务即使没有到期，只要双方协商，愿意在履行期到来之前将互负的债务抵销，也可以抵销
程序要求	当事人主张抵销的应当通知对方，通知未到达的，抵销行为不生效	双方达成抵销协议时，发生抵销的法律效力，不必履行通知义务

（五）提存

《民法典》第570条："有下列情形之一，难以履行债务的，债务人可以将标的物提存：

（一）债权人无正当理由拒绝受领；

（二）债权人下落不明；

（三）债权人死亡未确定继承人、遗产管理人，或者丧失民事行为能力未确定监护人；

（四）法律规定的其他情形。

标的物不适于提存或者提存费用过高的，债务人依法可以拍卖或者变卖标的物，提存所得的价款。"

73.【2015年第42题】甲乙两公司订立合同，约定甲公司送货到乙公司住所。后乙公司变更住所，未及时通知甲公司，导致甲公司无法按照约定地点交货。根据合同法及相关规定，下列哪些说法是正确的？

A．甲公司应当及时联络乙公司并继续履行合同

B．甲公司可以解除合同

C．甲公司可以中止履行

D．甲公司可以将标的物提存

【解题思路】

乙公司变更住所后没通知甲公司，属于乙公司的过错。甲公司都不一定知道乙公司的新地址，此时要求甲公司及时联络乙公司并继续履行合同恐怕并不公平。另外，乙公司住所变了，交货地点可能也会改变。合同制度的基本原则是促进交易，因为地址改变就解除合同不符合合同制度的立法本意。在这种情况下，甲公司先中止履行合同，等待乙公司与自己联系，或者将标的物提存，完成债务的履行。

【参考答案】 CD

《民法典》第571条："债务人将标的物或者将标的物依法拍卖、变卖所得价款交付提存部门时，提存成立。

提存成立的，视为债务人在其提存范围内已经交付标的物。"

《民法典》第572条："标的物提存后，债务人应当及时通知债权人或者债权人的继承人、遗产管理人、监护人、财产代管人。"

《民法典》第573条："标的物提存后，毁损、灭失的风险由债权人承担。提存期间，标的物的孳息归债权人所有。提存费用由债权人负担。"

74.【2011年第18题】根据合同法及相关规定，下列关于提存的说法哪些是正确的？

A．标的物提存费用过高的，债务人依法可以拍卖或者变卖标的物，提存所得的价款

B．标的物不适于提存的，债务人依法可以拍卖或者变卖标的物，提存所得的价款

C．标的物提存后，毁损、灭失的风险由债权人承担

D．提存期间，标的物的孳息归债务人所有，提存费用由债务人负担

【解题思路】

提存制度也需要考虑经济原则，如果货物不适于提存或者提存费用过高，那么只能将货物变卖或者拍卖之后提存价款。根据法律规定，标的物的所有权自交付时起转移，提存也是一种标的物的交付。债权人作为提存物的所有者，从提存之日起，标的物的孳息归其所有，其灭失的风险也由其承担。

【参考答案】 ABC

《民法典》第574条："债权人可以随时领取提存物。但是，债权人对债务人负有到期债务的，在债权人未履行债务或者提供担保之前，提存部门根据债务人的要求应当拒绝其领取提存物。

债权人领取提存物的权利，自提存之日起五年内不行使而消灭，提存物扣除提存费用后归国家所有。但是，债权人未履行对债务人的到期债务，或者债权人向提存部门书面表示放弃领取提存物权利的，债务人负担提存费用后有权取回提存物。"

（六）混同

《民法典》第576条："债权和债务同归于一人的，债权债务终止，但是损害第三人利益的除外。"

（七）债务的免除

《民法典》第575条："债权人免除债务人部分或者全部债务的，债权债务部分或者全部终止，但是债务人在合理期限内拒绝的除外。"

七、违约责任

（一）违约行为

1. 预期违约

《民法典》第578条："当事人一方明确表示或者以自己的行为表明不履行合同义务的，对方可以在履行期限届满前请求其承担违约责任。"

75.【2009年第86题】根据合同法及相关规定，下列说法哪些是正确的？

A．当事人一方在约定的履行期限届满前明确表示不履行合同义务的，对方当事人只能在该期限届满后才能要求其承担违约责任

B．当事人一方履行合同义务不符合约定的，在履行义务或者采取补救措施后，对方还有其他损失的，应当赔偿损失

C．当事人可以约定一方违约时应当根据违约情况向对方支付一定数额的违约金，也可以约定因违约产生的损失赔偿额的计算方法

D．当事人就迟延履行约定违约金的，违约方支付该违约金后，还应当履行债务

【解题思路】

按照违约行为发生的时间，可分为预期违约和届期违约。违约行为发生于合同履行届满之前的为预期违约。当事人如果已经明确自己即将违约，那么从公平的角度出发，另一方可以在履行期限届满之前就要求

对方承担违约责任。承担违约责任的一般原则就是"填平原则",也就是要让相对方恢复到合同履行时所处的状态。如果履行义务或者赔偿损失后对方还有损失,那就是还没有"填平",自然应该补加赔偿。根据民事自治的基本原则,当事人有权约定违约金或者损害赔偿的方法。迟延违约金仅是违约方对其迟延履行所承担的违约责任,因此,违约方支付违约金后,还应当继续履行债务。

【参考答案】 BCD

2. 实际违约

实际违约可分为4种类型:①拒绝履行。拒绝履行是在合同履行期限到来之后,一方当事人无正当理由拒绝履行合同的全部义务。②迟延履行。迟延履行是合同当事人的履行违反了履行期限的规定,包括债务人的给付迟延和债权人的受领迟延。③不适当履行。不适当履行是指当事人交付的标的物不符合合同规定的质量要求。④部分履行。部分履行是指合同虽然履行,但履行不符合数量的规定。

(二)违约责任的概念及特征

违约责任是违反合同责任的总称,是指当事人一方因不履行合同义务或者履行合同义务不符合约定,而向对方当事人承担的民事责任。

违约责任具有以下特点:①违约责任首先是一种民事责任;②违约责任是在合同关系的基础上发生的民事责任;③违约责任主要是一种以经济补偿为目的的财产责任;④违约责任是一种严格责任,即无过错责任。

(三)违约责任的归责原则

违约责任属于严格责任,不考虑当事人是否存在过错。非违约方只需举证证明对方的行为不符合合同规定,便可要求对方承担违约责任,并不需要证明对方有过错。违约方想要免责,必须举证证明存在法定和约定的抗辩事由。法定事由主要限于不可抗力,而约定的事由主要是免责条款。

76.【2014年第93题】张某欲将珍藏多年的古董瓷器转让给赵某。两人在合同中约定,如果一方违约,需要支付给对方违约金,同时约定赵某支付一定数额的定金给张某作为债权的担保。交付前,张某的朋友李某不慎将该瓷器摔碎。根据合同法及相关规定,下列哪些说法是正确的?

A. 张某不能向赵某交付瓷器,构成违约,违约责任应由张某承担

B. 张某不能向赵某交付瓷器,构成违约,违约责任应由李某承担

C. 赵某追究违约责任时,可以要求同时适用违约金和定金条款

D. 赵某追究违约责任时,可以选择适用违约金或者定金条款

【解题思路】

虽然瓷器是李某打破的,张某并没有过错,但违约责任中并没有过错这一构成要件,只要张某没法交付瓷器,就是违约,需要向赵某承担违约责任。至于李某打破瓷器,那是李某和张某之间的事情,和赵某无关。在违约责任中,定金和违约金只能择一行使。

【参考答案】 AD

77.【2017年第6题】北京甲公司和上海乙公司签订汽车买卖合同,约定甲公司组装生产并向乙公司出售500辆汽车。甲公司遂与丙公司签订零部件买卖合同,向丙公司购买组装生产汽车所需要的车轮。丙公司与

丁公司签订车轮的运输合同，运输途中，由于丁公司驾驶员的疏忽发生交通事故致货物受损，由此导致甲公司无法交货。根据合同法及相关规定，下列哪种说法是正确的？

A．乙公司有权请求甲公司承担违约责任

B．乙公司有权请求丙公司承担违约责任

C．乙公司有权请求丁公司承担违约责任

D．乙公司有权请求丁公司驾驶员承担违约责任

【解题思路】

本题中的合同双方是甲公司和乙公司，虽说甲公司未能向乙公司提供货物的原因并不是自己的过错，但违约责任并不以存在过错为前提。另外，违约责任具有相对性，乙公司如要主张违约责任，只能向合同的另一方甲公司主张。乙公司和丙丁两公司之间并不存在合同关系，故乙公司不能向丙公司或丁公司主张违约责任。能够向丙公司主张违约责任的只能是甲公司，因为甲公司和丙公司之间签订有零部件买卖合同。能够向丁公司主张违约责任的则只能是丙公司，因为丙公司与丁公司签订有车轮运输合同。

【参考答案】 A

《民法典》第590条："当事人一方因不可抗力不能履行合同的，根据不可抗力的影响，部分或者全部免除责任，但是法律另有规定的除外。因不可抗力不能履行合同的，应当及时通知对方，以减轻可能给对方造成的损失，并应当在合理期限内提供证明。

当事人迟延履行后发生不可抗力的，不免除其违约责任。"

78.【2011年第74题】根据合同法及相关规定，下列说法哪些是正确的？

A．因不可抗力不能履行合同的，应当全部免除责任

B．当事人迟延履行后发生不可抗力的，不能免除责任

C．当事人就迟延履行约定违约金的，违约方支付违约金后，还应当履行债务

D．约定的违约金低于造成的损失的，当事人可以请求人民法院或者仲裁机构予以增加

【解题思路】

因不可抗力不能履行合同，要根据不可抗力的影响，部分或者全部免除责任。当事人迟延履行后发生不可抗力的，应该当事人有过错在先，不能免除责任。迟延履行违约金只是对履行迟延负责，不能免除履行的责任。违约金的数额是合同双方意志的体现，如果发生了违约，那么自然应当按照约定支付违约金。如果要改变违约金的数额，必须通过法院或者仲裁机构进行。

【参考答案】 BCD

（四）违约责任的承担方式

《民法典》第577条："当事人一方不履行合同义务或者履行合同义务不符合约定的，应当承担继续履行、采取补救措施或者赔偿损失等违约责任。"

79.【2012年第85题】根据合同法及相关规定，下列关于违约责任的哪些说法是正确的？

A．当事人一方不履行合同义务的，应当承担违约责任

B．当事人一方履行合同义务不符合约定的，应当承担违约责任

C. 承担违约责任的方式包括继续履行、采取补救措施、赔偿损失等

D. 当事人可以约定一方违约时应当根据违约情况向对方支付一定数额的违约金，也可以约定因违约产生的损失赔偿额的计算方法

【解题思路】

合同需要全面适当地履行，未履行合同和未适当履行合同都需要承担违约责任。承担违约责任的方式包括继续履行、采取补救措施、赔偿损失和支付违约金。

【参考答案】 ABCD

《民法典》第579条："当事人一方未支付价款、报酬、租金、利息，或者不履行其他金钱债务的，对方可以请求其支付。"

《民法典》第580条："当事人一方不履行非金钱债务或者履行非金钱债务不符合约定的，对方可以请求履行，但是有下列情形之一的除外：

（一）法律上或者事实上不能履行；

（二）债务的标的不适于强制履行或者履行费用过高；

（三）债权人在合理期限内未请求履行。

有前款规定的除外情形之一，致使不能实现合同目的的，人民法院或仲裁机构可以根据当事人的请求终止合同权利义务关系，但是不影响违约责任的承担。"

《民法典》第581条："当事人一方不履行债务或者履行债务不符合约定，根据债务的性质不得强制履行的，对方可以请求其负担由第三人替代履行的费用。"

80.【2017年第47题】 根据合同法及相关规定，合同当事人一方不履行非金钱债务的，下列哪些情形下，另一方当事人不能要求其继续履行？

A. 该债务的标的不适于强制履行

B. 债权人在合理期限内未要求履行

C. 该债务在法律上不能履行

D. 该债务在事实上不能履行

【解题思路】

一般来说，自愿的交易都会使交易双方的境况获得改善，因此法律鼓励交易进行。当合同没能履行时，法律要求当事人履行。当然，如果这种履行在法律上或者事实上不能履行，那要求履行显然是强人所难。如果债务的标的不适于强制履行或者履行费用过高，那强行要求履行合同也不符合经济的原则。此外，为鼓励债权人及时主张权利，法律规定如果债权人在合理期限内没有要求履行，那就默认他放弃了要求对方履行的权利。

【参考答案】 ABCD

《民法典》第582条："履行不符合约定的，应当按照当事人的约定承担违约责任。对违约责任没有约定或者约定不明确，依据本法第五百一十条的规定仍不能确定的，受损害方根据标的的性质以及损失的大小，可以合理选择请求对方承担修理、重作、更换、退货、减少价款或者报酬等违约责任。"

《民法典》第583条："当事人一方不履行合同义务或者履行合同义务不符合约定的，在履行义务或者采取补救措施后，对方还有其他损失的，应当赔偿损失。"

《民法典》第584条："当事人一方不履行合同义务或者履行合同义务不符合约定，造成对方损失的，损失赔偿额应当相当于因违约所造成的损失，包括合同履行后可以获

得的利益；但是，不得超过违约一方订立合同时预见到或者应当预见到的因违约可能造成的损失。"

《民法典》第 585 条："当事人可以约定一方违约时应当根据违约情况向对方支付一定数额的违约金，也可以约定因违约产生的损失赔偿额的计算方法。

约定的违约金低于造成的损失的，人民法院或者仲裁机构可以根据当事人的请求予以增加；约定的违约金过分高于造成的损失的，人民法院或者仲裁机构可以根据当事人的请求予以适当减少。

当事人就迟延履行约定违约金的，违约方支付违约金后，还应当履行债务。"

《民法典》第 586 条："当事人可以约定一方向对方给付定金作为债权的担保。定金合同自实际交付定金时成立。

定金的数额由当事人约定；但是，不得超过主合同标的额的百分之二十，超过部分不产生定金的效力。实际交付的定金数额多于或者少于约定数额的，视为变更约定的定金数额。"

《民法典》第 587 条："债务人履行债务的，定金应当抵作价款或者收回。给付定金的一方不履行债务或者履行债务不符合约定，致使不能实现合同目的的，无权请求返还定金；收受定金的一方不履行债务或者履行债务不符合约定，致使不能实现合同目的的，应当双倍返还定金。"

《民法典》第 588 条："当事人既约定违约金，又约定定金的，一方违约时，对方可以选择适用违约金或者定金条款。

定金不足以弥补一方违约造成的损失的，对方可以请求赔偿超过定金数额的损失。"

81.【2016 年第 47 题】根据合同法及相关规定，下列哪些属于可以并用的违约责任承担方式？

A. 采取补救措施与赔偿损失
B. 继续履行与支付违约金
C. 继续履行与赔偿损失
D. 双倍返还定金与支付违约金

【解题思路】

采取补救措施针对的是合同没有适当履行的情况。一般情况下，补救措施不能完全弥补被违约一方的损失。如因为设备质量不合格而导致停工，采取的补救措施就是修理或者更换设备，另外还需要赔偿停工所造成的损失。继续履行针对的是合同没有履行的情况，如只发了一半货物就不再继续发货，继续履行要求供货方继续发货。如果收货方因为没有及时到货而遭受损失的，那么发货方就需要支付金钱赔偿。此时，如果双方约定了违约金，就适用违约金条款。定金和违约金都是金钱方面的补偿，只能选择适用。同时，适用违约金和定金容易使守约方收到的补偿高于其受到的损失，违背合同的公平原则。

【参考答案】 ABC

《民法典》第 593 条："当事人一方因第三人的原因造成违约的，应当依法向对方承担违约责任。当事人一方和第三人之间的纠纷，依照法律规定或者按照约定处理。"

82.【2008 年第 52 题】甲从乙电器商店购买丙公司生产的空调一台。甲和乙约定，乙于次日送货，并由丙公司员工在第三日进行安装。后丙公司员工在安装过程中操作不当，对甲所购空调造成损坏。对此，下列哪些说法是正确的？

A．该买卖合同的当事人为甲和乙电器商店

B．该买卖合同的当事人为甲和丙公司

C．丙公司员工安装不当造成空调的损坏，应当由丙公司向甲承担违约责任

D．丙公司员工安装不当造成空调的损坏，应当由乙电器商店向甲承担违约责任

【解题思路】

根据合同的相对性原则，由第三人原因构成的违约，应该由合同相对方承担民事责任。本题中，甲、乙双方是买卖合同当事人，乙方在让第三人完成安装时造成空调损坏，构成违约，应当承担民事责任。至于乙如何向丙追偿，那是他们之间的事情，和甲无关。

【参考答案】 AD

《民法典》第186条："因当事人一方的违约行为，损害对方人身权益、财产权益的，受损害方有权选择请求其承担违约责任或者侵权责任。"

八、技术合同

（一）技术合同的概念

《民法典》第843条："技术合同是当事人就技术开发、转让、许可、咨询或者服务订立的确立相互之间权利和义务的合同。"

83.【2008年第9题】根据合同法的规定，下列哪些合同应当采用书面形式？

A．技术咨询合同

B．技术服务合同

C．技术转让合同

D．技术开发合同

【解题思路】

与一般合同相比，技术开发合同具有以下特点：①内容较多，如研究开发经费及利用研究开发经费购置的财产及权属、技术成果的归属等；②属于探索性活动，履行期长，涉及风险责任的承担；③标的比较复杂，涉及研究开发行为及研究开发行为的对象。因此，技术开发合同应当采用书面形式。同样，技术转让合同内容复杂，涉及转让技术的范围、转让的对象、受让人使用转让技术的范围和方式、技术的保密、使用费的支付，以及对使用技术产生的新的技术成果的归属等。技术转让合同涉及专利的，还要明确专利申请日、申请号、专利号和专利权的有效期限。为此，技术转让合同也应当采用书面形式。

【参考答案】 CD

1. 订立技术合同的原则

《民法典》第844条："订立技术合同，应当有利于知识产权的保护和科学技术的进步，促进科学技术成果的研发、转化、应用和推广。"

2. 技术合同的一般条款

《民法典》第845条："技术合同的内容一般包括项目的名称，标的的内容、范围和要求，履行的计划、地点和方式，技术信息和资料的保密，技术成果的归属和收益的分配办法，验收标准和方法，名词和术语的解释等条款。

与履行合同有关的技术背景资料、可行性论证和技术评价报告、项目任务书和计划书、技术标准、技术规范、原始设计和工艺文件，以及其他技术文档，按照当事人的约定可以作为合同的组成部分。

技术合同涉及专利的，应当注明发明创造的名称、专利申请人和专利权人、申请日

期、申请号、专利号以及专利权的有效期限。"

（二）职务技术成果和非职务技术成果

1. 职务技术成果的使用权和转让权的归属

《民法典》第847条："职务技术成果的使用权、转让权属于法人或者非法人组织的，法人或者非法人组织可以就该项职务技术成果订立技术合同。法人或者非法人组织订立技术合同转让职务技术成果时，职务技术成果的完成人享有以同等条件优先受让的权利。

职务技术成果是执行法人或者非法人组织的工作任务，或者主要是利用法人或者非法人组织的物质技术条件所完成的技术成果。"

2. 非职务技术成果的使用权和转让权的归属

《民法典》第848条："非职务技术成果的使用权、转让权属于完成技术成果的个人，完成技术成果的个人可以就该项非职务技术成果订立技术合同。"

（三）无效的技术合同

《民法典》第850条："<u>非法垄断技术或者侵害他人技术成果的技术合同无效。</u>"

《技术合同解释》第10条："下列情形，属于民法典第八百五十条所称的'非法垄断技术'：

（一）限制当事人一方在合同标的技术基础上进行新的研究开发或者限制其使用所改进的技术，或者双方交换改进技术的条件不对等，包括要求一方将其自行改进的技术无偿提供给对方、非互惠性转让给对方、无偿独占或者共享该改进技术的知识产权；

（二）限制当事人一方从其他来源获得与技术提供方类似技术或者与其竞争的技术；

（三）阻碍当事人一方根据市场需求，按照合理方式充分实施合同标的技术，包括明显不合理地限制技术接受方实施合同标的技术生产产品或者提供服务的数量、品种、价格、销售渠道和出口市场；

（四）要求技术接受方接受并非实施技术必不可少的附带条件，包括购买非必需的技术、原材料、产品、设备、服务以及接收非必需的人员等；

（五）不合理地限制技术接受方购买原材料、零部件、产品或者设备等的渠道或者来源；

（六）禁止技术接受方对合同标的技术知识产权的有效性提出异议或者对提出异议附加条件。"

84.【2008年第16题】根据合同法的规定，下列哪些技术合同无效？

A. 甲公司与乙公司签订的技术开发合同，约定就开发完成的发明创造申请专利的权利属于甲公司

B. 丙公司与丁公司签订的技术服务合同，约定丁公司不得从其他公司获得类似技术或者其他竞争性技术

C. 戊公司与己公司签订的技术转让合同，约定己公司购买与实施该技术无关的大型设备5台

D. 庚公司与辛公司签订的专利实施许可合同，约定辛公司不得对该专利提出无效宣告请求

【解题思路】

根据当事人意思自治的原则，在技术

开发合同中，专利申请权可以约定。但如果约定禁止获得类似技术，进行捆绑销售或禁止质疑专利的有效性，则侵犯了另一方的权利，会导致合同无效。《与贸易有关的知识产权协定》（简称TRIPs）明确规定，规定排他性返授条件、阻止对许可效力提出质疑和强制性一揽子许可都属于滥用知识产权。

【参考答案】 BCD

85.【2014年第28题】甲公司与乙公司签订专利实施许可合同，并约定被许可方乙公司不得就该专利提出无效宣告请求。该合同还有独立存在的有关解决争议方法的条款。根据合同法及相关规定，下列关于该合同效力的哪种说法是正确的？

A．该合同有效

B．该合同效力待定

C．该合同无效，合同中独立存在的有关解决争议方法的条款也相应无效

D．该合同无效，但不影响合同中独立存在的有关解决争议方法的条款的效力

【解题思路】

TRIPs明确规定，技术合同中，阻止被许可方对许可效力提出质疑属于滥用知识产权。如果有此类条款，则合同无效。需要注意的是，合同中的争议解决条款具有独立性，合同无效的，不影响该条款的有效性。

【参考答案】 D

（四）技术合同的种类

1. 技术开发合同

（1）技术开发合同的概念、法定形式和种类。

《民法典》第851条："技术开发合同是当事人之间就新技术、新产品、新工艺、新品种或者新材料及其系统的研究开发所订立的合同。

技术开发合同包括委托开发合同和合作开发合同。

技术开发合同应当采用书面形式。

当事人之间就具有实用价值的科技成果实施转化订立的合同，参照适用技术开发合同的有关规定。"

（2）合同当事人的权利和义务。

《民法典》第852条："委托开发合同的委托人应当按照约定支付研究开发经费和报酬，提供技术资料，提出研究开发要求，完成协作事项，接受研究开发成果。"

《民法典》第853条："委托开发合同的研究开发人应当按照约定制定和实施研究开发计划，合理使用研究开发经费，按期完成研究开发工作，交付研究开发成果，提供有关的技术资料和必要的技术指导，帮助委托人掌握研究开发成果。"

《民法典》第855条："合作开发合同的当事人应当按照约定进行投资，包括以技术进行投资，分工参与研究开发工作，协作配合研究开发工作。"

《民法典》第857条："作为技术开发合同标的的技术已经由他人公开，致使技术开发合同的履行没有意义的，当事人可以解除合同。"

（3）风险负担和权利分配。

《民法典》第858条："技术开发合同履行过程中，因出现无法克服的技术困难，致使研究开发失败或者部分失败的，该风险由当事人约定；没有约定或者约定不明确，依据本法第五百一十条的规定仍不能确定的，风险由当事人合理分担。

当事人一方发现前款规定的可能致使

研究开发失败或者部分失败的情形时，应当及时通知另一方并采取适当措施减少损失；没有及时通知并采取适当措施，致使损失扩大的，应当就扩大的损失承担责任。"

86.【2009年第78题】根据合同法及相关规定，下列说法哪些是正确的？

A．技术合同涉及专利的，应当注明发明创造的名称、专利权人、申请日、专利号以及专利权的有效期限

B．技术开发合同履行过程中，因出现无法克服的技术困难，致使研究开发失败或者部分失败的，该风险责任由当事人平均分担

C．合作开发的当事人一方声明放弃其共有的专利申请权的，可以由另一方单独申请或者由其他各方共同申请

D．专利实施许可合同只在该专利权的存续期间内有效

【解题思路】

技术合同中如果涉及专利，则需要明确是哪个专利，这就需要标明该专利的相关信息。技术开发合同风险较大，对风险的承担由当事人约定。如果没有约定或约定不明，则从公平的角度说应当是合理分担，但合理分担并不是平均分担。合作开发的技术归合作方共有，申请专利的权利也属于合作方共有。如果一方放弃该权利，那就归剩下的各方共有，由他们提起申请。只有有效存在的专利才能许可他人使用，故许可合同只能在专利存续期内有效。

【参考答案】 ACD

《民法典》第859条："委托开发完成的发明创造，除法律另有规定或者当事人另有约定外，申请专利的权利属于研究开发人。

研究开发人取得专利权的，委托人可以依法实施该专利。

研究开发人转让专利申请权的，委托人享有以同等条件优先受让的权利。"

87.【2017年第49题】甲公司与方某签订技术开发合同，委托方某研究开发一套自动化控制系统，双方未约定权利归属。关于本案，下列哪些说法是正确的？

A．申请专利的权利属于方某

B．申请专利的权利属于方某和甲公司共有

C．如果方某转让专利申请权的，甲公司享有以同等条件优先受让的权利

D．如果方某取得专利权的，甲公司可以免费实施该专利

【解题思路】

在知识产权领域，我国的立法都是倾向于进行智力创作的一方，即受托人。本题中，如果甲公司和方某没有就申请专利的权利进行约定，那么申请专利的权利就属于方某。甲公司出钱委托方某研发某种技术，如果因为方某申请了专利而导致甲公司没法使用该技术成果，显然不公平。故如果方某所取得专利权，甲公司可以依法实施。《民法典》将《合同法》中的"免费实施"改为"依法实施"，从公平原则出发，委托人的实施应该是免费的。甲公司本身就在实施该专利技术，如果专利权属于甲公司有利于更好地发挥该专利权的效益，那么甲公司享有同等条件下的优先购买权。

【参考答案】 ACD

《民法典》第860条："合作开发完成的发明创造，申请专利的权利属于合作开发的当事人共有；当事人一方转让其共有的

专利申请权的,其他各方享有以<u>同等条件优先受让</u>的权利。但是,当事人另有约定的除外。

合作开发的当事人一方声明放弃其共有的专利申请权的,除当事人另有约定外,可以由另一方单独申请或者由其他各方共同申请。申请人取得专利权的,放弃专利申请权的一方可以免费实施该专利。

合作开发的当事人<u>一方不同意申请专利的,另一方或者其他各方不得申请专利</u>。"

88.【2019年第47题】根据合同法及相关规定,关于合作开发完成的发明创造技术成果归属,下列说法正确的是?

A. 除另有约定外,申请专利的权利属于合作开发的当事人共有

B. 当事人一方转让其共有的专利申请权,其他各方享有以同等条件优先受让的权利

C. 当事人一方声明放弃其共有的专利申请权的,可以由另一方单独申请或由其他各方共同申请

D. 当事人一方不同意申请专利的,另一方或者其他各方不得申请专利

【解题思路】

根据公平原则,合作开发完成的发明创造,申请专利的权利当然应该归合作开发的当事人共有。另外,根据意思自治原则,当事人也可以另行约定。如果当事人一方声明放弃共有的专利申请权,则权利就由剩余的合作方所有。如果当事人一方转让自己的权利,则其他各方在同等条件下可以优先受让,从而简化权力的归属。当事人一方不同意申请专利,可能是想通过商业秘密来保护,如果其他各方申请专利就会影响该目的

实现,因为专利是通过公开来换取保护。

【参考答案】 ABCD

《民法典》第861条:"委托开发或者合作开发完成的技术秘密成果的使用权、转让权以及收益的分配办法,由当事人约定;没有约定或者约定不明确,依据本法第五百一十条的规定仍不能确定的,在没有相同技术方案被授予专利权前,当事人均有使用和转让的权利。但是,委托开发的研究开发人不得在向委托人交付研究开发成果之前,将研究开发成果转让给第三人。"

(4) 违约责任。

《民法典》第854条:"委托开发合同的当事人违反约定造成研究开发工作停滞、延误或者失败的,应当承担违约责任。"

《民法典》第856条:"合作开发合同的当事人违反约定造成研究开发工作停滞、延误或者失败的,应当承担违约责任。"

2. 技术转让合同和技术许可合同

(1) 技术转让合同和技术许可合同的概念、法定形式和种类。

《民法典》第862条:"技术转让合同是合法拥有技术的权利人,将现有特定的专利、专利申请、技术秘密的相关权利让与他人所订立的合同。

技术许可合同是合法拥有技术的权利人,将现有特定的专利、技术秘密的相关权利许可他人实施、使用所订立的合同。

技术转让合同和技术许可合同中关于提供实施技术的专用设备、原材料或者提供有关的技术咨询、技术服务的约定,属于合同的组成部分。"

《民法典》第863条:"技术转让合同包括专利权转让、专利申请权转让、技术秘密

转让等合同。

技术许可合同包括专利实施许可、技术秘密使用许可等合同。

技术转让合同和技术许可合同应当采用书面形式。"

89.【2006年第18题】根据合同法的规定,下列关于技术转让合同的说法哪些是正确的?

A. 技术转让合同既可以采用书面形式,也可采用口头形式

B. 技术转让合同可以约定让与人和受让人实施专利或者使用技术秘密的范围,但不得限制技术竞争和技术发展

C. 专利实施许可合同的有效期间可以由双方当事人任意约定

D. 专利实施许可合同的受让人应当按照约定实施专利,不得许可约定以外的第三人实施该专利

【解题思路】

在技术合同中,转让合同和开发合同必须采取书面形式。技术转让合同不得限制技术发展,在此范围内,双方可以约定技术的使用范围。专利实施许可合同的有效期不能超过专利的有效期,如果专利已经过期,还收取许可费是不合理的。假设甲获得专利权人的许可,每年的许可费为10万元。如果甲还拥有向外再进行许可的权利,如许可乙、丙、丁三家使用,每家每年收许可费5万元,则意味着甲不但可以免费使用专利权人的专利,每年能通过该专利额外收入5万元,这对专利权人来说显然不公平。

【参考答案】 BD

(2)合同当事人的权利和义务。

《民法典》第864条:"技术转让合同和技术许可合同可以约定实施专利或者使用技术秘密的范围,但是不得限制技术竞争和技术发展。"

《民法典》第865条:"专利实施许可合同仅在该专利权的存续期限内有效。专利权有效期限届满或者专利权被宣告无效的,专利权人不得就该专利与他人订立专利实施许可合同。"

90.【2013年第49题】根据合同法及相关规定,下列关于技术转让合同的哪些说法是正确的?

A. 技术秘密转让合同应当采用书面形式

B. 技术秘密转让合同的当事人未就使用技术秘密后续改进技术成果的分享办法作出约定的,一方后续改进的技术成果,其他各方均有权分享

C. 专利实施许可合同的被许可人应当按照约定的范围和期限,对让与人提供的技术中尚未公开的秘密部分,承担保密义务

D. 专利实施许可合同只在该专利权的存续期间内有效

【解题思路】

技术转让合同如果双方没有就后续改进技术成果的分享作出约定,那么一方的后续改进就是该方自己的成果,别人无法分享。另外,专利实施许可合同必须是在专利权的存续期间才有效,如果专利已经超出了保护期限,都不再受到法律保护了,还向别人收取许可费是不合理的。

【参考答案】 ACD

《民法典》第866条:"专利实施许可合同的许可人应当按照约定许可被许可人实施专利,交付实施专利有关的技术资料,提供

必要的技术指导。"

《民法典》第867条："专利实施许可合同的被许可人应当按照约定实施专利，不得许可约定以外的第三人实施该专利，并按照约定支付使用费。"

91.【2014年第64题】根据合同法及相关规定，下列关于专利实施许可合同的哪些说法是正确的？

A．除合同另有约定外，被许可人可以许可约定以外的第三人实施该专利

B．专利实施许可合同只在该专利权的存续期间内有效

C．许可人应当保证自己是所许可实施的专利的合法拥有者

D．被许可人应当按照约定的范围和期限，对让与人提供的技术中尚未公开的秘密部分，承担保密义务

【解题思路】

除非双方另有约定，不然被许可人无权再许可他人实施专利。如果专利都已经过了保护期，那还向外收费是不合理的。许可人需要是专利权人，不然无权对外许可。专利许可的被许可人需要承担保密义务。

【参考答案】 BCD

《民法典》第868条："技术秘密转让合同的让与人和技术秘密使用许可合同的许可人应当按照约定提供技术资料，进行技术指导，保证技术的实用性、可靠性，承担保密义务。

前款规定的保密义务，不限制许可人申请专利，但是当事人另有约定的除外。"

《民法典》第869条："技术秘密转让合同的受让人和技术秘密使用许可合同的被许可人应当按照约定使用技术，支付转让费、使用费，承担保密义务。"

《民法典》第870条："技术转让合同的让与人和技术许可合同的许可人应当保证自己是所提供的技术的合法拥有者，并保证所提供的技术完整、无误、有效，能够达到约定的目标。"

《民法典》第871条："技术转让合同的受让人和技术许可合同的被许可人应当按照约定的范围和期限，对让与人、许可人提供的技术中尚未公开的秘密部分，承担保密义务。"

《民法典》第875条："当事人可以按照互利的原则，在合同中约定实施专利、使用技术秘密后续改进的技术成果的分享办法；没有约定或者约定不明确，依据本法第五百一十条的规定仍不能确定的，一方后续改进的技术成果，其他各方无权分享。"

92.【2011年第82题】根据合同法及相关规定，下列关于技术转让合同的说法哪些是正确的？

A．技术转让合同的当事人未就后续改进技术成果的分享办法作出约定的，一方后续改进的技术成果，其他各方无权分享

B．技术转让合同的受让人应当按照约定的范围和期限，对让与人提供的技术中尚未公开的秘密部分，承担保密义务

C．专利权有效期限届满后，专利权人不得就该专利与他人订立专利实施许可合同

D．技术转让合同应当采用书面形式

【解题思路】

对技术的后续改进是进行改进活动一方的劳动成果，如果没有约定，自然应当归改进一方所有。技术转让合同中的技术，有的是处于保密状态的技术，有的技术虽已经

公开，但相关的背景材料、技术参数等未曾公开。这些技术和相关材料可能涉及让与人的重大利益，故受让人需要承担保密责任。专利实施许可合同只在专利权的存续期内有效。技术转让合同比较复杂，应当采用书面形式。

【参考答案】 ABCD

93.【2018年第43题】关于专利实施许可合同，下列说法错误的是？

A. 授权专利满足充分公开的要求，让与人无须提供其他技术资料

B. 受让人实施专利侵犯第三人合法权益的，第三人应当请求让与人承担责任

C. 专利实施许可合同只在专利权存续期间内有效

D. 受让人对专利技术作出改进，实施的新方案不再落入专利权保护范围的，可以停止支付使用费

【解题思路】

专利制度以公开换取保护，但并未要求必须公开最佳技术方案。专利权人将专利许可给他人，根据公平原则，应该提供相关技术资料，帮助被许可人顺利实施发明。受让人在实施专利过程中，如果侵犯第三人合法权益，则第三人应该找侵权人（即受让人）承担责任。至于受让人是否会去找专利权人追偿，那是另外一个问题。如果专利权已经终止，还想收许可费用不合适。受让人对专利技术作出改进，该改进的技术属于受让人自己。不过，在专利合同的有效期内，不管受让人是否实施专利技术许可，都需要支付费用。

【参考答案】 ABD

（3）违约责任。

《民法典》第872条："许可人未按照约定许可技术的，应当返还部分或者全部使用费，并应当承担违约责任；实施专利或者使用技术秘密超越约定的范围的，违反约定擅自许可第三人实施该项专利或者使用该项技术秘密的，应当停止违约行为，承担违约责任；违反约定的保密义务的，应当承担违约责任。

让与人承担违约责任，参照适用前款规定。"

《民法典》第873条："被许可人未按照约定支付使用费的，应当补交使用费并按照约定支付违约金；不补交使用费或者支付违约金的，应当停止实施专利或者使用技术秘密，交还技术资料，承担违约责任；实施专利或者使用技术秘密超越约定的范围的，未经许可人同意擅自许可第三人实施该专利或者使用该技术秘密的，应当停止违约行为，承担违约责任；违反约定的保密义务的，应当承担违约责任。

受让人承担违约责任，参照适用前款规定。"

94.【2007年第83题】专利权人刘某许可甲公司实施其专利，双方签订了普通实施许可合同。后甲停产，同时允许乙厂使用该专利并收取专利使用费。刘某得知后诉至人民法院。对此，下列哪些说法是正确的？

A. 甲公司违约，应当承担违约责任

B. 乙厂实施刘某专利的行为侵犯了刘某的专利权

C. 甲公司向乙厂收取的专利使用费属于不当得利，应向乙厂返还

D. 甲公司有权许可乙厂实施该专利

【解题思路】

甲公司为被许可方，不得进行对外许可。乙厂在没有合法授权的情况实施专利技术，构成侵权。甲公司没有进行专利许可的权利，获得的专利费没有合法依据，属于不当得利。

【参考答案】 ABC

《民法典》第874条："受让人或者被许可人按照约定实施专利、使用技术秘密侵害他人合法权益的，由让与人或者许可人承担责任，但是当事人另有约定的除外。"

95.【2019年第48题】甲公司利用从乙公司受让的一项专利技术所生产专利产品被丙公司指控为侵权，人民法院判决侵权成立，并要求甲公司赔偿损失2000万元。根据合同法及相关规定，下列说法正确的是？

A．如果甲乙公司之间对损害赔偿没有约定，应由乙公司向丙公司承担赔偿责任

B．如果甲乙公司之间对损害赔偿没有约定，应由甲公司向丙公司承担赔偿责任

C．如果甲乙公司之间对损害赔偿没有约定，由甲公司、乙公司承担连带责任

D．如果甲乙公司之间对损害赔偿有约定，则按照约定进行赔偿

【解题思路】

本题参考答案为A、D，笔者认为答案应当为B、D。《民法典》第874条中的"让与人或者许可人承担责任"规定的是合同双方的责任承担，此时由让与人乙公司向受让人甲公司承担责任。本题中涉及的是侵犯专利行为中，侵权人向专利权人承担的责任。受让人甲公司作为侵犯丙公司专利权的行为人，自然应当由甲公司向丙公司承担赔偿责任。甲公司承担责任后，可以根据《民法典》的规定向乙公司主张权利。本题中也明确写明，法院判决向丙公司赔偿损失的责任人是甲公司，改成乙公司向丙公司承担赔偿责任也违背了法院判决。

【参考答案】 BD

3. 技术咨询和技术服务合同

（1）技术咨询和技术服务合同的概念。

《民法典》第878条："技术咨询合同是当事人一方以技术知识为对方就特定技术项目提供可行性论证、技术预测、专题技术调查、分析评价报告等所订立的合同。

技术服务合同是当事人一方以技术知识为对方解决特定技术问题所订立的合同，不包括承揽合同和建设工程合同。"

（2）合同当事人的权利和义务。

《民法典》第879条："技术咨询合同的委托人应当按照约定阐明咨询的问题，提供技术背景材料及有关技术资料，接受受托人的工作成果，支付报酬。"

《民法典》第880条："技术咨询合同的受托人应当按照约定的期限完成咨询报告或者解答问题，提出的咨询报告应当达到约定的要求。"

《民法典》第882条："技术服务合同的委托人应当按照约定提供工作条件，完成配合事项，接受工作成果并支付报酬。"

《民法典》第883条："技术服务合同的受托人应当按照约定完成服务项目，解决技术问题，保证工作质量，并传授解决技术问题的知识。"

（3）违约责任。

《民法典》第881条："技术咨询合同的委托人未按照约定提供必要的资料，影响工作进度和质量，不接受或者逾期接受工作成

果的，支付的报酬不得追回，未支付的报酬应当支付。

技术咨询合同的受托人未按期提出咨询报告或者提出的咨询报告不符合约定的，应当承担减收或者免收报酬等违约责任。

技术咨询合同的委托人按照受托人符合约定要求的咨询报告和意见作出决策所造成的损失，由委托人承担，但是当事人另有约定的除外。"

《民法典》第884条："技术服务合同的委托人不履行合同义务或者履行合同义务不符合约定，影响工作进度和质量，不接受或者逾期接受工作成果的，支付的报酬不得追回，未支付的报酬应当支付。

技术服务合同的受托人未按照约定完成服务工作的，应当承担免收报酬等违约责任。"

《民法典》第885条："技术咨询合同、技术服务合同履行过程中，受托人利用委托人提供的技术资料和工作条件完成的新的技术成果，属于受托人。委托人利用受托人的工作成果完成的新的技术成果，属于委托人。当事人另有约定的，按照其约定。"

《民法典》第886条："技术咨询合同和技术服务合同对受托人正常开展工作所需费用的负担没有约定或者约定不明确的，由受托人负担。"

96.【2012年第10题】甲单位委托乙研究所就某技术项目提供可行性论证。双方在合同中约定乙研究所在三个月内提供咨询报告，甲单位在收到符合约定要求的报告后应支付乙研究所10万元报酬。根据合同法及相关规定，下列哪种说法是正确的？

A. 该合同属于技术开发合同

B. 如果乙研究所未按期提供咨询报告，则应当承担减收或者免收报酬等违约责任

C. 如果双方没有约定，则乙研究所利用甲单位提供的技术资料和工作条件完成的新的技术成果，属于甲单位

D. 如果双方没有约定，则甲单位按照乙研究所符合约定要求的咨询报告和意见作出决策所造成的损失，由乙研究所承担

【解题思路】

本题的合同内容是技术的可行性论证，属于技术咨询合同而不是开发合同。研究所如果未能按期提供咨询报告，则构成违约，应当承担违约责任。如果双方没有约定，我国法律默认就是技术成果归出力的一方享有。咨询报告属于给委托人决策时的参考性意见，不是直接可以付诸实践的技术研究成果。另外，在实际履行中，还需要根据实际情况采取相应的应对措施，故一般情况下，提供报告的一方不应当为决策的风险承担责任。

【参考答案】 B

九、委托合同

（一）委托合同的概念

《民法典》第919条："委托合同是委托人和受托人约定，由受托人处理委托人事务的合同。"

（二）特别委托、概括委托

《民法典》第920条："委托人可以特别委托受托人处理一项或者数项事务，也可以概括委托受托人处理一切事务。"

（三）委托人和受托人的权利和义务

《民法典》第921条："委托人应当预付处理委托事务的费用。受托人为处理委托事

务垫付的必要费用，委托人应当偿还该费用并支付利息。"

《民法典》第922条："受托人应当按照委托人的指示处理委托事务。需要变更委托人指示的，应当经委托人同意；因情况紧急，难以和委托人取得联系的，受托人应当妥善处理委托事务，但是事后应当将该情况及时报告委托人。"

《民法典》第923条："受托人应当亲自处理委托事务。经委托人同意，受托人可以转委托。转委托经同意或者追认的，委托人可以就委托事务直接指示转委托的第三人，受托人仅就第三人的选任及其对第三人的指示承担责任。转委托未经同意或者追认的，受托人应当对转委托的第三人的行为承担责任；但是，在紧急情况下受托人为了维护委托人的利益需要转委托第三人的除外。"

97.【2015年第48题】甲农场委托乙运输公司将农场的水果运往某市水果市场。合同签订后，乙运输公司有更大的运输业务，欲将运输甲农场水果的任务委托给丙运输公司。根据合同法及相关规定，下列哪些说法是正确的？

A. 乙运输公司经甲农场同意，可以转委托丙运输公司运输甲农场的水果

B. 乙运输公司有权转委托丙运输公司，仅需事后通知甲农场

C. 转委托未经甲农场同意的，乙运输公司应当对丙运输公司的行为承担责任

D. 转委托未经甲农场同意的，乙运输公司仅需就其对丙运输公司的指示承担责任

【解题思路】

转委托须事先取得委托人的同意。法律上之所以不许任意转委托，是为了防止妨害委托人的利益。但如果委托人同意转委托时，则法律就没有禁止的必要，因为合同是以双方当事人自愿为原则。当事人意思表示一致，受托人才可以再委托第三人代为处理委托事务。如果转委托获得了委托人的同意，那受托人承担的义务就比较小，只需要就第三人的选任及其对第三人的指示承担责任；如果未获得委托人的同意，那需要对转委托的第三人的行为承担责任。

【参考答案】 AC

《民法典》第924条："受托人应当按照委托人的要求，报告委托事务的处理情况。委托合同终止时，受托人应当报告委托事务的结果。"

98.【2012年第93题】根据合同法及相关规定，下列关于委托合同的哪些说法是正确的？

A. 委托合同是委托人和受托人约定，由受托人处理委托人事务的合同

B. 受托人应当亲自处理委托事务，经委托人同意，受托人可以转委托

C. 受托人应当按照委托人的要求，报告委托事务的处理情况

D. 有偿的委托合同，因受托人的过错给委托人造成损失的，委托人可以要求赔偿损失

【解题思路】

A选项为委托合同的定义。委托合同存在的基础是双方之间存在信任关系，因此受托人应当亲自处理事务，要转委托须经过委托人的同意。受托人在处理委托事务的时候，及时汇报，让委托人了解事情的进展是应有之义。需要强调的是，有偿委托合同，受托人有过错造成损失的，需要承担赔偿责

任；无偿的委托合同，则是在故意或重大过失的情况下才承担赔偿责任。

【参考答案】 ABCD

《民法典》第925条："受托人以自己的名义，在委托人的授权范围内与第三人订立的合同，第三人在订立合同时知道受托人与委托人之间的代理关系的，该合同直接约束委托人和第三人；但是，有确切证据证明该合同只约束受托人和第三人的除外。"

99.【2010年第78题】甲公司委托姚某购买一批化肥。在甲公司的授权范围内，姚某以自己的名义与乙公司签订了一份化肥买卖合同，并在订立合同的过程中，将他与甲公司之间的代理关系告诉了乙公司。根据合同法及相关规定，下列关于该买卖合同的说法哪些是正确的？

A. 该合同直接约束姚某和乙公司，但有确切证据证明该合同只约束甲公司和乙公司的除外

B. 该合同直接约束甲公司和乙公司，但有确切证据证明该合同只约束姚某和乙公司的除外

C. 该合同直接约束甲公司、乙公司和姚某

D. 该合同无效，对甲公司、乙公司和姚某均没有约束力

【解题思路】

一般来说，委托合同中受托人以委托人的名义从事民事法律行为，但也可能以受托人自己的名义从事。在签订合同的时候，乙公司知道姚某是受甲公司的受托，因此这个合同虽然是姚某以自己的名义和乙公司订立的，但本质上乙公司还是在和甲公司发生法律关系，故应当直接约束甲公司和乙公司，例外情况是有确切证据证明该合同只约束姚某和乙公司。

【参考答案】 B

《民法典》第926条："受托人以自己的名义与第三人订立合同时，第三人不知道受托人与委托人之间的代理关系的，受托人因第三人的原因对委托人不履行义务，受托人应当向委托人披露第三人，委托人因此可以行使受托人对第三人的权利。但是，第三人与受托人订立合同时如果知道该委托人就不会订立合同的除外。

受托人因委托人的原因对第三人不履行义务，受托人应当向第三人披露委托人，第三人因此可以选择受托人或者委托人作为相对人主张其权利，但是第三人不得变更选定的相对人。

委托人行使受托人对第三人的权利的，第三人可以向委托人主张其对受托人的抗辩。第三人选定委托人作为其相对人的，委托人可以向第三人主张其对受托人的抗辩以及受托人对第三人的抗辩。"

100.【2008年第64题】甲委托乙购买一批货物，但要求以乙的名义签订合同，乙同意，遂与丙签订了买卖合同。后由于甲的原因，乙不能按时向丙支付货款。乙向丙说明了自己是受甲委托向丙购买货物。对此，下列哪些说法是正确的？

A. 丙只能要求甲支付货款

B. 丙只能要求乙支付货款

C. 丙选定甲作为相对人要求其支付货款后，不得再变更为乙

D. 丙选定乙作为相对人要求其支付货款后，乙的财产不足以清偿债务的，可以重新选择甲作为相对人

【解题思路】

本合同的当事人表面上是乙和丙，但本质上是甲和丙。当由于甲的原因导致乙不能及时支付货款时，丙具有选择权，可以选择受托人乙或者委托人甲作为相对人主张其权利。不过，第三人只能选择其一，选定后不得变更。

【参考答案】 C

《民法典》第927条："受托人处理委托事务取得的财产，应当转交给委托人。"

101.【2007年第92题】根据合同法的规定，下列关于委托合同的说法哪些是正确的？

A．委托合同可以采用非书面形式

B．委托合同可以是无偿的

C．委托合同可以就一项或数项事务特别委托受托人处理，也可以概括委托受托人处理一切事务

D．受托人处理委托事务取得的财产，应当转交给委托人

【解题思路】

法律并没有规定委托合同必须采用书面形式，那就意味着委托合同可以采用非书面形式，如口头形式。委托合同属于民事领域，根据意思自治的原则，法律没有理由规定委托合同必须收费。委托合同分为特别委托和概括委托，委托人可以将所有的事务一并委托，也可以仅仅委托一项事务。受托人根据委托合同为委托人处理事务，不能中饱私囊。

【参考答案】 ABCD

（四）违约责任

《民法典》第929条："有偿的委托合同，因受托人的过错造成委托人损失的，委托人可以请求赔偿损失。无偿的委托合同，因受托人的故意或者重大过失造成委托人损失的，委托人可以请求赔偿损失。

受托人超越权限造成委托人损失的，应当赔偿损失。"

102.【2010年第92题】王某委托胡某销售一批货物，双方约定胡某不收取报酬。根据合同法及相关规定，下列说法哪些是正确的？

A．胡某有权请求王某偿还为处理委托事务垫付的必要费用及其利息

B．胡某因为故意给王某造成损失的，王某可以要求胡某赔偿

C．胡某因为重大过失给王某造成损失的，王某可以要求胡某赔偿

D．如果胡某转委托第三人处理王某委托的事务，应经过王某同意

【解题思路】

委托合同可以是无偿的，受托人可以不收取费用，但总不能让受托人还得往外掏钱。在无偿委托中，受托人没有收费，故只有存在故意或重大过失，给委托人造成损失的，才需要承担赔偿责任。委托以当事人的信任为基础，如果要转委托，需要获得受托人的同意。

【参考答案】 ABCD

103.【2016年第49题】甲公司委托乙专利代理机构代为处理本公司专利事务，乙专利代理机构根据委托合同收取报酬。根据合同法及相关规定，下列哪些说法是正确的？

A．乙机构应当按照甲公司的指示处理委托事务

B．乙机构应当按照甲公司的要求报告

委托事务的处理情况

C．因乙机构的过错给甲公司造成损失的，甲公司可以要求乙机构赔偿损失

D．甲公司、乙机构可以随时解除双方之间的委托合同

【解题思路】

委托合同是受托人接受委托人的委托而订立，受托人按照委托人的指示处理委托事务是应有之义。受托人根据委托人的要求，及时报告事务处理的进展情况，有利于委托人及时了解事务的状况。委托合同分为有偿和无偿两种：有偿的委托合同，受托人存在过错则需要承担赔偿责任，而无偿的委托合同受托人要存在重大过错才需要承担责任。委托合同以双方信任为存在的前提，如果失去信任，合同自然也就难以履行，故法律赋予双方当事人随时解除合同的权利，并且解除不需要有任何的理由。

【参考答案】 ABCD

《民法典》第 930 条："受托人处理委托事务时，因不可归责于自己的事由受到损失的，可以向委托人请求赔偿损失。"

《民法典》第 931 条："委托人经受托人同意，可以在受托人之外委托第三人处理委托事务。因此造成受托人损失的，受托人可以向委托人请求赔偿损失。"

《民法典》第 932 条："两个以上的受托人共同处理委托事务的，对委托人承担连带责任。"

《民法典》第 933 条："委托人或者受托人可以随时解除委托合同。因解除合同造成对方损失的，除不可归责于该当事人的事由外，无偿委托合同的解除方应当赔偿因解除时间不当造成的直接损失，有偿委托合同的解除方应当赔偿对方的直接损失和合同履行后可以获得的利益。"

104．【2018 年第 49 题】甲公司委托乙专利代理机构代为处理本公司专利事务。对此，下列说法哪些是正确的？

A．即使合同没有提及乙处理相关事务的费用负担，甲公司仍有义务支付乙事务所为处理委托事务而垫付的费用

B．经甲公司同意，乙可以转委托，同时对第三人的行为承担责任

C．乙可以随时解除与甲公司的合同

D．因不可归责于乙的事由，委托事务不能完成的，甲公司应当向乙支付相应的报酬

【解题思路】

在委托合同中，不能让受托人既花时间还垫费用。即使合同没有提及费用负担问题，委托人也应当要支付受托人所垫付的费用。如果乙公司经过甲公司同意进行转委托，那么乙公司就不再是委托合同的当事人，不需要对第三人的行为承担责任。委托合同的基础是合同双方互相信任，如果信任不存，那委托合同也就难以顺利履行，故合同双方都可以随时解除委托合同。如果委托事务不能完成是基于不可归责于乙的事由，则根据公平原则，乙方有权获得报酬。

【参考答案】 ACD

第三节　民事诉讼法

【基本要求】

了解民事诉讼的效力范围、基本原则和基本的诉讼制度；理解《民事诉讼法》中关于管辖、证据、诉讼当事人、财产保全以

及证据的规定；掌握关于一般民事审判程序和执行程序的基本规定；了解关于涉外民事诉讼的规定。

本节内容主要涉及《民事诉讼法》《民诉法解释》和《民诉证据规定》的规定。

一、民事诉讼法的基本知识

（一）民事诉讼法的效力

1. 适用范围

《民事诉讼法》第3条："人民法院受理公民之间、法人之间、其他组织之间以及他们相互之间因财产关系和人身关系提起的民事诉讼，适用本法的规定。"

2. 对人的效力

《民事诉讼法》第4条："凡在中华人民共和国领域内进行民事诉讼，必须遵守本法。"

3. 空间效力

凡在中华人民共和国领域内进行民事诉讼，必须遵守《民事诉讼法》。例外的是：①民族自治地方的人民代表大会根据宪法和本法的原则，结合当地民族的具体情况，可以制定变通或者补充的规定并在当地适用。②在实行"一国两制"的地区，根据特别法的规定而不适用《民事诉讼法》。

4. 时间效力

《民事诉讼法》的时间效力，是指民事诉讼法的有效期间，也即民事诉讼法发生效力和终止效力的时间。现行《民事诉讼法》生效的时间是1991年4月9日。2007年10月28日、2012年8月31日和2017年6月27日分别进行了三次修改。

（二）《民事诉讼法》的基本原则

1. 独立行使审判权

《民事诉讼法》第6条："民事案件的审判权由人民法院行使。

人民法院依照法律规定对民事案件独立进行审判，不受行政机关、社会团体和个人的干涉。"

2. 以事实为依据，以法律为准绳的原则

《民事诉讼法》第7条："人民法院审理民事案件，必须以事实为根据，以法律为准绳。"

3. 平等原则

《民事诉讼法》第8条："民事诉讼当事人有平等的诉讼权利。人民法院审理民事案件，应当保障和便利当事人行使诉讼权利，对当事人在适用法律上一律平等。"

4. 调解原则

《民事诉讼法》第9条："人民法院审理民事案件，应当根据自愿和合法的原则进行调解；调解不成的，应当及时判决。"

1.【2006年第20题】根据民事诉讼法的规定，人民法院审理民事案件，应当根据下列哪些原则进行调解？

A. 自愿

B. 公开

C. 准确

D. 合法

【解题思路】

调解的进行主要是通过当事人之间的谈判协商来解决争议，这需要遵循自愿与合法的原则。在调解过程中，当事人之间的妥协、让步、承认错误等行为，往往不愿意对外公开。另外，调解追求的是当事人在互谅互让的基础上解决纠纷，并不追求结果的准确，只要双方都能接受即可。

【参考答案】 AD

《民事诉讼法》第 93 条："人民法院审理民事案件，根据当事人自愿的原则，在事实清楚的基础上，分清是非，进行调解。"

《民事诉讼法》第 94 条："人民法院进行调解，可以由审判员一人主持，也可以由合议庭主持，并尽可能就地进行。

人民法院进行调解，可以用简便方式通知当事人、证人到庭。"

《民事诉讼法》第 95 条："人民法院进行调解，可以邀请有关单位和个人协助。被邀请的单位和个人，应当协助人民法院进行调解。"

《民诉法解释》第 142 条："人民法院受理案件后，经审查，认为法律关系明确、事实清楚，在征得当事人双方同意后，可以径行调解。"

《民诉法解释》第 145 条："人民法院审理民事案件，应当根据自愿、合法的原则进行调解。当事人一方或者双方坚持不愿调解的，应当及时裁判。

人民法院审理离婚案件，应当进行调解，但不应久调不决。"

《民诉法解释》第 147 条："人民法院调解案件时，当事人不能出庭的，经其特别授权，可由其委托代理人参加调解，达成的调解协议，可由委托代理人签名。

离婚案件当事人确因特殊情况无法出庭参加调解的，除本人不能表达意志的以外，应当出具书面意见。"

2.【2009 年第 29 题】根据民事诉讼法及相关规定，下列有关调解的说法哪些是正确的？

A．人民法院调解案件时，当事人本人不能出庭的，经特别授权，可由其委托代理人参加调解

B．人民法院受理案件后，经审查，认为法律关系明确、事实清楚，可以径行调解

C．人民法院进行调解，可以邀请有关单位和个人协助

D．调解书经双方当事人签收后，即具有法律效力

【解题思路】

当事人可以对自己的民事权利进行处分，有权委托代理人参与诉讼，自然也有权委托代理人参与调解。调解的前提是双方当事人自愿，不征得当事人同意，径行调解违反了自愿原则。法院邀请的有关单位或个人一般了解案情或者为当事人所信任，他们对当事人进行说服和疏导，有利于达成调解协议。调解书是当事人在自愿基础上达成的法律文书，如果当事人拒绝签收，则表明不愿意接受调解，故调解书只有在签收后才可生效。

【参考答案】 ACD

《民事诉讼法》第 96 条："调解达成协议，必须双方自愿，不得强迫。调解协议的内容不得违反法律规定。"

3.【2008 年第 81 题】关于民事诉讼中的调解，下列哪些说法是正确的？

A．调解应当根据当事人自愿的原则进行

B．人民法院进行调解的，应当由合议庭主持

C．调解协议的内容不得违反法律的规定

D．调解书送达前一方反悔的，人民法院应当及时判决

【解题思路】

判决是不自愿的，当事人必须接受，但调解必须自愿。审判都可以独任审判，调解自然也可以由审判员一人主持。不管是审判还是调解，都需要遵循法律规定。调解生效的前提是当事人自愿，一方反悔那就是调解失败，须及时判决。

【参考答案】 ACD

《民事诉讼法》第 97 条："调解达成协议，人民法院应当制作调解书。调解书应当写明诉讼请求、案件的事实和调解结果。

调解书由审判人员、书记员署名，加盖人民法院印章，送达双方当事人。

调解书经双方当事人签收后，即具有法律效力。"

《民诉法解释》第 149 条："调解书需经当事人签收后才发生法律效力的，应当以最后收到调解书的当事人签收的日期为调解书生效日期。"

4．【2014 年第 77 题】根据民事诉讼法及相关规定，下列有关调解的哪些说法是正确的？

A．当事人起诉到人民法院的民事纠纷，一律应当先行调解

B．第一审普通程序中法庭辩论终结后，人民法院一律不再进行调解

C．第二审人民法院审理上诉案件，可以进行调解

D．调解达成协议的，人民法院制作的调解书经双方当事人签收后，即具有法律效力

【解题思路】

调解是民事诉讼的基本原则之一，但并不是说所有案子都必须先进行调解。调解贯彻在整个诉讼过程中，只要还没有作出判决，那就还有调解的可能。上诉案件也可以调解。调解书需要经过签收后才能具有法律效力。

【参考答案】 CD

5．【2018 年第 11 题】某民事诉讼案件经人民法院调解，双方当事人达成协议。后人民法院制作调解书，由审判人员、书记员署名并加盖人民法院印章，送达双方当事人。下列关于该调解书法律效力的说法哪些是正确的？

A．调解书制作完成，即具有法律效力

B．调解书由审判人员、书记员署名，加盖人民法院印章，即具有法律效力

C．调解书自人民法院向双方当事人发出之日起，即具有法律效力

D．调解书经双方当事人签收后，即具有法律效力

【解题思路】

调解的前提是双方自愿，故必须要经过双方当事人签收，才具有法律效力。如果在签收之前当事人反悔，那就是调解失败，法院只能作出判决。

【参考答案】 D

《民事诉讼法》第 98 条："下列案件调解达成协议，人民法院可以不制作调解书：

（一）调解和好的离婚案件；

（二）调解维持收养关系的案件；

（三）能够即时履行的案件；

（四）其他不需要制作调解书的案件。

对不需要制作调解书的协议，应当记

入笔录,由双方当事人、审判人员、书记员签名或者盖章后,即具有法律效力。"

6.【2017年第10题】根据民事诉讼法及相关规定,下列关于民事诉讼调解的哪种说法是正确的?

A. 能够即时履行的案件调解达成协议,人民法院可以不制作调解书

B. 调解维持收养关系的案件调解达成协议,人民法院应当制作调解书

C. 当事人对已经发生法律效力的解除婚姻关系的调解书,可以申请再审

D. 调解书送达前一方反悔的,人民法院可以留置送达该调解书

【解题思路】

需要制作调解书的前提是存在给付内容,如果当事人拒绝履行,法院可以强制执行。如果能够即时履行,就不存在需要强制执行的基础,故法院可以不制作调解书。维持收养关系的案件属于确认之诉,不存在给付的内容,故可以不制作调解书。法院的调解书或判决书解除了婚姻关系,如果双方当事人都认为不应该解除,那么重新登记结婚即可,没必要通过艰难的再审程序。另外,婚姻关系解除之后,当事人可以另行结婚。如一方已再婚,对原调解书是否合法进行再审也没有意义。调解生效的前提是当事人自愿,一方反悔那就是调解失败,须及时判决。

【参考答案】 A

《民事诉讼法》第99条:"调解未达成协议或者调解书送达前一方反悔的,人民法院应当及时判决。"

7.【2015年第10题】在一起侵犯专利权纠纷案件中,双方当事人达成调解协议后,人民法院制作了调解书,但原告在调解书送达前反悔,拒不签收。根据民事诉讼法及相关规定,下列哪种说法是正确的?

A. 人民法院可以留置送达该调解书

B. 人民法院可以公告送达该调解书

C. 人民法院应当及时判决

D. 人民法院应当裁定驳回起诉

【解题思路】

调解的基础是当事人自愿,如果当事人反悔,拒绝签收调解书,说明当事人不愿接受调解协议,那就意味着调解失败,也就不需要送达调解书,只能及时作出判决。留置送达和公告送达调解书都违背了调解自愿的原则。裁定驳回起诉适用于立案后发现起诉不符合受理条件的情形,反悔不愿签收调解书显然不属于此种情形。

【参考答案】 C

5. 辩论原则

《民事诉讼法》第12条:"人民法院审理民事案件时,当事人有权进行辩论。"

8.【2019年第8题】某县人民法院对王某诉张某侵权纠纷一案未经开庭审理即作出了判决,该审判行为直接违反了民事诉讼法哪一项原则或者制度?

A. 违反了辩论原则

B. 违反了处分原则

C. 违反了合议制度

D. 违反了回避制度

【解题思路】

未开庭审理即作出判决,剥夺了当事人发表意见的机会,违反的是辩论原则。处分原则是指当事人根据自己的意志,对自己的诉讼权利进行处分。合议制度是指由三人以上的审判员,或审判员和陪审员组成合议

庭审理案件。回避制度是让不合适的审判人员、书记员、鉴定人等不参与案件的审判活动。

【参考答案】 A

6. 诚实信用原则

《民事诉讼法》第 13 条第 1 款："民事诉讼应当遵循诚实信用原则。"

《民事诉讼法》第 11 条："各民族公民都有用本民族语言、文字进行民事诉讼的权利。

在少数民族聚居或者多民族共同居住的地区，人民法院应当用当地民族通用的语言、文字进行审理和发布法律文书。

人民法院应当对不通晓当地民族通用的语言、文字的诉讼参与人提供翻译。"

9.【2015 年第 50 题】根据民事诉讼法及相关规定，下列哪些说法是正确的？

A．民事诉讼当事人有平等的诉讼权利

B．当事人有权在法律规定的范围内处分自己的民事权利和诉讼权利

C．在少数民族聚居的地区，人民法院应当一律使用汉语言文字审理和发布法律文书

D．人民法院审理民事案件，应当根据自愿和合法的原则进行调解；调解不成的，应当及时判决

【解题思路】

平等原则是民事领域的基本原则，在诉讼中也不例外。同样，民事领域的意思自治原则在诉讼时也适用。考虑到少数民族的文化生活习惯，在少数民族聚居地区，应当用少数民族的语言文字审理和发布法律文书。调解主要是通过当事人之间的谈判协商来解决争议，这需要遵循自愿与合法的原则。如果双方不愿进行调解，那只能通过判决结案。

【参考答案】 ABD

7. 处分原则

《民事诉讼法》第 13 条第 2 款："当事人有权在法律规定的范围内处分自己的民事权利和诉讼权利。"

8. 监督原则

《民事诉讼法》第 14 条："人民检察院有权对民事诉讼实行法律监督。"

10.【2016 年第 50 题】根据民事诉讼法及相关规定，下列哪些说法是正确的？

A．民事诉讼应当遵循诚实信用原则

B．人民法院审理民事案件时，当事人有权进行辩论

C．人民检察院有权对民事诉讼实行法律监督

D．当事人有权在法律规定的范围内处分自己的民事权利和诉讼权利

【解题思路】

诚实信用原则，不仅是当事人和其他诉讼参与人应当遵守的原则，人民法院行使审判权时，也应当遵守这一原则。双方当事人的辩论有利于法院查清事实。人民检察院作为法律监督机关，有权对民事诉讼活动实行法律监督。

【参考答案】 ABCD

（三）民事诉讼的基本制度

《民事诉讼法》第 10 条："人民法院审理民事案件，依照法律规定实行合议、回避、公开审判和两审终审制度。"

11.【2006 年第 2 题】人民法院审理民事案件，依照法律规定实行下列哪些审判制度？

A. 合议制
B. 回避制
C. 公开审判制
D. 两审终审制

【解题思路】

合议制度是为了发挥集体的智慧和力量,弥补个人在知识上的缺陷和业务上的不足,保证办案质量。回避制度是通过保持法官的中立性,保证案件的公正审判。公开审判是为了增强审判活动的透明度,促进司法公正。两审终审则是基于我国的政治状况、经济发展水平及法律传统等实际情况的制约。

【参考答案】 ABCD

1. 合议制度

《民事诉讼法》第39条:"人民法院审理第一审民事案件,由审判员、陪审员共同组成合议庭或者由审判员组成合议庭。合议庭的成员人数,必须是单数。

适用简易程序审理的民事案件,由审判员一人独任审理。

陪审员在执行陪审职务时,与审判员有同等的权利义务。"

《民事诉讼法》第40条:"人民法院审理第二审民事案件,由审判员组成合议庭。合议庭的成员人数,必须是单数。

发回重审的案件,原审人民法院应当按照第一审程序另行组成合议庭。

审理再审案件,原来是第一审的,按照第一审程序另行组成合议庭;原来是第二审的或者是上级人民法院提审的,按照第二审程序另行组成合议庭。"

12.【2007年第24题】根据民事诉讼法的规定,下列哪些说法是正确的?

A. 人民法院审理第一审民事案件,可以由审判员和陪审员组成合议庭审理
B. 人民法院审理第二审民事案件,只能由审判员组成合议庭
C. 发回重审的案件,原审人民法院应当按照第一审程序另行组成合议庭
D. 人民法院审理再审案件,只能由审判员另行组成合议庭

【解题思路】

为了让普通民众以各种形式广泛参与司法运作过程,扩大司法与民众的接触面,确立司法的社会基础,我国在民事审判第一审中可以有陪审员参与。当然,合议庭不能都由陪审员组成。我国实行二审终审,如果事实不清,二审可以发回重审,故二审更偏向于法律,因此只能由受过专业训练,对法律更为了解的审判员组成合议庭。发回重审的案件,属于重新再来,故还是适用第一审程序。另外,法院重审和再审说明原来的判决极有可能有问题,那就不应该再由原来的合议庭进行审理,需要另行组成合议庭。再审案件也是按照原先的程序进行,如果原先是一审程序,那人民陪审员也可以参与。

【参考答案】 ABC

2. 回避制度

《民事诉讼法》第44条:"审判人员有下列情形之一的,应当自行回避,当事人有权用口头或者书面方式申请他们回避:

(一)是本案当事人或者当事人、诉讼代理人近亲属的;

(二)与本案有利害关系的;

(三)与本案当事人、诉讼代理人有其他关系,可能影响对案件公正审理的。

审判人员接受当事人、诉讼代理人请

客送礼，或者违反规定会见当事人、诉讼代理人的，当事人有权要求他们回避。

审判人员有前款规定的行为的，应当依法追究法律责任。

前三款规定，适用于<u>书记员</u>、<u>翻译人员</u>、<u>鉴定人</u>、<u>勘验人</u>。"

《民诉法解释》第43条："审判人员有下列情形之一的，应当自行回避，当事人有权申请其回避：

（一）是本案当事人或者当事人近亲属的；

（二）本人或者其近亲属与本案有利害关系的；

（三）担任过本案的证人、鉴定人、辩护人、诉讼代理人、翻译人员的；

（四）是本案诉讼代理人近亲属的；

（五）本人或者其近亲属持有本案非上市公司当事人的股份或者股权的；

（六）与本案当事人或者诉讼代理人有其他利害关系，可能影响公正审理的。"

《民诉法解释》第44条："审判人员有下列情形之一的，当事人有权申请其回避：

（一）接受本案当事人及其受托人宴请，或者参加由其支付费用的活动的；

（二）索取、接受本案当事人及其受托人财物或者其他利益的；

（三）违反规定会见本案当事人、诉讼代理人的；

（四）为本案当事人推荐、介绍诉讼代理人，或者为律师、其他人员介绍代理本案的；

（五）向本案当事人及其受托人借用款物的；

（六）有其他不正当行为，可能影响公正审理的。"

《民诉法解释》第48条："民事诉讼法第四十四条所称的审判人员，包括参与本案审理的人民法院院长、副院长、审判委员会委员、庭长、副庭长、审判员、助理审判员和人民陪审员。"

13.【2013年第58题】根据民事诉讼法及相关规定，当事人可以申请下列哪些人员回避？

A．陪审员李某，其是被告诉讼代理人近亲属

B．审判员刘某，其违反规定会见了原告

C．鉴定人陈某，其与本案有利害关系

D．证人张某，其与被告是母子关系

【解题思路】

回避适用于"种类物"，审判员、鉴定人员、书记员等人如果需要回避，可以让具有同等资质和能力的其他人员来代替。但证人具有特定性，可能知道案情的证人就一个，无法适用回避制度。陪审员李某是被告诉讼代理人的近亲属，在判案时可能会受到代理人的影响。审判员刘某违反规定见原告，也许会受到原告观点的影响，甚至存在受贿的嫌疑。鉴定人和本案有利害关系，出具的鉴定意见可能不客观。

【参考答案】 ABC

14.【2018年第50题】根据民事诉讼法及相关规定，下列哪些情况下，当事人可以申请审判人员回避？

A．是本案诉讼代理人近亲属的

B．担任过本案的翻译人员的

C．向本案当事人及其受托人借用款物的

D. 其近亲属持有本案非上市公司当事人的股份或者股权的

【解题思路】

如果审判人员基于各种原因很有可能丧失公正的立场，都应当回避，当事人也可以主动申请其回避。如果审判人员是本案诉讼代理人的近亲属，那么可能偏袒该方当事人。如果审判人员担任过本案的翻译人员，那么可能会有先入为主的偏见。如果审判员向本案当事人或者受托人借用财物的，"拿人手短"，也可能丧失公平立场。如果审判员的近亲属持有本案非上市公司当事人的股份或者股权，那么他与本案存在利害关系，也可能丧失公正的立场。

【参考答案】 ABCD

《民事诉讼法》第45条："当事人提出回避申请，应当说明理由，在案件开始审理时提出；回避事由在案件开始审理后知道的，也可以在法庭辩论终结前提出。

被申请回避的人员在人民法院作出是否回避的决定前，应当暂停参与本案的工作，但案件需要采取紧急措施的除外。"

《民事诉讼法》第46条："院长担任审判长时的回避，由审判委员会决定；审判员的回避，由院长决定；其他人员的回避，由审判长决定。"

15.【2011年第35题】根据民事诉讼法及相关规定，下列关于民事诉讼中回避的说法哪些是正确的？

A. 陪审员和书记员的回避均由审判长决定

B. 陪审员的回避由人民法院院长决定，书记员的回避由审判长决定

C. 陪审员的回避由审判委员会决定，书记员的回避由审判长决定

D. 陪审员的回避由审判委员会决定，书记员的回避由人民法院院长决定

【解题思路】

陪审员也属于审判人员，其回避由院长决定，其他人员地位相对较低，由审判长决定。

【参考答案】 B

《民事诉讼法》第47条："人民法院对当事人提出的回避申请，应当在申请提出的三日内，以口头或者书面形式作出决定。申请人对决定不服的，可以在接到决定时申请复议一次。复议期间，被申请回避的人员，不停止参与本案的工作。人民法院对复议申请，应当在三日内作出复议决定，并通知复议申请人。"

16.【2019年第50题】某民事案件审理过程中，当事人对合议庭组成人员提出回避请求，根据民事诉讼法及相关规定，下列说法正确的是？

A. 当事人申请审判人员回避的，应由审判委员会决定

B. 当事人申请陪审员回避的，应由审判长决定

C. 当事人对人民法院驳回回避申请的决定不服，可以向原人民法院申请复议一次

D. 人民法院驳回当事人的回避申请，当事人不服申请复议的，复议期间被申请回避人不停止参与本案的审理工作

【解题思路】

在回避程序中，院长的回避由审判委员会决定，其他审判人员的回避则由院长决定。陪审员也属于审判人员，其回避同样由院长决定。如果对回避决定不服，救济是向

原法院申请复议。人民法院驳回当事人的回避申请,意味着大概率该回避事项不成立。为避免诉讼程序拖延,故即使当事人申请复议,复议期间被申请回避人也不停止参与本案的审理工作。

【参考答案】 CD

3. 两审终审制度

《民事诉讼法》第175条:"第二审人民法院的判决、裁定,是终审的判决、裁定。"

《民事诉讼法》第162条:"基层人民法院和它派出的法庭审理符合本法第一百五十七条第一款规定的简单的民事案件,标的额为各省、自治区、直辖市上年度就业人员年平均工资百分之三十以下的,实行一审终审。"

4. 公开审判制度

《民事诉讼法》第134条:"人民法院审理民事案件,除涉及<u>国家秘密</u>、<u>个人隐私</u>或者法律另有规定的以外,应当公开进行。

<u>离婚案件,涉及商业秘密的案件,当事人申请不公开审理的,可以不公开审理</u>。"

17.【2010年第3题】 根据民事诉讼法及相关规定,下列关于公开审判制度的说法哪些是正确的?

A. 公开审判制度是民事诉讼的基本制度,所有民事案件一律公开审理

B. 涉及国家秘密、个人隐私的民事案件,不应当公开审理

C. 涉及商业秘密的民事案件,当事人申请不公开审理的,可以不公开审理

D. 离婚案件,当事人申请不公开审理的,可以不公开审理

【解题思路】

公开审判是民事诉讼法的基本制度,但也有例外。不公开审理的情形分为法定不公开审理和相对不公开审理两种。我国民事诉讼法对国家秘密和个人隐私的保护强度较高,涉及这两个方面因素的案件一律不公开审理。离婚案件不仅涉及当事人的感情,还可能涉及家庭私生活,但这属于"可能涉及"而不是"一定涉及",故法律保护强度有所下降,需要当事人申请不公开审理。商业秘密涉及的是经济利益,权利的重要性低于人身权利,故法律对此的保护强度也略低,同样需要当事人申请才能不公开审理。

【参考答案】 BCD

18.【2011年第3题】 根据民事诉讼法及相关规定,下列说法哪些是正确的?

A. 涉及商业秘密案件不得公开审理

B. 涉及商业秘密案件是否公开审理由当事人协商决定

C. 涉及商业秘密案件当事人申请不公开审理的,一律不公开审理

D. 涉及商业秘密案件当事人申请不公开审理的,可以不公开审理

【解题思路】

是否公开审理涉及司法权,应当由法院决定而不能由当事人协商决定。再说,当事人之间的利益基本上是相冲突的,也很难协商达成一致意见。商业秘密与国家秘密、个人隐私相比,重要性相对来说较低,故涉及商业秘密的案件并非一律不公开审理。当事人如希望不公开审理,则需要申请,是否公开审理由法院决定,并不是当事人申请不公开审理就一定能不公开审理。

【参考答案】 D

二、民事诉讼的管辖

(一) 级别管辖

《民事诉讼法》第17条:"基层人民法院管辖第一审民事案件,但本法另有规定的除外。"

《民事诉讼法》第18条:"中级人民法院管辖下列第一审民事案件:

(一) 重大涉外案件;

(二) 在本辖区有重大影响的案件;

(三) 最高人民法院确定由中级人民法院管辖的案件。"

表6 知识产权民事案件的级别管辖

案件类型	知识产权类型	级别管辖
一般知识产权案件	著作权及邻接权(不涉及软件)、商标(不涉及驰名商标认定)、技术合同、企业名称(商号)、特殊标志、网络域名、具有一定知名度的商品名称、包装、装潢	中级人民法院,高级人民法院经最高人民法院批准,可指定部分基层法院受理
技术类知识产权案件	专利、技术秘密、计算机软件、植物新品种、集成电路布图设计、涉及驰名商标认定及垄断纠纷	知识产权法院/法庭,省会/首府所在地中级人民法院,最高人民法院确定的中级人民法院
备注	全国三千多家基层法院中,有一般知识产权案件管辖权的不到两百家;全国三百多家中级法院中,有技术类知识产权案件管辖权的只有四十多家。《民诉法解释》规定最高人民法院可确定部分基本法院审理专利纠纷案件,但随着知识产权法院和各地知识产权法庭的成立,目前对专利案件有管辖权的基层法院已基本不存在。

《民诉法解释》第1条:"民事诉讼法第十八条第一项规定的重大涉外案件,包括争议标的额大的案件、案情复杂的案件、或者一方当事人人数众多等具有重大影响的案件。"

《民诉法解释》第2条:"专利纠纷案件由知识产权法院、最高人民法院确定的中级人民法院和基层人民法院管辖。

海事、海商案件由海事法院管辖。"

19.【2008年第2题】根据民事诉讼法及相关规定,下列哪些案件不能由基层人民法院作为第一审人民法院管辖?

A. 侵犯注册商标专用权的纠纷案件

B. 侵犯植物新品种权的纠纷案件

C. 专利合同纠纷案件

D. 侵犯著作权的纠纷案件

【解题思路】

根据司法解释,著作权纠纷和商标纠纷管辖权已经下放。另外,根据最高人民法院的司法解释,最高人民法院可以根据实际情况,指定基层法院审理专利纠纷案件,因此,专利案件的管辖权也开始逐步下放到一些基层法院。当然,这种基层法院的数量是凤毛麟角,目前已经基本不存在。植物新品种和集成电路布图设计案件的管辖权没有下放,只能由中级以上法院管辖。

【参考答案】 B

20.【2017年第51题】根据民事诉讼法及相关规定,专利纠纷案件由哪些人民法院管辖?

A. 知识产权法院

B. 海事法院

C. 最高人民法院确定的中级人民法院

D. 最高人民法院确定的基层人民法院

【解题思路】

有权审理专利纠纷案件的法院,包括知识产权法院,最高人民法院确定的中级人民法院和基层法院。全国的中级人民法院数量在300个左右,目前有权审理专利纠纷案件的也就40多个。目前,有权审理专利案件的基层人民法院基本不存在,不过根据司法解释,理论上基层人民法院经最高人民法院确定,也可审理专利案件。海事法院审理海事、海商案件,不审理专利案件。

【参考答案】 ACD

《民事诉讼法》第19条:"高级人民法院管辖在本辖区有重大影响的第一审民事案件。"

《民事诉讼法》第20条:"最高人民法院管辖下列第一审民事案件:

(一)在全国有重大影响的案件;

(二)认为应当由本院审理的案件。"

21.【2019年第9题】根据民事诉讼法及相关规定,关于第一审民事案件的级别管辖,下列哪个表述是正确的?

A. 基层人民法院管辖所有第一审民事案件

B. 中级人民法院管辖所有涉外的第一审民事案件

C. 高级人民法院管辖在本辖区有重大影响的第一审民事案件

D. 最高人民法院仅管辖在全国有重大影响的第一审民事案件

【解题思路】

绝大部分民事第一审案件都由基层人民法院审理,但总有例外,如案件标的额有数十亿元,那就可能由中级人民法院管辖;又或者案件类型特殊,如专利案件原则上是由中级人民法院管辖,并且还不是所有的中级人民法院都有权管辖。涉外案件要达到"重大"的标准,才由中级人民法院管辖。如果某民事案件在省级行政区域内有重大影响,则一审由高级人民法院管辖。如果该案在全国都有重大影响,则一审直接由最高人民法院管辖。不过最高人民法院有"特权",如果该院觉得某个案件应当由本院管辖,那就可以由该院管辖,而不用考虑是否在全国有重大影响。

【参考答案】 C

(二)地域管辖

1. 一般地域管辖

《民事诉讼法》第21条:"对公民提起的民事诉讼,由被告住所地人民法院管辖;被告住所地与经常居住地不一致的,由经常居住地人民法院管辖。

对法人或者其他组织提起的民事诉讼,由被告住所地人民法院管辖。

同一诉讼的几个被告住所地、经常居住地在两个以上人民法院辖区的,各该人民法院都有管辖权。"

《民诉法解释》第3条:"公民的住所地是指公民的户籍所在地,法人或者其他组织的住所地是指法人或者其他组织的主要办事机构所在地。

法人或者其他组织的主要办事机构所在地不能确定的,法人或者其他组织的注册地或者登记地为住所地。"

《民诉法解释》第4条:"公民的经常居住地是指公民离开住所地至起诉时已连续居住一年以上的地方,但公民住院就医的地方除外。"

22.【2014年第33题】王某欲以刘某和赵某为共同被告提起民事诉讼。经查,王某的住所地和经常居住地均为甲地;刘某的住所地为乙地,经常居住地为丙地;赵某的住所地和经常居住地均为丁地。根据民事诉讼法及相关规定,下列哪些人民法院对该案有管辖权?

A. 甲地人民法院
B. 乙地人民法院
C. 丙地人民法院
D. 丁地人民法院

【解题思路】

民事诉讼实行"原告就被告"的原则，根据被告的住所地确定管辖。实行该原则，有利于法院查清事实，有利于被告出庭应诉，有利于法院采取财产保全措施和生效判决的执行，也可以限制原告滥用诉权给被告造成不应有的损失。如果有两个被告，则任何一个被告的住所地都有管辖权。经常居住地和住所地不一致的，则应该是经常居住地法院。刘某的经常居住地为丙地，赵某则为丁地。

【参考答案】 CD

《民事诉讼法》第 22 条："下列民事诉讼，由原告住所地人民法院管辖；原告住所地与经常居住地不一致的，由原告经常居住地人民法院管辖：

（一）对不在中华人民共和国领域内居住的人提起的有关身份关系的诉讼；

（二）对下落不明或者宣告失踪的人提起的有关身份关系的诉讼；

（三）对被采取强制性教育措施的人提起的诉讼；

（四）对被监禁的人提起的诉讼。"

《民诉法解释》第 6 条："被告被注销户籍的，依照民事诉讼法第二十二条规定确定管辖；原、被告均被注销户籍的，由被告居住地人民法院管辖。"

《民诉法解释》第 7 条："当事人的户籍迁出后尚未落户，有经常居住地的，由该地人民法院管辖；没有经常居住地的，由其原户籍所在地人民法院管辖。"

《民诉法解释》第 8 条："双方当事人都被监禁或者被采取强制性教育措施的，由被告原住所地人民法院管辖。被告被监禁或者被采取强制性教育措施一年以上的，由被告被监禁地或者被采取强制性教育措施地人民法院管辖。"

23.【2010 年第 19 题】根据民事诉讼法及相关规定，在原告住所地与经常居住地不一致的情况下，下列哪些民事诉讼由原告经常居住地人民法院管辖？

A. 张某对被采取强制性教育措施的姚某提起侵权之诉

B. 王某对被监禁的刘某提起侵权之诉

C. 陈某对被宣告失踪的王某提起离婚之诉

D. 姜某对旅居美国的伊某提起离婚之诉

【解题思路】

"原告就被告"的默认情形就是被告在国内有一个正常状态的住所。被劳动教养或者被监禁，被告都处于非正常状态，所在地并不是正常的住所。被告宣告失踪则根本找不到住所地，旅居美国则无法在中国找到住所地。考生需要注意，后两种情形仅适用于"身份关系"的诉讼，因为如果是涉及财产关系的诉讼，则还可以根据财产所在地、合同签订地等确定管辖。

【参考答案】 ABCD

24.【2017 年第 52 题】根据民事诉讼法及相关规定，下列关于管辖的哪些说法是正确的？

A. 对下落不明的人提起的有关身份关系的诉讼，由原告住所地人民法院管辖；原

告住所地与经常居住地不一致的，由原告住所地人民法院管辖

B．因合同纠纷提起的诉讼，由被告住所地或者合同履行地人民法院管辖

C．因保险合同纠纷提起的诉讼，由被告住所地或者保险标的物所在地人民法院管辖

D．因公司设立纠纷提起的诉讼，由公司住所地人民法院管辖

【解题思路】

"原告就被告"的默认情形是被告在国内有一个正常状态的住所，下落不明的人则根本找不到住所。如果案件涉及的是财产关系的诉讼，可根据财产所在地确定管辖。为此，原告所在地法院有权管辖的应当是涉及身份关系的诉讼。因合同纠纷提起的诉讼，由被告住所地或者合同履行地法院管辖，便于法院查明案情，并在必要时及时采取财产保全等措施，便于合同纠纷的顺利解决。保险合同诉讼，由被告住所地和保险标的物所在地法院管辖，同样有利于法院查明事实和执行判决。因公司设立纠纷提起的诉讼，法院在审理时，经常会需要到公司住所地去调阅有关资料，由公司住所地法院管辖比较便利。

【参考答案】 BCD

2．特殊地域管辖

《民事诉讼法》第23条："因合同纠纷提起的诉讼，由被告住所地或者合同履行地人民法院管辖。"

《民诉法解释》第18条："合同约定履行地点的，以约定的履行地点为合同履行地。

合同对履行地点没有约定或者约定不明确，争议标的为给付货币的，接收货币一方所在地为合同履行地；交付不动产的，不动产所在地为合同履行地；其他标的，履行义务一方所在地为合同履行地。即时结清的合同，交易行为地为合同履行地。

合同没有实际履行，当事人双方住所地都不在合同约定的履行地的，由被告住所地人民法院管辖。"

《民诉法解释》第20条："以信息网络方式订立的买卖合同，通过信息网络交付标的的，以买受人住所地为合同履行地；通过其他方式交付标的的，收货地为合同履行地。合同对履行地有约定的，从其约定。"

《民事诉讼法》第26条："因公司设立、确认股东资格、分配利润、解散等纠纷提起的诉讼，由公司住所地人民法院管辖。"

《民事诉讼法》第28条："因侵权行为提起的诉讼，由侵权行为地或者被告住所地人民法院管辖。"

《民诉法解释》第24条："民事诉讼法第二十九条规定的侵权行为地，包括侵权行为实施地、侵权结果发生地。"

《民诉法解释》第25条："信息网络侵权行为实施地包括实施被诉侵权行为的计算机等信息设备所在地，侵权结果发生地包括被侵权人住所地。"

《民诉法解释》第26条："因产品、服务质量不合格造成他人财产、人身损害提起的诉讼，产品制造地、产品销售地、服务提供地、侵权行为地和被告住所地人民法院都有管辖权。"

25．【2018年第51题】住所地在上海市闵行区的原告甲认为住所地在深圳市福田区的被告乙公司在北京市生产的产品侵犯了

自己的专利权,遂在乙公司设于广州市的销售部购买了被控侵权产品,以侵害发明专利权纠纷为由提起民事诉讼,下列哪些法院有管辖权?

　　A. 上海知识产权法院
　　B. 深圳市中级人民法院
　　C. 北京知识产权法院
　　D. 广州知识产权法院

【解题思路】

　　侵犯专利权案件,被告住所地和侵权行为地法院都有管辖权。被告乙公司的住所地在深圳,生产行为在北京,销售行为在广州,这三地的相关法院都有管辖权。需要强调的是,并不是所有的中级人民法院都有权审理专利权案件。北京、上海、广州和海南四地的知识产权法院,以及最高法院指定的中级人民法院有权审理专利案件。深圳市为经济特区,深圳市中级人民法院具有专利案件的管辖权。

【参考答案】 BCD

3. 专属管辖

《民事诉讼法》第33条:"下列案件,由本条规定的人民法院专属管辖:

　　(一)因不动产纠纷提起的诉讼,由不动产所在地人民法院管辖;

　　(二)因港口作业中发生纠纷提起的诉讼,由港口所在地人民法院管辖;

　　(三)因继承遗产纠纷提起的诉讼,由被继承人死亡时住所地或者主要遗产所在地人民法院管辖。"

26.【2018年第9题】甲和乙是同乡,现都在北京市海淀区工作。甲在深圳市南山区有一套住房,经协商,同意以400万元的价格将房屋卖给乙。双方在北京签订了合同,乙一次性支付了房款,后办理了房屋产权过户手续。现甲之妻以卖房未经其同意为由,要求乙返还房产。据此,本案应当由哪个人民法院管辖?

　　A. 北京市海淀区人民法院
　　B. 深圳市南山区人民法院
　　C. 北京市海淀区人民法院或者深圳市南山区人民法院
　　D. 最先受理甲之妻起诉的人民法院

【解题思路】

　　本案涉及的是不动产买卖所引发的纠纷,此类案件要判断属于合同纠纷还是不动产纠纷,需要考虑原告的诉讼请求。根据《民诉法解释》第28条第1款,不动产纠纷是指因不动产的权利确认、分割、相邻关系等引起的物权纠纷。在本题中,甲之妻请求乙返还财产,涉及不动产的权利确认,故属于不动产纠纷,由不动产所在地法院管辖。该不动产位于深圳市南山区,应当是深圳市南山区人民法院管辖。如果房屋买卖合同纠纷中,原告的诉求是要求解除合同、返还购房款或者支付违约金,则属于合同纠纷,由被告住所地或合同履行地法院管辖。

【参考答案】 B

27.【2019年第51题】根据民事诉讼法及相关规定,关于地域管辖,下列说法正确的是?

　　A. 因侵权行为提起的诉讼,由侵权行为地或者被告住所地人民法院管辖
　　B. 因合同纠纷提起的诉讼,由被告住所地或者合同履行地人民法院管辖
　　C. 因继承遗产纠纷提起的诉讼,由被继承人死亡时住所地或者主要遗产所在地人民法院管辖

D. 因公司设立纠纷提起的诉讼，由公司住所地人民法院管辖

【解题思路】

在诉讼的地域管辖中，效率和公正是立法者着重考虑的因素。"原告就被告"属于一般原则。在诉讼中，被告处于不利地位，选择被告住所地而不是原告住所地起诉，有利于平衡双方利益。为此，在侵权纠纷和合同纠纷中，被告住所地法院都有权管辖。侵权行为地和合同履行地都是涉案纠纷的事实发生地，在该地起诉也有利于法院查明事实和执行判决，故这两地法院也有管辖权。不过，在遗产继承纠纷和公司设立纠纷中，继承人和设立人经常并不在一个区域，甚至不在一个国家。如果适用"原告就被告"的原则，容易导致管辖法院不确定。为此，前者选择被继承人死亡时住所地或主要遗产所在地法院管辖，后者选择公司住所地法院管辖，从而便于事实的查明和案件的执行。

【参考答案】 ABCD

4. 协议管辖

《民事诉讼法》第34条："合同或者其他财产权益纠纷的当事人可以书面协议选择被告住所地、合同履行地、合同签订地、原告住所地、标的物所在地等与争议有实际联系的地点的人民法院管辖，但不得违反本法对级别管辖和专属管辖的规定。"

《民诉法解释》第29条："民事诉讼法第三十四条规定的书面协议，包括书面合同中的协议管辖条款或者诉讼前以书面形式达成的选择管辖的协议。"

《民诉法解释》第30条："根据管辖协议，起诉时能够确定管辖法院的，从其约定；不能确定的，依照民事诉讼法的相关规定确定管辖。

管辖协议约定两个以上与争议有实际联系的地点的人民法院管辖，原告可以向其中一个人民法院起诉。"

《民诉法解释》第31条："经营者使用格式条款与消费者订立管辖协议，未采取合理方式提请消费者注意，消费者主张管辖协议无效的，人民法院应予支持。"

28.【2013年第81题】甲公司与乙公司签订了家具买卖合同，并欲就发生合同纠纷时的管辖问题进行约定。根据民事诉讼法及相关规定，在不违反级别管辖和专属管辖规定的情况下，下列哪些约定符合规定？

A. 双方书面约定由合同签订地人民法院管辖

B. 双方口头约定由合同签订地人民法院管辖

C. 双方书面约定由原告住所地人民法院管辖

D. 双方口头约定由原告住所地人民法院管辖

【解题思路】

在民事领域，遵循意思自治的原则。当事人在不违背法律强行性规定的时候，有权对自己的权利义务进行处分，选择具有管辖权的法院就是当事人意思自治的表现。当事人选择管辖法院时需要遵守的强行性规定就是级别管辖和专属管辖。另外，当事人选择法院需要遵循的一个原则就是要有利于该纠纷的解决，原被告住所地、合同的签订地和履行地以及标的物所在地都与该合同履行相关，属于当事人可以选择的范围。需要强调的是，双方约定管辖权的，必须是书面约定，毕竟口说无凭。

【参考答案】 AC

5. 共同管辖和选择管辖

《民事诉讼法》第35条:"两个以上人民法院都有管辖权的诉讼,原告可以向其中一个人民法院起诉;原告向两个以上有管辖权的人民法院起诉的,由最先立案的人民法院管辖。"

29.【2015年第8题】根据民事诉讼法及相关规定,原告向两个有管辖权的人民法院起诉的,由哪个人民法院管辖?

A. 最先收到起诉状的人民法院
B. 最先收到案件受理费的人民法院
C. 最先立案的人民法院
D. 该两个人民法院共同上级人民法院指定的人民法院

【解题思路】

如果几个法院都有管辖权,那应该增加当事人选择的机会。原告向两个以上有管辖权的法院提起诉讼,如果要由共同的上级法院来指定管辖,不但增加了上级法院的工作量,而且也可能引发腐败。在民事诉讼一审程序中,法院的立案是整个程序开始的重要环节,立案时间也很容易确定。通过立案时间的先后来确定管辖权,规则简单明确,比上级法院指定优越很多。立案是法院启动的程序,收到起诉状和收到案件受理费则由当事人的行为引发。如果法律规定由最先收到起诉状或者是案件受理费的法院管辖,但法院迟迟不予立案,那么当事人也无法有效地进行救济,而如果由最先立案的法院管辖,那当事人在A法院没有立上案,可以去B法院起诉,B法院立案之后,该案就由B法院管辖。

【参考答案】 C

(三) 移送管辖和指定管辖

《民事诉讼法》第36条:"人民法院发现受理的案件不属于本院管辖的,应当移送有管辖权的人民法院,受移送的人民法院应当受理。受移送的人民法院认为受移送的案件依照规定不属于本院管辖的,应当报请上级人民法院指定管辖,不得再自行移送。"

《民诉法解释》第35条:"当事人在答辩期间届满后未应诉答辩,人民法院在一审开庭前,发现案件不属于本院管辖的,应当裁定移送有管辖权的人民法院。"

《民诉法解释》第36条:"两个以上人民法院都有管辖权的诉讼,先立案的人民法院不得将案件移送给另一个有管辖权的人民法院。人民法院在立案前发现其他有管辖权的人民法院已先立案的,不得重复立案;立案后发现其他有管辖权的人民法院已先立案的,裁定将案件移送给先立案的人民法院。"

30.【2019年第52题】根据民事诉讼法及相关规定,对于两个以上人民法院都有管辖权的民事诉讼案件,下列说法正确的是?

A. 先立案的人民法院可以将案件移送给另一个有管辖权的人民法院
B. 人民法院在立案前发现其他有管辖权的人民法院已先立案的,不得重复立案
C. 人民法院在立案后发现其他有管辖权的人民法院已先立案的,裁定将案件移送给先立案的人民法院
D. 有管辖权的人民法院受理案件后,不得以行政区域变更为由,将案件移送给变更后有管辖权的人民法院

【解题思路】

如果先立案法院可以将案件移送给另

一个法院,那属于强迫兄弟单位接受案件,不利于维护法院之间的友好关系。根据"一事不再理"的基本原则,法院如果在立案前发现其他法院已经立案,则不得重复立案;如果法院在立案后才发现,就只能根据先立案法院有管辖权的原则,将案件移送到先立案的法院。如果法院立案后为避免重复立案而撤销了该立案,则容易激化矛盾,故移送才是合适的选择。行政区域变更与当事人无关,如以此为由导致案件要移送,对当事人不公平。

【参考答案】 BCD

《民事诉讼法》第37条:"有管辖权的人民法院由于特殊原因,不能行使管辖权的,由上级人民法院指定管辖。人民法院之间因管辖权发生争议,由争议双方协商解决;协商解决不了的,报请它们的共同上级人民法院指定管辖。"

《民诉法解释》第40条:"依照民事诉讼法第三十七条第二款规定,发生管辖权争议的两个人民法院因协商不成报请它们的共同上级人民法院指定管辖时,双方为同属一个地、市辖区的基层人民法院的,由该地、市的中级人民法院及时指定管辖;同属一个省、自治区、直辖市的两个人民法院的,由该省、自治区、直辖市的高级人民法院及时指定管辖;双方为跨省、自治区、直辖市的人民法院,高级人民法院协商不成的,由最高人民法院及时指定管辖。

依照前款规定报请上级人民法院指定管辖时,应当逐级进行。"

《民事诉讼法》第38条:"上级人民法院有权审理下级人民法院管辖的第一审民事案件;确有必要将本院管辖的第一审民事案件交下级人民法院审理的,应当报请其上级人民法院批准。

下级人民法院对它所管辖的第一审民事案件,认为需要由上级人民法院审理的,可以报请上级人民法院审理。"

《民诉法解释》第42条:"下列第一审民事案件,人民法院依照民事诉讼法第三十八条第一款规定,可以在开庭前交下级人民法院审理:

(一)破产程序中有关债务人的诉讼案件;

(二)当事人人数众多且不方便诉讼的案件;

(三)最高人民法院确定的其他类型案件。

人民法院交下级人民法院审理前,应当报请其上级人民法院批准。上级人民法院批准后,人民法院应当裁定将案件交下级人民法院审理。"

三、审判组织和诉讼参加人

(一)审判组织

1. 合议庭

《民事诉讼法》第41条:"合议庭的审判长由院长或者庭长指定审判员一人担任,院长或者庭长参加审判的,由院长或者庭长担任。"

2. 案件评议

《民事诉讼法》第42条:"合议庭评议案件,实行少数服从多数的原则。评议应当制作笔录,由合议庭成员签名。评议中的不同意见,必须如实记入笔录。"

31.【2006年第76题】根据民事诉讼法的规定,下列说法中哪些是正确的?

A. 人民法院审理第二审民事案件，由审判员和陪审员组成合议庭

B. 合议庭的成员人数，必须是单数

C. 陪审员在执行陪审职务时，与审判员有同等的权利义务

D. 合议庭评议案件中的不同意见，必须如实记入笔录

【解题思路】

我国实行二审终审，对二审判决的要求比较高。如果一审判决认定事实不清，二审法院可以发回重审，故二审更多是偏向于法律审，需要法律素养更高的审判员组成合议庭。合议庭实行少数服从多数的原则，因此必须是单数。合议庭成员是平等的，陪审员和审判员地位相同。合议庭实行民主评议，不同意见需要记入笔录。

【参考答案】 BCD

（二）诉讼当事人

1. 诉讼当事人的权利和义务

《民事诉讼法》第49条："当事人有权委托代理人，提出回避申请，收集、提供证据，进行辩论，请求调解，提起上诉，申请执行。

当事人可以查阅本案有关材料，并可以复制本案有关材料和法律文书。查阅、复制本案有关材料的范围和办法由最高人民法院规定。

当事人必须依法行使诉讼权利，遵守诉讼秩序，履行发生法律效力的判决书、裁定书和调解书。"

32.【2011年第19题】 根据民事诉讼法及相关规定，下列说法哪些是正确的？

A. 民事诉讼当事人有权请求调解

B. 民事诉讼当事人有权提出回避申请

C. 民事诉讼当事人有权申请执行

D. 民事诉讼当事人可以按照相关规定查阅本案有关材料

【解题思路】

调解原则是民事诉讼的基本原则，当事人有权请求调解。回避制度是为了保证审判的公正，当事人有权申请回避。法院作出判决之后，如果当事人不履行，那另一方当事人就需要申请法院执行。当事人为有效地参与诉讼，就需要有权查阅与本案有关的证据材料。

【参考答案】 ABCD

2. 共同诉讼

《民事诉讼法》第52条："当事人一方或者双方为二人以上，其诉讼标的是共同的，或者诉讼标的是同一种类、人民法院认为可以合并审理并经当事人同意的，为共同诉讼。

共同诉讼的一方当事人对诉讼标的有共同权利义务的，其中一人的诉讼行为经其他共同诉讼人承认，对其他共同诉讼人发生效力；对诉讼标的没有共同权利义务的，其中一人的诉讼行为对其他共同诉讼人不发生效力。"

《民诉法解释》第73条："必须共同进行诉讼的当事人没有参加诉讼的，人民法院应当依照民事诉讼法第一百三十二条的规定，通知其参加；当事人也可以向人民法院申请追加。人民法院对当事人提出的申请，应当进行审查，申请理由不成立的，裁定驳回；申请理由成立的，书面通知被追加的当事人参加诉讼。"

《民诉法解释》第74条："人民法院追加共同诉讼的当事人时，应当通知其他当事人。应当追加的原告，已明确表示放弃实体

权利的，可不予追加；既不愿意参加诉讼，又不放弃实体权利的，仍应追加为共同原告，其不参加诉讼，不影响人民法院对案件的审理和依法作出判决。"

《民诉法解释》第66条："因保证合同纠纷提起的诉讼，债权人向保证人和被保证人一并主张权利的，人民法院应当将保证人和被保证人列为共同被告。保证合同约定为一般保证，债权人仅起诉保证人的，人民法院应当通知被保证人作为共同被告参加诉讼；债权人仅起诉被保证人的，可以只列被保证人为被告。"

表7 共同诉讼的分类

项目		必要共同诉讼	普通共同诉讼
成立条件		当事人一方或者双方为二人以上	当事人一方或者双方为二人以上
		诉讼标的是共同的	诉讼标的是同一种类
		法院必须合并审理	法院认为可合并审理并经当事人同意
效力		其中一人的诉讼行为经其他共同诉讼人承认，对其他共同诉讼人发生效力	其中一人的诉讼行为对其他共同诉讼人不发生效力
适用范围		挂靠、实际经营者与营业执照业主不一致、企业法人分立、个人合伙涉讼、借用业务介绍信、继承遗产、代理关系中的连带责任、共同财产、连带保证、共同侵权等	将数个同一类型的诉合并，如某甲打伤数人，伤者各自提起诉讼，法院对该案合并审理；又如商店出售伪劣产品，消费者分别提起诉讼，法院对该案合并审理

33.【2019年第10题】10岁的张某与6岁的李某在操场踢球的过程中，张某不慎将李某的眼睛碰伤，双方父母因损害赔偿问题发生争议，决定向人民法院提起诉讼。下列关于本案当事人的说法，哪个是正确的？

A．李某为原告，张某为被告，分别由其父母为法定代理人

B．李某的父母为原告，张某的父母为被告

C．李某为原告，张某的父母为被告

D．李某的父母为原告，张某为被告

【解题思路】

本题涉及的知识点在实践中也存在争议。参考答案为A，笔者认为本题没有答案。10岁的张某和6岁的李某都不是完全民事行为能力人，民事诉讼需要通过法定代理人进行。根据这点，似乎A选项是正确的。不过，《民诉法解释》第67条明确规定，无民事行为能力人、限制民事行为能力人造成他人损害的，无民事行为能力人、限制民事行为能力人和其监护人为共同被告。根据本条，本案的被告就应当是张某和其父母，而原告是李某，李某父母则是其法定代理人。《民诉法解释》的依据来自《民法典》第1188条中的实体规定。根据该条，在本题所涉案件中，张某的父母作为监护人，需要承担侵权赔偿责任，故张某父母应当是被告。如果张某个人有财产，比如存下的压岁钱，则需要从张某的财产中支付赔偿费用，故此时张某也应当作为被告。

【参考答案】 无

3.代表人诉讼

《民事诉讼法》第53条："当事人一方人数众多的共同诉讼，可以由当事人推选代表人进行诉讼。代表人的诉讼行为对其所代表的当事人发生效力，但代表人变更、放弃诉讼请求或者承认对方当事人的诉讼请求，进行和解，必须经被代表的当事人同意。"

《民诉法解释》第75条："民事诉讼法第五十三条、第五十四条和第一百九十九条规定的人数众多，一般指十人以上。"

《民诉法解释》第76条："依照民事诉

讼法第五十三条规定，当事人一方人数众多在起诉时确定的，可以由全体当事人推选共同的代表人，也可以由部分当事人推选自己的代表人；推选不出代表人的当事人，在必要的共同诉讼中可以自己参加诉讼，在普通的共同诉讼中可以另行起诉。"

《民诉法解释》第78条："民事诉讼法第五十三条和第五十四条规定的代表人为<u>二至五人</u>，每位代表人可以委托一至二人作为诉讼代理人。"

《民事诉讼法》第54条："诉讼标的是同一种类、当事人一方人数众多在起诉时人数尚未确定的，人民法院可以发出公告，说明案件情况和诉讼请求，通知权利人在一定期间向人民法院登记。

向人民法院登记的权利人可以推选代表人进行诉讼；推选不出代表人的，人民法院可以与参加登记的权利人商定代表人。

代表人的诉讼行为对其所代表的当事人发生效力，但代表人变更、放弃诉讼请求或者承认对方当事人的诉讼请求，进行和解，必须经被代表的当事人同意。

人民法院作出的判决、裁定，对参加登记的全体权利人发生效力。未参加登记的权利人在诉讼时效期间提起诉讼的，适用该判决、裁定。"

表8 代表人诉讼的种类

项目	人数确定的代表人诉讼	人数不确定的代表人诉讼
人数	起诉时当事人人数已经确定	起诉时当事人人数不确定
诉讼标的	诉讼标的可以是共同的，也可以是同一种类	诉讼标的只能是同一种类

续表

项目	人数确定的代表人诉讼	人数不确定的代表人诉讼
程序	共同参加诉讼活动	法院发出公告，通知权利人登记。作出的判决、裁定具有预决效力，未参加登记的权利人在诉讼时效期间提起诉讼的，适用该判决、裁定
代表人的产生	当事人推选代表人	向法院登记的权利人可以推选代表人
推选不出代表人	必要共同诉讼中，自己参加诉讼；普通共同诉讼中，可另行起诉	法院可以与参加登记的权利人商定代表人
代表人的人数	2~5人，每位代表人可以委托1~2名代理人	
代表人的权限	代表人的诉讼行为对其所代表的当事人发生效力，但代表人变更、放弃诉讼请求或者承认对方当事人的诉讼请求，进行和解，须经被代表的当事人同意	

4. 公益诉讼

《民事诉讼法》第55条："公益诉讼指的是民事主体为维护公共利益而提起的诉讼。对<u>污染环境</u>、<u>侵害众多消费者合法权益</u>等损害社会公共利益的行为，<u>法律规定的机关和有关组织</u>可以向人民法院提起诉讼。

人民检察院在履行职责中发现破坏生态环境和资源保护、食品药品安全领域侵害众多消费者合法权益等损害社会公共利益的行为，在没有前款规定的机关和组织或者前款规定的机关和组织不提起诉讼的情况下，可以向人民法院提起诉讼。前款规定的机关或者组织提起诉讼的，人民检察院可以支持起诉。"

34.【2015年第51题】根据民事诉讼法及相关规定，法律规定的机关和有关组织对下列哪些行为可以向人民法院提起公益诉讼？

A. 污染环境的行为

B. 侵害众多消费者合法权益的行为

C. 侵犯某专利权、未损害社会公共利益的行为

D. 侵犯某商标权、未损害社会公共利益的行为

【解题思路】

所谓公益诉讼，应当是为了维护公共利益而进行的诉讼。污染环境和侵犯众多消费者合法权益的行为都侵犯公共利益，可以提起公益诉讼。侵犯专利权或者商标权，未侵犯公共利益的行为，自然不能提起公益诉讼。

【参考答案】 AB

《民诉法解释》第285条："公益诉讼案件由侵权行为地或者被告住所地中级人民法院管辖，但法律、司法解释另有规定的除外。

因污染海洋环境提起的公益诉讼，由污染发生地、损害结果地或者采取预防污染措施地海事法院管辖。

对同一侵权行为分别向两个以上人民法院提起公益诉讼的，由最先立案的人民法院管辖，必要时由它们的共同上级人民法院指定管辖。"

35.【2017年第9题】某消费者权益保护协会认为，某手机生产商在手机出厂前预装大量程序，并且未告知消费者卸载方式。该消费者权益保护协会以上述行为侵害众多消费者合法权益、损害社会公共利益为由提起公益诉讼。根据民事诉讼法及相关规定，下列哪种说法是正确的？

A. 本案可以由侵权行为地或者被告住所地中级人民法院管辖

B. 作为公益诉讼案件原告的该消费者权益保护协会一律不得申请撤诉

C. 人民法院不得对该公益诉讼案件进行调解

D. 该公益诉讼案件的当事人不能和解

【解题思路】

侵权案件的管辖法院就是被告所在地或者侵权行为地，公益诉讼也不例外。由于公益诉讼案件重大复杂，故需要中级人民法院管辖。调解是民事诉讼当中的基本原则，公益诉讼也不例外。根据民事领域意思自治的一般原则，公益诉讼也可以和解。公益诉讼案件原告也可以撤诉，但必须是在法庭辩论终结之前。

【参考答案】 A

5. 第三人

《民事诉讼法》第56条："对当事人双方的诉讼标的，第三人认为<u>有独立请求权</u>的，有权提起诉讼。

对当事人双方的诉讼标的，第三人虽然没有独立请求权，但案件处理结果同他有<u>法律上的利害关系</u>的，可以申请参加诉讼，或者由人民法院通知他参加诉讼。人民法院判决承担民事责任的第三人，有当事人的诉讼权利义务。

前两款规定的第三人，因不能归责于本人的事由未参加诉讼，但有证据证明发生法律效力的判决、裁定、调解书的部分或者全部内容错误，损害其民事权益的，可以自知道或者应当知道其民事权益受到损害之日起六个月内，向作出该判决、裁定、调解书的人民法院提起诉讼。人民法院经审理，诉讼请求成立的，应当改变或者撤销原判决、裁定、调解书；诉讼请求不成立的，驳回诉讼请求。"

36.【2018年第52题】专利权人甲与乙公司签订了专利独占实施许可合同,又将专利转让给了丙公司,乙公司因与丙公司就实施许可发生纠纷向人民法院提起诉讼,甲作为第三人在该案中享有哪些权利?

A. 提起诉讼

B. 申请参加诉讼

C. 若被判决承担民事责任,则有权提起上诉

D. 在一审诉讼中提出管辖异议

【解题思路】

甲作为无独立请求权的第三人,有权申请参加诉讼。甲如果被判决承担民事责任,则可以提起上诉。提起诉讼是原告的权利,提出管辖权异议则是被告的权利。此外,被告要提出管辖权异议,须在提交答辩状的这15天内,第三人参与诉讼时,早已过了该期限。

【参考答案】BC

《民诉法解释》第81条:"依照民事诉讼法第五十六条的规定,有独立请求权的第三人有权向人民法院提出诉讼请求和事实、理由,成为当事人;无独立请求权的第三人,可以申请或者由人民法院通知参加诉讼。

第一审程序中未参加诉讼的第三人,申请参加第二审程序的,人民法院可以准许。"

表9 第三人的种类

项目	有独立请求权的第三人	无独立请求权的第三人
特征	对他人之间的诉讼标的有独立的请求权	同案件处理结果有法律上的利害关系

续表

项目	有独立请求权的第三人	无独立请求权的第三人
参加方式	提起诉讼	申请参加诉讼,或者由法院通知参加诉讼
诉讼地位	处于原告的诉讼地位	参加到一方当事人进行的诉讼中,不是完全独立的当事人
诉讼权利	享有原告的一切诉讼权利	只享有为维护其自身民事权益而应有的权利,如参加庭审、提供证据、申请回避、委托诉讼代理人等,只有在法院判决其承担实体、义务时才能享有上诉权
举例	甲、乙因某房屋的所有权发生争议,向法院提起诉讼,丙认为该房屋的所有权属于自己,此时丙可以作为有独立请求权的第三人提起诉讼	甲、乙因某房屋的所有权发生争议,向法院提起诉讼,丙与甲签订了房屋买卖合同,如果甲不能获得房屋所有权,那就会影响到丙的利益,此时丙可以作为无独立请求权的第三人参加诉讼

37.【2010年第27题】根据民事诉讼法及相关规定,下列关于民事诉讼第三人的说法哪些是正确的?

A. 对当事人双方的诉讼标的,第三人认为有独立请求权的,有权提起诉讼

B. 有独立请求权的第三人有权向人民法院提出诉讼请求和事实、理由,成为当事人

C. 对当事人双方的诉讼标的,第三人虽然没有独立请求权,但案件处理结果同他有法律上的利害关系的,可以申请参加诉讼

D. 人民法院判决承担民事责任的第三人,有当事人的诉讼权利义务

【解题思路】

民事诉讼中的第三人分为有独立请求权的第三人和无独立请求权的第三人两种。有独立请求权的第三人法律地位类似于原告,以提起诉讼的方式参与诉讼;无独立请

求权的第三人则由自己申请或由法院通知参与诉讼,如他需要承担责任,则具有当事人的法律地位。

【参考答案】 ABCD

《民诉法解释》第82条:"在一审诉讼中,无独立请求权的第三人无权提出管辖异议,无权放弃、变更诉讼请求或者申请撤诉,被判决承担民事责任的,有权提起上诉。"

38.【2011年第27题】根据民事诉讼法及相关规定,在民事诉讼一审程序中,无独立请求权的第三人享有下列哪些诉讼权利?

A. 申请撤诉

B. 提出回避申请

C. 变更诉讼请求

D. 对案件的管辖权提出异议

【解题思路】

无独立请求权的第三人,诉讼地位类似于被告,申请撤诉和变更诉讼请求是原告的权利,无独立请求权的第三人不享有。管辖权异议是被告的权利,但该权利应当在提交答辩状期间提出,无独立请求权的第三人参加诉讼时早就过了该期间,故也不享有提管辖权异议的权利。申请回避是原被告都享有的权利,无独立请求权的第三人也依法享有。

【参考答案】 B

(三)诉讼代理人

1. 法定代理人

《民事诉讼法》第57条:"无诉讼行为能力人由他的监护人作为法定代理人代为诉讼。法定代理人之间互相推诿代理责任的,由人民法院指定其中一人代为诉讼。"

2. 委托代理人

《民事诉讼法》第58条:"当事人、法定代理人可以委托一至二人作为诉讼代理人。下列人员可以被委托为诉讼代理人:

(一)律师、基层法律服务工作者;

(二)当事人的近亲属或者工作人员;

(三)当事人所在社区、单位以及有关社会团体推荐的公民。"

《民诉法解释》第86条:"根据民事诉讼法第五十八条第二款第二项规定,与当事人有合法劳动人事关系的职工,可以当事人工作人员的名义作为诉讼代理人。"

39.【2018年第8题】下列主体中,不可以作为民事诉讼委托代理人的是?

A. 原告的岳父

B. 公司的实习生

C. 专利纠纷诉讼中,由中华全国专利代理人协会推荐的专利代理人

D. 离婚诉讼中,某基层法律服务所的工作人员

【解题思路】

岳父的英文是"father-in-law",同样属于"father"。"father"作为最亲近的人,自然可以作为诉讼代理人。并不是所有的专利代理师都可以在专利民事诉讼中出庭,获得中华全国专利代理师协会推荐的"诉讼专利代理师"才能出庭。所谓基层法律服务工作者,指的是在基层法律服务所中执业,为社会提供法律服务的人员。律师的执业机构叫"某某律师事务所",对外执业统称律师,持律师执业证。基层法律服务工作者的执业机构叫"某某法律服务所",对外执业统称法律服务工作者,持法律服务工作者执业证。律师可以从事刑事诉讼业务,法律服务工作

者不得从事此项业务。此外，基层法律服务工作者不能代理当事人任何一方均不在本辖区内的民事经济行政诉讼案件。单位的正式员工才能以当事人工作人员的名义作为诉讼代理人，而实习生并不是正式员工。

【参考答案】 B

《民诉法解释》第87条："根据民事诉讼法第五十八条第二款第三项规定，有关社会团体推荐公民担任诉讼代理人的，应当符合下列条件：

（一）社会团体属于依法登记设立或者依法免予登记设立的非营利性法人组织；

（二）被代理人属于该社会团体的成员，或者当事人一方住所地位于该社会团体的活动地域；

（三）代理事务属于该社会团体章程载明的业务范围；

（四）被推荐的公民是该社会团体的负责人或者与该社会团体有合法劳动人事关系的工作人员。

专利代理人经中华全国专利代理人协会推荐，可以在专利纠纷案件中担任诉讼代理人。"

40.【2016年第55题】根据民事诉讼法及相关规定，下列哪些属于有关社会团体推荐公民担任诉讼代理人应当符合的条件？

A. 社会团体属于依法登记设立或者依法免予登记设立的非营利性法人组织

B. 被代理人属于该社会团体的成员，或者当事人一方住所地位于该社会团体的活动地域

C. 代理事务属于该社会团体章程载明的业务范围

D. 被推荐的公民是该社会团体的负责人或者与该社会团体有合法劳动人事关系的工作人员

【解题思路】

社会团体推荐公民担任诉讼代理人具有严格的限制。这种推荐一般都是基于公益方面的目的，故有推荐资格的社会团体应当是非营利性的法人组织。代理事务也需要和该社会团体有关，如被代理人是社会团体的成员或者当事人住所地位于社会团体的活动地域，代理事务也需要和该社会团体的业务范围相关，即"专业对口"。如某个侵犯专利权的案件，由佛教协会来推荐代理人就不合适。社会团体推荐的人也应该是该社会团体知根知底的自己人，如该团体的负责人或者工作人员。

【参考答案】 ABCD

3. 授权委托书

《民事诉讼法》第59条："委托他人代为诉讼，必须向人民法院提交由委托人签名或者盖章的授权委托书。

授权委托书必须记明委托事项和权限。诉讼代理人代为<u>承认、放弃、变更诉讼请求</u>，<u>进行和解</u>，提起反诉或者上诉，必须有委托人的<u>特别授权</u>。

侨居在国外的中华人民共和国公民从国外寄交或者托交的授权委托书，必须经中华人民共和国驻该国的使领馆证明；没有使领馆的，由与中华人民共和国有外交关系的第三国驻该国的使领馆证明，再转由中华人民共和国驻该第三国使领馆证明，或者由当地的爱国华侨团体证明。"

41.【2019年第53题】王某因与甲公司发生合同纠纷，遂委托李律师全权代理诉讼，但未作具体的授权。此种情况下，李律

师在诉讼中无权实施下列哪些行为？

A. 提出管辖权异议

B. 提起反诉

C. 提起上诉

D. 部分变更诉讼请求

【解题思路】

提起反诉或者上诉，以及变更诉讼请求与当事人利益攸关。为避免争议，代理人行使前述权利时需要当事人明确授权。如果授权书上没有明确记载，则代理人只能行使程序性的权利，如提出管辖权异议。

【参考答案】 BCD

《民诉法解释》第89条："当事人向人民法院提交的授权委托书，应当在开庭审理前送交人民法院。授权委托书仅写'全权代理'而无具体授权的，诉讼代理人无权代为承认、放弃、变更诉讼请求，进行和解，提出反诉或者提起上诉。

适用简易程序审理的案件，双方当事人同时到庭并径行开庭审理的，可以当场口头委托诉讼代理人，由人民法院记入笔录。"

42.【2007年第41题】当事人委托其诉讼代理人参加民事诉讼，授权委托书写明"全权代理"但无具体授权。根据民事诉讼法及相关规定，该诉讼代理人无权代为下列哪些事项？

A. 申请执行

B. 提出回避申请

C. 部分变更诉讼请求

D. 与对方当事人进行和解

【解题思路】

实体权利的处分，事关重大，必须清楚地表明。仅仅写明"全权代理"，并不能产生特别授权的效果。

【参考答案】 CD

4. 诉讼代理人的权利

《民事诉讼法》第61条："代理诉讼的律师和其他诉讼代理人有权调查收集证据，可以查阅本案有关材料。查阅本案有关材料的范围和办法由最高人民法院规定。"

四、民事诉讼证据

（一）证据的种类

1. 证据的种类

《民事诉讼法》第63条："证据包括：

（一）当事人的陈述；

（二）书证；

（三）物证；

（四）视听资料；

（五）电子数据；

（六）证人证言；

（七）鉴定意见；

（八）勘验笔录。

证据必须查证属实，才能作为认定事实的根据。"

43.【2017年第53题】根据民事诉讼法及相关规定，下列哪些可以作为民事诉讼证据？

A. 电子数据

B. 勘验笔录

C. 当事人的陈述

D. 视听资料

【解题思路】

证据的作用是用来证明某种事实，至于证据的表现形式是哪种并不是关键。上述选项涉及的事物都可以用来证明某种事实，故都属于证据。

【参考答案】 ABCD

《民诉法解释》第116条："视听资料包括录音资料和影像资料。

电子数据是指通过电子邮件、电子数据交换、网上聊天记录、博客、微博客、手机短信、电子签名、域名等形成或者存储在电子介质中的信息。

存储在电子介质中的录音资料和影像资料，适用电子数据的规定。"

2. 对各种证据的原则要求

（1）书证和物证。

《民事诉讼法》第70条："书证应当提交原件。物证应当提交原物。提交原件或者原物确有困难的，可以提交复制品、照片、副本、节录本。

提交外文书证，必须附有中文译本。"

《民诉证据规定》第11条："当事人向人民法院提供证据，应当提供原件或者原物。如需自己保存证据原件、原物或者提供原件、原物确有困难的，可以提供经人民法院核对无异的复制件或者复制品。"

《民诉证据规定》第17条："当事人向人民法院提供外文书证或者外文说明资料，应当附有中文译本。"

44.【2009年第22题】 根据民事诉讼法及相关规定，下列关于证据的说法哪些是正确的？

A. 物证应当提交原物，提交原物确有困难的，可以提交经人民法院核对无异的复制品

B. 书证应当提交原件，当事人如需自己保存原件的，可以提交经人民法院核对无异的复制件

C. 当事人收集到的书证是外文的，应当提交经人民法院核对无异的中文译文，可以不提交外文原文

D. 当事人向人民法院提供的证据系在中华人民共和国领域外形成的，该证据应当经我国公证机关证明

【解题思路】

世界是一种客观存在，但我们生活在自己所能认识的世界里。从这一点出发，世界又是主观的。证据的作用就是让我们在主观上意识到某件客观事实的确发生过。复制件或者复制品只要与原件无异，就可以证明相同的事实。只要经过法院核对，当事人可以提供复制件或者复制品。外文证据需要提供原件和中文译文，并不能只提供译文。文件翻译专业性很强，法院不是翻译机构，缺乏精通各国外语的翻译人才，没有能力核对中文译文和原文所表达的意思是否一致。在外国形成的证据需要经过所在国的公证机关予以证明或者履行相关的证明手续，我国的公证机关则没有能力进行公证，证明该证据的真实性。

【参考答案】 AB

（2）视听资料。

《民事诉讼法》第71条："人民法院对视听资料，应当辨别真伪，并结合本案的其他证据，审查确定能否作为认定事实的根据。"

（3）电子数据。

数据电文确实起到了在"功能上等同或基本等同"于书面原件的效果，便可视为一种合法有效的原件。

45.【2014年第59题】 根据民事诉讼法及相关规定，当事人的下列哪些做法符合

关于证据的规定？

A．原告赵某以电子数据作为证据来证明自己提出的主张

B．原告张某因在人民法院确定的期限内提供证据确有困难，向人民法院申请延长期限

C．被告李某因提交某书证原件确有困难，提交了经人民法院核对无异的复制件

D．被告王某提交外文书证作为证据，未附中文译本

【解题思路】

电子数据如果能证明所主张的事实，就是证据。如果提供证据有困难，那么可以申请延长举证期限。复制件如果和原件核对无异，那么其起到的证明效果同原件是一样的。外文证据如果不翻译，法官可能看不懂，也不符合国家主权的原则。

【参考答案】 ABC

（4）证人证言。

《民事诉讼法》第72条："凡是知道案件情况的单位和个人，都有义务出庭作证。有关单位的负责人应当支持证人作证。不能正确表达意思的人，不能作证。"

《民事诉讼法》第73条："经人民法院通知，证人应当出庭作证。有下列情形之一的，经人民法院许可，可以通过书面证言、视听传输技术或者视听资料等方式作证：

（一）因健康原因不能出庭的；

（二）因路途遥远，交通不便不能出庭的；

（三）因自然灾害等不可抗力不能出庭的；

（四）其他有正当理由不能出庭的。"

46．【2019年第11题】根据民事诉讼法及相关规定，下列哪些人不能作为证人？

A．未成年人

B．与案件有利害关系的人

C．被剥夺政治权利的人

D．不能正确表达意思的人

【解题思路】

自然人作为证人的前提是能够正确地表达意思。未成年人虽然心智上还不成熟，但是对于张三是否打了李四这样的事实还是能够说清楚的，故可以作证。证人具有特定性，不适用回避，故与案件有利害关系的人也可以作为证人，只不过其证言的效力会打个折扣。被剥夺政治权利的人只是没有选举权和被选举权，不影响其作为证人。

【参考答案】 D

（5）当事人陈述。

《民事诉讼法》第75条："人民法院对当事人的陈述，应当结合本案的其他证据，审查确定能否作为认定事实的根据。当事人拒绝陈述的，不影响人民法院根据证据认定案件事实。"

（6）鉴定意见。

《民事诉讼法》第76条："当事人可以就查明事实的专门性问题向人民法院申请鉴定。当事人申请鉴定的，由双方当事人协商确定具备资格的鉴定人；协商不成的，由人民法院指定。当事人未申请鉴定，人民法院对专门性问题认为需要鉴定的，应当委托具备资格的鉴定人进行鉴定。"

（7）勘验笔录。

《民事诉讼法》第80条："勘验物证或者现场，勘验人必须出示人民法院的证件，并邀请当地基层组织或者当事人所在单位派人参加。当事人或者当事人的成年家属应当

到场，拒不到场的，不影响勘验的进行。有关单位和个人根据人民法院的通知，有义务保护现场，协助勘验工作。勘验人应当将勘验情况和结果制作笔录，由勘验人、当事人和被邀参加人签名或者盖章。"

（二）当事人举证

1. 当事人的举证责任

《民事诉讼法》第 64 条："当事人对自己提出的主张，有责任提供证据。

当事人及其诉讼代理人因客观原因不能自行收集的证据，或者人民法院认为审理案件需要的证据，人民法院应当调查收集。

人民法院应当按照法定程序，全面地、客观地审查核实证据。"

《民诉法解释》第 90 条："当事人对自己提出的诉讼请求所依据的事实或者反驳对方诉讼请求所依据的事实，应当提供证据加以证明，但法律另有规定的除外。

在作出判决前，当事人未能提供证据或者证据不足以证明其事实主张的，由负有举证责任的当事人承担不利的后果。"

《民事诉讼法》第 65 条第 1 款："当事人对自己提出的主张应当及时提供证据。"

《民诉法解释》第 91 条："人民法院应当依照下列原则确定举证证明责任的承担，但法律另有规定的除外：

（一）主张法律关系存在的当事人，应当对产生该法律关系的基本事实承担举证证明责任；

（二）主张法律关系变更、消灭或者权利受到妨害的当事人，应当对该法律关系变更、消灭或者权利受到妨害的基本事实承担举证证明责任。"

2. 特殊侵权诉讼的举证责任

47.【2011 年第 43 题】根据民事诉讼法及相关规定，下列关于举证责任的说法哪些是正确的？

A. 因产品制造方法发明专利引起的专利侵权诉讼，由制造同样产品的单位或者个人对其产品制造方法不同于专利方法承担举证责任

B. 高度危险作业致人损害的侵权诉讼，由加害人就受害人故意造成损害的事实承担举证责任

C. 因环境污染引起的损害赔偿诉讼，由加害人就法律规定的免责事由及其行为与损害结果之间不存在因果关系承担举证责任

D. 建筑物或者其他设施以及建筑物上的悬挂物发生脱落致人损害的侵权诉讼，由所有人或者管理人对其无过错承担举证责任

【解题思路】

适用举证责任倒置的是新产品的制造方法发明，而不是所有的产品的制造方法。在高度危险作业、环境污染和建筑物致人损害导致的侵权诉讼中，原则上只要发生损害，加害人或建筑物所有人或者管理人就需要承担赔偿责任，除非前述案件存在各自的免责事由，如受害人故意、不存在因果关系或者所有人或管理人无过错。为此，被告如果试图免责，就需要对前述事项承担举证责任。

【参考答案】 BCD

3. 当事人对事实的承认

《民诉法解释》第 92 条："一方当事人在法庭审理中，或者在起诉状、答辩状、代理词等书面材料中，对于己不利的事实明确表示承认的，另一方当事人无须举证证明。

对于涉及身份关系、国家利益、社会公共利益等应当由人民法院依职权调查的事实，不适用前款自认的规定。

自认的事实与查明的事实不符的，人民法院不予确认。"

《民诉证据规定》第4条："一方当事人对于另一方当事人主张的于己不利的事实既不承认也不否认，经审判人员说明并询问后，其仍然不明确表示肯定或者否定的，视为对该事实的承认。"

4. 无须举证的事实

《民诉法解释》第93条："下列事实，当事人无须举证证明：

（一）自然规律以及定理、定律；

（二）众所周知的事实；

（三）根据法律规定推定的事实；

（四）根据已知的事实和日常生活经验法则推定出的另一事实；

（五）已为人民法院发生法律效力的裁判所确认的事实；

（六）已为仲裁机构生效裁决所确认的事实；

（七）已为有效公证文书所证明的事实。

前款第二项至第四项规定的事实，当事人有相反证据足以反驳的除外；第五项至第七项规定的事实，当事人有相反证据足以推翻的除外。"

48.【2008年第70题】根据民事诉讼法及相关规定，下列哪些事实无须当事人举证证明？

A. 已为仲裁机构的生效裁决所确认的事实

B. 已为有效公证文书所证明的事实

C. 一方当事人陈述的案件事实，另一方当事人对该事实未置可否的

D. 众所周知的事实

【解题思路】

举证的目的是证明未知的事实，如果一些事情众所周知，就不需要再举证。另外，某些事实如已被有效的法律文件所证实，已经完成了的证明，也不需要再举证。如果一方当事人承认，那么另一方不需再举证。不置可否并不是承认，只有在审判人员充分说明并询问后，仍不置可否的，才可视为承认。

【参考答案】 ABD

49.【2015年第54题】根据民事诉讼法及相关规定，下列哪些事实当事人无须举证证明？

A. 众所周知的事实

B. 根据法律规定推定的事实

C. 自然规律以及定理、定律

D. 根据已知的事实和日常生活经验法则推定出的另一事实

【解题思路】

举证的目的是证明未知的事实，如果一些事情众所周知，就不需要再举证。如果根据法律是日常生活经验能够推定，也不需要再去重复的举证证明。另外，自然规律和定律属于科学领域，比如在常压下水会在100℃的时候沸腾，这种事情也没有必要让当事人在法庭上举证证明。

【参考答案】 ABCD

5. 境外证据的规定

《民诉证据规定》第16条："当事人提供的公文书证系在中华人民共和国领域外形成的，该证据应当经所在国公证机关证明，

或者履行中华人民共和国与该所在国订立的有关条约中规定的证明手续。

中华人民共和国领域外形成的涉及身份关系的证据，应当经所在国公证机关证明并经中华人民共和国驻该国使领馆认证，或者履行中华人民共和国与该所在国订立的有关条约中规定的证明手续。

当事人向人民法院提供的证据是在香港、澳门、台湾地区形成的，应当履行相关的证明手续。"

6. 当事人提交证据的形式要求

《民诉证据规定》第19条："当事人应当对其提交的证据材料逐一分类编号，对证据材料的来源、证明对象和内容作简要说明，签名盖章，注明提交日期，并依照对方当事人人数提出副本。

人民法院收到当事人提交的证据材料，应当出具收据，写明证据名称、页数、份数、原件或者复印件以及收到时间等，并由经办人员签名或者盖章。"

（三）人民法院调查收集证据

1. 人民法院自行收集证据

《民事诉讼法》第64条第2款："当事人及其诉讼代理人因客观原因不能自行收集的证据，或者人民法院认为审理案件需要的证据，人民法院应当调查收集。"

《民诉法解释》第96条："民事诉讼法第六十四条第二款规定的人民法院认为审理案件需要的证据包括：

（一）涉及可能损害国家利益、社会公共利益的；

（二）涉及身份关系的；

（三）涉及民事诉讼法第五十五条规定诉讼的；

（四）当事人有恶意串通损害他人合法权益可能的；

（五）涉及依职权追加当事人、中止诉讼、终结诉讼、回避等程序性事项的。

除前款规定外，人民法院调查收集证据，应当依照当事人的申请进行。"

50.【2009年第12题】根据民事诉讼法及相关规定，对于人民法院认为审理案件需要的证据，人民法院应当调查收集。下列哪些情形属于"人民法院认为审理案件需要的证据"？

A. 涉及依职权追加当事人、回避等与实体争议无关的程序事项

B. 涉及中止诉讼、终结诉讼等与实体争议无关的程序事项

C. 涉及可能有损他人合法权益的事实

D. 涉及可能有损国家利益、社会公共利益的事实

【解题思路】

法院认为审理案件需要的证据的范围包括两种情形：一种涉及的是程序问题，另一种涉及的是国家、社会或第三人的利益。

【参考答案】 ABCD

《民事诉讼法》第67条："人民法院有权向有关单位和个人调查取证，有关单位和个人不得拒绝。

人民法院对有关单位和个人提出的证明文书，应当辨别真伪，审查确定其效力。"

51.【2010年第43题】根据民事诉讼法及相关规定，下列关于民事诉讼证据的说法哪些是正确的？

A. 人民法院向有关单位和个人调查取证，有关单位和个人不得拒绝

B. 证据应当在法庭上出示，并由当事

人互相质证

C．涉及商业秘密的证据，当事人及其诉讼代理人可以申请人民法院调查收集

D．书证应当提交原件，提交原件确有困难的，可以提交经人民法院核对无异的复制件

【解题思路】

公权力从事的调查，当事人应当配合。所有证据都需要经过质证，否则就不能确定其真实性。当事人很难获得涉及商业秘密的证据，可以申请法院调查收集。证据的作用是为了证明事实，复印件经核对无异后，能起到和原件相同的作用。

【参考答案】 ABCD

2. 当事人申请人民法院收集证据

《民诉法解释》第94条："民事诉讼法第六十四条第二款规定的当事人及其诉讼代理人因客观原因不能自行收集的证据包括：

（一）证据由国家有关部门保存，当事人及其诉讼代理人无权查阅调取的；

（二）涉及国家秘密、商业秘密或者个人隐私的；

（三）当事人及其诉讼代理人因客观原因不能自行收集的其他证据。

当事人及其诉讼代理人因客观原因不能自行收集的证据，可以在举证期限届满前书面申请人民法院调查收集。"

52.【2019年第54题】根据民事诉讼法及相关规定，下列哪些情形当事人及其诉讼代理人可以申请人民法院调查取证？

A．申请调查收集的证据属于国家有关机关保存并须人民法院依职权调取的档案材料

B．当事人及其诉讼代理人确因客观原因不能自行收集的其他材料

C．涉及国家秘密、商业秘密、个人隐私的材料

D．涉及可能损害国家利益、社会公共利益或者他人合法权益的事实

【解题思路】

当事人和代理人申请法院调查取证的前提是相关证据自己无法获得，如只能由法院调取的档案材料。国家秘密、商业秘密和个人隐私的材料，当事人也往往无法从证据保存者那边获得。至于有损国家利益和社会公共利益的事实，属于法院主动调取证据的范畴，不需要当事人申请。有损他人合法权益的事实，只有存在当事人恶意串通的情形，法院才会主动调取证据。

【参考答案】 ABC

3. 调查人员调查收集证据的规定

《民诉法解释》第97条："人民法院调查收集证据，应当由两人以上共同进行。调查材料要由调查人、被调查人、记录人签名、捺印或者盖章。"

《民诉证据规定》第21条："人民法院调查收集的书证，可以是原件，也可以是经核对无误的副本或者复制件。是副本或者复制件的，应当在调查笔录中说明来源和取证情况。"

《民诉证据规定》第22条："人民法院调查收集的物证应当是原物。被调查人提供原物确有困难的，可以提供复制品或者影像资料。提供复制品或者影像资料的，应当在调查笔录中说明取证情况。"

《民诉证据规定》第23条："人民法院调查收集视听资料、电子数据，应当要求被调查人提供原始载体。

提供原始载体确有困难的，可以提供复制件。提供复制件的，人民法院应当在调查笔录中说明其来源和制作经过。

人民法院对视听资料、电子数据采取证据保全措施的，适用前款规定。"

（四）举证时限与证据交换

1. 举证期限及其效力

《民诉证据规定》第50条："人民法院应当在审理前的准备阶段向当事人送达举证通知书。

举证通知书应当载明举证责任的分配原则和要求、可以向人民法院申请调查收集证据的情形、人民法院根据案件情况指定的举证期限以及逾期提供证据的法律后果等内容。"

《民诉证据规定》第51条："举证期限可以由当事人协商，并经人民法院准许。

人民法院指定举证期限的，适用第一审普通程序审理的案件不得少于十五日，当事人提供新的证据的第二审案件不得少于十日。适用简易程序审理的案件不得超过十五日，小额诉讼案件的举证期限一般不得超过七日。

举证期限届满后，当事人提供反驳证据或者对已经提供的证据的来源、形式等方面的瑕疵进行补正的，人民法院可以酌情再次确定举证期限，该期限不受前款规定的期间限制。"

《民诉证据规定》第52条："当事人在举证期限内提供证据存在客观障碍，属于民事诉讼法第六十五条第二款规定的'当事人在该期限内提供证据确有困难'的情形。

前款情形，人民法院应当根据当事人的举证能力、不能在举证期限内提供证据的原因等因素综合判断。必要时，可以听取对方当事人的意见。"

2. 举证期限的延长

《民诉法解释》第100条："当事人申请延长举证期限的，应当在举证期限届满前向人民法院提出书面申请。

申请理由成立的，人民法院应当准许，适当延长举证期限，并通知其他当事人。延长的举证期限适用于其他当事人。

申请理由不成立的，人民法院不予准许，并通知申请人。"

3. 逾期举证

《民事诉讼法》第65条第2款："人民法院根据当事人的主张和案件审理情况，确定当事人应当提供的证据及其期限。当事人在该期限内提供证据确有困难的，可以向人民法院申请延长期限，人民法院根据当事人的申请适当延长。当事人逾期提供证据的，人民法院应当责令其说明理由；拒不说明理由或者理由不成立的，人民法院根据不同情形可以不予采纳该证据，或者采纳该证据但予以训诫、罚款。"

《民诉法解释》第101条："当事人逾期提供证据的，人民法院应当责令其说明理由，必要时可以要求其提供相应的证据。

当事人因客观原因逾期提供证据，或者对方当事人对逾期提供证据未提出异议的，视为未逾期。"

《民诉法解释》第102条："当事人因故意或者重大过失逾期提供的证据，人民法院不予采纳。但该证据与案件基本事实有关的，人民法院应当采纳，并依照民事诉讼法第六十五条、第一百一十五条第一款的规定予以训诫、罚款。

当事人非因故意或者重大过失逾期提供的证据，人民法院应当采纳，并对当事人予以训诫。

当事人一方要求另一方赔偿因逾期提供证据致使其增加的交通、住宿、就餐、误工、证人出庭作证等必要费用的，人民法院可予支持。"

53.【2006年第23题】在民事诉讼过程中，对于超过举证期限而提交的证据，人民法院应当如何处理？

A．应当组织质证

B．经对方当事人同意的，可以组织质证

C．一律不组织质证

D．是否质证由人民法院决定

【解题思路】

举证期限具有法律效力，如果当事人逾期举证，就需要承担举证不能的不利后果。2012年《民事诉讼法》修改后，逾期举证的法律后果发生了变化。2002年《民事诉讼证据规定》第34条第2款规定，对于当事人逾期提交的证据材料，法院审理时不组织质证。但对方当事人同意质证的除外。根据该条，仅有B选项正确。2012年《民事诉讼法》第65条则降低了对方当事人在逾期举证上的发言权，逾期提供证据的是否质证的决定权在法院手里。法院将根据不同情形可以不予采纳该证据，或者采纳该证据但予以训诫、罚款。另外，根据《民诉法解释》第101条第2款，如果对方当事人对逾期提供证据未提出异议，则视为该证据未逾期，此时法院自然"应当"组织质证。B选项中为"可以"组织质证，意味着法院还可以不组织质证，不符合司法解释的规定。

【参考答案】 D

4.证据交换的期限

《民诉证据规定》第56条："人民法院依照民事诉讼法第一百三十三条第四项的规定，通过组织证据交换进行审理前准备的，证据交换之日举证期限届满。

证据交换的时间可以由当事人协商一致并经人民法院认可，也可以由人民法院指定。当事人申请延期举证经人民法院准许的，证据交换日相应顺延。"

5.当事人可以在当庭提出的新证据及其要求

（1）一审程序中的新的证据：当事人在一审举证期限届满后新发现的证据；当事人确因客观原因无法在举证期限内提供，经人民法院准许，在延长的期限内仍无法提供的证据。

（2）二审程序中的新的证据：一审庭审结束后新发现的证据；当事人在一审举证期限届满前申请人民法院调查取证未获准许，二审法院经审查认为应当准许并依当事人申请调取的证据。

（五）证据的质证

1.质证的效力

《民事诉讼法》第68条："证据应当在法庭上出示，并由当事人互相质证。对涉及国家秘密、商业秘密和个人隐私的证据应当保密，需要在法庭出示的，不得在公开开庭时出示。"

《民诉法解释》第103条："证据应当在法庭上出示，由当事人互相质证。未经当事人质证的证据，不得作为认定案件事实的根据。

当事人在审理前的准备阶段认可的证据，经审判人员在庭审中说明后，视为质证过的证据。

涉及国家秘密、商业秘密、个人隐私或者法律规定应当保密的证据，不得公开质证。"

54.【2012年第25题】根据民事诉讼法及相关规定，下列哪种说法是错误的？

A．证据应当在法庭上出示，由当事人质证

B．未经质证的证据，不能作为认定案件事实的根据

C．涉及商业秘密的证据，不得在开庭时公开质证

D．未出庭作证的证人证言不能作为认定案件事实的依据

【解题思路】

证据应当质证，未经质证，无法保证真实性，不能用来认定案件事实。为了保护商业秘密，涉及商业秘密的证据不公开质证。证人如果有合理的理由，可以不出庭，此时如果该证言全部无效，显然也不合适。

【参考答案】D

2. 对各类证据质证的基本要求

《民诉证据规定》第61条："对书证、物证、视听资料进行质证时，当事人有权要求出示证据的原件或者原物。但有下列情况之一的除外：

（一）出示原件或者原物确有困难并经人民法院准许出示复制件或者复制品的；

（二）原件或者原物已不存在，但有证据证明复制件、复制品与原件或原物一致的。"

《民诉证据规定》第68条："人民法院应当要求证人出庭作证，接受审判人员和当事人的询问。证人在审理前的准备阶段或者人民法院调查、询问等双方当事人在场时陈述证言的，视为出庭作证。

双方当事人同意证人以其他方式作证并经人民法院准许的，证人可以不出庭作证。

无正当理由未出庭的证人以书面等方式提供的证言，不得作为认定案件事实的根据。"

《民诉法解释》第104条："人民法院应当组织当事人围绕证据的真实性、合法性以及与待证事实的关联性进行质证，并针对证据有无证明力和证明力大小进行说明和辩论。

能够反映案件真实情况、与待证事实相关联、来源和形式符合法律规定的证据，应当作为认定案件事实的根据。"

《民诉法解释》第105条："人民法院应当按照法定程序，全面、客观地审核证据，依照法律规定，运用逻辑推理和日常生活经验法则，对证据有无证明力和证明力大小进行判断，并公开判断的理由和结果。"

《民诉法解释》第106条："对以严重侵害他人合法权益、违反法律禁止性规定或者严重违背公序良俗的方法形成或者获取的证据，不得作为认定案件事实的根据。"

《民诉法解释》第107条："在诉讼中，当事人为达成调解协议或者和解协议作出妥协而认可的事实，不得在后续的诉讼中作为对其不利的根据，但法律另有规定或者当事人均同意的除外。"

《民诉法解释》第108条："对负有举证证明责任的当事人提供的证据，人民法院经

审查并结合相关事实,确信待证事实的存在具有高度可能性的,应当认定该事实存在。

对一方当事人为反驳负有举证证明责任的当事人所主张事实而提供的证据,人民法院经审查并结合相关事实,认为待证事实真伪不明的,应当认定该事实不存在。

法律对于待证事实所应达到的证明标准另有规定的,从其规定。"

《民诉法解释》第109条:"当事人对欺诈、胁迫、恶意串通事实的证明,以及对口头遗嘱或者赠与事实的证明,人民法院确信该待证事实存在的可能性能够排除合理怀疑的,应当认定该事实存在。"

《民诉法解释》第112条:"书证在对方当事人控制之下的,承担举证证明责任的当事人可以在举证期限届满前书面申请人民法院责令对方当事人提交。

申请理由成立的,人民法院应当责令对方当事人提交,因提交书证所产生的费用,由申请人负担。对方当事人无正当理由拒不提交的,人民法院可以认定申请人所主张的书证内容为真实。"

55.【2018年第10题】关于民事诉讼证据的理解,下列选项中正确的有?

A. 存储在电子介质上的录音资料,适用电子数据的相关规定

B. 民事诉讼中的证人只能是自然人

C. 若法院责令对方当事人提交相关书证,则因提交书证所产生的费用,应当由申请人垫付,由对方当事人最终承担

D. 书证应当提交原件,但如果原件在对方当事人控制之下,则可以提交复制品

【解题思路】

存储在电子介质上的录音资料,表现形式就是电子数据,适用电子数据的相关规定是应有之义。民事领域的主体,除了自然人外,还有法人。法人作证也很正常,如以公司的名义出具一份证明。如果法院责令对方当事人提交相关证据,那说明对方当事人有举证的义务,相关费用当然由他来承担。提交证据时,原件如在对方当事人控制下,且对方拒绝提供,则此时还要求举证一方必须提供原件,属于强人所难,故此时只要提供复制品即可。D选项的错误在于少了对方拒绝提供这一重要前提。

【参考答案】 A

(六)鉴定

1. 对专门性问题的鉴定

《民事诉讼法》第76条:"当事人可以就查明事实的专门性问题向人民法院申请鉴定。当事人申请鉴定的,由双方当事人协商确定具备资格的鉴定人;协商不成的,由人民法院指定。

当事人未申请鉴定,人民法院对专门性问题认为需要鉴定的,应当委托具备资格的鉴定人进行鉴定。"

2. 鉴定人

《民事诉讼法》第77条:"鉴定人有权了解进行鉴定所需要的案件材料,必要时可以询问当事人、证人。

鉴定人应当提出书面鉴定意见,在鉴定书上签名或者盖章。"

《民事诉讼法》第78条:"当事人对鉴定意见有异议或者人民法院认为鉴定人有必要出庭的,鉴定人应当出庭作证。经人民法院通知,鉴定人拒不出庭作证的,鉴定意见不得作为认定事实的根据;支付鉴定费用的当事人可以要求返还鉴定费用。"

56.【2014年第72题】在某专利侵权诉讼中,原告张某依法向人民法院申请鉴定。具备资格的某鉴定人依法出具了鉴定意见,张某支付了鉴定费用。案件审理过程中,被告王某对该鉴定意见有异议,人民法院通知该鉴定人出庭作证,但其拒不出庭作证。据此,根据民事诉讼法及相关规定,下列哪些说法是正确的?

A. 人民法院应当拘传该鉴定人出庭作证

B. 该鉴定意见不得作为认定事实的根据

C. 张某可以要求该鉴定人返还鉴定费用

D. 人民法院应当责令张某确定其他鉴定人重新作出鉴定

【解题思路】

鉴定人不是当事人,如果他不出庭,则法律后果是鉴定意见不能作为认定事实的依据,拘传到庭就太过了。既然鉴定意见不能作为认定事实的依据,那么张某花费的鉴定费也就白花了,有权要回来。是否重新申请鉴定是张某的权利,法院不应该强制。如果张某不愿意重新鉴定,那么让其承担败诉的风险即可。

【参考答案】 BC

3. 有专门知识的人出庭

《民事诉讼法》第79条:"当事人可以申请人民法院通知有专门知识的人出庭,就鉴定人作出的鉴定意见或者专业问题提出意见。"

《民诉法解释》第122条:"当事人可以依照民事诉讼法第七十九条的规定,在举证期限届满前申请一至二名具有专门知识的人出庭,代表当事人对鉴定意见进行质证,或者对案件事实所涉及的专业问题提出意见。

具有专门知识的人在法庭上就专业问题提出的意见,视为当事人的陈述。

人民法院准许当事人申请的,相关费用由提出申请的当事人负担。"

57.【2017年第8题】在某专利侵权纠纷民事诉讼中,专利权人申请人民法院通知具有专门知识的人张某出庭,代表当事人对专利侵权技术比对涉及的专业问题在法庭上提出意见。根据民事诉讼法及相关规定,下列关于该意见的哪种说法是正确的?

A. 该意见视为证人证言

B. 该意见视为当事人的陈述

C. 该意见视为鉴定意见

D. 该意见视为勘验笔录

【解题思路】

勘验笔录是指法院指派的勘验人员对案件的诉讼标的物和有关证据,经过现场勘验、调查所做的记录。具有专门知识的人在法庭上提出的意见显然不属于勘验笔录。具有专门知识的人常常被称为"专家证人",但实际上并不属于"证人"。证人的作用是在法庭上叙述自己所看到的事实,而有专门知识的人说的是专业领域的问题,双方的性质并不相同。了解事实真相的人可能只有一个,故证人不可替代;而具备相应知识背景的人可以有多个,金教授时间不方便,可以请石教授出庭。鉴定人需要站在中立的角度发表意见,而某一方当事人所邀请的具有专门知识的人通常是站在该当事人的角度发表意见,故该意见不属于鉴定意见。具有专门知识的人实际上是站在当事人的立场上,就某些专业问题发表意见,故应当被视为当事人的陈述。

【参考答案】 B

58.【2018年第53题】根据民事诉讼法及相关规定，下列关于鉴定的说法正确的是？

A. 当事人可以就查明事实的专门性问题向人民法院申请鉴定

B. 当事人对鉴定意见有异议的，鉴定人不出庭作证，是否采纳该鉴定意见由法院决定

C. 人民法院准许当事人鉴定申请的，应当在名录中指定鉴定人

D. 当事人可以申请人民法院通知有专门知识的人出庭，就鉴定人作出的鉴定意见或者专业问题提出意见

【解题思路】

法官精通法律，但不精通各项技术。如果案件涉及专门性问题，就需要寻找相关领域的专家来判断，故当事人可以向人民法院申请鉴定。如果当事人对鉴定意见有异议，鉴定人应当出庭对这些问题进行回应。如果鉴定人不出庭作证，该鉴定意见就没有法律效力。民事领域遵循意思自治原则，法院应当首先让当事人协商确定鉴定人选，如达不成一致意见，才由法院进行指定。当事人一般不精通专业问题，技术问题的争辩需要寻找外援，也就是所谓的"有专门知识的人"。

【参考答案】 AD

《民诉法解释》第123条："人民法院可以对出庭的具有专门知识的人进行询问。经法庭准许，当事人可以对出庭的具有专门知识的人进行询问，当事人各自申请的具有专门知识的人可以就案件中的有关问题进行对质。

具有专门知识的人不得参与专业问题之外的法庭审理活动。"

59.【2016年第54题】根据民事诉讼法及相关规定，下列关于具有专门知识的人出庭的哪些说法是正确的？

A. 人民法院可以对出庭的具有专门知识的人进行询问

B. 经法庭准许，当事人可以对出庭的具有专门知识的人进行询问

C. 经法庭准许，当事人各自申请的具有专门知识的人可以就案件中的有关问题进行对质

D. 具有专门知识的人可以参与专业问题之外的法庭审理活动

【解题思路】

具有专门知识的人，也就是俗称的"专家证人"，其参加诉讼活动局限在专业领域，不能参加专业领域之外的诉讼活动。为了查清相关专业问题，法院和当事人可以询问专家证人，双方的专家证人也可以进行对质。

【参考答案】 ABC

（七）证据保全

1. 诉讼中的证据保全

《民事诉讼法》第81条第1款："在证据可能灭失或者以后难以取得的情况下，当事人可以在诉讼过程中向人民法院申请保全证据，人民法院也可以主动采取保全措施。"

60.【2013年第48题】根据民事诉讼法及相关规定，下列哪些情况下当事人可以在诉讼过程中向人民法院申请保全证据？

A. 证据涉及个人隐私

B. 证据涉及商业秘密

C. 证据可能灭失

D. 证据以后难以取得

141

【解题思路】

当证据可能灭失或以后难以取得的时候，才需要通过保全将其固定下来。如果证据涉及个人隐私或者商业秘密，那涉及的是保密而不是保全。

【参考答案】 CD

61.【2017年第54题】根据民事诉讼法及相关规定，下列关于证据保全的哪些说法是正确的？

A．在证据可能灭失的情况下，当事人可以在诉讼过程中申请保全证据

B．证据保全只能依当事人申请进行，人民法院不得主动采取保全措施

C．当事人申请证据保全的，可以在举证期限届满前书面提出

D．证据保全可能对他人造成损失的，人民法院应当责令申请人提供相应的担保

【解题思路】

除了当事人申请，法院也可以主动采取证据保全措施。如果情况紧急，证据可能灭失，那么不管是在诉讼前还是诉讼过程中，当事人都可以申请保全。如果保全的证据经济价值较高，则需要提供担保，以维护被保全人的利益。申请保全证据也是当事人提交证据方式的一种，故需要在举证期限届满前提出。

【参考答案】 ACD

2. 诉前证据保全

《民事诉讼法》第81条第2款："因情况紧急，在证据可能灭失或者以后难以取得的情况下，利害关系人可以在提起诉讼或者申请仲裁前向证据所在地、被申请人住所地或者对案件有管辖权的人民法院申请保全证据。"

62.【2012年第42题】根据民事诉讼法及相关规定，下列哪些说法是正确的？

A．在证据可能灭失的情况下，原告可以向人民法院申请保全证据

B．在证据可能灭失的情况下，人民法院可以主动采取保全措施

C．在证据可能以后难以取得的情况下，人民法院可以主动采取保全措施

D．在证据可能以后难以取得的情况下，有独立请求权的第三人可以向人民法院申请保全证据

【解题思路】

适用证据保全的情形是证据可能灭失或难以取得，程序的启动可以是当事人的申请，也可以由法院依职权主动采取。需要注意的是，有独立请求权的第三人诉讼地位类似于原告，也拥有申请证据保全的权利。

【参考答案】 ABCD

表10　证据保全的种类

项目	诉中证据保全	诉前证据保全
提起时间	诉讼过程中	提起诉讼前
提起程序	当事人申请，法院主动采取	利害关系人申请
申请法院	案件审理法院	证据所在地、被申请人住所地或者对案件有管辖权的人民法院
保全条件	证据可能灭失或者以后难以取得	
是否提供担保	法院可以要求其提供相应的担保	

3. 当事人申请证据保全的条件

《民诉证据规定》第25条："当事人或者利害关系人根据民事诉讼法第八十一条的规定申请证据保全的，申请书应当载明需要保全的证据的基本情况、申请保全的理由以及采取何种保全措施等内容。当事人根据民

事诉讼法第八十一条第一款的规定申请证据保全的，应当在举证期限届满前向人民法院提出。

法律、司法解释对诉前证据保全有规定的，依照其规定办理。"

《民诉证据规定》第 26 条："当事人或者利害关系人申请采取查封、扣押等限制保全标的物使用、流通等保全措施，或者保全可能对证据持有人造成损失的，人民法院应当责令申请人提供相应的担保。

担保方式或者数额由人民法院根据保全措施对证据持有人的影响、保全标的物的价值、当事人或者利害关系人争议的诉讼标的金额等因素综合确定。"

4. 人民法院采取证据保全的方法

《民诉证据规定》第 27 条："人民法院进行证据保全，可以要求当事人或者诉讼代理人到场。

根据当事人的申请和具体情况，人民法院可以采取查封、扣押、录音、录像、复制、鉴定、勘验等方法进行证据保全，并制作笔录。

在符合证据保全目的的情况下，人民法院应当选择对证据持有人利益影响最小的保全措施。"

（八）对当事人权益的保护

《民诉证据规定》第 28 条："申请证据保全错误造成财产损失，当事人请求申请人承担赔偿责任的，人民法院应予支持。"

五、保全

（一）诉讼中的保全

《民事诉讼法》第 100 条："人民法院对于可能因当事人一方的行为或者其他原因，使判决难以执行或者造成当事人其他损害的案件，根据对方当事人的申请，可以裁定对其财产进行保全、责令其作出一定行为或者禁止其作出一定行为；当事人没有提出申请的，人民法院在必要时也可以裁定采取保全措施。

人民法院采取保全措施，可以责令申请人提供担保，申请人不提供担保的，裁定驳回申请。

人民法院接受申请后，对情况紧急的，必须在四十八小时内作出裁定；裁定采取保全措施的，应当立即开始执行。"

63. **【2011 年第 83 题】** 根据民事诉讼法及相关规定，下列关于财产保全的说法哪些是正确的？

A. 人民法院在民事诉讼中对于可能因一方当事人的原因使判决难以执行的案件，可以根据对方当事人的申请，作出财产保全的裁定

B. 人民法院在民事诉讼中采取财产保全措施，可以责令申请人提供担保；申请人不提供担保的，驳回申请

C. 人民法院在民事诉讼中接受财产保全申请后，对情况紧急的，必须在二十四小时内作出裁定；裁定采取财产保全措施的，应当立即开始执行

D. 申请人在人民法院采取诉前财产保全措施后十日内不起诉的，人民法院应当解除财产保全

【解题思路】

保全财产的目的是为了便于判决的执行，不然当事人可能打赢了官司却得不到赔偿。财产保全肯定会对被保全人有不利的影响，为了平衡双方当事人的利益，防止申请

人随意申请财产保全，法院可以责令财产保全的申请人提供担保。需要注意的是，诉讼中的财产保全是"可以"要求提供担保，而不是"必须"提供担保。财产保全作出裁定的期限是 48 小时。考生须注意，2007 年《民事诉讼法》规定的诉讼期限为 15 日，2012 年《民事诉讼法》修改后，将诉讼期限延长到了 30 日。不过不管是哪一年的《民事诉讼法》，诉讼期限都不是 10 日。

【参考答案】 AB

（二）诉前保全

《民事诉讼法》第 101 条："利害关系人因情况紧急，不立即申请保全将会使其合法权益受到难以弥补的损害的，可以在提起诉讼或者申请仲裁前向被保全财产所在地、被申请人住所地或者对案件有管辖权的人民法院申请采取保全措施。申请人应当提供担保，不提供担保的，裁定驳回申请。

人民法院接受申请后，必须在四十八小时内作出裁定；裁定采取保全措施的，应当立即开始执行。

申请人在人民法院采取保全措施后三十日内不依法提起诉讼或者申请仲裁的，人民法院应当解除保全。"

《民诉法解释》第 152 条："人民法院依照民事诉讼法第一百条、第一百零一条规定，在采取诉前保全、诉讼保全措施时，责令利害关系人或者当事人提供担保的，应当书面通知。

利害关系人申请诉前保全的，应当提供担保。申请诉前财产保全的，应当提供相当于请求保全数额的担保；情况特殊的，人民法院可以酌情处理。申请诉前行为保全的，担保的数额由人民法院根据案件的具体情况决定。

在诉讼中，人民法院依申请或者依职权采取保全措施的，应当根据案件的具体情况，决定当事人是否应当提供担保以及担保的数额。"

64.【2019 年第 55 题】根据民事诉讼法及相关规定，下列关于诉前财产保全的说法，正确的是？

A. 人民法院可以依职权主动采取诉前财产保全措施

B. 利害关系人因情况紧急，不立即申请财产保全将会使其合法权益受到难以弥补的损害的，可以申请诉前财产保全

C. 人民法院接受申请后，必须在 48 小时内作出裁定

D. 申请人可以不提供担保

【解题思路】

法院能主动采取财产保全措施的是诉讼中保全而不是诉前保全。司法权是被动中立的权力，法院在当事人提起诉讼前根本不了解案件，不可能主动采取保全措施。申请财产保全的前提是情况紧急，故当事人可以在提起诉讼之前就申请保全。财产保全事项需要及时处理，作出裁定的期限只有 2 天，即 48 小时。诉前保全是法院根据申请人的一面之词作出裁定，为避免申请人滥用权利，故申请人必须提供担保，如保全错误可及时赔偿被申请人。

【参考答案】 BC

（三）保全的范围、方式

《民事诉讼法》第 102 条："保全限于请求的范围，或者与本案有关的财物。"

《民事诉讼法》第 103 条："财产保全采取查封、扣押、冻结或者法律规定的其他方

法。人民法院保全财产后，应当立即通知被保全财产的人。

财产已被查封、冻结的，不得重复查封、冻结。"

表11 保全

项目	诉讼中的保全	诉前保全
提起时间	案件受理后	提起诉讼前
提起程序	当事人提起申请，法院也可主动采取	利害关系人提起申请
申请法院	案件受理法院	被保全财产所在地、被申请人住所地或者对案件有管辖权的法院
保全条件	可能因当事人一方的行为或者其他原因，使判决难以执行或造成当事人其他损害	不立即申请保全将会使申请人的合法权益受到难以弥补的损害
是否提供担保	不一定，法院可以要求申请人提供担保	应当提供担保

65.【2018年第55题】根据民事诉讼法及相关规定，下列关于财产保全相关事项说法错误的是

A．财产保全采取查封、扣押、冻结或者法律规定的其他方法

B．法院可以指定被保全人负责保管被查封、扣押、冻结的财产

C．被查封、扣押、冻结的财产，其上的质权、留置权因采取保全措施而消灭

D．由人民法院指定被保全人保管的财产，被保全人不得继续使用

【解题思路】

财产保全是对被保全的财产采取强制措施，阻止当事人对其进行处分，从而保证将来的生效判决得到执行或者避免财产受到损失。查封、扣押、冻结都是对财产进行保全的常用方法。如果查封、扣押的财产是房屋，则不宜由人民法院保管，此时法院指定被执行人负责保管也是一种现实的做法。对财产进行查封、扣押，如果会导致该财产上担保物权被消灭，则会影响权利人的利益。如果被查封财产的使用并不会降低财产的价值，就没有必要限制被保全人的继续使用。比如，被保全的是一套房子，被保全人可以继续住在里面。

【参考答案】 CD

（四）申请人提供的担保

诉前保全由利害关系人提出，且必须提供担保；诉讼中的保全由当事人提出或者人民法院依职权决定，法院可以责令申请人提供担保。要求申请人提供担保而申请人拒绝提供的，法院依法驳回申请。

66.【2008年第48题】根据民事诉讼法及相关规定，下列关于财产保全的哪些说法是正确的？

A．诉讼期间，当事人没有提出申请的，人民法院不得裁定采取财产保全措施

B．诉讼期间，当事人申请财产保全的，人民法院可以责令其提供担保

C．对作为抵押物、留置物的财产不得采取财产保全措施

D．利害关系人在起诉前向人民法院申请采取财产保全措施的，应当提供担保

【解题思路】

诉讼财产保全可以由当事人申请，也可由法院主动提起。虽说司法的本质属性之一是被动性，但我国法院还是会依照职权主动地采取一些行为，如依职权调取证据、依职权采取财产保全措施。诉前财产保全必须提供担保，但诉讼财产保全则是法院认为有必要，才责令申请人提供担保。如果财产上有他人的担保物权，只要保证抵押权人或留

置权人优先受偿，那么采取财产保全也就不会损害他们的利益。

【参考答案】 BD

（五）被申请人的反担保

《民事诉讼法》第104条："财产纠纷案件，被申请人提供担保的，人民法院应当裁定解除保全。"

《民事诉讼法》第108条："当事人对保全或者先予执行的裁定不服的，可以申请复议一次。复议期间不停止裁定的执行。"

67.【2009年第38题】根据民事诉讼法及相关规定，下列关于民事案件审理过程中财产保全措施的说法，哪些是正确的？

A. 人民法院可以根据当事人的申请作出财产保全的裁定；当事人没有提出申请的，人民法院不得裁定采取财产保全措施

B. 人民法院采取财产保全措施时，如果认为不需要提供担保的，可以不责令申请人提供担保

C. 当事人对于人民法院作出的财产保全裁定不服的，可以上诉，但上诉期间不停止裁定的执行

D. 如果财产保全措施的被申请人提供担保的，人民法院应当解除财产保全

【解题思路】

诉讼保全可以由法院依照职权提起，如果法院认为不需要提供担保，申请人就可以不提供担保。保全的救济措施是复议而不是上诉。财产保全的目的是为了保证胜诉方能够获得赔偿，如果被申请人提供了反担保，那么胜诉方的权利也就有了保障，保全的目的已经达到，法院应当解除保全。当然，根据2017年《民事诉讼法》第104条，被申请人可以通过反担保解除保全的仅限于"财产纠纷案件"，D选项中没有这个限制，显得不够严密。不过从立法的本意上看，进行财产保全的一般都是财产纠纷案件。如果是人身纠纷，如离婚案件，法院发出的应该是行为保全，如禁止有暴力行为的丈夫接近妻子。这种行为保全就不能通过提供财产担保而解除。

【参考答案】 BD

（六）申请错误的损害赔偿

《民事诉讼法》第105条："申请有错误的，申请人应当赔偿被申请人因保全所遭受的损失。"

68.【2012年第86题】根据民事诉讼法及相关规定，下列关于财产保全的哪些说法是正确的？

A. 利害关系人只有在起诉后才可以向人民法院申请采取财产保全措施

B. 在诉讼过程当中，人民法院根据当事人申请采取财产保全措施的，可以责令申请人提供担保

C. 财产保全不限于请求的范围，也不限于与本案有关的财物

D. 申请财产保全有错误的，申请人应当赔偿被申请人因财产保全所遭受的损失

【解题思路】

财产保全包括诉前保全和诉讼中的保全，诉讼中保全是否需要提供担保由法院决定。为防止保全被滥用，财产保全只能限于请求的范围和与本案有关的财物。限于请求的范围是指所保全的财产或者行为，应当在对象或者价值上与当事人所提诉讼请求的内容相符或者相等。比如，申请人索赔的金额是100万元，要求保全的财产价值却高达1亿元，那显然是不合理的。如果申请保全有误，

被保全人因此受到了损失,那么自然应该获得赔偿。

【参考答案】 BD

六、民事审判程序

(一)第一审普通程序

1. 起诉及其条件

《民事诉讼法》第119条:"起诉必须符合下列条件:

(一)原告是与本案有直接利害关系的公民、法人和其他组织;

(二)有明确的被告;

(三)有具体的诉讼请求和事实、理由;

(四)属于人民法院受理民事诉讼的范围和受诉人民法院管辖。"

《民事诉讼法》第120条:"起诉应当向人民法院递交起诉状,并按照被告人数提出副本。

书写起诉状确有困难的,可以口头起诉,由人民法院记入笔录,并告知对方当事人。"

69.【2017年第55题】根据民事诉讼法及相关规定,就发明专利侵权提起民事诉讼的,起诉必须符合下列哪些条件?

A. 原告是与本案有直接利害关系的公民、法人和其他组织

B. 有明确的被告

C. 属于人民法院受理民事诉讼的范围和受诉人民法院管辖

D. 有具体的诉讼请求和事实、理由

【解题思路】

在民事诉讼中,原告必须和起诉的案件有利害关系。如张三侵犯了李四的专利权,与此事并无关联的王五则不能就此事去起诉张三要求赔偿李四的损失。民事诉讼当然要有明确的被告,如果李四起诉他人侵犯自己的专利权,却不说是哪个人,那法院也无法进行审理。起诉内容应当属于法院受理的民事诉讼的范围,如张三去法院起诉夏天的阳光太过于毒辣将自己晒伤,这种事情就不属于民事诉讼的范围。民事诉讼要求具体的诉讼请求和事实依据,如张三起诉李四侵犯专利权,却不说是侵犯了哪个专利权,那法院也无法审理。

【参考答案】 ABCD

2. 先行调解

《民事诉讼法》第122条:"当事人起诉到人民法院的民事纠纷,适宜调解的,先行调解,但当事人拒绝调解的除外。"

3. 受理和立案

《民事诉讼法》第123条:"人民法院应当保障当事人依照法律规定享有的起诉权利。对符合本法第一百一十九条的起诉,必须受理。符合起诉条件的,应当在七日内立案,并通知当事人;不符合起诉条件的,应当在七日内作出裁定书,不予受理;原告对裁定不服的,可以提起上诉。"

《民事诉讼法》第124条:"人民法院对下列起诉,分别情形,予以处理:

(一)依照行政诉讼法的规定,属于行政诉讼受案范围的,告知原告提起行政诉讼;

(二)依照法律规定,双方当事人达成书面仲裁协议申请仲裁、不得向人民法院起诉的,告知原告向仲裁机构申请仲裁;

(三)依照法律规定,应当由其他机关处理的争议,告知原告向有关机关申请解决;

（四）对不属于本院管辖的案件，告知原告向有管辖权的人民法院起诉；

（五）对判决、裁定、调解书已经发生法律效力的案件，当事人又起诉的，告知原告申请再审，但人民法院准许撤诉的裁定除外；

（六）依照法律规定，在一定期限内不得起诉的案件，在不得起诉的期限内起诉的，不予受理；

（七）判决不准离婚和调解和好的离婚案件，判决、调解维持收养关系的案件，没有新情况、新理由，原告在六个月内又起诉的，不予受理。"

《民诉法解释》第208条："人民法院接到当事人提交的民事起诉状时，对符合民事诉讼法第一百一十九条的规定，且不属于第一百二十四条规定情形的，应当登记立案；对当场不能判定是否符合起诉条件的，应当接收起诉材料，并出具注明收到日期的书面凭证。

需要补充必要相关材料的，人民法院应当及时告知当事人。在补齐相关材料后，应当在七日内决定是否立案。

立案后发现不符合起诉条件或者属于民事诉讼法第一百二十四条规定情形的，裁定驳回起诉。"

《民诉法解释》第211条："对本院没有管辖权的案件，告知原告向有管辖权的人民法院起诉；原告坚持起诉的，裁定不予受理；立案后发现本院没有管辖权的，应当将案件移送有管辖权的人民法院。"

《民诉法解释》第212条："裁定不予受理、驳回起诉的案件，原告再次起诉，符合起诉条件且不属于民事诉讼法第124条规定情形的，人民法院应予受理。"

70.【2011年第51题】根据民事诉讼法及相关规定，下列关于起诉与受理的说法哪些是正确的？

A. 立案后发现起诉不符合受理条件的，人民法院应当裁定驳回起诉

B. 对本院没有管辖权的案件，人民法院应当告知原告向有管辖权的人民法院起诉；原告坚持起诉的，应予受理并移送至有管辖权的人民法院

C. 当事人撤诉后，又以同一诉讼请求再次起诉的，人民法院不予受理

D. 裁定驳回起诉的案件，原告再次起诉的，如果符合起诉条件的，人民法院应予受理

【解题思路】

立案后，发现起诉不符合受理条件的，法院应该及时纠正，纠正方式就是裁定驳回起诉。法院没有管辖权的案件，原告如果坚持起诉，法院应当裁定不予受理。在此种情况下，如果要求法院受理并移送到有管辖权的法院，当事人就会随便找个对自己方便的法院，然后通过坚持起诉，强迫法院受理后移送，这显然不合理。法院受理案件实行的是"一事不再理"，不过当事人撤诉后，又以同一理由起诉的，法院在之前并没有对该案件进行过处理，故应当予以受理。裁定驳回起诉后，原告再次起诉，如果第二次起诉符合起诉条件，法院自然应当予以受理，不然当事人就丧失了获得救济的机会。

【参考答案】 AD

4. 审理前的准备

《民事诉讼法》第125条："人民法院应当在立案之日起五日内将起诉状副本发送被

告，被告应当在收到之日起十五日内提出答辩状。答辩状应当记明被告的姓名、性别、年龄、民族、职业、工作单位、住所、联系方式；法人或者其他组织的名称、住所和法定代表人或者主要负责人的姓名、职务、联系方式。人民法院应当在收到答辩状之日起五日内将答辩状副本发送原告。被告不提出答辩状的，不影响人民法院审理。"

《民事诉讼法》第132条："必须共同进行诉讼的当事人没有参加诉讼的，人民法院应当通知其参加诉讼。"

5. 管辖权异议

《民事诉讼法》第127条："人民法院受理案件后，当事人对管辖权有异议的，应当在提交答辩状期间提出。人民法院对当事人提出的异议，应当审查。异议成立的，裁定将案件移送有管辖权的人民法院；异议不成立的，裁定驳回。

当事人未提出管辖异议，并应诉答辩的，视为受诉人民法院有管辖权，但违反级别管辖和专属管辖规定的除外。"

71.【2013年第42题】 根据民事诉讼法及相关规定，有关管辖权异议的下列哪些说法是正确的？

A．人民法院受理案件后，当事人对管辖权有异议的，应当在提交答辩状期间提出

B．当事人未提出管辖权异议，并应诉答辩的，视为受诉人民法院有管辖权，但违反级别管辖和专属管辖规定的除外

C．经审查管辖权异议成立的，人民法院裁定将案件移送有管辖权的法院

D．经审查管辖权异议不成立的，人民法院裁定驳回

【解题思路】

管辖权是受理法院是否有权审理案件的基础，这个问题必须在第一时间优先解决。当事人如果对管辖权有异议，最快反映自己意见的时机就是提交答辩状的时候。如不在此期限内提出异议，则默认为承认了法院的管辖权。当然，级别管辖和专属管辖属于法律的硬性规定，如果违背了，即使当事人没有意见也不行。管辖权异议如果成立，则法院没有管辖权，应该移送到有管辖权的法院；如果异议不成立，法院就要驳回异议继续审理。

【参考答案】 ABCD

72.【2017年第11题】 根据民事诉讼法及相关规定，人民法院受理案件后，当事人对管辖权有异议的，应当在何时提出？

A．提交答辩状期间

B．法庭调查期间

C．法庭辩论终结前

D．人民法院作出判决前

【解题思路】

管辖权是审理法院有权审理该案的基础，如果对该基础有异议，则应该在第一时间内提出，让法院及时解决该问题。提交答辩状期间是被告能够表达自己意见的最早时间。

【参考答案】 A

6. 开庭审理

《民事诉讼法》第109条："人民法院对必须到庭的被告，经两次传票传唤，无正当理由拒不到庭的，可以拘传。"

《民诉法解释》第174条："民事诉讼法第一百零九条规定的必须到庭的被告，是指负有赡养、抚育、扶养义务和不到庭就无法

查清案情的被告。

人民法院对必须到庭才能查清案件基本事实的原告，经两次传票传唤，无正当理由拒不到庭的，可以拘传。"

《民事诉讼法》第136条："人民法院审理民事案件，应当在开庭三日前通知当事人和其他诉讼参与人。公开审理的，应当公告当事人姓名、案由和开庭的时间、地点。"

《民事诉讼法》第140条："原告增加诉讼请求，被告提出反诉，第三人提出与本案有关的诉讼请求，可以合并审理。"

《民事诉讼法》第142条："法庭辩论终结，应当依法作出判决。判决前能够调解的，还可以进行调解，调解不成的，应当及时判决。"

73.【2007年第72题】根据民事诉讼法的规定，民事诉讼中必须到庭的被告经两次传票传唤，无正当理由拒不到庭的，人民法院可以对其采取下列哪些措施？

A. 罚款

B. 拘传

C. 拘役

D. 拘留

【解题思路】

既然被告必须到庭，那么强制措施就是让他到庭，拘传这种强制措施能够实现该目的。罚款则不能强制被告到庭，尤其是对不差钱的被告。拘役属于刑事制裁，需要触犯刑律。拘留分为行政拘留和刑事拘留，前者属于行政处罚，由公安机关作出；后者属于刑事强制措施，由公安机关或检察院作出。

【参考答案】 B

74.【2017年第57题】根据民事诉讼法及相关规定，下列关于民事诉讼第一审普通程序的哪些说法是正确的？

A. 人民法院审理民事案件，一律应当公开进行

B. 人民法院审理民事案件，一律公开宣告判决

C. 人民法院审理民事案件，应当在开庭三日前通知当事人和其他诉讼参与人

D. 人民法院审理民事案件，根据需要进行巡回审理、就地办案

【解题思路】

公开审判是民事诉讼法的基本制度，但也有例外。不公开审理的情形分为法定不公开审理和相对不公开审理两种。《民事诉讼法》对国家秘密和个人隐私的保护强度较强，涉及这两方面因素的案件一律不公开审理。判决则公开宣告，既体现了司法程序的文明进步，又体现了国家司法权力的神圣和庄严，故判决一律公开宣告。为了给当事人准备开庭审理留有必要的时间，法院需要在开庭前3日通知当事人和其他诉讼参与人。为便于人民群众进行诉讼和法院审理案件，在必要的时候，法院可以巡回审理，就地办案。

【参考答案】 BCD

《民事诉讼法》第145条："宣判前，原告申请撤诉的，是否准许，由人民法院裁定。

人民法院裁定不准许撤诉的，原告经传票传唤，无正当理由拒不到庭的，可以缺席判决。"

75.【2016年第56题】根据民事诉讼法及相关规定，下列关于民事诉讼第一审普通程序的哪些说法是正确的？

A. 人民法院受理案件后，当事人对管

辖权有异议的，应当在提交答辩状期间提出

B．被告不提出答辩状的，人民法院应当裁定终止诉讼

C．被告经传票传唤，无正当理由拒不到庭的，可以缺席判决

D．原告在宣判前申请撤诉的，是否准许，由人民法院裁定

【解题思路】

管辖权是审理法院有权审理该案的基础，如果对该基础有异议，应该在第一时间内提出，以便让法院及时解决该问题。提交答辩状期间是被告能够表达自己意见的最早时间。如果被告不提出答辩状，法院只能裁定中止诉讼，被告只要拒不配合就可以使诉讼无法进行，这显然不合适。被告出庭是一种义务，不合作就是缺席判决。原则上，撤诉是原告的权利，但为了防止原告和被告勾结，损害公共利益等一些特殊情形，原告撤诉也需要法院准许。

【参考答案】 ACD

《民事诉讼法》第146条："有下列情形之一的，可以延期开庭审理：

（一）必须到庭的当事人和其他诉讼参与人有正当理由没有到庭的；

（二）当事人临时提出回避申请的；

（三）需要通知新的证人到庭，调取新的证据，重新鉴定、勘验，或者需要补充调查的；

（四）其他应当延期的情形。"

76．【2012年第68题】根据民事诉讼法及相关规定，下列哪些情形下可以延期开庭审理？

A．必须到庭的当事人有正当理由没有到庭的

B．当事人临时提出回避申请的

C．需要通知新的证人到庭的

D．本案必须以另一案的审理结果为依据，而另一案又尚未审结的

【解题思路】

延期审理和中止诉讼经常会放在一起考查。延期审理的特点是法院可以确定下次开庭的日期。如果当事人确有正当理由没有到庭，便可以重新选择一个时间开庭；如果提出回避申请，就应该先解决回避的问题，再重新选个时间开庭；如果要通知新的证人出庭，就确定个时间让给证人出庭；如果是应当作为审理依据的另一个案子正在其他法院审理，那么该案的审结时间这边法院无法控制，也就难以确定下次开庭的具体时间，故属于中止审理的情形。

【参考答案】 ABC

77．【2018年第57题】根据民事诉讼法的规定，对下列哪些行为的行为人，人民法院可以根据情节轻重予以罚款、拘留？

A．伪造重要证据，妨碍人民法院审理案件

B．被告中途无正当理由退庭的

C．侮辱、殴打司法工作人员

D．拒不履行人民法院已经发生法律效力的判决和裁定

【解题思路】

法院予以罚款、拘留的行为必然是恶性的、比较严重的行为，如伪造证据、殴打司法人员或者拒不履行判决等。如被告无正当理由中途退庭，适用缺席判决。

【参考答案】 ACD

7. 审理期限

《民事诉讼法》第149条："人民法院适

151

用普通程序审理的案件，应当在立案之日起六个月内审结。有特殊情况需要延长的，由本院院长批准，可以延长六个月；还需要延长的，报请上级人民法院批准。"

《民诉法解释》第243条："民事诉讼法第一百四十九条规定的审限，是指从立案之日起至裁判宣告、调解书送达之日止的期间，但公告期间、鉴定期间、双方当事人和解期间、审理当事人提出的管辖权异议以及处理人民法院之间的管辖争议期间不应计算在内。"

78.【2009年第56题】根据民事诉讼法及相关规定，人民法院适用普通程序审理民事诉讼案件的期限为六个月，但该期限不包括下列哪些期间？

A．公告期间

B．鉴定期间

C．审理当事人提出的管辖权异议期间

D．处理人民法院之间的管辖权争议期间

【解题思路】

审理期限只包含那些在审理中必不可少的程序所经历的时间，像公告送达、申请鉴定、管辖权异议及管辖权争议都不是必经程序，不应计算在内。另外，这些程序耗时也比较长，如果计算在内，那么很容易超过6个月的审限。

【参考答案】 ABCD

8. 诉讼中止

《民事诉讼法》第150条："有下列情形之一的，中止诉讼：

（一）一方当事人死亡，需要等待继承人表明是否参加诉讼的；

（二）一方当事人丧失诉讼行为能力，尚未确定法定代理人的；

（三）作为一方当事人的法人或者其他组织终止，尚未确定权利义务承受人的；

（四）一方当事人因不可抗拒的事由，不能参加诉讼的；

（五）本案必须以另一案的审理结果为依据，而另一案尚未审结的；

（六）其他应当中止诉讼的情形。

中止诉讼的原因消除后，恢复诉讼。"

79.【2008年第76题】根据民事诉讼法及相关规定，下列哪些情形下可以中止诉讼？

A．必须到庭的当事人有正当理由没有到庭的

B．在开庭审理过程中，发现需要重新进行鉴定的

C．被告与其他公司合并，尚未确定权利义务承受人的

D．发现本案必须以另一案的审理结果为依据，而另一案又尚未审结的

【解题思路】

将诉讼中止和延期审理放在一起考查。延期审理中，下次开庭的时间法院可以控制。必须到庭的证人有正当理由没有到庭，法院可以通知其在某个确定的日期出庭作证；需要重新鉴定的，鉴定的日期也在法院控制之下。这两种情形下，法院都可以确定下次开庭的日期。公司合并，确定新权利义务人的日期和另外一案审理终结的时间，本案审理法院无法控制，只能先停下来再说，故适用的是诉讼中止。

【参考答案】 CD

80.【2015年第56题】根据民事诉讼法及相关规定，发生下列哪些情形可以中止诉讼？

A. 原告丧失诉讼行为能力，尚未确定法定代理人的

B. 原告死亡，继承人放弃诉讼权利的

C. 作为一方当事人的法人或者其他组织终止，尚未确定权利义务承受人的

D. 本案必须以另一案的审理结果为依据，而另一案尚未审结的

【解题思路】

诉讼中止属于诉讼过程的暂停，引起暂停的原因消失后诉讼将继续进行。如原告丧失诉讼行为能力，需要停下来等确定好法定代理人后继续进行；原告法人终止也是如此；如果某案件需要等其他案件的审理结果作为依据，那么只能停下来等待。至于原告死亡，继承人放弃诉讼，将会导致诉讼终止。如果是离婚案件或者是解除收养关系案件，如果一方当事人死亡，案件继续审理也就没有意义，此时也适用诉讼终止。

【参考答案】 ACD

9. 诉讼终结

《民事诉讼法》第151条："有下列情形之一的，终结诉讼：

（一）原告死亡，没有继承人，或者继承人放弃诉讼权利的；

（二）被告死亡，没有遗产，也没有应当承担义务的人的；

（三）离婚案件一方当事人死亡的；

（四）追索赡养费、扶养费、抚育费以及解除收养关系案件的一方当事人死亡的。"

81.【2019年第57题】根据民事诉讼法及相关规定，下列哪些情形下民事诉讼终结？

A. 原告死亡，没有继承人的

B. 被告丧失诉讼行为能力，尚未确定法定代理人的

C. 离婚案件一方当事人死亡的

D. 作为一方当事人的法人或者其他组织终止，尚未确定权利义务承受人的

【解题思路】

如果民事诉讼继续下去已经没有意义，则诉讼终结。原告死亡且没有继承人，诉讼的一方主体就不存在。当事人死亡，婚姻关系自然解除，不再需要诉讼。当事人如果丧失诉讼行为能力，则可以通过代理人继续诉讼；如果法人终止，确定权利义务承受人后就能继续诉讼，故这两种情形涉及的是诉讼的中止而不是终结。

【参考答案】 AC

10. 判决

《民事诉讼法》第143条："原告经传票传唤，无正当理由拒不到庭的，或者未经法庭许可中途退庭的，可以按撤诉处理；被告反诉的，可以缺席判决。"

《民诉法解释》第213条："原告应当预交而未预交案件受理费，人民法院应当通知其预交，通知后仍不预交或者申请减、缓、免未获批准而仍不预交的，裁定按撤诉处理。"

82.【2009年第47题】根据民事诉讼法及相关规定，在一审程序中，下列哪些情形下人民法院可以按撤诉处理？

A. 原告经传票传唤，无正当理由拒不到庭的

B. 原告未经法庭许可中途退庭的

C. 人民法院裁定不准许原告撤诉后，原告经传票传唤，无正当理由拒不到庭的

D. 原告应当预交而未预交案件受理费，经人民法院通知后仍不预交的

【解题思路】

原告有撤诉的权利，无正当理由拒不到庭和未经法庭许可中途退庭的，可以认为其通过另一种方式行使自己撤诉的权利。当然，原告撤诉还需要经过法院审查，如果法院不同意撤诉，那么原告就必须继续参与诉讼，拒不合作的后果就变成了缺席判决。为防止滥诉，诉讼需要交费。如通知后仍不交费，那么法院不会进行审判，按照撤诉处理。

【参考答案】 ABD

《民事诉讼法》第 144 条："被告经传票传唤，<u>无正当理由拒不到庭的，或者未经法庭许可中途退庭的，可以缺席判决</u>。"

83.【2011 年第 59 题】根据民事诉讼法及相关规定，关于第一审普通程序，下列说法哪些是正确的？

A. 原告经传票传唤，无正当理由拒不到庭的，应当缺席判决

B. 被告未经法庭许可中途退庭的，可以缺席判决

C. 宣判前，原告申请撤诉的，人民法院应当准许

D. 宣判前，原告申请撤诉的，是否准许，由人民法院裁定

【解题思路】

原告拒不到庭，或者未经许可中途退庭，可以视为撤诉处理。被告如果从事前述行为则是可以缺席判决。在诉讼中，原告的撤诉还需经法庭同意，并不是不受限制。如果原告的撤诉没有获得准许，则原告拒不到庭也会缺席判决。

【参考答案】 BD

《民事诉讼法》第 148 条："人民法院对公开审理或者不公开审理的案件，一律公开宣告判决。

当庭宣判的，应当在十日内发送判决书；定期宣判的，宣判后立即发给判决书。

宣告判决时，必须告知当事人上诉权利、上诉期限和上诉的法院。

宣告离婚判决，必须告知当事人在判决发生法律效力前不得另行结婚。"

《民事诉讼法》第 153 条："人民法院审理案件，其中一部分事实已经清楚，可以就该部分先行判决。"

11. 裁定

《民事诉讼法》第 154 条："裁定适用于下列范围：

（一）<u>不予受理</u>；

（二）<u>对管辖权有异议的</u>；

（三）<u>驳回起诉</u>；

（四）保全和先予执行；

（五）准许或者不准许撤诉；

（六）中止或者终结诉讼；

（七）补正判决书中的笔误；

（八）中止或者终结执行；

（九）撤销或者不予执行仲裁裁决；

（十）不予执行公证机关赋予强制执行效力的债权文书；

（十一）其他需要裁定解决的事项。

对前款<u>第一项至第三项裁定，可以上诉</u>。

裁定书应当写明裁定结果和作出该裁定的理由。裁定书由审判人员、书记员署名，加盖人民法院印章。口头裁定的，记入笔录。"

84.【2019 年第 56 题】根据民事诉讼

法及相关规定，当事人对人民法院在民事诉讼第一审程序中作出的下列哪些裁定不服的，可以提起上诉？

A．不予受理的裁定
B．不准许撤诉的裁定
C．中止诉讼的裁定
D．驳回起诉的裁定

【解题思路】

民事诉讼中适用裁定的情形有10多种，其中不予受理、管辖权异议和驳回起诉这3种裁定的救济措施是上诉，其他则是申请复议。

【参考答案】 AD

表12 裁定和判决

项目	民事裁定	民事判决
适用对象	程序问题	实体争议
适用阶段	在不同的诉讼阶段都可以适用，一个诉讼程序可能存在多个裁定	诉讼程序审理终结时，一个诉讼程序只有一个判决
表现形式	以书面形式为原则，以口头形式为例外	必须是书面形式
上诉期	10日	15日

《民事诉讼法》第156条："公众可以查阅发生法律效力的判决书、裁定书，但涉及国家秘密、商业秘密和个人隐私的内容除外。"

（二）第二审程序

1．上诉期间

《民事诉讼法》第164条："当事人不服地方人民法院第一审判决的，有权在判决书送达之日起十五日内向上一级人民法院提起上诉。"

当事人不服地方人民法院第一审裁定的，有权在裁定书送达之日起十日内向上一级人民法院提起上诉。"

《民事诉讼法》第165条："上诉应当递交上诉状。上诉状的内容，应当包括当事人的姓名，法人的名称及其法定代表人的姓名或者其他组织的名称及其主要负责人的姓名；原审人民法院名称、案件的编号和案由；上诉的请求和理由。"

《民事诉讼法》第166条："上诉状应当通过原审人民法院提出，并按照对方当事人或者代表人的人数提出副本。

当事人直接向第二审人民法院上诉的，第二审人民法院应当在五日内将上诉状移交原审人民法院。"

85．【2014年第83题】根据民事诉讼法及相关规定，当事人不服地方人民法院第一审判决提起上诉的，下列哪些说法是正确的？

A．当事人应当在判决书送达之日起十五日内提起上诉
B．上诉状应当向第二审人民法院提出
C．第二审人民法院判决宣告前，上诉人不得撤回上诉
D．第二审人民法院的判决是终审的判决

【解题思路】

上诉期间是收到判决书之日起15日内。上诉状一般是向原审法院提出，原审法院接到上诉状后，会将一审的案卷连同上诉状移交二审法院。如果当事人直接向二审法院提起上诉，二审法院也会将上诉状移交给一审法院，让一审法院将上诉状和案卷一并移送回来。一审中原告可以撤回起诉，二审中上诉人自然也可以撤回上诉。我国实行二审终

审,二审判决为终审判决。

【参考答案】 AD

2. 上诉审理的范围

《民事诉讼法》第168条:"第二审人民法院应当对上诉请求的有关事实和适用法律进行审查。"

《民诉法解释》第323条:"第二审人民法院应当围绕当事人的上诉请求进行审理。

当事人没有提出请求的,不予审理,但一审判决违反法律禁止性规定,或者损害国家利益、社会公共利益、他人合法权益的除外。"

86.【2009年第64题】根据民事诉讼法及相关规定,下列关于第二审人民法院审理上诉案件的说法哪些是正确的?

A. 第二审人民法院对上诉案件应当组成合议庭审理

B. 第二审人民法院仅对第一审判决或者裁定适用法律是否正确进行审查

C. 在第二审程序中,经过阅卷和调查,询问当事人,在事实核对清楚后,合议庭认为不需要开庭审理的,可以径行判决、裁定

D. 第二审人民法院审理上诉案件,可以到案件发生地或者原审人民法院所在地进行

【解题思路】

二审是终审,事关重大,需要集中更多的智慧,故应当组成合议庭,不能由单个审判员审理。作为终审程序,二审既是法律审又是事实审。如果事实非常清楚,那么二审不一定需要开庭审理。为查清事实而就地办案也是一项常见的制度,如在专利复审和无效宣告程序中,经过批准,复审机构也可以进行巡回口头审理,就地审理办案,并承担所需费用。

【参考答案】 ACD

3. 上诉审理的方式

《民事诉讼法》第169条:"第二审人民法院对上诉案件,应当组成合议庭,开庭审理。经过阅卷、调查和询问当事人,对没有提出新的事实、证据或者理由,合议庭认为不需要开庭审理的,可以不开庭审理。

第二审人民法院审理上诉案件,可以在本院进行,也可以到案件发生地或者原审人民法院所在地进行。"

《民诉法解释》第333条:"第二审人民法院对下列上诉案件,依照民事诉讼法第一百六十九条规定可以不开庭审理:

(一)不服不予受理、管辖权异议和驳回起诉裁定的;

(二)当事人提出的上诉请求明显不能成立的;

(三)原判决、裁定认定事实清楚,但适用法律错误的;

(四)原判决严重违反法定程序,需要发回重审的。"

87.【2012年第89题】根据民事诉讼法及相关规定,下列关于民事诉讼第二审程序的哪些说法是正确的?

A. 上诉应当递交上诉状

B. 第二审人民法院应当对上诉请求的有关事实和适用法律进行审查

C. 第二审人民法院对上诉案件,一律应开庭审理

D. 第二审人民法院审理上诉案件,不可以进行调解

【解题思路】

上诉需要提交上诉状,二审既是事实

审也是法律审。开庭的目的是为了查清事实，如果事实清楚，二审不一定开庭审理。调解原则贯彻于整个诉讼程序中，二审中自然可以调解。

【参考答案】 AB

4. 上诉案件的裁判

《民事诉讼法》第170条："第二审人民法院对上诉案件，经过审理，按照下列情形，分别处理：

（一）原判决、裁定认定事实清楚，适用法律正确的，以判决、裁定方式驳回上诉，维持原判决、裁定；

（二）原判决、裁定认定事实错误或者适用法律错误的，以判决、裁定方式依法改判、撤销或者变更；

（三）原判决认定基本事实不清的，裁定撤销原判决，发回原审人民法院重审，或者查清事实后改判；

（四）原判决遗漏当事人或者违法缺席判决等严重违反法定程序的，裁定撤销原判决，发回原审人民法院重审。

原审人民法院对发回重审的案件作出判决后，当事人提起上诉的，第二审人民法院不得再次发回重审。"

88.【2006年第25题】根据民事诉讼法的规定，第二审人民法院对上诉案件经过审理，认为原判决认定事实清楚，但适用法律错误的，应当如何处理？

A. 发回原审人民法院重审

B. 要求原审人民法院改判

C. 裁定撤销原判决

D. 依法改判

【解题思路】

二审既是事实审，也是法律审。查清事实比适用法律要难，故如果是事实认定错误或证据不足，那么既可以查清事实后改判，也可以撤销原判，发回重审。如果是法律适用上有错误，就不能发回重审，只能改判、撤销或者变更。需要强调的是，这里是二审法院自己改判，不是让一审法院改判。

【参考答案】 CD

《民事诉讼法》第172条："第二审人民法院审理上诉案件，可以进行调解。调解达成协议，应当制作调解书，由审判人员、书记员署名，加盖人民法院印章。调解书送达后，原审人民法院的判决即视为撤销。"

89.【2015年第58题】根据民事诉讼法及相关规定，下列关于第二审程序的哪些说法是正确的？

A. 第二审人民法院仅对一审判决的法律适用进行审查

B. 第二审人民法院对不服第一审人民法院裁定的上诉案件的处理，一律使用裁定

C. 第二审人民法院审理上诉案件，不得进行调解

D. 原审人民法院对发回重审的案件作出判决后，当事人提起上诉的，第二审人民法院不得再次发回重审

【解题思路】

我国实行二审终审制度，第二审既是法律审，也是事实审。针对裁定的上诉，二审法院适用的也是裁定。调解是民事诉讼的基本原则，在二审中也适用调解。对于发回重审的案件，如果当事人依然提起上诉的，那么说明原审法院可能不再适合处理此案，此时就需要二审法院自己进行审理。

【参考答案】 BD

《民事诉讼法》第173条："第二审人民

法院判决宣告前，上诉人申请撤回上诉的，是否准许，由第二审人民法院裁定。"

《民诉法解释》第338条："在第二审程序中，原审原告申请撤回起诉，经其他当事人同意，且不损害国家利益、社会公共利益、他人合法权益的，人民法院可以准许。准许撤诉的，应当一并裁定撤销一审裁判。

原审原告在第二审程序中撤回起诉后重复起诉的，人民法院不予受理。"

《民诉法解释》第339条："当事人在第二审程序中达成和解协议的，人民法院可以根据当事人的请求，对双方达成的和解协议进行审查并制作调解书送达当事人；因和解而申请撤诉，经审查符合撤诉条件的，人民法院应予准许。"

90.【2008年第55题】庄某不服一审民事判决，提起上诉。在第二审程序中，双方当事人达成和解。在这种情况下，第二审人民法院的下列哪些做法是符合规定的？

A．裁定终结诉讼

B．如果庄某申请撤诉，经审查符合撤诉条件，准许撤诉

C．撤销原判决，根据和解协议的内容进行改判

D．根据当事人的请求，对当事人达成的和解协议进行审查并制作调解书送达当事人

【解题思路】

诉讼的终结都是由于诉讼当事人一方死亡引起的，双方和解不属于终结。无论是一审还是二审，撤诉都是原告或上诉人的权利，经法院审查后可以撤诉。撤销原判是对一审判决的否定，如果二审中当事人达成和解，一审判决并没有错，就不应该被撤销。

当事人达成和解的，可以制作调解书，但不能根据和解协议的内容制作判决书。如张三欠李四10万元，如果李四考虑到种种因素，可能会接受8万元的和解协议，但如果是判决，不能判决赔偿8万元。

【参考答案】 BD

91.【2013年第30题】民事诉讼第二审人民法院对上诉案件进行调解后达成协议，并依法制作了调解书。根据民事诉讼法及相关规定，对于原审人民法院的判决，下列哪种说法是正确的？

A．第二审人民法院应作出裁定，撤销原审人民法院的判决

B．第二审人民法院应在调解书中注明撤销原审人民法院的判决

C．原审人民法院应主动撤销原判决

D．调解书送达后，原审人民法院的判决即视为撤销

【解题思路】

二审达成调解协议是当事人意思自治的表现，并不是说一审判决有问题，而撤销原审判决则意味着一审判决判错了。如果因为二审达成了调解而导致一审判决被撤销，那么对一审法院不公平，故采用视为撤销的方式才是合理的。

【参考答案】 D

5. 审理期限

《民事诉讼法》第176条："人民法院审理对判决的上诉案件，应当在第二审立案之日起三个月内审结。有特殊情况需要延长的，由本院院长批准。

人民法院审理对裁定的上诉案件，应当在第二审立案之日起三十日内作出终审裁定。"

6. 第二审判决、裁定的法律效力

《民事诉讼法》第175条:"第二审人民法院的判决、裁定,是终审的判决、裁定。"

92.【2016年第57题】根据民事诉讼法及相关规定,下列关于民事诉讼第二审程序的哪些说法是正确的?

A. 第二审人民法院审理上诉案件,可以进行调解

B. 第二审人民法院审理上诉案件,不得进行调解

C. 第二审人民法院的判决、裁定,是终审的判决、裁定

D. 第二审人民法院审理上诉案件,可以到案件发生地进行

【解题思路】

调解是民事诉讼的一项基本原则,在一审中可以调解,在二审中也可以调解,在再审中还是可以调解。我国实行两审终审制,二审法院的判决、裁定是终审的判决、裁定。为查清事实而就地办案是一项常见的制度,如在专利复审和无效程序中,经过批准,复审机构也可以进行巡回口头审理,就地审理办案。

【参考答案】 ACD

七、审判监督程序

《民事诉讼法》第206条:"按照审判监督程序决定再审的案件,裁定中止原判决、裁定、调解书的执行,但追索赡养费、扶养费、抚育费、抚恤金、医疗费用、劳动报酬等案件,可以不中止执行。"

《民事诉讼法》第207条:"人民法院按照审判监督程序再审的案件,发生法律效力的判决、裁定是由第一审法院作出的,按照第一审程序审理,所作的判决、裁定,当事人可以上诉;发生法律效力的判决、裁定是由第二审法院作出的,按照第二审程序审理,所作的判决、裁定,是发生法律效力的判决、裁定;上级人民法院按照审判监督程序提审的,按照第二审程序审理,所作的判决、裁定是发生法律效力的判决、裁定。

人民法院审理再审案件,应当另行组成合议庭。"

93.【2011年第67题】根据民事诉讼法及相关规定,关于民事案件的审判监督程序,下列说法哪些是正确的?

A. 人民法院按照审判监督程序再审的案件,发生法律效力的判决是由第一审人民法院作出的,按照第一审程序审理,但对所作判决,当事人不能再提出上诉

B. 人民法院按照审判监督程序再审的案件,发生法律效力的判决是由第二审人民法院作出的,按照第二审程序审理

C. 人民法院审理再审案件,应当另行组成合议庭

D. 按照审判监督程序决定再审的案件,裁定中止原判决的执行

【解题思路】

再审案件适用原来的程序,如果发生法律效力的判决是一审作出的,就按照一审程序审理,当事人可以上诉;如果原先是二审,则按照二审程序处理,当事人不能上诉。再审案件自然不能由原先的审判人员审理,必须另行组成合议庭。决定对案件进行再审,是因为原判决很可能存在错误,再审结果很可能对原判决进行改判。如果继续执行原判决,对再审申请人的利益可能造成损害,并造成司法资源的浪费。不过,2012年《民事

诉讼法》修改后规定，对追索赡养费、扶养费、抚育费、抚恤金、医疗费用、劳动报酬等案件，即使启动了审判监督程序，也可以不中止原判决的执行。D选项有不严密之嫌，但该选项针对的是普通情形，这里姑且选择。

【参考答案】 BCD

94.【2017年第58题】张某起诉王某违约并要求继续履行合同、支付迟延履行违约金，经县市两级人民法院审理均胜诉。王某以生效的二审判决适用法律错误为由申请再审。根据民事诉讼法及相关规定，下列哪些说法是正确的？

A. 省高级人民法院按照审判监督程序提审的，按照第二审程序审理

B. 省高级人民法院交原审人民法院再审的，原审人民法院应当按照第一审程序审理

C. 省高级人民法院决定再审的，裁定中止原判决的执行

D. 省高级人民法院驳回再审申请的，王某可以向人民检察院申请抗诉

【解题思路】

本案的生效判决是由二审法院即市中院作出的，省高级人民法院如果交市中级人民法院再审，那自然是按照二审程序处理。如果省高级人民法院自己提审要按照一审程序进行，那么当事人还能上诉到最高人民法院，这显然不合理。省高级人民法院如果决定再审，就意味着原来的判决很可能有错误，为避免一错再错，须裁定中止原判决的执行。如果当事人的再审申请被驳回，那么当事人还可以去作为法律监督机关的检察院去申请抗诉，从而获得救济。

【参考答案】 ACD

（一）基于审判监督权的再审

《民事诉讼法》第198条："各级人民法院院长对本院已经发生法律效力的判决、裁定、调解书，发现确有错误，认为需要再审的，应当提交审判委员会讨论决定。

最高人民法院对地方各级人民法院已经发生法律效力的判决、裁定、调解书，上级人民法院对下级人民法院已经发生法律效力的判决、裁定、调解书，发现确有错误的，有权提审或者指令下级人民法院再审。"

（二）基于当事人诉权的申请再审

《民事诉讼法》第199条："当事人对已经发生法律效力的判决、裁定，认为有错误的，可以向上一级人民法院申请再审；当事人一方人数众多或者当事人双方为公民的案件，也可以向原审人民法院申请再审。当事人申请再审的，不停止判决、裁定的执行。"

95.【2013年第89题】刘某与萧某由于专利权属纠纷诉至法院。人民法院作出的一审判决发生法律效力后，刘某认为一审适用法律错误，欲申请再审。根据民事诉讼法及相关规定，下列哪些说法是正确的？

A. 刘某可以向原审人民法院申请再审

B. 刘某可以向原审人民法院的上一级人民法院申请再审

C. 刘某申请再审的，应当在一审判决发生法律效力后六个月内提出

D. 刘某申请再审的，人民法院应当裁定停止原判决的执行

【解题思路】

当事人申请再审的期限是判决生效6个月内，申请再审一般是向上级法院提起，但这里当事人双方都是公民，故也可以向原审法院提起。申请再审不停止原判决的执行，

不然当事人可以通过申请再审而阻止法院判决的执行。只有到法院认为原审判决有错误，决定再审的时候，原审判决才会中止执行。因为法院决定再审的时候，是觉得原审判决极有可能是错了，尽快停止原判决的执行比较合适。

【参考答案】 ABC

《民事诉讼法》第200条："当事人的申请符合下列情形之一的，人民法院应当再审：

（一）有新的证据，足以推翻原判决、裁定的；

（二）原判决、裁定认定的基本事实缺乏证据证明的；

（三）原判决、裁定认定事实的主要证据是伪造的；

（四）原判决、裁定认定事实的主要证据未经质证的；

（五）对审理案件需要的主要证据，当事人因客观原因不能自行收集，书面申请人民法院调查收集，人民法院未调查收集的；

（六）原判决、裁定适用法律确有错误的；

（七）审判组织的组成不合法或者依法应当回避的审判人员没有回避的；

（八）无诉讼行为能力人未经法定代理人代为诉讼或者应当参加诉讼的当事人，因不能归责于本人或者其诉讼代理人的事由，未参加诉讼的；

（九）违反法律规定，剥夺当事人辩论权利的；

（十）未经传票传唤，缺席判决的；

（十一）原判决、裁定遗漏或者超出诉讼请求的；

（十二）据以作出原判决、裁定的法律文书被撤销或者变更的；

（十三）审判人员审理该案件时有贪污受贿，徇私舞弊，枉法裁判行为的。"

96.【2014年第94题】根据民事诉讼法及相关规定，当事人的再审申请符合下列哪些情形的，人民法院应当再审？

A．有新的证据，足以推翻原判决的

B．原判决认定事实的主要证据未经质证的

C．据以作出原判决的法律文书被撤销的

D．原判决超出诉讼请求的

【解题思路】

当事人申请再审的原因主要有两种：①客观事实发生了重大的变化，如发现了新证据，或作为审判基础的裁判文书被撤销或变更。在这两种情形下，原审法院并无过错。②原审法院在审判程序或者实体上存在重大瑕疵。本题中，A、B选项属于第一种情形，C、D选项属于第二种情形。

【参考答案】 ABCD

97.【2018年第59题】甲公司诉乙公司侵害发明专利权纠纷一案，一审法院判决驳回甲公司的全部诉讼请求，甲公司不服提起上诉，二审法院改判乙公司停止被控侵权行为并赔偿甲公司经济损失及合理费用。根据民事诉讼法及相关规定，乙公司的申请符合以下哪些情形的，人民法院应当再审？

A．有新的证据

B．二审判决认定事实的主要证据未经质证的

C．二审判决适用法律确有错误的

D．二审判决遗漏或者超出诉讼请求的

【解题思路】

法院进行再审的前提是原判决存在重大错误，主要证据未经质证，会对整个案件事实的查清产生重大影响，属于严重错误。如果适用法律确有错误，那整个判决也是错误的。遗漏或者超出诉讼请求，严重违背司法"不告不理"的原则。新证据要足以推翻原判决、裁定，法院才会进行再审。如果新证据只是涉及一个微不足道的细节，那就没有必要进行再审。

【参考答案】 BCD

《民事诉讼法》第201条："当事人对已经发生法律效力的调解书，提出证据证明调解违反自愿原则或者调解协议的内容违反法律的，可以申请再审。经人民法院审查属实的，应当再审。"

98.【2012年第27题】根据民事诉讼法及相关规定，下列关于审判监督程序的哪种说法是错误的？

A. 当事人对已经发生法律效力的调解书，一律不得申请再审

B. 当事人对已经发生法律效力的解除婚姻关系的判决，不得申请再审

C. 按照审判监督程序决定再审的案件，裁定中止原判决的执行

D. 人民法院审理再审案件，应当另行组成合议庭

【解题思路】

调解如果违反自愿原则或者内容违反法律，则可以申请再审。法院判决解除了婚姻关系，如果双方当事人都认为不应该解除，那么重新登记结婚即可，没必要通过再审程序。另外，婚姻关系解除之后，当事人可以另行结婚。如一方已再婚，对原判决是否合法进行再审也没有意义。审判监督程序启动的原因是原审判决很有可能存在问题，为避免不必要的损失，故审判监督程序启动后原判决就停止执行。发回重审案件和再审案件都需要另行组成合议庭。

【参考答案】 A

《民事诉讼法》第202条："当事人对已经发生法律效力的解除婚姻关系的判决、调解书，不得申请再审。"

99.【2016年第59题】根据民事诉讼法及相关规定，下列关于民事诉讼审判监督程序的哪些说法是正确的？

A. 当事人对已经发生法律效力的裁定，认为有错误的，可以向上一级人民法院申请再审

B. 当事人对已经发生法律效力的调解书，提出证据证明调解违反自愿原则的，可以申请再审

C. 当事人对已经发生法律效力的解除婚姻关系的判决，不得申请再审

D. 当事人申请再审的，应当停止判决、裁定的执行

【解题思路】

审判监督程序针对的法律文书，除了判决书和裁定书之外，还包括调解书。法院判决解除了婚姻关系，如果双方当事人都认为不应该解除，那么重新登记结婚即可，没必要通过再审程序。另外，婚姻关系解除之后，当事人可以另行结婚。如一方已再婚，对原判决是否合法进行再审也没有意义。当事人申请再审并不意味着该判决不当，故申请再审并不能够停止执行。只有当法院决定再审的时候，原判决才会停止执行。

【参考答案】 ABC

《民事诉讼法》第205条："当事人申请再审，应当在判决、裁定发生法律效力后六个月内提出；有本法第二百条第一项、第三项、第十二项、第十三项规定情形的，自知道或者应当知道之日起六个月内提出。"

100.【2019年第58题】郑某与王某因专利权属纠纷诉至北京知识产权法院。北京知识产权法院作出的一审判决发生法律效力后，郑某认为一审判决适用法律错误，欲申请再审。根据民事诉讼法及相关规定，下列说法正确的是？

A．郑某可以向北京知识产权法院申请再审

B．郑某可以向北京知识产权法院的上一级法院申请再审

C．郑某申请再审的，应当在一审判决发生法律效力后六个月内提出

D．郑某申请再审的，人民法院应当裁定停止原判决的执行

【解题思路】

当事人申请再审一般是向上级法院申请，如果双方当事人都是自然人，则也可以通过原审法院进行。申请再审的期限原来为2年，2012年《民事诉讼法》修改后，改为6个月。当事人申请再审并不意味着原审判决有问题，故此时法院并不会裁定停止原判决的执行。不过，如果是法院已经决定启动再审，则意味着原判决很有可能存在问题，为避免错误扩大，此时法院会裁定原判决停止执行。

需要注意的是，本题笔者认为B选项不够严密。在专利权属纠纷中，根据《最高人民法院关于知识产权法庭若干问题的规定》第2条，知识产权法院作出的发明专利、实用新型专利一审民事案件，其再审由最高人民法院知识产权法庭受理，而不是上级法院北京高级人民法院受理。本题中的专利除非是外观设计，否则上级法院北京高级人民法院并没有再审管辖权。为此，本题如果直接写明是外观设计专利，那可能会减少争议。

【参考答案】ABC

（三）基于检察监督权的抗诉、检察建议和再审

《民事诉讼法》第208条："最高人民检察院对各级人民法院已经发生法律效力的判决、裁定，上级人民检察院对下级人民法院已经发生法律效力的判决、裁定，发现有本法第二百条规定情形之一的，或者发现调解书损害国家利益、社会公共利益的，应当提出抗诉。

地方各级人民检察院对同级人民法院已经发生法律效力的判决、裁定，发现有本法第二百条规定情形之一的，或者发现调解书损害国家利益、社会公共利益的，可以向同级人民法院提出检察建议，并报上级人民检察院备案；也可以提请上级人民检察院向同级人民法院提出抗诉。

各级人民检察院对审判监督程序以外的其他审判程序中审判人员的违法行为，有权向同级人民法院提出检察建议。"

101.【2011年第75题】某债务纠纷案件已由甲县人民法院一审、乙市中级人民法院二审终结，二审判决已发生法律效力。现乙市人民检察院发现该判决确有错误，拟启动审判监督程序。根据民事诉讼法及相关规定，下列说法哪些是正确的？

A．乙市人民检察院应当向甲县人民法

163

院提出抗诉

B. 乙市人民检察院应当向乙市中级人民法院提出抗诉

C. 乙市人民检察院应当提请上级人民检察院向乙市中级人民法院提出抗诉

D. 乙市人民检察院应当提请上级人民检察院向同级人民法院提出抗诉

【解题思路】

地方检察院要提起抗诉，实行的是"曲线救国"，需要绕上一个大弯子，先向上级检察院提出，再由上级检察院向同级法院提起，该同级法院作出再审的决定。检察院提起再审涉及检察系统和法院系统之间的关系，关系重大，故需要经过上级检察院审核。

【参考答案】 D

102.【2013年第55题】根据民事诉讼法及相关规定，下列哪些说法是正确的？

A. 上级人民检察院对下级人民法院已经发生法律效力的判决，发现适用法律确有错误的，可以向下级人民法院提出检察建议，并报上级人民检察院备案

B. 上级人民检察院对下级人民法院已经发生法律效力的判决，发现适用法律确有错误的，应当提出抗诉

C. 地方各级人民检察院对同级人民法院已经发生法律效力的判决，发现适用法律确有错误的，可以向同级人民法院提出检察建议，并报上级人民检察院备案

D. 地方各级人民检察院对同级人民法院已经发生法律效力的判决，发现适用法律确有错误的，应当提出抗诉

【解题思路】

上级人民检察院发现下级人民法院的判决有错误，应当提出抗诉。人民检察院发现同级法院的判决有错误的，应当提出检察建议，如果要抗诉则应该通过其上级人民检察院进行。

【参考答案】 BC

《民事诉讼法》第209条："有下列情形之一的，当事人可以向人民检察院申请检察建议或者抗诉：

（一）人民法院驳回再审申请的；

（二）人民法院逾期未对再审申请作出裁定的；

（三）再审判决、裁定有明显错误的。

人民检察院对当事人的申请应当在三个月内进行审查，作出提出或者不予提出检察建议或者抗诉的决定。当事人不得再次向人民检察院申请检察建议或者抗诉。"

八、执行程序

（一）一般规定

1. 执行根据

作为执行依据的法律文书有以下几种：

（1）人民法院制作的，发生法律效力的民事判决书、裁定书和调解书；

（2）法院依督促程序发布的支付令；

（3）发生法律效力且具有财产内容的刑事判决书、裁定书；

（4）仲裁机构制作的生效的裁决书；

（5）公证机构制作的依法赋予强制执行效力的债权文书；

（6）经人民法院裁定承认其效力的外国法院作出的判决、裁定，以及国外仲裁机构作出的仲裁裁决。

103.【2007年第93题】根据民事诉讼法的规定，发生法律效力的下列哪些法律文

书可以根据当事人的申请由人民法院依法执行?

A．依法设立的仲裁机构作出的裁决

B．人民法院制作的调解书

C．生效民事判决执行过程中双方当事人自行达成的和解协议

D．人民法院作出的民事裁定

【解题思路】

简单地说，执行的依据源自权威机构，如法院、仲裁机构或是公证机构。和解协议的效力则来源于当事人的自愿，只能依赖当事人自愿履行，不可强制执行。如果当事人不愿自愿履行和解协议，法院只能恢复执行原来的判决。

【参考答案】 ABD

2. 执行管辖

《民事诉讼法》第224条："发生法律效力的民事判决、裁定，以及刑事判决、裁定中的财产部分，由第一审人民法院或者与第一审人民法院同级的被执行的财产所在地人民法院执行。

法律规定由人民法院执行的其他法律文书，由被执行人住所地或者被执行的财产所在地人民法院执行。"

104．【2014年第95题】根据民事诉讼法及相关规定，下列有关执行程序的哪些说法是正确的?

A．发生法律效力的民事判决，由第一审人民法院或者与第一审人民法院同级的被执行的财产所在地人民法院执行

B．发生法律效力的民事判决，由作出生效判决的人民法院或者与该人民法院同级的被执行的财产所在地人民法院执行

C．当事人认为执行行为违反法律规定的，可以向负责执行的人民法院提出书面异议

D．当事人认为执行行为违反法律规定的，可以向作出生效判决的人民法院提出书面异议

【解题思路】

二审法院至少是中级人民法院，数量要比基层人民法院少很多，让其执行自己所作出的二审判决有些力所不逮，故即使是经过二审的民事案件，其执行也是由一审法院或者是财产所在地的与一审法院同级的法院进行。当事人如果认为执行过程有违法之处，自然是找执行法院比找作出生效判决的法院更为便捷。

【参考答案】 AC

3. 执行异议

《民事诉讼法》第225条："当事人、利害关系人认为执行行为违反法律规定的，可以向负责执行的人民法院提出书面异议。当事人、利害关系人提出书面异议的，人民法院应当自收到书面异议之日起十五日内审查，理由成立的，裁定撤销或者改正；理由不成立的，裁定驳回。当事人、利害关系人对裁定不服的，可以自裁定送达之日起十日内向上一级人民法院申请复议。"

《民事诉讼法》第227条："执行过程中，案外人对执行标的提出书面异议的，人民法院应当自收到书面异议之日起十五日内审查，理由成立的，裁定中止对该标的的执行；理由不成立的，裁定驳回。案外人、当事人对裁定不服，认为原判决、裁定错误的，依照审判监督程序办理；与原判决、裁定无关的，可以自裁定送达之日起十五日内向人民法院提起诉讼。"

4. 执行委托

《民事诉讼法》第229条："被执行人或者被执行的财产在外地的，可以委托当地人民法院代为执行。受委托人民法院收到委托函件后，必须在十五日内开始执行，不得拒绝。执行完毕后，应当将执行结果及时函复委托人民法院；在三十日内如果还未执行完毕，也应当将执行情况函告委托人民法院。

受委托人民法院自收到委托函件之日起十五日内不执行的，委托人民法院可以请求受委托人民法院的上级人民法院指令受委托人民法院执行。"

5. 执行和解

《民事诉讼法》第230条："在执行中，双方当事人自行和解达成协议的，执行员应当将协议内容记入笔录，由双方当事人签名或者盖章。

申请执行人因受欺诈、胁迫与被执行人达成和解协议，或者当事人不履行和解协议的，人民法院可以根据当事人的申请，恢复对原生效法律文书的执行。"

105.【2019年第12题】人民法院受理甲出版社、乙报社著作权纠纷案，判决乙赔偿甲十五万元，并登报赔礼道歉。判决生效后，乙交付十五万元，但未赔礼道歉，甲申请强制执行。执行中，甲、乙自行达成和解协议，约定乙免于赔礼道歉，但另付甲五万元。根据民事诉讼法及相关规定，下列关于人民法院做法的说法，哪个是正确的？

A. 不允许，因协议内容超出判决范围，应当继续执行生效判决

B. 允许，人民法院视为申请人撤销执行申请

C. 允许，将当事人协议内容记入笔录，由甲、乙签字或盖章

D. 允许，根据当事人协议内容制作调解书

【解题思路】

意思自治原则作为民事诉讼中的基本原则，在执行程序中也适用，甲乙双方可以在执行当中达成和解协议。不过如果是视为申请人撤销执行申请，这意味着该执行终结，甲就无法获得那5万元。调解书是在审判程序中制作，在执行程序中不能再制作调解书。为此，合适的方法就是把甲乙双方的协议内容记入笔录，再由当事人签字盖章进行确认。

【参考答案】 C

《民诉法解释》第467条："一方当事人不履行或者不完全履行在执行中双方自愿达成的和解协议，对方当事人申请执行原生效法律文书的，人民法院应当恢复执行，但和解协议已履行的部分应当扣除。和解协议已经履行完毕的，人民法院不予恢复执行。"

106.【2008年第79题】甲公司诉乙公司违约，人民法院判决乙公司向甲公司支付货款和违约金共143万元。在执行过程中，甲公司与乙公司达成和解协议，由乙公司向甲公司支付110万元，甲公司放弃其他债权。为此，人民法院停止了执行程序。乙公司支付了10万元后，以没有支付能力为由拒绝支付。甲公司申请人民法院恢复执行原判决。对此，人民法院应当如何处理？

A. 驳回甲公司的申请，不予恢复执行

B. 恢复执行，要求乙公司再支付100万元

C. 恢复执行，要求乙公司再支付143万元

D. 恢复执行，要求乙公司再支付133万元

【解题思路】

执行程序中，当事人达成的和解协议没有强制执行力，甲公司只能申请重新执行原判决。判决支持的金额是143万元，扣除甲公司已经支付的10万元，尚剩余133万元。

【参考答案】 D

6. 执行担保

《民事诉讼法》第231条："在执行中，被执行人向人民法院提供担保，并经申请执行人同意的，人民法院可以决定暂缓执行及暂缓执行的期限。被执行人逾期仍不履行的，人民法院有权执行被执行人的担保财产或者担保人的财产。"

107.【2011年第89题】根据民事诉讼法及相关规定，下列关于发生法律效力的民事判决执行的说法哪些是正确的？

A. 发生法律效力的民事判决，应当由被执行的财产所在地基层人民法院执行

B. 当事人认为执行行为违反法律规定的，可以向负责执行的人民法院提出书面异议

C. 在执行中，双方当事人自行达成的和解协议无效

D. 在执行中，被执行人向人民法院提供担保，并经申请执行人同意的，人民法院可以决定暂缓执行及暂缓执行的期限

【解题思路】

民事判决可以由一审法院或者与一审法院同级的被执行的财产所在地法院执行。当事人认为执行违反法律规定的，救济手段是向负责执行的法院提出书面异议。民事领域遵循的是意思自治，在执行过程中双方可以达成和解。在执行过程中，被执行人提供担保后，能否暂缓执行，取决于被申请人是否同意。

【参考答案】 BD

7. 执行承担

《民事诉讼法》第232条："作为被执行人的公民死亡的，以其遗产偿还债务。作为被执行人的法人或者其他组织终止的，由其权利义务承受人履行义务。"

8. 执行回转

《民事诉讼法》第233条："执行完毕后，据以执行的判决、裁定和其他法律文书确有错误，被人民法院撤销的，对已被执行的财产，人民法院应当作出裁定，责令取得财产的人返还；拒不返还的，强制执行。"

108.【2010年第91题】根据民事诉讼法及相关规定，下列关于执行程序的说法哪些是正确的？

A. 在执行中，被执行人向人民法院提供担保，并经申请执行人同意的，人民法院可以决定暂缓执行

B. 在执行中，双方当事人可以自行达成和解协议

C. 作为被执行人的法人终止的，执行终结

D. 执行完毕后，据以执行的判决被人民法院撤销的，对已被执行的财产，人民法院应当作出裁定，责令取得财产的人返还

【解题思路】

民事领域意思自治，如果被执行人提供了担保，申请执行人也同意，那就可以暂缓执行。同样，基于意思自治，双方可以自行和解。执行程序中执行的内容是财产，法人终止，只要财产还在即可。本着有错必纠

167

的原则，如果执行的基础不复存在，那就需要恢复原状。

【参考答案】 ABD

9. 执行的法律监督

《民事诉讼法》第 235 条："人民检察院有权对民事执行活动实行法律监督。"

（二）执行的申请和移送

1. 执行申请

《民事诉讼法》第 236 条："发生法律效力的民事判决、裁定，当事人必须履行。一方拒绝履行的，对方当事人可以向人民法院申请执行，也可以由审判员移送执行员执行。

调解书和其他应当由人民法院执行的法律文书，当事人必须履行。一方拒绝履行的，对方当事人可以向人民法院申请执行。"

《民事诉讼法》第 237 条第 1 款："对依法设立仲裁机构的裁决，一方当事人不履行的，对方当事人可以向有管辖权的人民法院申请执行。"

《民事诉讼法》第 238 条第 1 款："对公证机关依法赋予强制执行效力的债权文书，一方当事人不履行的，对方当事人可以向有管辖权的人民法院，即被执行人住所地或被执行财产所在地的人民法院申请执行。"

2. 不予执行的情况

此处所说的不予执行的情况，是指根据《民事诉讼法》和《民诉法解释》的规定，对仲裁机构的仲裁裁决和公证机关赋予强制执行力的债权文书，符合一定条件人民法院可以裁定不予强制执行。

《民事诉讼法》第 237 条第 2～5 款："被申请人提出证据证明仲裁裁决有下列情形之一的，经人民法院组成合议庭审查核实，裁定不予执行：

（一）当事人在合同中没有订有仲裁条款或者事后没有达成书面仲裁协议的；

（二）裁决的事项不属于仲裁协议的范围或者仲裁机构无权仲裁的；

（三）仲裁庭的组成或者仲裁的程序违反法定程序的；

（四）裁决所根据的证据是伪造的；

（五）对方当事人向仲裁机构隐瞒了足以影响公正裁决的证据的；

（六）仲裁员在仲裁该案时有贪污受贿，徇私舞弊，枉法裁决行为的。

人民法院认定执行该裁决违背社会公共利益的，裁定不予执行。

裁定书应当送达双方当事人和仲裁机构。

仲裁裁决被人民法院裁定不予执行的，当事人可以根据双方达成的书面仲裁协议重新申请仲裁，也可以向人民法院起诉。"

《民事诉讼法》第 238 条第 2 款："公证债权文书确有错误的，人民法院裁定不予执行，并将裁定书送达双方当事人和公证机关。"

3. 申请执行的期限

《民事诉讼法》第 239 条："申请执行的期间为二年。申请执行时效的中止、中断，适用法律有关诉讼时效中止、中断的规定。

前款规定的期间，从法律文书规定履行期间的最后一日起计算；法律文书规定分期履行的，从规定的每次履行期间的最后一日起计算；法律文书未规定履行期间的，从法律文书生效之日起计算。"

4. 强制执行

《民事诉讼法》第 240 条："执行员接到

申请执行书或者移交执行书，应当向被执行人发出执行通知，并可以立即采取强制执行措施。"

（三）执行措施

1. 对被执行人存款、收入、财产的强制执行

对被执行人存款、收入、财产的强制执行措施主要包括：

（1）查询、冻结、划拨被执行人的财产；

（2）扣留、提取被执行人应当履行义务部分的收入；

（3）查封、扣押、冻结、拍卖、变卖被执行人应当履行义务部分的财产；

（4）搜查被执行人的住所或者财产隐匿地；

（5）强制交付法律文书指定交付的财物或者票证。

《民事诉讼法》第245条："人民法院查封、扣押财产时，被执行人是公民的，应当通知被执行人或者他的成年家属到场；被执行人是法人或者其他组织的，应当通知其法定代表人或者主要负责人到场。拒不到场的，不影响执行。被执行人是公民的，其工作单位或者财产所在地的基层组织应当派人参加。

对被查封、扣押的财产，执行员必须造具清单，由在场人签名或者盖章后，交被执行人一份。被执行人是公民的，也可以交他的成年家属一份。"

《民事诉讼法》第246条："被查封的财产，执行员可以指定被执行人负责保管。因被执行人的过错造成的损失，由被执行人承担。"

109.【2012年第98题】根据民事诉讼法及相关规定，下列关于执行过程中查封、扣押财产的哪些说法是正确的？

A. 人民法院查封、扣押财产时，被执行人是公民的，应当通知被执行人或者其成年家属到场

B. 人民法院查封、扣押财产时，被执行人是法人或其他组织的，应当通知其法定代表人或主要负责人到场

C. 被查封的财产，执行员可以指定被执行人负责保管

D. 对被查封、扣押的财产，执行员必须造具清单，由在场人签名或者盖章后，交被执行人一份，被执行人是公民的，也可以交他的成年家属一份

【解题思路】

为了保证被执行人的合法利益，查封财产时需要通知当事人到场。查封的财产并非都必须带走，也可以贴上封条让当事人负责保管，如无法带走的不动产。为了确认查封、扣押财产的具体内容，保证执行的财产清楚、明确，避免将来发生争议，查封、扣押的财产须登记造册。

【参考答案】 ABCD

2. 对被执行人行为的强制执行

对被执行人行为的强制执行包括：

（1）强制迁出房屋或强制退出土地；

（2）强制履行法律文书指定的行为；

（3）办理财产权转移手续；

（4）强制支付迟延履行利息和支付迟延履行金等。

（四）执行中止和执行终结

1. 执行中止

《民事诉讼法》第256条："有下列情形

之一的,人民法院应当裁定中止执行:

(一)申请人表示可以延期执行的;

(二)案外人对执行标的提出确有理由的异议的;

(三)作为一方当事人的公民死亡,需要等待继承人继承权利或者承担义务的;

(四)作为一方当事人的法人或者其他组织终止,尚未确定权利义务承受人的;

(五)人民法院认为应当中止执行的其他情形。

中止的情形消失后,恢复执行。"

110.【2009年第87题】根据民事诉讼法及相关规定,在依当事人申请执行生效民事法律文书过程中,有下列哪些情形的,人民法院应当裁定中止执行?

A．申请人表示可以延期执行的

B．案外人对执行标的提出确有理由的异议的

C．作为一方当事人的公民死亡,需要等待继承人继承权利或者承担义务的

D．据以执行的法律文书被撤销的

【解题思路】

中止是暂停,如果据以执行的法律文书被撤销,那么该执行就失去了合法的基础,属于终结的情形。

【参考答案】 ABC

2.执行终结

《民事诉讼法》第257条:"有下列情形之一的,人民法院裁定终结执行:

(一)申请人撤销申请的;

(二)据以执行的法律文书被撤销的;

(三)作为被执行人的公民死亡,无遗产可供执行,又无义务承担人的;

(四)追索赡养费、扶养费、抚育费案件的权利人死亡的;

(五)作为被执行人的公民因生活困难无力偿还借款,无收入来源,又丧失劳动能力的;

(六)人民法院认为应当终结执行的其他情形。"

111.【2017年第59题】根据民事诉讼法及相关规定,下列关于执行程序的哪些说法是正确的?

A．发生法律效力的民事判决,由第一审人民法院或者与第一审人民法院同级的被执行的财产所在地人民法院执行

B．人民法院自收到申请执行书之日起超过6个月未执行的,申请执行人可以向上一级人民法院申请执行

C．双方当事人在执行中自行和解达成协议的,执行员应当将协议内容记入笔录,由双方当事人签名或者盖章

D．据以执行的法律文书被撤销的,人民法院裁定终结执行

【解题思路】

二审法院至少是中级人民法院,数量要比基层法院少很多,让其执行自己所作出的二审判决有些力所不逮,故即使是经过二审的民事案件,其执行也是由一审法院或者财产所在地的与一审法院同级的法院进行。有的法院可能会基于地方保护主义,对一些执行案件无正当理由拖延执行或者消极执行。此时,申请人可以去向上级法院申请执行,从而获得救济。根据民事领域意思自治的基本原则,双方当事人在执行过程当中可以自行和解。此时,执行员应当将协议内容记入笔录从而留下凭证。如果据以执行的法律文书被撤销,那么该执行就缺乏法律依

据，自然应当终结。

【参考答案】 ABCD

112.【2018年第58题】根据民事诉讼法及相关规定，以下哪些情形下，人民法院应当裁定中止执行

A. 申请人表示可以延期执行的

B. 据以执行的法律文书被撤销的

C. 案外人对执行标的提出确有理由的异议的

D. 作为一方当事人的法人终止，尚未确定权利义务承受人的

【解题思路】

如果申请人愿意延期执行，那法院当然可以中止执行。如果判决据以执行的法律文书被撤销，那就是彻底终结的问题。案外人对执行标的提出确有理由的异议，需要暂停执行，先解决该异议问题。如作为一方当事人的法人终止，尚未确定权利义务承受人，则不知道找谁执行，只能暂停。

【参考答案】 ACD

3. 中止和终结执行裁定的生效

《民事诉讼法》第258条："中止和终结执行的裁定，送达当事人后立即生效。"

九、涉外民事诉讼程序

（一）涉外民事诉讼的一般原则

1. 适用我国诉讼法的原则

《民事诉讼法》第259条："在中华人民共和国领域内进行涉外民事诉讼，适用本编规定。本编没有规定的，适用本法其他有关规定。"

2. 国际条约优先原则

《民事诉讼法》第260条："中华人民共和国缔结或者参加的国际条约同本法有不同规定的，适用该国际条约的规定，但中华人民共和国声明保留的条款除外。"

3. 司法豁免原则

《民事诉讼法》第261条："对享有外交特权与豁免的外国人、外国组织或者国际组织提起的民事诉讼，应当依照中华人民共和国有关法律和中华人民共和国缔结或者参加的国际条约的规定办理。"

4. 委托中国律师代理诉讼的原则

《民事诉讼法》第263条："外国人、无国籍人、外国企业和组织在人民法院起诉、应诉，需要委托律师代理诉讼的，必须委托中华人民共和国的律师。"

5. 使用我国通用语言文字的原则

《民事诉讼法》第262条："人民法院审理涉外民事案件，应当使用中华人民共和国通用的语言、文字。当事人要求提供翻译的，可以提供，费用由当事人承担。"

（二）涉外民事诉讼管辖

1. 最紧密联系管辖

《民事诉讼法》第265条："因合同纠纷或者其他财产权益纠纷，对在中华人民共和国领域内没有住所的被告提起的诉讼，如果合同在中华人民共和国领域内签订或者履行，或者诉讼标的物在中华人民共和国领域内，或者被告在中华人民共和国领域内有可供扣押的财产，或者被告在中华人民共和国领域内设有代表机构，可以由合同签订地、合同履行地、诉讼标的物所在地、可供扣押财产所在地、侵权行为地或者代表机构住所地人民法院管辖。"

113.【2008年第37题】外国人黄某在中国没有住所，但在海口有一处房产，其加入外国国籍前住所在南宁。中国公民温某与

黄某在长沙签订货物买卖合同，约定交货地点为深圳。后黄某因货源紧张，未按照合同约定交货。如果温某向人民法院起诉，则下列哪些地方的人民法院有权管辖？

A. 长沙
B. 深圳
C. 海口
D. 南宁

【解题思路】

海口为可供扣押财产所在地，深圳为合同履行地，长沙为合同签订地，都和涉案民事纠纷存在紧密联系。上述三地区法院都具有管辖权。至于住所，如果和经常居住地不一致，就以经常居住地为准。黄某早已加入外国籍，以前在国内的住所不能作为确定管辖权的依据。

【参考答案】 ABC

114.【2010年第99题】根据民事诉讼法及相关规定，在不违反法律强制性规定的前提下，下列哪些涉外民事纠纷的当事人可以用书面协议选择与争议有实际联系的地点的法院管辖？

A. 涉外婚姻纠纷
B. 涉外收养关系纠纷
C. 涉外财产权益纠纷
D. 涉外合同纠纷

【解题思路】

涉外民事诉讼的协议管辖适用于合同纠纷和财产纠纷，不能涉及人身权益方面的纠纷。因为人身权利比财产权利更为重要，故需要尽量适用中国的法律，不允许当事人随意选择。

【参考答案】 CD

2. 专属管辖

《民事诉讼法》第266条："因在中华人民共和国履行中外合资经营企业合同、中外合作经营企业合同、中外合作勘探开发自然资源合同发生纠纷提起的诉讼，由中华人民共和国人民法院管辖。"

第四节 行政复议法

【基本要求】

了解行政复议的概念和基本原则；掌握行政复议参加人及其权利、义务；掌握行政复议程序和决定的规定。

本节内容主要涉及《行政复议法》及《行政复议法实施条例》的规定。

一、行政复议的概念和基本原则

（一）行政复议的概念

《行政复议法》第2条："公民、法人或者其他组织认为具体行政行为侵犯其合法权益，向行政机关提出行政复议申请，行政机关受理行政复议申请、作出行政复议决定，适用本法。"

（二）行政复议的基本原则

1. 合法、公正、公开、及时、便民的原则

《行政复议法》第4条："行政复议机关履行行政复议职责，应当遵循合法、公正、公开、及时、便民的原则，坚持有错必纠，保障法律、法规的正确实施。"

2. 有错必纠的原则

《行政复议法》第4条："行政复议机关履行行政复议职责，应当遵循合法、公正、公开、及时、便民的原则，坚持有错必纠，保障法律、法规的正确实施。"

3. 合法性与合理性审查原则

根据《行政复议法》第3条第1款第三项，行政复议机关既要审查被申请复议的具体行政行为的合法性，又要审查其合理性。

1.【2011年第44题】根据行政复议法及相关规定，行政复议机关负责法制工作的机构具体办理行政复议事项，应当履行下列哪些职责？

A. 审查申请行政复议的具体行政行为是否合法

B. 审查申请行政复议的具体行政行为所依据的规章是否合法

C. 审查申请行政复议的具体行政行为是否适当

D. 对违法作出具体行政行为的行政机关进行处理

【解题思路】

行政复议中的附带性审查只针对"规定"，不包括规章。"规定"属于一般性的规范性文件，法律位阶比较低。复议机关不是监察机关，其对违法的行政机关只能提出处理建议，不能直接处理。行政复议不仅审查合法性，而且审查合理性。

【参考答案】 AC

二、行政复议机关和行政复议参加人

（一）行政复议申请人

《行政复议法》第10条第1～2款："依照本法申请行政复议的公民、法人或者其他组织是申请人。

有权申请行政复议的公民死亡的，其近亲属可以申请行政复议。有权申请行政复议的公民为无民事行为能力或者限制民事行为能力人的，其法定代理人可以代为申请行政复议。有权申请行政复议的法人或者其他组织终止的，承受其权利的法人或者其他组织可以申请行政复议。"

2.【2007年第25题】根据行政复议法的规定，下列哪些说法是正确的？

A. 有权申请行政复议的公民死亡的，其近亲属可以申请行政复议

B. 有权申请行政复议的公民为无民事行为能力人的，其法定代理人可以以自己的名义申请行政复议

C. 有权申请行政复议的公民为限制民事行为能力人的，其法定代理人可以代为申请行政复议

D. 同申请行政复议的具体行政行为有利害关系的其他公民、法人或者其他组织，可以作为第三人参加行政复议

【解题思路】

有权申请行政复议的公民死亡的，其近亲属可以申请行政复议，这属于复议申请人资格的继承。有权申请行政复议的公民为无民事行为能力人或限制民事行为能力人的，由法定代理人代为申请，这属于代理。代理是以被代理人的名义进行，申请人虽然没有民事行为能力，但民事权利能力无疑是存在的，因此必须以权利主体的名义进行。民事诉讼中有第三人，行政复议也有第三人。

【参考答案】 ACD

3.【2019年第60题】根据行政复议法及相关规定，有关行政复议第三人，下列说法正确的是？

A. 第三人同申请行政复议的具体行政行为有利害关系

B．行政复议机构可以通知第三人参加复议程序

C．第三人可以向行政复议机构申请参加复议

D．第三人不参加复议程序会影响复议案件审理

【解题思路】

行政复议的第三人需要和涉案具体行政行为有利害关系，与案件无关的人不能随便介入复议程序中。第三人参加复议程序可以是自己主动申请，也可以由复议机构通知。第三人对案件的重要性比不上申请人和被申请人，不参加复议程序并不会影响案件的审理。

【参考答案】 ABC

《行政复议法实施条例》第6条："合伙企业申请行政复议的，应当以核准登记的企业为申请人，由执行合伙事务的合伙人代表该企业参加行政复议；其他合伙组织申请行政复议的，由合伙人共同申请行政复议。

前款规定以外的不具备法人资格的其他组织申请行政复议的，由该组织的主要负责人代表该组织参加行政复议；没有主要负责人的，由共同推选的其他成员代表该组织参加行政复议。"

《行政复议法实施条例》第7条："股份制企业的股东大会、股东代表大会、董事会认为行政机关作出的具体行政行为侵犯企业合法权益的，可以以企业的名义申请行政复议。"

4．【2013年第34题】甲行政机关依照相关法律规定，经其上级乙行政机关批准，对股份制企业丙公司作出行政处罚决定，丙公司董事会认为该具体行政行为侵犯了企业合法权益，欲申请行政复议。根据行政复议法及相关规定，下列哪些说法是正确的？

A．丙公司董事会可以以自己的名义申请行政复议

B．丙公司董事会可以以企业的名义申请行政复议

C．该行政复议申请应以甲行政机关为行政复议被申请人

D．该行政复议申请应以乙行政机关为行政复议被申请人

【解题思路】

行政复议的申请人应当是自然人、法人或其他组织。公司的董事会属于法人的内部机构，故申请复议的名义不能是董事会而应当是法人本身。本题中，具体行政行为是经过乙行政机关批准的，代表的是乙机关的意志，故应当将其作为复议被申请人。

【参考答案】 BD

《行政复议法实施条例》第8条："同一行政复议案件申请人超过5人的，推选1至5名代表参加行政复议。"

5．【2011年第12题】根据行政复议法及相关规定，下列关于复议申请人的说法哪些是正确的？

A．合伙企业申请行政复议的，应当以核准登记的企业为申请人

B．合伙企业以外的其他合伙组织申请行政复议的，由其合伙人共同申请行政复议

C．股份制企业的股东代表大会认为某行政机关作出的具体行政行为侵犯该企业合法权益的，可以以该企业的名义申请行政复议

D．同一行政复议案件申请人超过5人的，应当推选1至3名代表参加行政复议

【解题思路】

合伙企业属于独立的民事主体，可以以企业的名义对外承担法律责任，故可以以该企业的名义申请行政复议。非企业的其他合伙组织未经依法登记，没有法律承认的组织机构和代表人，每个合伙人在合伙组织中承担共同的责任，因此只有全部合伙人共同申请行政复议，才能更好地维护合伙组织的合法权益。企业法人提出行政复议申请，一般是由其法定代表人提出，因为法定代表人是法律、法规或者组织章程确定的代表法人行使权利的自然人。实践中，可能出现法定代表人主观上不愿意或者客观上无法提出行政复议申请，给企业带来损失的情形。在股份制企业中，企业的损失同时意味着股东的损失。为了避免这种情况发生，法律规定股份制企业的股东大会、股东代表大会、董事会拥有行政复议申请权。当然，由于股东大会等属于企业的内部机构，因此在提起复议的时候需要以企业的名义进行。在复议案件中，如果人数众多，则需要推选代表人。民事诉讼和行政诉讼中的人数众多，指的是10人以上，行政复议则减半，为5人以上。另外，在推选的代表人的人数上，民事诉讼为2～5人，行政复议为1～5人。D项中为1～3人，不正确。

【参考答案】 ABC

（二）行政复议被申请人

《行政复议法》第10条第4款："公民、法人或者其他组织对行政机关的具体行政行为不服申请行政复议的，作出具体行政行为的行政机关是被申请人。"

《行政复议法实施条例》第12条："行政机关与法律、法规授权的组织以共同的名义作出具体行政行为的，行政机关和法律、法规授权的组织为共同被申请人。

行政机关与其他组织以共同名义作出具体行政行为的，行政机关为被申请人。"

6.【2014年第51题】根据行政复议法及相关规定，下列关于行政复议被申请人的哪些说法是正确的？

A．行政机关与法律授权的组织以共同的名义作出具体行政行为的，行政机关和法律授权的组织为共同被申请人

B．行政机关与法律授权的组织以共同的名义作出具体行政行为的，仅行政机关为被申请人

C．行政机关设立的内设机构，未经法律、法规授权，对外以自己名义作出具体行政行为的，该内设机构为被申请人

D．行政机关设立的内设机构，未经法律、法规授权，对外以自己名义作出具体行政行为的，该行政机关为被申请人

【解题思路】

从理论上说，行政复议的被申请人应该就是作出具体行政行为的主体。不过，如果该主体并不拥有行政主体的资格，而是属于"临时工"，那就需要去找委托或者是派遣这个"临时工"的组织。获得法律授权的组织，具备行政主体的资格，可以作为被申请人之一。如果行政机关的内设机构不能作为行政主体，那就只能找设立该机构的行政机关。

【参考答案】 AD

7.【2016年第12题】根据某市政府的决定，该市地税局对个体工商户纳税情况进行检查，该市工商局予以协助。在检查过程中，市工商局发现了李某的不法经营行为，

175

并以自己的名义对李某进行了处罚。李某不服,欲提起行政复议。根据行政复议法及相关规定,下列哪项是行政复议被申请人?

A. 市地税局
B. 市政府
C. 市工商局
D. 市地税局和市工商局

【解题思路】

本题中虽然是市地税局和市工商局的联合执法,但作出处罚的只是工商局一家,故行政复议的被申请人就是市工商局。

【参考答案】 C

《行政复议法实施条例》第13条:"下级行政机关依照法律、法规、规章规定,经上级行政机关批准作出具体行政行为的,批准机关为被申请人。"

《行政复议法实施条例》第14条:"行政机关设立的派出机构、内设机构或者其他组织,未经法律、法规授权,对外以自己名义作出具体行政行为的,该行政机关为被申请人。"

8.【2011年第28题】根据行政复议法及相关规定,下列关于行政复议的被申请人的说法哪些是正确的?

A. 行政机关设立的派出机构,未经法律、法规授权,对外以自己名义作出具体行政行为的,该行政机关为被申请人
B. 行政机关设立的派出机构,未经法律、法规授权,对外以自己名义作出具体行政行为的,该派出机构为被申请人
C. 下级行政机关依照规章规定,经上级行政机关批准作出具体行政行为的,批准机关为被申请人
D. 下级行政机关依照法律规定,经上级行政机关批准作出具体行政行为的,该下级行政机关为被申请人

【解题思路】

行政机关的派出机构未经授权,不是适格的行政主体,应当由该行政机关作为被申请人。下级机关经过上级机关批准后作出具体行政行为的,实际上代表的是上级机关的意志,故应当以上级机关作为复议被申请人。如果以下级机关为复议被申请人,则上级机关就变成复议机关,既是运动员又是裁判员。

【参考答案】 AC

(三)行政复议第三人

《行政复议法》第10条第3款:"同申请行政复议的具体行政行为有利害关系的其他公民、法人或者其他组织,可以作为第三人参加行政复议。"

【提醒】

从行政复议实践来看,行政复议中的第三人通常包括以下几种:①在行政处罚案件中,被处罚人和被侵害人中一方申请复议,另一方可以作为第三人参加复议;②在行政裁决引起的复议案件中,被裁决的民事纠纷中一方当事人是申请人,另一方当事人可以作为第三人参加复议;③两个或两个以上行政机关就同一事实作出相互矛盾的具体行政行为,行政相对人对其中一个行政机关的具体行政行为提出复议申请的,其他行政机关可以作为第三人参加复议。

《行政复议法实施条例》第9条:"行政复议期间,行政复议机构认为申请人以外的公民、法人或者其他组织与被审查的具体行政行为有利害关系的,可以通知其作为第三人参加行政复议。

行政复议期间，申请人以外的公民、法人或者其他组织与被审查的具体行政行为有利害关系的，可以向行政复议机构申请作为第三人参加行政复议。

第三人不参加行政复议，不影响行政复议案件的审理。"

9.【2013年第41题】 行政复议期间，行政复议机构认为申请人以外的公民管某与被审查的具体行政行为有利害关系。根据行政复议法及相关规定，下列哪些说法是正确的？

A. 该行政复议机构可以追加管某为行政复议申请人，通知其参加行政复议

B. 该行政复议机构可以通知管某作为第三人参加行政复议

C. 管某不参加行政复议的，该行政复议终止

D. 管某不参加行政复议的，不影响该行政复议案件的审理

【解题思路】

曾某与被复议的具体行政行为有利害关系，属于第三人，可以参加复议，但不能改变其身份将他追加为复议申请人。第三人的重要性低于申请人和被申请人，其不参加复议并不会影响复议程序的进程。

【参考答案】 BD

（四）行政复议机关

行政复议机关主要有：①作出被申请行政行为的行政主体自身；②作出被申请行政行为的行政主体的上一级行政机关；③被申请行政主体所属的人民政府。

10.【2007年第32题】 根据行政复议法的规定，下列哪些说法是正确的？

A. 对县级以上地方人民政府依法设立的派出机关的具体行政行为不服的，向设立该派出机关的人民政府申请行政复议

B. 对被撤销的行政机关在撤销前所作出的具体行政行为不服的，向继续行使其职权的行政机关的上一级行政机关申请行政复议

C. 对法律、法规授权的组织的具体行政行为不服的，分别向直接管理该组织的地方人民政府、地方人民政府工作部门或者国务院部门申请行政复议

D. 对两个或者两个以上行政机关以共同的名义作出的具体行政行为不服的，可以选择其中一个行政机关的上一级行政机关申请行政复议

【解题思路】

行政复议机关应当是被申请人的上级主管机关，这样才有权对其作出的行为进行监督。根据这个原则，A、B、C选项正确，D选项应当是两个行政机关的共同上一级机关。

【参考答案】 ABC

11.【2017年第12题】 根据区政府加强安全生产的决定，某区质量技术监督局和安全生产监督管理局对安全隐患企业进行联合检查。在检查过程中，因某企业特种设备未办理登记、设备设施不符合生产标准和安全生产要求，两局以共同的名义对其作出罚款决定，该企业不服，欲提起行政复议。根据行政复议法及相关规定，其应向哪个机构申请行政复议？

A. 该区质量技术监督局

B. 该区安全生产监督管理局

C. 该区政府

D. 所属市政府

【解题思路】

行政复议机关应当是被申请人的上级主管机关，这样它才有权对其作出的行为进行监督。本题的被申请人是区质量技术监督局和安全生产监督管理局，其共同上级是区政府。

【参考答案】 C

（五）行政复议的代理人

《行政复议法》第10条第2款："有权申请行政复议的公民为无民事行为能力人或者限制民事行为能力人的，其法定代理人可以代为申请行政复议。"

《行政复议法》第10条第5款："申请人、第三人可以委托代理人代为参加行政复议。"

12.【2009年第4题】根据行政复议法及相关规定，下列说法哪些是正确的？

A．有权申请行政复议的公民死亡的，其近亲属可以申请行政复议

B．有权申请行政复议的公民为无民事行为能力人的，其法定代理人可以代为申请行政复议

C．有权申请行政复议的法人终止的，承受其权利的法人可以申请行政复议

D．行政复议的申请人可以委托代理人代为参加行政复议

【解题思路】

公民死亡了，但事情还没有了结，该向政府讨的说法还应该继续讨，其近亲属可以代替死者申请复议。公民如果是无民事行为能力人，那么他的行为应当由其法定代理人代理，申请复议也不例外。如果申请人是法人，其他法人承受了其权利，这些权利中也包括了申请复议这一项。委托代理适用范围非常广泛，在民事领域可以委托律师进行诉讼，在行政领域也可以委托他人申请复议。

【参考答案】 ABCD

三、行政复议程序

（一）行政复议的受案范围

1.行政复议的受案范围

《行政复议法》第6条："有下列情形之一的，公民、法人或者其他组织可以依照本法申请行政复议：

（一）对行政机关作出的警告、罚款、没收违法所得、没收非法财物、责令停产停业、暂扣或者吊销许可证、暂扣或者吊销执照、行政拘留等行政处罚决定不服的；

（二）对行政机关作出的限制人身自由或者查封、扣押、冻结财产等行政强制措施决定不服的；

（三）对行政机关作出的有关许可证、执照、资质证、资格证等证书变更、中止、撤销的决定不服的；

（四）对行政机关作出的关于确认土地、矿藏、水流、森林、山岭、草原、荒地、滩涂、海域等自然资源的所有权或者使用权的决定不服的；

（五）认为行政机关侵犯合法的经营自主权的；

（六）认为行政机关变更或者废止农业承包合同，侵犯其合法权益的；

（七）认为行政机关违法集资、征收财物、摊派费用或者违法要求履行其他义务的；

（八）认为符合法定条件，申请行政机关颁发许可证、执照、资质证、资格证等证书，或者申请行政机关审批、登记有关事项，行政机关没有依法办理的；

（九）申请行政机关履行保护人身权利、财产权利、受教育权利的法定职责，行政机关没有依法履行的；

（十）申请行政机关依法发放抚恤金、社会保险金或者最低生活保障费，行政机关没有依法发放的；

（十一）认为行政机关的其他具体行政行为侵犯其合法权益的。"

13.【2014年第34题】根据行政复议法及相关规定，下列哪些情形可以申请行政复议？

A．张某对某行政机关作出的暂扣其许可证的行政处罚决定不服的

B．王某对某行政机关作出的限制其人身自由的行政强制措施决定不服的

C．赵某对某行政机关就其与某公司之间的民事纠纷作出的调解不服的

D．李某对某行政机关作出的撤销其资格证的决定不服的

【解题思路】

行政复议的范围广泛，难以记忆，故需要使用"上位法"和"排除法"来帮助解题。上位法就是要抽离出行政复议范围中的共同特征，排除法就是要记住行政复议排除的范围。行政复议的前提是行政机关使用了行政强制力，侵犯到了相对人的人身权或财产权。上述选项中，A、B、D选项都符合这一特征。C选项中行政机关进行的是调解，未动用强制力。

【参考答案】 ABD

14.【2015年第17题】根据行政复议法及相关规定，下列哪种情形可以申请行政复议？

A．张某对国务院某部委发布的规章不服的

B．公务员王某不服其所在的行政机关对其作出的降级处分的

C．李某对某行政机关就其与某公司之间的民事纠纷作出的调解不服的

D．赵某对某行政机关作出的暂扣其许可证的行政处罚决定不服的

【解题思路】

行政复议机关能够进行审查的只有"规定"，不包括"规章"。另外，即使是规定也需要申请人针对具体行政行为申请复议时，一并申请进行附带性审查。行政行为针对的是行政机关对公民、法人行使行政权力侵犯其人身权、财产权的情形，如暂扣许可证。行政机关针对其工作人员的行政处分属于行政机关的内部事务，可排除。另外，由于行政机关的调解没有动用行政权力，故也不属于行政复议的范围。

【参考答案】 D

2.行政复议的排除范围

《行政复议法》第8条："不服行政机关作出的行政处分或者其他人事处理决定的，依照有关法律、行政法规的规定提出申诉。

不服行政机关对民事纠纷作出的调解或者其他处理，依法申请仲裁或者向人民法院提起诉讼。"

15.【2013年第5题】某省知识产权局对职务发明人姚某与其所在单位的职务发明报酬纠纷作出了调解，姚某对该调解不服。根据行政复议法及相关规定，姚某可以通过下列哪种途径解决该纠纷？

A．向该省知识产权局提出申诉

B．向国家知识产权局申请行政复议

C．向该省人民政府申请行政复议

D．向人民法院提起诉讼

【解题思路】

行政机关只是居中进行调解，没有使用行政权力，也就谈不到去申请复议或者提出申诉之类。对调解不服，那就换个战场，通过民事诉讼解决问题。

【参考答案】 D

16．【2019年第61题】根据行政复议法及相关规定，下列哪些情形可以申请行政复议？

A．王某对某行政机关作出的冻结财产的行政强制措施决定不服的

B．王某对国家知识产权局吊销其专利代理师资格证不服的

C．王某对某行政机关作出的警告的行政处罚决定不服的

D．王某对某行政机关就其与某公司之间的民事纠纷作出的调解不服的

【解题思路】

行政机关的行政行为如果对当事人的人身权或者财产权产生影响，当事人就可以申请复议，冻结财产、吊销专利代理师资格证和警告都在此列。调解需要当事人自愿，行政机关作出调解时并没有动用行政权力，王某对其不服应当提起民事诉讼，被告是某公司而不是行政机关。

【参考答案】 ABC

3. 对部分抽象行政行为的附带审查

《行政复议法》第7条："公民、法人或者其他组织认为行政机关的具体行政行为所依据的下列规定不合法，在对具体行政行为申请行政复议时，可以一并向行政复议机关提出对该规定的审查申请：

（一）国务院部门的规定；

（二）县级以上地方各级人民政府及其工作部门的规定；

（三）乡、镇人民政府的规定。

前款所列规定不含规章。规章的审查依照法律、行政法规的规定办理。"

17．【2009年第39题】当事人对某省知识产权局的具体行政行为不服提起行政复议时，可以一并请求行政复议机关对该具体行政行为所依据的下列哪种文件进行审查？

A．《中华人民共和国专利法实施细则》

B．该省人大常委会制定的《专利保护条例》

C．国家知识产权局制定的《专利行政执法办法》

D．该省知识产权局制定的《关于加强专利保护的规定》

【解题思路】

复议机关有权审查的只有各种"规定"。《专利法实施细则》属于行政法规，省人大常委会制定的《专利保护条例》属于地方性法规，《专利行政执法办法》属于部门规章，省知识产权局制定的《关于加强专利保护的规定》则属于"规定"。

【参考答案】 D

18．【2019年第62题】根据行政复议法及相关规定，公民在对具体行政行为申请行政复议时，下列哪些内容可以一并申请对其进行审查？

A．地方人民政府规章

B．国务院部、委员会规章

C．乡人民政府的规定

D．国务院部门的规定

【解题思路】

当事人在申请行政复议时，可以提起

180

附带性审查的只有各项"规定",因为规定的法律层级较低。此时并不用考虑该规定来自国务院部门还是乡人民政府。

【参考答案】 CD

(二)行政复议的申请

1.提出申请的期限

《行政复议法》第 9 条:"公民、法人或者其他组织认为具体行政行为侵犯其合法权益的,可以自知道该具体行政行为之日起六十日内提出行政复议申请;但是法律规定的申请期限超过六十日的除外。

因不可抗力或者其他正当理由耽误法定申请期限的,申请期限自障碍消除之日起继续计算。"

19.【2017 年第 14 题】 某公司认为某具体行政行为侵犯了其合法权益,根据行政复议法及相关规定,该公司通常可以自知道该具体行政行为之日起多长时间内提出行政复议申请?

A. 30 日
B. 60 日
C. 90 日
D. 1 年

【解题思路】

行政程序注重效率,故行政复议的期限只有 60 日,计算起点是知道具体行政行为之日,远低于民事案件的诉讼时效。另外,需要注意的是,行政复议法与民事诉讼的时效不同,没有"应当"知道的情形。

【参考答案】 B

《行政复议法实施条例》第 15 条:"行政复议法第九条第一款规定的行政复议申请期限的计算,依照下列规定办理:

(一)当场作出具体行政行为的,自具体行政行为作出之日起计算;

(二)载明具体行政行为的法律文书直接送达的,自受送达人签收之日起计算;

(三)载明具体行政行为的法律文书邮寄送达的,自受送达人在邮件签收单上签收之日起计算,没有邮件签收单的,自受送达人在送达回执上签名之日起计算;

(四)具体行政行为依法通过公告形式告知受送达人的,自公告规定的期限届满之日起计算;

(五)行政机关作出具体行政行为时未告知公民、法人或者其他组织,事后补充告知的,自该公民、法人或者其他组织收到行政机关补充告知的通知之日起计算;

(六)被申请人能够证明公民、法人或者其他组织知道具体行政行为的,自证据材料证明其知道具体行政行为之日起计算。

行政机关作出具体行政行为,依法应当向有关公民、法人或者其他组织送达法律文书而未送达的,视为该公民、法人或者其他组织不知道该具体行政行为。"

20.【2009 年第 13 题】 行政复议法规定,公民、法人或者其他组织认为具体行政行为侵犯其合法权益的,可以自知道该具体行政行为之日起六十日内提出行政复议申请。下列关于该申请期限计算的说法哪些是正确的?

A. 当场作出具体行政行为的,自具体行政行为作出之日起计算

B. 载明具体行政行为的法律文书直接送达的,自受送达人签收之日起计算

C. 载明具体行政行为的法律文书邮寄送达的,有邮件签收单的,自受送达人在邮件签收单上签收之日起计算

D. 具体行政行为依法通过公告形式告知受送达人的，自公告规定的期限届满之日起计算

【解题思路】

行政复议的期限起算点是申请人知道该具体行政行为之日，当场作出的，自然是当场知道。文书直接送达的，当事人签收后就知道。邮寄的，在邮件签收单上签收，一般情况下都会及时打开，马上就知道。公告送达的，需要经过一定的公告期间才视为知道。

【参考答案】 ABCD

21.【2010年第36题】根据行政复议法及相关规定，在其他法律对于行政复议的申请期限没有特殊规定的情况下，下列说法哪些是正确的？

A. 行政复议申请人应当自知道具体行政行为之日起六十日内提出复议申请

B. 行政复议申请人应当自具体行政行为作出之日起六十日内提出复议申请

C. 因不可抗力耽误法定申请行政复议的期限的，该期限自障碍消除之日起继续计算

D. 因正当理由耽误法定申请行政复议的期限的，该期限自障碍消除之日起继续计算

【解题思路】

为更好地保护行政复议申请人的利益，期限起算点是申请人知道具体行政行为之日而不是行政行为作出之日。如遇到不可抗力或有正当理由耽误法定期限，那就类似于民事诉讼中的期限中止，等障碍消除后继续计算。再次强调，行政复议申请期限只有"知道"，没有"应当知道"。

【参考答案】 ACD

2. 申请的形式

《行政复议法》第11条："申请人申请行政复议，可以书面申请，也可以口头申请；口头申请的，行政复议机关应当当场记录申请人的基本情况、行政复议请求、申请行政复议的主要事实、理由和时间。"

《行政复议法》第39条："行政复议机关受理行政复议申请，不得向申请人收取任何费用。行政复议活动所需经费，应当列入本机关的行政经费，由本级财政予以保障。"

22.【2016年第61题】下列关于行政复议和行政诉讼的说法哪些是正确的？

A. 公民、法人或者其他组织对行政复议决定不服的，可以依法向人民法院提起行政诉讼，但是法律规定行政复议决定为最终裁决的除外

B. 人民法院审理行政诉讼案件、行政复议机关受理行政复议申请都应当向申请人收取费用

C. 行政诉讼和行政复议都只对具体行政行为是否合法进行审查

D. 公民、法人或者其他组织向人民法院提起行政诉讼，人民法院已经依法受理的，不得申请行政复议

【解题思路】

行政行为原则上都要经过司法审查，故对行政复议决定不服的可以提起行政诉讼。当然，如果法律规定行政复议是最终裁决的，那就不能再提起诉讼。民事诉讼和行政诉讼都要收取费用，不过行政复议不收取费用。行政诉讼原则上只审查合法性，行政复议则既审查合法性，也审查合理性。行政复议和行政诉讼当事人只能择一行使，申请复议就不能提起诉讼，提起

诉讼就不能再申请复议。

【参考答案】 AD

23.【2017年第61题】某个体工商户认为行政机关侵犯其合法的经营自主权，欲提起行政复议。根据行政复议法及相关规定，下列哪些说法是正确的？

A．该个体工商户可以在法定期限内口头申请

B．该个体工商户可以在任意时间书面申请，不受任何期限限制

C．行政复议机关受理行政复议申请，不得向该个体工商户收取任何费用

D．行政复议机关受理行政复议申请，应当向该个体工商户收取复议请求费

【解题思路】

不管是行政复议还是行政诉讼，都有一定的期限限制。为了方便复议申请人，行政复议可以以口头方式提出。另外，行政复议不收取费用，而行政诉讼要收取费用。

【参考答案】 AC

《行政复议法实施条例》第18条："申请人书面申请行政复议的，可以采取当面递交、邮寄或者传真等方式提出行政复议申请。

有条件的行政复议机构可以接受以电子邮件形式提出的行政复议申请。"

24.【2013年第60题】林某不服县教育局对其作出的某具体行政行为，欲向行政复议机关申请行政复议。根据行政复议法及相关规定，下列哪些说法是正确的？

A．林某可以口头申请行政复议

B．林某可以传真的方式书面申请行政复议

C．林某应当缴纳行政复议申请费

D．林某可以委托代理人代为参加行政复议

【解题思路】

行政复议对形式要求比较灵活，当事人可以口头提起也可以书面提起，书面方式包括当面递交、邮寄或者传真，甚至包括电子邮件方式在内。行政复议不收取费用，当事人也可以委托代理人申请复议。

【参考答案】 ABD

（三）行政复议的受理

1.行政复议的受理机关

《行政复议法》第12条："对县级以上地方各级人民政府工作部门的具体行政行为不服的，由申请人选择，可以向该部门的本级人民政府申请行政复议，也可以向上一级主管部门申请行政复议。

对海关、金融、国税、外汇管理等实行垂直领导的行政机关和国家安全机关的具体行政行为不服的，向上一级主管部门申请行政复议。"

25.【2015年第15题】根据市政府整顿农贸市场的决定，某区工商局和卫生局对集贸市场进行联合检查。在检查过程中，因某个体户所售食品变质，两局以共同的名义对其作出罚款决定，该个体户不服，欲提起行政复议。根据行政复议法及相关规定，其应向谁申请行政复议？

A．该区工商局

B．该市卫生局

C．该区政府

D．该市政府

【解题思路】

行政复议机关应当是被申请人的上级机关，涉案行政处罚为区工商局和卫生局共

183

同作出，两局为共同被申请人。市卫生局仅仅是区卫生局的上级机关，管不了区工商局的事情。区政府则为区工商局和卫生局的共同上级机关，可以作为行政复议机关。

【参考答案】 C

26.【2018年第12题】王某在未取得营业执照的情况下，在街道上销售活鸡鸭，市城管局查获王某的无照经营行为，扣押了王某的电子秤一个，鸡鸭数只，王某在城管局实施扣押的过程中与城管人员发生冲突阻碍扣押，城管人员报警，区公安局对王某作出行政拘留5日的处罚决定，王某不服，申请行政复议，下列哪一说法是正确的？

A. 王某申请行政复议，应当向市公安局提出

B. 王某可以口头委托2名代理人参加行政复议

C. 复议机关应当在60天内作出复议决定，不得延长

D. 复议机关可以向王某收取办理行政复议案件所需的费用

【解题思路】

对公安机关作出的行政拘留不服的，复议机关可以是上级公安机关，也可以是本级人民政府。行政复议可以口头提出复议申请，口头委托代理人自然也可以。行政复议的期限是60天，如果情况复杂，可以申请延长30天。行政诉讼收取诉讼费，但行政复议不能收费。

【参考答案】 B

《行政复议法》第13条："对地方各级人民政府的具体行政行为不服的，向上一级地方人民政府申请行政复议。

对省、自治区人民政府依法设立的派出机关所属的县级地方人民政府的具体行政行为不服的，向该派出机关申请行政复议。"

《行政复议法》第15条："对本法第十二条、第十三条、第十四条规定以外的其他行政机关、组织的具体行政行为不服的，按照下列规定申请行政复议：

（一）对县级以上地方人民政府依法设立的派出机关的具体行政行为不服的，向设立该派出机关的人民政府申请行政复议；

（二）对政府工作部门依法设立的派出机构依照法律、法规或者规章规定，以自己的名义作出的具体行政行为不服的，向设立该派出机构的部门或者该部门的本级地方人民政府申请行政复议；

（三）对法律、法规授权的组织的具体行政行为不服的，分别向直接管理该组织的地方人民政府、地方人民政府工作部门或者国务院部门申请行政复议；

（四）对两个或者两个以上行政机关以共同的名义作出的具体行政行为不服的，向其共同上一级行政机关申请行政复议；

（五）对被撤销的行政机关在撤销前所作出的具体行政行为不服的，向继续行使其职权的行政机关的上一级行政机关申请行政复议。

有前款所列情形之一的，申请人也可以向具体行政行为发生地的县级地方人民政府提出行政复议申请，由接受申请的县级地方人民政府依照本法第十八条的规定办理。"

27.【2012年第77题】根据行政复议法及相关规定，下列哪些说法是正确的？

A. 对县级以上地方人民政府依法设立的派出机关的具体行政行为不服的，向设立该派出机关的人民政府申请行政复议

B. 对县级以上地方人民政府依法设立的派出机关的具体行政行为不服的,向该地方人民政府的上一级人民政府申请行政复议

C. 对两个以上国务院部门共同作出的具体行政行为不服的,可以向其中任何一个国务院部门申请行政复议

D. 对两个以上国务院部门共同作出的具体行政行为不服的,向国务院申请行政复议

【解题思路】

复议机关是作出具体行政行为的行政机关的上级,对县级以上地方人民政府依法设立的派出机关来说,就是该县级政府。如果是两个以上的行政机关共同作出的行为,则需要找到其共同的上级,这里似乎应该找国务院。不过国务院作为最高行政机关,不承担行政复议的职责,对国务院部门的具体行政行为不服的是找原部门复议。这里有两个部门,申请人可以择其一。

【参考答案】 AC

《行政复议法》第16条:"公民、法人或者其他组织申请行政复议,行政复议机关已经依法受理的,或者法律、法规规定应当先向行政复议机关申请行政复议、对行政复议决定不服再向人民法院提起行政诉讼的,在法定行政复议期限内不得向人民法院提起行政诉讼。

公民、法人或者其他组织向人民法院提起行政诉讼,人民法院已经依法受理的,不得申请行政复议。"

28.【2012年第61题】根据行政复议法及相关规定,下列哪些说法是正确的?

A. 对法律、法规授权的组织的具体行政行为不服的,分别向直接管理该组织的地方人民政府、地方人民政府工作部门或者国务院部门申请行政复议

B. 对被撤销的行政机关在撤销前所作出的具体行政行为不服的,向继续行使其职权的行政机关的上一级行政机关申请行政复议

C. 公民、法人或者其他组织申请行政复议,行政复议机关已经依法受理的,在法定行政复议期限内不得向人民法院提起行政诉讼

D. 公民、法人或者其他组织向人民法院提起行政诉讼,人民法院已经依法受理的,不得申请行政复议

【解题思路】

作出具体行政行为的行政机关如果被撤销,承继其职能的机关就成了被撤销机关的"继承人",此时"继承人"的上级机关就是复议机关。根据一事不再理原则,行政复议和行政诉讼当事人只能择一行使,申请复议就不能提起诉讼,提起诉讼就不能再申请复议。

【参考答案】 ABCD

29.【2013年第16题】某行政复议机关受理王某提出的行政复议申请后,发现王某在申请行政复议之前已向人民法院提起行政诉讼并被受理。根据行政复议法及相关规定,该行政复议机关应当如何处理?

A. 通知人民法院中止审理该行政诉讼

B. 将该案移送人民法院一并审理

C. 中止审理,在人民法院作出生效判决后继续审理

D. 驳回该行政复议申请

【解题思路】

对某个具体行政行为不服的,当事人

可以申请行政复议，也可以提起行政诉讼，但只能二选一。既然法院都已经受理，那就排除了复议机关的管辖。如果复议机关在受理之前知道王某已经提起诉讼，那应当不予受理，现在既然已经受理，直接了当地驳回即可。

【参考答案】 D

2.行政复议的受理期限

《行政复议法》第17条："行政复议机关收到行政复议申请后，应当在五日内进行审查，对不符合本法规定的行政复议申请，决定不予受理，并书面告知申请人；对符合本法规定，但是不属于本机关受理的行政复议申请，应当告知申请人向有关行政复议机关提出。

除前款规定外，行政复议申请自行政复议机关负责法制工作的机构收到之日起即为受理。"

30.【2008年第78题】某县工商局根据该县人民政府发布的《集贸市场管理办法》对赵某给予行政处罚。赵某不服，申请行政复议。根据行政复议法及相关规定，下列哪些说法是正确的？

A. 行政复议机关可以是县人民政府或者上一级工商行政管理部门

B. 赵某在申请行政复议时，一并提出对该办法的审查申请的，行政复议机关应当予以受理

C. 行政复议机关决定不予受理行政复议申请的，应当书面告知赵某

D. 行政复议机关决定受理行政复议申请的，该县工商局应当立即停止执行该行政处罚决定

【解题思路】

非垂直管理政府部门实行双重领导，即同级人民政府和上级主管机关的领导。当事人申请复议时，可以在这两个单位中进行选择。《集贸市场管理办法》属于"规定"的一种，可以对此提起附带性审查。如果行政机关不予受理，应该及时告知申请人，以便让其及时通过其他途径获得救济。告知形式应当是书面的，显得比较正式。司法程序注重的是公正，故如果当事人提起上诉，则在最终判决作出之前，一审判决不会生效，自然也不会执行。行政程序注重效率，旨在快速地解决问题，故一般情况下，复议不停止执行。

【参考答案】 ABC

《行政复议法》第19条："法律、法规规定应当先向行政复议机关申请行政复议、对行政复议决定不服再向人民法院提起行政诉讼的，行政复议机关决定不予受理或者受理后超过行政复议期限不作答复的，公民、法人或者其他组织可以自收到不予受理决定书之日起或者行政复议期满之日起十五日内，依法向人民法院提起行政诉讼。"

《行政复议法》第20条："公民、法人或者其他组织依法提出行政复议申请，行政复议机关无正当理由不予受理的，上级行政机关应当责令其受理；必要时，上级行政机关也可以直接受理。"

31.【2019年第13题】公民、法人或者其他组织依法提出行政复议申请，行政复议机关无正当理由不予受理的情况下，下列说法正确的是？

A. 上级行政机关应当责令其受理，但不可以直接受理

B. 上级行政机关应当责令其受理，必要时，上级行政机关也可以直接受理

C. 上级行政机关无权责令其受理，必要时，上级行政机关可以直接受理

D. 上级行政机关无权责令其受理，也不能直接受理

【解题思路】

如复议无正当理由不予受理复议申请，当事人有权获得救济。上级行政机关作为"上级"，当然拥有责令下级受理的权力。如果事件特殊，上级机关也可以亲自处理。需要强调的是，上级机关不能指定其他行政机关受理该复议申请，因为毕竟不同的行政机关职责不同，"专业不对口"。

【参考答案】 B

3. 复议申请的转送

《行政复议法》第18条："依照本法第十五条第二款的规定接受行政复议申请的县级地方人民政府，对依照本法第十五条第一款的规定属于其他行政复议机关受理的行政复议申请，应当自接到该行政复议申请之日起七日内，转送有关行政复议机关，并告知申请人。接受转送的行政复议机关应当依照本法第十七条的规定办理。"

4. 具体行政行为在行政复议期间的执行力

《行政复议法》第21条："行政复议期间具体行政行为不停止执行；但是，有下列情形之一的，可以停止执行：

（一）被申请人认为需要停止执行的；

（二）行政复议机关认为需要停止执行的；

（三）申请人申请停止执行，行政复议机关认为其要求合理，决定停止执行的；

（四）法律规定停止执行的。"

32.【2013年第73题】某县公安局以钟某扰乱社会秩序为由对其作出行政处罚决定，钟某不服，向市公安局申请行政复议。根据行政复议法及相关规定，关于行政复议期间该行政处罚决定的执行，下列哪些说法是正确的？

A. 该行政处罚决定应当停止执行

B. 该县公安局认为需要停止执行的，可以停止执行该行政处罚决定

C. 该市公安局认为需要停止执行的，可以停止执行该行政处罚决定

D. 钟某申请停止执行，该市公安局认为其要求合理决定停止执行的，可以停止执行该行政处罚决定

【解题思路】

行政复议期间具体行政行为以不停止执行为原则，以停止执行为例外。复议不停止执行是保证国家行政管理的连续性、有效性的重要手段，是行政法上的一项重要制度。该制度的理论基础是国家意志的先定力理论和公权力优先理论。国家意志先定力是指国家机关代表国家进行行政管理，具体行政行为一经作出即具有法律上的确定力、拘束力和执行力，在有权机关依法撤销它之前，都应认为合法有效。行政相对人无权裁判具体行政行为的合法性和有效性。公权力优先理论的基本观点是行政权力是一种公共权力，行政权力的行使是为了维护公共利益，当行政相对人对行政权力的行使产生异议，即私权利和公权力产生冲突时，应优先使公权力得到实现。在诉讼过程中，停止执行的权利并非来自申请人，而是来自有权的行政机关或者法律的直接规定。

【参考答案】 BCD

（四）行政复议的审理

1. 行政复议的审查方式

《行政复议法》第22条："行政复议原则上采取书面审查的办法，但是申请人提出要求或者行政复议机关负责法制工作的机构认为有必要时，可以向有关组织和人员调查情况，听取申请人、被申请人和第三人的意见。"

《行政复议法实施条例》第32条："行政复议机构审理行政复议案件，应当由2名以上行政复议人员参加。"

33.【2009年第57题】根据行政复议法及相关规定，关于行政复议机关对行政复议申请的审查，下列说法哪些是正确的？

A. 原则上采取书面审查

B. 行政复议机构审理行政复议案件，应当由3名以上行政复议人员参加

C. 行政复议机关认为必要时，可以听取被申请人意见

D. 行政复议机关认为必要时，可以向有关人员调查情况

【解题思路】

行政复议原则上是书面审查，必要的时候，复议机关也可以进行口头调查和收集证据。行政复议注重效率，投入的资源应当比诉讼程序要少。民事诉讼和行政诉讼中合议庭由3人以上组成，行政复议人员的数量应当小于诉讼中的合议庭人数。

【参考答案】 ACD

34.【2015年第68题】根据行政复议法及相关规定，下列哪些选项属于行政复议机关履行行政复议职责应当遵循的原则？

A. 公开原则

B. 及时原则

C. 合法原则

D. 口头审理原则

【解题思路】

行政复议的基本原则包括合法、公正、公开、及时、便民及有错必纠。行政复议属于行政程序，效率优先，原则上采用书面审查的方法，口头审理并不是其基本原则。

【参考答案】 ABC

2. 举证责任

《行政复议法》第23条："行政复议机关负责法制工作的机构应当自行政复议申请受理之日起七日内，将行政复议申请书副本或者行政复议申请笔录复印件发送被申请人。被申请人应当自收到申请书副本或者申请笔录复印件之日起十日内，提出书面答复，并提交当初作出具体行政行为的证据、依据和其他有关材料。

申请人、第三人可以查阅被申请人提出的书面答复、作出具体行政行为的证据、依据和其他有关材料，除涉及国家秘密、商业秘密或者个人隐私外，行政复议机关不得拒绝。"

35.【2011年第36题】根据行政复议法及相关规定，下列关于行政复议证据的说法哪些是正确的？

A. 在行政复议过程中，被申请人不得自行向申请人和其他有关组织或者个人收集证据

B. 被申请人应当自收到行政复议申请书副本十五日内，提交当初作出具体行政行为的证据

C. 被申请人未在规定的期限内提交当初作出具体行政行为的证据的，视为该具体行政行为没有证据

D. 申请人要求查阅被申请人作出具体行政行为的证据的，行政复议机关均应当允许

【解题思路】

在行政执法过程中，行政机关应普遍遵守"先取证，后裁决"这一规则。法律不允许行政机关在事后收集证据，如果行政机关未在规定期限内提交证据，就视为该具体行政行为没有证据。行政机关提交证据的期限是收到申请书副本之后10日而不是15日。申请人可以查阅相关的证据，但如果证据涉及国家秘密、商业秘密或个人隐私，就不能查询。

【参考答案】 AC

36.【2014年第79题】根据行政复议法及相关规定，下列哪些说法是正确的？

A. 行政复议原则上采取书面审查的办法，但是行政复议机关负责法制工作的机构认为有必要时，可以向有关组织和人员调查情况

B. 行政复议机关责令被申请人重新作出具体行政行为的，被申请人不得作出与原具体行政行为相同的具体行政行为

C. 在行政复议过程中，行政复议的第三人不得查阅被申请人提出的书面答复

D. 在行政复议过程中，被申请人不得自行向申请人和其他有关组织或者个人收集证据

【解题思路】

行政复议以书面审查为主，但也有例外。如果行政机关重新作出的行政行为相同，但事实和理由不同，那也符合要求。行政复议过程中，第三人有权查阅被申请人的答复，只要该答复不涉及国家秘密、商业秘密或者个人隐私，这样才能了解案情，维护自己的权益。行政机关需要先取证后处罚，在复议过程中不能再自行收集证据。

【参考答案】 AD

3. 对被申请人的限制

《行政复议法》第24条："在行政复议过程中，被申请人不得自行向申请人和其他有关组织或者个人收集证据。"

37.【2013年第82题】根据行政复议法及相关规定，下列哪些说法是正确的？

A. 在行政复议过程中，被申请人可以自行向申请人收集证据

B. 在行政复议过程中，行政复议机关应当为申请人查阅有关材料提供必要条件

C. 在行政复议过程中，申请人可以查阅被申请人作出具体行政行为的证据，除涉及国家秘密、商业秘密或者个人隐私外，行政复议机关不得拒绝

D. 在行政复议过程中，第三人可以查阅被申请人提出的书面答复，除涉及国家秘密、商业秘密或者个人隐私外，行政复议机关不得拒绝

【解题思路】

在行政执法过程中，行政机关应普遍遵守"先取证，后裁决"这一规则。在复议过程中，行政机关举出的证据应是在行政程序中收集和调查的证据，在发生行政复议后就丧失了独立取证的权利。如果在复议时允许被申请人自行收集证据，那就意味着允许行政机关先执法后取证，显然不合理。在行政复议中，申请人和第三人处于弱势地位，应当允许他们从被申请人那里查阅相关材料。

【参考答案】 BCD

4. 复议申请的撤回

《行政复议法》第 25 条："行政复议决定作出前，申请人要求撤回行政复议申请的，经说明理由，可以撤回；撤回行政复议申请的，行政复议终止。"

《行政复议法实施条例》第 38 条："申请人在行政复议决定作出前自愿撤回行政复议申请的，经行政复议机构同意，可以撤回。

申请人撤回行政复议申请的，不得再以同一事实和理由提出行政复议申请。但是，申请人能够证明撤回行政复议申请违背其真实意思表示的除外。"

38.【2017 年第 63 题】根据行政复议法及相关规定，下列哪些说法是正确的？

A．在行政复议过程中，被申请人不得自行向申请人收集证据

B．在行政复议过程中，被申请人可以自行向有关组织或者个人收集证据

C．申请人不得撤回行政复议申请

D．申请人可以在行政复议决定作出前要求撤回行政复议申请

【解题思路】

在行政执法过程中，行政机关应普遍遵守"先取证，后裁决"这一规则，不能在复议过程中再收集证据。申请人在行政复议中，可以撤回申请。复议申请人要求撤回复议申请的原因很多，但也不排除有些撤回申请是在申请人提出复议申请后，被申请人怕其作出的具体行政行为被撤销或变更，影响其形象等，利用一些不当的手段，采取各种方法向申请人施加压力，逼迫申请人违心地撤回行政复议申请。如果出现这种情形，申请人撤回行政复议申请，则可能使违法或不当的行政行为仍然存在，得不到及时纠正。因此，申请人请求撤回行政复议申请时应当说明理由。

【参考答案】 AD

39.【2019 年第 59 题】商务部对某一企业作出处以 30 万元罚款的行政处罚，该企业不服，申请行政复议，下列说法正确的是？

A．该企业既可以向国务院也可以向商务部申请复议

B．在行政复议中，行政复议机关应当审查罚款决定的适当性

C．该企业如果对行政复议决定不服，可以提起行政诉讼

D．如在复议过程中，企业自愿撤回复议申请的，不得再以同一事实和理由提出行政复议申请

【解题思路】

当事人针对省部级行政机关作出的行政行为不服，复议的单位还是原行政机关。如果对复议决定依然不服，可供选择的途径之一是向国务院申请裁决。国务院的裁决和复议不同，对复议决定不服可以提起诉讼，对国务院的裁决不服则不能诉讼。行政复议既审查合法性，也审查适当性。行政诉讼则因为法院和行政机关不是一个系统，故原则上只审查合法性。申请人如果撤回复议申请，然后再用同样的事实和理由再次申请，属于浪费行政复议资源，此时复议机关不会再受理。当然，如果申请人被迫撤回复议申请则属于例外。

【参考答案】 BCD

5. 审理期限

《行政复议法》第 27 条："行政复议机

关在对被申请人作出的具体行政行为进行审查时，认为其依据不合法，本机关有权处理的，应当在三十日内依法处理；无权处理的，应当在七日内按照法定程序转送有权处理的国家机关依法处理。处理期间，中止对具体行政行为的审查。"

40.【2010年第52题】根据行政复议法及相关规定，下列说法哪些是正确的？

A. 行政复议机关收到行政复议申请后应当在5个工作日内进行审查，决定是否受理

B. 行政复议机关在对被申请人作出的具体行政行为进行审查时，认为其依据不合法，但本机关无权处理的，应当在7个工作日内按照法定程序转送有权处理的国家机关依法处理

C. 行政复议机关应当自受理申请之日起60日内作出行政复议决定；但是法律规定的行政复议期限少于60日的除外

D. 对于情况复杂不能在规定期限内作出行政复议决定的，经行政复议机关的负责人批准，可以适当延长，并告知申请人和被申请人；但延长期限最多不超过30日

【解题思路】

复议机关的审查期限是5日，转送期限为7日。作出复议决定的期限为60日，特殊情况下会少于60日。延长期限是原有期限的一半，即30日。

【参考答案】 ABCD

《行政复议法》第31条："行政复议机关应当自受理申请之日起六十日内作出行政复议决定；但是法律规定的行政复议期限少于六十日的除外。情况复杂，不能在规定期限内作出行政复议决定的，经行政复议机关的负责人批准，可以适当延长，并告知申请人和被申请人；但是延长期限最多不超过三十日。

行政复议机关作出行政复议决定，应当制作行政复议决定书，并加盖印章。

行政复议决定书一经送达，即发生法律效力。"

41.【2006年第73题】关于行政复议期限，下列说法哪些是正确的？

A. 行政复议机关应当自受理申请之日起60日内作出行政复议决定，但是法律规定少于60日的除外

B. 行政复议期限可以延长，但是应当经上一级行政机关批准，并通知申请人和被申请人

C. 行政复议期限经批准后可以延长，但延长期限最多不超过20日

D. 行政复议期限经批准后可以延长，但延长期限最多不超过30日

【解题思路】

行政复议要遵循效率原则，复议期限只有60日，如法律另有规定，还可以更短，远低于民事诉讼的期限。当然，行政复议的期限一般都可以延长，如果延长需要上级行政机关批准，那么批准程序耗时可能过长，故批准权属于复议机关的负责人。民事期限一般通常喜欢取整，30日是60日的一半，属于有限小数，而20日是60日的三分之一，属于无限循环小数，更可能的期限应当是30日。

【参考答案】 AD

42.【2019年第64题】根据行政复议法及相关规定，下列说法正确的是？

A. 申请人在申请行政复议时可以一并

提出行政赔偿请求

B. 申请人在申请行政复议时不能一并提出行政赔偿请求

C. 行政复议决定书一经送达，即发生法律效力

D. 行政复议决定书送达后，15个工作日后发生法律效力

【解题思路】

从有利于复议申请人的角度出发，应当允许申请人在申请行政复议时一并提出行政赔偿请求。行政行为注重效率，故不管是行政行为还是复议决定，都是送达即生效。

【参考答案】 AC

《行政复议法实施条例》第51条："行政复议机关在申请人的行政复议请求范围内，不得作出对申请人更为不利的行政复议决定。"

43.【2018年第63题】定中公司在某县建立了一家生鸡养殖场，通过暗管的方式违法排污，县环保局对其罚款50万元。定中公司不服，向县政府申请行政复议。本案的下列做法违反法律规定的有？

A. 县政府指定县政府法制办干部胡某单独审理此案

B. 县政府在60日内作出了复议决定

C. 县政府认为处罚过轻，将罚款变更为60万元

D. 县政府认为本案疑难复杂，主动以听证的方式审理了本案

【解题思路】

行政复议需要两名复议人员，胡某一个人单独审理本案不合适。行政复议的期限是60日，县政府在60日内作出复议决定符合法律规定。为鼓励申请人积极维护自己的权益，法律规定不能让复议申请人在经过复议后，反而遭受更不利的后果，故县政府不能将罚款从50万元提高到60万元。县政府提高复议程序的级别，主动进行听证，有利于查清事实，维护复议申请人的利益。

【参考答案】 AC

四、行政复议决定

（一）行政复议决定种类和效力

1. 维持、责令履行职责、撤销、变更、确认违法、责令重新作出具体行政行为

《行政复议法》第28条："行政复议机关负责法制工作的机构应当对被申请人作出的具体行政行为进行审查，提出意见，经行政复议机关的负责人同意或者集体讨论通过后，按照下列规定作出行政复议决定：

（一）具体行政行为认定事实清楚，证据确凿，适用依据正确，程序合法，内容适当的，决定维持；

（二）被申请人不履行法定职责的，决定其在一定期限内履行；

（三）具体行政行为有下列情形之一的，决定撤销、变更或者确认该具体行政行为违法；决定撤销或者确认该具体行政行为违法的，可以责令被申请人在一定期限内重新作出具体行政行为：

1. 主要事实不清、证据不足的；

2. 适用依据错误的；

3. 违反法定程序的；

4. 超越或者滥用职权的；

5. 具体行政行为明显不当的。

（四）被申请人不按照本法第二十三条的规定提出书面答复、提交当初作出具体行政行为的证据、依据和其他有关材料的，视

为该具体行政行为没有证据、依据，决定撤销该具体行政行为。

行政复议机关责令被申请人重新作出具体行政行为的，被申请人不得以同一的事实和理由作出与原具体行政行为相同或者基本相同的具体行政行为。"

44.【2017年第64题】根据行政复议法及相关规定，下列关于行政复议决定的哪些说法是正确的？

A．具体行政行为认定事实清楚，证据确凿，适用依据正确，程序合法，内容适当的，决定维持该具体行政行为

B．被申请人不履行法定职责的，决定其在一定期限内履行

C．主要事实不清、证据不足的，决定撤销、变更或者确认该具体行政行为违法

D．具体行政行为明显不当的，决定撤销、变更或者确认该具体行政行为违法

【解题思路】

具体行政行为如果没有任何瑕疵，就自然应当被维持。被申请人不履行职责，复议机关要其履行也是应有之义。如果事实不清、证据不足，那么原来的行政行为就缺少正当性，应当被撤销或者变更；如果无法撤销，则可以确认违法。另外，行政复议除了考查合法性外，还考查合理性，明显不当的行政行为也应当被撤销或者变更。

【参考答案】 ABCD

45.【2018年第64题】行政复议被申请人在收到行政复议申请副本后，未在法定期限内提出书面答复，也未提交当初作出具体行政行为的证据、依据和其他有关材料。对此，下列说法哪些是正确的？

A．行政复议机关应该自行收集相关证据和材料

B．行政复议机关可责令被申请人在7日内提交该证据、依据和材料

C．行政复议机关应当认定该具体行政行为没有证据、依据

D．行政复议机关应当依法决定撤销该具体行政行为

【解题思路】

行政复议被申请人需要在法定期限内提出书面答复和提交相关的证据和依据，如果被申请人在该期限内没有提交，就视为没有证据和依据，不会再给被申请人提交证据的机会。既然涉案行政行为没有相应的证据和依据，该行政行为就缺乏合法的基础，应当被撤销。如果行政机关自行收集证据，那就变成了鼓励被申请人先执法再取证。

【参考答案】 CD

46.【2018年第65题】根据行政复议法的规定，复议机关可以作出下列哪些行政复议决定？

A．变更具体行政行为

B．确认具体行政行为违法

C．撤销具体行政行为

D．维持具体行政行为

【解题思路】

在行政复议程序当中，如果行政行为错误，可以撤销或者变更。如果行政行为错误，但没法撤销，则只能确认行政行为违法，表明行政复议机关的立场。如果行政行为正确，那自然是维持。

【参考答案】 ABCD

《行政复议法实施条例》第29条："行政复议申请材料不齐全或者表述不清楚的，行政复议机构可以自收到该行政复议申请之

日起 5 日内书面通知申请人补正。补正通知应当载明需要补正的事项和合理的补正期限。无正当理由逾期不补正的，视为申请人放弃行政复议申请。补正申请材料所用时间不计入行政复议审理期限。"

《行政复议法实施条例》第 48 条："有下列情形之一的，行政复议机关应当决定驳回行政复议申请：

（一）申请人认为行政机关不履行法定职责申请行政复议，行政复议机关受理后发现该行政机关没有相应法定职责或者在受理前已经履行法定职责的；

（二）受理行政复议申请后，发现该行政复议申请不符合行政复议法和本条例规定的受理条件的。

上级行政机关认为行政复议机关驳回行政复议申请的理由不成立的，应当责令其恢复审理。"

47.【2011 年第 60 题】李某认为某行政机关不履行法定职责，欲申请行政复议。根据行政复议法及相关规定，行政复议机关受理该行政复议申请后发现有下列哪些情形的，应当驳回该行政复议申请？

A．该行政机关没有相应法定职责的

B．该行政机关在受理前已经履行法定职责的

C．行政复议申请的部分材料是在行政复议机构收到该行政复议申请之日起三日内补正的

D．该申请不符合行政复议法及其实施条例规定的受理条件的

【解题思路】

如果行政机关没有相应法定职责，或者已经履行了职责，那么复议请求就不成立，复议机关应当驳回申请。申请不符合条件也自然应当驳回申请。在行政复议中，申请材料不齐全或不清楚，复议机关应当通知申请人补正而不是驳回申请。

【参考答案】 ABD

48.【2015 年第 16 题】某行政复议机关受理行政复议申请后，发现该行政复议申请不符合行政复议法和行政复议法实施条例规定的受理条件。根据行政复议法及相关规定，该行政复议机关应当如何处理？

A．作出中止行政复议的决定

B．作出终止行政复议的决定

C．作出维持具体行政行为的决定

D．作出驳回行政复议申请的决定

【解题思路】

如果复议申请受理后发现不符合受理条件的，就属于程序问题，适用的是驳回诉讼申请。如果行政复议机关觉得原来的具体行政行为没有问题，则属于实体问题，会作出维持具体行政行为的决定。行政复议的中止针对的是类似申请人死亡需要近亲属确定是否参加行政复议的情形，终止则适用于类似申请人死亡且没有近亲属或者近亲属放弃行政复议权利的情形，这两种都与本题所涉情形无关。

【参考答案】 D

2. 附带赔偿请求

《行政复议法》第 29 条："申请人在申请行政复议时可以一并提出行政赔偿请求，行政复议机关对符合国家赔偿法的有关规定应当给予赔偿的，在决定撤销、变更具体行政行为或者确认具体行政行为违法时，应当同时决定被申请人依法给予赔偿。

申请人在申请行政复议时没有提出行

政赔偿请求的,行政复议机关在依法决定撤销或者变更罚款,撤销违法集资、没收财物、征收财物、摊派费用以及对财产的查封、扣押、冻结等具体行政行为时,应当同时责令被申请人返还财产,解除对财产的查封、扣押、冻结措施,或者赔偿相应的价款。"

49.【2009年第97题】根据行政复议法及相关规定,下列说法哪些是正确的?

A．在行政复议过程中,申请人有权查阅行政复议机关所持有的涉及该行政复议案件的所有材料

B．申请人在行政复议决定作出前自愿撤回行政复议申请的,经行政复议机构同意,可以撤回

C．在行政复议期间,申请人可以申请停止执行具体行政行为

D．申请人在申请行政复议时,可以一并提出行政赔偿请求

【解题思路】

申请人有权阅卷,但不应该是"全部",如涉及国家秘密、商业秘密和个人隐私的材料应该无权查询。申请人可以撤回申请,但需要说明理由,获得复议机关同意。复议期间,申请人可以申请停止执行具体行政行为,至于是否停止执行,则不是申请人所能左右。在复议时,可以一并提出行政赔偿请求,这也比较符合效率原则。

【参考答案】 BCD

3.复议决定的生效

《行政复议法》第31条第3款:"行政复议决定一经送达,即发生法律效力。"

50.【2013年第10题】根据行政复议法及相关规定,下列哪种说法是正确的?

A．行政复议决定书一经作出,即发生法律效力

B．行政复议决定书一经发出,即发生法律效力

C．行政复议决定书一经送达,即发生法律效力

D．行政复议决定书自法定起诉期限届满时发生法律效力

【解题思路】

行政复议书生效的时候,复议申请人应该知道其中的内容,不然对他来说就很不公平,故生效时间最早也得等到送达的时候。行政领域更关注的是效率,如果行政复议决定书要等到起诉期限届满才生效,那就意味着如果当事人起诉,复议决定就不生效。考生应该记得,行政复议期间行政行为不停止执行。行政复议属于行政系统内部的救济手段,都不能停止原来行政行为的生效,提起诉讼属于通过司法系统获得救济,更不可能让前面的程序停下来。

【参考答案】 C

51.【2015年第73题】根据行政复议法及相关规定,下列哪些情形下行政复议终止?

A．作为申请人的自然人死亡,没有近亲属的

B．作为申请人的法人终止,其权利义务的承受人放弃行政复议权利的

C．申请人要求撤回行政复议申请,行政复议机构准予撤回的

D．案件涉及法律适用问题,需要有权机关作出解释或者确认的

【解题思路】

如果申请人已经不存在,且没有承受

其权利义务的主体，那行政复议程序就缺少了一方当事人，只能终止。行政复议经复议机构审查同意撤回的，那复议程序也就终止了。如果复议涉及法律问题需要有权机关作出解释的，则属于中止而不是终止。

【参考答案】 ABC

4. 行政复议决定的执行

《行政复议法》第32条："被申请人应当履行行政复议决定。被申请人不履行或者无正当理由拖延履行行政复议决定的，行政复议机关或者有关上级行政机关应当责令其限期履行。"

52.【2008年第31题】 根据行政复议法的规定，对于被申请人不履行行政复议决定的情形，下列哪些说法是正确的？

A. 由行政复议申请人向人民法院申请强制执行

B. 由行政复议机关或者有关上级行政机关依法强制执行

C. 由行政复议机关或者有关上级行政机关责令被申请人限期履行

D. 由行政复议机关或者有关上级行政机关代为履行，被申请人的法律责任另行追究

【解题思路】

被申请人是行政机关，如不履行复议决定，则应该让其上级下命令。复议机关是其上级，除了复议机关之外，被申请人如还有其他上级，那么该上级也有权下达命令。如果是要申请人向法院申请强制执行，那就意味着复议机关作出决定后就撒手不管，这显然不利于维护申请人的利益。如果是复议机关或者上级机关去申请法院执行，就意味着他们对下级缺乏权威性，对下级无可奈

何。如果是行政复议机关或者上级机关先代为履行，则属于代子受过，也不符合行政伦理。

【参考答案】 C

《行政复议法》第33条："申请人逾期不起诉又不履行行政复议决定的，或者不履行最终裁决的行政复议决定的，按照下列规定分别处理：

（一）维持具体行政行为的行政复议决定，由作出具体行政行为的行政机关依法强制执行，或者申请人民法院强制执行；

（二）变更具体行政行为的行政复议决定，由行政复议机关依法强制执行，或者申请人民法院强制执行。"

53.【2012年第28题】 根据行政复议法及相关规定，下列哪种说法是错误的？

A. 对于维持具体行政行为的行政复议决定，申请人逾期不起诉又不履行的，由作出具体行政行为的行政机关依法强制执行，或者申请人民法院强制执行

B. 对于变更具体行政行为的行政复议决定，申请人逾期不起诉又不履行的，由行政复议机关依法强制执行，或者申请人民法院强制执行

C. 被申请人无正当理由拖延履行行政复议决定的，行政复议机关应当代为履行

D. 被申请人不履行行政复议决定的，行政复议机关或者有关上级行政机关应当责令其限期履行

【解题思路】

在复议决定的强制执行方面，实行的是谁作出的就由谁负责到底的原则。如果复议维持了原具体行政行为，那么行为的内容是原机关作出的，由原机关负责到底。如果

复议改变了，那么该具体行政行为就是复议机关作出的，就由复议机关负责。复议机关是被申请人的上级管理机关，如果下级拒不履行，上级自然应当责令其履行。如果上级只能自己代为履行，那就丧失了上级机关应有的权威。

【参考答案】 C

54.【2019年第14题】张某对县税务局的行政处罚不服，向县人民政府申请行政复议，但复议机关维持了原处罚决定，张某逾期不履行该行政复议决定，也未向法院起诉，对此，下列说法正确的是？

A. 由县税务局依法强制执行，或者申请人民法院强制执行

B. 由县人民政府依法强制执行，或者申请人民法院强制执行

C. 县税务局不能强制执行，只能申请人民法院强制执行

D. 县人民政府不能强制执行，只能申请人民法院强制执行

【解题思路】

复议机关维持原处罚决定，则需要作出该行政行为的行政机关县税务局负责执行。如果税务局缺乏强制执行的能力，则可以申请法院强制执行。如果是复议机关改变了原处罚决定，则新的处罚决定体现了复议机关的意志，负责执行的就变成了复议机关。

【参考答案】 A

《行政复议法实施条例》第50条："有下列情形之一的，行政复议机关可以按照自愿、合法的原则进行调解：

（一）公民、法人或者其他组织对行政机关行使法律、法规规定的自由裁量权作出的具体行政行为不服申请行政复议的；

（二）当事人之间的行政赔偿或者行政补偿纠纷。

当事人经调解达成协议的，行政复议机关应当制作行政复议调解书。调解书应当载明行政复议请求、事实、理由和调解结果，并加盖行政复议机关印章。行政复议调解书经双方当事人签字，即具有法律效力。

调解未达成协议或者调解书生效前一方反悔的，行政复议机关应当及时作出行政复议决定。"

55.【2015年第71题】根据行政复议法及相关规定，下列关于行政复议机关进行的调解的哪些说法是正确的？

A. 当事人之间的行政赔偿纠纷，行政复议机关可以按照自愿、合法的原则进行调解

B. 当事人之间的行政补偿纠纷，行政复议机关可以按照自愿、合法的原则进行调解

C. 当事人经调解达成协议的，行政复议机关可以不必制作行政复议调解书

D. 调解未达成协议的，行政复议机关应当及时作出行政复议决定

【解题思路】

在行政复议中，涉及"量"的事项可以调解，比如属于自由裁量权范围内的事情或者是补偿的数额。需要强调的是，调解必须在自愿、合法的基础上进行。如果调解能达成协议，就制作调解书，不能达成协议则作出复议决定。

【参考答案】 ABD

56.【2019年第63题】某市知识产权局在行政执法中，向假冒专利的企业甲作出

罚款3万元的行政处罚决定。企业甲不服，申请行政复议，下列说法正确的是？

A. 当事人经调解达成协议的，行政复议机关应当制作行政复议调解书

B. 行政调解书经行政复议机关盖章后即具有法律效力

C. 在行政复议中，如果复议机关认为罚款明显偏轻，其可以变更被申请复议的行政行为，将行政处罚改为罚款4万元

D. 本案属于可以进行行政调解的情形

【解题思路】

复议程序原则上不能进行调解，但如果涉及的是罚款数额之类的定量问题，则可以进行调解。如果案件经过调解结案，复议机关制作的自然是调解书。调解必须是当事人自愿的，故必须经过当事人签字后才有法律效力，而不是行政机关盖章后即生效。为避免当事人对申请复议心存疑虑，复议程序中不允许复议机关对申请人作出更为不利的复议决定。

【参考答案】 AD

（二）行政复议决定不服的救济

1. 向人民法院提起行政诉讼

《行政复议法》第5条："公民、法人或者其他组织对行政复议决定不服的，可以依照行政诉讼法的规定向人民法院提起行政诉讼，但是法律规定行政复议决定为最终裁决的除外。"

《行政复议法》第30条："公民、法人或者其他组织认为行政机关的具体行政行为侵犯其已经依法取得的土地、矿藏、水流、森林、山岭、草原、荒地、滩涂、海域等自然资源的所有权或者使用权的，应当先申请行政复议；对行政复议决定不服的，可以依法向人民法院提起行政诉讼。

根据国务院或者省、自治区、直辖市人民政府对行政区划的勘定、调整或者征用土地的决定，省、自治区、直辖市人民政府确认土地、矿藏、水流、森林、山岭、草原、荒地、滩涂、海域等自然资源的所有权或者使用权的行政复议决定为最终裁决。"

57.【2018年第62题】新锐公司兴建厂房需要一块土地。恰逢甲市政府出让一块土地，新锐公司和好客来公司同时提出申请，市政府拒绝了新锐公司的申请，向好客来公司颁发了国有土地使用权证。此后，丰年村认为政府向好客来公司发放的国有土地使用权证所认定的面积包括了该村的集体土地。下列说法正确的是

A. 新锐公司对政府拒绝其申请的行为，应当先申请行政复议才能提起诉讼

B. 新锐公司对政府向好客来公司颁发国有土地使用权的行为，应当先申请复议才能提起诉讼

C. 丰年村对政府向好客来公司颁发国有土地使用权的行为，应当先申请复议才能提起诉讼

D. 集体土地使用权被侵犯的丰年村村民也可以以自己的名义申请行政复议

【解题思路】

当事人认为行政机关的具体行政行为侵犯其已经依法取得的土地所有权的，应当先申请复议，对复议决定不服才能提起诉讼。丰年村认为甲市政府向好客来公司颁发国有土地使用权证的行为侵犯了其村庄的集体土地，应当先申请复议。申请人与具体行政行为有利害关系是有权提起行政复议的前提，如果某村民的集体土地使用权被侵犯，

该村民可以自己名义来提起行政复议，维护自己的合法权利。新锐公司的问题是没能够获得土地使用权，而不是已经获得的土地使用权被侵犯，故并不适用先复议再诉讼的程序，新锐公司完全直接提起行政诉讼。

【参考答案】 CD

2. 对国务院部门或者省、自治区、直辖市人民政府的复议决定不服的救济

《行政复议法》第14条："对国务院部门或者省、自治区、直辖市人民政府的具体行政行为不服的，向作出该具体行政行为的国务院部门或者省、自治区、直辖市人民政府申请行政复议。对行政复议决定不服的，可以向人民法院提起行政诉讼；也可以向国务院申请裁决，国务院依照本法的规定作出最终裁决。"

58.【2016年第62题】某专利申请人对国家知识产权局不予受理其申请的决定不服，根据行政复议法及相关规定，他可以通过下列哪些途径寻求救济？

A. 向国家知识产权局申请行政复议

B. 向国务院申请行政复议

C. 依法申请行政复议后，对复议决定仍然不服的，可以向人民法院起诉

D. 依法申请行政复议后，对复议决定仍然不服的，可以向国务院申请最终裁决

【解题思路】

2018年国家知识产权局重新组建后，由原先直属于国务院改为由国家市场监督管理总局管理，不再属于国务院直属机构。不过，根据国务院法制办公室对国土资源部《关于请明确对部管国家局的行政复议申请受理机关的函》的复函（国法函〔2001〕245号），对部委管理的国家局的具体行政行为不服提起的行政复议申请，依然应当由该国家局受理。另外，国家知识产权局重组后，其直接上级不再是国务院，但对复议结果不服的，依然可以选择向国务院申请裁决。

【参考答案】 ACD

59.【2019年第15题】对国务院部门的具体行政行为不服的，向该部门申请行政复议，对行政复议决定不服的，下列说法正确的是？

A. 只能向人民法院提起行政诉讼

B. 可以向人民法院提起行政诉讼，也可以向国务院申请裁决；对国务院作出的裁决不服的，还可以向人民法院提起行政诉讼

C. 可以向人民法院提起行政诉讼，也可以向国务院申请裁决，国务院作出的裁决为最终裁决

D. 必须首先向国务院申请裁决，对国务院作出的裁决不服的，可以向人民法院提起行政诉讼

【解题思路】

对省部级单位的行政行为不服的，有两条路可选：第一条路是提起诉讼，对一审判决不服还可以上诉；第二条路是请国务院裁决，对裁决不能再上诉。国务院作为最高行政机关，作出的裁决具有权威性和终局性。如果对国务院的裁决还可以上诉，那国务院就是被告，不合适。

【参考答案】 C

第五节 行政诉讼法

【基本要求】

了解行政诉讼的概念、基本原则；理

解行政诉讼的受案范围、管辖、诉讼参加人的有关规定；掌握行政诉讼的程序和判决的规定；理解行政赔偿基本制度和程序。

本节内容主要涉及《行政诉讼法》《国家赔偿法》《行诉法解释》和《行诉证据规定》的规定。

一、行政诉讼的基本知识

（一）行政诉讼的概念

1. 行政诉讼的概念和特征

《行政诉讼法》第2条："公民、法人或者其他组织认为行政机关和行政机关工作人员的行政行为侵犯其合法权益，有权依照本法向人民法院提起诉讼。

前款所称行政行为，包括法律、法规、规章授权的组织作出的行政行为。"

2. 行政诉讼与行政复议的区别

表13 行政诉讼和行政复议

项目	行政诉讼	行政复议
处理机关	法院	行政机关
行为性质	司法活动，属于法院行使司法权对行政行为的司法审查	行政行为，属于行政机关内部的层级监督制度
受案范围	行政复议大于行政诉讼	行政复议大于行政诉讼
审查标准	原则上只审查具体行政行为是否合法	行政行为是否合法与适当
审查方式	一般需要开庭审理，实行二审终审	一般实行书面复议制度，实行一级复议
结果形式	驳回原告诉讼请求、撤销、重作、履行、给付、确认违法、确认无效、变更、行政协议履行及补偿	可作出维持、责令履行、撤销、变更、确认、赔偿损失等行政复议决定
处理依据	以法律、行政法规和地方性法规为依据，以行政规章为参照	法律、行政法规、地方性法规、规章以及上级行政机关制定和发布的具有普遍约束力的决定、命令
法律效力	具有最终的法律效力，当事人必须遵行	相对人对复议不服，还可以提起行政诉讼，法律规定复议裁决为终局裁决的例外

1.【2016年第61题】下列关于行政复议和行政诉讼的说法哪些是正确的？

A. 公民、法人或者其他组织对行政复议决定不服的，可以依法向人民法院提起行政诉讼，但是法律规定行政复议决定为最终裁决的除外

B. 人民法院审理行政诉讼案件、行政复议机关受理行政复议申请都应当向申请人收取费用

C. 行政诉讼和行政复议都只对具体行政行为是否合法进行审查

D. 公民、法人或者其他组织向人民法院提起行政诉讼，人民法院已经依法受理的，不得申请行政复议

【解题思路】

行政行为原则上都要经过司法审查，故对行政复议决定不服的可以提起行政诉讼。当然，如果法律规定行政复议是最终裁决的，那就不能再提起诉讼。民事诉讼和行政诉讼都要收取费用，不过行政复议不收取费用。行政诉讼原则上只审查合法性，行政复议则既审查合法性，也审查合理性。行政复议和行政诉讼当事人只能择一行使，申请了复议就不能提起诉讼，提起诉讼就不能再申请复议。

【参考答案】 AD

3. 行政诉讼与民事诉讼的区别

表14 行政诉讼与民事诉讼

项目	行政诉讼	民事诉讼
案件性质	行政主体与作为行政管理相对方的公民、法人或者其他组织之间的行政争议	平等主体之间的民事争议
实体规范	行政法律规范，如《治安管理处罚法》等	民事法律规范，如《民法典》等

续表

项目	行政诉讼	民事诉讼
当事人	行政主体与公民、法人或者其他组织之间	法人之间、自然人之间、法人与自然人之间
诉讼权利	只能由公民、法人或者其他组织一方起诉，行政主体方没有起诉权和反诉权	双方当事人的诉讼权利是对等的，如一方起诉，另一方可以反诉
起诉的先行条件	以存在某个行政行为为先行条件，有些争议还需要先提起行政复议，对复议不服才能提起诉讼	不需要这样的先行条件
举证责任	要求被告行政机关负举证责任	谁主张，谁举证
是否适用调解	仅适用于行政赔偿、补偿以及行政机关行使法律、法规规定的自由裁量权的案件	适用于各种类型的民事案件

2.【2007年第2题】根据民事诉讼法和行政诉讼法的规定，下列哪些说法是正确的？

A．人民法院审理民事案件应当收取诉讼费用，审理行政案件不得向当事人收取任何费用

B．民事诉讼的被告为公民、法人或其他组织，行政诉讼的被告为行政机关或法律法规授权的组织

C．简单的民事案件和行政案件均可由审判员一人独任审理

D．民事诉讼中当事人的法律地位平等，行政诉讼中当事人的法律地位不平等

【解题思路】

行政诉讼和民事诉讼一样，都需要收费。行政诉讼的显著特点是被告恒定是行政主体，行政机关不能对原告提起反诉。2014年《行政诉讼法》修改后，行政诉讼的报告除行政机关或法律法规授权的组织外，还增加了"规章"授权的组织，故B选项不够严

密。根据旧《行政诉讼法》，行政案件不适用简易程序。不过，2014年《行政诉讼法》修改之后，增加了简易程序方面的规定。既然是简易程序，那么自然是由审判员一人审理。不管是民事诉讼还是行政诉讼，原被告双方的法律地位都是平等的。考虑到行政机关处于强势地位，故在行政诉讼中规定行政机关的举证责任，以实现双方的平等。

【参考答案】 C

4．行政诉讼法的效力

（1）空间效力。凡是在我国进行的行政诉讼活动，均应适用我国行政诉讼法。我国香港、澳门特别行政区，不适用我国行政诉讼法。有关行政诉讼的地方性法规和自治条例、单行条例只能在本行政区域内适用。

（2）时间效力。《行政诉讼法》第75条："本法从1990年10月1日起施行。"

（3）对人的效力。凡在我国领域内进行行政诉讼的，无论当事人为中国公民、法人还是外国公民、外国组织或无国籍人，均适用我国行政诉讼法，但享有外交豁免权的外国人除外。

（4）对事的效力。人民法院并不受理所有的行政案件，而只受理由法律明确规定可以受理范围内的案件。

（二）行政诉讼的受案范围

1．行政诉讼的受案范围

《行政诉讼法》第12条："人民法院受理公民、法人或者其他组织提起的下列诉讼：

（一）对行政拘留、暂扣或者吊销许可证和执照、责令停产停业、没收违法所得、没收非法财物、罚款、警告等行政处罚不服的；

（二）对限制人身自由或者对财产的查封、扣押、冻结等行政强制措施和行政强制执行不服的；

（三）申请行政许可，行政机关拒绝或者在法定期限内不予答复，或者对行政机关作出的有关行政许可的其他决定不服的；

（四）对行政机关作出的关于确认土地、矿藏、水流、森林、山岭、草原、荒地、滩涂、海域等自然资源的所有权或者使用权的决定不服的；

（五）对征收、征用决定及其补偿决定不服的；

（六）申请行政机关履行保护人身权、财产权等合法权益的法定职责，行政机关拒绝履行或者不予答复的；

（七）认为行政机关侵犯其经营自主权或者农村土地承包经营权、农村土地经营权的；

（八）认为行政机关滥用行政权力排除或者限制竞争的；

（九）认为行政机关违法集资、摊派费用或者违法要求履行其他义务的；

（十）认为行政机关没有依法支付抚恤金、最低生活保障待遇或者社会保险待遇的；

（十一）认为行政机关不依法履行、未按照约定履行或者违法变更、解除政府特许经营协议、土地房屋征收补偿协议等协议的；

（十二）认为行政机关侵犯其他人身权、财产权等合法权益的。

除前款规定外，人民法院受理法律、法规规定可以提起诉讼的其他行政案件。"

3.【2009年第14题】根据行政诉讼法及相关规定，公民、法人或者其他组织对下列哪些行政行为不服的，可以提起行政诉讼？

A. 对吊销许可证的行政处罚不服的

B. 对限制人身自由的行政强制措施不服的

C. 对法律规定由行政机关最终裁决的行政行为不服的

D. 认为行政机关违法要求履行义务的

【解题思路】

本题4个选项都属于行政行为侵犯了公民人身权利或财产权利的情形，原则上都应该属于行政诉讼的受案范围。不过，如果法律规定由行政机关最终裁决，那就排除了法院管辖。

【参考答案】 ABD

4.【2017年第66题】根据行政诉讼法及相关规定，人民法院受理公民、法人或者其他组织提起的下列哪些行政诉讼？

A. 对行政机关作出的行政机关工作人员任免决定不服的

B. 对征收、征用决定及其补偿决定不服的

C. 认为行政机关侵犯其经营自主权的

D. 认为行政机关滥用权力排除或者限制竞争的

【解题思路】

行政诉讼的受案范围十分广泛，考生要全部记住非常不易，因此在做此类题目的时候可以考虑"上位+排除"的方法来解题。"上位"就是要记住行政诉讼的定义，必须是行政机关及其工作人员在履行职责中所作出的行为，这种行为对相对人的人身和财产权益发生了影响。"排除"就是要记住行政

诉讼不受理的 4 个事项,如行政机关内部的纪律处分。考生将两者相结合就可以选出正确的答案。

【参考答案】 BCD

2. 行政诉讼的排除范围

《行政诉讼法》第 13 条:"人民法院不受理公民、法人或者其他组织对下列事项提起的诉讼:

(一)国防、外交等国家行为;

(二)行政法规、规章或者行政机关制定、发布的具有普遍约束力的决定、命令;

(三)行政机关对行政机关工作人员的奖惩、任免等决定;

(四)法律规定由行政机关最终裁决的行政行为。"

5.【2012 年第 5 题】根据行政诉讼法及相关规定,下列哪项不属于行政诉讼的受案范围?

A. 公民王某对全国人大常委会修改专利法的决定不服的

B. 甲公司认为某行政机关的行政行为侵犯其经营自主权的

C. 乙公司对本市知识产权局责令其停止侵犯丙公司专利权的决定不服的

D. 公民赵某申请某行政机关履行保护其财产权的法定职责,该行政机关拒绝履行,赵某不服的

【解题思路】

根据《行政诉讼法》的规定,行政机关制定行政法规的事项都不属于行政诉讼受理的范围,更不用说人大常委会制定法律的行为了。考生也可以这么考虑,行政诉讼的被告是行政机关,人大常委会为立法机关,不是行政机关。就算该事项属于法院管辖,那也不是行政诉讼。

【参考答案】 A

6.【2018 年第 66 题】下列当事人提起的诉讼,属于行政诉讼受案范围的

A. 张某和王某是邻居,因生活琐事产生纠纷,打架斗殴,经公安局调解达成调解协议

B. 李某向环保局申请设立垃圾焚烧站,环保局以影响环境为由作出不予准许的决定。李某不服提起诉讼

C. 张某因卖淫被县公安局处以 10 日行政拘留,1 个月后张某向县政府申请行政复议,县政府不予受理。张某不服起诉

D. 某公司与县政府签订天然气特许经营协议,双方发生纠纷后该公司以县政府不依法履行协议为由向法院起诉

【解题思路】

公安局对张某和王某的打架事件进行调解,并未动用行政强制力量,故不属于行政诉讼的受案范围。环保局不允许李某设立垃圾焚烧站,公安局对张某进行拘留,以及县政府不履行行政协议,都是行政机关的行政行为侵犯了当事人的人身权利或者财产权利,都属于行政诉讼的受案范围。

【参考答案】 BCD

《行诉法解释》第 1 条:"公民、法人或者其他组织对行政机关及其工作人员的行政行为不服,依法提起诉讼的,属于人民法院行政诉讼的受案范围。

下列行为不属于人民法院行政诉讼的受案范围:

(一)公安、国家安全等机关依照刑事诉讼法的明确授权实施的行为;

(二)调解行为以及法律规定的仲裁行为;

203

(三) 行政指导行为；

(四) 驳回当事人对行政行为提起申诉的重复处理行为；

(五) 行政机关作出的不产生外部法律效力的行为；

(六) 行政机关为作出行政行为而实施的准备、论证、研究、层报、咨询等过程性行为；

(七) 行政机关根据人民法院的生效裁判、协助执行通知书作出的执行行为，但行政机关扩大执行范围或者采取违法方式实施的除外；

(八) 上级行政机关基于内部层级监督关系对下级行政机关作出的听取报告、执法检查、督促履责等行为；

(九) 行政机关针对信访事项作出的登记、受理、交办、转送、复查、复核意见等行为；

(十) 对公民、法人或者其他组织权利义务不产生实际影响的行为。"

7.【2018年第15题】养殖户梅某根据市政府的建议，扩大了生猪养殖，结果全国生猪养殖产能过剩，猪肉价格暴跌，该养殖户损失200万元。该市畜牧局执法人员黄某到梅某养殖基地进行检疫时，梅某阻拦，黄某将梅某打成轻微伤。下列说法正确的是？

A. 市政府的行为是履行行政职权的行为

B. 梅某不服市政府的行为，可以提起行政诉讼

C. 市政府应当对梅某的养殖损失进行补偿

D. 梅某不服黄某人身侵权行为的，不可以提起行政诉讼，但可以提起民事诉讼

【解题思路】

市政府提出的建议为行政指导行为，属于履行行政职权。不过市政府的建议并不具备强制效力，梅某完全可以不遵守，故对该行为并不能提起行政诉讼。既然该指导行为不能被提起行政诉讼，梅某当然也无法获得补偿。黄某打伤梅某时是在执行公务，故梅某可以提起行政诉讼。

【参考答案】 A

8.【2019年第16题】当事人不服下列行为提起诉讼的，属于行政诉讼受案范围的有？

A. 根据法院的生效判决，国家知识产权局专利局变更了专利权人姓名

B. 北京市海淀区市场监督管理局作出的没收违法所得的行政处罚决定

C. 根据已作出的行政决定，北京市海淀区市场监督管理局作出了行政决定履行催告书

D. 北京市海淀区市场监督管理局作出了撤销行政许可（登记）听证告知书

【解题思路】

行政诉讼的受案范围应当是行政机关行使行政职权，对当事人的人身权利和财产权利产生了影响。专利局根据法院的判决变更专利权人的姓名是在履行法院判决，不是在主动行使行政职权。行政机关作出的履行催告书和听证告知书都属于程序性行为，不直接对当事人的权利义务产生影响。

【参考答案】 B

《行诉法解释》第56条："法律、法规规定应当先申请复议，公民、法人或者其他组织未申请复议直接提起诉讼的，人民法院裁定不予立案。

依照行政诉讼法第四十五条的规定，复议机关不受理复议申请或者在法定期限内不作出复议决定，公民、法人或者其他组织不服，依法向人民法院提起诉讼的，人民法院应当依法立案。"

《行诉法解释》第57条："法律、法规未规定行政复议为提起行政诉讼必经程序，公民、法人或者其他组织既提起诉讼又申请行政复议的，由先立案的机关管辖；同时立案的，由公民、法人或者其他组织选择。公民、法人或者其他组织已经申请行政复议，在法定复议期间内又向人民法院提起诉讼的，人民法院裁定不予立案。"

9.【2006年第41题】法律、行政法规未规定行政复议是行政诉讼的必经程序，公民、法人或者其他组织既提起行政诉讼又申请行政复议的，应当如何处理？

A. 由行政复议机关管辖

B. 由人民法院管辖

C. 由先受理的机关管辖，但同时受理的，由公民、法人或者其他组织选择

D. 由行政复议机关和人民法院协商解决

【解题思路】

行政复议和行政诉讼属于不同的救济途径，两者只能选择其一，选择的标准是谁先受理。如果同时受理，则应该把选择权交给行政相对人。

【参考答案】 C

《行诉法解释》第58条："法律、法规未规定行政复议为提起行政诉讼必经程序，公民、法人或者其他组织向复议机关申请行政复议后，又经复议机关同意撤回复议申请，在法定起诉期限内对原行政行为提起诉讼的，人民法院应当依法立案。"

《行诉法解释》第59条："公民、法人或者其他组织向复议机关申请行政复议后，复议机关作出维持决定的，应当以复议机关和原行为机关为共同被告，并以复议决定送达时间确定起诉期限。"

《行诉法解释》第60条："人民法院裁定准许原告撤诉后，原告以同一事实和理由重新起诉的，人民法院不予立案。

准予撤诉的裁定确有错误，原告申请再审的，人民法院应当通过审判监督程序撤销原准予撤诉的裁定，重新对案件进行审理。"

《行诉法解释》第61条："原告或者上诉人未按规定的期限预交案件受理费，又不提出缓交、减交、免交申请，或者提出申请未获批准的，按自动撤诉处理。在按撤诉处理后，原告或者上诉人在法定期限内再次起诉或者上诉，并依法解决诉讼费预交问题的，人民法院应予立案。"

《行诉法解释》第62条："人民法院判决撤销行政机关的行政行为后，公民、法人或者其他组织对行政机关重新作出的行政行为不服向人民法院起诉的，人民法院应当依法立案。"

《行诉法解释》第63条："行政机关作出行政行为时，没有制作或者没有送达法律文书，公民、法人或者其他组织只要能证明行政行为存在，并在法定期限内起诉的，人民法院应当依法立案。"

10.【2012年第97题】根据行政诉讼法及相关规定，对于下列哪些诉讼请求，人民法院不予受理？

A. 法律、法规规定应当先申请行政复议，公民、法人或其他组织未申请复议而直接提起诉讼的

B. 法律规定由行政机关最终裁决的行政行为，公民、法人或其他组织不服该行政行为，向人民法院提起诉讼的

C. 复议机关在法定期限内不作出复议决定，公民、法人或其他组织不服，依法向人民法院提起诉讼的

D. 人民法院裁定准许原告撤诉后，原告以同一事实和理由重新提起诉讼的

【解题思路】

既然法律规定了应当先复议再诉讼，那就不能直接提起诉讼。既然是行政裁决终局，那就排除了法院的管辖。D 项则属于一事不再理原则，法院不应受理。复议机关如果迟迟不作出复议决定，那么当事人就只能通过诉讼获得救济，此时法院应当受理。

【参考答案】 ABD

11.【2013年第70题】根据行政诉讼法及相关规定，人民法院不受理公民、法人或者其他组织对下列哪些事项提起的行政诉讼？

A. 国防、外交等国家行为

B. 行政机关的调解行为

C. 法律规定的仲裁行为

D. 不具有强制力的行政指导行为

【解题思路】

国防和外交属于国家行为，法院不能干涉。行政机关的调解行为没有动用行政权力，不属于行政诉讼的范围。法律规定的仲裁行为，行政机关的仲裁就是最终决定，已经排除了法院的管辖。不具有强制力的行政指导行为本质上就是一个建议，当事人是否接受是自愿的，如果接受了又后悔就不合适。

【参考答案】 ABCD

（三）《行政诉讼法》的基本原则和制度

1. 保障起诉原则

《行政诉讼法》第3条："人民法院应当保障公民、法人和其他组织的起诉权利，对应当受理的行政案件依法受理。

行政机关及其工作人员不得干预、阻碍人民法院受理行政案件。

被诉行政机关负责人应当出庭应诉。不能出庭的，应当委托行政机关相应的工作人员出庭。"

《行诉法解释》第128条："行政诉讼法第三条第三款规定的行政机关负责人，包括行政机关的正职、副职负责人以及其他参与分管的负责人。

行政机关负责人出庭应诉的，可以另行委托一至二名诉讼代理人。行政机关负责人不能出庭的，应当委托行政机关相应的工作人员出庭，不得仅委托律师出庭。"

12.【2018年第69题】甲、乙、丙三友人一同在某餐厅就餐。由于餐品质量与餐厅经理郭某产生纠纷。纠纷过程中，将餐厅经理郭某打伤。区公安局将甲拘留10日，乙拘留5日。甲不服，提起行政诉讼。区公安局出庭应诉，下列说法正确的是

A. 区公安局负责人出庭的，应当由区公安局局长出庭应诉

B. 区公安局局长出庭应诉的，可以另行委托1～2名诉讼代理人

C. 区公安局负责人和工作人员不出庭，委托2名律师出庭

D. 主管相关业务的副局长属于行政机关负责人

【解题思路】

行政诉讼俗称为"民告官"案件，很多情况下老百姓只要看见官员坐在被告席上，事情就解决了一半。2014年《行政诉讼法》修改后，要求行政机关负责人员出庭应诉。公安局局长并不是所有的业务一肩挑，相关的业务由不同的领导（副局长或其他领导）负责。行政机关负责人的关键点是对某项业务"负责"，故主管相关业务的副局长属于行政机关"负责"人。法律要求行政机关负责人出庭是为了能够让老百姓"民告官"的时候能够见到官员本人，而不是禁止行政机关委托律师出庭，故公安局局长出庭应诉的，也可以另行委托1～2名诉讼代理人。

【参考答案】 BD

2. 独立审判原则

《行政诉讼法》第4条："人民法院依法对行政案件独立行使审判权，不受行政机关、社会团体和个人的干涉。

人民法院设行政审判庭，审理行政案件。"

3. 以事实为依据、以法律为准绳的原则

《行政诉讼法》第5条："人民法院审理行政案件，以事实为根据，以法律为准绳。"

4. 平等原则

《行政诉讼法》第8条："当事人在行政诉讼中的法律地位平等。"

5. 合法性审查原则

《行政诉讼法》第6条："人民法院审理行政案件，对行政行为是否合法进行审查。"

6. 辩论的原则

《行政诉讼法》第10条："当事人在行政诉讼中有权进行辩论。"

7. 不适用调解的原则

《行政诉讼法》第60条："人民法院审理行政案件，不适用调解。但是，行政赔偿、补偿以及行政机关行使法律、法规规定的自由裁量权的案件可以调解。

调解应当遵循自愿、合法原则，不得损害国家利益、社会公共利益和他人合法权益。"

13.【2014年第12题】根据行政诉讼法及相关规定，下列哪种说法是正确的？

A. 人民法院审理行政案件，一律公开审理

B. 行政诉讼期间，应当停止行政行为的执行

C. 人民法院审理行政案件，不适用调解

D. 人民法院对行政案件宣告判决或者裁定前，原告不得申请撤诉

【解题思路】

行政案件如果涉及国家秘密，肯定不能公开审理。行政重在效率，如果起诉就能停止行政行为的执行，会使行政行为的有效性和连续性受到重创，削弱政府的行政管理职能。行政诉讼中原告可以申请撤诉，但是否准许则由法院裁定。需要注意的是C选项。民事领域的基本原则是意思自治，当事人可以对自己的权利进行处分，故民事诉讼可以和稀泥，调解结案。行政诉讼则涉及的是行为的合法性问题，原则上不适用调解，除非是属于自由裁量的范围。C选项考查的是一般性情况，是正确的。

【参考答案】 C

8. 使用民族语言文字的原则

《行政诉讼法》第9条："各民族公民都有用本民族语言、文字进行行政诉讼的权利。

在少数民族聚居或者多民族共同居住的地区，人民法院应当用当地民族通用的语言、文字进行审理和发布法律文书。

人民法院应当对不通晓当地民族通用的语言、文字的诉讼参与人提供翻译。"

14.【2012年第35题】根据行政诉讼法及相关规定，下列哪些说法是正确的？

A．人民法院审理行政案件，依法实行两审终审制度

B．人民法院审理行政案件，对行政行为是否合法进行审查

C．当事人在行政诉讼中的法律地位平等

D．各民族公民都有用本民族语言、文字进行行政诉讼的权利

【解题思路】

两审终审制度是我国三大诉讼法中共同适用的基本原则，行政诉讼同样适用。行政复议同时审查合法性与合理性，行政诉讼只审查合法性。平等原则和使用民族语言文字的原则同样是三大诉讼中的一项基本原则，在行政诉讼中同样适用。

【参考答案】 ABCD

9. 监督原则

《行政诉讼法》第11条："人民检察院有权对行政诉讼实行法律监督。"

15.【2016年第66题】根据行政诉讼法及相关规定，下列哪些说法是正确的？

A．人民法院审理行政案件，以事实为依据，以法律为准绳

B．人民法院审理行政案件，对行政行为是否合理进行审查

C．人民检察院有权对行政诉讼实行法律监督

D．当事人在行政诉讼中有权进行辩论

【解题思路】

行政诉讼和民事诉讼当中存在着很多共同之处，比如说都遵循以事实为依据，以法律为准绳的原则，检察院都可以实行监督，当事人都有权进行辩论等。需要注意的是，法院毕竟和行政机关毕竟不属于同一个系统，故法院对行政行为原则上只进行合法性审查，不进行合理性审查。

【参考答案】 ACD

10. 合议制度、回避制度、公开审判制度、两审终审制度

《行政诉讼法》第7条："人民法院审理行政案件，依法实行合议、回避、公开审判和两审终审制度。"

16.【2009年第5题】根据行政诉讼法及相关规定，下列说法哪些是正确的？

A．人民法院依法对行政案件独立行使审判权，不受行政机关、社会团体和个人的干涉

B．当事人在行政诉讼中的法律地位平等

C．人民法院审理行政案件，对具体行政行为是否合法进行审查，对抽象行政行为是否合理进行审查

D．人民法院审理行政案件，依法实行合议、回避、公开审判和两审终审制度

【解题思路】

独立审判原则、平等原则属于行政诉讼的基本原则。合议、回避、公开审判和两

审终审属于行政诉讼的基本制度。行政诉讼审查的行政行为中，不涉及抽象行政行为，且原则上只对行政行为进行合法性审查，不进行合理性审查。

【参考答案】 ABD

《行政诉讼法》第55条："当事人认为审判人员与本案有利害关系或者有其他关系可能影响公正审判，有权申请审判人员回避。

审判人员认为自己与本案有利害关系或者有其他关系，应当申请回避。

前两款规定，适用于书记员、翻译人员、鉴定人、勘验人。

院长担任审判长时的回避，由审判委员会决定；审判人员的回避，由院长决定；其他人员的回避，由审判长决定。当事人对决定不服的，可以申请复议一次。"

17.【2009年第72题】根据行政诉讼法及相关规定，在行政诉讼中，对于与本案有利害关系的下列哪些人员，当事人有权申请其回避？

A．审判人员

B．书记员

C．鉴定人

D．证人

【解题思路】

行政诉讼中的回避和民事诉讼中的回避制度在本质上是一致的。同样，证人属于特定主体，没法取代，不适用回避。

【参考答案】 ABC

18.【2016年第70题】江某对某行政机关作出的行政处罚决定不服，向人民法院提起行政诉讼。江某认为本案书记员张某、审判员李某与该行政机关有利益关系可能会影响公正审判。根据行政诉讼法及相关规定，下列哪些说法是正确的？

A．江某有权申请李某回避

B．江某无权申请张某回避

C．李某的回避，由院长决定

D．李某的回避，由审判长决定

【解题思路】

在行政诉讼当中，当事人有权申请审判人员和书记员回避。李某为审判人员，回避由院长决定；张某为书记员，回避由审判长决定。

【参考答案】 AC

二、行政诉讼的管辖

（一）级别管辖

《行政诉讼法》第14条："基层人民法院管辖第一审行政案件。"

《行政诉讼法》第15条："中级人民法院管辖下列第一审行政案件：

（一）对国务院部门或者县级以上地方人民政府所作的行政行为提起诉讼的案件；

（二）海关处理的案件；

（三）本辖区内重大、复杂的案件；

（四）其他法律规定由中级人民法院管辖的案件。"

19.【2008年第87题】对省人民政府工作部门作出的行政行为不服提起诉讼的，由下列哪级人民法院管辖？

A．基层人民法院

B．中级人民法院

C．高级人民法院

D．最高人民法院

【解题思路】

中级人民法院管辖的是对国务院部门

或者县级以上地方人民政府作出的行政行为提起诉讼的案件。本题是省政府工作部门，如省公安厅，并不是省政府本身。省级政府工作部门在行政级别上相当于县级地方政府，但并不意味着对该部门提起诉讼就会享受和县级地方政府一样的"待遇"，对该部门提起的诉讼还是由基层人民法院管辖。

【参考答案】 A

20.【2019年第65题】下列哪些案件属于中级人民法院管辖的第一审行政案件？

A．对国务院部门所作的行政行为提起诉讼的案件

B．对县级以上地方人民政府所作的行政行为提起诉讼的案件

C．海关处理的案件

D．本辖区内重大、复杂的案件

【解题思路】

国务院部门行政级别高，故作为被告时由中院管辖比较合适。县级以上政府在本辖区内具有极高的影响力，基层法院容易受到其影响，故作为被告时也需要由中院审理。海关系统实行垂直领导，作为被告时也是由中院管辖。本辖区内的重大、复杂案件，当题干是中院时，"本辖区"指的是地级市范围，题干是高院时，则指的是省级范围。

【参考答案】 ABCD

《行诉法解释》第5条："有下列情形之一的，属于行政诉讼法第十五条第三项规定的'本辖区内重大、复杂的案件'：

（一）社会影响重大的共同诉讼案件；

（二）涉外或者涉及香港特别行政区、澳门特别行政区、台湾地区的案件；

（三）其他重大、复杂案件。"

21.【2018年第67题】根据行政诉讼法及相关规定，中级人民法院对下列哪些一审案件具有管辖权？

A．对某省人民政府作出的具体行政行为不服的案件

B．对国家知识产权局驳回专利申请不服的案件

C．本辖区内的涉外案件

D．海关处理的案件

【解题思路】

2014年《行政诉讼法》修改后，对县级、市级和省级政府的行政行为不服的案件，都由中级人民法院审理。对国家知识产权局驳回专利申请不服，应当向国家知识产权局申请复审，而不是去法院起诉。中级人民法院对本辖区内的重大复杂案件具有管辖权，而涉外案件属于重大复杂案件。海关处理的案件由海事法院管辖，海事法院在级别上是中级人民法院。

【参考答案】 ACD

《行政诉讼法》第16条："高级人民法院管辖本辖区内重大、复杂的第一审行政案件。"

《行政诉讼法》第17条："最高人民法院管辖全国范围内重大、复杂的第一审行政案件。"

《行诉法解释》第134条第3款："复议机关作共同被告的案件，以作出原行政行为的行政机关确定案件的级别管辖。"

（二）地域管辖

1．一般地域管辖

《行政诉讼法》第18条："行政案件由最初作出行政行为的行政机关所在地人民法院管辖。经复议的案件，也可以由复议机关

所在地人民法院管辖。

经最高人民法院批准，高级人民法院可以根据审判工作的实际情况，确定若干人民法院跨行政区域管辖行政案件。"

22.【2010年第29题】根据行政诉讼法及相关规定，下列哪些经行政复议的案件可以由行政复议机关所在地人民法院，也可以由最初作出行政行为的行政机关所在地人民法院管辖？

A．复议决定改变原行政行为所认定的主要事实和证据的

B．复议决定维持原行政行为的

C．复议决定部分撤销原行政行为处理结果的

D．复议决定改变原行政行为所适用的规范依据且对定性产生影响的

【解题思路】

对于行政诉讼，最初作出行政行为的行政机关所在地法院具有管辖权。另外，2014年《行政诉讼法》修改后，行政行为只要经过复议，不管复议机关有没有改变原行政决定，复议机关所在地法院都会拥有管辖权。

【参考答案】 ABCD

《行诉法解释》第22条："行政诉讼法第二十六条第二款规定的'复议机关改变原行政行为'，是指复议机关改变原行政行为的处理结果。复议机关改变原行政行为所认定的主要事实和证据、改变原行政行为所适用的规范依据，但未改变原行政行为处理结果的，视为复议机关维持原行政行为。

复议机关确认原行政行为无效，属于改变原行政行为。

复议机关确认原行政行为违法，属于改变原行政行为，但复议机关以违反法定程序为由确认原行政行为违法的除外。"

23.【2012年第80题】甲行政机关以违反法律相关规定为由对某公司进行了处罚。该公司不服，向乙复议机关申请行政复议。乙复议机关作出维持原行政行为的复议决定。该公司仍不服，欲向人民法院提起诉讼。根据行政诉讼法及相关规定，下列哪些说法是正确的？

A．应以甲行政机关为被告

B．应以乙复议机关为被告

C．甲行政机关所在地人民法院对此案有管辖权

D．乙复议机关所在地人民法院对此案有管辖权

【解题思路】

2014年《行政诉讼法》修改后，只要经过复议，则复议机关就注定会成为被告。如果复议机关维持了原行政行为，则复议机关和作出原行政行为的行政机关为共同被告。如果复议机关改变了原行政行为，则复议机关单独为被告。在这样的规则下，复议机关有动力认真复议解决纠纷，从而避免自己成为行政诉讼的被告。另外，经过复议的案件，不管复议决定有没有改变原行政行为，作出原行政行为的行政机关所在地法院和复议机关所在地法院都有管辖权。

【参考答案】 CD

24.【2016年第68题】根据行政诉讼法及相关规定，下列关于行政诉讼管辖的说法哪些是正确的？

A．行政案件由最初作出行政行为的行政机关所在地人民法院管辖

B．经复议的行政案件，可以由复议机

关所在地人民法院管辖

C．海关处理的行政案件，一审由基层人民法院管辖

D．对国务院部门所作的行政行为提起诉讼的案件一审由中级人民法院管辖

【解题思路】

对于行政诉讼，根据"原告就被告"的一般原则，最初作出行政行为的行政机关所在地法院具有管辖权。行政行为只要经过复议，不管复议机关有没有改变原行政决定，复议机关所在地法院都会拥有管辖权。国务院部门和海关处理的案件都是由中级人民法院管辖。海关处理的案件由海事法院管辖，海事法院在级别上也属于中级人民法院。对国务院部门提起的诉讼，不管是哪一年的《行政诉讼法》，都是由中级人民法院管辖。

【参考答案】 ABD

2．特殊地域管辖

《行政诉讼法》第19条："对限制人身自由的行政强制措施不服提起的诉讼，由被告所在地或者原告所在地人民法院管辖。"

《行诉法解释》第8条："行政诉讼法第十九条规定的'原告所在地'，包括原告的户籍所在地、经常居住地和被限制人身自由地。"

对行政机关基于同一事实，既采取限制公民人身自由的行政强制措施，又采取其他行政强制措施或者行政处罚不服的，由被告所在地或者原告所在地的人民法院管辖。"

25．【2007年第13题】根据行政诉讼法的规定，下列哪些说法是正确的？

A．对限制人身自由的行政强制措施不服提起的行政诉讼，可以由原告所在地人民法院管辖

B．对限制人身自由的行政强制措施不服提起的行政诉讼，可以由被告所在地人民法院管辖

C．因不动产提起的行政诉讼，由不动产所在地人民法院管辖

D．因不动产提起的行政诉讼，由被告所在地人民法院管辖

【解题思路】

在行政诉讼中，除因不动产提起的诉讼必须由不动产所在地法院管辖外，其他行政诉讼中，根据"原告就被告"的原则，被告所在地法院都具有管辖权。另外，对限制人身自由行政强制措施不服提起的诉讼，还可由原告所在地法院管辖。这主要是考虑到在公民被限制人身自由的情况下，起诉会受到很多限制，为保护当事人的利益，行政诉讼法赋予当事人在管辖方式更多选择的机会。

【参考答案】 ABC

《行政诉讼法》第20条："因不动产提起的行政诉讼，由不动产所在地人民法院管辖。"

26．【2009年第23题】某市环保局（住所在该市西城区）与该市水利局（住所在该市东城区）在联合执法过程中，发现该市南城区某化工厂的污水处理站建在防洪通道上，并且对下游河水造成污染，遂联合作出行政处罚决定：责令限期拆除该污水处理站。如果该化工厂对此决定不服，以该市环保局和水利局为共同被告提起行政诉讼，则下列哪些人民法院有管辖权？

A．该市西城区人民法院

B．该市东城区人民法院

C．该市南城区人民法院

D．该市中级人民法院

【解题思路】

不管是民事诉讼还是行政诉讼，涉及不动产的，都由不动产所在地法院管辖。

【参考答案】 C

3. 共同管辖

《行政诉讼法》第21条："两个以上人民法院都有管辖权的案件，原告可以选择其中一个人民法院提起诉讼。原告向两个以上有管辖权的人民法院提起诉讼的，由最先立案的人民法院管辖。"

27．【2016年第16题】根据行政诉讼法及相关规定，原告向两个以上有管辖权的人民法院提起行政诉讼的，由下列哪个人民法院管辖？

A．最先收到起诉状的人民法院

B．最先收到案件受理费的人民法院

C．最先立案的人民法院

D．该两个人民法院共同上级人民法院指定的人民法院

【解题思路】

在行政诉讼中，如果几个法院都有管辖权，那选择哪个法院起诉是原告的权利。如果由上级法院指定，程序会比较复杂，会留下暗箱操作的空间。如果原告向两个以上有管辖权的法院都提起了诉讼，那么根据立案的先后确定管辖权最为简单明了。《行政诉讼法》2014年修改前规定的是由先收到起诉状的法院管辖，修改后与《民事诉讼法》保持一致，改为先立案的法院管辖。收到起诉状的时间先后与法院本身在案件上是否积极无关，立案时间的先后则能反映法院在本案上的积极性，故按照立案时间来确定管辖权更加科学。在专利申请中，不以缴纳费用

的期限作为申请日。在诉讼中，也不以收到案件受理费的期限作为确定管辖的依据。

【参考答案】 C

（三）移送管辖和指定管辖

《行政诉讼法》第22条："人民法院发现受理的案件不属于本院管辖的，应当移送有管辖权的人民法院，受移送的人民法院应当受理。受移送的人民法院认为受移送的案件按照规定不属于本院管辖的，应当报请上级人民法院指定管辖，不得再自行移送。"

《行政诉讼法》第23条："有管辖权的人民法院由于特殊原因不能行使管辖权的，由上级人民法院指定管辖。

人民法院对管辖权发生争议，由争议双方协商解决。协商不成的，报它们的共同上级人民法院指定管辖。"

28．【2012年第44题】根据行政诉讼法及相关规定，下列关于管辖的哪些说法是正确的？

A．上级人民法院有权审判由下级人民法院管辖的第一审行政案件

B．两个以上人民法院都有管辖权的案件，原告应当向其共同的上级人民法院起诉

C．有管辖权的人民法院由于特殊原因不能行使管辖权的，由上级人民法院指定管辖

D．人民法院发现受理的案件不属于自己管辖时，应当移送有管辖权的人民法院

【解题思路】

上级法院有权审理下级法院的案件。如果两个法院都有管辖权，原告可以选择在其中任何一个起诉。有管辖权的法院发现自己不能行使管辖权时，由上级法院指定。法院发现自己没有管辖权时，则应当移送到有

管辖权的法院。

【参考答案】 ACD

29.【2017年第67题】根据行政诉讼法及相关规定，下列关于行政诉讼管辖的哪些说法是正确的？

A. 两个以上人民法院都有管辖权的案件，原告可以选择其中一个人民法院提起诉讼

B. 原告向两个以上有管辖权的人民法院提起诉讼的，由最先收到起诉状的人民法院管辖

C. 人民法院发现受理的案件不属于本院管辖的，应当移送有管辖权的人民法院，受移送的人民法院应当受理

D. 有管辖权的人民法院由于特殊原因不能行使管辖权的，由上级人民法院指定管辖

【解题思路】

在行政诉讼中，如果几个法院都有管辖权，那选择哪个法院起诉是原告的权利。如果由上级法院指定，会留下暗箱操作的空间。如果原告向两个以上有管辖权的法院都提起了诉讼，那么根据立案的先后确定管辖权最为简单明了。如果法院对案件没有管辖权，那么当初就不应该立案。既然已经立案了，就不能够再驳回，只能移送到有管辖权的法院。有管辖权的法院由于特殊原因不能行使管辖权的，这个问题只能交给上级法院来解决。

【参考答案】 ACD

（四）管辖权的转移

《行政诉讼法》第24条："上级人民法院有权审判下级人民法院管辖的第一审行政案件。

下级人民法院对其管辖的第一审行政案件，认为需要由上级人民法院审理或指定管辖的，可以报请上级人民法院决定。"

30.【2010年第74题】根据行政诉讼法及相关规定，下列关于行政诉讼管辖的说法哪些是正确的？

A. 两个以上人民法院都有管辖权的案件，原告可以选择其中一个人民法院提起诉讼

B. 人民法院发现受理的案件不属于自己管辖时，应当移送有管辖权的人民法院

C. 有管辖权的人民法院由于特殊原因不能行使管辖权的，由上级人民法院指定管辖

D. 上级人民法院可以把自己管辖的第一审行政案件移交给下级人民法院审判

【解题思路】

有管辖权的法院越多，当事人的选择范围就越广。B选项为移送管辖，C选项为指定管辖。需要注意的是，D选项为管辖权的下放，2014年《行政诉讼法》修改后，此规定已经被删除。

【参考答案】 ABC

31.【2015年第62题】根据行政诉讼法及相关规定，下列关于管辖权的哪些说法是正确的？

A. 两个以上人民法院都有管辖权的案件，原告可以选择其中一个人民法院提起诉讼

B. 人民法院发现受理的案件不属于本院管辖的，应当裁定驳回起诉

C. 上级人民法院有权审理下级人民法院管辖的第一审行政案件

D. 人民法院对管辖权发生争议，由争

议双方协商解决；协商不成的，报它们的共同上级人民法院指定管辖

【解题思路】

如果两个法院都有管辖权，从方便当事人的角度考虑，原告可以任选其中一个提起诉讼。法院如果在立案时发现对案件没有管辖权，就不予立案；如果是在立案后才发现没有管辖权，则属于法院的疏忽，此时就不能裁定驳回起诉，而是应该移送到有管辖权的法院受理。上级法院如果觉得某个案件应当由自己审理，那么可以提审该案，这种提升审级的情形也不会影响到当事人的利益。法院之间如果发生管辖权争议，那么双方自己能协商解决自然最好，如果不成，则只能由上级法院来决定。

【参考答案】 ACD

（五）管辖权异议

《行政诉讼法》第101条："人民法院审理行政案件，关于期间、送达、财产保全、开庭审理、调解、中止诉讼、终结诉讼、简易程序、执行等，以及人民检察院对行政案件受理、审理、裁判、执行的监督，本法没有规定的，适用《中华人民共和国民事诉讼法》的相关规定。"

根据该条，管辖权异议适用《民事诉讼法》，即在当事人提交答辩状期间提出。

三、行政诉讼参加人

（一）原告

《行政诉讼法》第25条："行政行为的相对人以及其他与行政行为有利害关系的公民、法人或者其他组织，有权提起诉讼。

有权提起诉讼的公民死亡，其近亲属可以提起诉讼。

有权提起诉讼的法人或者其他组织终止，承受其权利的法人或者其他组织可以提起诉讼。

人民检察院在履行职责中发现生态环境和资源保护、食品药品安全、国有财产保护、国有土地使用权出让等领域负有监督管理职责的行政机关违法行使职权或者不作为，致使国家利益或者社会公共利益受到侵害的，应当向行政机关提出检察建议，督促其依法履行职责。行政机关不依法履行职责的，人民检察院依法向人民法院提起诉讼。"

《行诉法解释》第12条："有下列情形之一的，属于行政诉讼法第二十五条第一款规定的'与行政行为有利害关系'：

（一）被诉的行政行为涉及其相邻权或者公平竞争权的；

（二）在行政复议等行政程序中被追加为第三人的；

（三）要求行政机关依法追究加害人法律责任的；

（四）撤销或者变更行政行为涉及其合法权益的；

（五）为维护自身合法权益向行政机关投诉，具有处理投诉职责的行政机关作出或者未作出处理的；

（六）其他与行政行为有利害关系的情形。"

《行诉法解释》第14条："行政诉讼法第二十五条第二款规定的'近亲属'，包括配偶、父母、子女、兄弟姐妹、祖父母、外祖父母、孙子女、外孙子女和其他具有扶养、赡养关系的亲属。

公民因被限制人身自由而不能提起诉讼的，其近亲属可以依其口头或者书面委托

以该公民的名义提起诉讼。近亲属起诉时无法与被限制人身自由的公民取得联系,近亲属可以先行起诉,并在诉讼中补充提交委托证明。"

32.【2011年第29题】根据行政诉讼法及相关规定,下列哪些主体可以依法提起行政诉讼?

A. 与被诉的行政复议决定有法律上利害关系的公民

B. 被诉的行政行为涉及其公平竞争权的法人

C. 在复议程序中被追加为第三人的法人

D. 要求主管行政机关依法追究加害人法律责任的公民

【解题思路】

行政诉讼是对行政行为的救济,A、B、C选项中,当事人都是行政行为的相对人,其权益都因行政行为受到损害,有权通过诉讼获得救济。D选项则是当事人需要通过诉讼程序追究加害人的责任。

【参考答案】 ABCD

《行诉法解释》第15条:"合伙企业向人民法院提起诉讼的,应当以核准登记的字号为原告。未依法登记领取营业执照的个人合伙的全体合伙人为共同原告;全体合伙人可以推选代表人,被推选的代表人,应当由全体合伙人出具推选书。

个体工商户向人民法院提起诉讼的,以营业执照上登记的经营者为原告。有字号的,以营业执照上登记的字号为原告,并应当注明该字号经营者的基本信息。"

33.【2012年第18题】根据行政诉讼法及相关规定,合伙企业向人民法院提起诉讼的,下列哪种说法是正确的?

A. 应当以核准登记的字号为原告

B. 应当以所有合伙人为共同原告

C. 应当以执行合伙企业事务的合伙人为原告

D. 可以任一合伙人为原告

【解题思路】

合伙企业虽然不属于法人,但至少具有独立的民事主体资格,在诉讼中应当以该核准登记的字号为原告。

【参考答案】 A

《行诉法解释》第16条:"股份制企业的股东大会、股东会、董事会等认为行政机关作出的行政行为侵犯企业经营自主权的,可以企业名义提起诉讼。

联营企业、中外合资或者合作企业的联营、合资、合作各方,认为联营、合资、合作企业权益或者自己一方合法权益受行政行为侵害的,可以自己的名义提起诉讼。

非国有企业被行政机关注销、撤销、合并、强令兼并、出售、分立或者改变企业隶属关系的,该企业或者其法定代表人可以提起诉讼。"

34.【2019年第66题】中外合资企业甲认为其企业权益受行政行为侵害的,下列说法正确的是?

A. 外方投资者可以以自己的名义提起行政诉讼

B. 企业甲可以以自己的名义提起行政诉讼

C. 外方投资者若以保护企业权益为由提起行政诉讼,其应以企业甲的名义提起行政诉讼

D. 外方投资者以保护自己的权益为由

提起行政诉讼的,其也应以企业甲的名义提起行政诉讼

【解题思路】

企业提起行政诉讼当然是以企业的名义。外方投资者和企业是两个不同的主体,故投资者如果要提起诉讼,应当以投资者自己的名义提起。

【参考答案】 AB

(二)被告

《行政诉讼法》第26条:"公民、法人或者其他组织直接向人民法院提起诉讼的,作出行政行为的行政机关是被告。

经复议的案件,复议机关决定维持原行政行为的,作出原行政行为的行政机关和复议机关是共同被告;复议机关改变原行政行为的,复议机关是被告。

复议机关在法定期限内未作出复议决定,公民、法人或者其他组织起诉原行政行为的,作出原行政行为的行政机关是被告;起诉复议机关不作为的,复议机关是被告。

两个以上行政机关作出同一行政行为的,共同作出行政行为的行政机关是共同被告。

行政机关委托的组织所作的行政行为,委托的行政机关是被告。

行政机关被撤销或者职权变更的,继续行使其职权的行政机关是被告。"

35.【2012年第69题】根据行政诉讼法及相关规定,下列关于行政诉讼被告的哪些说法是正确的?

A. 由法律、法规授权的组织所作的行政行为,该组织是被告

B. 由法律、法规授权的组织所作的行政行为,直接管理该组织的行政机关是被告

C. 由行政机关委托的组织所作的行政行为,该行政机关是被告

D. 由行政机关委托的组织所作的行政行为,该组织是被告

【解题思路】

行政行为包括法律法规授权的组织作出的行政行为。另外需要注意,2014年《行政诉讼法》修改后,还包括规章授权组织作出的行为。因此,对法律、法规授权的组织所作的行政行为不服的,该组织是被告。行政机关委托的组织则不是行政机关,不能作为被告。

【参考答案】 AC

36.【2016年第14题】根据行政诉讼法及相关规定,王某对某行政机关作出的行政处罚决定不服欲提起行政诉讼,但该行政机关已被撤销,应当以谁为被告?

A. 行政处罚执法人员

B. 该行政机关负责人

C. 该行政机关的上级主管机关

D. 继续行使该行政机关职权的行政机关

【解题思路】

行政诉讼的被告是行政机关,不是行政机关的执法人员或负责人。行政机关被撤销后,总有其他的机关去继续履行相关职责,该后继者也就"继承"了原行政机关的"债务",成为行政诉讼的被告。

【参考答案】 D

《行诉法解释》第22条:"行政诉讼法第二十六条第二款规定的'复议机关改变原行政行为',是指复议机关改变原行政行为的处理结果。复议机关改变原行政行为所认定的主要事实和证据、改变原行政行为所适

217

用的规范依据，但未改变原行政行为处理结果的，视为复议机关维持原行政行为。

复议机关确认原行政行为无效，属于改变原行政行为。

复议机关确认原行政行为违法，属于改变原行政行为，但复议机关以违反法定程序为由确认原行政行为违法的除外。"

37.【2018年第16题】区食药局根据《食品安全法》第一百二十三条，以"用回收食品作为原料生产食品"为由对甲公司作出罚款300万元、责令停产停业一年的决定。甲公司不服，向市食药局申请行政复议。市食药局根据《食品安全法》第一百二十四条，以"用超过保质期的食品原料生产食品"为由对甲公司作出罚款300万元、责令停产停业一年的决定。甲公司不服，提起行政诉讼。下列说法正确的是

A. 本案的被告是市食药局

B. 本案的被告是区食药局和市食药局

C. 本案的被告是市食药局，区食药局是第三人

D. 若甲拒绝追加市食药局为被告，人民法院应当通知市食药局作为第三人参加诉讼

【解题思路】

在本案中，原行政处罚是罚款300万元，经行政复议后还是300万元。虽然处罚的依据发生了改变，但对甲公司并没有实质区别。这种情况，法律上视为复议机关维持了原行政行为，故此时复议机关和原行政机关为共同被告。

【参考答案】B

《行诉法解释》第123条："行政诉讼法第二十六条第二款规定的'复议机关决定维持原行政行为'，包括复议机关驳回复议申请或者复议请求的情形，但以复议申请不符合受理条件为由驳回的除外。"

《行诉法解释》第134条："复议机关决定维持原行政行为的，作出原行政行为的行政机关和复议机关是共同被告。原告只起诉作出原行政行为的行政机关或者复议机关的，人民法院应当告知原告追加被告。原告不同意追加的，人民法院应当将另一机关列为共同被告。

行政复议决定既有维持原行政行为内容，又有改变原行政行为内容或者不予受理申请内容的，作出原行政行为的行政机关和复议机关为共同被告。

复议机关作共同被告的案件，以作出原行政行为的行政机关确定案件的级别管辖。"

38.【2008年第89题】甲行政机关对赵某作出行政处罚，赵某不服，依法向乙行政机关申请复议。乙行政机关经过复议，决定减轻对赵某的处罚。赵某仍不服，向人民法院起诉。对此，下列哪些说法是正确的？

A. 本案可以由甲行政机关所在地人民法院管辖

B. 本案可以由乙行政机关所在地人民法院管辖

C. 本案被告应为甲行政机关

D. 本案被告应为乙行政机关

【解题思路】

经过复议的案件，不管复议机关有没有改变原行政行为，拥有管辖权的法院都会有两个，即作出原行政行为的行政机关所在地法院和复议机关所在地法院。本题中，复议机关减轻处罚，属于改变了原行政行为，

被告只能是复议机关。

【参考答案】 ABD

39.【2013年第83题】某县公安局对张某作出了一项行政处罚决定。张某不服,遂向该县人民政府申请行政复议,但该县人民政府未在法定期限内作出复议决定。张某欲向人民法院提起行政诉讼。根据行政诉讼法及相关规定,下列哪些说法是正确的?

A. 张某因对该行政处罚决定不服提起诉讼的,应当以该县公安局为被告

B. 张某因对该行政处罚决定不服提起诉讼的,应当以该县人民政府为被告

C. 张某因对该县人民政府不作为不服提起诉讼的,应当以该县人民政府为被告

D. 张某因对该县人民政府不作为不服提起诉讼的,应当以该县人民政府和县公安局作为共同被告

【解题思路】

俗话说"冤有头债有主",公民对哪个行政行为不服,那告的就是作出该行政行为的行政主体。在本题中,作出处罚的是公安局,不作为的是县政府。如果诉的是行政处罚,那应该告公安局,如果诉的是不作为,那应该告县政府。

【参考答案】 AC

(三)共同诉讼和代表人

《行政诉讼法》第27条:"当事人一方或者双方为二人以上,因同一行政行为发生的行政案件,或者因同类行政行为发生的行政案件、人民法院认为可以合并审理并经当事人同意的,为共同诉讼。"

《行政诉讼法》第28条:"当事人一方人数众多的共同诉讼,可以由当事人推选代表人进行诉讼。代表人的诉讼行为对其所代表的当事人发生效力,但代表人变更、放弃诉讼请求或者承认对方当事人的诉讼请求,应当经被代表的当事人同意。"

40.【2008年第92题】某市12户居民以所在区规划局批准太平居委会搭建的自行车棚影响通行为由,向人民法院起诉,请求法院撤销规划局的批准决定。法院经审查,认定规划局的决定证据确凿,适用法律、法规正确,符合法定程序。据此,下列哪些说法是正确的?

A. 原告应推选1至5名诉讼代表人参加诉讼

B. 太平居委会可以作为第三人申请参加诉讼

C. 人民法院应当将太平居委会列为本案的共同被告

D. 人民法院应判决维持规划局的批准决定

【解题思路】

行政诉讼和民事诉讼中的很多规定都类似。根据2000年《最高人民法院关于执行〈中华人民共和国行政诉讼法〉若干问题的决定》第14条,原告数量5人以上就需要推选代表人,代表人数量为1～5人,不过2018年《行诉法解释》第29条将人数翻倍,原告数量10人以上才需要推选代表人,代表人数量也变成2～5人。根据新的司法解释,A选项不再正确。太平居委会与诉讼有利害关系,但又不是被告,那就应该作为第三人参加诉讼。本题中原行政行为在实体上和程序上都没有问题,应该判决驳回原告诉讼请求。需要注意,2014年《行政诉讼法》修改后,用驳回原告诉讼请求判决取代了维持判决。

【参考答案】 B

41.【2015年第64题】根据行政诉讼法及相关规定，下列关于行政诉讼参加人的哪些说法是正确的？

A．当事人一方人数众多的共同诉讼，应当由法院指定代表人进行诉讼

B．当事人一方或者双方为二人以上，因同一行政行为发生的行政案件为共同诉讼

C．公民、法人或者其他组织同被诉行政行为有利害关系但没有提起诉讼的，可以作为第三人申请参加诉讼

D．人民法院判决第三人承担义务或者减损第三人权益的，第三人有权依法提起上诉

【解题思路】

如果当事人一方人数众多，那么应该推选代表人进行诉讼。代表人的确定应当尊重当事人自己的意志，由当事人自行推选而不是由法院指定。共同诉讼的表面含义就是"共同"进行诉讼，需要当事人一方或者双方为二人以上。另外，他们之间的诉讼应该有关联，或者是同一个行政行为，或者是同类的行政行为。如果某人与被诉行政行为有利害关系却没有作为原告提起诉讼，那么就可以申请作为第三人加入到诉讼中来。如果法院判决第三人承担责任，那么他也需要有个救济的渠道，有权提起上诉。

【参考答案】 BCD

（四）第三人

《行政诉讼法》第29条："公民、法人或者其他组织同被诉行政行为有利害关系但没有提起诉讼，或者同案件处理结果有利害关系的，可以作为第三人申请参加诉讼，或者由人民法院通知参加诉讼。

人民法院判决第三人承担义务或者减损第三人权益的，第三人有权依法提起上诉。"

《行诉法解释》第26条："原告所起诉的被告不适格，人民法院应当告知原告变更被告；原告不同意变更的，裁定驳回起诉。

应当追加被告而原告不同意追加的，人民法院应当通知其以第三人的身份参加诉讼，但行政复议机关作共同被告的除外。"

42.【2009年第31题】根据行政诉讼法及相关规定，下列关于行政诉讼的说法哪些是正确的？

A．应当追加被告而原告不同意追加的，人民法院应当通知其以第三人的身份参加诉讼

B．应当追加被告而原告不同意追加的，人民法院应当驳回原告的诉讼请求

C．原告所起诉的被告不适格的，人民法院应当裁定不予受理

D．原告所起诉的被告不适格的，人民法院应当告知原告变更被告

【解题思路】

行政诉讼案件与民事诉讼案件在主体资格方面存在很多差异。在对谁是被告的问题上，就民事案件而言，法院发现被告不适格，除非原告自愿撤回起诉，法院只能驳回原告的起诉；而行政案件就不同，法院发现原告所起诉的被告不适格，法院应当告知原告变更被告。只有原告不同意变更的，法院才能驳回起诉。行政诉讼的被告一般都是行政机关，由于行政机关是一个庞大复杂的组织系统，其内部组成机构各式各样，在不同的行政诉讼中，具体被告的确定也有所不同。为了帮助原告顺利起诉，法律规定在被告不适格时，人民法院负有通知变更被告的

义务。只有原告不同意，才会裁定驳回起诉。如果遗漏了被告，考虑到查明事实等方面的需要，应当将其作为第三人参加诉讼。

【参考答案】 AD

43.【2016年第17题】某市工商局和公安局共同对某公司作出行政处罚决定，该公司不服，以市工商局为被告向人民法院提起行政诉讼。经过审理，人民法院向原告建议增加市公安局为被告，原告不同意。根据行政诉讼法及相关规定，人民法院应当如何处理？

A．依职权追加市公安局为被告

B．通知市公安局以第三人身份参加诉讼

C．裁定驳回起诉

D．判决驳回原告的诉讼请求

【解题思路】

行政诉讼中需要切实保护行政相对人的利益，原告起诉时缺少了必要的共同被告，自然存在瑕疵，但如据此裁定驳回起诉或判决驳回诉讼请求，显然不利于维护原告的利益。但本题中原告不同意将公安局列为被告，如果法院依职权追加其被告，扭曲了原告的意志，似乎也不妥当。不过，公安局应当参加诉讼，以便于查明事实，确定责任，故让其作为第三人参加诉讼是一个比较合适的选择。

【参考答案】 B

《行诉法解释》第30条："行政机关的同一行政行为涉及两个以上利害关系人，其中一部分利害关系人对行政行为不服提起诉讼，人民法院应当通知没有起诉的其他利害关系人作为第三人参加诉讼。

与行政案件处理结果有利害关系的第三人，可以申请参加诉讼，或者由人民法院通知其参加诉讼。人民法院判决其承担义务或者减损其权益的第三人，有权提出上诉或者申请再审。

行政诉讼法第二十九条规定的第三人，因不能归责于本人的事由未参加诉讼，但有证据证明发生法律效力的判决、裁定、调解书损害其合法权益的，可以依照行政诉讼法第九十条的规定，自知道或者应当知道其合法权益受到损害之日起六个月内，向上一级人民法院申请再审。"

44.【2018年第68题】甲、乙、丙三友人一同在某餐厅就餐。由于餐品质量与餐厅经理郭某产生纠纷。纠纷过程中，将餐厅经理郭某打伤。区公安局将甲拘留10日，乙拘留5日。甲不服，提起行政诉讼。关于该案的第三人，下列说法正确的是

A．法院可以通知乙作为第三人参加诉讼

B．法院可以通知丙作为第三人参加诉讼

C．法院应当通知郭某作为第三人参加诉讼

D．若甲不服向市公安局复议的，市公安局应当通知郭某作为第三人参加复议

【解题思路】

国家知识产权局公布的答案为A、C，笔者认为本题没有答案。本案涉及的行政行为是对甲乙两人的拘留，甲乙两人都是该行政行为涉及的利害关系人。甲不服提起行政诉讼，法院"应当"通知另外一个利害关系人乙参加诉讼，A选项是"可以"，意味着也可以不通知乙，不符合规定。在法庭上，平常称兄道弟的哥们互相推卸责任的情况司空

221

见惯,如果乙不参加诉讼,甲可能会将责任全部推给乙,故乙是"应当"参加诉讼。郭某被甲乙等人打伤,属于受害者,涉案行政诉讼的判决结果同他有利害关系,故郭某属于与行政案件处理结果有利害关系的第三人,法院"可以"通知其参加诉讼,而C选项是"应当"通知,同样不符合题意。要知道在刑事诉讼中,受害者也不是必须参加诉讼的。本题中,A、C选项刚好弄反了。丙本人并没有受到行政拘留,不是涉案行政行为的当事人,不需要作为第三人参加诉讼。如果甲提起的不是行政诉讼而是行政复议,则郭某同样是"可以"通知而不是"应当"通知。

【参考答案】 无

(五)诉讼代理人

《行政诉讼法》第30条:"没有诉讼行为能力的公民,由其法定代理人代为诉讼。法定代理人互相推诿代理责任的,由人民法院指定其中一人代为诉讼。"

45.【2014年第36题】根据行政诉讼法及相关规定,下列关于诉讼参加人的哪些说法是正确的?

A. 公民、法人或者其他组织直接向人民法院提起诉讼的,作出行政行为的行政机关是被告

B. 经复议的案件,复议机关是被告

C. 同提起诉讼的行政行为有利害关系的其他公民、法人或者其他组织,可以作为第三人申请参加诉讼

D. 没有诉讼行为能力的公民,由其法定代理人代为诉讼

【解题思路】

一般来说,行政诉讼的被告就是作出行政行为的行政机关。2014年《行政诉讼法》修改后,对经过复议的案件的被告进行了修改。根据旧法,复议机关决定维持原行政行为的,则作出原行政行为的行政机关为被告;2014年《行政诉讼法》修改后,此时复议机关和作出原行政行为的行政机关为共同被告。复议机关只有改变了原行政行为,才会单独成为被告。有利害关系的公民可作为第三人参加诉讼。如果当事人没有行为能力,应当由法定代理人代为诉讼。

【参考答案】 ACD

《行政诉讼法》第31条:"当事人、法定代理人,可以委托一至二人作为诉讼代理人。下列人员可以被委托为诉讼代理人:

(一)律师、基层法律服务工作者;

(二)当事人的近亲属或者工作人员;

(三)当事人所在社区、单位以及有关社会团体推荐的公民。"

《行诉法解释》第33条:"根据行政诉讼法第三十一条第二款第三项规定,有关社会团体推荐公民担任诉讼代理人的,应当符合下列条件:

(一)社会团体属于依法登记设立或者依法免予登记设立的非营利性法人组织;

(二)被代理人属于该社会团体的成员,或者当事人一方住所地位于该社会团体的活动地域;

(三)代理事务属于该社会团体章程载明的业务范围;

(四)被推荐的公民是该社会团体的负责人或者与该社会团体有合法劳动人事关系的工作人员。

专利代理人经中华全国专利代理人协会推荐,可以在专利行政案件中担任诉讼代理人。"

四、行政诉讼的证据

（一）证据的种类

《行政诉讼法》第 33 条："证据包括：

（一）书证；

（二）物证；

（三）视听资料；

（四）电子数据；

（五）证人证言；

（六）当事人的陈述；

（七）鉴定意见；

（八）勘验笔录、现场笔录。

以上证据经法庭审查属实，才能作为认定案件事实的根据。"

46.【2016 年第 71 题】根据行政诉讼法及其相关规定，下列哪些可以作为行政诉讼证据？

A．视听资料

B．电子数据

C．鉴定意见

D．现场笔录

【解题思路】

证据的作用是用来证明某种事实，至于证据的表现形式是哪种并不是关键。上述选项涉及的事物都可以用来证明某种事实，故都属于证据。

【参考答案】 ABCD

（二）举证责任和举证期限

1. 被告的举证责任

《行政诉讼法》第 34 条："被告对作出的行政行为负有举证责任，应当提供作出该行政行为的证据和所依据的规范性文件。

被告不提供或者无正当理由逾期提供证据，视为没有相应证据。但是，被诉行政行为涉及第三人合法权益，第三人提供证据的除外。"

《行政诉讼法》第 35 条："在诉讼过程中，被告及其诉讼代理人不得自行向原告、第三人和证人收集证据。"

《行政诉讼法》第 39 条："人民法院有权要求当事人提供或者补充证据。"

47.【2010 年第 60 题】根据行政诉讼法及相关规定，下列关于行政诉讼证据的说法哪些是正确的？

A．被告应当提供作出被诉行政行为的证据和所依据的规范性文件

B．人民法院有权要求当事人提供或者补充证据

C．在诉讼过程中，被告可以自行向原告和证人收集证据

D．被告认为原告起诉超过法定期限的，由被告承担举证责任

【解题思路】

被告对作出的行政行为负有举证责任是行政诉讼举证责任分配的重要原则。行政管理机关在行政管理活动中，处于支配地位，实施行政行为无须获得相对人一方的同意，举证能力也远高于相对人。为了促进行政机关依法行政，防止滥用职权，就需要行政机关承担更多的举证责任，要求其在作出行政行为时，充分收集证据、了解案件事实。如果法院认为证据不足，自然有权要求当事人补充证据。被告认为原告起诉超过法定期限，根据"谁主张，谁举证"的原则，需要承担举证责任。

【参考答案】 ABD

48.【2017 年第 69 题】根据行政诉讼法及相关规定，下列哪些说法是正确的？

A．行政诉讼被告对作出的行政行为负有举证责任，应当提供作出该行政行为的证据和所依据的规范性文件

B．行政诉讼被告无正当理由不提供证据的，人民法院应当依职权调查收集相应证据

C．原告在行政诉讼中提出了其在行政处理程序中没有提出的证据的，经人民法院准许，被告可以补充证据

D．原告可以提供证明行政行为违法的证据，原告提供的证据不成立的，不免除被告的举证责任

【解题思路】

被告对作出的行政行为负有举证责任是行政诉讼举证责任分配的重要原则。行政管理机关在行政管理活动中，处于支配地位，实施行政行为即使没有获得相对人一方的同意，举证能力也远高于相对人。为促进行政机关依法行政，防止滥用职权，就需要行政机关承担更多的举证责任，要求其在作出行政行为时，充分收集证据、了解案件事实。如果被告无正当理由不提供证据，就视为没有证据，而不是由法院去帮助行政机关收集证据。如果原告提出了原来没有提出的新证据，那么根据公平原则，应当赋予被告补充证据进行应对的机会。如果原告提供证据不成立，会免除被告举证责任，那么显然不利于鼓励原告提供证据。

【参考答案】 ACD

《行诉法解释》第135条："复议机关决定维持原行政行为的，人民法院应当在审查原行政行为合法性的同时，一并审查复议决定的合法性。

作出原行政行为的行政机关和复议机关对原行政行为合法性共同承担举证责任，可以由其中一个机关实施举证行为。复议机关对复议决定的合法性承担举证责任。

复议机关作共同被告的案件，复议机关在复议程序中依法收集和补充的证据，可以作为人民法院认定复议决定和原行政行为合法的依据。"

2. 被告的举证期限

《行政诉讼法》第67条："人民法院应当在立案之日起五日内，将起诉状副本发送被告。被告应当在收到起诉状副本之日起十五日内向人民法院提交作出行政行为的证据和所依据的规范性文件，并提出答辩状。人民法院应当在收到答辩状之日起五日内，将答辩状副本发送原告。

被告不提出答辩状的，不影响人民法院审理。"

49.【2010年第67题】根据行政诉讼法及相关规定，除因不可抗力或者客观上不能控制的其他正当事由外，行政诉讼的被告应当在何时提供据以作出被诉行政行为的全部证据和所依据的规范性文件？

A．开庭审理时

B．人民法院指定的交换证据之日

C．收到起诉状副本之日起10日内

D．收到起诉状副本之日起15日内

【解题思路】

2014年《行政诉讼法》修改后，被告的举证期限是从收到起诉状副本之日起10日内延长到了15日内。如果是开庭才提交，则意味着法院在开庭前无法了解案情。另外，只有复杂的案件才可能会进行证据交换。

【参考答案】 D

3. 被告证据的收集和补充

《行政诉讼法》第36条："被告在作出行政行为时已经收集了证据，但因不可抗力等正当事由不能提供的，经人民法院准许，可以延期提供。

原告或者第三人提出了其在行政处理程序中没有提出的理由或者证据的，经人民法院准许，被告可以补充证据。"

4. 原告的初步举证责任

《行政诉讼法》第37条："原告可以提供证明行政行为违法的证据。原告提供的证据不成立的，<u>不免除被告的举证责任</u>。"

50.【2013年第96题】根据行政诉讼法及相关规定，下列有关行政诉讼证据的哪些说法是正确的？

A．原告不承担任何举证责任

B．被告对作出的行政行为负有举证责任

C．在诉讼过程当中，被告不得自行向原告和证人收集证据

D．人民法院有权向有关行政机关以及其他组织、公民调取证据

【解题思路】

在行政诉讼中，主要由被告承担举证责任，证明自己的行政行为合法。根据先取证后执法的原则，在诉讼过程中被告不能自行向原告收集证据。当然，原告也需要承担有限的举证责任，如证明自己遭受了损失之类。法院有权主动调取证据，在民事诉讼中如此，在行政诉讼中亦如此。

【参考答案】 BCD

51.【2019年第67题】根据行政诉讼法及相关规定，关于举证责任，下列说法正确的是？

A．被告对作出的行政行为负有举证责任，应当提供作出该行政行为的证据，不需要提供所依据的规范性文件

B．被告对作出的行政行为负有举证责任，应当提供作出该行政行为的证据和所依据的规范性文件

C．原告可以提供证明行政行为违法的证据，原告提供的证据不成立的，免除被告的举证责任

D．原告可以提供证明行政行为违法的证据，原告提供的证据不成立的，不免除被告的举证责任

【解题思路】

行政系统的规范性文件数量众多，法院不可能都知晓，故在行政诉讼中行政机关在举证时除了提供作出涉案行政行为的证据外，还需要提供所依据的规范性文件。为鼓励原告积极举证，原告提供的证据不成立，不免除被告的举证责任。

【参考答案】 BD

《行政诉讼法》第38条："在起诉被告不履行法定职责的案件中，原告应当提供其向被告提出申请的证据。但有下列情形之一的除外：

（一）被告应当依职权主动履行法定职责的；

（二）原告因正当理由不能提供证据的。

在行政赔偿、补偿的案件中，原告应当对行政行为造成的损害提供证据。因被告的原因导致原告无法举证的，由被告承担举证责任。"

《行诉证据规定》第4条："公民、法人或者其他组织向人民法院起诉时，应当提供

其符合起诉条件的相应的证据材料。

在起诉被告不作为的案件中，原告应当提供其在行政程序中曾经提出申请的证据材料。但有下列情形的除外：

（一）被告应当依职权主动履行法定职责的；

（二）原告因被告受理申请的登记制度不完备等正当事由不能提供相关证据材料并能够作出合理说明的。

被告认为原告起诉超过法定期限的，由被告承担举证责任。"

52.【2006年第13题】关于行政诉讼中的举证责任，下列说法哪些是正确的？

A．被告应当提供作出被诉行政行为的证据

B．被告应当提供作出被诉行政行为所依据的规范性文件

C．原告应当提供被告侵犯其合法权益的证据

D．原告应当提供被告有过错的证据

【解题思路】

行政诉讼中，被告需要证明自己的行政行为合法并有相应的依据，原告则承担的证明责任非常有限，如不需要去证明自己合法权益受损或者被告有过错。

【参考答案】 AB

5. 原告或第三人举证的期限

《行诉法解释》第35条："原告或者第三人应当在开庭审理前或者人民法院指定的交换证据清单之日提供证据。因正当事由申请延期提供证据的，经人民法院准许，可以在法庭调查中提供。逾期提供证据的，人民法院应当责令其说明理由；拒不说明理由或者理由不成立的，视为放弃举证权利。

原告或者第三人在第一审程序中无正当事由未提供而在第二审程序中提供的证据，人民法院不予接纳。"

53.【2008年第27题】根据行政诉讼法及其相关规定，行政诉讼的原告应当在何时提供证据？

A．开庭审理前

B．人民法院指定的交换证据之日

C．法庭调查结束后10日内

D．递交起诉状之日起1个月内

【解题思路】

证据的作用就是为了证明事实，故需要在开庭之前提交。另外，法院也可以指定证据交换的日期。如果是在法庭调查结束之后10日内，那就意味着在开庭的时候都没有提供证据，那开庭也无法查清事实。如果是在递交起诉状之日起1个月内提交证据，那就意味着在1个月内不可能开庭审理。对一些简单的案件来说，一定要拖上1个月再开庭也没有道理。

【参考答案】 AB

54.【2018年第70题】根据行政诉讼法及相关规定，下列哪些说法是正确的？

A．原告应当在开庭审理前或者人民法院指定的交换证据清单之日提供证据

B．第三人应当在开庭审理前或者人民法院指定的交换证据清单之日提供证据

C．原告因正当事由申请延期提供证据的，经人民法院准许，可以在法庭调查中提供

D．第三人在第一审程序中无正当事由未提供而在第二审程序中提供的证据，人民法院不予接纳

【解题思路】

在行政诉讼中，原告和第三人的举证

责任比较轻，可以在开庭审理前或者在交换证据清单之日提供证据。如果被告申请延期提供证据具有正当理由，经法院准许，可以在法庭调查时才提供证据。如果举证期限不加任何限制，显然不合适，故第三人如果在一审当中无正当事由而未提供证据，二审就不接受该证据。

【参考答案】 ABCD

（三）提供证据的要求

1. 各种类型的证据的要求

（1）书证。原件，确有困难的，可以提供与原件核对无误的复印件、照片、节录本。

（2）物证。原物，确有困难的，可以提供与原物核对无误的复制件或者证明该物证的照片、录像等其他证据。

（3）视听资料。原始载体，确有困难的，可以提供复制件；注明制作方法、制作时间、制作人和证明对象等；声音资料应当附有该声音内容的文字记录。

（4）证人证言。写明证人的基本情况，证人签名，注明出具日期，附有居民身份证复印件等证明证人身份的文件。

（5）鉴定意见。载明委托人和委托鉴定的事项、向鉴定部门提交的相关材料、鉴定的依据和使用的科学技术手段、鉴定部门和鉴定人鉴定资格的说明，并应有鉴定人的签名和鉴定部门的盖章。通过分析获得的鉴定结论，应当说明分析过程。

《行诉证据规定》第62条："对被告在行政程序中采纳的鉴定结论，原告或者第三人提出证据证明下列情形之一的，人民法院不予采纳：

（一）鉴定人不具备鉴定资格；

（二）鉴定程序严重违法；

（三）鉴定结论错误、不明确或者内容不完整。"

55.【2008年第11题】根据行政诉讼法及相关规定，对被告在行政程序中采纳的鉴定意见，原告提出证据证明有下列哪些情形的，人民法院不予采纳？

A. 鉴定人不具备鉴定资格

B. 鉴定结论不明确

C. 鉴定意见内容不完整

D. 鉴定程序严重违法

【解题思路】

2014年《行政诉讼法》修改后，"鉴定结论"改为"鉴定意见"。与一般证据相比，鉴定意见具有较高的证明效力。要让鉴定意见失去效力，除非存在主体资格问题、程序上的重大瑕疵或者内容方面的严重缺陷。

【参考答案】 ABCD

（6）现场笔录。载明时间、地点和事件等内容，并由执法人员和当事人签名。当事人拒绝签名或者不能签名的，应当注明原因。有其他人在现场的，可由其他人签名。

《行诉证据规定》第60条："下列证据不能作为认定被诉具体行政行为合法的依据：

（一）被告及其诉讼代理人在作出具体行政行为后或者在诉讼程序中自行收集的证据；

（二）被告在行政程序中非法剥夺公民、法人或者其他组织依法享有的陈述、申辩或者听证权利所采用的证据；

（三）原告或者第三人在诉讼程序中提供的、被告在行政程序中未作为具体行政行为依据的证据。"

56.【2012年第94题】根据行政诉讼法及相关规定，下列哪些证据不能作为认定被诉行政行为合法的依据？

A. 被告及其诉讼代理人在作出行政行为后自行收集的证据

B. 被告及其诉讼代理人在诉讼程序中自行收集的证据

C. 被告在行政程序中非法剥夺公民、法人或者其他组织依法享有的陈述、申辩或者听证权利所采用的证据

D. 原告在诉讼程序中提供的、被告在行政程序中未作为行政行为依据的证据

【解题思路】

行政机关需要先取证再作出行政行为，执法后收集的证据不能作为依据。如果取证过程不合法，证据就不能使用。当时取证了，但没有作为行政行为依据的相关证据，也不能使用。

【参考答案】 ABCD

《行诉证据规定》第57条："下列证据材料不能作为定案依据：

（一）严重违反法定程序收集的证据材料；

（二）以偷拍、偷录、窃听等手段获取侵害他人合法权益的证据材料；

（三）以利诱、欺诈、胁迫、暴力等不正当手段获取的证据材料；

（四）当事人无正当事由超出举证期限提供的证据材料；

（五）在中华人民共和国领域以外或者在中华人民共和国香港特别行政区、澳门特别行政区和台湾地区形成的未办理法定证明手续的证据材料；

（六）当事人无正当理由拒不提供原件、原物，又无其他证据印证，且对方当事人不予认可的证据的复制件或者复制品；

（七）被当事人或者他人进行技术处理而无法辨明真伪的证据材料；

（八）不能正确表达意志的证人提供的证言；

（九）不具备合法性和真实性的其他证据材料。"

《行诉证据规定》第71条："下列证据不能单独作为定案依据：

（一）未成年人所作的与其年龄和智力状况不相适应的证言；

（二）与一方当事人有亲属关系或者其他密切关系的证人所作的对该当事人有利的证言，或者与一方当事人有不利关系的证人所作的对该当事人不利的证言；

（三）应当出庭作证而无正当理由不出庭作证的证人证言；

（四）难以识别是否经过修改的视听资料；

（五）无法与原件、原物核对的复制件或者复制品；

（六）经一方当事人或者他人改动，对方当事人不予认可的证据材料；

（七）其他不能单独作为定案依据的证据材料。"

57.【2011年第45题】根据行政诉讼法及相关规定，下列哪些证据材料在任何情况下均不能作为定案依据？

A. 以偷拍、偷录、窃听等手段获取侵害他人合法权益的证据材料

B. 难以识别是否经过修改的视听资料

C. 以欺诈手段获取的证据材料

D. 无法与原件、原物核对的复制件或

者复制品

【解题思路】

通过不当手段获取的证据自然不能作为定案的依据，A、C 选项选择。难以识别是否经过修改的视听资料和无法与原件、原物核对的复制件或者复制品，证明力较弱，不能单独作为定案依据，需要和其他证据进行参照，但并不是在任何情况下都不能作为定案依据。

【参考答案】 AC

2. 对境外证据的要求

《行诉证据规定》第 16 条："当事人向人民法院提供的在中华人民共和国领域外形成的证据，应当说明来源，经所在国公证机关证明，并经中华人民共和国驻该国使领馆认证，或者履行中华人民共和国与证据所在国订立的有关条约中规定的证明手续。

当事人提供的在中华人民共和国香港特别行政区、澳门特别行政区和台湾地区内形成的证据，应当具有按照有关规定办理的证明手续。"

（四）调查取证

1. 当事人申请人民法院调查取证

《行政诉讼法》第 41 条："与本案有关的下列证据，原告或者第三人不能自行收集的，可以申请人民法院调取：

（一）由国家机关保存而须由人民法院调取的证据；

（二）涉及国家秘密、商业秘密和个人隐私的证据；

（三）确因客观原因不能自行收集的其他证据。"

58.【2015 年第 65 题】根据行政诉讼法及相关规定，下列哪些与本案有关的证据，原告或者第三人不能自行收集的，可以申请人民法院调取？

A．由国家机关保存而须由人民法院调取的证据

B．涉及国家秘密的证据

C．涉及商业秘密的证据

D．涉及个人隐私的证据

【解题思路】

当事人要申请法院调取的证据只能是那些自己无法收集的证据，如保存在国家机关、涉及国家秘密、商业秘密、个人隐私等。

【参考答案】 ABCD

2. 人民法院的调查取证

《行政诉讼法》第 40 条："人民法院有权向有关行政机关以及其他组织、公民调取证据。但是，不得为证明行政行为的合法性调取被告作出行政行为时未收集的证据。"

《行诉证据规定》第 22 条："根据行政诉讼法第四十条的规定，有下列情形之一的，人民法院有权向有关行政机关以及其他组织、公民调取证据：

（一）涉及国家利益、公共利益或者他人合法权益的事实认定的；

（二）涉及依职权追加当事人、中止诉讼、终结诉讼、回避等程序性事项的。"

（五）证据保全

1. 申请证据保全的条件

《行政诉讼法》第 42 条："在证据可能灭失或者以后难以取得的情况下，诉讼参加人可以向人民法院申请保全证据，人民法院也可以主动采取保全措施。"

59.【2009 年第 40 题】根据行政诉讼法及相关规定，下列关于行政诉讼证据的说

法哪些是正确的？

A．在诉讼过程中，被告不得自行向原告和证人收集证据

B．在证据可能灭失或者以后难以取得的情况下，人民法院可以主动采取保全措施

C．人民法院有权要求当事人补充证据

D．人民法院有权向有关行政机关调取证据

【解题思路】

被告不能自行收集证据是行政诉讼不同于民事诉讼的主要特点之一，也是常考的知识点。不管是民事诉讼还是行政诉讼，如果证据有灭失的风险，那就需要进行保全。法院拥有调查取证的权力，可以要求当事人补充证据，也可以自行调取证据。

【参考答案】 ABCD

60．【2014年第88题】根据行政诉讼法及相关规定，下列哪些说法是正确的？

A．被告应当提供作出被诉行政行为的证据

B．被告应当提供作出被诉行政行为所依据的规范性文件

C．在证据可能灭失的情况下，原告可以向人民法院申请保全证据

D．在证据可能灭失的情况下，人民法院可以主动采取保全措施

【解题思路】

在行政诉讼中，被告需要提供作出行政行为的证据。法院对行政机关执法所依据的规范性文件不一定熟悉，故在诉讼中需要行政机关提供。如果证据可能灭失，则需要进行证据保全。证据保全可以是由当事人申请进行，法院也可以主动采取。

【参考答案】 ABCD

2．证据保全措施

《行诉证据规定》第28条："人民法院依照行政诉讼法第三十六条规定保全证据的，可以根据具体情况，采取查封、扣押、拍照、录音、录像、复制、鉴定、勘验、制作询问笔录等保全措施。

人民法院保全证据时，可以要求当事人或者其诉讼代理人到场。"

3．鉴定和勘验

《行诉证据规定》第29条："原告或者第三人有证据或者有正当理由表明被告据以认定案件事实的鉴定结论可能有错误，在举证期限内书面申请重新鉴定的，人民法院应予准许。"

《行诉证据规定》第30条："当事人对人民法院委托的鉴定部门作出的鉴定结论有异议申请重新鉴定，提出证据证明存在下列情形之一的，人民法院应予准许：

（一）鉴定部门或者鉴定人不具有相应的鉴定资格的；

（二）鉴定程序严重违法的；

（三）鉴定结论明显依据不足的；

（四）经过质证不能作为证据使用的其他情形。

对有缺陷的鉴定结论，可以通过补充鉴定、重新质证或者补充质证等方式解决。"

《行诉证据规定》第33条："人民法院可以依当事人申请或者依职权勘验现场。

勘验现场时，勘验人必须出示人民法院的证件，并邀请当地基层组织或者当事人所在单位派人参加。当事人或其成年亲属应当到场，拒不到场的，不影响勘验的进行，但应当在勘验笔录中说明情况。"

《行诉证据规定》第34条："审判人员

应当制作勘验笔录，记载勘验的时间、地点、勘验人、在场人、勘验的经过和结果，由勘验人、当事人、在场人签名。

勘验现场时绘制的现场图，应当注明绘制的时间、方位、绘制人姓名和身份等内容。

当事人对勘验结论有异议的，可以在举证期限内申请重新勘验，是否准许由人民法院决定。"

（六）证据的质证

1. 质证的原则

《行诉证据规定》第37条："涉及国家秘密、商业秘密和个人隐私或者法律规定的其他应当保密的证据，不得在开庭时公开质证。"

《行政诉讼法》第43条："证据应当在法庭上出示，并由当事人互相质证。对涉及国家秘密、商业秘密和个人隐私的证据，不得在公开开庭时出示。

人民法院应当按照法定程序，全面、客观地审查核实证据。对未采纳的证据应当在裁判文书中说明理由。

以非法手段取得的证据，不得作为认定案件事实的根据。"

2. 各种证据的质证

（1）人民法院调取证据的质证。

《行诉证据规定》第38条："当事人申请人民法院调取的证据，由申请调取证据的当事人在庭审中出示，并由当事人质证。

人民法院依职权调取的证据，由法庭出示，并可就调取该证据的情况进行说明，听取当事人的意见。"

（2）对书证、物证和视听资料的质证。

《行诉证据规定》第40条："对书证、物证和视听资料进行质证时，当事人应当出示证据的原件或者原物。但有下列情况之一的除外：

（一）出示原件或者原物确有困难并经法庭准许可以出示复制件或者复制品；

（二）原件或者原物已不存在，可以出示证明复制件、复制品与原件、原物一致的其他证据。

视听资料应当当庭播放或者显示，并由当事人进行质证。"

（3）对证人证言的质证。

基本原则包括：①除法定的特殊情形，能正确表达意志的证人必须到庭作证；②当事人申请证人出庭作证的，应当在举证期限届满前提出，并经人民法院许可；③证人出庭作证时，应当出示证明其身份的证件，法庭应当告知其诚实作证的法律义务和作伪证的法律责任；④出庭作证的证人不得旁听案件的审理，法庭询问证人时，其他证人不得在场，但组织证人对质的除外；⑤证人应当陈述其亲历的具体事实，证人根据其经历所作的判断、推测或者评论，不能作为定案的依据。

（4）执法人员出庭作证。

《行诉证据规定》第44条："有下列情形之一，原告或者第三人可以要求相关行政执法人员作为证人出庭作证：

（一）对现场笔录的合法性或者真实性有异议的；

（二）对扣押财产的品种或者数量有异议的；

（三）对检验的物品取样或者保管有异议的；

（四）对行政执法人员的身份的合法性

有异议的；

（五）需要出庭作证的其他情形。"

61.【2019年第17题】行政诉讼中，原告要求相关行政执法人员出庭说明，在下列何种情形下，法院通常不予准许？

A. 原告对现场笔录的合法性有异议的

B. 原告对现场笔录的真实性有异议的

C. 原告对行政执法人员身份的合法性有异议的

D. 原告对被起诉的行政决定有异议的

【解题思路】

要求相关行政人员出庭，是为了查明相应的事实，如笔录的合法性、真实性、执法人员身份的合法性等。原告起诉本身就表明对被起诉行政决定有异议，如果D选项正确，则意味着所有的行政诉讼都需要执法人员出庭说明，这显然不正确。

【参考答案】 D

（5）对鉴定结论的质证。

《行诉证据规定》第47条："当事人要求鉴定人出庭接受询问的，鉴定人应当出庭。鉴定人因正当事由不能出庭的，经法庭准许，可以不出庭，由当事人对其书面鉴定结论进行质证。

鉴定人不能出庭的正当事由，参照本规定第四十一条的规定。

对于出庭接受询问的鉴定人，法庭应当核实其身份、与当事人及案件的关系，并告知鉴定人如实说明鉴定情况的法律义务和故意作虚假说明的法律责任。"

（6）专业人员的出庭与质证。

《行诉证据规定》第48条："对被诉具体行政行为涉及的专门性问题，当事人可以向法庭申请由专业人员出庭进行说明，法庭也可以通知专业人员出庭说明。必要时，法庭可以组织专业人员进行对质。

当事人对出庭的专业人员是否具备相应专业知识、学历、资历等专业资格等有异议的，可以进行询问。由法庭决定其是否可以作为专业人员出庭。

专业人员可以对鉴定人进行询问。"

3. 二审程序和审判监督程序中证据的质证

《行诉证据规定》第50条："在第二审程序中，对当事人依法提供的新的证据，法庭应当进行质证；当事人对第一审认定的证据仍有争议的，法庭也应当进行质证。"

《行诉证据规定》第69条："原告确有证据证明被告持有的证据对原告有利，被告无正当事由拒不提供的，可以推定原告的主张成立。"

62.【2008年第18题】关于行政诉讼证据，下列哪些说法是正确的？

A. 人民法院依职权调取的证据，由法庭出示，并可就调取该证据的情况进行说明，听取当事人的意见

B. 涉及商业秘密的证据，不得在开庭时公开质证

C. 在第二审程序中，对第一审认定的证据，即使当事人有争议，法庭也不再进行质证

D. 原告确有证据证明被告持有的证据对原告有利，被告无正当事由拒不提供的，可以推定原告的主张成立。

【解题思路】

法院调取的证据，也需要经过质证。为保护商业秘密，涉及商业秘密的案件，不公开质证。一审认定的证据，如果当事人有

争议,应该给予当事人表达意见的机会。为充分保护原告的利益,如被告拒不提供对原告有利的证据,那就让其承担不利的法律后果。

【参考答案】 ABD

《行诉证据规定》第50条:"在第二审程序中,对当事人依法提供的新的证据,法庭应当进行质证;当事人对第一审认定的证据仍有争议的,法庭也应当进行质证。"

《行诉证据规定》第51条:"按照审判监督程序审理的案件,对当事人依法提供的新的证据,法庭应当进行质证;因原判决、裁定认定事实的证据不足而提起再审所涉及的主要证据,法庭也应当进行质证。"

《行诉证据规定》第52条:"本规定第五十条和第五十一条中的'新的证据'是指以下证据:

(一)在一审程序中应当准予延期提供而未获准许的证据;

(二)当事人在一审程序中依法申请调取而未获准许或者未取得,人民法院在第二审程序中调取的证据;

(三)原告或者第三人提供的在举证期限届满后发现的证据。"

(七)对当事人权益的保护

《行诉证据规定》第74条:"证人、鉴定人及其近亲属的人身和财产安全受法律保护。人民法院应当对证人、鉴定人的住址和联系方式予以保密。"

《行诉证据规定》第75条:"证人、鉴定人因出庭作证或者接受询问而支出的合理费用,由提供证人、鉴定人的一方当事人先行支付,由败诉一方当事人承担。"

五、行政诉讼的审理和判决

(一)起诉与受理

1. 起诉的期限

《行政诉讼法》第44条:"对属于人民法院受案范围的行政案件,公民、法人或者其他组织可以先向行政机关申请复议,对复议决定不服的,再向人民法院提起诉讼;也可以直接向人民法院提起诉讼。

法律、法规规定应当先向行政机关申请复议,对复议决定不服再向人民法院提起诉讼的,依照法律、法规的规定。"

《行政诉讼法》第45条:"公民、法人或者其他组织不服复议决定的,可以在收到复议决定书之日起十五日内向人民法院提起诉讼。复议机关逾期不作决定的,申请人可以在复议期满之日起十五日内向人民法院提起诉讼。法律另有规定的除外。"

《行政诉讼法》第46条:"公民、法人或者其他组织直接向人民法院提起诉讼的,应当自知道或者应当知道作出行政行为之日起六个月内提出。法律另有规定的除外。

因不动产提起诉讼的案件自行政行为作出之日起超过二十年,其他案件自行政行为作出之日起超过五年提起诉讼的,人民法院不予受理。"

63.【2010年第53题】根据行政诉讼法及相关规定,下列关于向人民法院提起行政诉讼期限的说法哪些是正确的?

A. 除法律另有规定的外,复议申请人不服复议决定的,可以在收到复议决定书之日起十五日内向人民法院提起诉讼

B. 除法律另有规定的外,复议机关逾期不作决定的,申请人可以在复议期满之日

起十五日内向人民法院提起诉讼

C. 除法律另有规定的外，直接向人民法院提起行政诉讼的，应当在知道作出行政行为之日起一个月内提出

D. 因不可抗力或者其他特殊情况未在法定期限内提起诉讼的，可以在障碍消除后的十五日内申请延长期限

【解题思路】

行政诉讼的期限比较复杂，考生需要注意辨别。如果是不服复议机关的决定，或者是复议机关就没有作出决定，起诉期限是15日。根据2014年修改后的《行政诉讼法》，如果直接提起诉讼，起诉期限是6个月。根据2014年修改后的《行政诉讼法》，因不可抗力耽误期限的，不再由法院决定是否能够延长，而是直接从起诉期限中予以扣除。

【参考答案】 AB

64.【2018年第61题】《反不正当竞争法》第二十九条规定，当事人对监督检查部门作出的决定不服的，可以依法申请行政复议或者提起行政诉讼。某县工商局认定某企业利用广告对商品作引人误解的虚假宣传，构成不正当竞争，处10万元罚款。该企业不服，申请复议。下列哪些说法是正确的？

A. 复议机关应当为该工商局的上一级工商局

B. 申请复议期间为15日

C. 如复议机关作出维持决定，该企业向法院起诉，起诉期限为15日

D. 对罚款决定，该企业可以不经复议直接向法院起诉

【解题思路】

县工商局同时受到市工商局和县人民政府的双重领导，当事人可在这两个机关中任选一个作为复议机关。行政注重效率，复议期间为60日，远低于诉讼期间6个月。如果当事人对复议决定不服，提起诉讼的期间很短，只有15日。当事人对行政行为不服，可以申请复议，也可以直接提起诉讼，除非法律规定必须复议前置。

【参考答案】 CD

《行政诉讼法》第47条："公民、法人或者其他组织申请行政机关履行保护其人身权、财产权等合法权益的法定职责，行政机关在接到申请之日起两个月内不履行的，公民、法人或者其他组织可以向人民法院提起诉讼。法律、法规对行政机关履行职责的期限另有规定的，从其规定。

公民、法人或者其他组织在紧急情况下请求行政机关履行保护其人身权、财产权等合法权益的法定职责，行政机关不履行的，提起诉讼不受前款规定期限的限制。"

《行诉法解释》第66条："公民、法人或者其他组织依照行政诉讼法第四十七条第一款的规定，对行政机关不履行法定职责提起诉讼的，应当在行政机关履行法定职责期限届满之日起六个月内提出。"

《行政诉讼法》第48条："公民、法人或者其他组织因不可抗力或者其他不属于其自身的原因耽误起诉期限的，被耽误的时间不计算在起诉期限内。

公民、法人或者其他组织因前款规定以外的其他特殊情况耽误起诉期限的，在障碍消除后十日内，可以申请延长期限，是否准许由人民法院决定。"

65.【2008年第95题】在行政诉讼中，公民、法人或者其他组织因不可抗力或者其他特殊情况耽误法定期限的，可在障碍消除后

多长时间内申请延长期限？

A．10日

B．15日

C．30日

D．60日

【解题思路】

2014年《行政诉讼法》修改后，因不可抗力耽误期限的，不再由法院决定是否能够延长，而是直接从起诉期限中予以扣除。因不可抗力或者其他不属于其自身原因之外的其他特殊情况耽误法定期限的，才需要在障碍消除后10日内申请延长。因此，此题没有正确答案。

【参考答案】 无

2. 起诉方式

《行政诉讼法》第50条："起诉应当向人民法院递交起诉状，并按照被告人数提出副本。

书写起诉状确有困难的，可以口头起诉，由人民法院记入笔录，出具注明日期的书面凭证，并告知对方当事人。"

3. 起诉条件

《行政诉讼法》第49条："提起诉讼应当符合下列条件：

（一）原告是符合本法第二十五条规定的公民、法人或者其他组织；

（二）有明确的被告；

（三）有具体的诉讼请求和事实根据；

（四）属于人民法院受案范围和受诉人民法院管辖。"

《行诉法解释》第68条："行政诉讼法第四十九条第三项规定的'有具体的诉讼请求'是指：

（一）请求判决撤销或者变更行政行为；

（二）请求判决行政机关履行特定法定职责或者给付义务；

（三）请求判决确认行政行为违法；

（四）请求判决确认行政行为无效；

（五）请求判决行政机关予以赔偿或者补偿；

（六）请求解决行政协议争议；

（七）请求一并审查规章以下规范性文件；

（八）请求一并解决相关民事争议；

（九）其他诉讼请求。

当事人单独或者一并提起行政赔偿、补偿诉讼的，应当有具体的赔偿、补偿事项以及数额；请求一并审查规章以下规范性文件的，应当提供明确的文件名称或者审查对象；请求一并解决相关民事争议的，应当有具体的民事诉讼请求。

当事人未能正确表达诉讼请求的，人民法院应当要求其明确诉讼请求。"

66．【2013年第87题】根据行政诉讼法及相关规定，提起行政诉讼应当符合下列哪些条件？

A．原告应当是认为行政行为侵犯其合法权益的公民、法人或者其他组织

B．应当有明确的被告

C．应当有具体的诉讼请求和事实根据

D．应当属于人民法院的受案范围和受诉人民法院管辖

【解题思路】

提起行政诉讼需要明确以下内容：谁提起的诉讼，起诉谁，起诉的是什么内容，法院是否有权管这事。关于原告，旧法中的规定是"原告是认为具体行政行为侵犯其合

法权益的公民、法人或者其他组织",属于一种主观的标准,2014年《行政诉讼法》修改为"原告是符合本法第二十五条规定的公民、法人或者其他组织",即"行政行为的相对人以及其他与行政行为有利害关系的公民、法人或者其他组织",属于一种客观的标准。两者在表述和内涵上有一定的差异,考虑到双方不存在本质的区别,并且本题是2013年的真题,A项姑且选择。

【参考答案】 ABCD

4. 受理与立案

《行政诉讼法》第51条:"人民法院在接到起诉状时对符合本法规定的起诉条件的,应当登记立案。

对当场不能判定是否符合本法规定的起诉条件的,应当接收起诉状,出具注明收到日期的书面凭证,并在七日内决定是否立案。不符合起诉条件的,作出不予立案的裁定。裁定书应当载明不予立案的理由。原告对裁定不服的,可以提起上诉。

起诉状内容欠缺或者有其他错误的,应当给予指导和释明,并一次性告知当事人需要补正的内容。不得未经指导和释明即以起诉不符合条件为由不接收起诉状。

对于不接收起诉状、接收起诉状后不出具书面凭证,以及不一次性告知当事人需要补正的起诉状内容的,当事人可以向上级人民法院投诉,上级人民法院应当责令改正,并对直接负责的主管人员和其他直接责任人员依法给予处分。"

《行诉法解释》第53条:"人民法院对符合起诉条件的案件应当立案,依法保障当事人行使诉讼权利。

对当事人依法提起的诉讼,人民法院应当根据行政诉讼法第五十一条的规定接收起诉状。能够判断符合起诉条件的,应当当场登记立案;当场不能判断是否符合起诉条件的,应当在接收起诉状后七日内决定是否立案;七日内仍不能作出判断的,应当先予立案。"

《行政诉讼法》第52条:"人民法院既不立案,又不作出不予立案裁定的,当事人可以向上一级人民法院起诉。上一级人民法院认为符合起诉条件的,应当立案、审理,也可以指定其他下级人民法院立案、审理。"

67.【2014年第18题】刘某向某人民法院提起行政诉讼,该人民法院审查后在法定期限内作出不予受理的裁定。根据行政诉讼法及相关规定,刘某对该裁定不服的,可以选择下列哪种救济途径?

A. 向上一级人民法院申诉
B. 向上一级人民法院提起上诉
C. 向该人民法院申诉
D. 向该人民法院提起抗诉

【解题思路】

对不予受理的裁定,可以提起上诉。在10多种裁定中,常考的是能提起上诉的不予受理、管辖权异议和驳回起诉这3种裁定。

【参考答案】 B

68.【2017年第17题】某人民法院自收到行政诉讼起诉状之日起7日内不能决定是否应予立案受理,根据行政诉讼法及相关规定,下列哪种说法是正确的?

A. 该人民法院应当先予受理
B. 该人民法院应当裁定不予受理
C. 该人民法院应当判决驳回原告的诉讼请求

D. 该人民法院应当裁定驳回起诉

【解题思路】

从有利于原告的原则出发，法院如果不能在7日内确定是否应当立案受理，那就应当立案受理。

【参考答案】 A

5. 对行政规范性文件提出附带审查的请求

《行政诉讼法》第53条："公民、法人或者其他组织认为行政行为所依据的国务院部门和地方人民政府及其部门制定的规范性文件不合法，在对行政行为提起诉讼时，可以一并请求对该规范性文件进行审查。

前款规定的规范性文件不含规章。"

《行诉法解释》第145条："公民、法人或者其他组织在对行政行为提起诉讼时一并请求对所依据的规范性文件审查的，由行政行为案件管辖法院一并审查。"

《行诉法解释》第146条："公民、法人或者其他组织请求人民法院一并审查行政诉讼法第五十三条规定的规范性文件，应当在第一审开庭审理前提出；有正当理由的，也可以在法庭调查中提出。"

《行诉法解释》第147条："人民法院在对规范性文件审查过程中，发现规范性文件可能不合法的，应当听取规范性文件制定机关的意见。

制定机关申请出庭陈述意见的，人民法院应当准许。

行政机关未陈述意见或者未提供相关证明材料的，不能阻止人民法院对规范性文件进行审查。"

6. 起诉不停止具体行为的执行

《行政诉讼法》第56条："诉讼期间，不停止行政行为的执行。但有下列情形之一的，裁定停止执行：

（一）被告认为需要停止执行的；

（二）原告或者利害关系人申请停止执行，人民法院认为该行政行为的执行会造成难以弥补的损失，并且停止执行不损害国家利益、社会公共利益的；

（三）人民法院认为该行政行为的执行会给国家利益、社会公共利益造成重大损害的；

（四）法律、法规规定停止执行的。

当事人对停止执行或者不停止执行的裁定不服的，可以申请复议一次。"

69.【2009年第58题】根据行政诉讼法及相关规定，行政诉讼期间有下列哪些情形的，停止行政行为的执行？

A. 法律、法规规定停止执行的

B. 原告认为需要停止执行的

C. 被告认为需要停止执行的

D. 原告申请停止执行，人民法院认为该行政行为的执行会造成难以弥补的损失，并且停止执行不损害社会公众利益，裁定停止执行的

【解题思路】

行政诉讼是对行政权的监督，监督是一种事后的救济。对于那些提起诉讼的行政行为，在行政体系内已经生效，故行政诉讼原则上不停止行政行为的执行，停止属于例外。在行政诉讼中，原告自然希望行政行为停止执行。因此，如果原告认为应当停止执行就能停止执行，那法律规定行政诉讼期间不停止行政行为的执行就变得毫无意义。

【参考答案】 ACD

70.【2012年第12题】王某不服某行

政机关作出的行政行为,依法向人民法院提起行政诉讼。根据行政诉讼法及相关规定,下列哪种说法是正确的?

A．王某和该行政机关均有权申请审判人员回避

B．王某认为需要停止执行该行政行为的,该行政机关应当停止执行

C．在人民法院对该行政案件宣告判决或者裁定前,该行政机关不能改变其所作的行政行为

D．人民法院可以根据该行政机关的请求对该行政案件进行调解

【解题思路】

申请回避是诉讼当事人的权利,原告和被告都享有。能够停止涉诉的行政行为的是被告和法院,而不是原告。如果行政机关在诉讼过程中发现自己的行政行为错误,那自然可以先行改变,这也有利于维护原告的利益。行政行为属于国家行政权力,不能进行讨价还价。需要指出的是,行政赔偿、补偿以及行政机关行使法律、法规规定的自由裁量权的案件可以调解。本题中没有指明涉案的行政行为为上述可以案件的情形,故法院不能进行调解。

【参考答案】 A

（二）第一审普通程序

1. 审理前的准备

《行政诉讼法》第67条:"人民法院应当在立案之日起五日内,将起诉状副本发送被告。被告应当在收到起诉状副本之日起十五日内向人民法院提交作出行政行为的证据和所依据的规范性文件,并提出答辩状。人民法院应当在收到答辩状之日起五日内,将答辩状副本发送原告。

被告不提出答辩状的,不影响人民法院审理。"

71.【2019年第68题】张某不服某市税务局作出的行政处罚决定,起诉至人民法院,根据行政诉讼法及相关规定,下列说法正确的是?

A．人民法院应当在立案之日起5日内,将起诉状副本发送某市税务局

B．该市税务局应当在收到起诉状副本之日起15日内人民法院提交作出行政行为的证据和所依据的规范性文件

C．如果该市税务局不提交答辩状的,不影响人民法院审理

D．合议庭可以全部由审判员组成,也可以由审判员、陪审员组成,或者全部由陪审员组成

【解题思路】

在行政诉讼中,法院转交起诉状副本的期限是立案之日起5日内,行政机关向法院提交证据和规范性文件的期限是15日内。2014年《行政诉讼法》修改前,一审期间只有3个月,此时行政机关提交前述文件的期限为10日;《行政诉讼法》修改后,一审期限变为6个月,故前述期限也改为15日,从而和《民事诉讼法》相一致。被告如果不提交答辩状就会影响法院审理,则恐怕很少有被告愿意提交答辩状。陪审员都是法院从社会上聘请的人员,如果合议庭都是陪审员,就不是法院在审判了。

【参考答案】 ABC

2. 庭审程序

《行政诉讼法》第54条:"人民法院公开审理行政案件,但涉及国家秘密、个人隐私和法律另有规定的除外。

涉及商业秘密的案件，当事人申请不公开审理的，可以不公开审理。"

《行政诉讼法》第58条："经人民法院传票传唤，原告无正当理由拒不到庭，或者未经法庭许可中途退庭的，可以按照撤诉处理；被告无正当理由拒不到庭，或者未经法庭许可中途退庭的，可以缺席判决。"

72.【2010年第37题】根据行政诉讼法及相关规定，下列关于行政诉讼的说法哪些是正确的？

A．对于人民法院不予受理的裁定不服的，原告可以提起上诉

B．经人民法院两次合法传唤，原告无正当理由拒不到庭的，人民法院应当缺席判决

C．被告在人民法院对行政案件宣告判决前改变其所作的行政行为，原告同意并申请撤诉的，人民法院应当终结诉讼

D．原告在人民法院对行政案件宣告判决前申请撤诉的，是否准许，由人民法院裁定

【解题思路】

不予受理的裁定属于可以提起上诉的3种裁定之一。原告拒不到庭，应当视为申请撤诉而不是缺席判决。原告申请撤诉，需要获得法院同意。

【参考答案】 AD

73.【2018年第17题】行政诉讼过程中，在下列哪些情形下，人民法院可以按照撤诉处理？

A．外地原告开庭前一天收到传票无法出庭的

B．上诉人认为人民法院偏袒被上诉人，未经法庭许可中途退庭的

C．原告申请撤诉，人民法院裁定不予准许，经合法传唤无正当理由拒不到庭的

D．被告改变原具体行政行为，原告不撤诉的

【解题思路】

原告在开庭前一天才收到传票，难以参加开庭也很正常。如果此时按照撤诉处理，显然对原告不公平。如果原告经传票传唤，无正当理由拒不到庭，或者未经法庭许可中途退庭，则按照撤诉处理。如果原告申请撤诉，未获得准许，然后拒不到庭，就不能按照撤诉处理，不然原告可以通过耍赖实现撤诉的目的。如果被告改变具体行政行为，原告不撤诉，那法院应当继续审理本案。

【参考答案】 B

3.民事争议和行政争议交叉

《行政诉讼法》第61条："在涉及行政许可、登记、征收、征用和行政机关对民事争议所作的裁决的行政诉讼中，当事人申请一并解决相关民事争议的，人民法院可以一并审理。

在行政诉讼中，人民法院认为行政案件的审理需以民事诉讼的裁判为依据的，可以裁定中止行政诉讼。"

《行诉法解释》第137条："公民、法人或者其他组织请求一并审理行政诉讼法第六十一条规定的相关民事争议，应当在第一审开庭审理前提出；有正当理由的，也可以在法庭调查中提出。"

《行诉法解释》第138条："人民法院决定在行政诉讼中一并审理相关民事争议，或者案件当事人一致同意相关民事争议在行政诉讼中一并解决，人民法院准许的，由受理

行政案件的人民法院管辖。

公民、法人或者其他组织请求一并审理相关民事争议，人民法院经审查发现行政案件已经超过起诉期限，民事案件尚未立案的，告知当事人另行提起民事诉讼；民事案件已经立案的，由原审判组织继续审理。

人民法院在审理行政案件中发现民事争议为解决行政争议的基础，当事人没有请求人民法院一并审理相关民事争议的，人民法院应当告知当事人依法申请一并解决民事争议。当事人就民事争议另行提起民事诉讼并已立案的，人民法院应当中止行政诉讼的审理。民事争议处理期间不计算在行政诉讼审理期限内。"

《行诉法解释》第139条："有下列情形之一的，人民法院应当作出不予准许一并审理民事争议的决定，并告知当事人可以依法通过其他渠道主张权利：

（一）法律规定应当由行政机关先行处理的；

（二）违反民事诉讼法专属管辖规定或者协议管辖约定的；

（三）约定仲裁或者已经提起民事诉讼的；

（四）其他不宜一并审理民事争议的情形。

对不予准许的决定可以申请复议一次。"

《行政诉讼法》第62条："人民法院对行政案件宣告判决或者裁定前，原告申请撤诉的，或者被告改变其所作的具体行政行为，原告同意并申请撤诉的，是否准许，由人民法院裁定。"

74.【2010年第45题】根据行政诉讼法及相关规定，在行政诉讼过程中，下列哪些行为须征得原告同意？

A. 被告改变原行政行为
B. 人民法院通知第三人参加诉讼
C. 人民法院追加被告
D. 人民法院决定合并审理

【解题思路】

某一行为是否要获得原告同意，判断的标准就是该行为是否会对原告的权利产生重大影响。如果会产生重大影响，那就应该获得原告的同意。行政诉讼针对的是行政行为，如果被告觉得被诉的行政行为不合法，完全可以在判决作出之前进行改变，这属于被告的权利，也更有利于维护原告的权益。通知第三人参加诉讼，有利于查清事实，也不会损害原告的利益，属于法院的职权。原告有权去选择被告，追加被告对原告的利益有实质性的影响，故需要获得原告同意。合并审理属于法院职权，不会影响原告的权利。

【参考答案】 C

《行诉法解释》第73条："根据行政诉讼法第二十七条的规定，有下列情形之一的，人民法院可以决定合并审理：

（一）两个以上行政机关分别对同一事实作出行政行为，公民、法人或者其他组织不服向同一人民法院起诉的；

（二）行政机关就同一事实对若干公民、法人或者其他组织分别作出行政行为，公民、法人或者其他组织不服分别向同一人民法院起诉的；

（三）在诉讼过程中，被告对原告作出新的行政行为，原告不服向同一人民法院起诉的；

（四）人民法院认为可以合并审理的其他情形。"

75.【2011年第61题】根据行政诉讼法及相关规定，在下列哪些情形下，人民法院中止行政诉讼？

A．原告死亡，须等待其近亲属表明是否参加诉讼的

B．案件的审判须以相关民事案件的审理结果为依据，而相关案件尚未审结的

C．原告死亡，没有近亲属或者近亲属放弃诉讼权利的

D．作为原告的法人或者其他组织终止后，其权利义务的承受人放弃诉讼权利的

【解题思路】

诉讼中止和终止的区别是，前者只是暂时的停止，后者则是诉讼终结。在C、D选项中，原告一方已经不存在，继承其诉讼权利的主体也放弃了诉讼权利，那诉讼自然应当是终止。从本题也可以看出，行政诉讼的终止条件实质上和民事诉讼的是一致的。正因如此，2014年《行政诉讼法》修改后，第101条明确规定，中止诉讼适用《民事诉讼法》中的相关规定。

【参考答案】 AB

76.【2013年第66题】根据行政诉讼法及相关规定，下列哪些说法是正确的？

A．对人民法院不予受理的裁定不服的，原告可以提起上诉

B．被告无正当理由拒不到庭的，人民法院可以缺席判决

C．原告在人民法院对行政案件宣告判决前申请撤诉的，由人民法院裁定是否准许

D．人民法院审理行政案件，不适用调解

【解题思路】

不管是民事诉讼还是行政诉讼，不予受理的裁定都可以上诉。被告无正当理由不出庭，就当作放弃了给自己辩护的机会，应当承担缺席判决的不利后果。在行政诉讼中，原告的撤诉可能是在被告行政机关的压力下被迫作出的，因此法院需要审核是否存在这种情形。行政案件涉及国家的行政权力，不适合通过调解这种双方讨价还价的方式解决。当然，涉及赔偿数额以及自由裁量权的案件可以调解，此种为特殊情形。D选项问的是一般情形，选择为宜。如果该选项的表述为"一律不适用调解"，那就把适用调解的特殊情形也包含在内，则不正确。

【参考答案】 ABCD

4.妨害行政诉讼行为的排除

《行政诉讼法》第59条："诉讼参与人或者其他人有下列行为之一的，人民法院可以根据情节轻重，予以训诫、责令具结悔过或者处一万元以下的罚款、十五日以下的拘留；构成犯罪的，依法追究刑事责任：

（一）有义务协助调查、执行的人，对人民法院的协助调查决定、协助执行通知书，无故推拖、拒绝或者妨碍调查、执行的；

（二）伪造、隐藏、毁灭证据或者提供虚假证明材料，妨碍人民法院审理案件的；

（三）指使、贿买、胁迫他人作伪证或者威胁、阻止证人作证的；

（四）隐藏、转移、变卖、毁损已被查封、扣押、冻结的财产的；

（五）以欺骗、胁迫等非法手段使原告撤诉的；

（六）以暴力、威胁或者其他方法阻碍人民法院工作人员执行职务，或者以哄闹、冲击法庭等方法扰乱人民法院工作秩序的；

（七）对人民法院审判人员或者其他工作人员、诉讼参与人、协助调查和执行的人员恐吓、侮辱、诽谤、诬陷、殴打、围攻或者打击报复的。

人民法院对有前款规定的行为之一的单位，可以对其主要负责人或者直接责任人员依照前款规定予以罚款、拘留；构成犯罪的，依法追究刑事责任。

罚款、拘留须经人民法院院长批准。当事人不服的，可以向上一级人民法院申请复议一次。复议期间不停止执行。"

5. 案件的移送和司法建议

《行政诉讼法》第66条："人民法院在审理行政案件中，认为行政机关的主管人员、直接责任人员违法违纪的，应当将有关材料移送监察机关、该行政机关或者其上一级行政机关；认为有犯罪行为的，应当将有关材料移送公安、检察机关。

人民法院对被告经传票传唤无正当理由拒不到庭，或者未经法庭许可中途退庭的，可以将被告拒不到庭或者中途退庭的情况予以公告，并可以向监察机关或者被告的上一级行政机关提出依法给予其主要负责人或者直接责任人员处分的司法建议。"

6. 财产保全

《行政诉讼法》第101条："人民法院审理行政案件，关于期间、送达、财产保全、开庭审理、调解、中止诉讼、终结诉讼、简易程序、执行等，以及人民检察院对行政案件受理、审理、裁判、执行的监督，本法没有规定的，适用《中华人民共和国民事诉讼法》的相关规定。"

77.【2007年第68题】关于行政诉讼中的财产保全，下列哪些说法是正确的？

A. 对于因一方当事人的行为，可能使人民法院生效裁判难以执行的案件，人民法院可以根据对方当事人的申请作出财产保全的裁定

B. 对于因一方当事人的行为，可能使被诉行政行为难以执行的案件，人民法院可以根据对方当事人的申请作出财产保全的裁定

C. 当事人没有提出财产保全申请的，人民法院在必要时可以依法采取财产保全措施

D. 当事人对财产保全的裁定不服的，可以上诉

【解题思路】

行政诉讼中财产保全和民事诉讼中财产保全的基本宗旨是一样的，可以因当事人的申请而启动，法院也可以主动采取保全措施。能够提起上诉的裁定有三种，对财产保全的裁定不属于这三种之一。当事人对财产保全的裁定不服，救济方式是向原法院申请复议。

【参考答案】 ABC

7. 审理的期限

《行政诉讼法》第81条："人民法院应当在立案之日起六个月内作出第一审判决。有特殊情况需要延长的，由高级人民法院批准，高级人民法院审理第一审案件需要延长的，由最高人民法院批准。"

《行诉法解释》第50条第3款："基层人民法院申请延长审理期限，应当直接报请高级人民法院批准，同时报中级人民法院备案。"

78.【2007年第52题】根据行政诉讼法的规定，如果不存在需要延长审理期限的特殊情况，人民法院应当在下列哪个期限内作出行政案件的第一审判决？

A．收到起诉状之日起6个月
B．立案之日起6个月
C．收到起诉状之日起3个月
D．立案之日起3个月

【解题思路】

2014年《行政诉讼法》修改后，行政诉讼的期限为6个月，与民事诉讼的相同，起算点是立案之日。

【参考答案】 B

79.【2015年第12题】根据行政诉讼法及相关规定，基层人民法院有特殊情况不能在立案之日起6个月内作出第一审行政判决，需要延长期限的，应如何处理？

A．由该基层人民法院院长批准
B．由上一级人民法院批准
C．由高级人民法院批准
D．由最高人民法院批准

【解题思路】

为了促进行政诉讼在审理期限内完成，法律对延长期限的规定更为严格。在民事诉讼中，如果要延长审限，只需要本院院长批准即可；而在行政诉讼中，基层法院要延长审限，需要直接报请高级人民法院批准。

【参考答案】 C

8. 法律适用

《行政诉讼法》第63条："人民法院审理行政案件，以法律和行政法规、地方性法规为依据。地方性法规适用于本行政区域内发生的行政案件。

人民法院审理民族自治地方的行政案件，并以该民族自治地方的自治条例和单行条例为依据。

人民法院审理行政案件，参照规章。"

80.【2011年第53题】根据行政诉讼法及相关规定，下列说法哪些是正确的？

A．人民法院审理行政案件，以法律和行政法规、部门规章和地方性法规为依据
B．人民法院审理行政案件，地方性法规适用于本行政区域内发生的行政案件
C．人民法院审理行政案件，参照国务院部、委制定、发布的规章
D．人民法院审理行政案件，认为国务院部、委制定、发布的规章之间不一致的，由最高人民法院作出解释或者裁决

【解题思路】

法院审理案件时，适用本行政区域的地方性法规，但规章只是参照适用。如果法院认为国务院部委的规章之间不一致，那应当由国务院部委的上级主管机关（国务院）作出解释或者裁决。

【参考答案】 BC

81.【2017年第70题】根据行政诉讼法及相关规定，下列哪些属于人民法院审理行政案件的依据？

A．法律
B．行政法规
C．地方人民政府规章
D．国务院部、委员会规章

【解题思路】

法律由全国人大制定，行政法规由国务院制定，制定机关级别比较高，法院在审理行政案件时必须遵守。规章的制定机关是地方人民政府或者国务院部委，法院审理案

件时只是参照适用。

【参考答案】 AB

（三）第一审判决和裁定

《行政诉讼法》第80条："人民法院对公开审理和不公开审理的案件，一律公开宣告判决。

当庭宣判的，应当在十日内发送判决书；定期宣判的，宣判后立即发给判决书。

宣告判决时，必须告知当事人上诉权利、上诉期限和上诉的人民法院。"

1. 驳回原告诉讼请求

《行政诉讼法》第69条："行政行为证据确凿，适用法律、法规正确，符合法定程序的，或者原告申请被告履行法定职责或者给付义务理由不成立的，人民法院判决驳回原告的诉讼请求。"

82.【2008年第38题】 行政诉讼案件有下列哪些情形的，人民法院应当判决驳回原告的诉讼请求？

A．起诉被告不作为的理由不能成立的

B．被诉行政行为合法但存在合理性问题的

C．被诉行政行为合法，但因法律、政策变化需要变更或者废止的

D．原告所起诉的被告不适格，人民法院告知原告变更被告，但原告不同意变更的

【解题思路】

考生需要注意分辨驳回原告诉讼请求的判决和驳回起诉的裁定之间的区别。驳回诉讼请求针对的是实体问题，使用的是判决；驳回起诉针对的是程序问题，使用的是裁定。被告不适格属于程序问题，应该裁定驳回起诉。另外，2014年《行政诉讼法》修改后，对驳回诉讼请求规定了3类情形：

①行政行为合法的，即证据确凿，适用法律、法规正确，符合法定程序。它可以包括多种情形，如行政行为完全合法、合法但不合理、合法但应改变或废止等。②原告要求被告履行法定职责但理由不成立的。③原告要求被告履行给付义务但理由不成立的。

【参考答案】 ABC

2. 撤销判决和重作判决

《行政诉讼法》第70条："行政行为有下列情形之一的，人民法院判决撤销或者部分撤销，并可以判决被告重新作出行政行为：

（一）主要证据不足的；

（二）适用法律、法规错误的；

（三）违反法定程序的；

（四）超越职权的；

（五）滥用职权的；

（六）明显不当的。"

83.【2009年第65题】 根据行政诉讼法及相关规定，人民法院基于下列哪些理由判决撤销原行政行为，并判决被告重新作出行政行为的，被告不得以同一的事实和理由作出与原行政行为基本相同的行政行为？

A．适用法律、法规错误

B．主要证据不足

C．违反法定程序

D．滥用职权

【解题思路】

法院的判决行政机关重新作出行政行为，行政机关应当执行。适用法律、法规错误，主要证据不足和滥用职权属于实体上的缺陷，如果被法院撤销，那就不能再根据同样的事实和理由作出和原行政行为基本相同的行为。违反法定程序属于程序上的缺陷，

实体上并无缺陷，只要改变程序，不用改变事实和理由，也属于履行了法院的判决。

【参考答案】 ABD

84.【2018年第14题】甲某对专利复审委员会作出的宣告其专利权全部无效的审查决定不服提起行政诉讼，经审理查明，无效宣告请求人乙某的身份被盗用，授权委托书上的签名系伪造，下列裁判方式正确的是？

A．撤销无效宣告审查决定，并判令专利复审委员会就该无效请求重新作出审查决定

B．撤销无效宣告审查决定

C．鉴于专利法规定任何人均可以提出无效宣告请求，判决驳回甲的诉讼请求

D．鉴于专利法规定任何人均可以提出无效宣告请求，判决维持无效宣告审查决定

【解题思路】

无效宣告请求人乙某的身份被盗用属于严重违法程序，应当被撤销。如果驳回甲的诉讼请求或者维持无效宣告审查决定，那这种盗用他人身份的行为就没有受到惩罚。法院撤销原行政行为，可以判决被告重新作出行政行为。不过无效程序属于双方程序，现在无效请求人的身份不合法，实际上就是没有符合要求的无效请求人，故专利复审机构没有必要再重新作出审查决定。

【参考答案】 B

《行政诉讼法》第71条："人民法院判决被告重新作出行政行为的，被告不得以同一的事实和理由作出与原行政行为基本相同的行政行为。"

《行诉法解释》第90条："人民法院判决被告重新作出行政行为，被告重新作出的行政行为与原行政行为的结果相同，但主要事实或者主要理由有改变的，不属于行政诉讼法第七十一条规定的情形。

人民法院以违反法定程序为由，判决撤销被诉行政行为的，行政机关重新作出行政行为不受行政诉讼法第七十一条规定的限制。

行政机关以同一事实和理由重新作出与原行政行为基本相同的行政行为，人民法院应当根据行政诉讼法第七十条、第七十一条的规定判决撤销或者部分撤销，并根据行政诉讼法第九十六条的规定处理。"

85.【2011年第68题】根据行政诉讼法及相关规定，行政行为有下列哪些情形的，人民法院应当判决撤销或者部分撤销？

A．违反法定程序的

B．被诉行政行为合法但存在合理性问题的

C．被诉行政行为合法，但因法律、政策变化需要变更或者废止的

D．被告不履行法定职责，但判决责令其履行法定职责已无实际意义的

【解题思路】

判决撤销是对原行政行为的一种否定，违反法定程序自然是否定的理由。行政诉讼一般不涉及合理性问题，故合法但不合理的不被撤销。行政行为合法，但因法律、政策的变化需要变更或废止的，那不是原行政机关的过错，不应被撤销，如二胎政策放开前，当事人因生育二胎所缴纳的罚款现在并不会退回。履行法定职责已经没有实际意义的，判决撤销也没有什么意义。

【参考答案】 A

86.【2015年第67题】根据行政诉

法及相关规定，下列有关人民法院第一审判决的哪些说法是正确的？

A. 行政行为证据确凿，适用法律、法规正确，符合法定程序的，人民法院判决驳回原告的诉讼请求

B. 原告申请被告履行法定职责理由不成立的，人民法院判决驳回原告的诉讼请求

C. 行政行为违反法定程序，但认定事实清楚且适用法律、法规正确的，人民法院判决维持该行政行为

D. 人民法院判决被告重新作出行政行为的，被告不得以同一的事实和理由作出与原行政行为基本相同的行政行为

【解题思路】

如果行政行为在程序和实体上都没有问题，那原告认为行政行为不当的诉讼请求就不成立，法院会判决驳回原告诉讼请求。如果行政机关没有相应的法定职责，那原告要求行政机关履行职责的诉讼请求也不能成立，法院同样会判决驳回原告诉讼请求。如果行政行为的程序错误，那实体上的正义并不能掩盖程序上的不正义，法院会判决撤销行政行为。如果法院判决撤销行政行为，那行政机关应当尊重法院的判决，不能坚持己见，依然以同一的事实和理由作出与原行政行为基本相同的行政行为。

【参考答案】 ABD

3. 履行判决

《行政诉讼法》第72条："人民法院经过审理，查明被告不履行法定职责的，判决被告在一定期限内履行。"

《行诉法解释》第91条："原告请求被告履行法定职责的理由成立，被告违法拒绝履行或者无正当理由逾期不予答复的，人民法院可以根据行政诉讼法第七十二条的规定，判决被告在一定期限内依法履行原告请求的法定职责；尚需被告调查或者裁量的，应当判决被告针对原告的请求重新作出处理。"

4. 给付判决

《行政诉讼法》第73条："人民法院经过审理，查明被告依法负有给付义务的，判决被告履行给付义务。"

《行诉法解释》第92条："原告申请被告依法履行支付抚恤金、最低生活保障待遇或者社会保险待遇等给付义务的理由成立，被告依法负有给付义务而拒绝或者拖延履行义务的，人民法院可以根据行政诉讼法第七十三条的规定，判决被告在一定期限内履行相应的给付义务。"

5. 确认判决

《行政诉讼法》第74条："行政行为有下列情形之一的，人民法院判决确认违法，但不撤销行政行为：

（一）行政行为依法应当撤销，但撤销会给国家利益、社会公共利益造成重大损害的；

（二）行政行为程序轻微违法，但对原告权利不产生实际影响的。

行政行为有下列情形之一，不需要撤销或者判决履行的，人民法院判决确认违法：

（一）行政行为违法，但不具有可撤销内容的；

（二）被告改变原违法行政行为，原告仍要求确认原行政行为违法的；

（三）被告不履行或者拖延履行法定职责，判决履行没有意义的。"

87.【2019年第70题】根据行政诉讼法及相关规定，下列哪些情况，法院应判决确认违法但不撤销行政行为？

A．行政行为依法应当撤销，但撤销会给国家利益、社会公共利益造成重大损害的

B．行政行为程序轻微违法，但对原告权利不产生实际影响的

C．被告改变原违法行政行为，原告仍要求确认原行政行为违法的

D．行政行为违法，但不具有可撤销内容的

【解题思路】

违法的行政行为不能被撤销，可能是撤销的代价太高，如会给国家利益造成重大损害；也可能是撤销对原告也没有多大价值，如对原告权利不产生实际影响的程序轻微违法；还有可能就是无法撤销，如原行政行为已经改变，或者该行政行为本身就不具有可撤销的内容。

【参考答案】 ABCD

《行诉法解释》第81条："被告在一审期间改变被诉行政行为的，应当书面告知人民法院。

原告或者第三人对改变后的行政行为不服提起诉讼的，人民法院应当就改变后的行政行为进行审理。

被告改变原违法行政行为，原告仍要求确认原行政行为违法的，人民法院应当依法作出确认判决。

原告起诉被告不作为，在诉讼中被告作出行政行为，原告不撤诉的，人民法院应当就不作为依法作出确认判决。"

88.【2009年第88题】某公司就某行政机关对其作出的罚款5000元的行政处罚决定向人民法院起诉。在诉讼中，该行政机关变更了原处罚决定，将罚款数额改为3000元，并书面告知了人民法院，但该公司并未因此而申请撤诉。根据行政诉讼法及相关规定，下列说法哪些是正确的？

A．人民法院应当裁定终结诉讼，并告知该公司另行起诉

B．人民法院应当对改变后的行政处罚决定进行审理

C．人民法院应当继续审理原行政处罚决定

D．人民法院应当对改变后的行政处罚决定和原行政处罚决定一并进行审理

【解题思路】

当事人的诉讼针对的是原来的行政行为，虽然被告变更了原处罚决定，但只要原告没有变更诉讼请求，法院就应当继续审理原来的行政行为。

【参考答案】 C

《行政诉讼法》第75条："行政行为有实施主体不具有行政主体资格或者没有依据等重大且明显违法情形，原告申请确认行政行为无效的，人民法院判决确认无效。"

《行政诉讼法》第76条："人民法院判决确认违法或者无效的，可以同时判决责令被告采取补救措施；给原告造成损失的，依法判决被告承担赔偿责任。"

6．变更判决

《行政诉讼法》第77条："行政处罚明显不当，或者其他行政行为涉及对款额的确定、认定确有错误的，人民法院可以判决变更。

人民法院判决变更，<u>不得加重原告的义务或者减损原告的权益</u>。但利害关系人同

为原告，且诉讼请求相反的除外。"

89.【2013年第63题】根据行政诉讼法及相关规定，下列哪些说法是正确的？

A．人民法院判决被告重新作出行政行为的，被告不得作出与原行政行为基本相同的具体行政行为

B．复议决定维持原具体行政行为的，人民法院判决撤销原行政行为，复议决定自然无效

C．人民法院审理行政案件不得加重对原告的处罚，但利害关系人同为原告的除外

D．人民法院审理行政案件不得对行政机关未予处罚的人直接给予行政处罚

【解题思路】

法院判决被告作出行政行为，那么被告应当尊重法院的判决。不过，如果行政行为不变，但作出的依据变了，那就没有违背法院的判决。如果行政行为被法院判决撤销，那么支持该行政行为的复议决定自然无效，"皮之不存，毛将焉附"。为了鼓励行政相对人提起诉讼，必须解除他们的后顾之忧，不能让他们因为提起了诉讼而承担更不利的后果，故行政诉讼不得加重对原告的处罚，不得对行政机关未予处罚的人直接给予行政处罚。

【参考答案】 BCD

90.【2019年第69题】根据行政诉讼法及相关规定，有关法院判决变更，下列说法正确的是？

A．行政处罚明显不当，法院可以判决变更

B．涉及对款额的确定确有错误的行政行为，法院可以判决变更

C．法院判决变更后，通常不得加重原告的义务

D．法院判决变更后，通常不得减损原告的权益

【解题思路】

行政诉讼原则上只对行政行为是否合法作定性判断，不作定量判断。不过，如果在定量上存在明显问题，如处罚明显不当或者款项确定明显错误，则可以判决变更。为鼓励行政相对人积极维护自己的权利，法院判决不能让原告处于更加不利的地位，如加重原告义务或者减损原告的权益。

【参考答案】 ABCD

《行政诉讼法》第102条："人民法院审理行政案件，应当收取诉讼费用。诉讼费用由败诉方承担，双方都有责任的由双方分担。收取诉讼费用的具体办法另行规定。"

91.【2010年第88题】根据行政诉讼法及相关规定，下列说法哪些是正确的？

A．人民法院审理行政案件，应当收取诉讼费用

B．人民法院审理行政案件，不得对行政机关未予处罚的人直接给予行政处罚

C．人民法院审理行政案件，以法律、行政法规、地方性法规和国务院部委制定的规章为依据

D．人民法院审理行政案件，认为行政处罚显失公正的，可以判决变更

【解题思路】

民事诉讼需要收费，行政诉讼也是如此。为鼓励行政相对人通过行政诉讼维护自己的权利，法律不应当让原告面临加重处罚的危险。再者说，给予行政处罚是行政机关的权限，法院无权作出行政处罚。法院审理行政案件时，规章只是参照适用。2014年《行

政诉讼法》修改后,行政处罚如果"明显不当",则可以变更,原《行政诉讼法》中使用的是"显失公正"。考虑到这两个词汇的内涵基本一致,这里姑且选择。

【参考答案】 ABD

7. 行政协议履行及补偿判决

《行政诉讼法》第78条:"被告不依法履行、未按照约定履行或者违法变更、解除本法第十二条第一款第十一项规定的协议的,人民法院判决被告承担继续履行、采取补救措施或者赔偿损失等责任。

被告变更、解除本法第十二条第一款第十一项规定的协议合法,但未依法给予补偿的,人民法院判决给予补偿。"

《行政诉讼法》第79条:"复议机关与作出原行政行为的行政机关为共同被告的案件,人民法院应当对复议决定和原行政行为一并作出裁判。"

《行诉法解释》第135条:"复议机关决定维持原行政行为的,人民法院应当在审查原行政行为合法性的同时,一并审查复议决定的合法性。

作出原行政行为的行政机关和复议机关对原行政行为合法性共同承担举证责任,可以由其中一个机关实施举证行为。复议机关对复议决定的合法性承担举证责任。

复议机关作共同被告的案件,复议机关在复议程序中依法收集和补充的证据,可以作为人民法院认定复议决定和原行政行为合法的依据。"

8. 决定

行政诉讼中的主要决定:①有关回避事项的决定;②对妨碍行政诉讼的行为采取强制措施的决定;③审判委员会对已生效的行政案件的裁判认为需要再审的决定;④有关诉讼期限的决定。

9. 裁定

《行诉法解释》第101条:"裁定适用于下列范围:

(一)不予立案;

(二)驳回起诉;

(三)管辖异议;

(四)终结诉讼;

(五)中止诉讼;

(六)移送或者指定管辖;

(七)诉讼期间停止具体行政行为的执行或者驳回停止执行的申请;

(八)财产保全;

(九)先予执行;

(十)准许或者不准许撤诉;

(十一)补正裁判文书中的笔误;

(十二)中止或者终结执行;

(十三)提审、指令再审或者发回重审;

(十四)准许或者不准许执行行政机关的行政行为;

(十五)其他需要裁定的事项。

对第一、二、三项裁定,当事人可以上诉。

裁定书应当写明裁定结果和作出该裁定的理由。裁定书由审判人员、书记员署名,加盖人民法院印章。口头裁定的,记入笔录。"

92.**【2008年第98题】** 在行政诉讼中,人民法院对下列哪些事项应当作出裁定?

A. 撤销行政行为

B. 审判人员的回避

C. 诉讼期间停止原行政行为的执行

D. 撤销原判决、发回重审

【解题思路】

撤销行政行为涉及实体问题，使用判决；审判人员的回避，使用决定。其余两项适用裁定。

【参考答案】 CD

93.【2018年第72题】对下列哪些行政裁判，当事人可以提起上诉？

A. 裁定不停止执行行政行为

B. 裁定不予立案

C. 裁定中止诉讼

D. 判决驳回原告的诉讼请求

【解题思路】

在各种裁定中，当事人可以提起上诉包括不予立案、管辖权异议和驳回起诉。行政诉讼实行二审终审制，如果当事人对一审行政判决不服，可以提起诉讼。

【参考答案】 BD

《行诉法解释》第69条："有下列情形之一，已经立案的，应当裁定驳回起诉：

（一）不符合行政诉讼法第四十九条规定的；

（二）超过法定起诉期限且无行政诉讼法第四十八条规定情形的；

（三）错列被告且拒绝变更的；

（四）未按照法律规定由法定代理人、指定代理人、代表人为诉讼行为的；

（五）未按照法律、法规规定先向行政机关申请复议的；

（六）重复起诉的；

（七）撤回起诉后无正当理由再行起诉的；

（八）行政行为对其合法权益明显不产生实际影响的；

（九）诉讼标的已为生效裁判或者调解书所羁束的；

（十）其他不符合法定起诉条件的情形。

前款所列情形可以补正或者更正的，人民法院应当指定期间责令补正或者更正；在指定期间已经补正或者更正的，应当依法审理。

人民法院经过阅卷、调查或者询问当事人，认为不需要开庭审理的，可以径行裁定驳回起诉。"

（四）简易程序

《行政诉讼法》第82条："人民法院审理下列第一审行政案件，认为事实清楚、权利义务关系明确、争议不大的，可以适用简易程序：

（一）被诉行政行为是依法当场作出的；

（二）案件涉及款额二千元以下的；

（三）属于政府信息公开案件的。

除前款规定以外的第一审行政案件，当事人各方同意适用简易程序的，可以适用简易程序。

发回重审、按照审判监督程序再审的案件不适用简易程序。"

《行政诉讼法》第83条："适用简易程序审理的行政案件，由审判员一人独任审理，并应当在立案之日起四十五日内审结。"

《行政诉讼法》第84条："人民法院在审理过程中，发现案件不宜适用简易程序的，裁定转为普通程序。"

（五）第二审程序

1. 上诉的期限

《行政诉讼法》第85条："当事人不服

人民法院第一审判决的，有权在判决书送达之日起十五日内向上一级人民法院提起上诉。当事人不服人民法院第一审裁定的，有权在裁定书送达之日起十日内向上一级人民法院提起上诉。逾期不提起上诉的，人民法院的第一审判决或者裁定发生法律效力。"

2. 上诉的受理

《行诉法解释》第107条："第一审人民法院作出判决和裁定后，当事人均提起上诉的，上诉各方均为上诉人。

诉讼当事人中的一部分人提出上诉，没有提出上诉的对方当事人为被上诉人，其他当事人依原审诉讼地位列明。"

《行诉法解释》第108条："当事人提出上诉，应当按照其他当事人或者诉讼代理人的人数提出上诉状副本。

原审人民法院收到上诉状，应当在五日内将上诉状副本发送其他当事人，对方当事人应当在收到上诉状副本之日起十五日内提出答辩状。

原审人民法院应当在收到答辩状之日起五日内将副本发送上诉人。对方当事人不提出答辩状的，不影响人民法院审理。

原审人民法院收到上诉状、答辩状，应当在五日内连同全部案卷和证据，报送第二审人民法院；已经预收的诉讼费用，一并报送。"

《行诉法解释》第109条："第二审人民法院经审理认为原审人民法院不予立案或者驳回起诉的裁定确有错误且当事人的起诉符合起诉条件的，应当裁定撤销原审人民法院的裁定，指令原审人民法院依法立案或者继续审理。

第二审人民法院裁定发回原审人民法院重新审理的行政案件，原审人民法院应当另行组成合议庭进行审理。

原审判决遗漏了必须参加诉讼的当事人或者诉讼请求的，第二审人民法院应当裁定撤销原审判决，发回重审。

原审判决遗漏行政赔偿请求，第二审人民法院经审查认为依法不应当予以赔偿的，应当判决驳回行政赔偿请求。

原审判决遗漏行政赔偿请求，第二审人民法院经审理认为依法应当予以赔偿的，在确认被诉行政行为违法的同时，可以就行政赔偿问题进行调解；调解不成的，应当就行政赔偿部分发回重审。

当事人在第二审期间提出行政赔偿请求的，第二审人民法院可以进行调解；调解不成的，应当告知当事人另行起诉。"

94.【2011年第77题】根据行政诉讼法及相关规定，下列关于行政诉讼二审程序的说法哪些是正确的？

A. 第一审人民法院作出判决和裁定后，当事人均提起上诉的，上诉各方均为上诉人

B. 第一审人民法院作出判决和裁定后，诉讼当事人中的一部分人提出上诉，没有提出上诉的其他当事人为被上诉人

C. 原审人民法院收到上诉状，应当在5日内将上诉状副本送达其他当事人，对方当事人应当在收到上诉状副本之日起10日内提出答辩状

D. 第二审人民法院审理上诉案件，仅对原审人民法院的裁判是否合法进行审查

【解题思路】

当事人如果都上诉的，则都为上诉人，没有提出上诉的，对方当事人为被上诉人；如果部分上诉的，则其他当事人按原审诉讼

地位列明。送达起诉状副本的期限是5日，提交答辩状的期限则是15日。2014年《行政诉讼法》修改前，提交答辩状的期限是10日，当时一审的期限也只有3个月。《行政诉讼法》修改后，一审期限改为6个月。和《民事诉讼法》一致，此时提交答辩状期限也延长到15日，和《民事诉讼法》保持一致。行政诉讼是对行政行为的监督，二审程序也不例外，需要对行政行为是否合法进行审查。

【参考答案】 A

3. 上诉案件的审理

《行政诉讼法》第86条："人民法院对上诉案件，应当组成合议庭，开庭审理。经过阅卷、调查和询问当事人，对没有提出新的事实、证据或者理由，合议庭认为不需要开庭审理的，也可以不开庭审理。"

95.【2007年第75题】 在行政诉讼中，在下列哪些情形下第二审人民法院审理上诉案件应当开庭审理？

A. 当事人对原审人民法院认定的事实有争议的

B. 当事人对原审人民法院适用的法律有争议的

C. 第二审人民法院认为原审人民法院认定事实不清楚的

D. 第二审人民法院认为原审人民法院适用法律有错误的

【解题思路】

2014年《行政诉讼法》修改后，二审原则上需要开庭审理，除非是事实清楚。如果当事人对事实有争议，或者二审法院认为一审认定的事实不清楚，那自然需要开庭审理。如果是对法律有争议，只要双方没有提出新的事实、证据或者理由，就可以不开庭审理。

【参考答案】 AC

《行政诉讼法》第87条："人民法院审理上诉案件，应当对原审人民法院的判决、裁定和被诉行政行为进行全面审查。"

96.【2009年第98题】 根据行政诉讼法及相关规定，下列关于行政诉讼的说法哪些是正确的？

A. 第二审人民法院认为原审人民法院认定事实不清楚的，应当开庭审理

B. 第二审人民法院对行政上诉案件，认为事实清楚的，可以实行书面审理

C. 第二审人民法院审理行政上诉案件，只限于审查原审人民法院作出的裁判是否合法

D. 第二审人民法院审理行政上诉案件，只限于审查被诉行政行为是否合法

【解题思路】

二审程序开庭审理为原则，书面审理为例外，书面审理的前提是事实清楚。当事人没有提出新的事实、证据或者理由，如果事实不清楚，那自然应当开庭审理。二审对案件对一审裁判和被诉行政行为进行全面审查，既要原审法院的判决、裁定是否合法，也要审查被诉行政行为是否合法。

【参考答案】 AB

4. 审理的期限

《行政诉讼法》第88条："人民法院审理上诉案件，应当在收到上诉状之日起三个月内作出终审判决。有特殊情况需要延长的，由高级人民法院批准，高级人民法院审理上诉案件需要延长的，由最高人民法院批准。"

（六）第二审判决和裁定

《行政诉讼法》第89条："人民法院审理上诉案件，按照下列情形，分别处理：

（一）原判决、裁定认定事实清楚，适用法律、法规正确的，判决或者裁定驳回上诉，维持原判决、裁定；

（二）原判决、裁定认定事实错误或者适用法律、法规错误的，依法改判、撤销或者变更；

（三）原判决认定基本事实不清、证据不足的，发回原审人民法院重审，或者查清事实后改判；

（四）原判决遗漏当事人或者违法缺席判决等严重违反法定程序的，裁定撤销原判决，发回原审人民法院重审。

原审人民法院对发回重审的案件作出判决后，当事人提起上诉的，第二审人民法院不得再次发回重审。

人民法院审理上诉案件，需要改变原审判决的，应当同时对被诉行政行为作出判决。"

《行诉法解释》第109条："第二审人民法院经审理认为原审人民法院不予立案或者驳回起诉的裁定确有错误且当事人的起诉符合起诉条件的，应当裁定撤销原审人民法院的裁定，指令原审人民法院依法立案或者继续审理。

第二审人民法院裁定发回原审人民法院重新审理的行政案件，原审人民法院应当另行组成合议庭进行审理。

原审判决遗漏了必须参加诉讼的当事人或者诉讼请求的，第二审人民法院应当裁定撤销原审判决，发回重审。

原审判决遗漏行政赔偿请求，第二审人民法院经审查认为依法不应当予以赔偿的，应当判决驳回行政赔偿请求。

原审判决遗漏行政赔偿请求，第二审人民法院经审理认为依法应当予以赔偿的，在确认被诉行政行为违法的同时，可以就行政赔偿问题进行调解；调解不成的，应当就行政赔偿部分发回重审。

当事人在第二审期间提出行政赔偿请求的，第二审人民法院可以进行调解；调解不成的，应当告知当事人另行起诉。"

97.【2017年第72题】根据行政诉讼法及相关规定，下列关于行政诉讼第二审程序的哪些说法是正确的？

A. 当事人不服人民法院第一审行政判决的，有权在判决书送达之日起15日内向上一级人民法院提起上诉

B. 人民法院对行政上诉案件，一律应当开庭审理

C. 人民法院审理上诉案件，应当对原审人民法院的判决、裁定和被诉行政行为进行全面审查

D. 原审人民法院对发回重审的案件作出判决后，当事人提起上诉的，第二审人民法院仍然可以再次发回重审

【解题思路】

对于一审判决的上诉期限是15日，裁定的上诉期限是10日。开庭审理是为了查清事实，如果没有什么新的事实，也可以不开庭审理。二审对案件对一审裁判和被诉行政行为进行全面审查，既要原审人民法院的判决、裁定是否合法，也要审查被诉行政行为是否合法。如果当事人对发回重审的案件再次提起上诉，那就意味着对原审法院不信

任,此时二审法院就不能再发回重审。

【参考答案】 AC

98.【2019年第71题】根据行政诉讼法及相关规定,关于法院审理上诉案件,下列说法正确的是?

A. 原审判决遗漏当事人,第二审法院应裁定撤销原判决,发回原审人民法院重审

B. 原审判决违法缺席判决,第二审法院应裁定撤销原判决,发回原审人民法院重审

C. 原审判决遗漏行政赔偿请求,第二审法院应裁定撤销原判决,发回原审人民法院重审

D. 原审判决中应当回避的审判人员未回避的,第二审法院应裁定撤销原判决,发回原审人民法院重审

【解题思路】

一审程序如果存在严重问题,如遗漏当事人或违法缺席判决,则剥夺了当事人的诉讼权利,审判人员违反回避原则也容易导致当事人的权利受到严重影响。此时如果二审直接改判,则当事人失去了上诉的机会,故二审法院只能发回重审。行政赔偿建立在行政行为是否合法的基础上,如果二审法院判决该行政行为合法,可以直接判决驳回行政赔偿请求;如果二审法院判决该行政行为不合法,则可以就赔偿数额进行调解,调解不成也只须将行政赔偿部分发回重审即可。

【参考答案】 ABD

(七)行政诉讼的审判监督程序

1. 审判监督程序的提起

《行政诉讼法》第90条:"当事人对已经发生法律效力的判决、裁定,认为确有错误的,可以向上一级人民法院申请再审,但判决、裁定不停止执行。"

(1)当事人申请再审。

《行政诉讼法》第91条:"当事人的申请符合下列情形之一的,人民法院应当再审:

(一)不予立案或者驳回起诉确有错误的;

(二)有新的证据,足以推翻原判决、裁定的;

(三)原判决、裁定认定事实的主要证据不足、未经质证或者系伪造的;

(四)原判决、裁定适用法律、法规确有错误的;

(五)违反法律规定的诉讼程序,可能影响公正审判的;

(六)原判决、裁定遗漏诉讼请求的;

(七)据以作出原判决、裁定的法律文书被撤销或者变更的;

(八)审判人员在审理该案件时有贪污受贿、徇私舞弊、枉法裁判行为的。"

《行诉法解释》第110条:"当事人向上一级人民法院申请再审,应当在判决、裁定或者调解书发生法律效力后六个月内提出。有下列情形之一的,自知道或者应当知道之日起六个月内提出:

(一)有新的证据,足以推翻原判决、裁定的;

(二)原判决、裁定认定事实的主要证据是伪造的;

(三)据以作出原判决、裁定的法律文书被撤销或者变更的;

(四)审判人员审理该案件时有贪污受贿、徇私舞弊、枉法裁判行为的。"

(2) 人民法院依职权提起再审。

《行政诉讼法》第92条："各级人民法院院长对本院已经发生法律效力的判决、裁定，发现有本法第91条规定情形之一，或者发现调解违反自愿原则或者调解书内容违法，认为需要再审的，应当提交审判委员会讨论决定。

最高人民法院对地方各级人民法院已经发生法律效力的判决、裁定，上级人民法院对下级人民法院已经发生法律效力的判决、裁定，发现有本法第91条规定情形之一，或者发现调解违反自愿原则或者调解书内容违法的，有权提审或者指令下级人民法院再审。"

99.【2017年第73题】根据行政诉讼法及相关规定，下列关于审判监督程序的哪些说法是正确的？

A. 当事人对已经发生法律效力的判决，认为确有错误的，可以向上一级人民法院申请再审

B. 原判决遗漏诉讼请求，当事人提出再审申请的，人民法院应当再审

C. 据以作出原判决的法律文书被撤销，当事人提出再审申请的，人民法院应当再审

D. 上级人民检察院发现下级人民法院已经发生法律效力的判决遗漏诉讼请求的，应当提出抗诉

【解题思路】

提起审判监督程序的前提是判决当事人认为判决有错误，遗漏诉讼请求或者据以作出原判决的法律文书被撤销，都应当可以申请再审。检察院作为法律监督机关，如果上级检察院发现下级法院判决确有错误，应当通过提出抗诉来进行监督。

【参考答案】 ABCD

(3) 人民检察院的抗诉与检察建议。

《行政诉讼法》第93条："最高人民检察院对各级人民法院已经发生法律效力的判决、裁定，上级人民检察院对下级人民法院已经发生法律效力的判决、裁定，发现有本法第九十一条规定情形之一，或者发现调解书损害国家利益、社会公共利益的，应当提出抗诉。

地方各级人民检察院对同级人民法院已经发生法律效力的判决、裁定，发现有本法第九十一条规定情形之一，或者发现调解书损害国家利益、社会公共利益的，可以向同级人民法院提出检察建议，并报上级人民检察院备案；也可以提请上级人民检察院向同级人民法院提出抗诉。

各级人民检察院对审判监督程序以外的其他审判程序中审判人员的违法行为，有权向同级人民法院提出检察建议。"

100.【2014年第98题】根据行政诉讼法及相关规定，下列哪些说法是正确的？

A. 上级人民法院对下级人民法院已经发生法律效力的判决，发现违反法律、法规规定的，有权提审

B. 上级人民法院对下级人民法院已经发生法律效力的判决，发现违反法律、法规规定的，有权指令下级人民法院再审

C. 人民检察院对人民法院已经发生法律效力的判决，发现违反法律、法规规定的，有权裁定撤销判决

D. 人民检察院对人民法院已经发生法律效力的判决，发现违反法律、法规规定的，有权按照审判监督程序提出抗诉

【解题思路】

再审程序中，上级法院可以提审也可以指令下级法院再审。检察院可以抗诉，但无权直接撤销判决。如果检察院可以直接撤销判决，就没必要设法院了。

【参考答案】 ABD

101.【2016年第73题】根据行政诉讼法及相关规定，下列关于审判监督程序的哪些说法是正确的？

A. 地方各级人民检察院发现同级人民法院已经发生法律效力的判决遗漏诉讼请求的，可以向同级人民法院提出抗诉

B. 地方各级人民检察院发现同级人民法院已经发生法律效力的判决遗漏诉讼请求的，可以提请上级人民检察院向同级人民法院提出抗诉

C. 上级人民检察院发现下级人民法院已经发生法律效力的判决遗漏诉讼请求的，应当提出抗诉

D. 最高人民检察院发现各级人民法院已经发生法律效力的判决遗漏诉讼请求的，应当提出抗诉

【解题思路】

检察院抗诉涉及法院和检察院两大系统之间的关系，因此有诸多的限制。最高检察院在检察机关里面级别最高，有权对包括最高法院在内的各级法院的判决提出抗诉。上级检察院的行政级别高于下级法院，故有权对下级法院的判决提出抗诉。如果是检察院要对同级法院的判决提出抗诉，那就需要绕一大圈。例如，昆山市检察院要对昆山市法院的判决作提起抗诉，昆山市检察院就需要去找上级苏州市检察院，由苏州市检察院向苏州市中级人民法院提出抗诉。

【参考答案】 BCD

《行诉法解释》第117条："有下列情形之一的，当事人可以向人民检察院申请抗诉或者检察建议：

（一）人民法院驳回再审申请的；

（二）人民法院逾期未对再审申请作出裁定的；

（三）再审判决、裁定有明显错误的。

人民法院基于抗诉或者检察建议作出再审判决、裁定后，当事人申请再审的，人民法院不予立案。"

2. 案件的再审程序

《行诉法解释》第119条："人民法院按照审判监督程序再审的案件，发生法律效力的判决、裁定是由第一审法院作出的，按照第一审程序审理，所作的判决、裁定，当事人可以上诉；发生法律效力的判决、裁定是由第二审法院作出的，按照第二审程序审理，所作的判决、裁定，是发生法律效力的判决、裁定；上级人民法院按照审判监督程序提审的，按照第二审程序审理，所作的判决、裁定是发生法律效力的判决、裁定。

人民法院审理再审案件，应当另行组成合议庭。"

《行诉法解释》第120条："人民法院审理再审案件应当围绕再审请求和被诉行政行为合法性进行。当事人的再审请求超出原审诉讼请求，符合另案诉讼条件的，告知当事人可以另行起诉。

被申请人及原审其他当事人在庭审辩论结束前提出的再审请求，符合本解释规定的申请期限的，人民法院应当一并审理。

人民法院经再审，发现已经发生法律

效力的判决、裁定损害国家利益、社会公共利益、他人合法权益的，应当一并审理。"

102.【2006年第49题】根据行政诉讼法及相关规定，下列说法哪些是正确的？

A. 对人民检察院按照审判监督程序提出抗诉的案件，人民法院应当再审

B. 按照审判监督程序决定再审的案件，应当裁定中止原判决的执行

C. 人民法院院长对本院已经发生法律效力的判决，发现违反法律、法规规定的，可以决定对该案进行再审

D. 上级人民法院发现下级人民法院已经发生法律效力的判决违反法律规定的，有权提审或者指令下级人民法院再审

【解题思路】

法院必须尊重检察院的抗诉，进行再审。启动再审就意味着发现原审判决很有可能是错误的，故需要先中止判决的执行，防止错误扩大。法院院长可以提请再审，但决定权在审判委员会手里。上下级人民法院属于业务指导关系，上级人民法院有权指定下级人民法院再审。

【参考答案】 ABD

《行政诉讼法》第96条："行政机关拒绝履行判决、裁定、调解书的，第一审人民法院可以采取下列措施：

（一）对应当归还的罚款或者应当给付的款额，通知银行从该行政机关的账户内划拨；

（二）在规定期限内不履行的，从期满之日起，对该行政机关负责人按日处五十元至一百元的罚款；

（三）将行政机关拒绝履行的情况予以公告；

（四）向监察机关或者该行政机关的上一级行政机关提出司法建议。接受司法建议的机关，根据有关规定进行处理，并将处理情况告知人民法院；

（五）拒不履行判决、裁定、调解书，社会影响恶劣的，可以对该行政机关直接负责的主管人员和其他直接责任人员予以拘留；情节严重，构成犯罪的，依法追究刑事责任。"

103.【2007年第81题】根据行政诉讼法的规定，行政机关拒绝履行判决、裁定的，第一审人民法院可以采取下列哪些措施？

A. 对应当归还的罚款或者应当给付的赔偿金，通知银行从该行政机关的账户内划拨

B. 在规定期限内不执行的，从期满之日起，对该行政机关按日处50元至100元的罚款

C. 向该行政机关的上一级行政机关或者监察、人事机关提出司法建议

D. 拒不执行判决、裁定，情节严重构成犯罪的，依法追究主管人员和直接责任人员的刑事责任

【解题思路】

行政机关拒绝履行判决时，执行机关是第一审人民法院，可供采取的措施除了上述4种，还有1种就是将行政机关拒绝履行的情况予以公告。需要注意的是，2014年《行政诉讼法》修改后，对行政机关的罚款已改为对行政机关负责人的罚款。另外，2014年《行政诉讼法》修改后，提出司法建议的对象不再包括人事机关。

【参考答案】 AD

六、国家赔偿

(一)《国家赔偿法》适用的范围

《国家赔偿法》第2条:"国家机关和国家机关工作人员行使职权,有本法规定的侵犯公民、法人和其他组织合法权益的情形,造成损害的,受害人有依照本法取得国家赔偿的权利。

本法规定的赔偿义务机关,应当依照本法及时履行赔偿义务。"

(二)行政赔偿的含义

1. 对侵犯人身权的行政赔偿

《国家赔偿法》第3条:"行政机关及其工作人员在行使行政职权时有下列侵犯人身权情形之一的,受害人有取得赔偿的权利:

(一)违法拘留或者违法采取限制公民人身自由的行政强制措施的;

(二)非法拘禁或者以其他方法非法剥夺公民人身自由的;

(三)以殴打、虐待等行为或者唆使、放纵他人以殴打、虐待等行为造成公民身体伤害或者死亡的;

(四)违法使用武器、警械造成公民身体伤害或者死亡的;

(五)造成公民身体伤害或者死亡的其他违法行为。"

104.【2010年第93题】根据国家赔偿法的规定,行政机关及其工作人员在行使行政职权时有下列哪些情形之一的,受害人有取得赔偿的权利?

A. 违法拘留或者违法采取限制公民人身自由的行政强制措施的

B. 以殴打等暴力行为或者唆使他人以殴打等暴力行为造成公民身体伤害或者死亡的

C. 违法使用武器、警械造成公民身体伤害或者死亡的

D. 违法对财产采取查封、扣押、冻结等行政强制措施的

【解题思路】

国家赔偿的范围比较广,考生在记忆上可能会有困难。在做题时,可以考虑根据国家赔偿的定义,符合这3个条件的,国家应该承担赔偿责任:①职务行为;②侵犯当事人合法权益;③没有排除赔偿的情形。

【参考答案】 ABCD

2. 对侵犯财产权的行政赔偿

《国家赔偿法》第4条:"行政机关及其工作人员在行使行政职权时有下列侵犯财产权情形之一的,受害人有取得赔偿的权利:

(一)违法实施罚款、吊销许可证和执照、责令停产停业、没收财物等行政处罚的;

(二)违法对财产采取查封、扣押、冻结等行政强制措施的;

(三)违法征收、征用财产的;

(四)造成财产损害的其他违法行为。"

105.【2012年第53题】根据国家赔偿法及相关规定,行政机关及其工作人员在行使行政职权时有下列哪些行为的,受害人有取得赔偿的权利?

A. 违法对财产采取查封、扣押的行政强制措施的

B. 非法拘禁或以其他方法非法剥夺公民人身自由的

C. 违法征收、征用财产的

D. 违法使用武器造成公民身体伤害的

【解题思路】

行政机关及其工作人员在行使职权时,如果侵犯了公民的人身权利或财产权利,则受害人可以申请国家赔偿。

【参考答案】 ABCD

3. 国家不予赔偿的范围

《国家赔偿法》第5条:"属于下列情形之一的,国家不承担赔偿责任:

(一)行政机关工作人员与行使职权无关的个人行为;

(二)因公民、法人和其他组织自己的行为致使损害发生的;

(三)法律规定的其他情形。"

106.【2019年第19题】 某县公安局干警张某在协助县林业局执行公务时,遇到往日有嫌隙的王某,张某借故将王某殴打致死,对王某的死亡承担赔偿义务的是?

A. 该县公安局

B. 该县人民政府

C. 张某

D. 该县林业局

【解题思路】

王某并不是林业局执行公务的相对人,只是无辜的路人甲。警察张某殴打王某属于发泄私愤的个人行为,不属于执行公务,应当由张某承担赔偿责任。

【参考答案】 C

(三)行政赔偿请求的当事人

1. 赔偿请求人

《国家赔偿法》第6条:"受害的公民、法人和其他组织有权要求赔偿。

受害的公民死亡,其继承人和其他有扶养关系的亲属有权要求赔偿。

受害的法人或者其他组织终止的,其权利承受人有权要求赔偿。"

2. 赔偿义务机关

《国家赔偿法》第7条:"行政机关及其工作人员行使行政职权侵犯公民、法人和其他组织的合法权益造成损害的,该行政机关为赔偿义务机关。

两个以上行政机关共同行使行政职权时侵犯公民、法人和其他组织的合法权益造成损害的,共同行使行政职权的行政机关为共同赔偿义务机关。

法律、法规授权的组织在行使授予的行政权力时侵犯公民、法人和其他组织的合法权益造成损害的,被授权的组织为赔偿义务机关。

受行政机关委托的组织或者个人在行使受委托的行政权力时侵犯公民、法人和其他组织的合法权益造成损害的,委托的行政机关为赔偿义务机关。

赔偿义务机关被撤销的,继续行使其职权的行政机关为赔偿义务机关;没有继续行使其职权的行政机关的,撤销该赔偿义务机关的行政机关为赔偿义务机关。"

《国家赔偿法》第8条:"经复议机关复议的,最初造成侵权行为的行政机关为赔偿义务机关,但复议机关的复议决定加重损害的,复议机关对加重的部分履行赔偿义务。"

107.【2007年第98题】 根据国家赔偿法的规定,下列说法哪些是正确的?

A. 两个以上行政机关共同行使行政职权时侵犯公民的合法权益造成损害的,共同行使行政职权的行政机关为共同赔偿义务机关

B. 法律、法规授权的组织在行使授予的行政权力时侵犯公民的合法权益造成损害

的，被授权的组织为赔偿义务机关

C．受行政机关委托的组织在行使受委托的行政权力时侵犯公民的合法权益造成损害的，委托的行政机关和受委托的组织为共同赔偿义务机关

D．经复议机关复议的，最初造成侵权行为的行政机关为赔偿义务机关，但复议机关的复议决定加重损害的，复议机关对加重的部分履行赔偿义务

【解题思路】

在确定国家赔偿义务机关时，可以借用民事侵权的相关理论，即侵权主体需要为自己的行为承担责任。如果是共同侵权，则共同承担赔偿责任。法律法规授权的组织拥有与行政机关相同的法律地位，由自己承担赔偿责任。受委托组织不具有行政主体的资格，类似于民法中的无行为能力人，不能自己承担赔偿责任，只能由委托机关承担赔偿责任。复议机关加重损害的，与原行政机关构成了共同侵权，且属于"按份侵权"，故各自应为自己的侵权范围承担赔偿责任。

【参考答案】 ABD

（四）赔偿程序

1．赔偿请求的单独提出

《国家赔偿法》第9条："赔偿义务机关有本法第三条、第四条规定情形之一的，应当给予赔偿。

赔偿请求人要求赔偿，应当先向赔偿义务机关提出，也可以在申请行政复议或者提起行政诉讼时一并提出。"

108．【2008年第42题】某行政机关对张某给予行政处罚，给张某造成了损失。张某不服，申请行政复议。对于该损失，下列哪些说法是正确的？

A．张某可以在申请行政复议时一并提出行政赔偿请求

B．张某只能在行政复议终结后另行提出行政赔偿请求

C．如果张某在申请行政复议时没有提出行政赔偿请求，行政复议机关决定撤销该处罚决定的，应当告知张某另行提出行政赔偿请求

D．如果张某在申请行政复议时没有提出行政赔偿请求，行政复议机关决定撤销该处罚决定的，应当同时责令该行政机关对张某进行赔偿

【解题思路】

行政赔偿可以单独提起，也可以在行政复议中附带提起。如果在复议时没有提起赔偿请求，复议机关撤销处罚决定后，可直接责令赔偿机关进行赔偿，以便更好地维护行政相对人的利益。

【参考答案】 AD

109．【2013年第46题】某县工商局和卫生局共同对张某的餐厅进行查封，给其造成了损失。张某认为该查封行为违法，欲要求国家赔偿。根据国家赔偿法及相关规定，下列哪些说法是正确的？

A．该县工商局和卫生局为共同赔偿义务机关

B．该县人民政府为赔偿义务机关

C．张某可以在提起行政诉讼时一并提出赔偿要求

D．张某可以在申请行政复议时一并提出赔偿要求

【解题思路】

查封张某餐厅的是工商局和卫生局，赔偿义务机关自然就是工商局和卫生局。国

家赔偿要求可以在申请复议或者提起诉讼的时候一并提出,也可以单独提出。

【参考答案】 ACD

2. 赔偿请求在行政复议和行政诉讼中一并提出

《行政复议法》第29条:"申请人在申请行政复议时可以一并提出行政赔偿请求,行政复议机关对符合国家赔偿法的有关规定应当给予赔偿的,在决定撤销、变更具体行政行为或者确认具体行政行为违法时,应当同时决定被申请人依法给予赔偿。

申请人在申请行政复议时没有提出行政赔偿请求的,行政复议机关在依法决定撤销或者变更罚款,撤销违法集资、没收财物、征收财物、摊派费用以及对财产的查封、扣押、冻结等具体行政行为时,应当同时责令被申请人返还财产,解除对财产的查封、扣押、冻结措施,或者赔偿相应的价款。"

110.【2006年第84题】 行政机关对王某处以没收财物的行政处罚。王某不服,申请行政复议,但没有提出行政赔偿请求。行政复议机关经审查决定撤销原处罚决定。根据行政复议法的规定,行政复议机关对赔偿事宜应当如何处理?

A. 根据不告不理的原则,对行政赔偿事宜不予考虑

B. 通知申请人增加复议请求

C. 在作出复议决定的同时,告知申请人就行政赔偿事宜另行申请行政复议

D. 在作出复议决定的同时,责令被申请人返还财物或者赔偿相应的价款

【解题思路】

在行政赔偿中,规则设计应当最有利于赔偿请求人。上述4个选项中,D项最有利于维护请求人的利益。

【参考答案】 D

111.【2007年第88题】 根据行政诉讼法及相关规定,当事人在第二审期间才提出行政赔偿请求的,第二审人民法院应当如何处理?

A. 直接就行政赔偿请求进行审理,并作出判决

B. 就赔偿问题进行调解,调解不成将全案发回重审

C. 就赔偿问题进行调解,调解不成将行政赔偿部分发回重审

D. 就赔偿问题进行调解,调解不成告知原告就赔偿问题另行起诉

【解题思路】

行政诉讼中原则上不适用调解,但行政赔偿属于例外。另外,当事人的程序性权利应当获得尊重。如果二审法院就赔偿请求作出判决,那当事人对此不服的也就没法上诉,会因此丧失救济的机会。当事人在二审期间才提出行政赔偿请求的,那是当事人的责任,原审法院没有责任,不应该发回重审。既然二审法院不能直接判决,也不能发回重审,那么唯一的选择就是让当事人另行起诉。

【参考答案】 D

3. 赔偿机关

《国家赔偿法》第10条:"赔偿请求人可以向共同赔偿义务机关中的任何一个赔偿义务机关要求赔偿,该赔偿义务机关应当先予赔偿。"

《国家赔偿法》第11条:"赔偿请求人根据受到的不同损害,可以同时提出数项赔偿要求。"

112.【2008年第51题】根据国家赔偿法的规定,下列哪些说法是正确的?

A. 赔偿请求人根据受到的不同损害,可以同时提出数项行政赔偿请求

B. 赔偿请求人可以在提起行政诉讼时一并提出行政赔偿请求

C. 赔偿请求人单独要求行政赔偿的,可以向赔偿义务机关提出,也可以直接向人民法院提起诉讼

D. 赔偿请求人可以向共同赔偿义务机关中的任何一个赔偿义务机关提出行政赔偿请求

【解题思路】

如果当事人受到了数种侵害,但只能提起一项赔偿请求,那显然不利于维护其合法权益。赔偿可以单独提起,也可以在行政复议时一并提起。行政赔偿的前提是行政行为存在错误,如果没有通过复议程序或者诉讼程序解决行政行为是否正确的问题,就无法判断是否需要作出行政赔偿。为此,当事人不能单独就行政赔偿申请复议或者提起行政诉讼。在共同赔偿中,数个赔偿义务机关承担连带责任,请求人可以要求其中任何一个承担全部责任。

【参考答案】 ABD

《国家赔偿法》第15条:"人民法院审理行政赔偿案件,赔偿请求人和赔偿义务机关对自己提出的主张,应当提供证据。

赔偿义务机关采取行政拘留或者限制人身自由的强制措施期间,被限制人身自由的人死亡或者丧失行为能力的,赔偿义务机关的行为与被限制人身自由的人的死亡或者丧失行为能力是否存在因果关系,赔偿义务机关应当提供证据。"

113.【2014年第56题】根据国家赔偿法及相关规定,下列哪些说法是正确的?

A. 赔偿请求人根据受到的不同损害,可以同时提出数项行政赔偿请求

B. 赔偿请求人可以在提起行政复议时一并提出行政赔偿请求

C. 存在共同赔偿义务机关的,赔偿请求人应当向所有共同赔偿义务机关同时要求赔偿

D. 人民法院审理行政赔偿案件时,赔偿请求人对自己提出的主张,应当提供证据

【解题思路】

如果存在共同赔偿义务机关的,那么请求人可以向其中一个或几个提出赔偿,而不是强求他必须向所有赔偿义务机关要求赔偿。如果请求人的人身权和财产权都受到了损害,那么提出两项赔偿请求也是理所当然的。行政赔偿可以在申请复议或者提起诉讼时同时提出。请求人提出了赔偿数额后,需要证明为什么这个数额是合理的。

【参考答案】 ABD

4. 处理期限

《国家赔偿法》第13条:"赔偿义务机关应当自收到申请之日起两个月内,作出是否赔偿的决定。赔偿义务机关作出赔偿决定,应当充分听取赔偿请求人的意见,并可以与赔偿请求人就赔偿方式、赔偿项目和赔偿数额依照本法第四章的规定进行协商。

赔偿义务机关决定赔偿的,应当制作赔偿决定书,并自作出决定之日起十日内送达赔偿请求人。

赔偿义务机关决定不予赔偿的,应当自作出决定之日起十日内书面通知赔偿请求人,并说明不予赔偿的理由。"

《国家赔偿法》第 14 条:"赔偿义务机关在规定期限内未作出是否赔偿的决定,赔偿请求人可以自期限届满之日起三个月内,向人民法院提起诉讼。

赔偿请求人对赔偿的方式、项目、数额有异议的,或者赔偿义务机关作出不予赔偿决定的,赔偿请求人可以自赔偿义务机关作出赔偿或者不予赔偿决定之日起三个月内,向人民法院提起诉讼。"

第六节 其他相关法律

【基本要求】

掌握技术进出口的管理规定以及对外贸易有关的知识产权的保护;了解犯罪的概念和犯罪的一般构成要件;掌握侵犯知识产权犯罪的概念、构成要件和有关司法解释的规定。

本节内容主要涉及《对外贸易法》《技术进出口管理条例》《刑法》和《知识产权刑事案件解释》《知识产权刑事案件解释(二)》《知识产权刑事案件解释(三)》的规定。

一、《对外贸易法》

(一)《对外贸易法》适用的范围

1. 对外贸易的含义

《对外贸易法》第 2 条:"本法适用于对外贸易以及与对外贸易有关的知识产权保护。

本法所称对外贸易,是指货物进出口、技术进出口和国际服务贸易。"

2.《对外贸易法》适用的范围

《对外贸易法》第 70 条:"本法自 2004 年 7 月 1 日起施行。"

《对外贸易法》第 69 条:"中华人民共和国的单独关税区不适用本法。"

(二)技术进出口

1. 技术进出口的基本概念

(1)技术进出口的含义及其范围。

《技术进出口管理条例》第 2 条:"本条例所称技术进出口,是指从中华人民共和国境外向中华人民共和国境内,或者从中华人民共和国境内向中华人民共和国境外,通过贸易、投资或者经济技术合作的方式转移技术的行为。

前款规定的行为包括专利权转让、专利申请权转让、专利实施许可、技术秘密转让、技术服务和其他方式的技术转移。"

(2)可以限制或者禁止进出口的原因。

《对外贸易法》第 16 条:"国家基于下列原因,可以限制或者禁止有关货物、技术的进口或者出口:

(一)为维护国家安全、社会公共利益或者公共道德,需要限制或者禁止进口或者出口的;

(二)为保护人的健康或者安全,保护动物、植物的生命或者健康,保护环境,需要限制或者禁止进口或者出口的;

(三)为实施与黄金或者白银进出口有关的措施,需要限制或者禁止进口或者出口的;

(四)国内供应短缺或者为有效保护可能用竭的自然资源,需要限制或者禁止出口的;

(五)输往国家或者地区的市场容量有限,需要限制出口的;

(六)出口经营秩序出现严重混乱,需要限制出口的;

263

（七）为建立或者加快建立国内特定产业，需要限制进口的；

（八）对任何形式的农业、牧业、渔业产品有必要限制进口的；

（九）为保障国家国际金融地位和国际收支平衡，需要限制进口的；

（十）依照法律、行政法规的规定，其他需要限制或者禁止进口或者出口的；

（十一）根据我国缔结或者参加的国际条约、协定的规定，其他需要限制或者禁止进口或者出口的。"

1.【2011年第84题】根据对外贸易法的规定，基于下列哪些原因，国家可以限制或者禁止有关货物的进口或者出口？

A．为维护公共道德，需要限制或者禁止进口或者出口的

B．出口经营秩序出现严重混乱，需要限制出口的

C．输往国家或者地区的市场容量有限，需要限制出口的

D．为保障国家国际金融地位和国际收支平衡，需要限制进口的

【解题思路】

限制进出口属于贸易手段，如果某些货物的进出口对国家的经济和社会发展存在不良影响，那就可以采取限制进出口措施。上述4个选项中都提及了施加限制措施的合法理由，故应全选。

【参考答案】 ABCD

2. 技术进出口管理[❶]

（1）禁止进出口技术的管理。

《技术进出口管理条例》第29条："属于禁止出口的技术，不得出口。"

（2）限制进出口技术的管理。

《对外贸易法》第19条："国家对限制进口或者出口的货物，实行配额、许可证等方式管理；对限制进口或者出口的技术，实行许可证管理。

实行配额、许可证管理的货物、技术，应当按照国务院规定经国务院对外贸易主管部门或者经其会同国务院其他有关部门许可，方可进口或者出口。

国家对部分进口货物可以实行关税配额管理。"

《技术进出口管理条例》第30条："属于限制出口的技术，实行许可证管理；未经许可，不得出口。"

（3）自由进出口技术的管理。

《对外贸易法》第15条："国务院对外贸易主管部门基于监测进出口情况的需要，可以对部分自由进出口的货物实行进出口自动许可并公布其目录。

实行自动许可的进出口货物，收货人、发货人在办理海关报关手续前提出自动许可申请的，国务院对外贸易主管部门或者其委托的机构应当予以许可；未办理自动许可手续的，海关不予放行。

进出口属于自由进出口的技术，应当向国务院对外贸易主管部门或者其委托的机构办理合同备案登记。"

2.【2007年第97题】根据对外贸易法的规定，下列哪些说法是正确的？

A．进出口属于自由进出口的技术，无须办理任何手续

B．国务院对外贸易主管部门可以对自由进出口的技术实行进出口自动许可

[❶] 技术进口管理和技术出口管理适用同样的规定，为节省篇幅，本书只列出技术出口管理的相关法条。

C. 进出口属于自由进出口的技术，应当办理合同备案登记

D. 进出口属于限制进出口的技术，应当经省级对外贸易主管部门许可

【解题思路】

进出口属于自由进出口的技术，需要办理合同登记而不是无须办理任何手续。进出口自动许可适用的是货物而不是技术。进出口属于限制进出口的技术，应当经过国务院对外贸易主管部门的许可。不过，根据2007年10月国务院发布的《关于第四批取消和调整行政审批项目的决定》，限制进出口技术许可的审批权下放到省级商务行政主管部门，本题中是对外贸易主管部门。因此，不管是否考虑国务院发布的这个决定，D项都是不正确的。

【参考答案】 C

《技术进出口管理条例》第36条："对属于自由出口的技术，实行合同登记管理。

出口属于自由出口的技术，合同自依法成立时生效，不以登记为合同生效的条件。"

（4）技术进出口应当办理的手续。

《技术进出口管理条例》第31条："出口属于限制出口的技术，应当向国务院外经贸主管部门提出申请。"

《技术进出口管理条例》第33条："技术出口申请经批准的，由国务院外经贸主管部门发给技术出口许可意向书。

申请人取得技术出口许可意向书后，方可对外进行实质性谈判，签订技术出口合同。"

《技术进出口管理条例》第35条："技术出口经许可的，由国务院外经贸主管部门颁发技术出口许可证。技术出口合同自技术出口许可证颁发之日起生效。"

3.【2009年第18题】根据技术进出口管理条例的规定，下列说法哪些是正确的？

A. 属于限制出口的技术，实行许可证管理；未经许可，不得出口

B. 对于限制出口的技术，应当先签订技术出口合同，然后再向外经贸主管部门申请技术出口许可意向书

C. 技术出口经许可的，由外经贸主管部门颁发技术出口许可证

D. 对于限制出口的技术，技术出口合同自技术出口许可证颁发之日起生效

【解题思路】

对于限制出口的技术，通过许可证管理。这些技术应当在获得技术出口许可意向书后，才可以签订技术出口合同。如果先签订合同，但没有获得批准，那就会导致合同无法履行，从而造成违约。因此，必须申请在先，签订合同在后。限制进出口技术的出口，其基本流程：提出申请→获得技术出口意向书→签订技术出口合同→申请技术许可证→颁发技术许可证→技术出口。国外经贸主管部门的许可是限制出口的技术能否顺利出口的决定性因素，故此类技术合同自技术出口许可证颁发之日起生效。另外，对于自由出口的技术，不需要进行许可，合同自依法成立之日起生效。至于禁止出口的技术，不得出口，也就谈不上合同生效的问题。

【参考答案】 ACD

《技术进出口管理条例》第37条："出口属于自由出口的技术，应当向国务院外经贸主管部门办理登记，并提交下列文件：

（一）技术出口合同登记申请书；

（二）技术出口合同副本；

（三）签约双方法律地位的证明文件。"

（三）与对外贸易有关的知识产权的保护

1. 对进口货物中知识产权的保护

《对外贸易法》第29条："国家依照有关知识产权的法律、行政法规，保护与对外贸易有关的知识产权。

进口货物侵犯知识产权，并危害对外贸易秩序的，国务院对外贸易主管部门可以采取在一定期限内禁止侵权人生产、销售的有关货物进口等措施。"

2. 对许可合同中滥用知识产权行为的防止

《对外贸易法》第30条："知识产权权利人有阻止被许可人对许可合同中的知识产权的有效性提出质疑、进行强制性一揽子许可、在许可合同中规定排他性返授条件等行为之一，并危害对外贸易公平竞争秩序的，国务院对外贸易主管部门可以采取必要的措施消除危害。"

3. 对我国国民在国外的知识产权的保护

《对外贸易法》第31条："其他国家或者地区在知识产权保护方面未给予中华人民共和国的法人、其他组织或者个人国民待遇，或者不能对来源于中华人民共和国的货物、技术或者服务提供充分有效的知识产权保护的，国务院对外贸易主管部门可以依照本法和其他有关法律、行政法规的规定，并根据中华人民共和国缔结或者参加的国际条约、协定，对与该国家或者该地区的贸易采取必要的措施。"

二、《刑法》

（一）《刑法》的基本知识

1. 犯罪的概念

（1）犯罪的概念。

《刑法》第13条："一切危害国家主权、领土完整和安全，分裂国家、颠覆人民民主专政的政权和推翻社会主义制度，破坏社会秩序和经济秩序，侵犯国有财产或者劳动群众集体所有的财产，侵犯公民私人所有的财产，侵犯公民的人身权利、民主权利和其他权利，以及其他危害社会的行为，依照法律应当受刑罚处罚的，都是犯罪，但是情节显著轻微危害不大的，不认为是犯罪。"

（2）故意犯罪。

《刑法》第14条："明知自己的行为会发生危害社会的结果，并且希望或者放任这种结果发生，因而构成犯罪的，是故意犯罪。

故意犯罪，应当负刑事责任。"

（3）过失犯罪。

《刑法》第15条："应当预见自己的行为可能发生危害社会的结果，因为疏忽大意而没有预见，或者已经预见而轻信能够避免，以致发生这种结果的，是过失犯罪。

过失犯罪，法律有规定的才负刑事责任。"

2. 犯罪的构成要件

（1）犯罪的客体。

犯罪的客体，是指犯罪主体的犯罪行为所侵害的，为我国刑法所保护的社会利益。

（2）犯罪的客观要件。

犯罪的客观要件，是指犯罪活动的客

观的、外在的表现，它是连接犯罪主体和犯罪客体的物质中介。它包括危害行为及其方式、行为的对象与结果、犯罪的时间和地点以及危害行为与结果之间的因果关系。

（3）犯罪的主体。

所谓犯罪主体，是指实施犯罪行为，依法对自己的罪行负刑事责任的人。犯罪主体可以分为自然人主体和单位主体两类。

《刑法》第17条："已满十六周岁的人犯罪，应当负刑事责任。

已满十四周岁不满十六周岁的人，犯故意杀人、故意伤害致人重伤或者死亡、强奸、抢劫、贩卖毒品、放火、爆炸、投放危险物质罪的，应当负刑事责任。

已满十二周岁不满十四周岁的人，犯故意杀人、故意伤害罪，致人死亡或者以特别残忍手段致人重伤造成严重残疾，情节恶劣，经最高人民检察院核准追诉的，应当负刑事责任。

对依照前三款规定追究刑事责任的不满十八周岁的人，应当从轻或者减轻处罚。

因不满十六周岁不予刑事处罚的，责令其父母或者其他监护人加以管教；在必要的时候，依法进行专门矫治教育。"

《刑法》第17条之一："已满七十五周岁的人故意犯罪的，可以从轻或者减轻处罚；过失犯罪的，应当从轻或者减轻处罚。"

《刑法》第18条："精神病人在不能辨认或者不能控制自己行为的时候造成危害结果，经法定程序鉴定确认的，不负刑事责任，但是应当责令他的家属或者监护人严加看管和医疗；在必要的时候，由政府强制医疗。

间歇性的精神病人在精神正常的时候犯罪，应当负刑事责任。

尚未完全丧失辨认或者控制自己行为能力的精神病人犯罪的，应当负刑事责任，但是可以从轻或者减轻处罚。

醉酒的人犯罪，应当负刑事责任。"

《刑法》第19条："又聋又哑的人或者盲人犯罪，可以从轻、减轻或者免除处罚。"

4.【2011年第95题】根据刑法及相关规定，下列说法哪些是正确的？

A．已满十四周岁不满十八周岁的人犯罪，应当从轻或者减轻处罚

B．已满七十周岁的人故意犯罪的，应当从轻或者减轻处罚

C．又聋又哑的人犯罪，可以从轻、减轻或者免除处罚

D．精神病人在不能控制自己行为的时候造成危害结果，经法定程序鉴定确认的，不负刑事责任

【解题思路】

14周岁到18周岁的人，心智还不成熟，犯罪后从轻或者减轻处罚，体现了《刑法》的宽容。需要注意的是，这里是"应当"而不是"可以"从轻或者减轻处罚。又聋又哑的人身体有残疾，犯罪后从轻、减轻乃至免除处罚，也体现了一种对弱势群体的保护。不过，需要注意的是，这里是"可以"而不是"应当"。精神病人在不能控制自己的行为时，没有民事行为能力，也不应该承担刑事责任。至于老年人犯罪，要超过75周岁才能从轻或者减轻处罚，并且是"可以"而不是"应当"。

【参考答案】 ACD

（4）犯罪的主观要件。

犯罪的主观要件，是指犯罪主体在进

行犯罪活动时的思想意识活动。犯罪的主观方面包括犯罪意识、犯罪目的、犯罪动机、犯罪故意、犯罪过失等诸要素组成。其中犯罪的故意和过失是最重要的因素。

（二）侵犯知识产权犯罪

1. 假冒注册商标罪

《刑法》第213条："未经注册商标所有人许可，在同一种商品、服务上使用与其注册商标相同的商标，情节严重的，处三年以下有期徒刑，并处或者单处罚金；情节特别严重的，处三年以上十年以下有期徒刑，并处罚金。"

2. 销售假冒注册商标的商品罪

《刑法》第214条："销售明知是假冒注册商标的商品，违法所得数额较大或者有其他严重情节的，处三年以下有期徒刑，并处或者单处罚金；违法所得数额巨大或者有其他特别严重情节的，处三年以上十年以下有期徒刑，并处罚金。"

5.【2008年第94题】根据刑法的规定，对下列哪些行为可以处三年以下有期徒刑或者拘役，并处或者单处罚金？

A. 未经注册商标所有人许可，在同一种商品上使用与其注册商标相同的商标，情节严重的

B. 未经注册商标所有人许可，在类似商品上使用与其注册商标相同的商标，情节严重的

C. 销售明知是假冒注册商标的商品，销售金额数额较大的

D. 未经商标注册人同意，更换其注册商标并将该更换商标的商品又投入市场，销售金额数额较大的

【解题思路】

假冒注册商标罪必须是在同种商品上使用相同的商标。如果不是同种商品而是类似商品，或者如果商标不是相同而是近似，则构成民事上的侵犯商标权，但不构成犯罪。销售假冒注册商标的商品，情节严重的，也可以构成犯罪。未经商标权人同意，更换其注册商标后再销售该商品的，属于反向假冒，构成商标侵权，但不属于犯罪行为。2020年《刑法》又一次修正后，销售假冒注册商标的商品罪，原来的判断依据是销售金额，新法改为违法所得数额，C选项是销售金额，不再正确。另外，假冒注册商标罪，第一级别的刑期中去除了拘役，第二级别则改为3～10年。

【参考答案】 A

3. 非法制造、销售非法制造的注册商标标识罪

《刑法》第215条："伪造、擅自制造他人注册商标标识或者销售伪造、擅自制造的注册商标标识，情节严重的，处三年以下有期徒刑，并处或者单处罚金；情节特别严重的，处三年以上十年以下有期徒刑，并处罚金。"

4. 假冒专利罪

《刑法》第216条："假冒他人专利，情节严重的，处三年以下有期徒刑或者拘役，并处或者单处罚金。"

6.【2006年第94题】根据刑法的规定，假冒他人专利罪可以判处下列哪些刑罚？

A. 单处罚金

B. 处以三年以下有期徒刑，并处罚金

C. 处以拘役，并处罚金

D. 处以三年以上七年以下有期徒刑，

并处罚金

【解题思路】

在2020年《刑法》的第十一次修正中，侵犯知识产权犯罪除假冒专利罪外，其他罪名的刑事责任基本上都进行了修改，刑期都有提高。假冒专利罪的最高刑期依然是3年，拘役也依然保留。

【参考答案】 ABC

5. 侵犯著作权罪

《刑法》第217条："以营利为目的，有下列侵犯著作权或者与著作权有关的权利的情形之一，<u>违法所得数额较大或者有其他严重情节的</u>，处三年以下有期徒刑，并处或者单处罚金；违法所得数额巨大或者有其他特别严重情节的，处三年以上十年以下有期徒刑，并处罚金：

（一）未经著作权<u>人</u>许可，复制发行、<u>通过信息网络向公众传播</u>其文字作品、音乐、美术、视听作品、计算机软件及法律、行政法规规定的其他作品的；

（二）出版他人享有专有出版权的图书的；

（三）未经录音录像制作者许可，复制发行、通过信息网络向公众传播其制作的录音录像的；

（四）未经表演者许可，复制发行录有其表演的录音录像制品，或者通过信息网络向公众传播其表演的；

（五）制作、出售假冒他人署名的美术作品的；

（六）未经著作权人或者与著作权有关的权利人许可，故意避开或者破坏权利人为其作品、录音录像制品等采取的保护著作权或者与著作权有关的权利的<u>技术措施</u>的。"

7.【2013年第20题】根据刑法及相关规定，下列哪种行为构成侵犯知识产权罪？

A．未经注册商标所有人许可，在同一种商品上使用与其注册商标近似的商标，情节严重的

B．以营利为目的，出版他人享有专有出版权的图书，违法所得数额巨大的

C．未经集成电路布图设计权利人许可，为商业目的销售受保护的布图设计，情节严重的

D．未经植物新品种权人许可，以商业目的销售授权品种的繁殖材料，违法所得数额较大的

【解题思路】

假冒注册商标罪要求是在同一种商品上使用与注册商标相同的商标，A选项为近似的商标。出版侵犯他人专有出版权的图书获利巨大的，构成侵犯著作权罪。侵犯集成电路布图设计和植物新品种的行为，都没有纳入《刑法》中，故即使违法所得数额特别巨大，也不构成侵犯知识产权罪，不过可能构成其他犯罪。

【参考答案】 B

6. 销售侵权复制品罪

《刑法》第218条："以营利为目的，销售明知是本法第二百一十七条规定的侵权复制品，违法所得数额巨大或者有其他严重情节的，处五年以下有期徒刑，并处或者单处罚金。"

《知识产权刑事案件解释》第14条："实施刑法第二百一十七条规定的侵犯著作权犯罪，又销售该侵权复制品，构成犯罪的，应当依照刑法第二百一十七条的规定，以侵犯著作权罪定罪处罚。

实施刑法第二百一十七条规定的侵犯著作权犯罪,又销售明知是他人的侵权复制品,构成犯罪的,应当实行数罪并罚。"

8.【2009年第61题】王某未经许可,以营利为目的非法复制某公司拥有著作权的唱片,情节严重,构成犯罪;同时王某还将该侵权复制品销售给李某,违法所得数额巨大,也构成犯罪。根据刑法及相关规定,对王某的上述行为应当如何定罪处罚?

A. 以侵犯著作权罪定罪处罚

B. 以销售侵权复制品罪定罪处罚

C. 从侵犯著作权罪或者销售侵权复制品罪中任选其一定罪处罚

D. 以侵犯著作权罪和销售侵权复制品罪数罪并罚

【解题思路】

王某复制唱片并销售给李某,同时触犯了侵犯著作权罪和销售侵权复制品罪。这两种罪行具有内在的相关性,并且生产显然比销售更为严重,根据《知识产权刑事案件解释》,此时以侵犯著作权罪定罪处罚。

【参考答案】 A

7. 侵犯商业秘密罪

《刑法》第219条:"有下列侵犯商业秘密行为之一,情节严重的,处三年以下有期徒刑,并处或者单处罚金;情节特别严重的,处三年以上十年以下有期徒刑,并处罚金:

(一)以盗窃、贿赂、欺诈、胁迫、电子侵入或者其他不正当手段获取权利人的商业秘密的;

(二)披露、使用或者允许他人使用以前项手段获取的权利人的商业秘密的;

(三)违反保密义务或者违反权利人有关保守商业秘密的要求,披露、使用或者允许他人使用其所掌握的商业秘密的。

明知前款所列行为,获取、披露、使用或者允许他人使用该商业秘密的,以侵犯商业秘密论。

本条所称权利人,是指商业秘密的所有人和经商业秘密所有人许可的商业秘密使用人。"

【提醒】

考生在复习时需要注意:

①侵犯知识产权犯罪的量刑制度基本一致。基本上都有两个量刑尺度,第一级别为3年以下有期徒刑,并处或者单处罚金;第二级别为3年以上10年以下有期徒刑,并处罚金。例外是假冒专利罪和销售侵权复制品罪,前者最高为3年以下有期徒刑,后者最高为5年以下有期徒刑。

②2020年《刑法》第十一次修正后,侵犯知识产权犯罪中除假冒专利罪外,都不再适用拘役;非法制造、销售非法制造的注册商标标识罪也不再适用管制。

③侵犯著作权、商标权和商业秘密都构成犯罪,但侵犯专利权并不构成犯罪,假冒他人专利才构成犯罪(《专利法》修改后,为假冒专利)。

④假冒商标罪必须是在同一种商品或服务上使用与其注册商标相同的商标,情节严重的,如果是类似的商品或者是类似的商标,则不构成犯罪。

表 15　侵犯知识产权罪

罪名	犯罪行为	量刑
假冒注册商标罪	未经注册商标所有人许可，在同一种商品、服务上使用与其注册商标相同的商标，情节严重的	处三年以下有期徒刑，并处或者单处罚金
	情节特别严重的	三年以上十年以下有期徒刑，并处罚金
销售假冒注册商标的商品罪	销售明知是假冒注册商标的商品，违法所得数额较大或者有其他严重情节的	处三年以下有期徒刑，并处或者单处罚金
	违法所得数额巨大或者有其他特别严重情节的	处三年以上十年以下有期徒刑，并处罚金
非法制造、销售非法制造的注册商标标识罪	伪造、擅自制造他人注册商标标识或者销售伪造、擅自制造的注册商标标识，情节严重的	处三年以下有期徒刑，并处或者单处罚金
	情节特别严重的	处三年以上十年以下有期徒刑，并处罚金
假冒专利罪	假冒他人专利，情节严重的	处三年以下有期徒刑或拘役，并处或者单处罚金
侵犯著作权罪	以营利为目的，有下列侵犯著作权情形之一，违法所得数额较大或者有其他严重情节的： （一）未经著作权人许可，复制发行、通过信息网络向公众传播其文字作品、音乐、美术、视听作品、计算机软件及法律、行政法规规定的其他作品的； （二）出版他人享有专有出版权的图书的； （三）未经录音录像制作者许可，复制发行、通过信息网络向公众传播其制作的录音录像的； （四）未经表演者许可，复制发行录有其表演的录音录像制品，或者通过信息网络向公众传播其表演的； （五）制作、出售假冒他人署名的美术作品的； （六）未经著作权人或者与著作权有关的权利人许可，故意避开或者破坏权利人为其作品、录音录像制品等采取的保护著作权或者与著作权有关的权利的技术措施的	处三年以下有期徒刑，并处或者单处罚金
	违法所得数额巨大或者有其他特别严重情节的	处三年以上十年以下有期徒刑，并处罚金
销售侵权复制品罪	以营利为目的，销售明知是本法第二百一十七条规定的侵权复制品，违法所得数额巨大或者有其他严重情节的	处五年以下有期徒刑，并处或者单处罚金
侵犯商业秘密罪	有下列侵犯商业秘密行为之一，情节严重的： （一）以盗窃、贿赂、欺诈、胁迫、电子侵入或者其他不正当手段获取权利人的商业秘密的； （二）披露、使用或者允许他人使用以前项手段获取的权利人的商业秘密的； （三）违反保密义务或者违反权利人有关保守商业秘密的要求，披露、使用或者允许他人使用其所掌握的商业秘密的。 明知前款所列行为，获取、披露、使用或者允许他人使用该商业秘密的，以侵犯商业秘密论	处三年以下有期徒刑或者拘役，并处或者单处罚金
	情节特别严重的	处三年以上十年以下有期徒刑，并处罚金

第二章 相关知识产权法律法规

第一节 著作权法

【基本要求】

了解《著作权法》的一般原理和主要内容；熟悉著作权的主体、客体和内容；熟悉著作权的保护期限和限制；掌握著作权的保护；了解计算机软件著作权的归属和特殊保护。

本节内容主要涉及《著作权法》《著作权法实施条例》《计算机软件保护条例》《信息网络传播权保护条例》《著作权民事纠纷解释》的规定。

一、著作权的客体

（一）作品的含义

《著作权法》第62条："本法所称的著作权即版权。"

根据《著作权法》第3条，作品，是指文学、艺术和科学领域内具有独创性并能以一定形式表现的智力成果。

（二）作品的种类

《著作权法》第3条："本法所称的作品，是指文学、艺术和科学领域内具有独创性并能以一定形式表现的智力成果，包括：

（一）文字作品；

（二）口述作品；

（三）音乐、戏剧、曲艺、舞蹈、杂技艺术作品；

（四）美术、建筑作品；

（五）摄影作品；

（六）视听作品；

（七）工程设计图、产品设计图、地图、示意图等图形作品和模型作品；

（八）计算机软件；

（九）符合作品特征的其他智力成果。"

1.【2012年第37题】下列各项中，哪些属于我国著作权法规定的作品？

A. 口述作品

B. 摄影作品

C. 曲艺作品

D. 戏剧作品

【解题思路】

在文学、艺术和科学领域，具有独创性的都属于作品。上题4个选项中都带有"作品"二字，已经暗示了答案。

【参考答案】 ABCD

1. 文字作品

文字作品，是指小说、诗词、散文、论文等以文字形式表现的作品。

2. 口述作品

口述作品，是指即兴的演说、授课、法庭辩论等以口头语言形式表现的作品。

3. 音乐、戏剧、曲艺、舞蹈、杂技艺术作品

音乐作品，是指歌曲、交响乐等能够演唱或者演奏的带词或者不带词的作品。

戏剧作品，是指话剧、歌剧、地方戏等供舞台演出的作品。

曲艺作品，是指相声、快书、大鼓、评书等以说唱为主要形式表演的作品。

舞蹈作品，是指通过连续的动作、姿势、表情等表现思想情感的作品。

杂技艺术作品，是指杂技、魔术、马戏等通过形体动作和技巧表现的作品。

4. 美术、建筑作品

美术作品，是指绘画、书法、雕塑等以线条、色彩或者其他方式构成的有审美意义的平面或者立体的造型艺术作品。

建筑作品，是指以建筑物或者构筑物形式表现的有审美意义的作品。

5. 摄影作品

摄影作品，是指借助器械在感光材料或者其他介质上记录客观物体形象的艺术作品。

6. 视听作品

视听作品，是指摄制在一定介质上，由一系列有伴音或者无伴音的画面组成，并且借助适当装置放映或者以其他方式传播的作品。

7. 工程设计图、产品设计图、地图、示意图等图形作品和模型作品

图形作品，是指为施工、生产绘制的工程设计图、产品设计图，以及反映地理现象、说明事物原理或者结构的地图、示意图等作品。

模型作品，是指为展示、试验或者观测等用途，根据物体的形状和结构，按照一定比例制成的立体作品。

2.【2019年第72题】根据著作权法及相关规定，下列有关作品的说法正确的是？

A. 作品应当具有独创性并能以某种有形形式复制

B. 文字作品，是指小说、诗词、散文、论文等以文字形式表现的作品

C. 反映地理现象、说明事物原理或者结构的地图属于美术作品

D. 为展示、试验或者观测等用途，根据物体的形状和结构按照一定比例制成的模型属于作品

【解题思路】

获得《著作权法》保护的作品，需要具备的要件是具有独创性。另外，绝大部分作品，如书籍、音乐和电影等，都是通过对外发行复制品来获利，故能够通过某种有形方式复制也是构成作品的前提。2020年《著作权法》修改后，将"复制"改为"表现"，是因为"复制"必然是"有形"的，存在语义重复，并不是否定了可复制性这一要求。小说、诗词等都是通过文字方式表现，故属于文字作品。地图更多体现的是"技术"，属于图形作品；绘画、书法等体现的是"艺术"，属于美术作品。根据原物制作的模型属于模型作品，也是作品的一种类型。

【参考答案】 ABD

8. 计算机软件

计算机软件，是指计算机程序及其文档。

（三）《著作权法》不予保护的客体

《著作权法》第5条："本法不适用于：

（一）法律、法规，国家机关的决议、决定、命令和其他具有立法、行政、司法性质的文件，及其官方正式译文；

（二）单纯事实消息；

（三）历法、通用数表、通用表格和公式。"

3.【2017年第18题】根据著作权法及相关规定，下列哪种属于我国著作权法保护的客体？

A．民法通则的官方正式译文

B．某电视台报道的时事新闻

C．通用数表

D．某9岁儿童创作的日记

【解题思路】

获得著作权保护的前提是具有独创性。考生需要注意的是，这个独创性的要求很低，只要有那么一点点就够。另外，独创性和艺术水准的高低并没有关系。9岁儿童创作的日记，独创性恐怕并不高，但它们依然受到著作权法的保护。2020年《著作权法》修改后，"时事新闻"改为"单纯事实消息"，不过基本意思并未改变。法律的官方正式译文、单纯事实消息和通用数表，则不属于著作权保护的客体。需要注意的是，评论员文章和时事新闻不同，评论员文章篇幅都比较长，属于作品，它与简短的时事新闻有明显区别。

【参考答案】 D

4.【2018年第18题】根据著作权法的规定，下列哪一项不受著作权法的保护？

A．某学者根据法律条文、影响力大小等因素编排的司法判决选编

B．律师在法庭上发表的代理词

C．某人利用业余时间翻译的《中华人民共和国宪法》英文稿

D．国家知识产权局发布的《专利审查指南》

【解题思路】

国家知识产权局发布的《专利审查指南》属于规范性文件，不是《著作权法》保护的客体。学者编写司法判决选编，进行了选择和取舍，属于智力劳动，构成汇编作品。律师在法庭上发表代理词，同样付出了智力劳动，形成口述作品。某人翻译的宪法英文稿并不是官方正式文本，属于他的翻译作品。

【参考答案】 D

二、著作权的主体

（一）主体范围

1．中国公民、法人或非法人组织

《著作权法》第2条第1款："中国公民、法人或者非法人组织的作品，不论是否发表，依照本法享有著作权。"

5.【2012年第19题】我国公民李某在非洲某国旅游期间写了两篇游记，并将其中一篇发表在我国某杂志上。根据著作权法及相关规定，下列哪种说法是正确的？

A．该两篇文章不是在我国创作的，不受我国著作权法保护

B．该两篇文章是否受我国著作权法保护，取决于该非洲国家是否与我国签订了协议或共同参加了相关国际条约

C．只有该已发表的文章受我国著作权法保护

D．该两篇文章均受我国著作权法保护

【解题思路】

李某是中国公民，他的作品在哪里创作，是否发表，都不会影响其受著作权法保护的资格。

【参考答案】 D

2. 外国人、无国籍人及其受保护的条件

《著作权法》第2条第2~4款:"外国人、无国籍人的作品根据其作者所属国或者经常居住地国同中国签订的协议或者共同参加的国际条约享有的著作权,受本法保护。

外国人、无国籍人的作品首先在中国境内出版的,依照本法享有著作权。

未与中国签订协议或者共同参加国际条约的国家的作者以及无国籍人的作品首次在中国参加的国际条约的成员国出版的,或者在成员国和非成员国同时出版的,受本法保护。"

《著作权法实施条例》第7条:"著作权法第二条第三款规定的首先在中国境内出版的外国人、无国籍人的作品,其著作权自首次出版之日起受保护。"

《著作权法实施条例》第8条:"外国人、无国籍人的作品在中国境外首先出版后,30日内在中国境内出版的,视为该作品同时在中国境内出版。"

6.【2019年第20题】根据著作权法及相关规定,关于著作权的保护,下列说法正确的是?

A. 如果文章不是在我国境内创作的,不受我国著作权法保护

B. 外国人在我国境内首先发表的文章受我国著作权法保护

C. 中国人首先在非洲某国家发表的文章,是否受我国著作权法保护,取决于该非洲国家是否与我国签订了协议或共同参加了相关国际条约

D. 只有已发表的文章受我国著作权法保护

【解题思路】

中国公民创作的作品,无论是在什么地方创作,也不论是否发表,都可以受《著作权法》保护。外国人创作的作品受《著作权法》保护则有一定的前提,比如说该作品首先在中国出版。在中国出版的作品,满足了中国人民日益增长的文化生活需要,故《著作权法》对其进行保护。另外,作品是否能受到保护与该作品是用哪种语言创作的无关。

【参考答案】 B

(二) 著作权人的确定

1. 一般作品的著作权人

(1) 作者。

《著作权法》第11条:"著作权属于作者,本法另有规定的除外。

创作作品的自然人是作者。

由法人或者非法人组织主持,代表法人或者非法人组织意志创作,并由法人或者非法人组织承担责任的作品,法人或者非法人组织视为作者。"

7.【2017年第20题】某公司主持起草新的绩效考核办法,该公司人力资源部王某接受公司指派承担了具体撰写工作,并上报该公司董事会审议通过。根据著作权法及相关规定,下列哪种说法是正确的?

A. 该公司视为该绩效考核办法的作者

B. 该绩效考核办法的作者是王某,该绩效考核办法的著作权人也是王某

C. 该绩效考核办法的作者是王某,该绩效考核办法的著作权人是该公司

D. 该绩效考核办法的署名权由王某享有,该绩效考核办法的复制权由该公司享有

【解题思路】

公司的绩效考核办法代表了公司的意

志，并由公司承担责任，故公司被视为作者。这类作品和特殊的职务作品不同，起草者王某并不享有署名权。

【参考答案】 A

8.【2017年第79题】甲公司设计师张某为完成该公司的工作任务，主要利用该公司的物质技术条件创作了产品设计图，并由该公司承担责任。根据著作权法及相关规定，下列哪些说法是正确的？

A．张某享有该产品设计图的复制权
B．甲公司享有该产品设计图的复制权
C．张某享有该产品设计图的署名权
D．甲公司享有该产品设计图的署名权

【解题思路】

在实践中，工程设计图、产品设计图、地图和计算机软件等职务作品的创作，仅靠一两个人的努力很难完成，需要由法人或者其他组织提供物质技术条件；而创作出的作品的有关责任，也需要由法人或者其他组织向社会承担。在这种情况下创作的职务作品，其著作权主要由法人或者其他组织享有，作者仅享有署名权，同时法人或者其他组织可以对作者的创作给予奖励。工程设计图属于此类职务作品，张某享有署名权，其他著作权都由公司享有。

【参考答案】 BC

《著作权法实施条例》第3条："著作权法所称创作，是指直接产生文学、艺术和科学作品的智力活动。

为他人创作进行组织工作，提供咨询意见、物质条件，或者进行其他辅助工作，均不视为创作。"

（2）作者的认定。

《著作权法》第12条："在作品上署名的自然人、法人或者非法人组织为作者，且该作品上存在相应权利，但有相反证明的除外。

作者等著作权人可以向国家著作权主管部门认定的登记机构办理登记。

与著作权有关的权利参照适用前两款规定。"

（3）著作权集体管理组织。

《著作权法》第8条："著作权人和与著作权有关的权利人可以授权著作权集体管理组织行使著作权或者与著作权有关的权利。依法设立的著作权集体管理组织是非营利法人，被授权后可以以自己的名义为著作权人和与著作权有关的权利人主张权利，并可以作为当事人进行涉及著作权或者与著作权有关的权利的诉讼、仲裁、调解活动。

著作权集体管理组织根据授权向使用者收取使用费。使用费的收取标准由著作权集体管理组织和使用者代表协商确定，协商不成的，可以向国家著作权主管部门申请裁决，对裁决不服的，可以向人民法院提起诉讼；当事人也可以直接向人民法院提起诉讼。

著作权集体管理组织应当将使用费的收取和转付、管理费的提取和使用、使用费的未分配部分等总体情况定期向社会公布，并应当建立权利信息查询系统，供权利人和使用者查询。国家著作权主管部门应当依法对著作权集体管理组织进行监督、管理。

著作权集体管理组织的设立方式、权利义务、使用费的收取和分配，以及对其监督和管理等由国务院另行规定。"

9.【2017年第76题】根据著作权法及相关规定，下列关于著作权集体管理组织的哪些说法是正确的？

A. 著作权人可以授权著作权集体管理组织行使著作权

B. 著作权集体管理组织被授权后，可以以自己的名义为与著作权有关的权利人主张权利

C. 著作权集体管理组织可以作为当事人进行涉及著作权的诉讼活动

D. 著作权集体管理组织只能作为诉讼代理人进行涉及与著作权有关的权利的诉讼活动

【解题思路】

著作权集体管理组织存在的意义就是帮助著作权人管理自己的著作权。如果权利人不能向其授权，那么集体管理组织就无法实现自己的职责。当然，授权是自愿的，作者也可以不将作品授权给集体管理组织管理。著作权集体管理组织与一般的代理机构不同，它是以自己的名义主张权利，这是为了有效、便捷地行使作者转让或者委托管理的权利的需要。既然是以著作权集体管理组织的名义起诉，那么它自然是著作权侵权诉讼的当事人。另外需要注意的是，著作权集体管理组织是非营利性组织，其收取的费用扣除了必要的成本后，应转付给权利人。

【参考答案】 ABC

（4）其他依法享有著作权的自然人、法人和其他组织。

作者以外的自然人、法人或者其他组织也可以享有著作权，主要包括：

①受让人经转让取得著作权中的财产权；

②著作权人死亡后，继承人享有著作权中的财产权；

③享有著作权的法人或者其他组织发生变更或终止后，承受其权利义务的法人或者其他组织享有著作权中的财产权，没有承受其权利义务的法人或者其他组织的，由国家享有著作权；

④电影作品和以类似摄制电影的方法创作的作品的著作权除编剧、导演、摄影、作词、作曲等作者享有署名权外，由制片者享有；

⑤职务作品的所在法人或者其他组织享有除署名权以外的著作权；

⑥委托他人创作的作品，委托人通过合同约定取得著作权；

⑦美术等作品原件所有权转移后，原件所有权人享有展览权。

2. 特殊作品的著作权人

（1）演绎作品的著作权人。

《著作权法》第13条："改编、翻译、注释、整理已有作品而产生的作品，其著作权由改编、翻译、注释、整理人享有，但行使著作权时不得侵犯原作品的著作权。"

10.【2011年第91题】郭某撰写的毕业论文大量抄袭了胡某刊登在某杂志上的一篇翻译文章，而该译文原文的作者是美国学者詹姆斯。根据著作权法及相关规定，下列说法哪些是正确的？

A. 郭某的行为侵犯了胡某和詹姆斯的著作权

B. 郭某的行为侵犯了胡某和杂志社的著作权

C. 郭某的行为侵犯了詹姆斯和杂志社的著作权

D. 郭某的行为侵犯了胡某、詹姆斯和杂志社的著作权

【解题思路】

本题涉及的文章，原作者是詹姆斯，翻译者是胡某。郭某抄袭该文章的行为同时侵犯了原作者和翻译者的著作权。

【参考答案】 A

11.【2018年第19题】周某在甲网站发表小说《公民的名义》，该网站以故事情节设计不合理为由将小说删除。周某交涉无果后，不得已以"木森"为笔名向乙网站投稿，乙网站认为作者原名更有利于作品的传播，遂直接将小说署名更改为作者原名周某并提供在线阅读。丙编剧征得乙网站许可后，将小说改编为电视剧本，最后由著名导演李大路执导拍摄同名电视剧。该剧播出后，迅速走红。对此，下列哪一说法是正确的？

A. 甲网站删除小说的行为侵犯了周某发表权

B. 乙网站更改署名的行为侵犯了周某署名权

C. 丙编剧改编小说的行为符合著作权法规定

D. 同名电视剧的著作权人归属于导演李大路

【解题思路】

发表权是一次性的权利，首次发表之后就不再存在。甲网站删除小说的行为是在发表之后，不构成侵犯发表权。作者有权决定署名用真名还是笔名，乙网站更改署名侵犯了周某的署名权。将小说改为剧本，需要获得作者的同意，丙编剧只是获得网站的同意，并未获得作者的授权。制作者是电影的投资方，拍摄电视、电影成本昂贵，为保护投资人的利益，法律规定影视作品的著作权人是制作者。

【参考答案】 B

（2）合作作品的著作权人。

《著作权法》第14条："两人以上合作创作的作品，著作权由合作作者共同享有。没有参加创作的人，不能成为合作作者。

合作作品的著作权由合作作者通过协商一致行使；不能协商一致，又无正当理由的，任何一方不得阻止他方行使除转让、许可他人专有使用、出质以外的其他权利，但是所得收益应当合理分配给所有合作作者。

合作作品可以分割使用的，作者对各自创作的部分可以单独享有著作权，但行使著作权时不得侵犯合作作品整体的著作权。"

12.【2010年第22题】根据著作权法及相关规定，下列说法哪些是正确的？

A. 汇编若干作品的片段，对其内容的选择或者编排体现独创性的作品，属于汇编作品

B. 汇编作品的著作权由汇编人享有，但行使著作权时，不得侵犯原作品的著作权

C. 两人以上合作创作的作品，著作权由合作作者共同享有

D. 没有参加合作作品创作的人，不能成为合作作者

【解题思路】

汇编作品的独创性体现在内容的选择和编排上，其著作权由汇编人享有，但不得损害原作者的著作权。合作作品的作者都参与的创作，都应该享有著作权；没有参加创作的自然不能成为合作作者。

【参考答案】 ABCD

13.【2015年第75题】张某和李某于2013年合作创作了一部话剧剧本，后张某于

2014年3月5日去世，张某没有继承人也未设立遗嘱。李某于2015年5月19日去世。根据著作权法及相关规定，下列哪些说法是正确的？

A. 张某去世前，该剧本的著作权由张某和李某共同享有

B. 2014年3月6日至2015年5月18日，该剧本的表演权由李某享有

C. 该剧本的著作权中的改编权保护期截止于2064年5月19日

D. 李某去世后，该剧本的改编权在著作权法规定的保护期内依照继承法的规定转移

【解题思路】

话剧剧本是张某和李某的合作作品，著作权属于张某和李某共同享有。张某去世后，由于其没有继承人也无人受遗赠，故剧本的著作权由另一合作作者李某享有。合作作品著作权中财产权的保护期为最后死亡的作者死亡后第50年的12月31日而不是从死亡之日往后推50年。著作权中的财产权可以像其他财产权一样进行继承。

【参考答案】 ABD

14.【2008年第12题】甲、乙两人合作创作了一部不能分割使用的小说。乙提出将该小说著作权中的财产权转让给他人，甲表示反对。后甲提出许可某电影制片厂将该小说改编后拍成电影，乙表示反对，但无正当理由。对此，下列哪些说法是正确的？

A. 未经乙的同意，甲不能许可电影制片厂使用该小说

B. 乙不得阻止甲许可电影制片厂使用该小说

C. 未经甲的同意，乙不得将该小说著作权中的财产权转让给他人

D. 甲在乙反对的情况下许可电影制片厂使用该小说的，所得收益应当在甲和乙之间合理分配

【解题思路】

无法分割的合作作品的著作权，适用民法的财产共同共有的原则，由合作作者共同享有，通过协商一致的方式行使。未经协商一致的，各合作作者无权单独行使合作作品的著作权。但是，某一合作作者也不能滥用自己的权利，没有正当理由却不允许其他合作者行使著作权，从而影响作品发挥经济效益和社会效益。不过，在这种情况下，所得收益应当合理分配给所有合作作者。因为合作作者虽然不同意合作作品的使用，但毕竟是正当的财产所有人，不能因为其不愿意别人使用其财产就失去财产权，否则就是"罚不当罪"。综上，合作作者乙没有正当理由，不得阻止甲对外许可。即使乙反对，他也有权获取收益。另外，合作作者有权阻止财产权的转让。

【参考答案】 BCD

《著作权法实施条例》第14条："合作作者之一死亡后，其对合作作品享有的著作权法第十条第一款第五项至第十七项规定的权利无人继承又无人受遗赠的，由其他合作作者享有。"

（3）汇编作品的著作权人。

《著作权法》第15条："汇编若干作品、作品的片段或者不构成作品的数据或者其他材料，对其内容的选择或者编排体现独创性的作品，为汇编作品，其著作权由汇编人享有，但行使著作权时，不得侵犯原作品的著作权。"

《著作权法》第16条："使用改编、翻译、注释、整理、汇编已有作品而产生的作品进行出版、演出和制作录音录像制品,应当取得该作品的著作权人和原作品的著作权人许可,并支付报酬。"

15.【2008年第44题】根据著作权法的规定,下列关于汇编作品的哪些说法是正确的?

A. 汇编作品的著作权由汇编人享有

B. 汇编作品的著作权由汇编人和原作品的著作权人共同享有

C. 凡是汇编他人作品的,都应当经著作权人许可,并向其支付报酬

D. 对不构成作品的数据或者其他材料进行汇编,不属于汇编作品

【解题思路】

汇编作品的著作权属于汇编人,但该著作权不能延伸到原作品中。汇编他人作品,如果出于公共利益等方面的需要,就可以适用法定许可。法定许可需要支付报酬但不需要获得著作权人的同意。构成汇编作品的材料不一定是作品,不构成作品的数据和其他材料亦可。

【参考答案】 A

16.【2018年第74题】中华全国专利代理人协会为提高专利代理人的执业水平,促进我国专利代理行业的健康发展,将2001—2017年国内学者已发表的有关创造性的论文之中的佳作,按照论文发表的时间、创造性判断的顺序等汇编而成了《创造性判断论文选》。下列哪些说法是错误的?

A. 被选编入论文选的论文已经发表,故代理人协会不需征得论文著作权人的同意

B. 该论文选具有公益性,故代理人协会不需向论文著作权人支付报酬

C. 他人复制该论文选只需征得代理人协会同意并支付报酬

D. 如代理人协会未经论文著作权人同意而将有关论文收录,代理人协会对该论文集仍享有著作权

【解题思路】

从2020年4月15日起,"中华全国专利代理人协会"改为"中华全国专利代理师协会"。著作权除了发表权外,还存在很多其他权利。行为人如果要汇编他人作品,应当获得著作权人的同意并支付报酬。编写义务教育的教科书都需要向著作权人支付报酬,代理师协会汇编他人论文,更没有理由不向作者支付报酬。代理师协会只是对于文集整体享有著作权,其中每篇文章的著作权依然属于原作者,他人如要复制该论文集,需要同时获得协会和原作者同意。是否侵犯他人的权利和是否对自己的作品享有权利是两个不同的问题。如果代理师协会未经论文著作权人同意而收录有关论文,则侵犯了作者的著作权,但该侵权行为并不会影响代理师协会对该文集享有著作权。

【参考答案】 ABC

(4)视听作品的著作权人。

《著作权法》第17条："视听作品中的电影作品、电视剧作品的著作权由制作者享有,但编剧、导演、摄影、作词、作曲等作者享有署名权,并有权按照与制作者签订的合同获得报酬。

前款规定以外的视听作品的著作权归属由当事人约定;没有约定或者约定不明确的,由制作者享有,但作者享有署名权和获得报酬的权利。

视听作品中的剧本、音乐等可以单独使用的作品的作者有权单独行使其著作权。"

17.【2014年第54题】金某于2012年12月24日创作完成了某小说,并于2013年2月14日发表于某网络文学网站。经金某许可,张某将该小说改编为电影剧本,甲公司作为电影制片者将该剧本拍摄成电影,导演为周某。根据著作权法及相关规定,下列哪些说法是正确的?

A. 金某自2013年2月14日起对该小说享有著作权

B. 该电影剧本的著作权由张某享有

C. 该电影作品的著作权由甲公司享有

D. 该电影作品的著作权由张某和周某共同享有

【解题思路】

著作权自作品完成时产生,而不是发表的时候。剧本是张某的作品,由张某享有著作权;甲公司则是电影的制作者,享有电影的著作权。当然,剧本和电影作品的著作权人在使用在作品时,不得损害小说作者金某的著作权。

【参考答案】 BC

18.【2017年第74题】《专利代理人的成长历程》是由李某编剧、张某导演的一部电影,制片者为甲公司,音乐人周某创作了可以单独使用的电影音乐。根据著作权法及相关规定,下列哪些说法是正确的?

A. 甲公司是该电影的著作权人

B. 张某是该电影的著作权人

C. 李某享有署名权,并有权按照与甲公司签订的合同获得报酬

D. 周某有权单独行使电影音乐的著作权

【解题思路】

电影作品的著作权人为制作者。2020年《著作权法》修改后,"制片人"改为"制作者",但基本含义未变。摄制电影是一个比较复杂的、系统的智力创作过程,要有制作者、电影脚本、导演、摄影、演员、特技设计、美工、灯光和布景等。摄制电影投资巨大,各个创作者都付出了大量的创造性劳动,电影的发行、放映既会带来巨大的商业利益,同时也伴随着巨大的商业风险。根据创作产生著作权的原则,首先应当承认电影作品是由编剧、导演、摄影、作词和作曲等作者创作完成。同时,考虑到制作者的巨额投资和电影作品的商业运作,将电影作品的著作权赋予制作者,但是编剧、导演、摄影、作词和作曲等作者仍享有署名权和获得报酬权。电影作品同样存在整体著作权与作者个别的著作权的问题。影视作品中的剧本、歌词和音乐作品,完全可以单独使用。这就意味着,出版者、录音制作者、广播电台等欲使用电影的剧本、音乐等作品,只需要从剧本作者、音乐作者处获得许可即可。

【参考答案】 ACD

(5)职务作品的著作权人。

《著作权法》第18条:"自然人为完成法人或者非法人组织工作任务所创作的作品是职务作品,除本条第二款的规定以外,著作权由作者享有,但法人或者非法人组织有权在其业务范围内优先使用。作品完成两年内,未经单位同意,作者不得许可第三人以与单位使用的相同方式使用该作品。

有下列情形之一的职务作品,作者享有署名权,著作权的其他权利由法人或者非法人组织享有,法人或者非法人组织可以给

予作者奖励：

（一）主要是利用法人或者非法人组织的物质技术条件创作，并由法人或者非法人组织承担责任的工程设计图、产品设计图、地图、示意图、计算机软件等职务作品；

（二）报社、期刊社、通讯社、广播电台、电视台的工作人员创作的职务作品；

（三）法律、行政法规规定或者合同约定著作权由法人或者非法人组织享有的职务作品。"

19.【2011年第30题】根据著作权法及相关规定，下列哪些属于职务作品？

A．某记者为其所在报社撰写的人物专访

B．某编剧为其所在话剧团编写的话剧剧本

C．某大学教授应某杂志邀请撰写的评论文章

D．某公司程序员为执行公司确定的开发目标而设计的计算机程序

【解题思路】

职务作品是自然人为完成法人或者其他组织工作任务所创作的作品，A、B、D选项都写明了作者是为了完成其所在单位的工作任务而撰写作品，符合职务作品的定义。大学教授为杂志撰写的评论文章不是为了完成学校的工作任务，不属于职务作品。

【参考答案】 ABD

20.【2019年第21题】某设计公司的设计师王某接受该公司指派，绘制了一张产品设计图。该设计图主要是利用设计公司的物质技术条件创作，并由该设计公司承担责任。王某与该设计公司没有就设计图的著作权归属进行约定。根据著作权法及相关规定，下列说法正确的是？

A．王某享有该设计图的著作权，该设计公司可无偿使用

B．王某享有该设计图的署名权，该设计公司享有该设计图著作权的其他权利

C．王某享有该设计图的发表权、署名权、修改权和保护作品完整权，该设计公司享有该设计图著作权的其他权利

D．该设计公司享有该设计图除发表权以外的所有著作权，同时应当给予王某相应的奖励

【解题思路】

该设计图主要利用单位的物质技术条件创作，并由单位承担责任，属于第二类职务作品，单位享有绝大部分的权利，而设计人员仅享有署名权。单位所起作用比较低的第一类职务作品，如记者为其所在报社写的报道，则作者享有更多的权利，单位仅享有优先使用和在一定期限内禁止作者对外许可该作品的权利。

【参考答案】 B

（6）委托作品的著作权人。

《著作权法》第19条："受委托创作的作品，著作权的归属由委托人和受托人通过合同约定。合同未作明确约定或者没有订立合同的，著作权属于受托人。"

21.【2011年第22题】甲公司向社会征集广告用语，承诺如被采用将给应征者奖金。张某设计的广告用语被选中后获得了奖金，但甲公司和张某并未明确约定著作权的归属。甲公司使用该广告用语一年后，张某对该广告用语的著作权提出了主张，并要求甲公司停止使用。根据著作权法及相关规定，下列说法哪些是正确的？

A．甲公司享有该广告用语的著作权

B．甲公司和张某共同享有该广告用语的著作权

C．张某享有该广告用语的著作权，但甲公司可以在其广告宣传活动中使用

D．张某享有该广告用语的著作权，甲公司应当根据张某的要求停止使用

【解题思路】

著作权属于私权，当事人可以通过合同约定权属。共有的财产权分割时容易引发矛盾，故在允许的范围内，法律倾向于让一方而不是双方享有权利。如没有合同约定或者约定不明，本着鼓励创作的原则，著作权属于受托人，这点和专利制度也是一致的。张某的广告用语属于委托作品，双方没有约定著作权归属，则著作权属于受托人张某。甲公司和张某之间存在委托合同，甲公司支付奖金获取了该广告用语的使用权。对于该使用权，双方没有约定使用时间则应当视为没有期限限制，故张某不能要求甲公司停止使用。

【参考答案】 C

22．【2014年第17题】某学院委托设计师陈某为其设计院徽，双方约定了院徽的使用范围，但未约定其著作权归属。该学院使用院徽一段时间后，双方对该院徽的著作权归属产生了争议。根据著作权法及相关规定，下列哪种说法是正确的？

A．该学院享有该院徽的著作权

B．该学院和陈某共同享有该院徽的著作权

C．陈某享有该院徽的著作权，有权要求该学院停止使用

D．陈某享有该院徽的著作权，但该学院在约定的使用范围内享有使用的权利

【解题思路】

委托作品对著作权归属约定不明的，著作权属于受托人陈某。当然，根据学院和陈某之间的合同，学院可以在约定范围内使用该院徽。

【参考答案】 D

《著作权民事纠纷解释》第14条："当事人合意以特定人物经历为题材完成的自传体作品，当事人对著作权权属有约定的，依其约定；没有约定的，著作权归该特定人物享有，执笔人或整理人对作品完成付出劳动的，著作权人可以向其支付适当的报酬。"

23．【2018年第75题】张某是一名优秀的传记作家，笔下传记人物深受读者喜爱。某出版社准备出版一本关于古代人物曾国藩的传记，自然人王某拟出版一本关于自己成长历程的传记，二者分别向张某约稿，但均未明确约定著作权归属。对此，下列说法正确的是

A．曾国藩传记著作权归出版社所有

B．曾国藩传记著作权归张某所有

C．王某传记著作权归张某所有

D．王某传记著作权归王某所有

【解题思路】

特定人物的传记，其主要内容应该来自于该特定人物自身，撰写者只是记录者，故著作权应当归该特定人物所有。如果是已故的特定历史人物，那故事的创作都来自撰写者本身，此时撰写者应当享有著作权。

【参考答案】 BD

（7）原件所有权转移的作品著作权归属。

《著作权法》第20条："作品原件所有权的转移，不改变作品著作权的归属，但美

术、摄影作品原件的展览权由原件所有人享有。

作者将未发表的美术、摄影作品的原件所有权转让给他人，受让人展览该原件不构成对作者发表权的侵犯。"

24.【2016年第77题】唐某创作了一幅国画，交给某慈善机构拍卖，所得款项全部用于救助失学儿童。齐某在拍卖会上以80万元的价格购得该画。根据著作权法及相关规定，下列哪些说法是正确的？

A．齐某享有该画的复制权

B．齐某享有该画原件的所有权

C．齐某享有该画原件的展览权

D．齐某享有该画的发表权

【解题思路】

齐某购买该国画后，获得了该画的所有权，但并没有获得该画的著作权。齐某作为原件的所有人，将该画挂出来供大家欣赏是可以的，但是复制发行就不可以。另外，该画在拍卖过程中公众已经接触到，不存在发表权。

【参考答案】 BC

25.【2019年第73题】著名书法家赵某将其创作的一幅书法作品赠送给某学校。根据著作权及相关规定，下列说法正确的是？

A．该学校获得该书法作品的所有权

B．该学校获得该书法作品的著作权

C．该学校获得该书法作品的展览权

D．该书法作品的全部著作权归作者赵某享有

【解题思路】

书法家将其创作的书法作品赠送给学校，发生转移的是该作品的所有权而不是著作权。学校可以对该产品进行物权上的处分，比如转让给其他人，但不能进行著作权上的处分，如对书法进行修改。学校受赠该作品后，获得了该作品的展览权，可以将其挂在墙上供人欣赏。

【参考答案】 AC

《著作权法实施条例》第15条："作者死亡后，其著作权中的署名权、修改权和保护作品完整权由作者的继承人或者受遗赠人保护。

著作权无人继承又无人受遗赠的，其署名权、修改权和保护作品完整权由著作权行政管理部门保护。"

26.【2012年第55题】根据著作权法及相关规定，关于著作权的继承，下列哪些说法是正确的？

A．作者死亡后，其著作权无人继承又无人受遗赠的，其署名权、修改权和保护作品完整权不再受著作权法保护

B．作者死亡后，其著作权无人继承又无人受遗赠的，其署名权、修改权和保护作品完整权由著作权行政管理部门保护

C．作者生前未发表的作品，如作者未明确表示不发表，且没有继承人又无人受遗赠的，作者死亡后50年内，其发表权由作品原件的所有人行使

D．合作作品作者之一死亡的，其对合作作品享有的著作权中的财产权无人继承又无人受遗赠的，由其他合作作者享有

【解题思路】

作者死亡后，如果著作权无人继承或者受遗赠，人身权的保护也不能"人走茶凉"。作者生前未发表的作品，如果作者明确表示不发表，那自然要尊重作者的意见，

285

否则根据鼓励作品发表的原则,由原件所有人行使发表权。合作作者死亡后没有继承人或受遗赠者的,那由合作作者享有该作品的财产权,也有利于保持财产权的完整。

【参考答案】 BCD

27.【2016年第75题】根据著作权法及相关规定,下列关于著作人身权的哪些说法是正确的?

A．署名权是表明作者身份,在作品上署名的权利

B．修改权是修改或者授权他人修改作品的权利

C．作者死亡后,有继承人的,署名权由其继承人继承

D．作者死亡后,有继承人的,修改权由其继承人保护

【解题思路】

署名权,顾名思义,就是在作品上署名的权利。署名权属于人身权,作者死亡后署名权是由继承人保护,但不能继承。如果署名权可以继承,那周海婴就可以把鲁迅的作品署上自己的名字来出版。作品的修改可以作者自己进行,也可以委托他人进行,故修改权可以授权给他人行使。作者死亡后,修改权也是由继承人来保护。

【参考答案】 ABD

《著作权法实施条例》第17条:"作者生前未发表的作品,如果作者未明确表示不发表,作者死亡后50年内,其发表权可由继承人或者受遗赠人行使;没有继承人又无人受遗赠的,由作品原件的所有人行使。"

28.【2013年第23题】2010年作家钟某创作完成了一部小说,但未发表,也未明确表示不发表。后钟某将该小说的手稿送给好友李某收藏。2011年钟某因病去世,立下遗嘱由其唯一的儿子继承全部遗产。根据著作权法及相关规定,有关该小说发表权的下列哪种说法是正确的?

A．该小说的发表权应由李某行使

B．该小说的发表权可由钟某之子行使

C．该小说的发表权应由钟某之子和李某共同行使

D．该小说的发表权已不受著作权法保护

【解题思路】

钟某的儿子继承了钟某的全部遗产,小说的著作权也是遗产之一。从促进作品流通的立法宗旨出发,如未违背作者的意志,遗产继承人有权发表该小说。需要注意的是,钟某把小说原稿送给李某收藏,并不意味着将著作权也转移给了李某。只有在继承人和受遗赠人都不存在的情况下,才轮到作品原件的所有人行使发表权。

【参考答案】 B

(8) 作者身份不明的作品著作权归属。

《著作权法实施条例》第13条:"作者身份不明的作品,由作品原件的所有人行使除署名权以外的著作权。作者身份确定后,由作者或者其继承人行使著作权。"

29.【2012年第45题】根据著作权法及相关规定,下列哪些说法是正确的?

A．作者身份不明的作品,任何人都可以自由使用

B．作者身份不明的作品,由作品的原件所有人行使除署名权以外的著作权

C．作者身份不明的作品,作者身份确定后,由作者或其继承人行使著作权

D．作者身份不明的作品,其著作权中

的财产权保护期为原件所有人终生及死后五十年

【解题思路】

作者身份不明的作品并不是不受到保护。原件所有人并不是作者，保护期限不能按照他的来计算。如果保护期限按照原件所有人的计算，则只要该作品在不停地流转，保护期就可以无限延长。

【参考答案】 BC

三、著作权及与著作权有关的权利内容

（一）著作权内容

《著作权法》第10条："著作权包括下列人身权和财产权：

（一）发表权，即决定作品是否公之于众的权利；

（二）署名权，即表明作者身份，在作品上署名的权利；

（三）修改权，即修改或者授权他人修改作品的权利；

（四）保护作品完整权，即保护作品不受歪曲、篡改的权利；

（五）复制权，即以印刷、复印、拓印、录音、录像、翻录、翻拍、数字化等方式将作品制作一份或者多份的权利；

（六）发行权，即以出售或者赠与方式向公众提供作品的原件或者复制件的权利；

（七）出租权，即有偿许可他人临时使用视听作品、计算机软件的原件或者复制件的权利，计算机软件不是出租的主要标的除外；

（八）展览权，即公开陈列美术作品、摄影作品的原件或者复制件的权利；

（九）表演权，即公开表演作品，以及用各种手段公开播送作品的表演的权利；

（十）放映权，即通过放映机、幻灯机等技术设备公开再现美术、摄影、视听作品等的权利；

（十一）广播权，即以有线或者无线方式公开传播或者转播作品，以及通过扩音器或者其他传送符号、声音、图像的类似工具向公众传播广播的作品的权利，但不包括本款第十二项规定的权利；

（十二）信息网络传播权，即以有线或者无线方式向公众提供、使公众可以在选定的时间和地点获得作品的权利；

（十三）摄制权，即以摄制视听作品的方法将作品固定在载体上的权利；

（十四）改编权，即改变作品，创作出具有独创性的新作品的权利；

（十五）翻译权，即将作品从一种语言文字转换成另一种语言文字的权利；

（十六）汇编权，即将作品或者作品的片段通过选择或者编排，汇集成新作品的权利；

（十七）应当由著作权人享有的其他权利。

著作权人可以许可他人行使前款第（五）项至第（十七）项规定的权利，并依照约定或者本法有关规定获得报酬。

著作权人可以全部或者部分转让本条第一款第（五）项至第（十七）项规定的权利，并依照约定或者本法有关规定获得报酬。"

1. 著作人身权

（1）发表权。

发表权又叫"公表权"或"公开权"，

287

是作者决定是否将作品公之于众的权利。

发表权是一种一次性的权利，一经行使，权利即归于消灭。

发表权有一定的保护期，其他著作权人身权则没有。

30.【2010年第38题】根据著作权法及相关规定，下列说法哪些是正确的？

A. 只有电影作品和以类似摄制电影的方法创作的作品才享有出租权

B. 展览权是指公开陈列美术作品、摄影作品原件或者复制件的权利

C. 发表权是决定作品是否公之于众的权利

D. 修改权是指改变作品，创作出具有独创性的新作品的权利

【解题思路】

出租权除适用于电影和以类似摄制电影的方法创作的作品（简称"视听作品"）外，还适用于计算机软件。展览权适用于美术作品和摄影作品，这些作品可以是原件，也可以是复制件。发表权是决定是否公之于众的权利，只能使用一次。修改权主要是对作品的内容和表现形式作局部的订正与修改，原则上不是一种创作行为。

【参考答案】 BC

（2）署名权。

署名权，是指作者表明自己作者的身份，在作品上署名的权利。

31.【2008年第41题】根据著作权法的规定，下列哪些说法是正确的？

A. 署名权是表明作者身份，在作品上署名的权利

B. 作者死亡后，署名权由其继承人继承

C. 制作、出售假冒他人署名的作品的行为属于侵犯著作权的行为

D. 没有参加创作，为牟取个人名利，在他人创作的作品上署名的行为属于侵犯著作权的行为

【解题思路】

署名权是作者表明自己身份的权利。作者死亡后，如果作者生前对遗作没有反对发表的意愿，继承人就可以发表该作品，但继承人无权在作品上署名。制作和出售假冒他人署名的作品，侵害了作者的人身权和财产权，属于侵权行为。没有参加创作，为谋取个人名利，在他人创作的作品上署名，侵犯了作者的署名权。

【参考答案】 ACD

（3）修改权。

修改权是作者本人或授权他人修改自己作品的权利。

32.【2014年第6题】根据著作权法及相关规定，下列哪项权利属于著作权中的人身权？

A. 汇编权

B. 改编权

C. 修改权

D. 发行权

【解题思路】

修改权和改编权是两个容易被混淆的概念。修改指的是对作品内容局部的变更以及文字、用语的修正；改编指的是在不改变作品基本内容的情况下，将原作品改编为另一种作品类型，如将小说改编成电影剧本。修改权属于人身权，改编权属于财产权。

【参考答案】 C

（4）保护作品完整权。

保护作品完整权，是指作者保护其作

品的内容、观点、形式等不受歪曲、篡改的权利。

33.【2007年第27题】根据著作权法及相关规定，下列说法哪些是正确的？

A. 作者死亡后，著作权无人继承又无人受遗赠的，其著作权中的署名权由著作权行政管理部门保护

B. 著作权中的改编权不得转让，但可以许可他人行使

C. 保护作品完整权的保护期不受限制

D. 修改权的保护期截止于作者死亡后第五十年的12月31日

【解题思路】

考生需要注意分辨著作权中的人身权和财产权在保护期限和可转让性上的区别。署名权的保护期限没有限制，如果没有继承人或受遗赠人，那行政管理部门就需要担负起保护的职责。改编权属于财产权，可以转让。需要注意，不要将改编权和修改权混淆。修改权和保护作品完整权属于人身权，保护期不受限制。

【参考答案】 AC

《著作权法》第21条："著作权属于自然人的，自然人死亡后，其本法第十条第一款第（五）项至第（十七）项规定的权利在本法规定的保护期内，依法转移。

著作权属于法人或者非法人组织的，法人或者非法人组织变更、终止后，其本法第十条第一款第（五）项至第（十七）项规定的权利在本法规定的保护期内，由承受其权利义务的法人或者非法人组织享有；没有承受其权利义务的法人或者非法人组织的，由国家享有。"

34.【2008年第5题】根据著作权法及相关规定，作者死亡后，其作品著作权中的下列哪些权利在著作权法规定的保护期内，可以依照继承法的规定转移？

A. 修改权
B. 汇编权
C. 表演权
D. 发行权

【解题思路】

著作权的财产权可以继承，汇编权、表演权和发行权属于财产权，可以继承。人身权中可以继承的只有发表权。署名权、修改权和保护作品完整权由继承人保护，但不能继承。

【参考答案】 BCD

35.【2017年第23题】根据著作权法及相关规定，下列哪种权利属于著作人身权？

A. 发表权
B. 发行权
C. 改编权
D. 信息网络传播权

【解题思路】

著作人身权指作者对其作品所享有的各种与人身相联系或密不可分而又无直接财产内容相关的权利。发表权是作者决定作品是否公之于众的权利，属于人身权。发行权是将作品的复制件卖给他人，或无偿地送给他人，属于财产权。改编权指的是改成另一部作品，如小说修改为剧本或者漫画，属于财产权。信息网络传播权指的是将作品放在互联网上传播，公众可以在自己所选定的时间和地点获得作品，也属于财产权。著作权中的财产权可以继承，人身权中可以继承的只有发表权。

【参考答案】 A

2. 著作财产权

（1）复制权。

复制权就是将作品制成有形的复制品的权利，复制的方式包括印刷、复印、拓印、录音、录像、翻录和翻拍。

36.【2015年第27题】 书法家王某为甲饭店题了一幅字，同意其在店内展示。乙食品公司未经王某和甲饭店许可，将该字幅拍摄照片后印制在其生产的产品包装上。根据著作权法及相关规定，下列哪项说法是正确的？

A．乙食品公司侵犯了王某的发表权
B．乙食品公司侵犯了王某的复制权
C．乙食品公司侵犯了王某的展览权
D．乙食品公司侵犯了甲饭店的复制权

【解题思路】

王某的作品悬挂在甲饭店的店堂内，已经发表，故不存在侵犯发表权的问题。乙食品公司是将王某的作品印制在产品包装上，而不是将其挂起来展览，这种行为侵犯的是复制权而不是展览权。需要强调的是，王某虽然将题字放在甲饭店中展示，但该作品的著作权人无疑还是王某而不是甲饭店。

【参考答案】 B

（2）发行权。

发行权就是以出售或者赠与的方式向公众提供作品原件或者复制件的权利。

37.【2015年第77题】 文学家张某收集了近现代著名作家的作品，并按照其独特的文学理论进行分类，将上述作品的片段汇集成册，编写了《名人名家写人》《名人名家写景》《名人名家写事》等三本书。某出版社未经张某的许可复制上述三本书，向社会公开发行。根据著作权法及相关规定，下列哪些说法是正确的？

A．该出版社侵犯了张某的复制权
B．该出版社侵犯了张某的发行权
C．该出版社侵犯了张某的改编权
D．该出版社侵犯了张某的汇编权

【解题思路】

出版社的行为是未经张某许可复制并发行了张某的作品，故侵犯的是复制权和发行权。改编指的是将一种作品改编为其他形式的作品，如将小说改编为剧本，出版社没有对张某的作品作任何改动，自然不涉及改编权的问题。汇编指的是将作品或者作品的片段通过选择或者编排，汇集成新作品，张某将近现代作者的作品汇集成册，做的就是汇编的事情。如果张某在汇编时没有获得那些著名作家的许可，那侵犯汇编权的是张某自己。出版社没有对张某的书籍再进行选择和编排，也就不涉及汇编权的问题。

【参考答案】 AB

38.【2019年第74题】 王某将画家张某赠送给自己的20幅绘画作品，署名王某自己送出版社出版，取得10万元稿酬。王某的行为侵犯了张某的下列哪些权利？

A．张某对其作品的财产所有权
B．张某对其作品的发行权
C．张某对其作品的署名权
D．张某对其作品的复制权

【解题思路】

画家张某将自己的绘画作品赠送给王某后，作品的财产权转移给了王某。不过，作品的著作权并未转移，王某无权对画作进行复制或出版，也不能在作品上署名。

【参考答案】 BCD

(3) 出租权。

出租权也可以称为租赁权，即有偿许可他人临时使用视听作品、计算机软件的原件或复制件的权利，计算机软件不是出租的主要标的的除外。

39. 【2016年第20题】根据著作权法及相关规定，下列哪种行为侵犯了著作权人的出租权？

A. 甲未经著作权人许可，开设店铺出租其购买的武侠小说

B. 乙未经著作权人许可，开设店铺出租其购买的电视剧光盘

C. 丙未经著作权人许可，从出租商店租借武侠小说个人阅读

D. 丁未经著作权人许可，从出租商店租借电视剧光盘个人观看

【解题思路】

出租权的客体包括软件和影视作品，不包括武侠小说。影视作品和软件的复制比较简单，只要有一台电脑就容易进行复制；而复制武侠小说则需要使用复印机，成本相对比较高，故武侠小说没有出租权保护。另外，出租权仅涉及出租相关作品牟利的行为，不涉及消费者个人的行为。

【参考答案】 B

(4) 展览权。

展览权是公开陈列作品的权利，只有美术作品、摄影作品才有展览权。根据著作权法，享有展览权的是作品的原件或者复制件。展览既可以是已发表作品，也可以是未发表作品，展览未发表的作品视为发表。

40. 【2017年第75题】根据著作权法及其相关规定，展览权包括哪些内容？

A. 公开陈列美术作品的原件的权利

B. 公开陈列摄影作品的原件的权利

C. 公开陈列美术作品的复印件的权利

D. 公开播放电影作品的复印件的权利

【解题思路】

所谓的展览就是将相关的作品展示出来，供大家欣赏。只有美术作品和摄影作品，展览权才有意义。当然，展览的可以是原件，也可以是复制件。播放电影，涉及的是放映权。

【参考答案】 ABC

(5) 表演权。

表演权是指公开表演作品以及用各种手段公开播送作品的表演的权利。

(6) 放映权。

放映权是指通过放映机、幻灯机等技术设备公开再现美术、摄影、视听作品等的权利。

(7) 广播权。

广播权是指有线或者无线方式公开传播或者转播作品，以及通过扩音器或者其他传送符号、声音、图像的类似工具向公众传播广播的作品的权利，但不包括信息网络传播权。

【提醒】

广播权与广播组织权不同，广播权是作者许可或者禁止他人广播自己作品的权利，是作者因为自己作品的创作而享有的权利，属于著作权；广播组织权是电台、电视台、卫星广播组织就自己的节目信号所享有的相关权利，属于邻接权。

41. 【2016年第23题】甲制片公司拍摄了电视连续剧《春秋》，乙电视台未经甲公司的许可每天晚上8点到10点播出该电视剧。根据著作权法及相关规定，乙电视台

侵犯了甲公司著作权中的哪项权利？

A．展览权
B．放映权
C．广播权
D．表演权

【解题思路】

展览权指的是公开陈列美术作品、摄影作品，本题中涉及的是电视作品。放映权是指行为人使用放映机、幻灯机等播放设备来公开作品。本题中电视台只是传播信号，播放是在用户自家的电视上完成的。广播权不仅仅是用广播来传播，通过有线或者无线方式传播音像信息都属于广播权的范围。表演权是自己找人去表演相关作品。

【参考答案】 C

（8）信息网络传播权。

信息网络传播权是指著作权人通过互联网或其他有线或者无线的信息传输网络向公众提供作品的权利。

42．【2019年第75题】某网络公司未经许可将张某刚刚创作完成的一幅绘画作品放到其网站上，供在线浏览和下载。根据著作权法及相关规定，该网络公司的行为侵犯了张某的下列哪些权利？

A．发表权
B．表演权
C．广播权
D．信息网络传播权

【解题思路】

发表权是将作品公之于众，将绘画放到网站上侵犯了作品的发表权。在涉及广播权的情形中，公众接触作品的时间和地点受到广播者的控制；在涉及信息网络传播权的情形中，公众可以随时随地接触到作品，故

上传到网站侵犯的是信息网络传播权。绘画作品上传到网站并不属于表演，不涉及表演权。

【参考答案】 AD

（9）摄制权。

摄制权也可以称为"制片权"，即以摄制视听作品方法将作品固定在载体上的权利。

（10）改编权。

改编权是指改变作品，创作出具有独创性的新作品的权利。

43．【2009年第32题】王某写了一本小说，授权甲网络公司以连载方式在该公司的网站上发布。在未经王某许可的情况下，乙出版社出版该小说，李某将该小说改编成电视剧本，丙电影公司将该小说拍成电影。则根据著作权法及相关规定，下列说法哪些是正确的？

A．乙出版社侵犯了王某的发表权
B．乙出版社侵犯了王某的复制权
C．李某侵犯了王某的改编权
D．丙电影公司侵犯了王某的复制权

【解题思路】

王某的小说已在网上发布，发表权已经使用完毕。出版社出版小说，同时侵犯了王某的复制权和发行权。李某将小说改编为剧本，电影公司将小说改编为电影，侵犯的都是改编权。

【参考答案】 BC

（11）翻译权。

翻译权是指将作品由一种语言文字转换成另一种语言文字的权利。

（12）汇编权。

汇编权指的是将作品或者作品的片段通过选择或者编排，汇集成新作品的权利。

3. 著作权的保护期

（1）著作人身权保护期、著作财产权保护期。

《著作权法》第22条："作者的署名权、修改权、保护作品完整权的保护期不受限制。"

《著作权法实施条例》第6条："著作权自作品创作完成之日起产生。"

44.【2009年第50题】 赵某于1997年3月19日创作完成了一部小说，2000年6月6日赵某去世。根据著作权法及相关规定，关于该小说著作权的保护期限，下列说法哪些是正确的？

A．发表权的保护期截止于2050年12月31日

B．署名权的保护期不受限制

C．修改权的保护期截止于2047年12月31日

D．保护作品完整权的保护期截止于2050年12月31日

【解题思路】

发表权的保护期限是作者终生及其死后50年，赵某2000年去世，发表权保护期截止于2050年12月31日。署名权、修改权和保护作品完整权属于人身权，保护期限不受限制。著作权中的这几项作者的人身权利原则上只能由作者本人享有，即使作者死亡，人身权仍旧可以通过其作品的存在而得以体现。此外，人身权可以独立于财产权而单独存。由于人身权与作者本人的品德、才智、声誉、荣誉直接相关，并且涉及作品的归属，以及作品是否真实地反映了作者的创作原意等方面，因此，对人身权的保护，不仅仅是作者生前的问题，也是一个永久性问题。

【参考答案】 AB

45.【2016年第21题】 作家张某撰写一部短篇小说《专利代理人的幸福生活》，2016年8月9日开始创作，2016年9月9日创作完成，2016年10月9日办理了作品登记，2016年10月30日该作品在杂志上发表。根据著作权法及相关规定，该作品著作权从何时起产生？

A．2016年8月9日
B．2016年9月9日
C．2016年10月9日
D．2016年10月30日

【解题思路】

著作权的产生之日就是作品的完成之日，本题中就是2016年9月9日。发表和登记并不是作品受到保护的前提，故发表日和登记日也不能作为著作权的产生之日。需要稍微注意的是，著作权的登记是登记事项（如作品完成时间、著作权人）的初步证明，这些证明可以在诉讼的时候作为证据使用，而不是获得著作权保护的前提。

【参考答案】 B

（2）自然人著作权的财产权保护期、合作作品著作权的财产权保护期。

《著作权法》第23条第1款："自然人的作品，其发表权、本法第十条第一款第（五）项至第（十七）项规定的权利的保护期为作者终生及其死亡后五十年，截止于作者死亡后第五十年的12月31日；如果是合作作品，截止于最后死亡的作者死亡后第五十年的12月31日。"

46.【2018年第20题】 江某早年丧偶，育有两儿一女。其根据自身经历于2017年

12月份撰写完成回忆录一册。但碍于个人隐私，犹豫不决，生前未将该回忆录公之于世，但亦未明确表示不发表该回忆录。后江某于2018年5月1日去世。下列说法正确的是

A．江某已去世，其著作权不再受到法律保护

B．该回忆录的著作财产权截止于2068年5月1日

C．江某关于回忆录的署名权、发表权、修改权、保护作品完整权的保护期不受限制

D．在江某死亡后50年内，其子女可以决定该回忆录是否发表

【解题思路】

著作权的保护期是作者终生及死后50年，并不是说作者去世后就不再受到保护。保护期是到第50年的12月31日，对一个数十年的期限来说，相差数个月其实问题不大，统一为年底最后一天有利于降低制度成本。发表权虽然是人身权，但为促进作品的传播，保护期为作者终生及其死亡后50年。如果作者本人没有明确反对作品发表，那作品是否发表就由作者的继承人来决定。当然，这里也有时间限制，也是50年。

【参考答案】 D

（3）由单位享有的著作权的保护期。

《著作权法》第23条第2款："法人或者非法人组织的作品、著作权（署名权除外）由法人或者非法人组织享有的职务作品，其发表权的保护期为<u>五十年</u>，截止于作品创作完成后第五十年的12月31日；本法第十条第一款第五项至第十七项规定的权利的保护期为五十年，截止于<u>作品首次发表后第五十年</u>的12月31日，但作品自创作完成后五十年内未发表的，本法不再保护。"

47.【2011年第38题】黄某为完成公司的任务创作了一套软件。该创作主要是利用公司的物质技术条件，并由公司承担责任。后该软件被发表。根据著作权法及相关规定，下列说法哪些是正确的？

A．该软件为职务作品，著作权由黄某享有

B．该软件为职务作品，黄某仅享有署名权，著作权的其他权利由该公司享有

C．该软件的著作权保护期为黄某终生及其死亡后50年，截止于黄某死亡后第50年的12月31日

D．该软件的著作权保护期为50年，截止于其首次发表后第50年的12月31日

【解题思路】

主要利用公司的物质技术条件，并由公司承担责任的职务作品，著作权人为公司，黄某享有署名权。法人作品的保护期为发表之后第50年的12月31日。法人作品的保护期限和自然人不同，这是因为法人的存续期间可长可短，并无规律，不能采用自然人生命为基础的一般保护期限，只有采用作品首次发表后若干年的方法来确定这类作品的保护期限才较为合理可行。

【参考答案】 BD

（4）视听作品、著作权的保护期。

《著作权法》第23条第3款："视听作品，其发表权的保护期为<u>五十年</u>，截止于作品创作完成后第五十年的12月31日；本法第十条第一款第五项至第十七项规定的权利的保护期为五十年，截止于作品首次发表后第五十年的12月31日，但作品自创作完成后五十年内未发表的，本法不再保护。"

《著作权法》第 65 条："摄影作品，其发表权、本法第十条第一款第五项至第十七项规定的权利的保护期在 2021 年 6 月 1 日前已经届满，但依据本法第二十三条第一款的规定仍在保护期内的，不再保护。"

48.【2010 年第 46 题】根据著作权法及相关规定，下列说法哪些是正确的？

A．作者的署名权的保护期不受限制

B．公民的作品，其发表权与发行权保护期一致

C．电影作品自创作完成后五十年内未发表的，其放映权不再受著作权法保护

D．署名权由作者享有、著作权的其他权利由法人享有的职务作品，其复制权保护期为作者终生及死亡后五十年

【解题思路】

署名权属于人身权，保护期不受限制。发表权虽然属于人身权，但为了促进作品的传播，其保护期限和财产权一样，为作者终生和死后 50 年。电影作品与其他作品相比，保护期限比较短，50 年内未发表，著作权不再受保护。作者仅享有署名权的作品，著作权人为单位，保护期限为作品发表后第 50 年的 12 月 31 日。

【参考答案】 ABC

49.【2012 年第 16 题】根据著作权法及相关规定，下列哪种说法是正确的？

A．某 14 岁的初中生创作的诗歌，其著作权自该初中生成年之日起产生

B．某书法家创作的书法作品，其著作权自该书法作品创作完成之日起产生

C．某作家创作的小说，其著作权自该小说首次发表之日起产生

D．某电影公司拍摄的电影，其著作权自该电影公映之日起产生

【解题思路】

作者是否为完全民事行为能力人跟享有著作权并不相关，著作权人可以是限制民事行为能力人甚至是无行为能力人。著作权自作品完成时产生，不需要经过任何手续。至于 C、D 两项，考生可以这样理解：著作权中包括发表权，如果小说和电影的著作权需要发表或公映才能产生，那就不可能有发表权了。

【参考答案】 B

50.【2007 年第 39 题】甲于 1998 年 10 月 2 日创作了一幅摄影作品。2004 年 7 月 2 日甲去世，其子乙于 2007 年 10 月 23 日将该作品发表。根据著作权法及其他相关规定，该作品著作权中的展览权的保护期在何时届满？

A．2048 年 10 月 2 日

B．2054 年 12 月 31 日

C．2057 年 10 月 23 日

D．2057 年 12 月 31 日

【解题思路】

本题考的是著作权的保护期限。2020 年《著作权法》修改后，摄影作品的保护期从原来发表之日起 50 年改为作者终生及死后 50 年，即 2054 年 12 月 31 日。本题涉及的作品是在作者死亡后发表，按照原来的规则保护期是到 2057 年 12 月 31 日。两相比较，《著作权法》修改后反而导致摄影作品的保护期缩短。不过这属于例外情形，因为摄影作品一般在作者生前就会发表，故大部分情形下，摄影作品的保护期都是延长的。

【参考答案】 B

4. 著作权的限制

（1）不视为侵权的使用情形。

《著作权法》第 24 条："在下列情况下使用作品，可以不经著作权人许可，不向其支付报酬，但应当指明作者姓名或者名称、作品名称，并且不得影响该作品的正常使用，也不得不合理地损害著作权人的合法权益：

（一）为个人学习、研究或者欣赏，使用他人已经发表的作品；

（二）为介绍、评论某一作品或者说明某一问题，在作品中适当引用他人已经发表的作品；

（三）为报道新闻，在报纸、期刊、广播电台、电视台等媒体中不可避免地再现或者引用已经发表的作品；

（四）报纸、期刊、广播电台、电视台等媒体刊登或者播放其他报纸、期刊、广播电台、电视台等媒体已经发表的关于政治、经济、宗教问题的时事性文章，但著作权人声明不许刊登、播放的除外；

（五）报纸、期刊、广播电台、电视台等媒体刊登或者播放在公众集会上发表的讲话，但作者声明不许刊登、播放的除外；

（六）为学校课堂教学或者科学研究，翻译、改编、汇编、播放或者少量复制已发表的作品，供教学或者科研人员使用，但不得出版发行；

（七）国家机关为执行公务在合理范围内使用已经发表的作品；

（八）图书馆、档案馆、纪念馆、博物馆、美术馆、文化馆等为陈列或者保存版本的需要，复制本馆收藏的作品；

（九）免费表演已经发表的作品，该表演未向公众收取费用，也未向表演者支付报酬，且不以营利为目的；

（十）对设置或者陈列在公共场所的艺术作品进行临摹、绘画、摄影、录像；

（十一）将中国公民、法人或者非法人组织已经发表的以国家通用语言文字创作的作品翻译成少数民族语言文字作品在国内出版发行；

（十二）以阅读障碍者能够感知的无障碍方式向其提供已经发表的作品；

（十三）法律、行政法规规定的其他情形。

前款规定适用于对与著作权有关的权利的限制。"

51.【2013 年第 26 题】根据著作权法及相关规定，下列哪种说法是正确的？

A. 为个人学习而使用他人已经发表的作品，可以不经著作权人许可，不向其支付报酬

B. 为说明某一问题在作品中适当引用他人已经发表的作品，应当经著作权人许可，但可以不向其支付报酬

C. 在商业晚会上表演他人已发表的作品，仅向表演者支付了报酬，但未向公众收取费用的，可以不经著作权人许可，不向其支付报酬

D. 国家机关为执行公务在合理范围内使用已经发表的作品，可以不经著作权人同意，但应向其支付报酬

【解题思路】

为个人学习而使用作品属于合理使用的范围。买本商标法教材学习，不需要给作者额外再支付一笔费用。写专业论文难免要引用他人的著作，引用需要指明出处但不需

要获得许可。很多专业论文引用的文献都有数十篇甚至上百篇，如果都需要获得许可才能引用明显不现实。商业演出使用他人作品，应当获得许可并支付报酬。除非这种演出是完全免费的，表演者不收费，观众也不付费，且不以营利为目的，比如在公司年会上，员工自娱自乐地跳上一段热舞。政府为执行公务而使用作品，不可能向著作权人支付费用。

【参考答案】 A

52.【2017年第22题】根据著作权法及相关规定，下列哪种行为可以不经著作权人许可，不向其支付报酬？

A．张某为介绍某一作品，在其作品中大量引用他人未发表的作品

B．某美术馆为保存版本的需要，复制其收藏的王某画作

C．某出版社为编写出版大学教科书，汇编赵某已经发表的单幅摄影作品

D．甲刊物转载李某在乙刊物上发表的一篇论文

【解题思路】

不管是哪种类型的著作权合理使用，都只适用于已经发表的作品。因为发表权属于人身权，受到《著作权法》的重点保护。此外，引用他人作品只能适当引用，而不能大量引用。美术馆保存的画作大多是数量稀少的真品，甚至是孤品，如果不能够复制复制件，那么藏品毁坏之后就是无法弥补的损失。在教科书中汇编别人的作品属于法定许可，可以不经作者允许但需要向其支付报酬。作品在刊物上发表后，除了著作权人事先声明不许转载的，其他刊物都可以转载，但这种转载需要向作者支付报酬。

【参考答案】 B

53.【2018年第21题】法国公民汤姆用汉语创作了一篇小说发表在我国某文学杂志上，发表时未做任何声明。根据著作权法的规定，下列哪些行为可以不经汤姆许可？

A．将其小说翻译成少数民族语言在中国出版发行

B．将其小说翻译成英文在中国出版发行

C．将其小说改成盲文在中国出版发行

D．将其小说收录在自建的网站中供公众点击

【解题思路】

中国人的作品翻译成少数民族语言在国内出版发行属于合理使用，不过汤姆是法国公民。如果改成盲文，对作者的国籍就没有限制。盲人和少数民族相比，处于更弱势的地位，法律需要向其倾斜。把小说收录在网站上供公众点击，明显侵犯作品的信息网络传播权。另外，2020年《著作权法》修改后，将"盲文"改为"阅读障碍者能够感知的无障碍方式"，范围更为宽泛。

【参考答案】 C

54.【2019年第76题】根据著作权法的规定，关于国家机关为执行公务在合理范围内使用已经发表的作品，下列说法正确的是？

A．可以不经著作权人许可

B．应当向著作权人支付报酬

C．可以不向著作权人支付报酬

D．应当指明作者姓名、作品名称

【解题思路】

对作品的合理使用和法定许可都不需

要事先获得作者的许可，但合理使用不需要支付报酬，而法定许可需要支付报酬。另外，两者都不能侵犯作品的署名权，故都需要指明作者姓名和作品名称。

【参考答案】 ACD

（2）教科书的编写出版。

《著作权法》第25条："为实施义务教育和国家教育规划而编写出版教科书，可以不经著作权人许可，在教科书中汇编已经发表的作品片段或者短小的文字作品、音乐作品或者单幅的美术作品、摄影作品、图形作品，但应当按照规定向著作权人支付报酬，指明作者姓名或者名称、作品名称，并且不得侵犯著作权人依照本法享有的其他权利。

前款规定适用于对与著作权有关的权利的限制。"

55.【2009年第73题】根据著作权法及相关规定，在著作权人没有事先声明不许使用、转载的情况下，下列哪些行为可以不经著作权人许可，但应当按照规定支付报酬？

A. 在为实施九年制义务教育而编写出版的教科书中汇编已经发表的作品片段

B. 著作权人向报社投稿，作品被刊登后，其他报刊转载该作品

C. 广播电台播放他人已经发表的作品

D. 表演者使用他人已经发表的歌曲进行演出

【解题思路】

A选项为教科书法定许可，B选项为报刊转载的法定许可，C选项为播放已经发表作品的法定许可。法定许可也涉及公共利益，表演者使用他人已经发表的歌曲进行演出不涉及公共利益。顺便提及，如果是免费的表演，则属于合理使用，不需许可，也不用付费。

【参考答案】 ABC

56.【2010年第61题】根据著作权法及相关规定，为实施九年制义务教育和国家教育规划而编写出版教科书，在满足下列哪些条件的情况下，可以不经著作权人许可，在教科书中汇编其已发表的小说片段？

A. 作者未事先声明不许使用其作品

B. 按照规定支付报酬

C. 指明作者姓名、作品名称

D. 没有侵犯著作权人依照著作权法享有的其他权利

【解题思路】

一般情况下，法定许可需要尊重作者的人身权，如作者声明不许使用，那就不能使用。不过2020年《著作权法》修改时删除了此项意外。这应该是由于实践中作者并不会反对，毕竟作品被收进教科书是一种荣耀。作者的署名权也需要受到尊重。此外，法定许可须支付费用，并且不能侵犯作者享有的其他权利。

【参考答案】 BCD

5. 著作权的许可和转让

（1）许可使用合同的主要内容。

《著作权法》第26条："使用他人作品应当同著作权人订立许可使用合同，本法规定可以不经许可的除外。

许可使用合同包括下列主要内容：

（一）许可使用的权利种类；

（二）许可使用的权利是专有使用权或者非专有使用权；

（三）许可使用的地域范围、期间；

（四）付酬标准和办法；

（五）违约责任；

（六）双方认为需要约定的其他内容。"

《著作权法实施条例》第23条："使用他人作品应当同著作权人订立许可使用合同，许可使用的权利是专有使用权的，应当采取书面形式，但是报社、期刊社刊登作品除外。"

57.【2008年第77题】根据著作权法及相关规定，下列哪些说法是正确的？

A. 著作权转让合同应当采取书面形式

B. 著作权人许可录音录像制作者专有使用其作品的，应当订立书面许可使用合同

C. 著作权转让合同中著作权人未明确转让的权利，视为一并转让

D. 与著作权人订立专有许可使用合同的，可以向著作权行政管理部门备案

【解题思路】

著作权转让应当采用书面形式，许可合同如为专有许可，也应当采用书面合同。著作权中未明确转让的权利，视为不转让。专有许可合同和转让合同需要采用书面形式，可以进行备案。

【参考答案】 ABD

58.【2017年第77题】根据著作权法及相关规定，著作权许可使用合同包括下列哪些内容？

A. 许可使用的权利种类

B. 许可使用的权利是专有使用权或者非专有使用权

C. 许可使用的地域范围、期间

D. 付酬标准和办法

【解题思路】

著作权许可使用合同自然应当标明合同的标的物是著作权中的哪种或者哪些财产权。专利和商标的许可分为独占许可、排他许可和普通许可，著作权则分为专有使用权或非专有使用权。因为独占许可和排他许可的区别是权利人自己是否可以使用，而著作权人主要是通过他人向外发行作品的复制品获利，如出版图书、播放电影等，权利人自己往往并不会使用。为此，著作权许可中区分排他许可和独占许可并无意义。知识产权许可合同都需要指明许可的地域范围和期限。作为有偿合同，自然要列明费用的计算标准。

【参考答案】 ABCD

（2）转让合同的主要内容。

《著作权法》第27条："转让本法第十条第一款第（五）项至第（十七）项规定的权利，应当订立书面合同。

权利转让合同包括下列主要内容：

（一）作品的名称；

（二）转让的权利种类、地域范围；

（三）转让价金；

（四）交付转让价金的日期和方式；

（五）违约责任；

（六）双方认为需要约定的其他内容。"

59.【2010年第68题】根据著作权法及相关规定，下列关于著作权转让合同的说法哪些是正确的？

A. 著作权转让合同应当采用书面形式

B. 著作权中的署名权不得转让

C. 著作权中的改编权可以转让

D. 著作权转让合同自向著作权行政管理部门备案之日起生效

【解题思路】

著作权转让应当采用书面形式，转让的是财产权；署名权属于人身权，不得转

299

让；改编权属于财产权，可以转让。专利权的转让需要经过登记，商标权转让需要核准，但著作权的转让不需要核准。著作权转让，当事人可以向著作权行政管理部门备案，这种备案并不是强制的义务，故不可能合同自备案之日起生效。

【参考答案】 ABC

60.【2019年第22题】关于著作权的许可使用和转让，下列说法哪个是正确的？

A. 著作权许可合同应当采用书面形式

B. 著作权转让合同应当采用书面形式

C. 著作权许可合同应当向著作权行政管理部门备案

D. 著作权转让合同应当向著作权行政管理部门备案

【解题思路】

著作权许可合同不一定采用书面形式，比如说法定许可都不需要经过著作权人同意，更谈不上签订书面合同和向著作权行政管理部门备案。著作权转让毕竟涉及权利的转移，为避免争议，需要签订书面合同。著作权的获得不需要登记，转让也不需要进行备案。另外需要注意的是，著作权中只有财产权能进行许可和转让。

【参考答案】 B

《著作权法实施条例》第25条："与著作权人订立专有许可使用合同、转让合同的，可以向著作权行政管理部门备案。"

61.【2007年第70题】关于著作权的许可使用和转让，下列说法哪些是正确的？

A. 著作权转让合同应当采用书面形式

B. 著作权转让合同应当向著作权行政管理部门备案

C. 著作权人可以转让其著作权中的发表权和修改权

D. 职务作品的著作权由作者享有的，作品完成两年内，未经单位同意，作者不得许可第三人以与单位使用的相同方式使用该作品

【解题思路】

著作权转让需要签订书面合同。由于著作权是自然形成的权利，不需要登记，故转让合同也不需要备案。发表权和修改权属于人身权，不能转让。职务作品的著作权由作者享有的，单位在两年内有优先使用权，作者的对外许可需要获得单位同意。

【参考答案】 AD

《著作权法》第28条："以著作权中的财产权出质的，由出质人和质权人依法办理出质登记。"

《著作权质权登记办法》第2条："国家版权局负责著作权质权登记工作。"

62.【2014年第22题】根据著作权法及相关规定，以著作权出质的，由出质人和质权人向下列哪个部门办理出质登记？

A. 国务院著作权行政管理部门

B. 国务院工商行政管理部门

C. 省级人民政府著作权行政管理部门

D. 著作权集体管理组织

【解题思路】

办理著作权出质登记的应当是管理著作权的政府部门，这个部门应当是全国性的国家版权局，而不应该是地方版权局。2018年国务院机构改革后，中央宣传部加挂国家新闻出版署、国家版权局、国家电影局牌子，统一管理新闻出版和电影工作。中央宣传部是中共中央主管意识形态方面工作的综合职能部门，并不是国务院的下属部门，

故2020年《著作权法》修改后，将"国务院著作权行政管理部门"修改为"国家著作权主管部门"。为此，A项不再正确。

【参考答案】 无

《著作权法》第29条："许可使用合同和转让合同中著作权人未明确许可、转让的权利，未经著作权人同意，另一方当事人不得行使。"

63.【2014年第74题】根据著作权法及相关规定，下列关于著作权转让的哪些说法是正确的？

A．著作权人可以全部或者部分转让其依法享有的著作权中的财产权

B．著作权转让合同应当采用书面形式

C．与著作权人订立著作权转让合同的，可以向著作权行政管理部门备案

D．著作权转让合同中著作权人未明确转让的权利，未经著作权人同意，另一方当事人不得行使

【解题思路】

绝大部分财产权都可以转让，著作权也不例外。转让可以是全部转让，也可以是部分转让。著作权是一种无形财产权，转让起来比较复杂，为避免争议，需要有书面的合同。著作权转让合同的备案并不是强制义务，只有明确转让的权利才会转移给对方。

【参考答案】 ABCD

（3）付酬标准的确定。

《著作权法》第30条："使用作品的付酬标准可以由当事人约定，也可以按照国家著作权主管部门会同有关部门制定的付酬标准支付报酬。当事人约定不明确的，按照国家著作权主管部门会同有关部门制定的付酬标准支付报酬。"

（二）与著作权相关的权利

《著作权法实施条例》第26条："著作权法和本条例所称与著作权有关的权益，是指出版者对其出版的图书和期刊的版式设计享有的权利，表演者对其表演享有的权利，录音录像制作者对其制作的录音录像制品享有的权利，广播电台、电视台对其播放的广播、电视节目享有的权利。"

64.【2008年第63题】下列哪些属于著作权法所称与著作权有关的权益？

A．出版者对其出版的图书享有的专有出版权

B．表演者对其表演享有的权利

C．录音录像制作者对其制作的录音录像制品享有的权利

D．广播电台、电视台对其播放的广播、电视节目享有的权利

【解题思路】

在著作权制度中，除需要作者产生作品外，也需要有人将这些作品传播到公众面前。小说需要出版社出版；剧本需要演员表演，也需要有人录音、录像；广播电视节目需要通过广播电视台进行播放。为了鼓励作品的传播，这些在作品传播过程中发挥重要作用的主体应当享有相应的权利。需要注意的是，2001年《著作权法》修改后，专有出版权不再是出版社的法定权利，而是要双方通过合同约定。另外三项属于与著作权有关的权益。

【参考答案】 BCD

1.出版者的权利和义务

《著作权法》第33条："图书出版者对著作权人交付出版的作品，按照合同约定享有的专有出版权受法律保护，他人不得出版该作品。"

《著作权法》第35条："著作权人向报社、期刊社投稿的，自稿件发出之日起十五日内未收到报社通知决定刊登的，或者自稿件发出之日起三十日内未收到期刊社通知决定刊登的，可以将同一作品向其他报社、期刊社投稿。双方另有约定的除外。

作品刊登后，除著作权人声明不得转载、摘编的外，其他报刊可以转载或者作为文摘、资料刊登，但应当按照规定向著作权人支付报酬。"

65.【2009年第41题】王某将其撰写的一篇论文向某期刊社投稿，且双方没有任何约定。根据著作权法及相关规定，下列说法哪些是正确的？

A．自稿件发出之日起15日内未收到该期刊社通知决定刊登的，王某可以将该论文向其他期刊社投稿

B．自稿件发出之日起30日内未收到该期刊社通知决定刊登的，王某可以将该论文向其他期刊社投稿

C．如果该期刊社刊登了该论文，且王某未声明不得转载，则其他期刊社可以不经王某许可转载该论文，不需向其支付报酬

D．该期刊社刊登该论文的，可以对该论文作文字性删节，无需经王某许可

【解题思路】

报纸、期刊是定期出版的刊物，稿件来源除了一部分是约稿外，大多是著作权人向其投稿。由于报社、期刊社众多，难免会遇到一稿多投的问题。法律为了平衡著作权人及报社、期刊社的利益，规定报社的回应日期为15日，期刊社的回应日期为30日。其他期刊社的转载可以不经许可，但需要支付报酬。期刊社有权进行文字性的删节，不需要经过作者许可。

【参考答案】 BD

《著作权法》第36条："图书出版者经作者许可，可以对作品修改、删节。

报社、期刊社可以对作品作文字性修改、删节。对内容的修改，应当经作者许可。"

66.【2006年第59题】出版者的下列行为中哪些应当经作者许可？

A．图书出版者对作品进行修改

B．图书出版者对作品进行删节

C．报社、期刊社对作品内容进行修改

D．报社、期刊社对作品作文字性修改

【解题思路】

图书出版者只有经作者许可，才可以对作品进行修改和删节。图书出版社因时间比较充裕，且图书的文字篇幅较为灵活，因此图书出版社编辑人员对作品无论是作文字性删改还是作实质性修改，均应得到著作权人授权。而报社、期刊社由于出版时间和篇幅所限，实践中的问题是期刊社经常来不及同作者商量修改作品的问题，故他们的修改权限比图书出版者要大。当然，为了维护作者的利益，报社、期刊社修改和删节的范围局限于文字性的修改，对内容的修改需要获得作者的许可。

【参考答案】 ABC

67.【2013年第85题】小学教师邹某将其创作的一部童话故事作品向甲杂志社投稿，未对其版权作任何声明。该童话故事被甲杂志刊出后，乙报社转载了该童话故事，某教材编写单位则将该童话故事的精彩选段收录在为实施九年制义务教育的小学教材

中。根据我国著作权法及相关规定，下列哪些说法是正确的？

A．乙报社可以不经邹某许可转载该童话故事，但是应当向其支付报酬

B．未经邹某许可，乙报社不得转载该童话故事

C．该教材编写单位可以不经邹某许可使用该童话故事选段，但是应当向其支付报酬

D．该教材编写单位可以不经邹某许可使用该童话故事选段，且无须向其支付报酬

【解题思路】

报社和编写义务教育教材适用法定许可，但需要注意的是，法定许可需要支付费用。另外需要注意的是，如果作者事先声明不许使用，那就不能进行法定许可。

【参考答案】 AC

《著作权法》第 37 条："出版者有权许可或者禁止他人使用其出版的图书、期刊的版式设计。

前款规定的权利的保护期为十年，截止于使用该版式设计的图书、期刊首次出版后第十年的 12 月 31 日。"

68.【2019 年第 77 题】王某拍摄了一系列自然风光照片，授权某图书出版社在国内出版该摄影集。根据著作权法及相关规定，下列说法正确的是？

A．出版过程中，该出版社对该系列照片的再处理应当经王某许可

B．出版过程中，该出版社如果想删除该系列照片中的某些照片，应当经王某同意

C．该图书的版式设计完成 50 年内，该出版社有权禁止他人使用其出版的版式设计

D．该图书首次出版后 10 年内，该出版社有权禁止他人使用其出版的该图书的版式设计

【解题思路】

作者享有的保护作品完整权应当受到尊重，图书的出版周期比较长，故对作品的修改和删节都需要获得作者的同意。本题中涉及的就是对照片的再处理和删除。与此相比，期刊和报纸的出版周期比较短，为避免影响出版时间，对作品的文字性修改和删节就不需要获得作者许可。图书的版式设计的独创性比较弱，保护周期也只有 10 年，短于著作权的 50 年。

【参考答案】 ABD

《著作权法》第 33 条："图书出版者出版图书应当和著作权人订立出版合同，并支付报酬。"

《著作权法》第 16 条："使用改编、翻译、注释、整理、汇编已有作品而产生的作品进行出版、演出和制作录音录像制品，应当取得该作品的著作权人和原作品的著作权人许可，并支付报酬。"

《著作权法》第 34 条："著作权人应当按照合同约定期限交付作品。图书出版者应当按照合同约定的出版质量、期限出版图书。

图书出版者不按照合同约定期限出版，应当依照本法第六十一条的规定承担民事责任。

图书出版者重印、再版作品的，应当通知著作权人，并支付报酬。图书脱销后，图书出版者拒绝重印、再版的，著作权人有权终止合同。"

《著作权法实施条例》第 29 条："著作

权人寄给图书出版者的两份订单在6个月内未能得到履行，视为著作权法第三十二条所称图书脱销。"❶

69.【2011年第78题】李某将自己创作的一部小说交某出版社出版。根据著作权法及相关规定，下列说法哪些是正确的？

A. 该出版社应当与李某订立出版合同，并支付报酬

B. 经李某许可，该出版社可以对小说进行删节

C. 该出版社有权禁止其他出版社使用该小说的版式设计

D. 该出版社再版该小说的，可以不通知李某，但应支付报酬

【解题思路】

图书出版需要订立书面合同并支付报酬。出版社对图书的删节需要获得作者的许可。出版社享有的权利为版式设计权。图书再版需要通知作者并支付报酬。

【参考答案】 ABC

2. 表演者的权利和义务

《著作权法》第39条："表演者对其表演享有下列权利：

（一）表明表演者身份；

（二）保护表演形象不受歪曲；

（三）许可他人从现场直播和公开传送其现场表演，并获得报酬；

（四）许可他人录音录像，并获得报酬；

（五）许可他人复制、发行、出租录有其表演的录音录像制品，并获得报酬；

（六）许可他人通过信息网络向公众传播其表演，并获得报酬。

被许可人以前款第（三）项至第（六）项规定的方式使用作品，还应当取得著作权人许可，并支付报酬。"

《著作权法》第40条："演员为完成本演出单位的演出任务进行的表演为职务表演，演员享有表明身份和保护表演形象不受歪曲的权利，其他权利归属由当事人约定。当事人没有约定或者约定不明确的，职务表演的权利由演出单位享有。

职务表演的权利由演员享有的，演出单位可以在其业务范围内免费使用该表演。"

70.【2015年第78题】甲电视台获得了某歌星演唱会的现场直播权，乙电视台未经许可将甲电视台播放的节目录制在音像载体上以备将来播放，并复制该音像载体。观众黄某未经许可将甲电视台的该节目复制一份供其儿子观看。根据著作权法及相关规定，下列哪些说法是正确的？

A. 乙电视台侵犯了该歌星的作为表演者的权利

B. 甲电视台有权禁止乙电视台的录制复制行为

C. 黄某的行为侵犯了甲电视台的复制权

D. 黄某的行为侵犯了该歌星的作为表演者的权利

【解题思路】

甲电视台播放的歌星演唱会上同时存在两个权利，一个是电视台作为播放者的权利，另一个是歌星作为表演者的权利。乙电视台未经许可复制该节目同时侵犯了两者的权利。黄某的复制行为则是局限在家庭内部，属于合理使用，不构成侵权。

---

❶ 《著作权法》2020年修改后，对应的条文为第34条。

【参考答案】 AB

《著作权法》第45条："将录音制品用于有线或者无线公开传播，或者通过传送声音的技术设备向公众公开播送的，应当向录音制作者支付报酬。"

71.【2018年第76题】甲创作了一首歌曲《告白气球》，乙获得许可后在个人演唱会上进行演唱，丙唱片公司制成录音制品并公开发行。针对该录音制品，下列哪些属于侵权行为？

A．某公司翻录后进行销售，同时向甲、乙、丙寄送报酬

B．某航空公司购买正版唱片后在飞机上广播供乘客欣赏，仅经过甲的许可

C．某电影公司将其作为电影插曲使用，同时经过乙和丙的许可

D．某学生购买正版唱片试听后将其上传到网上供网友个人欣赏

【解题思路】

录音制作者使用他人已经"合法"录制为录音制品的音乐作品制作录音制品，可以不经著作权人许可，但应当支付报酬。在本题中丙唱片公司将歌曲《告白气球》制作为录音制品的行为并没有获得甲的许可，故某公司的翻录不适用前述规则，而是构成侵犯著作权。某航空公司使用甲的作品，需要获得甲的许可。正版唱片上同时还存在表演者和录音制作者的权利，但表演者的权利不延及在公共场所播放，录音制作者的权利也只是规定需要自费支付报酬，并未规定要获得其许可。某电影公司将歌曲作为电影插曲使用，首先需要获得著作权人甲的许可。某学生购买正版唱片后自己欣赏属于合理使用，但将其上传到网络去"分享"则构成侵犯著作权。

【参考答案】 ACD

《著作权法》第41条："本法第三十九条第一款第（一）项、第（二）项规定的权利的保护期不受限制。

本法第三十九条第一款第（三）项至第（六）项规定的权利的保护期为五十年，截止于该表演发生后第五十年的12月31日。"

72.【2013年第90题】袁某创作完成了一部小说，并发表在某杂志上。此后，经许可，赵某将该小说改编成舞台剧剧本，陈某在某剧院公开演出该舞台剧，某电视台对该演出进行了现场录像并制作成光盘。根据著作权法及相关规定，下列哪些说法是正确的？

A．袁某对该小说的发行权保护期截止于首次发表后第五十年的12月31日

B．赵某对该舞台剧剧本的修改权保护期截止于首次公开演出后第五十年的12月31日

C．陈某享有许可电视台对其表演的该舞台剧进行录像并获得报酬的权利，此项权利的保护期限截止于该表演发生后第五十年的12月31日

D．该电视台享有许可他人对其制作的该光盘进行复制并获得报酬的权利，此项权利的保护期限截止于该光盘首次制作完成后第五十年的12月31日

【解题思路】

小说和剧本属于自然人的作品，保护期限是作者终生及其死亡后第50年的12月31日。陈某享有的是表演者权，电视台享有的是录像制作者的权利，这两个权利的期限是表演之日或录像之日起第50年的12月31日，比前面两个权利的期限要短。

【参考答案】 CD

《著作权法》第38条:"使用他人作品演出,表演者应当取得著作权人许可,并支付报酬。演出组织者组织演出,由该组织者取得著作权人许可,并支付报酬。"

73.【2006年第66题】歌剧团甲欲在其创作的歌剧中使用作曲家乙创作但尚未发表的乐曲。根据著作权法的规定,下列说法中哪些是正确的?

A. 甲可以不经乙的许可,但应当向乙支付报酬

B. 甲应当获得乙的许可,并向乙支付报酬

C. 甲应当获得乙的许可,但不必向乙支付报酬

D. 甲可以不经乙的许可,也不必向乙支付报酬

【解题思路】

乙的乐曲还没有发表,如要使用,就涉及发表权这种人身权,因此必须要获得许可。此外,使用他人的作品,需要支付报酬。需要注意的是,演出组织者组织演出,应当由演出组织者而不是表演者去获取著作权人的许可。

【参考答案】 B

3.录音录像制作者的权利和义务

《著作权法》第42条:"录音录像制作者使用他人作品制作录音录像制品,应当取得著作权人许可,并支付报酬。

录音制作者使用他人已经合法录制为录音制品的音乐作品制作录音制品,可以不经著作权人许可,但应当按照规定支付报酬;著作权人声明不许使用的不得使用。"

74.【2011年第86题】根据著作权法及相关规定,在著作权人未声明不许使用的情况下,下列说法哪些是正确的?

A. 录音制作者可以不经著作权人许可,使用其已经发表的作品制作录音制品,但应按规定支付报酬

B. 录音制作者可以不经著作权人许可,使用其已经合法录制为录音制品的音乐作品制作录音制品,但应按规定支付报酬

C. 录音制作者可以不经翻译作品的著作权人许可,使用其已发表的翻译作品制作录音制品,但应按规定向翻译作品的著作权人支付报酬

D. 录像制作者可以不经著作权人许可,使用其未发表作品制作录像制品,但应按规定支付报酬

【解题思路】

在各种不同类型的作品中,对于已经合法录制为录音作品的音乐作品,录音制作者可以不经许可就加以使用,不过这种使用必须支付报酬。《著作权法》这样规定是因为《伯尔尼公约》中允许成员国对著作权人的录音权实行非自愿许可制度。

【参考答案】 B

《著作权法》第43条:"录音录像制作者制作录音录像制品,应当同表演者订立合同,并支付报酬。"

75.【2014年第92题】根据著作权法及相关规定,下列哪些说法是正确的?

A. 录音录像制作者使用他人作品制作录音录像制品,应当取得著作权人许可,并支付报酬

B. 录音制作者使用他人已经合法录制为录音制品的音乐作品制作录音制品,可以不经著作权人许可,无须支付报酬

C. 录音录像制作者制作录音录像制品,

应当同表演者订立合同,并支付报酬

D. 录音录像制作者对其制作的录音录像制品,享有许可他人通过信息网络向公众传播并获得报酬的权利

【解题思路】

使用别人的作品一般都需要获得作者的许可并支付报酬。不过合法录制为录音制品的音乐作品属于例外,可以不经许可,但需要支付报酬。如果要使用表演者的劳动成果,自然应当同表演者签订合同,支付报酬。录音录像制作者有权向使用自己录音录像制品的人收费。

【参考答案】 ACD

《著作权法》第44条:"录音录像制作者对其制作的录音录像制品,享有许可他人复制、发行、出租、通过信息网络向公众传播并获得报酬的权利;权利的保护期为五十年,截止于该制品首次制作完成后第五十年的12月31日。

被许可人复制、发行、通过信息网络向公众传播录音录像制品,应当同时取得著作权人、表演者许可,并支付报酬;被许可人出租录音录像制品,还应当取得表演者许可,并支付报酬。"

76.【2016年第78题】根据著作权法及相关规定,下列哪些属于表演者对其表演享有的权利?

A. 表明表演者身份

B. 保护表演形象不受歪曲

C. 许可他人从现场直播和公开传送其现场表演,并获得报酬

D. 许可他人出租录有其表演的录音录像制品,并获得报酬

【解题思路】

表明表演者身份、保护表演形象不受歪曲、许可他人从现场直播和公开传送其现场表演都属于表演者的权利。2020年《著作权法》修改后,提高了对表演者权利的保护,表演者有权从录有其表演的录音录像制品的出租中获取相关收益。当然在互联网的冲击下,音像制品出租市场已经极度萎缩,这个新的权利恐怕也很难给表演者带来多少收益。

【参考答案】 ABCD

77.【2008年第71题】下列哪些使用作品的行为,可以不经著作权人许可,但应当支付报酬?

A. 录音录像制作者使用他人作品制作录音录像制品

B. 电视台播放他人已经发表的作品

C. 广播电台播放他人未发表的作品

D. 将已经发表的作品改成盲文出版

【解题思路】

录音录像制作者使用他人作品制作录音录像制品,需要获得许可并支付报酬。电视台播放他人已经发表的作品,可以不经许可,但需要支付报酬。广播电台播放他人未发表的作品,需要获得许可并支付报酬。将已发表作品改为盲文出版属于合理使用,不需获得许可也不需付费。

考生在复习的时候需要注意,对于已经发表的作品,录音录像制作者如要使用制作为录音录像制品,需要获得许可并支付报酬。但电视台和广播电台就比较强势,它们可以不经许可,但同样需要付费。如果相关作品变成电影作品和以类似摄制电影的方法创作的作品、录像制品,那考虑到作品的价

值比较高，内容提供商就变得更为强势一点，不适用法定许可，如需使用，则必须获得许可并支付报酬。

【参考答案】 B

4. 广播电台、电视台播放者的权利和义务

《著作权法》第46条："广播电台、电视台播放他人未发表的作品，应当取得著作权人许可，并支付报酬。

广播电台、电视台播放他人已发表的作品，可以不经著作权人许可，但应当按照规定支付报酬。"

78.【2013年第67题】根据著作权法及相关规定，关于广播电台、电视台播放他人作品，下列哪些说法是正确的？

A．广播电台播放他人未发表的作品，应当取得著作权人许可，并支付报酬

B．广播电台播放他人未发表的作品，应当取得著作权人许可，但无须支付报酬

C．电视台播放他人已发表的作品，可以不经著作权人许可，但应当支付报酬

D．电视台播放他人已发表的作品，可以不经著作权人许可，也无须支付报酬

【解题思路】

作品如果尚未发表，要公开就需要获得著作权人的许可，这里涉及著作权人的发表权问题。如果作品已经发表了，那广播电台、电视台要播放可以不经许可。广播电台、电视台播放作品属于商业行为，当然应当给作者支付报酬。

【参考答案】 AC

《著作权法》第47条："广播电台、电视台有权禁止未经其许可的下列行为：

（一）将其播放的广播、电视以有线或者无线方式转播；

（二）将其播放的广播、电视录制以及复制；

（三）将其播放的广播、电视通过信息网络向公众传播。

广播电台、电视台行使前款规定的权利，不得影响、限制或者侵害他人行使著作权或者与著作权有关的权利。

本条第一款规定的权利的保护期为五十年，截止于该广播、电视首次播放后第五十年的12月31日。"

79.【2009年第59题】根据著作权法及相关规定，关于与著作权有关的权利的保护期限，下列说法哪些是正确的？

A．出版者对其出版的图书的版式设计享有的权利，保护期限为50年，截止于该图书首次出版后第50年的12月31日

B．表演者对其表演享有的权利，保护期限为50年，截止于该表演发生后第50年的12月31日

C．录音录像制作者对其制作的录音录像制品享有的权利，保护期限为50年，截止于该制品首次制作完成后第50年的12月31日

D．电视台对其播放的电视节目享有的权利，保护期限为50年，截止于该节目首次播放后第50年的12月31日

【解题思路】

出版者的版式设计权为10年而不是50年。表演者权、录音录像制作者权和广播电视组织者权保护期限为50年。不过，表演者权中还含有人身权，保护期限不受限制，B的表述也有不严密之嫌，这里姑且选

择。需要注意的是，这些邻接权的起算点都是相关作品公开的时间，即图书出版日、表演发生日、录音录像制作完成日和电视节目播放日。

【参考答案】 BCD

《著作权法》第48条："电视台播放他人的视听作品、录像制品，应当取得视听作品著作权人或者录像制作者许可，并支付报酬；播放他人的录像制品，还应当取得著作权人许可，并支付报酬。"

80.【2009年第82题】根据著作权法及相关规定，下列哪些行为应当经著作权人许可，并应当支付报酬？

A．图书出版者出版某作家创作的小说

B．表演者使用经改编已有作品而产生的作品进行演出

C．广播电台播放他人未发表的作品

D．电视台播放他人电影作品

【解题思路】

《著作权法》除了保护著作权人的人身权之外，还保护著作权人的财产权。考生复习的时候可以采用逆向选择的方法，排除了合理使用和法定许可，其他的行为都需要获得许可并支付报酬。出版小说、进行演出，相关主体可以获利，也不涉及公共利益，自然应该付费。播放未发表的作品涉及作者人身权中的发表权，故不适用法定许可，也不适用合理使用，需要获得许可并支付费用。电视台播放他人已经发表的作品属于法定许可，但电影作品不在其中。电视台播放电影作品需要获得许可并支付费用。

【参考答案】 ABCD

81.【2019年第78题】根据著作权法及相关规定，关于广播电台、电视台播放者的权利义务，下列哪些说法是正确的？

A．广播电台播放他人未发表的作品，应当取得著作权人许可，并支付报酬

B．广播电台播放他人未发表的作品，应当取得著作权人许可，但无须支付报酬

C．电视台播放他人已发表的作品，可以不经著作权人许可，但应当支付报酬

D．电视台播放他人的录像制品，可以不经著作权人许可，但应当支付报酬

【解题思路】

广播电台、电视台比较强势，可以不经许可就播放别人已经发表的作品，但使用别人的作品应当支付报酬。不过如果相关作品尚未发表，则涉及人身权中的发表权，故应当先获得作者的许可。如果被播放的对象涉及的经济价值较高，如电影、类似摄制电影的方法创作的作品或者录像制品，需要首先获得权利人的许可。顺便要指出的是，D选项涉及的录像制品并不属于"作品"，权利人是"录像制作者"而不是"著作权人"。

【参考答案】 AC

四、著作权及其相关权利的保护

（一）技术措施

《著作权法》第49条："为保护著作权和与著作权有关的权利，权利人可以采取技术措施。

未经权利人许可，任何组织或者个人不得故意避开或者破坏技术措施，不得以避开或者破坏技术措施为目的制造、进口或者向公众提供有关装置或者部件，不得故意为他人避开或者破坏技术措施提供技术服务。但是，法律、行政法规规定可以避开的情形除外。

本法所称的技术措施，是指用于防止、限制未经权利人许可浏览、欣赏作品、表演、录音录像制品或者通过信息网络向公众提供作品、表演、录音录像制品的有效技术、装置或者部件。"

《著作权法》第 50 条："下列情形可以避开技术措施，但不得向他人提供避开技术措施的技术、装置或者部件，不得侵犯权利人依法享有的其他权利：

（一）为学校课堂教学或者科学研究，提供少量已经发表的作品，供教学或者科研人员使用，而该作品无法通过正常途径获取；

（二）不以营利为目的，以阅读障碍者能够感知的无障碍方式向其提供已经发表的作品，而该作品无法通过正常途径获取；

（三）国家机关依照行政、监察、司法程序执行公务；

（四）对计算机及其系统或者网络的安全性能进行测试；

（五）进行加密研究或者计算机软件反向工程研究。

前款规定适用于对与著作权有关的权利的限制。"

82.【2010 年第 97 题】根据信息网络传播权保护条例的规定，在下列哪些情形下，个人或者组织可以避开技术措施，但不得向他人提供避开技术措施的技术、装置或者部件，也不得侵犯权利人依法享有的其他权利？

A．为学校课堂教学，通过信息网络向少数教学人员提供已经发表的作品，而该作品只能通过信息网络获取

B．不以营利为目的，通过信息网络以盲人能够感知的独特方式向盲人提供已经发表的文字作品，而该作品只能通过信息网络获取

C．国家机关依照行政、司法程序执行公务

D．在信息网络上对计算机及其系统或者网络的安全性能进行测试

【解题思路】

技术措施是著作权人用来保护自身权利的自助手段，只有为了公共利益的需要，才可以规避技术措施。考生需要注意，与合理使用制度相比，课堂教学和向盲人提供作品的另一个附加前提是相关作品具有唯一性，只能从网络上获取。国家机关的行为和技术测试则不受这个限制。

【参考答案】 ABCD

《著作权法》第 51 条："未经权利人许可，不得进行下列行为：

（一）故意删除或者改变作品、版式设计、表演、录音录像制品或者广播、电视上的权利管理信息，但由于技术上的原因无法避免的除外；

（二）知道或者应当知道作品、版式设计、表演、录音录像制品或者广播、电视上的权利管理信息未经许可被删除或者改变，仍然向公众提供。"

（二）侵犯著作权及其相关权利的行为

1. 损害著作权人利益的侵权行为

《著作权法》第 52 条："有下列侵权行为的，应当根据情况，承担停止侵害、消除影响、赔礼道歉、赔偿损失等民事责任：

（一）未经著作权人许可，发表其作品的；

（二）未经合作作者许可，将与他人合

作创作的作品当作自己单独创作的作品发表的；

（三）没有参加创作，为谋取个人名利，在他人作品上署名的；

（四）歪曲、篡改他人作品的；

（五）剽窃他人作品的；

（六）未经著作权人许可，以展览、摄制视听作品的方法使用作品，或者以改编、翻译、注释等方式使用作品的，本法另有规定的除外；

（七）使用他人作品，应当支付报酬而未支付的；

（八）未经视听作品、计算机软件、录音录像制品的著作权人、表演者或者录音录像制作者许可，出租其作品或者录音录像制品的原件或者复制件的，本法另有规定的除外；

（九）未经出版者许可，使用其出版的图书、期刊的版式设计的；

（十）未经表演者许可，从现场直播或者公开传送其现场表演，或者录制其表演的；

（十一）其他侵犯著作权以及与著作权有关的权利的行为。"

83．【2013年第75题】根据著作权法及相关规定，下列哪些行为侵犯了著作权或与著作权有关的权利？

A．张某未经王某许可，发表了王某创作完成的小说

B．郑某为谋取个人名利，在许某创作完成的作品上署名

C．甲出版社未经乙出版社的许可，使用了其出版的图书的版式设计

D．丙电视台未经歌星张某许可，录制了其表演

【解题思路】

不经作者许可发表其小说，在他人作品上署名都侵犯了著作权。未经许可使用他人版式设计则侵犯了版式设计权，未经许可录制他人的表演则侵犯了表演者权。

【参考答案】 ABCD

84．【2017年第80题】根据著作权法及相关规定，下列有关著作权及其相关权利的保护的哪些说法是正确的？

A．剽窃他人作品的，应当根据情况承担停止侵害、消除影响、赔礼道歉、赔偿损失等民事责任

B．出版他人享有专有出版权的图书损害公共利益的，可以由著作权行政管理部门责令停止侵权行为，并可以处以罚款

C．著作权人有证据证明他人即将实施侵犯其权利的行为，如不及时制止将会使其合法权益受到难以弥补的损害的，可以在起诉前向人民法院申请采取责令停止有关行为和财产保全的措施

D．为制止侵权行为，在证据可能灭失的情况下，著作权人可以在起诉前向人民法院申请保全证据

【解题思路】

剽窃他人作品属于侵犯著作权的行为，需要承担民事责任，而停止侵害、消除影响、赔礼道歉、赔偿损失都属于民事责任。侵犯著作权的行为，如损害公共利益，侵权人需要承担行政责任。诉前禁令、诉前财产保全和诉前证据保全，都是《民事诉讼法》中的重要制度，在侵犯著作权的诉讼中自然适用。

【参考答案】 ABCD

2. 损害著作权人利益和社会公共利益的侵权行为

《著作权法》第53条："有下列侵权行为的，应当根据情况，承担本法第五十二条规定的民事责任；侵权行为同时损害公共利益的，由主管著作权的部门责令停止侵权行为，予以警告，没收违法所得，没收、无害化销毁处理侵权复制品以及主要用于制作侵权复制品的材料、工具、设备等，违法经营额五万元以上的，可以并处违法经营额一倍以上五倍以下的罚款；没有违法经营额、违法经营额难以计算或者不足五万元的，可以并处二十五万元以下的罚款；构成犯罪的，依法追究刑事责任：

（一）未经著作权人许可，复制、发行、表演、放映、广播、汇编、通过信息网络向公众传播其作品的，本法另有规定的除外；

（二）出版他人享有专有出版权的图书的；

（三）未经表演者许可，复制、发行录有其表演的录音录像制品，或者通过信息网络向公众传播其表演的，本法另有规定的除外；

（四）未经录音录像制作者许可，复制、发行、通过信息网络向公众传播其制作的录音录像制品的，本法另有规定的除外；

（五）未经许可，播放、复制或者通过信息网络向公众传播广播、电视的，本法另有规定的除外；

（六）未经著作权人或者与著作权有关的权利人许可，故意避开或者破坏技术措施的，故意制造、进口或者向他人提供主要用于避开、破坏技术措施的装置或者部件的，或者故意为他人避开或者破坏技术措施提供技术服务的，法律、行政法规另有规定的除外；

（七）未经著作权人或者与著作权有关的权利人许可，故意删除或者改变作品、版式设计、表演、录音录像制品或者广播、电视上的权利管理信息的，知道或者应当知道作品、版式设计、表演、录音录像制品或者广播、电视上的权利管理信息未经许可被删除或者改变，仍然向公众提供的，法律、行政法规另有规定的除外；

（八）制作、出售假冒他人署名的作品的。"

85.【2011年第54题】根据著作权法及相关规定，下列哪些侵权行为损害公共利益的，可由著作权行政管理部门给予行政处罚？

A. 未经作者许可，发表其论文的

B. 未经演唱者许可，对其表演制作录音制品并出版的

C. 未经钢琴演奏者许可，从现场直播其独奏音乐会的

D. 未经教学录像制作者许可，复制发行其制作的录像制品的

【解题思路】

侵犯著作权的行为可以分为两种：一种只承担民事责任；另一种则需要承担民事责任和行政责任，情节严重的，还需要承担刑事责任。判断这两种侵权行为的标准是后者不仅侵害了著作权人的权利及与著作权有关的权益，同时还扰乱了文化市场的秩序，损害了社会公共利益。在判断是否需要承担行政责任时，一个可以参考的指标就是行为人是否可以获取大量经济利益。出版录音录像

制品符合此条件,发表论文则不符合。至于从现场直播音乐会,侵权的时间有限,演奏结束后就停止了,能获得的经济利益有限。

【参考答案】 BD

86.【2018年第80题】甲制作、出售了大量冒用乙署名的作品,其承担责任的方式可能为

A. 根据情况,甲需承担停止侵害、消除影响、赔礼道歉、赔偿损失等民事责任

B. 若甲的行为损害了公共利益,可以由著作权行政管理部门责令停止侵权行为,没收违法所得,没收、销毁侵权复制品,并可处以罚款

C. 若甲的情节严重,著作权行政管理部门可以没收主要用于制作侵权复制品的材料、工具、设备等

D. 若构成犯罪的,可依法追究甲的刑事责任

【解题思路】

侵犯著作权需要承担民事责任,承担责任的方式主要就是停止侵害、消除影响、赔礼道歉、赔偿损失。侵犯著作权的行为如果还损害公共利益,则需要承担行政责任。如果侵权行为情节严重,则行政处罚也会进一步升级,如没收用于制作侵权复制品的材料、工具、设备等。如果侵权行为再进一步,则会构成犯罪,需要承担刑事责任。

【参考答案】 ABCD

《著作权法》第59条:"复制品的出版者、制作者不能证明其出版、制作有合法授权的,复制品的发行者或者视听作品、计算机软件、录音录像制品的复制品的出租者不能证明其发行、出租的复制品有合法来源的,应当承担法律责任。

在诉讼程序中,被诉侵权人主张其不承担侵权责任的,应当提供证据证明已经取得权利人的许可,或者具有本法规定的不经权利人许可而可以使用的情形。"

87.【2010年第75题】根据著作权法及相关规定,下列说法哪些是正确的?

A. 剽窃他人作品的,应当承担民事责任

B. 复制品的出版者不能证明其出版有合法授权的,应当承担法律责任

C. 所有侵犯著作权的行为,都可以由著作权行政管理部门进行处罚

D. 使用他人作品,应当支付报酬而未支付的,应当承担民事责任

【解题思路】

剽窃他人作品无疑构成侵权。复制品出版者具有证明出版物合法来源的义务,这里采用的是过错推定的原则。侵犯著作权的行为,如果不涉及公共利益就不需要承担行政责任。使用他人作品,不支付应当支付的报酬,自然应当承担民事责任。

【参考答案】 ABD

(三)侵权纠纷的解决途径

1. 调解、仲裁、诉讼

《著作权法》第60条:"著作权侵权纠纷可以调解,也可以根据当事人达成的书面仲裁协议或者著作权合同中的仲裁条款,向仲裁机构申请仲裁。

当事人没有书面仲裁协议,也没有在著作权合同中订立仲裁条款的,可以直接向人民法院起诉。"

88.【2019年第79题】根据著作权法及相关规定,下列关于著作权纠纷解决途径的说法正确的是?

A．著作权纠纷人民法院不能进行调解
B．当事人之间可以自行调解
C．当事人可以根据著作权合同中的仲裁条款向仲裁机构申请仲裁
D．当事人没有书面仲裁协议，也没有在著作权合同中订立仲裁条款的，可以直接向人民法院起诉

【解题思路】

在民事诉讼中，调解是一项基本原则，著作权纠纷也不例外。民事领域意思自治，当事人可以自行和解。调解与和解的区别是调解需要由第三方主持，严格地说，B选项的表述应当是"和解"。仲裁机构仲裁的前提是双方约定通过仲裁解决纠纷，这可以是合同中的仲裁条款也可以是单独的仲裁协议。如果双方不选择仲裁，那当然可以去法院诉讼。

【参考答案】 BCD

《著作权民事纠纷解释》第4条："因侵害著作权行为提起的民事诉讼，由著作权法第四十七条、第四十八条所规定侵权行为的实施地、侵权复制品储藏地或者查封扣押地、被告住所地人民法院管辖。

前款规定的侵权复制品储藏地，是指大量或者经常性储存、隐匿侵权复制品所在地；查封扣押地，是指海关、版权等行政机关依法查封、扣押侵权复制品所在地。"

89．【2016年第79题】根据著作权法及相关规定，因侵犯著作权行为提起的民事诉讼，可以由哪些人民法院管辖？

A．侵权行为的实施地人民法院
B．侵权复制品储藏地人民法院
C．侵权复制品查封扣押地人民法院
D．被告住所地人民法院

【解题思路】

侵犯著作权诉讼的地域管辖同样适用侵权诉讼的管辖原则，被告住所地和侵权行为地法院都具有管辖权。其中侵权行为地包括侵权行为实施地、侵权复制品储藏地和侵权复制品查封扣押地。

【参考答案】 ABCD

2. 行政查处

《著作权法》第55条："主管著作权的部门对涉嫌侵犯著作权和与著作权有关的权利的行为进行查处时，可以询问有关当事人，调查与涉嫌违法行为有关的情况；对当事人涉嫌违法行为的场所和物品实施现场检查；查阅、复制与涉嫌违法行为有关的合同、发票、账簿以及其他有关资料；对于涉嫌违法行为的场所和物品，可以查封或者扣押。

主管著作权的部门依法行使前款规定的职权时，当事人应当予以协助、配合，不得拒绝、阻挠。"

3. 诉前责令停止侵权行为、财产保全

《著作权法》第56条："著作权人或者与著作权有关的权利人有证据证明他人正在实施或者即将实施侵犯其权利、妨碍其实现权利的行为，如不及时制止将会使其合法权益受到难以弥补的损害的，可以在起诉前依法向人民法院申请采取财产保全、责令作出一定行为或者禁止作出一定行为等措施。"

90．【2010年第89题】甲公司有证据证明乙网络公司正在非法传播其享有著作权的某部影视作品，如不及时制止将会使其合法权益受到难以弥补的损害。根据著作权法及相关规定，甲公司可以在起诉前向人民法院申请采取下列哪些措施？

A．责令乙网络公司停止传播行为

B．对乙网络公司采取财产保全措施

C．责令乙网络公司先行赔付

D．没收乙网络公司的服务器

【解题思路】

在《民事诉讼法》中尚未规定诉前保全的时期，《著作权法》中就先规定了诉前保全，体现了对知识产权的强保护。对侵犯知识产权的行为，当事人可以申请诉前财产保全，还可以申请行为保全（即诉前禁令），要求侵权人停止侵权。但是要求先行赔付或者是没收服务器则属于矫枉过正，不能获得支持。

【参考答案】 AB

4. 证据保全

《著作权法》第57条："为制止侵权行为，在证据可能灭失或者以后难以取得的情况下，著作权人或者与著作权有关的权利人可以在起诉前依法向人民法院申请保全证据。"

（四）侵权责任

1. 民事责任

（1）停止侵害。

对于正在实施的侵犯著作权、邻接权的行为，权利人有权制止其行为，要求其立即停止侵权行为。

（2）消除影响、赔礼道歉。

消除影响和赔礼道歉主要适用于侵犯权利人人身权的行为所应承担的民事责任。对于既侵犯人身权，又侵犯财产权的行为，也可以合并适用。

（3）赔偿损失。

赔偿损失是指侵权行为人造成著作权以及与著作权有关的权益的损失时，应当以其财产赔偿权利人的经济损失。

91.【2016年第80题】根据著作权法及相关规定，下列哪些属于侵犯著作权承担的民事责任？

A．停止侵害

B．赔偿损失

C．消除影响

D．赔礼道歉

【解题思路】

停止侵害和赔偿损失属于最为常见的民事责任承担方式。著作权除了财产权之外，还涉及人身权，故侵犯著作权的民事责任当中还经常适用消除影响和赔礼道歉。

【参考答案】 ABCD

（4）赔偿数额的计算。

《著作权法》第54条："侵犯著作权或者与著作权有关的权利的，侵权人应当按照权利人因此受到的实际损失或者侵权人的违法所得给予赔偿；权利人的实际损失或者侵权人的违法所得难以计算的，可以参照该权利使用费给予赔偿。对故意侵犯著作权或者与著作权有关的权利，情节严重的，可以在按照上述方法确定数额的一倍以上五倍以下给予赔偿。

权利人的实际损失、侵权人的违法所得、权利使用费难以计算的，由人民法院根据侵权行为的情节，判决给予五百元以上五百万元以下的赔偿。

赔偿数额还应当包括权利人为制止侵权行为所支付的合理开支。

人民法院为确定赔偿数额，在权利人已经尽了必要举证责任，而与侵权行为相关的账簿、资料等主要由侵权人掌握的，可以责令侵权人提供与侵权行为相关的账簿、资料等；侵权人不提供，或者提供虚假的账簿、资料等的，人民法院可以参考权利人的主张和提供的证据确定赔偿数额。

人民法院审理著作权纠纷案件，应权利人请求，对侵权复制品，除特殊情况外，责令销毁；对主要用于制造侵权复制品的材料、工具、设备等，责令销毁，且不予补偿；或者在特殊情况下，责令禁止前述材料、工具、设备等进入商业渠道，且不予补偿。"

92.【2011年第16题】甲公司开发了一套财务管理软件，乙公司未经甲公司同意复制了大量该软件进行销售。甲公司向人民法院提起诉讼要求乙公司赔偿。下列关于赔偿数额的说法哪些是正确的？

A. 甲公司的实际损失和乙公司的违法所得均能确定的，赔偿数额应当按照乙公司的违法所得计算

B. 甲公司的实际损失和乙公司的违法所得均能确定的，赔偿数额应当按照甲公司的实际损失计算

C. 甲公司的实际损失和乙公司的违法所得不能确定的，由人民法院根据侵权行为的情节，判决给予五十万元以下的赔偿

D. 甲公司的实际损失和乙公司的违法所得不能确定的，由人民法院根据侵权行为的情节，判决给予一百万元以下的赔偿

【解题思路】

民法领域损害赔偿的标准就是"填平"，损失多少就赔偿多少。在《商标法》中，权利人的损失和侵权人的违法所得都能确定，是以权利人的损失为准。不过《专利法》和《著作权法》规定，此时权利人可以选择按照损失计算或者按照侵权人的获益计算。A、

B选项过于绝对，均不正确。2019—2020年，《商标法》《专利法》和《著作权法》都进行了修改，法定赔偿上限统一为500万元。不过,《专利法》和《著作权法》还规定了下限，分别是3万元和500元。

【参考答案】 无

93.【2019年第23题】在某案审理中，人民法院确认了以下事实：甲公司侵犯乙公司的著作权，乙公司因此遭受到的实际损失为200万元，甲公司因侵权行为取得违法所得为100万元，乙公司为制止侵权行为所支付的合理开支为10万元。根据著作权法及相关规定，甲公司应当给予乙公司的赔偿数额是多少？

A. 100万元
B. 200万元
C. 210万元
D. 310万元

【解题思路】

权利人在主张权利时，可以主张按照自己的实际损失计算，其依据是民法中的"填平"原则，损失多少赔偿多少。权利人也可以主张按照侵权人的违法所得计算，其依据是侵权人所获得的正是权利人所失去的。不过这两种计算不能叠加，否则权利人就会获得不当的收益。另外，在知识产权诉讼中，权利人的合理支出也可以计算在内。

【参考答案】 C

2. 行政责任

行政责任有以下5种：①停止侵权行为；②警告；③没收违法所得；④没收、无害化销毁处理侵权复制品以及主要用于制作侵权复制品的材料、工具、设备等；⑤罚款，违法经营额五万元以上的，可以并处违

法经营额一倍以上五倍以下的罚款；没有违法经营额、违法经营额难以计算或者不足五万元的，可以并处二十五万元以下的罚款。

94.【2006年第74题】根据著作权法的规定，下列哪些侵权行为如果同时损害公共利益的，除应当承担民事责任外，还可以由著作权行政管理部门给予行政处罚？

A. 未经著作权人许可，发表其作品的
B. 出版他人享有专有出版权的图书的
C. 制作、出售假冒他人署名的作品的
D. 剽窃他人作品的

【解题思路】

未经著作权人许可发表其作品和剽窃他人作品，侵犯的是著作权人的利益，不涉及公共利益，故不承担行政责任。一般来说，需要承担行政责任的行为有以下三个特征：第一，侵权目的都是为了获取非法经济利益；第二，行为人主观动机多表现为直接故意；第三，这类侵权行为侵权后果比较严重，侵权数额较大，或者行为人以侵权为业。

【参考答案】 BC

《著作权法实施条例》第36条："有著作权法第四十八条所列侵权行为，同时损害社会公共利益，非法经营额5万元以上的，著作权行政管理部门可处非法经营额1倍以上5倍以下的罚款；没有非法经营额或者非法经营额5万元以下的，著作权行政管理部门根据情节轻重，可处25万元以下的罚款。"

3. 刑事责任

本方面内容参见刑事部分，不再赘述。

五、计算机软件著作权的特殊规定

（一）软件著作权的客体

《计算机软件保护条例》第2条："本条例所称计算机软件（以下简称软件），是指计算机程序及其有关文档。"

《计算机软件保护条例》第3条："本条例下列用语的含义：

（一）计算机程序，是指为了得到某种结果而可以由计算机等具有信息处理能力的装置执行的代码化指令序列，或者可以被自动转换成代码化指令序列的符号化指令序列或者符号化语句序列。同一计算机程序的源程序和目标程序为同一作品。

（二）文档，是指用来描述程序的内容、组成、设计、功能规格、开发情况、测试结果及使用方法的文字资料和图表等，如程序设计说明书、流程图、用户手册等。

（三）软件开发者，是指实际组织开发、直接进行开发，并对开发完成的软件承担责任的法人或者其他组织；或者依靠自己具有的条件独立完成软件开发，并对软件承担责任的自然人。

（四）软件著作权人，是指依照本条例的规定，对软件享有著作权的自然人、法人或者其他组织。"

《计算机软件保护条例》第4条："受本条例保护的软件必须由开发者独立开发，并已固定在某种有形物体上。"

95.【2019年第80题】根据计算机软件保护条例的规定，受该条例保护的计算机软件应当符合下列哪些条件？

A. 已办理计算机软件著作权登记
B. 由开发者独立开发

C. 已被固定在某种有形物体上

D. 属于可以完成一定功能的软件

【解题思路】

计算机软件属于作品，其受保护的要件和其他作品相同。由开发者独立开发体现的是独创性，已被固定在某种有形物体上则意味着能以某种有形形式复制。作品的保护并不以登记为前提，软件也不例外。软件是否具有一定的功能属于"技术"上的考虑，但《著作权法》的关注点并不是技术。

【参考答案】 BC

《计算机软件保护条例》第6条："本条例对软件著作权的保护不延及开发软件所用的思想、处理过程、操作方法或者数学概念等。"

96.【2014年第99题】根据计算机软件保护条例的规定，下列哪些说法是正确的？

A. 受保护的软件必须由开发者独立开发，并已固定在某种有形物体上

B. 对软件著作权的保护不延及开发软件所用的思想、处理过程、操作方法或者数学概念

C. 软件著作权人应当向国务院著作权行政管理部门认定的软件登记机构办理登记，其著作权自登记之日起产生

D. 自然人的软件著作权保护期为50年，截止于软件首次发表后第50年的12月31日

【解题思路】

受到保护的软件应该是已经开发完成并予以固定。著作权不保护思想，只保护表达，软件同样如此。登记并不是软件受到保护的前提，软件登记机构发放的登记证明文件是登记事项的初步证明。自然人的软件保护期为自然人终生及其死亡后50年，保护期限的计算起点不是发表之日。

97.【2016年第81题】根据计算机软件保护条例的规定，计算机软件著作权的保护不延及下列哪些内容？

A. 开发软件所用的思想

B. 开发软件所用的处理过程

C. 开发软件所用的操作方法

D. 开发软件所用的数学概念

【解题思路】

著作权的保护，只涉及表达不包括思想、处理过程、操作方法或者数学概念都属于思想的范畴，不受著作权法保护。

【参考答案】 ABCD

（二）软件著作权人的确定

1. 软件开发者

《计算机软件保护条例》第9条："软件著作权属于软件开发者，本条例另有规定的除外。

如无相反证明，在软件上署名的自然人、法人或者其他组织为开发者。"

2. 合作开发软件

《计算机软件保护条例》第10条："由两个以上的自然人、法人或者其他组织合作开发的软件，其著作权的归属由合作开发者签订书面合同约定。无书面合同或者合同未作明确约定，合作开发的软件可以分割使用的，开发者对各自开发的部分可以单独享有著作权；但是，行使著作权时，不得扩展到合作开发的软件整体的著作权。合作开发的软件不能分割使用的，其著作权由各合作开发者共同享有，通过协商一致行使；不能协商一致，又无正当理由的，任何一方不得阻

止他方行使除转让权以外的其他权利，但是所得收益应当合理分配给所有合作开发者。"

3. 委托开发软件

《计算机软件保护条例》第11条："接受他人委托开发的软件，其著作权的归属由委托人与受托人签订书面合同约定；无书面合同或者合同未作明确约定的，其著作权由受托人享有。"

4. 国家项目开发软件

《计算机软件保护条例》第12条："由国家机关下达任务开发的软件，著作权的归属与行使由项目任务书或者合同规定；项目任务书或者合同中未作明确规定的，软件著作权由接受任务的法人或者其他组织享有。"

5. 职务开发软件

《计算机软件保护条例》第13条："自然人在法人或者其他组织中任职期间所开发的软件有下列情形之一的，该软件著作权由该法人或者其他组织享有，该法人或者其他组织可以对开发软件的自然人进行奖励：

（一）针对本职工作中明确指定的开发目标所开发的软件；

（二）开发的软件是从事本职工作活动所预见的结果或者自然的结果；

（三）主要使用了法人或者其他组织的资金、专用设备、未公开的专门信息等物质技术条件所开发并由法人或者其他组织承担责任的软件。"

（三）软件著作权的内容

《计算机软件保护条例》第8条："软件著作权人享有下列各项权利：

（一）发表权，即决定软件是否公之于众的权利；

（二）署名权，即表明开发者身份，在软件上署名的权利；

（三）修改权，即对软件进行增补、删节，或者改变指令、语句顺序的权利；

（四）复制权，即将软件制作一份或者多份的权利；

（五）发行权，即以出售或者赠与方式向公众提供软件的原件或者复制件的权利；

（六）出租权，即有偿许可他人临时使用软件的权利，但是软件不是出租的主要标的的除外；

（七）信息网络传播权，即以有线或者无线方式向公众提供软件，使公众可以在其个人选定的时间和地点获得软件的权利；

（八）翻译权，即将原软件从一种自然语言文字转换成另一种自然语言文字的权利；

（九）应当由软件著作权人享有的其他权利。

软件著作权人可以许可他人行使其软件著作权，并有权获得报酬。

软件著作权人可以全部或者部分转让其软件著作权，并有权获得报酬。"

1. 软件著作权的人身权

软件著作的人身权包括发表权、署名权和修改权。

【提醒】

软件著作权中不包括保护作品完整权。保护作品完整权是禁止他人对作品进行歪曲性处理的权利。不过，软件都具有一定的实用功能，软件使用人为了改进软件的功能，更好地符合自己的需要，有必要对软件进行修改。如果软件著作权中包含保护作品完整权，就会影响用户修改软件的权利。

2. 软件著作权的财产权

软件著作权中的财产权包括复制权、发行权、出租权、信息网络传播权、翻译权和应当由软件著作权人享有的其他权利。

【提醒】

软件著作权中的财产权与一般作品的著作权相比，少了展览权、表演权、放映权、广播权、摄制权、改编权和汇编权。这些权利的缺失是由软件本身的性质所决定的。

98.【2018年第22题】下列不属于软件著作权人享有的权利的是

A. 署名权

B. 保护作品完整权

C. 出租权

D. 信息网络传播权

【解题思路】

由于软件作品的特殊性，软件著作权人享有的权利比一般作品的著作权人要少。软件有技术功能，使用者为更好地使用软件，往往会对其进行修改。因此，软件著作权人就不享有保护作品完整权，否则会对使用者造成不合理的限制。

【参考答案】 B

3. 软件著作权的保护范围

《计算机软件保护条例》第14条："软件著作权自软件开发完成之日起产生。

自然人的软件著作权，保护期为自然人终生及其死亡后50年，截止于自然人死亡后第50年的12月31日；软件是合作开发的，截止于最后死亡的自然人死亡后第50年的12月31日。

法人或者其他组织的软件著作权，保护期为50年，截止于软件首次发表后第50年的12月31日，但软件自开发完成之日起50年内未发表的，本条例不再保护。"

99.【2012年第22题】根据著作权法及相关规定，下列关于计算机软件的哪种说法是正确的？

A. 受著作权保护的计算机软件包括计算机程序及其有关文档

B. 同一计算机程序的源程序和目标程序为两个不同的作品

C. 未经登记的计算机软件不受我国著作权法保护

D. 对软件著作权的保护延及开发软件所用的处理过程和操作方法

【解题思路】

计算机软件包括程序和有关文档。目标程序由源程序产生，并不是由作者另行创作而来，两者属于同一个作品。计算机软件也属于作品，其著作权也是在作品完成时产生，不以登记为前提。著作权保护的是表达而不包括思想。

【参考答案】 A

100.【2013年第95题】根据计算机软件保护条例的规定，软件著作权人可以向国务院著作权行政管理部门认定的软件登记机构办理登记。关于软件登记，下列哪些说法是正确的？

A. 软件登记机构发放的登记证明文件是登记事项的初步证明

B. 计算机软件著作权自软件登记之日起产生

C. 计算机软件著作权的保护期为自软件登记之日起五十年

D. 办理软件登记应当缴纳费用

【解题思路】

软件的本质是作品，故著作权从软件完成之日起产生，著作权人是自然人的，则保护期限为自然人终生及死亡后第 50 年的 12 月 31 日。登记证明只是登记事项的初步证明，并不是获得著作权的前提。需要强调的是，根据财政部和国家发展改革委"财税〔2017〕20 号"文的通知，从 2017 年 4 月 1 日起，停征计算机软件著作权登记费。

【参考答案】 A

《计算机软件保护条例》第 15 条："软件著作权属于自然人的，该自然人死亡后，在软件著作权的保护期内，软件著作权的继承人可以依照《中华人民共和国继承法》的有关规定，继承本条例第八条规定的除署名权以外的其他权利。

软件著作权属于法人或者其他组织的，法人或者其他组织变更、终止后，其著作权在本条例规定的保护期内由承受其权利义务的法人或者其他组织享有；没有承受其权利义务的法人或者其他组织的，由国家享有。"

4．对软件著作权的限制

（1）软件的合法复制品所有人的权利。

《计算机软件保护条例》第 16 条："软件的合法复制品所有人享有下列权利：

（一）根据使用的需要把该软件装入计算机等具有信息处理能力的装置内；

（二）为了防止复制品损坏而制作备份复制品。这些备份复制品不得通过任何方式提供给他人使用，并在所有人丧失该合法复制品的所有权时，负责将备份复制品销毁；

（三）为了把该软件用于实际的计算机应用环境或者改进其功能、性能而进行必要的修改。但是，除合同另有约定外，未经该软件著作权人许可，不得向任何第三方提供修改后的软件。"

101．**【2007 年第 11 题】**根据计算机软件保护条例的规定，计算机软件的合法复制品所有人享有下列哪些权利？

A．根据使用的需要把该计算机软件装入计算机等具有信息处理能力的装置内

B．为了防止复制品损坏而制作备份复制品

C．为了改进计算机软件功能、性能而进行必要的修改

D．为了把该计算机软件用于实际的计算机应用环境而进行必要的修改

【解题思路】

将软件装入计算机是使用软件的前提，软件也可以备份。为了更好地使用软件，可以进行必要的修改。由于用户具有修改软件的权利，故软件著作权中就不包括保护作品完整权。

【参考答案】 ABCD

（2）为学习、研究目的的使用。

《计算机软件保护条例》第 17 条："为了学习和研究软件内含的设计思想和原理，通过安装、显示、传输或者存储软件等方式使用软件的，可以不经软件著作权人许可，不向其支付报酬。"

（3）相似软件。

《计算机软件保护条例》第 29 条："软件开发者开发的软件，由于可供选用的表达方式有限而与已经存在的软件相似的，不构成对已经存在的软件的著作权的侵犯。"

（4）不承担赔偿责任的使用情形。

《计算机软件保护条例》第 30 条："软件的复制品持有人不知道也没有合理理由应

当知道该软件是侵权复制品的，不承担赔偿责任；但是，应当停止使用、销毁该侵权复制品。如果停止使用并销毁该侵权复制品将给复制品使用人造成重大损失的，复制品使用人可以在向软件著作权人支付合理费用后继续使用。"

102.【2018年第78题】甲公司委托乙公司开发库存产品信息追踪软件，付费50万元，没有明确约定著作权的归属。后甲公司以高价向善意的丙公司出售了该软件的复制品。丙公司安装使用5年后，丙公司自行开发的同类软件已经在试运行中，此时乙公司起诉要求丙公司停止使用并销毁该软件。下列哪些表述是正确的

A．该软件的著作权属于乙公司
B．乙公司的起诉已超过诉讼时效
C．丙公司可不承担赔偿责任
D．丙公司应停止使用并销毁该软件

【解题思路】

委托开发的作品，如果委托双方没有明确约定作品的归属，该作品就属于受托方。中国的这种制度和国际惯例不一样。在计划经济时期，委托方甲方的资金也是来自国家，不能因为资金是由甲方提供，最终作品也属于甲方。受托方乙方作为业内单位，对作品的使用比较专业，成为作品的所有权人更为有利。这种规定显然已经不符合市场经济的现状，但法律规定委托双方可以协商确定作品的归属，故该制度依然保留。丙公司目前依然在使用该软件，故并未超过诉讼时效。诉讼时效所发挥的作用体现在索赔金额只能从起诉之日起往前推3年。对软件的保护力度低于一般作品，善意使用者的行为不构成侵权，不需要就以前的使用行为承担

赔偿责任，但需要停止使用侵权软件。需要强调的是，如果停止使用并销毁侵权软件代价过大，还可以向权利人支付费用后继续使用。

【参考答案】 ACD

（四）软件登记的效力

《计算机软件保护条例》第7条："软件著作权人可以向国务院著作权行政管理部门认定的软件登记机构办理登记。软件登记机构发放的登记证明文件是登记事项的初步证明。

办理软件登记应当缴纳费用。软件登记的收费标准由国务院著作权行政管理部门会同国务院价格主管部门规定。"

103.【2008年第53题】根据计算机软件保护条例的规定，下列哪些说法是正确的？

A．计算机软件著作权自计算机软件登记之日起产生
B．计算机软件著作权的保护期自计算机软件登记之日起算
C．计算机软件登记机构发放的登记证明文件是登记事项的初步证明
D．办理计算机软件登记应当缴纳费用

【解题思路】

软件与一般作品一样，著作权从作品完成时产生。自然人的软件的保护期限为作者终生及其死后50年，单位的软件则是作品完成后50年。软件登记的效力就是著作权的初步证明。根据财政部和国家发展改革委"财税〔2017〕20号"文的通知，从2017年4月1日起，停征计算机软件著作权登记费。

【参考答案】 C

（五）侵犯软件著作权行为

1. 损害著作权人利益的侵权行为

《计算机软件保护条例》第 23 条："除《中华人民共和国著作权法》或者本条例另有规定外，有下列侵权行为的，应当根据情况，承担停止侵害、消除影响、赔礼道歉、赔偿损失等民事责任：

（一）未经软件著作权人许可，发表或者登记其软件的；

（二）将他人软件作为自己的软件发表或者登记的；

（三）未经合作者许可，将与他人合作开发的软件作为自己单独完成的软件发表或者登记的；

（四）在他人软件上署名或者更改他人软件上的署名的；

（五）未经软件著作权人许可，修改、翻译其软件的；

（六）其他侵犯软件著作权的行为。"

2. 损害著作权人利益和社会公共利益的侵权行为

《计算机软件保护条例》第 24 条："除《中华人民共和国著作权法》、本条例或者其他法律、行政法规另有规定外，未经软件著作权人许可，有下列侵权行为的，应当根据情况，承担停止侵害、消除影响、赔礼道歉、赔偿损失等民事责任；同时损害社会公共利益的，由著作权行政管理部门责令停止侵权行为，没收违法所得，没收、销毁侵权复制品，可以并处罚款；情节严重的，著作权行政管理部门并可以没收主要用于制作侵权复制品的材料、工具、设备等；触犯刑律的，依照刑法关于侵犯著作权罪、销售侵权复制品罪的规定，依法追究刑事责任：

（一）复制或者部分复制著作权人的软件的；

（二）向公众发行、出租、通过信息网络传播著作权人的软件的；

（三）故意避开或者破坏著作权人为保护其软件著作权而采取的技术措施的；

（四）故意删除或者改变软件权利管理电子信息的；

（五）转让或者许可他人行使著作权人的软件著作权的。

有前款第一项或者第二项行为的，可以并处每件 100 元或者货值金额 1 倍以上 5 倍以下的罚款；有前款第三项、第四项或者第五项行为的，可以并处 20 万元以下的罚款。"

六、信息网络传播权的保护

《信息网络传播权保护条例》第 1 条："为保护著作权人、表演者、录音录像制作者（以下统称权利人）的信息网络传播权，鼓励有益于社会主义精神文明、物质文明建设的作品的创作和传播，根据《中华人民共和国著作权法》（以下简称著作权法），制定本条例。"

104.【2015 年第 81 题】根据信息网络传播权保护条例的规定，下列哪些是信息网络传播权的权利人？

A．著作权人
B．表演者
C．录音录像制作者
D．网络用户

【解题思路】

信息网络传播权也属于著作权中财产权的一种，其权利人应当是著作权人或者著作权的相邻权人，如表演者和录音录像制作者。

【参考答案】 ABC

105.【2018年第23题】电视剧《一切为了人民》播出后迅速走红。在该电视剧在各大卫视分集热播阶段，甲聘请丙将播放画面中的"李大路出品，复制必究"的水印去除，然后将全集上传至乙网站供公众免费点播，乙网站为提高浏览量默许甲的行为。权利人江东电视台知晓后，要求乙网站断开链接、删除内容，乙网站接到通知立即采取了上述措施。下列哪一说法是错误的？

A．甲侵害了权利人的信息网络传播权

B．乙网站无须对权利人承担侵权责任

C．丙实施了删除权利管理电子信息的违法行为

D．著作权行政管理部门有权要求乙网站提供甲的姓名和网络地址

【解题思路】

甲去除电视剧上的水印，并将电视剧上传到网站，主观恶意明显，侵犯著作权人的信息网络传播权。丙是实际实施破坏作品技术措施的人，他的行为同样构成违法。信息网络传播权中的"通知—删除"规则针对的是善意行为人，而乙网站是故作不知，存在恶意，不适用该规则。著作权行政管理部门有权要求乙网站提供甲的姓名和网络地址，以便有效执法。

【参考答案】 B

106.【2018年第79题】唱片公司认为千度公司作为存储服务提供者，其网站上提供的涉及唱片公司享有著作权的某歌曲侵犯了自己的信息网络传播权。唱片公司向千度公司提交书面通知要求其删除侵权作品。对此，下列哪些选项是正确的

A．唱片公司的通知书应当包含该作品构成侵权的初步证明材料

B．千度公司接到书面通知后，可在合理时间内删除涉嫌侵权作品，同时将通知书转送该作品的提供者

C．该影视作品提供者接到千度公司转送的书面通知后，认为提供的作品未侵犯唱片公司的权利的，可以向千度公司提出书面说明，要求恢复被删除作品

D．千度公司收到该影视作品提供者的书面说明后应即恢复被删除作品，同时将该影视作品提供者的说明转送唱片公司的，则唱片公司不得再通知千度公司删除该作品

【解题思路】

唱片公司要求千度公司删除侵权作品，根据"谁主张，谁举证"的原则，需要提供相关证明材料证明涉案歌曲构成侵权。千度公司在接到书面通知后，应当迅速行动，立即删除涉嫌侵权作品，避免侵权后果扩大。影视作品提供者同样享有为自己辩护的权利，如果他认为自己提供的作品并不侵权，可以作出书面说明，要求予以恢复。千度公司不是法院，如果双方各执一词，该公司很难作出中立的评判，只能恢复原状，即恢复删除作品。此时，争议双方的纠纷，可通过诉讼解决。

【参考答案】 ACD

第二节 商标法

【基本要求】

了解《商标法》的一般原理和主要内容；掌握商标的概念；熟悉商标注册申请的条件

与程序；熟悉商标审查的程序；熟悉注册商标的续展、变更、转让和使用许可；了解注册商标争议的处理与注册商标的使用管理；掌握商标专用权的保护和驰名商标权的特殊保护。

本节内容主要涉及《商标法》《商标法实施条例》《商标评审规则》《集体商标、证明商标注册和管理办法》《驰名商标认定和保护规定》《规范商标申请注册行为若干规定》《商标管辖和法律适用解释》《商标民事纠纷解释》《商标授权确权规定》《商标国际注册马德里协定》《商标国际注册马德里议定书》及共同实施细则的规定。

一、注册商标专用权的客体

（一）注册商标的概念和组成要素

《商标法》第 8 条："任何能够将自然人、法人或者其他组织的商品与他人的商品区别开的标志，包括文字、图形、字母、数字、三维标志、颜色组合和声音等，以及上述要素的组合，均可以作为商标申请注册。"

1.【2019 年第 81 题】根据商标法及相关规定，下列哪些商标不能在我国获准注册？

　　A．单一颜色商标
　　B．立体商标
　　C．位置商标
　　D．声音商标

【解题思路】

《商标法》保护的颜色商标需要由两种以上的颜色组合而成，不包括单一颜色。另外，《商标法》也并没有规定位置商标。在司法实践中，法国奢侈品牌 Christian Louboutin 的"使用在鞋底位置的红色"商标获得了注册，但考试的时候不需要考虑这么多。立体商标和声音商标则是《商标法》明确规定的内容，前者如劳斯莱斯的小飞人，后者如腾讯的"滴滴滴滴滴滴"。另外需要注意，气味不能作为商标获得注册。

【参考答案】 AC

（二）不得作为商标使用的标志和不得作为商标注册的标志

1. 不得作为商标使用

《商标法》第 10 条："下列标志不得作为商标使用：

（一）同中华人民共和国的国家名称、国旗、国徽、国歌、军旗、军徽、军歌、勋章等相同或者近似的，以及同中央国家机关的名称、标志、所在地特定地点的名称或者标志性建筑物的名称、图形相同的；

（二）同外国的国家名称、国旗、国徽、军旗等相同或者近似的，但经该国政府同意的除外；

（三）同政府间国际组织的名称、旗帜、徽记等相同或者近似的，但经该组织同意或者不易误导公众的除外；

（四）与表明实施控制、予以保证的官方标志、检验印记相同或者近似的，但经授权的除外；

（五）同'红十字''红新月'的名称、标志相同或者近似的；

（六）带有民族歧视性的；

（七）带有欺骗性，容易使公众对商品的质量等特点或者产地产生误认的；

（八）有害于社会主义道德风尚或者有其他不良影响的。

县级以上行政区划的地名或者公众知晓的外国地名，不得作为商标。但是，地名具有其他含义或者作为集体商标、证明商标组成部分的除外；已经注册的使用地名的商标继续有效。"

2.【2008年第17题】江西景德镇市生产的瓷器系地方名特产品。广东佛山市民张某欲以"景德镇"作为其生产的瓷器的商标，并向商标局申请注册。根据商标法的规定，下列哪些说法是正确的？

A．张某可以取得注册商标专用权

B．张某与江西景德镇市的某瓷器生产商可以共同取得注册商标专用权

C．张某不得将"景德镇"作为商标使用

D．商标局应当对张某的商标注册申请予以驳回

【解题思路】

"景德镇"属于县级以上的行政区划名称，不得作为商标使用。不得使用县级以上行政区划名称作商标的主要原因：①行政区划名称不能作为商标，是国际上的通常做法；②行政区划名称不该由某一个企业或个人作为商标注册而排除该地区其他企业或个人在同一种商品上和类似商品上使用；③与保护原产地名称产生矛盾；④县以上行政区划名称只能表示商品的产地，用作商标缺乏所应具有的显著性。

【参考答案】 CD

3.【2018年第82题】根据商标法及相关规定，下列哪些标识不得作为商标使用

A．"红新月"名称及标志

B．"叫只鸡"在酒店等服务上

C．国家知识产权局的标志

D．"中国强制性产品认证（CCC）"标志

【解题思路】

本题中，国家知识产权局当初公布的参考答案为A、B、D，笔者认为答案应当为A、B、C、D。"红新月"标识不能作为商标使用，"叫只鸡"违背公序良俗，"CCC"标识属于质量控制保证的官方标识，都不能作为商标使用。A、B、D选项都无争议。有争议的是C选项。

红盾标志　　涉案商标　　国家知识产权局标志

国家知识产权局的标志属于"中央国家机关"的标志，不能作为商标使用。C选项涉及一个真实的案例，某物流公司申请了第17451054号商标，其商标标识如上图所示，指定使用服务为第39类的运输经纪等。该商标获得初步审定后，被某知识产权微信公众号爆出，引发知识产权实务界的热议。最终，申请人主动撤回了该商标申请。在《商标审查和审理标准》中，"中央国家机关的标识"所举的例子就是工商行政管理局的红盾标识。

【参考答案】 ABCD

4.【2019年第24题】根据商标法及相关规定，下列哪个标志不可以作为商标使用？

A．同外国的国家名称相同，但经该国政府同意的

B．同政府间国际组织的旗帜相同，但不易误导公众的

C. 县级以上行政区划的地名，但具有其他含义的

D. 同中央国家机关所在地特定地点的名称相同的

【解题思路】

很多不能作为商标使用的标志都存在例外条款，只要符合该例外条款所规定的情形，那就可以作为商标使用。同外国国家名称相同的标志，如果连该国政府都同意，中国自然没必要禁止。同政府间国际组织的旗帜相同的标志，如果不误导公众，作为商标也没什么负面影响。县级以上行政区划的地名，不应当被某个商标权人所独占。不过如果地名有其他含义，如凤凰既是地名（湖南省凤凰县），也是传说中的一种神鸟名称，就可以作为商标使用。中央国家机关所在地特定地点的名称经常作为国家的代称，不宜作为商标。

【参考答案】 D

2. 不得作为商标注册

《商标法》第11条：" 下列标志不得作为商标注册：

（一）仅有本商品的通用名称、图形、型号的；

（二）仅直接表示商品的质量、主要原料、功能、用途、重量、数量及其他特点的；

（三）其他缺乏显著特征的。

前款所列标志经过使用取得显著特征，并便于识别的，可以作为商标注册。"

5.【2011年第70题】根据商标法及相关规定，下列哪些标志不得作为商标使用？

A. "红新月"字样

B. "中国牌"字样

C. 拟用于葡萄酒上的"葡萄牌"字样

D. 拟用于风衣上的"橘子牌"字样

【解题思路】

"红新月"标志与红十字会相关，"中国"则是国家名字，不能作为商标使用。在葡萄酒上使用"葡萄牌"商标，只能让消费者认为这种酒是葡萄酿制的，无法起到区分商品来源的作用，故该标志缺乏显著性，不能作为商标注册，但这种标志还是可以使用的。风衣上的"橘子牌"则不存在问题，可以作为商标注册和使用。既然有"苹果"牛仔裤，那自然也可以有"橘子"风衣。

【参考答案】 AB

《商标法》第12条："以三维标志申请注册商标的，仅由商品自身的性质产生的形状、为获得技术效果而需有的商品形状或者使商品具有实质性价值的形状，不得注册。"

6.【2016年第82题】根据商标法及相关规定，哪些属于不得作为商标注册的三维标志？

A. 使商品具有实质性价值的形状

B. 仅由商品自身的性质产生的形状

C. 为获得技术效果而需有的商品形状

D. 缺乏显著特征，也未能经过使用取得显著特征的

【解题思路】

钻石"八心八箭"形状属于使产品获得实质性价值的形状，如果该形状被注册为商标，那其他竞争对手就无法将钻石切割成此种形状。元宵为圆球形，属于商品自身的性质产生的形状，如果该形状被注册为商标，那其他竞争对手就无法再卖元宵。汽车的流线型属于为获得技术效果而需有的形状，如

果被注册为商标，也会产生垄断的效果。商标的功能性来区分不同的商品提供者，如果商标缺乏显著特征，也没有通过使用取得显著特征，那显然不能作为商标使用。

【参考答案】 ABCD

3.不得作为商标注册并禁止使用

《商标法》第15条："未经授权，代理人或者代表人以自己的名义将被代理人或者被代表人的商标进行注册，被代理人或者被代表人提出异议的，不予注册并禁止使用。

就同一种商品或者类似商品申请注册的商标与他人在先使用的未注册商标相同或者近似，申请人与该他人具有前款规定以外的合同、业务往来关系或者其他关系而明知该他人商标存在，该他人提出异议的，不予注册。"

《商标法》第16条："商标中有商品的地理标志，而该商品并非来源于该标志所标示的地区，误导公众的，不予注册并禁止使用；但是，已经善意取得注册的继续有效。

前款所称地理标志，是指标示某商品来源于某地区，该商品的特定质量、信誉或者其他特征，主要由该地区的自然因素或者人文因素所决定的标志。"

《商标法》第6条："法律、行政法规规定必须使用注册商标的商品，必须申请商标注册，未经核准注册的，不得在市场销售。"

《商标法》第7条："申请注册和使用商标，应当遵循诚实信用原则。

商标使用人应当对其使用商标的商品质量负责。各级工商行政管理部门应当通过商标管理，制止欺骗消费者的行为。"

7.【2013年第6题】根据商标法及相关规定，下列哪种说法是正确的？

A．在市场上销售的任何商品均须使用注册商标

B．两个以上的自然人、法人或其他组织不得共同申请注册同一商标

C．商标使用人应当对其使用商标的商品质量负责

D．商标中有商品地理标志的，不予注册并禁止使用

【解题思路】

除烟草制品之外，是否要在商品上使用注册商标是厂家的权利，并不是强制性的义务。如果任何商品都需要使用注册商标，那就不存在非注册驰名商标这回事。商标权属于民事权利，自然可以由多人共同申请，申请下来之后共有。《商标法》还承担了保证商品质量的义务，商品使用人需要对使用商标的商品质量负责。《商标法》并不禁止地理标志，禁止的是来自该地理标志地区以外的人使用这个地理标志，导致消费者混淆。

【参考答案】 C

（三）注册商标的类型

《商标法》第3条第1款："经商标局核准注册的商标为注册商标，包括商品商标、服务商标和集体商标、证明商标；商标注册人享有商标专用权，受法律保护。"

1.商品商标、服务商标

《商标法》第4条："自然人、法人或者其他组织在生产经营活动中，对其商品或者服务需要取得商标专用权的，应当向商标局申请商标注册。不以使用为目的的恶意商标注册申请，应当予以驳回。

本法有关商品商标的规定，适用于服务商标。"

2. 集体商标、证明商标

《商标法》第3条第2～4款："本法所称集体商标，是指以团体、协会或者其他组织名义注册，供该组织成员在商事活动中使用，以表明使用者在该组织中的成员资格的标志。

本法所称证明商标，是指由对某种商品或者服务具有监督能力的组织所控制，而由该组织以外的单位或者个人使用于其商品或者服务，用以证明该商品或者服务的原产地、原料、制造方法、质量或者其他特定品质的标志。

集体商标、证明商标注册和管理的特殊事项，由国务院工商行政管理部门规定。"

8.【2011年第87题】根据商标法及相关规定，下列关于证明商标的说法哪些是正确的？

A．由对某种商品或者服务具有监督能力的组织所控制

B．由对某种商品或者服务具有监督能力的组织成员内的单位或者个人使用于其商品或者服务

C．用以证明该商品或者服务的原产地、原料、制造方法、质量或者其他特定品质

D．以团体、协会或者其他组织名义注册，供该组织成员在商事活动中使用，以表明使用者在该组织中的成员资格

【解题思路】

证明商标和集体商标这两个概念可以这样理解：①证明商标的作用是为了证明一种"资格"，证明商标的所有人就是证明这种资格的裁判员，裁判员不能上场踢球，故证明商标是给商标所有人之外的单位或个人使用。②集体商标是属于某个集体的，所有者是某个集体，这个集体的成员都可以使用。

【参考答案】 AC

（四）商标注册的条件

《商标法》第9条："申请注册的商标，应当有显著特征，便于识别，并不得与他人在先取得的合法权利相冲突。

商标注册人有权标明'注册商标'或者注册标记。"

9.【2013年第37题】根据商标法及相关规定，下列哪些说法是正确的？

A．申请注册的商标应当具有独创性

B．申请注册的商标应当有显著特征，便于识别

C．申请注册的商标不得与他人在先取得的合法权利相冲突

D．申请注册的商标应当富有美感

【解题思路】

独创性是《著作权法》中对作品的要求，富有美感是《专利法》中对外观设计的要求。商标是分辨不同商品来源的标志，应该具备显著性，至于不和在先权利冲突那是应有之义。

【参考答案】 BC

二、注册商标专用权的主体

（一）自然人、法人和其他组织

《商标法》第4条："自然人、法人或者其他组织在生产经营活动中，对其商品或者服务需要取得商标专用权的，应当向商标局申请商标注册。不以使用为目的的恶意商标注册申请，应当予以驳回。

本法有关商品商标的规定，适用于服务商标。"

《商标法》第5条："两个以上的自然人、

法人或其他组织可以共同向商标局申请注册同一商标,共同享有和行使该商标专用权。"

10.【2006年第26题】根据商标法的规定,下列说法哪些是正确的?

A. 商标注册申请人应当是已经在我国生产商品或者提供服务的经营者

B. 商标注册申请人应当具有法定的经营主体资格

C. 商标注册申请人可以是在中国没有经常居所的外国人

D. 商标注册申请人可以是两个或两个以上的自然人

【解题思路】

《商标法》并没有对申请主体作出太多的限定,并没有要求商标申请主体拥有法定的经营主体资格。完成商标注册程序需要花费较长的时间,很多企业都需要提前进行商标注册。如果要求申请人只有在具有法定经营主体资格或者在已经开始生产商品之后才能申请注册商标,那对申请人无疑很不公平。外国人在我国是否拥有经常居所并不是能否申请注册商标的前提。我国法律并不禁止商标共有。

【参考答案】 CD

(二)外国人或外国企业

《商标法》第17条:"外国人或者外国企业在中国申请商标注册的,应当按其所属国和中华人民共和国签订的协议或者共同参加的国际条约办理,或者按对等原则办理。"

11.【2009年第7题】根据商标法及相关规定,下列哪些人员可以在我国申请商标注册?

A. 香港居民甲

B. 某市个体工商户乙

C. 巴黎公约某成员国的国民丙

D. 在中国有经常居所的外国人丁,其国籍国不是巴黎公约成员国

【解题思路】

个体工商户和《巴黎公约》成员国国民,都享有商标注册权。香港为中国特别行政区,同样适用《巴黎公约》。另外,根据《巴黎公约》规定,只要在某一成员国有住所或有真实和有效的工商业营业所的,应享有成员国国民同样的待遇,丁在中国有经常居所,可以申请商标。考生可以这样理解,大部分的法律或国际条约总是希望能够扩大自己的"势力范围",《巴黎公约》也不例外。相关主体(自然人或者是企业)只要和成员国能扯上一点关系,不管是有人(成员国国民)还是有地(住所或真实有效的工商业经营所),都适用公约。

【参考答案】 ABCD

三、注册商标专用权的取得

(一)商标注册的申请

1. 商标注册申请制度

《商标法》第22条:"商标注册申请人应当按规定的商品分类表填报使用商标的商品类别和商品名称,提出注册申请。

商标注册申请人可以通过一份申请就多个类别的商品申请注册同一商标。

商标注册申请等有关文件,可以以书面方式或者数据电文方式提出。"

12.【2008年第83题】根据商标法及相关规定,下列哪些说法是正确的?

A. 甲公司在一件商标注册申请中,可以要求在不同类别的商品上注册同一商标

B. 乙公司可以将其已经核准注册的商标，用于与核定使用的商品相类似的商品上，并在商品上标明注册标记

C. 丙公司在其图形商标被核准注册后，又对该商标的图形进行修改的，应当向商标局提出变更申请

D. 丁公司在其商标被核准注册后，与戊公司合并成为一个新公司的，应当向商标局提出变更申请

【解题思路】

在2013年《商标法》修改之前，商标注册需要按照类别进行，"一标一类"。《商标法》修改之后，申请人可以进行"一标多类"的注册。商标获得注册之后，可以排除后来者在相同或者相类似的商品上使用与该商标相同或者近似的标志，但商标所有人使用自己的商标时要受到注册范围的严格限制；也就是说，商标权人对商标的使用范围要小于该商标排除权的范围。衬衫和夹克属于类似商品，如果我在衬衫上注册了"樱桃"商标，那我可以禁止别人在夹克上使用该商标。由于我也没有在夹克上注册"樱桃"，故如果我在夹克上使用"樱桃"时，就不能打上注册商标标记，否则就构成假冒注册商标，需要承担法律责任。商标标志进行修改之后也不再是原来的商标，需要重新申请注册。商标核准后，所有权人丁公司与他人合并，此时丁公司不复存在，商标权的主体发生了变更，此时需要履行商标的转让手续而不是进行变更。

【参考答案】 A

13.【2014年第61题】根据商标法及相关规定，下列关于商标注册申请的哪些说法是正确的？

A. 商标注册申请人应当按规定的商品分类表填报使用商标的商品类别和商品名称，提出注册申请

B. 商标注册申请人可以通过一份申请就多个类别的商品申请注册同一商标

C. 商标注册申请等有关文件，可以以书面方式或者数据电文方式提出

D. 注册商标需要改变其标志的，应当申请更正

【解题思路】

商标申请需要按照分类表来进行。2013年《商标法》修改后，实行一标多类。专利申请可以通过数据电文提出，商标同样如此。注册商标需要改动标志的，那就不是原来的那件商标，需要重新提起申请。

【参考答案】 ABC

《商标法》第23条："注册商标需要在核定使用范围之外的商品上取得商标专用权的，应当另行提出注册申请。"

《商标法》第24条："注册商标需要改变其标志的，应当重新提出注册申请。"

14.【2009年第33题】根据商标法及相关规定，下列说法哪些是正确的？

A. 申请商标注册的，应当按规定的商品分类表填报使用商标的商品类别和商品名称

B. 商标注册申请人在不同类别的商品上申请注册同一商标的，应当按商品分类表提出注册申请

C. 注册商标需要在同一类的其他商品上使用的，应当提出变更申请

D. 注册商标需要改变其标志的，应当重新提出注册申请

【解题思路】

本题考查的是商标注册申请，就像专利制度中有 IPC 分类表一样，商标制度中也有《类似商品和服务区分表》，申请人在申请商标注册时，需要根据分类表填写商品类别和商品名称，A 选项正确。B 选项是原《商标法》第 20 条的原文，该条文只是强调要按照商标分类表进行申请，并没有对申请人是否可以实行"一标多类"作出明确的规定，故虽然新《商标法》删除了此条，明确商标注册实行一标多类，但也不能说 B 选项就错误。一项商标获得注册之后，其使用的商品也就固定了，不能扩大或者改变，即使是在同一类的商品上也不行。这和专利公开之后不能再在后续程序中扩大保护范围相类似。如果申请人想在同一类的其他商品上使用，就需要另行提起申请而不是进行变更，C 选项错误。商标标志改变后，就不再是原来的商标，而变成了一件新的商标。这件新的商标同样要经过注册程序取得商标权，D 选项正确。

【参考答案】 ABD

《商标法实施条例》第 13 条："申请商标注册，应当按照公布的商品和服务分类表填报。每一件商标注册申请应当向商标局提交《商标注册申请书》1 份、商标图样 1 份；以颜色组合或者着色图样申请商标注册的，应当提交着色图样，并提交黑白稿 1 份；不指定颜色的，应当提交黑白图样。

商标图样应当清晰，便于粘贴，用光洁耐用的纸张印制或者用照片代替，长和宽应当不大于 10 厘米，不小于 5 厘米。

以三维标志申请商标注册的，应当在申请书中予以声明，说明商标的使用方式，并提交能够确定三维形状的图样，提交的商标图样应当至少包含三面视图。

以颜色组合申请商标注册的，应当在申请书中予以声明，说明商标的使用方式。

以声音标志申请商标注册的，应当在申请书中予以声明，提交符合要求的声音样本，对申请注册的声音商标进行描述，说明商标的使用方式。对声音商标进行描述，应当以五线谱或者简谱对申请用作商标的声音加以描述并附加文字说明；无法以五线谱或者简谱描述的，应当以文字加以描述；商标描述与声音样本应当一致。

申请注册集体商标、证明商标的，应当在申请书中予以声明，并提交主体资格证明文件和使用管理规则。

商标为外文或者包含外文的，应当说明含义。"

《商标法实施条例》第 14 条："申请商标注册的，申请人应当提交其身份证明文件。商标注册申请人的名义与所提交的证明文件应当一致。

前款关于申请人提交其身份证明文件的规定适用于向商标局提出的办理变更、转让、续展、异议、撤销等其他商标事宜。"

《商标法实施条例》第 15 条第 1～2 款："商品或者服务项目名称应当按照商品和服务分类表中的类别号、名称填写；商品或者服务项目名称未列入商品和服务分类表的，应当附送对该商品或者服务的说明。

商标注册申请等有关文件以纸质方式提出的，应当打字或者印刷。"

15.【2012 年第 64 题】根据《商标法》及相关规定，下列关于商标注册申请的哪些说法是正确的？

A. 申请商标注册应当提交《商标注册申请书》和商标图样

B. 申请注册的商标为外文或者包含外文的，应当说明其含义

C. 商标注册申请等有关文件，应当打字或者印刷

D. 商标注册申请人应当提交能够证明其身份的有效证件的复印件

【解题思路】

商标申请和专利申请一样，都需要提交申请书，商标图样则是为了说明商标标志的具体内容。我国的官方语言是中文，如果商标为外文，需要说明含义。商标申请和专利申请一样，申请文件需要打字或印刷。当然，2014年《商标法实施条例》修改后，商标申请也可以通过电子申请来进行。鉴于此，条例进行了适应性修改，强调通过"纸质方式"提出的，应当"打字或者印刷"。C选项并不特别严密，但考虑到这并不是实质性的错误，专利代理师资格考试一般也不会考那些过于细枝末节的内容，故C项姑且选择。为证明自己的身份，商标申请人需要提供身份证复印件。

【参考答案】 ABCD

2. 优先权、商标注册申请文件、证明文件

《商标法》第25条："商标注册申请人自其商标在外国第一次提出商标注册申请之日起六个月内，又在中国就相同商品以同一商标提出商标注册申请的，依照该外国同中国签订的协议或者共同参加的国际条约，或者按照相互承认优先权的原则，可以享有优先权。

依照前款要求优先权的，应当在提出商标注册申请的时候提出书面声明，并且在三个月内提交第一次提出的商标注册申请文件的副本；未提出书面声明或者逾期未提交商标注册申请文件副本的，视为未要求优先权。"

16.【2011年第39题】巴黎公约某成员国的公民史密斯，首次将某商标向其所在国提出申请，此后欲就该商标向中国提出商标注册申请并要求优先权。根据商标法及相关规定，下列说法哪些是正确的？

A. 其优先权期限为自史密斯对该商标在该外国第一次提出商标注册申请之日起十二个月

B. 其优先权期限为自史密斯对该商标在该外国第一次获得商标注册之日起六个月

C. 为享有优先权，史密斯应当在提出商标注册申请的时候提出要求优先权的书面声明

D. 为享有优先权，史密斯应当在中国就相同商品以该商标提出商标注册申请

【解题思路】

商标的优先权为6个月，期限是从申请之日起算而不是从获得注册之日起算。和专利制度相同，为获得优先权，申请人需要在申请时提出书面声明。专利制度中的优先权要求是相同主题，商标制度则要求是相同商品和相同的商标标志，两者一脉相承。

【参考答案】 CD

《商标法》第26条："商标在中国政府主办的或者承认的国际展览会展出的商品上首次使用的，自该商品展出之日起六个月内，该商标的注册申请人可以享有优先权。

依照前款要求优先权的，应当在提出商标注册申请的时候提出书面声明，并且在

三个月内提交展出其商品的展览会名称、在展出商品上使用该商标的证据、展出日期等证明文件；未提出书面声明或者逾期未提交证明文件的，视为未要求优先权。"

【提醒】

考生在复习的时候需要注意，不要把《商标法》中这种对商标在国际展览会中的临时保护和《专利法》中不视为丧失新颖性的情况相混淆。根据《专利法》第24条，申请专利的发明创造在申请日以前6个月内，如在中国政府举办或者承认的国际展览会上首次展出、在规定的学术会议或者技术会议上首次发表或者他人未经申请人同意而泄露其内容，则不丧失新颖性。在《专利法》中，这种情况不丧失新颖性，但专利申请的日期不是在展览会上展出的日期，而是后面的专利申请日期。比如说，如果展览会是2010年2月1日，专利申请的提交日期是2010年6月27日，则申请日期为6月27日。《商标法》中则享有优先权，如展览会为2月1日，在6个月内提起商标注册申请，则可以享受2月1日的优先权。

17.【2006年第45题】根据商标法的规定，下列哪些情形下，巴黎公约成员国的商标注册申请人可以在中国享有优先权？

A. 申请人自其商标在巴黎公约成员国第一次提出商标注册申请之日起6个月内，又在中国就相同商品以同一商标提出商标注册申请的

B. 申请人自其商标在巴黎公约成员国第一次提出商标注册申请之日起6个月内，又在中国就类似商品以同一商标提出商标注册申请的

C. 申请人在中国政府主办的国际展览会展出的商品上首次使用的商标，自该商品展出之日起6个月内，在中国就相同商品以同一商标提出商标注册申请的

D. 申请人在中国政府承认的国际展览会展出的商品上首次使用的商标，自该商品展出之日起6个月内，在中国就相同商品以同一商标提出商标注册申请的

【解题思路】

商标优先权有两种情形：在先申请和在先使用。不过，在先的商标和在后的商标必须是相同的商标，即商标标志相同，使用商品相同。如果是类似商品，就不能享有优先权。

【参考答案】 ACD

（二）商标注册的审查和核准

1. 初步审定和公告

《商标法》第28条："对申请注册的商标，商标局应当自收到商标注册申请文件之日起九个月内审查完毕，符合本法有关规定的，予以初步审定公告。"

《商标法》第29条："在审查过程中，商标局认为商标注册申请内容需要说明或者修正的，可以要求申请人做出说明或者修正。申请人未做出说明或者修正的，不影响商标局做出审查决定。"

《商标法》第38条："商标注册申请人或者注册人发现商标申请文件或者注册文件有明显错误的，可以申请更正。商标局依法在其职权范围内作出更正，并通知当事人。

前款所称更正错误不涉及商标申请文件或者注册文件的实质性内容。"

18.【2010年第47题】根据商标法及相关规定，下列说法哪些是正确的？

A. 商标注册申请人发现商标申请文件有明显错误的，可以申请更正

B．商标注册人发现商标注册文件有明显错误的，可以申请更正

C．更正商标注册文件的错误不应当涉及实质性内容

D．更正商标申请文件的错误在一定条件下可以涉及实质性内容

【解题思路】

商标申请人和商标局在工作中难以避免出现错误，有些错误明显是商标局保存的信息错误或者是工作人员疏忽造成的，应当规定更正错误的程序。当然，更正不应当涉及实质性的错误，否则申请人就可以利用更正错误程序，变更申请人或注册人的名义，或者改变申请注册的商标，或者扩大商标所使用的商品或服务范围。

【参考答案】 ABC

2．驳回申请

（1）先申请原则。

《商标法》第31条："两个或者两个以上的商标注册申请人，在同一种商品或者类似商品上，以相同或者近似的商标申请注册的，初步审定并公告申请在先的商标；同一天申请的，初步审定并公告使用在先的商标，驳回其他人的申请，不予公告。"

19．【2013年第13题】甲公司自2010年底在其生产的洗涤剂上使用×商标，并于2012年9月20日向商标局申请注册该商标用于其生产的洗涤剂上。乙公司自2011年底在其生产的洗涤剂上使用相同的×商标，并于2012年7月10日向商标局申请注册×商标用于其生产的洗涤剂上。根据商标法及相关规定，在符合其他条件的情况下，下列哪种说法是正确的？

A．商标局应当初步审定并公告甲公司申请的商标

B．商标局应当初步审定并公告乙公司申请的商标

C．商标局应当要求甲公司和乙公司协商确定商标注册申请人

D．商标局应当要求甲公司和乙公司抽签确定商标注册申请人

【解题思路】

乙公司的商标申请早于甲公司，商标权应当授予乙公司。如果是同一天申请，才会授予使用在先的申请人。至于抽签那是在申请在先和使用在先都无法确定的情况下，才会将裁决权交给双方的运气。

【参考答案】 B

《商标法实施条例》第18条第1款："商标注册的申请日期以商标局收到申请文件的日期为准。"

《商标法实施条例》第19条："两个或者两个以上的申请人，在同一种商品或类似商品上，分别以相同或者近似的商标在同一天申请注册的，各申请人应当自收到商标局通知之日起30日内提交其申请注册前在先使用该商标的证据。同日使用或者均未使用的，各申请人可以自收到商标局通知之日起30日内自行协商，并将书面协议报送商标局；不愿协商或者协商不成的，商标局通知各申请人以抽签的方式确定一个申请人，驳回其他人的注册申请。商标局已经通知但申请人未参加抽签的，视为放弃申请，商标局应当书面通知未参加抽签的申请人。"

20．【2011年第7题】甲、乙两公司均在同一种商品上向商标局申请注册"伊人"商标。根据商标法及相关规定，下列说法哪些是正确的？

A. 如果甲公司先于乙公司一天提出注册申请，但乙公司使用在先，则商标局应初步审定并公告甲公司申请注册的商标

B. 如果甲公司先于乙公司一天提出注册申请，但乙公司使用在先，则商标局应初步审定并公告乙公司申请注册的商标

C. 如果甲、乙两公司同一天提出注册申请，但乙公司使用在先，则商标局应初步审定并公告乙公司申请注册的商标

D. 如果甲、乙两公司同一天提出注册申请，且甲、乙公司均未使用该商标，则商标局可以直接通知甲、乙两公司以抽签的方式确定一个申请人，驳回另一人的注册申请

【解题思路】

商标注册的原则是申请在先，A中甲公司申请在先，即使乙公司使用在先也无济于事。如果双方是同日申请，则使用在先可以发挥作用。在民事领域，当事人意思自治是一项基本原则。当申请在先和使用在先原则都无法适用之时，比较合理的方式是让双方先进行协商，协商不成再通过抽签决定，不协商直接抽签不合适。

【参考答案】 AC

(2) 驳回申请的情形。

《商标法》第30条："申请注册的商标，凡不符合本法有关规定或者同他人在同一种商品或者类似商品上已经注册的或者初步审定的商标相同或者近似的，由商标局驳回申请，不予公告。"

【提醒】

《商标法》第30条所述的不符合《商标法》规定的情形包括第4条（恶意商标申请）、第10条（禁止作为商标使用）、第11条（缺乏显著性不能注册）、第12条（三维标志的限制）、第13条（驰名商标的特殊保护）、第16条（地理标志）等。

另外，《商标法》第9条和第32条规定不得和他人在先取得的合法权利冲突；第15条禁止恶意注册他人商标；第32条规定了保护在先权利和禁止恶意抢注。但是，商标局并没有能力查询相关商标申请是否涉及后面所规定的这几种情形，因此也不会对这些因素主动进行审查。当然，如果权利人有这方面的证据，则可以通过异议和无效程序获得救济。

21.【2019年第82题】根据商标法及相关规定，下列哪种情形的商标注册申请应当予以驳回？

A. 申请注册的标志用作商标易产生不良影响的

B. 申请注册的标志不具有显著特征的

C. 申请注册的标志同他人在类似商品上已经注册的商标相同或者近似的

D. 未缴纳商标申请费用的

【解题思路】

不管是商标还是专利，都有"公共利益"条款。如果申请注册的标识易产生不良影响，如"叫个鸭子""going down"之类，都应当予以驳回。商标的作用是区别不同的商品来源，如果标志缺乏显著性则无法发挥商标的功能，无法获得注册，如使用在果汁产品上的"苹果"字样或图形。商标不能导致相关公众的混淆，故商标标志不能同他人在类似商品上已经注册的商标相同或者近似。驳回商标申请针对的是标识本身的问题，申请人未缴纳申请费用的后果是商标局不予受理而不是驳回。

【参考答案】 ABC

3. 注册申请的复审

《商标法》第34条："对驳回申请、不予公告的商标，商标局应当书面通知商标注册申请人。商标注册申请人不服的，可以自收到通知之日起十五日内向商标评审委员会申请复审。商标评审委员会应当自收到申请之日起九个月内做出决定，并书面通知申请人。有特殊情况需要延长的，经国务院工商行政管理部门批准，可以延长三个月。当事人对商标评审委员会的决定不服的，可以自收到通知之日起三十日内向人民法院起诉。"

【提醒】

2019年2月14日国家知识产权局发布第295号公告。该公告规定，根据中央机构改革部署，原国家工商行政管理总局商标局、商标评审委员会、商标审查协作中心整合为国家知识产权局商标局，不再保留商标评审委员会。机构调整后，商标评审工作以国家知识产权局的名义开展。

不过，由于《商标法》等相关法律法规尚未进行修改，故本书中依然使用"商标评审委员会"的名称。

22.【2008年第97题】关于申请商标注册过程中的期限，下列哪些说法是正确的？

A．对初步审定的商标，自公告之日起3个月内，任何人均可以提出异议

B．商标注册申请人要求享有其在外国第一次提出的商标注册申请的优先权的，应当在申请之日起3个月内提交第一次提出的商标注册申请文件的副本

C．商标注册申请人不服商标局驳回申请、不予公告的决定，可以在收到通知之日起3个月内向商标评审委员会申请复审

D．商标注册申请人对商标评审委员会的决定不服的，可以自收到通知之日起3个月内向人民法院起诉

【解题思路】

考生可以考虑将相关期限一并记忆。商标异议期为3个月，提交优先权副本的期限也为3个月，商标提起复审的期限则为15日。对复审决定不服，提起行政诉讼的期限为30日。另外，2013年《商标法》修改后，商标异议如果涉及的是与在先商标相同或近似，与在先权利冲突等相对理由，权利人和利害关系人才能提起异议。

【参考答案】 B

23.【2009年第95题】根据商标法及相关规定，下列哪些案件由商标评审委员会受理？

A．商标注册申请人对商标局驳回申请的决定不服，申请复审的

B．当事人对商标局做出的异议裁定不服，申请复审的

C．当事人对商标局撤销注册商标的决定不服，申请复审的

D．他人以注册商标连续三年停止使用为由，申请撤销该注册商标的

【解题思路】

商标评审委员会的地位和专利复审委员会的地位相同，考生可以一并记忆。商标评审委员会的功能是对商标局的决定进行救济，选项A、B、C符合这种情形，且题中都带有"复审"的字样，暗示了答案。连续3年不使用申请撤销商标则属于商标局的职责。

【参考答案】 ABC

24.【2013年第53题】根据商标法及

相关规定，针对商标局作出的下列哪些决定，当事人不服的，可以在法定期限内向商标评审委员会申请复审？

A．商标注册申请不予受理的决定

B．驳回商标注册申请、不予公告的决定

C．撤销注册商标的决定

D．商标异议申请不予受理的决定

【解题思路】

驳回注册申请和撤销商标注册属于复审的范围，不予受理则通过申请复议救济。在不予受理的情形下，商标局仅仅进行了形式审查，没有进行实质审查，而复审从字面上看指的就是"重复审查"，既然都没有进行实质审查，也就谈不上复审。

【参考答案】 BC

4．商标异议

（1）期限、主体和理由。

《商标法》第 33 条："对初步审定公告的商标，自公告之日起三个月内，在先权利人、利害关系人认为违反本法第十三条第二款和第三款、第十五条、第十六条第一款、第三十条、第三十一条、第三十二条规定的，或者任何人认为违反本法第四条、第十条、第十一条、第十二条、第十九条第四款规定的，可以向商标局提出异议。公告期满无异议的，予以核准注册，发给商标注册证，并予公告。"

表 16 商标异议

异议主体	在先权利人和利害关系人	任何人
异议理由	驰名商标保护、禁止他人抢注、地理标志保护、与在先商标相同或近似、申请在先和使用在先商标、损害在先权利	不以使用为目的的申请、不得作为商标使用的标志、不得作为商标注册的标志、三维标志商标的限制
异议主体	在先权利人和利害关系人	任何人
异议期限	公告之日起三个月内	
异议不成立	商标获得注册，异议人不服的，可以自该商标获得注册之日起 5 年内向国家知识产权局请求宣告该注册商标无效；如恶意抢注驰名商标，则不受 5 年的限制；对国家知识产权局的决定不服，可提起行政诉讼	
异议成立	商标不予注册，被异议人不服的，可以自收到通知之日起十五日内向国家知识产权局申请复审，对国家知识产权局的决定不服，可提起行政诉讼	

25．【2016 年第 25 题】张某认为商标局初步审定公告的某商标因缺乏显著特征而不应获得注册，根据商标法及相关规定，张某可以自初步审定公告之日起三个月内采取下列哪种措施？

A．张某可以向商标局提出异议

B．张某不是利害关系人或者在先权利人，不得提出异议

C．张某可以向商标评审委员会提出异议

D．张某可以请求商标评审委员会宣告其无效

【解题思路】

对于初步审定公告的商标，认为不符合商标法相关规定的，其救济程序为异议。缺乏显著性属于绝对性理由，故任何人都可以提出异议。

【参考答案】 A

26．【2016 年第 86 题】根据商标法及相关规定，对初步审定公告的商标，自公告之日起三个月内，在先权利人、利害关系人可以基于下列哪些理由提起异议？

A．就类似商品申请注册的商标是摹仿他人未在中国注册的驰名商标，容易导致混淆的

B. 就相同商品申请注册的商标是翻译他人未在中国注册的驰名商标，容易导致混淆的

C. 申请商标注册损害他人现有的在先权利的

D. 以不正当手段抢先注册他人已经使用并有一定影响的商标的

【解题思路】

在先权利人和利害关系人可以基于相对理由提起商标异议，侵犯驰名商标、侵犯在先权利和抢注他人商标都属于此种情形。

【参考答案】 ABCD

（2）救济。

《商标法》第35条："对初步审定公告的商标提出异议的，商标局应当听取异议人和被异议人陈述事实和理由，经调查核实后，自公告期满之日起十二个月内做出是否准予注册的决定，并书面通知异议人和被异议人。有特殊情况需要延长的，经国务院工商行政管理部门批准，可以延长六个月。

商标局做出准予注册决定的，发给商标注册证，并予公告。异议人不服的，可以依照本法第四十四条、第四十五条的规定向商标评审委员会请求宣告该注册商标无效。

商标局做出不予注册决定，被异议人不服的，可以自收到通知之日起十五日内向商标评审委员会申请复审。商标评审委员会应当自收到申请之日起十二个月内做出复审决定，并书面通知异议人和被异议人。有特殊情况需要延长的，经国务院工商行政管理部门批准，可以延长六个月。被异议人对商标评审委员会的决定不服的，可以自收到通知之日起三十日内向人民法院起诉。人民法院应当通知异议人作为第三人参加诉讼。

商标评审委员会在依照前款规定进行复审的过程中，所涉及的在先权利的确定必须以人民法院正在审理或者行政机关正在处理的另一案件的结果为依据的，可以中止审查。中止原因消除后，应当恢复审查程序。"

27.【2016年第27题】根据商标法及相关规定，商标局经审查对商标异议案件作出决定后，当事人不服的，下列关于救济程序的哪种说法是正确的？

A. 商标局作出准予注册决定，异议人不服的，可以向商标评审委员会申请复审

B. 商标局作出准予注册决定，异议人不服的，可以向商标评审委员会申请行政复议

C. 商标局作出不予注册决定，被异议人不服的，可以向商标评审委员会申请复审

D. 商标局作出不予注册决定，被异议人不服的，可以直接以商标评审委员会为被告向人民法院提起行政诉讼

【解题思路】

2013年《商标法》修改后，对异议程序进行了重大修改。如果异议成立，商标申请被驳回，被异议人可以向国家知识产权局提起复审；如果异议不成立，则商标获得注册，异议人只能提起无效请求程序。目前，商标驳回复审和无效程序都以国家知识产权局的名义进行，但《商标法》尚未进行适应性修改，故此时暂不考虑该知识点。

【参考答案】 C

28.【2017年第26题】根据商标法及相关规定，被异议人对商标评审委员会做出的不予注册的复审决定不服，向人民法院起诉，下列哪种说法是正确的？

A. 人民法院应当通知异议人作为原告

参加诉讼

B．人民法院应当通知异议人作为被告参加诉讼

C．人民法院应当通知异议人作为第三人参加诉讼

D．人民法院应当通知异议人作为证人参加诉讼

【解题思路】

对商标评审委员会（现在复审工作以国家知识产权局的名义开展）作出的复审决定不服而提起诉讼，属于行政诉讼，被告是行政机关。该行政诉讼的判决结果与异议人的利益具有重大关联，故异议人应当作为第三人参加诉讼。

【参考答案】 C

《商标法》第36条："法定期限届满，当事人对商标局做出的驳回申请决定、不予注册决定不申请复审或者对商标评审委员会做出的复审决定不向人民法院起诉的，驳回申请决定、不予注册决定或者复审决定生效。

经审查异议不成立而准予注册的商标，商标注册申请人取得商标专用权的时间自初步审定公告三个月期满之日起计算。自该商标公告期满之日起至准予注册决定做出前，对他人在同一种或者类似商品上使用与该商标相同或者近似的标志的行为不具有追溯力；但是，因该使用人的恶意给商标注册人造成的损失，应当给予赔偿。"

29．【2008年第61题】甲向商标局申请注册某商标，经商标局初步审定予以公告。乙在异议期间对该商标提出异议。商标局裁定乙的异议不成立。该裁定生效后，商标局对该商标予以核准注册。据此，甲从何时起取得该商标的专用权？

A．初步审定公告之日

B．初步审定公告3个月期满之日

C．裁定生效之日

D．核准注册之日

【解题思路】

考生可以这么理解，如果异议不成立，那商标申请人的法律状况应当和没人提起异议相同。如没人提起异议，取得商标权时间为初步审定公告之日期满3个月，那异议不成立获得商标权也应该是这个时候。另外需要注意的是，根据2013年的《商标法》，异议不成立的，商标局直接作出商标准予注册的决定，而不是像旧法那样要等裁定生效。另外，现在商标异议工作也是以国家知识产权局的名义进行。

【参考答案】 B

30．【2009年第67题】根据商标法及相关规定，下列关于异议程序的说法哪些是正确的？

A．经商标局初步审定的商标，先予以公告，自公告之日起3个月内，任何人均可以提出异议

B．经裁定异议不成立而核准注册的，商标注册申请人取得商标专用权的时间自异议裁定生效之日起计算

C．经裁定异议不成立而核准注册的，商标注册申请人取得商标专用权的时间自初审公告3个月期满之日起计算

D．当事人不服商标局的异议裁定的，可以自收到通知之日起30日内向人民法院起诉

【解题思路】

根据2013年修改后的《商标法》，如

果涉及的是在先权利，那只有在先权利人或者是利害关系人才能提起异议。如果涉及的是绝对事由，如不能作为商标注册的标志，缺乏显著性等，才允许任何人提起异议。异议不成立，商标权从公告期满计算。对异议的救济是提起复审，对复审不服才能去法院起诉。

【参考答案】 C

《商标法实施条例》第24条："对商标局初步审定予以公告的商标提出异议的，异议人应当向商标局提交下列商标异议材料一式两份并标明正、副本：

（一）商标异议申请书；

（二）异议人的身份证明；

（三）以违反商标法第十三条第二款和第三款、第十五条、第十六条第一款、第三十条、第三十一条、第三十二条规定为由提出异议的，异议人作为在先权利人或者利害关系人的证明。

商标异议申请书应当有明确的请求和事实依据，并附送有关证据材料。"

31.【2009年第90题】根据商标法及相关规定，关于对商标局初步审定予以公告的商标提出的异议，下列说法哪些是正确的？

A．异议人应当向商标局提交商标异议书一式两份

B．商标异议书应当有明确的请求和事实依据

C．异议人提交商标异议书的，应当附送有关证据材料

D．被异议人自收到商标异议书副本之日起30日内不答辩的，视为异议成立

【解题思路】

提起商标异议时，异议申请文件商标局保留一份，另一份转给被异议人，故需要一式两份。提起异议必须要让对方当事人和商标局（现商标异议工作以国家知识产权局的名义进行）明确提起异议的请求和根据，这些都应该体现在异议书上。根据"谁主张，谁举证"的原则，异议人需要提供证据，证据应当在提交异议书的时候一并提交。商标异议并不完全是异议人和被异议人之间的事，国家知识产权局还要在中间居中裁判。如果被异议人不答辩，那国家知识产权局就在异议人所提供的事实和证据的基础上作出裁定，并不是直接裁定异议成立。

【参考答案】 ABC

（三）恶意商标注册申请的规制

《规范商标申请注册行为若干规定》第3条："申请商标注册应当遵循诚实信用原则。不得有下列行为：

（一）属于商标法第四条规定的不以使用为目的恶意申请商标注册的；

（二）属于商标法第十三条规定，复制、摹仿或者翻译他人驰名商标的；

（三）属于商标法第十五条规定，代理人、代表人未经授权申请注册被代理人或者被代表人商标的；基于合同、业务往来关系或者其他关系明知他人在先使用的商标存在而申请注册该商标的；

（四）属于商标法第三十二条规定，损害他人现有的在先权利或者以不正当手段抢先注册他人已经使用并有一定影响的商标的；

（五）以欺骗或者其他不正当手段申请商标注册的；

（六）其他违反诚实信用原则，违背公序良俗，或者有其他不良影响的。"

《规范商标申请注册行为若干规定》第4条："商标代理机构应当遵循诚实信用原则。知道或者应当知道委托人申请商标注册属于下列情形之一的，<u>不得接受其委托</u>：

（一）属于商标法第四条规定的不以使用为目的恶意申请商标注册的；

（二）属于商标法第十五条规定的；

（三）属于商标法第三十二条规定的。

商标代理机构除对其代理服务申请商标注册外，不得申请注册其他商标，不得以不正当手段扰乱商标代理市场秩序。"

《规范商标申请注册行为若干规定》第12条："对违反本规定第三条恶意申请商标注册的<u>申请人</u>，依据商标法第六十八条第四款的规定，由申请人所在地或者违法行为发生地县级以上市场监督管理部门根据情节给予<u>警告</u>、<u>罚款</u>等行政处罚。有违法所得的，可以处违法所得三倍最高不超过三万元的罚款；没有违法所得的，可以处一万元以下的罚款。"

《规范商标申请注册行为若干规定》第13条："对违反本规定第四条的<u>商标代理机构</u>，依据商标法第六十八条的规定，由行为人所在地或者违法行为发生地县级以上<u>市场监督管理部门</u>责令限期改正，给予警告，处<u>一万元以上十万元以下的罚款</u>；对直接负责的<u>主管人员</u>和其他直接责任人员给予警告，处五千元以上五万元以下的罚款；构成犯罪的，依法追究<u>刑事责任</u>。情节严重的，知识产权管理部门可以决定停止受理该商标代理机构办理商标代理业务，予以公告。"

（四）商标国际注册

1. 商标国际注册的概念

商标国际注册是指申请人到国外申请注册商标，主要包括逐一国家注册和马德里商标国际注册两种方式。

《商标法》第21条："商标国际注册遵循中华人民共和国缔结或者参加的有关国际条约确立的制度，具体办法由国务院规定。"

《商标法实施条例》第34条："商标法第二十一条规定的商标国际注册，是指根据《商标国际注册马德里协定》（以下简称马德里协定）、《商标国际注册马德里协定有关议定书》（以下简称马德里议定书）及《商标国际注册马德里协定及该协定有关议定书的共同实施细则》的规定办理的马德里商标国际注册。

马德里商标国际注册申请包括以中国为原属国的商标国际注册申请、指定中国的领土延伸申请及其他有关的申请。"

2. 马德里商标国际注册申请人资格

《商标法实施条例》第35条："以中国为原属国申请商标国际注册的，应当在中国设有真实有效的营业所，或者在中国有住所，或者拥有中国国籍。"

32.【2019年第83题】根据商标法及相关规定，以中国为原属国申请商标国际注册的，应当至少符合以下哪个条件？

A. 在中国设有真实有效的营业所

B. 在中国有住所

C. 拥有中国国籍

D. 必须同时符合以上所有条件

【解题思路】

申请人以中国为原属国申请商标国际注册，则需要和中国存在密切的关系，如有身份（拥有中国国籍）或者有地（有住所或者真实有效的营业所）。这两个条件符合其中一种即可，如果都必须符合则过于苛刻。

【参考答案】 ABC

3. 申请条件

《商标法实施条例》第 36 条："符合本条例第三十五条规定的申请人，其商标已在商标局获得注册的，可以根据马德里协定申请办理该商标的国际注册。

符合本条例第三十五条规定的申请人，其商标已在商标局获得注册，或者已向商标局提出商标注册申请并被受理的，可以根据马德里议定书申请办理该商标的国际注册。"

4. 申请程序

《商标法实施条例》第 37 条："以中国为原属国申请商标国际注册的，应当通过商标局向世界知识产权组织国际局（以下简称国际局）申请办理。

以中国为原属国的，与马德里协定有关的商标国际注册的后期指定、放弃、注销，应当通过商标局向国际局申请办理；与马德里协定有关的商标国际注册的转让、删减、变更、续展，可以通过商标局向国际局申请办理，也可以直接向国际局申请办理。

以中国为原属国的，与马德里议定书有关的商标国际注册的后期指定、转让、删减、放弃、注销、变更、续展，可以通过商标局向国际局申请办理，也可以直接向国际局申请办理。"

5. 国际注册商标的领土延伸

《商标法实施条例》第 42 条："商标局在马德里协定或者马德里议定书规定的驳回期限（以下简称驳回期限）内，依照商标法和本条例的有关规定对指定中国的领土延伸申请进行审查，作出决定，并通知国际局。商标局在驳回期限内未发出驳回或者部分驳回通知的，该领土延伸申请视为核准。"

《商标法实施条例》第 43 条："指定中国的领土延伸申请人，要求将三维标志、颜色组合、声音标志作为商标保护或者要求保护集体商标、证明商标的，自该商标在国际局国际注册簿登记之日起 3 个月内，应当通过依法设立的商标代理机构，向商标局提交本条例第十三条规定的相关材料。未在上述期限内提交相关材料的，商标局驳回该领土延伸申请。"

（五）集体商标和证明商标

1. 申请主体

《集体商标、证明商标注册和管理办法》第 4 条："申请集体商标注册的，应当附送主体资格证明文件并应当详细说明该集体组织成员的名称和地址；以地理标志作为集体商标申请注册的，应当附送主体资格证明文件并应当详细说明其所具有的或者其委托的机构具有的专业技术人员、专业检测设备等情况，以表明其具有监督使用该地理标志商品的特定品质的能力。

申请以地理标志作为集体商标注册的团体、协会或者其他组织，应当由来自该地理标志标示的地区范围内的成员组成。"

《集体商标、证明商标注册和管理办法》第 5 条："申请证明商标注册的，应当附送主体资格证明文件并应当详细说明其所具有的或者其委托的机构具有的专业技术人员、专业检测设备等情况，以表明其具有监督该证明商标所证明的特定商品品质的能力。"

2. 注册特殊要求

《集体商标、证明商标注册和管理办法》第6条："申请以地理标志作为集体商标、证明商标注册的，还应当附送管辖该地理标志所标示地区的人民政府或者行业主管部门的批准文件。"

外国人或者外国企业申请以地理标志作为集体商标、证明商标注册的，申请人应当提供该地理标志以其名义在其原属国受法律保护的证明。"

33.【2008年第6题】根据商标法及相关规定，申请注册集体商标和证明商标的，应当提交下列哪些文件？

A. 商标注册申请书及商标图样

B. 主体资格证明文件

C. 使用管理规则

D. 上级主管部门出具的批准文件

【解题思路】

商标申请和专利申请类似，也需要申请书。另外，专利需要权利要求，界定保护的范围，商标则需要图样，确定商标标识的样子。集体商标和证明商标对申请人的资质有要求，并不是所有人都有权申请，故需要提交主体资格证明文件。集体商标和证明商标都是给符合资格的多个主体使用的，需要一个管理的规则。商标属于民事权利，申请集体商标和证明商标不需要上级主管机关批准。不过，如果涉及地理标志，情况就有点特殊。地理标志可以作为集体商标或证明商标，但集体商标或证明商标不一定都是地理标志。即使相关商标属于地理标志，则出具的是管辖该地理标志所标示地区的人民政府或者行业主管部门的批准文件，不是D项中的"上级主管部门"。

【参考答案】 ABC

3. 作为集体商标、证明商标注册的地理标志的申请要求

《集体商标、证明商标注册和管理办法》第7条："以地理标志作为集体商标、证明商标注册的，应当在申请书件中说明下列内容：

（一）该地理标志所标示的商品的特定质量、信誉或者其他特征；

（二）该商品的特定质量、信誉或者其他特征与该地理标志所标示的地区的自然因素和人文因素的关系；

（三）该地理标志所标示的地区的范围。"

34.【2018年第24题】根据商标法及相关规定，关于地理标志的说法正确的是？

A. 地理标志注册为商标必须为集体商标或证明商标

B. 商标中有商品的地理标志，误导公众的，不予注册但可以使用

C. 商标中有商品的地理标志，由于该商品并非来源于该标志所标示的地区，误导公众，即便已经善意取得注册仍可宣告无效

D. 地理标志商标与普通商标之间不能进行近似性比较

【解题思路】

地理标志产品的特质来源于当地的人文地理因素，属于当地居民的共同财产，不能被某申请人独占，故其注册的商标必须是集体商标或证明商标。地理标志注册为商标后，符合要求的主体都可以申请使用。如果商标中含有地理标志，会误导公众，不能注册为商标也不能使用，否则会损害公共利

益。当然，如果是善意取得的，则要保护善意行为人的利益，此时就不能判定该商标无效。地理标志和普通商标都有指明商品来源的功能，本质相同，可以进行近似性比较。

【参考答案】 A

35.【2019年第25题】"慈溪蜜梨"产于浙江省宁波市慈溪市，因其不同于一般梨子，果大，水分特别充足，营养极为丰富而出名。现该地区欲对"慈溪蜜梨"地理标志进行注册保护，在商标法体系下可以如何申请注册？

A．申请注册普通商标
B．申请注册地名商标
C．申请注册组合商标
D．申请注册证明商标

【解题思路】

"慈溪蜜梨"作为地理标志，可以申请集体商标，也可以申请证明商标。慈溪为县级市的名称，不能作为普通商标获得注册，只能作为地理标志中的组成部分。组合商标需要两种不同的元素组合而成，如文字和图形，"慈溪蜜梨"由4个汉字组成，不属于组合商标。

【参考答案】 D

四、注册商标专用权的内容

（一）注册商标专用权的内容

1. 专用权

商标专用权体现在两个方面：①专有使用权（积极权能），商标权人有权在核定使用的商品上使用核准注册的商标；②排他权（消极权能），禁止他人在同一种商品或者类似商品上使用与其注册商标相同或者近似的商标，禁止他人擅自制造、销售其注册商标标识等多种行为。

《商标法》第56条："注册商标的专用权，以核准注册的商标和核定使用的商品为限。"

36.【2006年第36题】根据商标法的规定，商标注册人享有下列哪些权利？

A．许可他人使用注册商标的权利
B．禁止他人在同一种或类似商品上使用相同或近似商标的权利
C．在核定商品上使用注册商标的权利
D．在与核定商品相类似的商品上使用注册商标的专用权

【解题思路】

考生复习的时候可以将这方面的内容和所有权对照记忆。所有权包括占有、使用、收益和处分的权利。许可他人使用，获取许可费，属于"收益"。商标权属于无形财产权，对其的"占有"需要通过禁止他人使用来实现。在核定商品上使用注册商标涉及的就是商标权人对自己商标的"使用"。考生需要注意，商标权人使用权的范围必须严格按照注册的范围核定，不能延伸到类似商品上。排除权的范围则比较广泛，可以延伸到近似的商标和类似的商品上。

【参考答案】 ABC

2. 标明"注册商标"或者注册标记的权利

《商标法》第9条第2款："商标注册人有权标明'注册商标'或者注册标记。"

37.【2019年第84题】根据商标法相关规定，商标注册人可以在其商品上标明以下哪些内容表示其已经注册？

A．"注册商标"
B．"国家知识产权局"

C. ®

D. ©

【解题思路】

申请人表明商标已经获得注册可以很直白地写上"注册商标",也可以使用注册标记,即®(英文"register"的缩写)和"注"。©是"copyright"的缩写,代表的是版权。"国家知识产权局"除了管理商标外还有专利,使用国家知识产权局的名字肯定不能代表注册商标。

【参考答案】 AC

3. 转让商标的权利

具体内容见下文。

4. 许可使用商标的权利

具体内容见下文。

(二)注册商标的有效期和期限起算日

《商标法》第39条:"注册商标的有效期为十年,自核准注册之日起计算。"

38.【2018年第25题】某食品厂于2001年6月5日在其生产的糕点上使用了X商标。2005年10月20日该厂正式向商标局申请注册该商标。2007年3月5日商标局初步审定并予公告。2007年6月5日公告期满,该商标被核准注册。据此,该注册商标有效期自何时起计算?

A. 2001年6月5日

B. 2005年10月20日

C. 2007年3月5日

D. 2007年6月5日

【解题思路】

专利的保护期是从申请日起算,商标是从获得注册之日起算,因为商标可以无限次续展,从申请日起算还是从获得注册之日起算并不存在实质性差异。注册商标的有效期为10年,但只要及时续展,存续一百年也不是问题。

【参考答案】 D

(三)注册商标的续展、变更、转让和使用许可

1. 续展的期限和宽限期

《商标法》第40条:"注册商标有效期满,需要继续使用的,商标注册人应当在期满前十二个月内按照规定办理续展手续;在此期间未能办理的,可以给予六个月的宽展期。每次续展注册的有效期为十年,自该商标上一届有效期满次日起计算。期满未办理续展手续的,注销其注册商标。

商标局应当对续展注册的商标予以公告。"

39.【2007年第49题】关于注册商标的续展注册,下列哪些说法是正确的?

A. 在宽展期满仍未提出续展申请的,由商标局注销该注册商标

B. 续展注册经核准后,不再予以公告

C. 续展注册商标有效期自该商标上一届有效期满次日起计算

D. 续展注册商标有效期自该商标续展核准注册之日起计算

【解题思路】

如果在宽展期内还不提起商标申请的,那商标注销,商标权被消灭。续展的商标和首次注册的商标,在法律地位上都是一样的。商标注册需要公告,那续展也应该要公告。续展注册商标有效期如果从该续展核准注册之日起计算,就会有这样的问题:①续展期有6个月,如果在第一天就续展,2个月后核准,那商标权人就会损失4个月的期

限。为避免期限损失，他们会拖到最后再去续展，这不合理。②如果商标权人在最后一天续展，由于续展注册需要时间，在核准注册之前，商标权已经到期，会出现保护真空。故续展有效期应当从该商标上一届有效期满次日起计算，以保证权利连续。

【参考答案】 AC

40.【2019年第26题】甲公司于1999年5月8日提交了一份商标注册申请，该商标于2000年2月8日获准注册，目前该商标仍为有效商标。如果甲公司需要继续使用该商标，最迟应于哪天提交注册商标续展申请？

A．2020年2月7日
B．2020年2月8日
C．2020年8月7日
D．2020年8月8日

【解题思路】

涉案商标2000年2月8日获得注册，到期日为2010年2月7日。该商标目前仍为有效商标，意味着已经续展过一次，延长了10年，2020年2月7日到期。商标续展有6个月的宽展期，故需要在2020年8月7日前续展。

【参考答案】 C

《商标民事纠纷解释》第5条："商标注册人或者利害关系人在注册商标续展宽展期内提出续展申请，未获核准前，以他人侵犯其注册商标专用权提起诉讼的，人民法院应当受理。"

41.【2011年第100题】1998年3月23日，甲公司获得"明辉"商标的核准注册，核定使用在金属合页商品上。乙公司于2008年6月3日开始在金属合页商品上使用"明辉"商标。甲公司欲续展其"明辉"商标。根据商标法及相关规定，下列说法哪些是正确的？

A．甲公司应当在2007年9月23日至2008年3月23日期间内提出续展注册申请

B．若甲公司的续展申请获得核准，则该商标的有效期自2008年3月24日起计算

C．在甲公司提出续展申请后获得核准前，甲公司以乙公司侵犯其注册商标专用权提起诉讼的，人民法院可以不予受理

D．若甲公司未获得商标续展，则对于乙公司2008年10月对其金属合页商品提出"明辉"商标的注册申请，商标局应不予核准注册

【解题思路】

根据题目中给出的时间，应当适用2001年《商标法》。不过考虑到考试考查的都是现行有效的法律，故本题依然按照现行法解题。目前，商标续展的期限已经从原先的期满前的6个月改为12个月。甲公司的商标注册时间为1998年3月23日，期满日为2008年3月22日。故甲公司应该在该日前12个月申请续展。A选项如果将"应当"改为"可以"，则是正确的。经过续展的注册商标，其有效期自该商标上一届有效期满次日起计算，该商标的期满日为2008年3月22日，次日为3月23日。为保护商标权人利益，在商标续展手续完成之前，商标注册人以他人侵犯其注册商标专用权提起诉讼的，法院应当受理。如果甲公司未获得续展，则在一年之内，商标局对与该商标相同或者近似的商标注册申请，不予核准。

【参考答案】 D

42.【2012年第6题】根据商标法及相

关规定，下列关于注册商标有效期的哪种说法是正确的？

A．注册商标的有效期自申请之日起计算

B．注册商标的有效期为20年

C．注册商标有效期满，需要继续使用的，可以在期满前6个月内申请续展注册

D．注册商标每次续展注册的有效期为7年，自核准续展注册之日起计算

【解题思路】

与专利不同，商标的有效日期是从核准注册之日算起。注册商标的有效期为10年不是20年。需要指出的是，TRIPs规定的商标注册有效期为不得低于7年，我国规定为10年，符合该协定的要求。既然注册商标的有效期是10年，那没有理由对续展注册的期限打折。商标续展期限为有效期满前12个月。考生需要注意的是，续展期届满后，还有6个月的宽展期。

【参考答案】 无

2. 变更

《商标法》第41条："注册商标需要变更注册人的名义、地址或者其他注册事项的，应当提出变更申请。"

《商标法实施条例》第17条："申请人变更其名义、地址、代理人、文件接收人或者删减指定的商品的，应当向商标局办理变更手续。

申请人转让其商标注册申请的，应当向商标局办理转让手续。"

43．【2016年第85题】根据商标法及相关规定，注册商标做下列哪些变更应当办理变更手续，但不需要重新提交商标注册申请？

A．变更申请人的名义

B．变更申请人的地址

C．变更申请人的代理人

D．改变注册商标标志

【解题思路】

如果商标注册人的名义、地址或者是其他事项发生变更，那商标的主体实质上并没有发生改变，因此只需要进行变更。如果法律要求企业变更名称、地址或者其他注册事项后，要重新提起商标注册，则意味着企业更名之后不能继承原先的商标资产，那显然是不合理的。代理人变更后，为了便于商标局和变更后的代理机构联系，需要办理变更手续。改变商标标志，就不再是原来的商标，需要重新提起申请。如果是删减指定的商品，则商标只是部分发生了改变，不需要重新注册，变更一下即可。

【参考答案】 ABC

3. 转让

《商标法》第42条："转让注册商标的，转让人和受让人应当签订转让协议，并共同向商标局提出申请。受让人应当保证使用该注册商标的商品质量。

转让注册商标的，商标注册人对其在同一种商品上注册的近似的商标，或者在类似商品上注册的相同或者近似的商标，应当一并转让。

对容易导致混淆或者有其他不良影响的转让，商标局不予核准，书面通知申请人并说明理由。

转让注册商标经核准后，予以公告。受让人自公告之日起享有商标专用权。"

44．【2009年第24题】甲、乙两公司均为汽车生产商，甲公司为其生产的汽车注

册了某商标，后甲公司决定将该注册商标转让给乙公司。根据商标法及相关规定，下列说法哪些是正确的？

A. 甲、乙两公司应当签订转让协议，并共同向商标局提出申请

B. 转让后乙公司应当保证使用该注册商标的商品质量

C. 乙公司自协议签订之日起享有该注册商标的专用权

D. 如果甲公司未经商标局核准自行转让该注册商标给乙公司，则商标局可以责令其限期改正或者撤销该注册商标

【解题思路】

商标转让和专利转让存在很多相似之处，考生在复习的时候可以一并进行记忆和理解。商标转让需要签订书面协议。受让方有保证商品质量的义务。商标转让经核准公告后生效。2013年《商标法》修改前规定商标转让需要核准，如果私下转让将面临不利的后果，有可能会被撤销该商标。不过，《商标法》2013年修改时删除了此项规定。

【参考答案】 AB

45.【2015年第85题】根据商标法及相关规定，下列关于注册商标转让的哪些说法是正确的？

A. 转让人和受让人应共同向商标局提出转让申请

B. 商标注册人对其在同一种商品上注册的近似的商标应当一并转让

C. 对容易导致混淆或者有其他不良影响的转让，商标局不予核准

D. 受让人自商标转让协议签订之日起享有商标专用权

【解题思路】

商标转让和专利转让存在很多相似之处，考生在复习的时候可以一并进行记忆和理解。商标转让需要签订书面协议，转让双方共同提交转让申请，类似商标一并转让以及可能引起不良影响的申请不予批准。另外，商标转让合同是在双方签署之后就成立的，但商标权的转让则是需要在商标局核准公告之后。在专利转让实践当中，一般都是同日完成登记和公告，故登记之日和公告之日其实是同一日。

【参考答案】 ABC

4. 使用许可

《商标法》第43条："商标注册人可以通过签订商标使用许可合同，许可他人使用其注册商标。许可人应当监督被许可人使用其注册商标的商品质量。

被许可人应当保证使用该注册商标的商品质量。经许可使用他人注册商标的，必须在使用该注册商标的商品上标明被许可人的名称和商品产地。

许可他人使用其注册商标的，许可人应当将其商标使用许可报商标局备案，由商标局公告。商标使用许可未经备案不得对抗善意第三人。"

46.【2010年第31题】根据商标法及相关规定，订立商标使用许可合同后应当到商标局办理下列哪些手续？

A. 注册

B. 登记

C. 备案

D. 核准

【解题思路】

注册是商标申请需要履行的程序，核

准则暗示了还存在不核准的事情，商标许可不存在被否决的可能，不适用核准。需要注意的是登记和备案的区别。法律规定，必须登记的，才具备法律效力，否则不产生相应的法律效力；法律规定备案的，是否备案不影响合同的效力，只是不能对抗善意的第三人。商标的许可适用的是备案程序，由商标许可人去备案。

【参考答案】 C

47.【2018年第83题】甲公司享有"友善熊"注册商标的专用权，核定在玩具上使用。甲公司许可乙公司在其生产玩具上使用该注册商标。对此，下列说法哪些是正确的？

A．甲公司对乙公司的商标使用许可在报商标局备案后生效

B．乙公司应当保证使用该商标的玩具的质量

C．甲公司应当监督乙公司使用该商标的玩具的质量

D．乙公司应当在使用该商标的玩具上，标明乙公司的名称和玩具产地

【解题思路】

商标许可使用合同在双方签订后即成立和生效，商标许可在商标局备案的作用是对抗善意第三人，而不是许可合同生效的前提。中国的商标还承担着保证商品质量的义务，故许可人需要监督被许可人使用该商标的商品质量，被许可人则须保证该商品的质量。商品是原厂制造还是来自贴牌制造商，对消费者的意义完全不一样。为此，被许可人需要在产品上标明自己的信息，满足公众的知情权。

【参考答案】 BCD

《商标民事纠纷解释》第4条："商标法第六十条第一款规定的利害关系人，包括注册商标使用许可合同的被许可人、注册商标财产权利的合法继承人等。

在发生注册商标专用权被侵害时，独占使用许可合同的被许可人可以向人民法院提起诉讼；排他使用许可合同的被许可人可以和商标注册人共同起诉，也可以在商标注册人不起诉的情况下，自行提起诉讼；普通使用许可合同的被许可人经商标注册人明确授权，可以提起诉讼。"

48.【2018年第89题】甲公司许可乙公司独占使用其注册商标，在合同履行期间，市场上出现大量侵犯该注册商标专用权的商品。对此，下列关于侵权诉讼的说法哪些是正确的？

A．甲公司可以自行提起诉讼

B．乙公司可以自行提起诉讼

C．甲和乙应当共同起诉

D．在甲不起诉的情况下，乙才可以自行提起诉讼

【解题思路】

甲公司作为商标权人，自然有权单独提起诉讼。乙公司作为独占使用的被许可人，是唯一使用涉案商标的主体，是侵权行为的直接受害人，也有权单独提起诉讼。

【参考答案】 AB

49.【2019年第88题】根据商标法及相关规定，因侵犯注册商标专用权引起纠纷的，商标注册人或者利害关系人可以向人民法院起诉。这里规定的利害关系人包括下列哪些？

A．注册商标使用许可合同的被许可人

B．商标注册人的子公司

C. 注册商标财产权利的合法继承人

D. 与商标注册人有密切关系的其他经营者

【解题思路】

侵犯商标权诉讼的利害关系人需要和涉案商标具有关系，商标被许可人和商标权的合法继承人符合要求。商标权人的子公司和与商标权人有密切关系的其他经营者是和"商标权人"存在利害关系，而不是和商标本身存在利害关系。

【参考答案】 AC

五、注册商标专用权的消灭

（一）注册商标的注销

《商标法实施条例》第73条："商标注册人申请注销其注册商标或者注销其商标在部分指定商品上的注册的，应当向商标局提交商标注销申请书，并交回原《商标注册证》。"

商标注册人申请注销其注册商标或者注销其商标在部分指定商品上的注册的，该注册商标专用权或者该注册商标专用权在该部分指定商品上的效力自商标局收到其注销申请之日起终止。"

《商标法》第40条第1款："注册商标有效期满，需要继续使用的，商标注册人应当在期满前十二个月内按照规定办理续展手续；在此期间未能办理的，可以给予六个月的宽展期。每次续展注册的有效期为十年，自该商标上一届有效期满次日起计算。期满未办理续展手续的，注销其注册商标。"

（二）注册商标的无效宣告

1. 国家知识产权局依职权宣告注册商标无效

（1）无效事由。

《商标法》第44条第1款："已经注册的商标，违反本法第十条、第十一条、第十二条、第十九条第四款规定的，或者是以欺骗手段或者其他不正当手段取得注册的，由商标局宣告该注册商标无效；其他单位或者个人可以请求商标评审委员会宣告该注册商标无效。"

表17 注册商标的宣告无效

项目	依职权无效	申请人请求的无效	
申请事由	不得作为商标使用的标志、不得作为商标注册的标志、三维标志的限制，以欺骗手段或者其他不正当手段取得注册	不得作为商标使用的标志、不得作为商标注册的标志、三维标志的限制，以欺骗手段或者其他不正当手段取得注册	不以使用为目的的申请、侵犯驰名商标、禁止恶意抢注、地理标志的保护、与在先商标相同或近似、申请在先原则、保护在先权利和禁止恶意抢注
期限	没有限制	没有限制	商标注册之日起5年内，对恶意注册的，驰名商标所有人不受5年限制
程序启动者	国家知识产权局	国家知识产权局之外的其他单位和个人	在先权利人和利害关系人
受理机构	国家知识产权局	国家知识产权局	国家知识产权局
处理期限	无	9个月，可延长3个月	12个月，可延长6个月
救济程序	可以自收到通知之日起15日内向国家知识产权局申请复审，对其决定不服的，自收到通知之日起30日内向法院起诉	收到通知之日起30日内向法院起诉	

50.【2014年第73题】根据商标法及相关规定，已经注册的商标有下列哪些情形的，由商标局宣告该注册商标无效？

A. 商标标志带有民族歧视性

B. 商标标志缺乏显著特征

C. 商标注册人在使用注册商标的过程中，自行改变注册商标

D. 商标是以欺骗手段取得注册的

【解题思路】

无效针对的是商标标志本身存在的问题，导致的后果是自始无效。带有民族歧视性的标志显然不能作为商标，缺乏显著特征则不能分辨商品的来源。使用过程中自行改变注册商标，那是使用中的问题，导致的后果是撤销。以欺骗手段注册商标，违背了诚信原则，获得的商标应该被宣告无效。

【参考答案】 ABD

51.【2018年第85题】对于以欺骗手段取得注册的商标，下列哪些说法是正确的？

A. 由商标局宣告该注册商标无效

B. 由商标评审委员会依职权宣告该注册商标无效

C. 其他单位或者个人可以请求商标评审委员会宣告该注册商标无效

D. 宣告该注册商标无效的裁定，一经送达即告生效

【解题思路】

以欺骗手段取得的商标，相关部门可依职权主动宣告其无效。需要强调的是，作出宣告无效的决定的机关应当是商标局而不是商标评审委员会（现在改为国家知识产权局）。国家知识产权局可以依职权宣告商标无效，并没有排除公众向国家知识产权局提起无效宣告程序。商标的无效宣告，需要经过司法审查。当事人如果不服，可以向北京知识产权法院提起行政诉讼。

【参考答案】 AC

《商标法实施条例》第68条："商标局、商标评审委员会撤销注册商标或者宣告注册商标无效，撤销或者宣告无效的理由仅及于部分指定商品的，对在该部分指定商品上使用的商标注册予以撤销或者宣告无效。"

52.【2007年第54题】关于注册商标的宣告无效，下列哪些说法是正确的？

A. 商标局宣告注册商标无效，宣告无效的理由仅及于部分指定商品的，对在该部分指定商品上使用的商标注册宣告无效

B. 商标局宣告注册商标无效，宣告无效的理由仅及于部分指定商品的，在其他部分指定商品上使用的商标注册视为一并宣告无效

C. 以欺骗手段取得注册的商标被商标局宣告无效的，该注册商标专用权自注册商标的宣告无效决定作出之日起终止

D. 当事人对商标局宣告注册商标无效的决定不服的，可以自收到通知之日起30日内向人民法院起诉

【解题思路】

商标申请注册时，一件商标可以指定同一类别的多件商品。如果商标宣告无效仅限于部分指定商品，从保护商标注册人的角度出发，不应该株连到全部商品上。以欺骗手段获取商标注册的，该商标违反了商标注册的法定条件，被宣告无效后视为自始不存在。对商标局宣告无效决定不服，可向商标评审委员会提起复审，对复审不服才能起诉。

【参考答案】 A

（2）宣告无效程序。

如果是依职权的无效，由商标局提起。

（3）对无效决定不服的救济。

《商标法》第44条第2款："商标局做出宣告注册商标无效的决定，应当书面通知当事人。当事人对商标局的决定不服的，可以自收到通知之日起十五日内向商标评审委员会申请复审。商标评审委员会应当自收到申请之日起九个月内做出决定，并书面通知当事人。有特殊情况需要延长的，经国务院工商行政管理部门批准，可以延长三个月。当事人对商标评审委员会的决定不服的，可以自收到通知之日起三十日内向人民法院起诉。"

2. 当事人请求宣告注册商标无效

（1）无效事由。

当事人提起的无效程序中，事由如下：

①《商标法》第44条第1款："已经注册的商标，违反本法第十条、第十一条、第十二条规定的，或者是以欺骗手段或者其他不正当手段取得注册的，由商标局宣告该注册商标无效；其他单位或者个人可以请求商标评审委员会宣告该注册商标无效。"

②《商标法》第45条第1款："已经注册的商标，违反本法第十三条第二款和第三款、第十五条、第十六条第一款、第三十条、第三十一条、第三十二条规定的，自商标注册之日起五年内，在先权利人或者利害关系人可以请求商标评审委员会宣告该注册商标无效。对恶意注册的，驰名商标所有人不受五年的时间限制。"

53.【2016年第28题】 某商标代理机构未经授权，以自己的名义将被代理人甲公司的商标进行注册，在获得核准注册后，甲公司可以自该商标注册之日起五年内采取下列哪种措施维护自身合法权益？

A．请求商标局撤销该注册商标

B．请求北京知识产权法院宣告该注册商标无效

C．请求商标评审委员会宣告该注册商标无效

D．请求商标评审委员会撤销该注册商标

【解题思路】

对代理人抢注商标的情形，被代理人如果在商标初审公告的时候及时发现，则可以提起异议。对已经获得注册的商标，救济程序是申请该商标无效。当事人请求宣告商标无效的，应当向商标评审委员会提出。

【参考答案】 C

《商标法》第32条："申请商标注册不得损害他人现有的在先权利，也不得以不正当手段抢先注册他人已经使用并有一定影响的商标。"

54.【2009年第42题】 画家李某发现自己已经发表的一幅漫画作品被某公司擅自注册为商标。根据商标法及相关规定，下列说法哪些是正确的？

A．该公司使用李某的作品申请商标注册无须得到李某的许可，但应当向其支付一定的费用

B．该公司损害了李某现有的在先权利

C．李某可以自该商标注册之日起5年内请求商标评审委员会裁定撤销该注册商标

D．李某可以请求商标局将商标注册人变更为自己

【解题思路】

专利、商标和版权保护的内容各不相

同，容易发生权利冲突。商标和著作权之间的冲突中，最常见的就是将他人的作品注册为商标。要使用别人的作品注册为商标，自然应当获得许可。不经许可就使用他人作品，损害了李某在先的著作权。考生在复习的时候需要注意，此处的"在先权利"不是指普通的商标权，而是指他人享有的其他在先权利。这些权利包括在先的工业品外观设计专利权、实用新型专利权、厂商字号权、肖像权、姓名权、著作权以及尚未注册但已经使用并有一定影响的商标权。侵犯在先权利获得的商标注册违反了诚实信用原则，已经构成对他人尤其是竞争对手利益的损害，属于不正当注册。与在先权利冲突属于商标权宣告无效的理由之一，李某可以通过商标无效程序获得救济。2013年《商标法》修改后，将商标评审委员会的"撤销"程序改为"无效宣告"程序。本题为改法之前的题目，故表述还是"撤销"。为保持社会秩序稳定，向商标评审委员会（现在为国家知识产权局）申请宣告无效的期限为商标注册之日起5年。根据民法的一般原则，侵犯他人的权利，承担民事责任的方式包括停止侵权、赔偿损失、赔礼道歉等。商标被宣告无效后，侵权行为就停止了。如果要求将侵权商标的权利人变更为著作权人，则属于矫枉过正。

【参考答案】 B

55.【2018年第81题】根据商标法及相关规定，某企业在其生产的人用药品上使用"我不是药神"作为商标使用，但未进行注册，下列哪些说法是错误的

A．该商标未经注册，不得在市场销售

B．该商标损害他人在先权利，不能获得注册

C．该商标不具备显著性，不能注册

D．该商标不需要经过注册即可使用，也可以在市场上销售

【解题思路】

国家知识产权局公布答案为C、D，笔者认为答案为A、C、D。在判断选项是否正确时，不但要看结论还要看论证的逻辑。A选项的意思是"我不是药神"牌人用药品不得在市场销售的原因是"商标未经注册"。不过，现行《药品管理法》中早已取消了人用药品必须使用注册商标的规定，A选项错误。在先权利包括知名商品特有的名称。"我不是药神"为知名电影的名称，属于在先权利的一种，损害他人在先权利的商标不能获得注册，B选项正确。"我不是药神"并不是人用药品的通用名称，也不是对药品的直接描述，具备显著性，C选项错误。"我不是药神"如果作为未注册商标使用，则侵犯了他人的在先权利。根据《反不正当竞争法》，经营者不得擅自使用他人具有一定影响的商品名称。D选项错误。

【参考答案】 ACD

（2）无效机构。

根据《商标法》的规定，当事人提起商标无效请求的，需要向商标评审委员会提起。不过，根据2019年2月14日国家知识产权局发布的第295号公告，商标评审委员会已经取消，商标评审工作以国家知识产权局的名义进行。不过，由于《商标法》等相关法律法规尚未进行修改，故法条中依然规定的是"商标评审委员会"。

（3）无效程序。

《商标法》第44条第3款："其他单位或者个人请求商标评审委员会宣告注册商标

无效的，商标评审委员会收到申请后，应当书面通知有关当事人，并限期提出答辩。商标评审委员会应当自收到申请之日起九个月内做出维持注册商标或者宣告注册商标无效的裁定，并书面通知当事人。有特殊情况需要延长的，经国务院工商行政管理部门批准，可以延长三个月。当事人对商标评审委员会的裁定不服的，可以自收到通知之日起三十日内向人民法院起诉。人民法院应当通知商标裁定程序的对方当事人作为第三人参加诉讼。"

《商标法》第45条第2款："商标评审委员会收到宣告注册商标无效的申请后，应当书面通知有关当事人，并限期提出答辩。商标评审委员会应当自收到申请之日起十二个月内做出维持注册商标或者宣告注册商标无效的裁定，并书面通知当事人。有特殊情况需要延长的，经国务院工商行政管理部门批准，可以延长六个月。当事人对商标评审委员会的裁定不服的，可以自收到通知之日起三十日内向人民法院起诉。人民法院应当通知商标裁定程序的对方当事人作为第三人参加诉讼。"

56.【2017年第84题】根据商标法及相关规定，下列哪些情形可以由商标局宣告该注册商标无效？

A. 周某以欺骗手段取得商标注册

B. 李某的注册商标仅有本商品的通用名称

C. 王某的注册商标仅直接表示商品的质量

D. 丁某的注册商标仅直接表示商品的主要原料

【解题思路】

商标是识别商品来源的标志，如果该商标仅有商品的通用名称，直接表示质量或者主要原料，那就没有显著性，无法起到识别来源的作用。在这种情况下，商标局可以主动宣告该商标无效。另外，如果商标申请人在申请过程中存在欺骗和不正当的手段，那么该商标也应该被宣告无效。

【参考答案】 ABCD

（4）对无效裁定不服的救济。

当事人对商标评审委员会的裁定不服的，可以自收到通知之日起30日内向人民法院起诉。人民法院应当通知商标裁定程序的对方当事人作为第三人参加诉讼。

3. 商标无效的法律效力

《商标法》第47条："依照本法第四十四条、第四十五条的规定宣告无效的注册商标，由商标局予以公告，该注册商标专用权视为自始即不存在。

宣告注册商标无效的决定或者裁定，对宣告无效前人民法院做出并已执行的商标侵权案件的判决、裁定、调解书和工商行政管理部门做出并已执行的商标侵权案件的处理决定以及已经履行的商标转让或者使用许可合同不具有追溯力。但是，因商标注册人的恶意给他人造成的损失，应当给予赔偿。

依照前款规定不返还商标侵权赔偿金、商标转让费、商标使用费，明显违反公平原则的，应当全部或者部分返还。"

57.【2012年第20题】根据商标法及相关规定，下列哪种情况导致注册商标被无效、撤销或注销的，该注册商标专用权视为自始即不存在？

A. 因连续三年停止使用而被撤销的

B．因商标注册人死亡而被注销的

C．因商标标志缺乏显著特征而被无效的

D．因自行改变注册商标而被撤销的

【解题思路】

商标权视为自始不存在，意味着问题在商标注册的时候就存在。如果是在使用中发生了问题，那对该商标进行兜底的撤销是不公平的。A、B、D选项都是在商标实际使用中发生了问题，C选项中的显著性问题是在商标注册时就有的。

【参考答案】 C

58．【2019年第86题】根据商标法及相关规定，宣告注册商标无效的决定或者裁定，对哪些法律文书不具有追溯力？

A．对宣告无效前人民法院做出并执行的商标侵权案件的判决不具有追溯力

B．对宣告无效前人民法院做出并执行的商标侵权案件的调解书不具有追溯力

C．对已经具备履行条件的使用许可合同不具有追溯力

D．对已经履行的商标转让合同不具有追溯力

【解题思路】

商标被宣告无效后视为自始不存在，但考虑到社会关系的稳定，故原则上对商标无效前已经执行的商标侵权判决书或者调解书、商标转让或许可合同不具有溯及力。"已经具备履行条件的使用许可合同"意味着合同尚未履行，商标就已经被宣告无效了，故该合同无法履行。当然，"追溯力"意味着相关事项已经完成，对于尚未履行的合同，使用"追溯力"来表述似乎也并不合适。

【参考答案】 ABD

《商标法》第50条："注册商标被撤销、被宣告无效或者期满不再续展的，自撤销、宣告无效或者注销之日起一年内，商标局对与该商标相同或者近似的商标注册申请，不予核准。"

59．【2017年第86题】根据商标法及相关规定，下列哪些说法是正确的？

A．注册商标被撤销的，自撤销之日起一年内，商标局对与该商标相同的商标注册申请，不予核准

B．注册商标被撤销的，自撤销之日起一年内，商标局对与该商标近似的商标注册申请，可以核准

C．注册商标期满不再续展的，自注销之日起一年内，商标局对与该商标相同的商标注册申请，不予核准

D．注册商标期满不再续展的，自注销之日起一年内，商标局对与该商标近似的商标注册申请，可以核准

【解题思路】

商标被宣告无效、撤销或注销后，原商标注册人生产的相关商品并不能立即退出市场，在流通领域还会存在一定时期。为防止消费者误认和误购，《商标法》规定了一年的过渡期。在这个期限内，不核准他人提出的相同或者近似商标的注册申请。

【参考答案】 AC

《商标法》第55条："法定期限届满，当事人对商标局做出的撤销注册商标的决定不申请复审或者对商标评审委员会做出的复审决定不向人民法院起诉的，撤销注册商标的决定、复审决定生效。

被撤销的注册商标，由商标局予以公告，该注册商标专用权自公告之日起终止。"

60.【2017年第85题】根据商标法及相关规定，下列哪些说法是正确的？

A. 宣告注册商标无效的决定或者裁定，对宣告无效前人民法院做出并已执行的商标侵权案件的判决不具有追溯力

B. 宣告注册商标无效的决定或者裁定，对宣告无效前人民法院做出并已执行的商标侵权案件的调解书具有追溯力

C. 宣告注册商标无效的决定或者裁定，对宣告无效前工商行政管理部门做出并已执行的商标侵权案件的处理决定不具有追溯力

D. 宣告注册商标无效的决定或者裁定，对宣告无效前已经履行的商标使用许可合同具有追溯力

【解题思路】

注册商标被宣告无效，视为自始不存在。不过，如果要对以前已经执行完毕的判决、调解书和商标许可合同具有追溯力，那么就会影响已经稳定的社会关系。为此，原则上不进行追溯，除非明显违反公平原则。

【参考答案】 AC

六、商标使用的管理

（一）注册商标的使用

1. 注册商标的使用规定

《商标法》第48条："本法所称商标的使用，是指将商标用于商品、商品包装或者容器以及商品交易文书上，或者将商标用于广告宣传、展览以及其他商业活动中，用于识别商品来源的行为。"

61.【2018年第26题】关于商标法所称的"商品商标的使用"，以下说法正确的是？

A. 商标的使用必须将商标贴附在商品上

B. 商标的使用不能脱离商品而使用

C. 商标的使用可以在非商业活动中

D. 商标的使用是指商标能够识别商品来源的行为

【解题思路】

商标的功能是识别商品来源，故商标的使用指的是能够用来实现商标识别功能的行为。商标如使用在非商业活动中，则无法起到识别商品来源的作用，故不属于商标性使用。如果商品是气态或者是液态，那就无法把商标贴在商品上。如果要求商标必须贴附在商品上，则是强人所难。商标可以使用在合同上，更可以使用在广告上。

【参考答案】 D

2. 违反规定的处罚

《商标法》第49条："商标注册人在使用注册商标的过程中，自行改变注册商标、注册人名义、地址或者其他注册事项的，由地方工商行政管理部门责令限期改正；期满不改正的，由商标局撤销其注册商标。

注册商标成为其核定使用的商品的通用名称或者没有正当理由连续三年不使用的，任何单位或者个人可以向商标局申请撤销该注册商标。商标局应当自收到申请之日起九个月内做出决定。有特殊情况需要延长的，经国务院工商行政管理部门批准，可以延长三个月。"

62.【2009年第74题】根据商标法及相关规定，下列哪些情形下商标局可以撤销该注册商标？

A. 注册商标是以欺骗手段取得注册的

B. 商标注册人在宽展期满后仍未就其注册商标申请续展注册的

C. 商标注册人自行改变注册商标的

D. 注册商标损害他人现有的在先权利的

【解题思路】

商标的无效、撤销和注销的区别需要加以分辨。商标撤销是由于长期闲置不用，使用不规范导致，是商标在使用中发生了问题；商标被宣告无效是因为不具备合法性、显著性、非功能性，或者是不符合在先性，是商标在申请时就存在问题；商标的注销则是商标权人放弃了续展自己商标的权利，是商标权人自己要放弃商标。以欺骗手段获取商标注册属于商标局可以主动宣告无效的情形，不属于撤销。商标权人自行改变注册商标的，属于可撤销的情形。宽展期满后未续展时，商标权人以默示的形式放弃了商标权，属于商标的注销。侵犯在先权利属于当事人申请无效的情形。

【参考答案】 C

63.【2014年第27题】某注册商标在使用过程中成为了其核定使用的商品的通用名称。根据商标法及相关规定，下列有关该注册商标的哪种说法是正确的？

A. 任何单位或者个人可以请求商标局宣告该注册商标无效

B. 任何单位或者个人可以向商标局申请撤销该注册商标

C. 任何单位或者个人可以请求商标评审委员会宣告该注册商标无效

D. 地方工商行政管理部门可以责令限期改正；期满不改正的，由商标局撤销该注册商标

【解题思路】

如果商标变成了通用名称，那就失去了区分商品来源的作用。此时，任何人都可以向商标局申请撤销该商标。商标的无效针对的是该商标注册时就存在的问题，商标的撤销则针对的是商标使用过程中发生的问题。本题中商标退化为通用名称是在使用过程中发生的，故适用的是撤销程序。商标退化为通用名称后，商标权人基本上没有办法恢复其显著性，也就谈不上限期改正的问题。

【参考答案】 B

64.【2018年第84题】根据商标法及相关规定，商标注册人在使用注册商标的过程中，具有下列哪些情形的，由地方工商行政管理部门责令限期改正，期满不改正的，由商标局撤销其注册商标？

A. 自行改变注册商标

B. 自行改变注册人名义

C. 注册商标成为其核定使用的商品的通用名称

D. 没有正当理由连续三年不使用

【解题思路】

商标获得注册后，所有人使用商标时应当严格遵照该注册商标的相关信息来使用，自行改变注册商标或者注册人的名义，都属于商标的不当使用。对商标的不当使用，地方工商局会责令其改正。如拒不改正，则商标会被撤销。注册商标成为通用名称，或者连续3年不使用，则失去了识别商品来源的功能，任何人都可以向商标局申请撤销该商标。

【参考答案】 AB

《商标法》第51条："违反本法第六条规定的，由地方工商行政管理部门责令限期申请注册，违法经营额五万元以上的，可以

处违法经营额百分之二十以下的罚款，没有违法经营额或者违法经营额不足五万元的，可以处一万元以下的罚款。"

65.【2018年第87题】地方工商行政管理部门可以对以下哪些行为处以罚款？

A．经营者在商品上加注"驰名商标"字样

B．将未注册商标冒充注册商标使用

C．侵犯注册商标专用权

D．在市场上销售国家规定必须使用注册商标的商品，但在该商品上使用的商标未经核准注册的

【解题思路】

《商标法》2013年修改后，禁止行为人将"驰名商标"字样用于宣传，违反的代价是被工商局罚款10万元。未注册商标冒充注册商标使用属于明显的不当行为，会受到工商局的行政处罚。侵犯注册商标专用权，除损害商标权人的利益外，还会造成公众混淆，有损公共利益，须承担行政责任。目前，烟草制品必须使用注册商标，如果使用未注册商标，则商品不能在市场上销售，违背该规定也会受到行政处罚。在各类行政处罚中，罚款是最为常见的一种。

【参考答案】 ABCD

3. 对处罚的救济

《商标法》第54条："对商标局撤销或者不予撤销注册商标的决定，当事人不服的，可以自收到通知之日起十五日内向商标评审委员会申请复审。商标评审委员会应当自收到申请之日起九个月内做出决定，并书面通知当事人。有特殊情况需要延长的，经国务院工商行政管理部门批准，可以延长三个月。当事人对商标评审委员会的决定不服的，可以自收到通知之日起三十日内向人民法院起诉。"

66.【2008年第90题】根据商标法及相关规定，对于下列哪些裁定或者决定不服的，当事人可以向人民法院起诉？

A．商标局就商标异议作出的裁定

B．商标局作出的撤销注册商标的决定

C．商标评审委员会作出的撤销注册商标的裁定

D．工商行政管理部门对侵犯注册商标专用权的行为作出的处罚决定

【解题思路】

对商标局所作出的异议、撤销和驳回决定，救济手段都是向商标评审委员会（现为向国家知识产权局）提起复审，对复审不服才能提起诉讼。如果不服工商行政管理部门对侵犯注册商标专用权的行为作出的处罚决定，则可以直接提起诉讼。在2013年《商标法》修改后，将商标评审委员会作出的"撤销注册商标"决定改为"宣告注册商标无效"决定，更为科学。C选项中的"撤销"的表述已不准确，这里姑且选择。

【参考答案】 CD

67.【2012年第14题】根据商标法及相关规定，商标所有人对商标局撤销其注册商标的决定不服的，可以选择下列哪项救济途径？

A．向国家工商行政管理总局申请行政复议

B．向商标评审委员会申请复审

C．直接向人民法院起诉

D．既可以向商标评审委员会申请复审，也可以直接向人民法院起诉

【解题思路】

对撤销商标不服的，可以向商标评审委员会（现为向国家知识产权局）申请复审。对复审不服的，才能向法院提起诉讼。

【参考答案】 B

（二）未注册商标的使用

1. 未注册商标的使用规定和违反规定的处罚

《商标法》第52条："将未注册商标冒充注册商标使用的，或者使用未注册商标违反本法第十条规定的，由地方工商行政管理部门予以制止，限期改正，并可以予以通报，违法经营额五万元以上的，可以处违法经营额百分之二十以下的罚款，没有违法经营额或者违法经营额不足五万元的，可以处一万元以下的罚款。"

68.【2011年第23题】根据商标法及相关规定，使用未注册商标有下列哪些情形的，由地方工商行政管理部门予以制止，限期改正？

A. 冒充注册商标

B. 商标标志缺乏显著特征

C. 商标标志夸大宣传并带有欺骗性

D. 使用商标的商品粗制滥造，以次充好，欺骗消费者

【解题思路】

冒充注册商标会损害消费者的利益，应当由工商行政管理部门予以制止。缺乏显著特征的标志不能作为商标注册，但还是可以作为未注册商标使用的。商标的作用就是用来区别不同的商品提供者，如果商标缺乏显著特征难以让消费者识别，那受到影响的也是商标所有人自己，没有必要通过公权力予以制止。如果未注册商标带有欺骗性，那自然需要予以制止。关于使用商标的商品粗制滥造方面的规定，2013年《商标法》修改时已经将其删除，这是因为上述行为在其他法律（如《消费者权益保护法》）中有了明确的规定，故《商标法》就不再重复。针对劣质产品，工商局可以根据《消费者权益保护法》进行查处。也就是说，商标权进行查处的权利还是有的，只不过所依据的法律发生了变化顺便需要指出的是，在2013年《商标法》修订之前，商品粗制滥造可能会导致注册商标被撤销。不过《商标法》修改了，删除了此规定。这是因为立法者意识到商品粗制滥造是商品质量的问题，不是商标本身的问题，不应导致商标被撤销。

【参考答案】 ACD

69.【2011年第97题】根据商标法及相关规定，下列说法哪些是正确的？

A. 未注册商标不得在市场销售的商品上使用

B. 使用未注册商标不得冒充注册商标

C. 国家规定必须使用注册商标的商品，必须申请商标注册，未经核准注册的，不得在市场销售

D. 国家规定必须使用注册商标的商品，必须申请商标注册，未经核准注册的，可以在市场销售，但不享有商标专用权

【解题思路】

在我国，未注册商标可以存在，但不能冒充注册商标。如果国家规定必须使用注册，那就必须申请注册。如果未注册还可以在市场销售，那显然威慑力不足。

【参考答案】 BC

2. 对处罚的救济

商标局作出的处罚属于行政行为，当

事人可以申请行政复议或提起行政诉讼。

七、注册商标专用权的保护

（一）侵犯注册商标专用权的行为

《商标法》第57条："有下列行为之一的，均属侵犯注册商标专用权：

（一）未经商标注册人的许可，在同一种商品上使用与其注册商标相同的商标的；

（二）未经商标注册人的许可，在同一种商品上使用与其注册商标近似的商标，或者在类似商品上使用与其注册商标相同或者近似的商标，容易导致混淆的；

（三）销售侵犯注册商标专用权的商品的；

（四）伪造、擅自制造他人注册商标标识或者销售伪造、擅自制造的注册商标标识的；

（五）未经商标注册人同意，更换其注册商标并将该更换商标的商品又投入市场的；

（六）故意为侵犯他人商标专用权行为提供便利条件，帮助他人实施侵犯商标专用权行为的；

（七）给他人的注册商标专用权造成其他损害的。"

《商标民事纠纷解释》第1条："下列行为属于商标法第五十七条第（七）项规定的给他人注册商标专用权造成其他损害的行为：

（一）将与他人注册商标相同或者相近似的文字作为企业的字号在相同或者类似商品上突出使用，容易使相关公众产生误认的；

（二）复制、摹仿、翻译他人注册的驰名商标或其主要部分在不相同或者不相类似商品上作为商标使用，误导公众，致使该驰名商标注册人的利益可能受到损害的；

（三）将与他人注册商标相同或者相近似的文字注册为域名，并且通过该域名进行相关商品交易的电子商务，容易使相关公众产生误认的。"

70.【2008年第28题】某烟草公司享有"黄鹤楼"及图形的注册商标专用权，核定使用于香烟上。后邓某注册了中文域名"www.黄鹤楼.com"，并通过该网站进行香烟的销售，使相关公众产生误认。对此，下列哪些说法是正确的？

A．烟草公司的注册商标专用权，以核准注册的商标和核定使用的商品为限，因而邓某的行为不侵犯烟草公司的注册商标专用权

B．邓某注册的域名不包含黄鹤楼的图形，因而邓某的行为不侵犯烟草公司的注册商标专用权

C．烟草公司的"黄鹤楼"及图形的注册商标不是驰名商标，因而邓某的行为不侵犯烟草公司注册商标专用权

D．邓某的行为侵犯了烟草公司的注册商标专用权

【解题思路】

邓某将他人注册商标注册为中文域名，并通过该网站进行香烟的销售，容易使消费者产生误认，侵犯了他人的商标权。烟草公司的商标包括"黄鹤楼"文字和图形两方面，只要使用了其中的文字就可以构成侵犯商标权。驰名商标可以扩展到非类似商品上，不过邓某在网站上销售的是同类产品香烟，因

此构成侵犯商标权。

【参考答案】 D

71.【2008年第88题】对于下列哪些行为，工商行政管理部门可以给予行政处罚？

A. 使用的商标未经注册，却在商品上标明注册标记

B. 销售擅自制造的他人注册商标标识

C. 使用未注册商标的商品粗制滥造，以次充好，欺骗消费者

D. 使用注册商标的商品粗制滥造，以次充好，欺骗消费者

【解题思路】

假冒注册商标，欺骗了消费者，应受到处罚。擅自制造他人的商标标志，构成商标侵权，应当受到行政处罚。不管是注册商标还是未注册商标，都需要保证质量，否则会受到处罚。C、D两项涉及的是商品质量方面的问题，不是商标的问题，在《商标法》删除了涉及商品质量的条款之后，工商局要对企业的上述行为进行处罚，其依据是《消费者权益保护法》。

【参考答案】 ABCD

72.【2017年第87题】根据商标法及相关规定，下列哪些行为属于侵犯注册商标专用权的行为？

A. 张某未经商标注册人的许可，在类似商品上使用与其注册商标近似的商标，但不会导致混淆

B. 王某伪造他人注册商标标识

C. 李某未经商标注册人同意，更换其注册商标并将该更换商标的商品又投入市场

D. 赵某故意为侵犯他人商标专用权行为提供便利条件，帮助他人实施侵犯商标专用权行为

【解题思路】

商标是区别不同商品生产者的标志，因此侵犯注册商标专用权的一个前提是引起消费者的混淆。张某的行为未造成消费者的混淆，故不属于侵犯商标权。伪造他人注册商标标志，或者为他人的侵权行为提供便利条件，构成侵犯商标权，当无疑义。更换商品上的商标，并且将更换商标的商品又投入市场，属于反向假冒，同样属于侵犯商标专用权。

【参考答案】 BCD

（二）不正当竞争行为

《商标法》第58条："将他人注册商标、未注册的驰名商标作为企业名称中的字号使用，误导公众，构成不正当竞争行为的，依照《中华人民共和国反不正当竞争法》处理。"

（三）注册商标专用权的限制

《商标法》第59条："注册商标中含有的本商品的通用名称、图形、型号，或者直接表示商品的质量、主要原料、功能、用途、重量、数量及其他特点，或者含有的地名，注册商标专用权人无权禁止他人正当使用。

三维标志注册商标中含有的商品自身的性质产生的形状、为获得技术效果而需有的商品形状或者使商品具有实质性价值的形状，注册商标专用权人无权禁止他人正当使用。

商标注册人申请商标注册前，他人已经在同一种商品或者类似商品上先于商标注册人使用与注册商标相同或者近似并有一定影响的商标的，注册商标专用权人无权禁止该使用人在原使用范围内继续使用该商标，但可以要求其附加适当区别标识。"

73.【2014年第23题】甲公司是某注册商标的专用权人。在甲公司申请该商标注册前，乙公司已经在同一种商品上先于甲公司使用与该注册商标相同并有一定影响的商标。根据商标法及相关规定，下列哪种说法是正确的？

A．甲公司有权禁止乙公司继续使用该商标并要求其赔偿损失

B．甲公司有权禁止乙公司继续使用该商标，但无权要求其赔偿损失

C．甲公司无权禁止乙公司在原使用范围内继续使用该商标，但可以要求其支付一定的使用费

D．甲公司无权禁止乙公司在原使用范围内继续使用该商标，但可以要求其附加适当区别标识

【解题思路】

商标在先使用人有权在原有范围内使用该商标。因为乙公司使用的是自己在先使用的商标，故谈不上支付使用费的问题。同时，为了避免消费者混淆，如果甲公司要求，那乙公司需要附加适当的区别标识。

【参考答案】 D

74.【2018年第86题】根据商标法及相关规定，下列哪些情形属于商标的正当使用，不构成商标侵权

A．使用注册商标中含有的"有机"文字，但书写方式和注册商标中不同

B．使用注册商标中含有的菱形图形

C．使用注册商标中含有的"100%"，但表现形式不同于注册商标

D．使用注册商标中含有的"纯爱"文字

【解题思路】

为了防止损害公共利益，知识产权需要受到合理的限制，商标权自然不会例外。无污染天然食品通常被称为"有机"食品，菱形属于常见的装饰性图案，"100%"则经常用来标识商品的成分，这三种信息不应当被商标权人独占。"纯爱"文字就不属于公共领域内的常用元素，被注册为商标后，他人不得随意使用。

【参考答案】 ABC

（四）侵权纠纷的解决途径

1. 协商、请求工商行政管理部门处理、诉讼

《商标法》第60条第1款："有本法第57条所列侵犯注册商标专用权行为之一，引起纠纷的，由当事人<u>协商解决</u>；不愿协商或者协商不成的，商标注册人或者利害关系人可以向人民法院起诉，也可以<u>请求工商行政管理部门处理</u>。"

75.【2019年第89题】根据商标法及相关规定，下列哪些属于人民法院可以受理的商标案件？

A．商标专用权权属纠纷案件

B．商标专用权转让合同纠纷案件

C．商标许可使用合同纠纷案件

D．商标局作出不予注册决定

【解题思路】

法院作为解决纠纷的最后途径，基本上所有类型的商标纠纷都可以受理，如权属纠纷、转让纠纷和许可纠纷。不过，商标局（现在商标审理是以国家知识产权局的名义进行）如果作出商标不予注册的决定，申请人的救济途径是向国家知识产权局申请复审，对复审结果不服才能提起诉讼，而不能

越过复审环节直接提起诉讼。

【参考答案】 ABC

76.【2015年第19题】根据商标法及相关规定，在查处商标侵权案件过程中，权利人同时向人民法院提起商标侵权诉讼的，工商行政管理部门如何处理？

A. 应当中止案件查处
B. 可以中止案件查处
C. 应当终结案件查处
D. 应当及时移交司法机关依法处理

【解题思路】

商标侵权案件除了侵犯了商标权人的利益，还造成了消费者的混淆，也损害了公众的利益。商标侵权案件的行政查处中，工商部门扮演的是维护公共利益的角色，追究侵权人的行政责任，如没收侵权产品、罚款等。在法院系统，商标侵权案件属于民事案件，侵权人承担的是民事责任，如停止侵权、赔偿损失等。行政查处程序和司法程序的价值取向并不完全一致，故并不是说一旦权利人提起民事诉讼，工商机关就必须移交司法机关或者是终结案件查处。否则如果商标权人提起诉讼后又撤回了起诉，那行政查处程序也无法再重新启动。需要注意的是，工商行政机关是"可以"中止查处而不是"应当"中止查处。如果工商部门对是否构成侵权具有充分的自信，那自然可以不中止查处。

【参考答案】 B

《商标法》第62条："县级以上工商行政管理部门根据已经取得的违法嫌疑证据或者举报，对涉嫌侵犯他人注册商标专用权的行为进行查处时，可以行使下列职权：

（一）询问有关当事人，调查与侵犯他人注册商标专用权有关的情况；

（二）查阅、复制当事人与侵权活动有关的合同、发票、账簿以及其他有关资料；

（三）对当事人涉嫌从事侵犯他人注册商标专用权活动的场所实施现场检查；

（四）检查与侵权活动有关的物品；对有证据证明是侵犯他人注册商标专用权的物品，可以查封或者扣押。

工商行政管理部门依法行使前款规定的职权时，当事人应当予以协助、配合，不得拒绝、阻挠。

在查处商标侵权案件过程中，对商标权属存在争议或者权利人同时向人民法院提起商标侵权诉讼的，工商行政管理部门可以中止案件的查处。中止原因消除后，应当恢复或者终结案件查处程序。"

77.【2016年第26题】根据商标法及相关规定，下列哪项不属于县级以上工商行政管理部门对涉嫌商标侵权行为进行查处时可以行使的职权？

A. 询问有关当事人
B. 对当事人涉嫌从事侵犯他人注册商标专用权活动的场所实施现场检查
C. 检查与侵权活动有关的物品
D. 对涉嫌侵权人予以拘留

【解题思路】

询问当事人和进行检查，属于行政机关在执法过程当中的常规权限。拘留涉及人身权利，只有公安机关才有权行使，工商机关缺乏此项权力。

【参考答案】 D

2. 诉前的责令停止侵权行为、财产保全

《商标法》第65条："商标注册人或者利害关系人有证据证明他人正在实施或者即

将实施侵犯其注册商标专用权的行为,如不及时制止将会使其合法权益受到难以弥补的损害的,可以依法在起诉前向人民法院申请采取责令停止有关行为和财产保全的措施。"

《知识产权纠纷保全规定》第2条:"知识产权纠纷的当事人在判决、裁定或者仲裁裁决生效前,依据民事诉讼法第一百条、第一百零一条规定申请行为保全的,人民法院应当受理。

知识产权许可合同的被许可人申请诉前责令停止侵害知识产权行为的,独占许可合同的被许可人可以单独向人民法院提出申请;排他许可合同的被许可人在权利人不申请的情况下,可以单独提出申请;普通许可合同的被许可人经权利人明确授权以自己的名义起诉的,可以单独提出申请。"

78.【2008年第23题】根据商标法及相关规定,下列哪些人可以单独向人民法院提出诉前责令停止侵犯注册商标专用权行为的申请?

A. 商标注册人
B. 注册商标独占使用许可合同的被许可人
C. 注册商标普通使用许可合同的被许可人
D. 注册商标专用权质押合同的质权人

【解题思路】

商标注册人是商标权人,自然有权申请诉前行为保全。独占许可的被许可人是实际上使用商标的唯一主体,商标侵权行为严重影响其利益,也有权单独申请诉前行为保全。普通许可人只是众多使用商标的主体之一,如果没获得商标权人的特别授权,不能单独申请诉前行为保全。质权人只是获得了一个担保物权,并没有实际使用商标,无权单独申请诉前行为保全。考生在复习的时候注意,有权提起诉讼的规定和申请诉前行为保全以及证据保全的规定其实是一致的。诉前行为保全和证据保全是为诉讼服务的手段,在主体要求上自然要和诉讼保持一致。

【参考答案】 AB

79.【2017年第91题】商标注册人张某有证据证明娄某正在实施侵犯其注册商标专用权的行为,如不及时制止将会使其合法权益将受到难以弥补的损害。根据商标法及相关规定,张某可以依法在起诉前向人民法院申请采取下列哪些措施?

A. 责令娄某停止有关行为
B. 财产保全
C. 对娄某进行行政拘留
D. 对娄某进行行政罚款

【解题思路】

在紧急的情况下,权利人可以在起诉前申请诉前行为保全或者财产保全。在是否构成侵权还没有查清楚之前,对当事人采取行政拘留或者罚款不合适。更重要的是,行政拘留和行政处罚是行政机关的权力,而不是法院的权力。

【参考答案】 AB

3. 证据保全

《商标法》第66条:"为制止侵权行为,在证据可能灭失或者以后难以取得的情况下,商标注册人或者利害关系人可以依法在起诉前向人民法院申请保全证据。"

80.【2018年第91题】根据商标法及相关规定,对于保全的哪些说法是正确的

A. 为制止侵权行为,在证据可能灭失或者以后难以取得的情况下,商标注册人或

者利害关系人可以依法在起诉前向法院申请证据保全

B. 有证据证明他人正在实施或者即将实施侵犯其注册商标专用权的行为，如不及时制止将会使其合法权益受到难以弥补的损害的，可以申请诉前行为保全

C. 有证据证明他人正在实施或者即将实施侵犯其注册商标专用权的行为，如不及时制止将会使其合法权益受到难以弥补的损害的，可以申请诉前财产保全

D. 前述三种保全申请均需要提供担保，否则不予以准许

【解题思路】

诉前的证据保全、行为保全和财产保全都是《民事诉讼法》中所规定的诉前措施，商标诉讼自然能够适用。另外，《商标法》中对这三种措施也有明确规定。当初《民事诉讼法》中没有引入前述制度时，《商标法》中作出特别规定具有进步意义，现行《商标法》中是否还需要保留这些规定值得商榷。证据不一定具备较高的经济价值，故诉前证据保全不一定需要提供担保。

【参考答案】 ABC

（五）侵犯注册商标专用权的法律责任

1. 民事责任

（1）损害赔偿。

根据《商标法》第60条的规定，商标侵权行为的民事责任承担方式主要是停止侵害和赔偿损失。

（2）赔偿数额的确定。

《商标法》第63条第1～3款："侵犯商标专用权的赔偿数额，按照权利人因被侵权所受到的实际损失确定；实际损失难以确定的，可以按照侵权人因侵权所获得的利益确定；权利人的损失或者侵权人获得的利益难以确定的，参照该商标许可使用费的倍数合理确定。对恶意侵犯商标专用权，情节严重的，可以在按照上述方法确定数额的一倍以上五倍以下确定赔偿数额。赔偿数额应当包括权利人为制止侵权行为所支付的合理开支。

人民法院为确定赔偿数额，在权利人已经尽力举证，而与侵权行为相关的账簿、资料主要由侵权人掌握的情况下，可以责令侵权人提供与侵权行为相关的账簿、资料；侵权人不提供或者提供虚假的账簿、资料的，人民法院可以参考权利人的主张和提供的证据判定赔偿数额。

权利人因被侵权所受到的实际损失、侵权人因侵权所获得的利益、注册商标许可使用费难以确定的，由人民法院根据侵权行为的情节判决给予五百万元以下的赔偿。"

81.【2018年第90题】根据商标法及相关规定，对于侵犯商标专用权的赔偿数额确定哪些说法是正确的

A. 侵犯商标专用权的赔偿数额，可以按照权利人因被侵权所受到的实际损失确定

B. 侵犯注册商标专用权的赔偿数额，可以按照侵权人因侵权所获得的利益确定

C. 侵犯注册商标专用权的赔偿数额，可以参照该商标许可使用费的倍数合理确定

D. 对恶意侵犯注册商标专用权的赔偿数额，可以适用惩罚性赔偿，但最高不得超过三百万元

【解题思路】

民事赔偿遵循"填平"原则，权利人实际损失多少，侵权人就应当赔偿多少。不过在很多情况下，权利人的损失并不容易计

算,故可近似地认为侵权人所获得的不法收益就是权利人的损失。如果两者都不好计算,则可参照许可费的合理倍数来确定,毕竟许可费是商标市场价值的真实体现。《商标法》2013年修改时,引入了惩罚性赔偿制度,并将法定赔偿的最高限额提高到300万元;2019年修改时又提高到500万元。需要注意的是,法定赔偿的上限仅是通常情况下的赔偿最高限额,如果有证据证明权利人的损失或者侵权人的收益远高于该数额,那赔偿数额高于500万元也是应有之义。顺便需要提及的是,对知识产权的保护要高于其他的财产权,其中的一个体现就是赔偿标准当中包括合理费用。

【参考答案】 ABC

《商标法》第64条:"注册商标专用权人请求赔偿,被控侵权人以注册商标专用权人未使用注册商标提出抗辩的,人民法院可以要求注册商标专用权人提供此前3年内实际使用该注册商标的证据。注册商标专用权人不能证明此前三年内实际使用过该注册商标,也不能证明因侵权行为受到其他损失的,被控侵权人不承担赔偿责任。

销售不知道是侵犯注册商标专用权的商品,能证明该商品是自己合法取得并说明提供者的,不承担赔偿责任。"

82.【2019年第27题】在某商标侵权案件中,注册商标专用权人请求赔偿的,被控侵权人以什么理由提出抗辩可能会免于承担赔偿责任?

A．注册商标专用权人未使用注册商标

B．注册商标专用权人未合理使用注册商标

C．注册商标专用权人使用注册商标

未满三年

D．使用该注册商标的产品质量不达标

【解题思路】

民事赔偿的前提是侵权行为给权利人造成了损失,如果商标权人未使用注册商标,那就意味着商标权人没有损失,没有损失就没有赔偿。如果商标权人有使用,那使用是否合理,相关商标质量如何,都不是免除侵权赔偿的理由。如果商标权人使用注册商标满3年后才能获得赔偿,那就意味着刚获得注册的商标并不能获得保护,这显然不合理。

【参考答案】 A

《商标法实施条例》第79条:"下列情形属于商标法第六十条规定的能证明该商品是自己合法取得的情形:

(一)有供货单位合法签章的供货清单和货款收据且经查证属实或者供货单位认可的;

(二)有供销双方签订的进货合同且经查证已真实履行的;

(三)有合法进货发票且发票记载事项与涉案商品对应的;

(四)其他能够证明合法取得涉案商品的情形。"

83.【2019年第90题】根据商标法及相关规定,销售不知道是侵犯注册商标专用权的商品,能证明该商品是自己合法取得并说明提供者的,不承担赔偿责任。下列哪些情形属于能证明该商品是自己合法取得的情形?

A．有供货单位合法签章的供货清单和货款收据且经查证属实的

B．有供销双方签订的进货合同且经查

证已经真实履行的

C. 有合法进货发票且发票记载事项与涉案商品对应的

D. 以上都是

【解题思路】

在商品交易活动中，供货清单、收据、合同和发票都是能证明商品合法流转的证据。当然，供货清单与收据需要查证属实，合同也需要真实履行，发票需要和商品对应。

【参考答案】 ABCD

（3）赔偿数额的行政调解。

《商标法》第60条第3款："对侵犯商标专用权的赔偿数额的争议，当事人可以请求进行处理的工商行政管理部门调解，也可以依照《中华人民共和国民事诉讼法》向人民法院起诉。经工商行政管理部门调解，当事人未达成协议或者调解书生效后不履行的，当事人可以依照《中华人民共和国民事诉讼法》向人民法院起诉。"

84.【2018年第88题】甲公司以乙公司侵犯其注册商标专用权为由请求工商行政管理部门处理。对此，工商行政管理部门的下列做法中哪些是合法的？

A. 以商标侵权纠纷为民事纠纷、应当由人民法院处理为由拒绝受理甲公司的请求

B. 认定侵权行为成立后，责令乙公司立即停止侵权，没收侵权商品以及主要用于制造侵权商品的工具，并处以罚款

C. 认定侵权行为成立后，责令乙公司应向甲公司赔偿50万元人民币

D. 认定侵权行为成立后，根据当事人的请求对赔偿数额进行调解

【解题思路】

侵犯商标权的行为，除需要承担民事责任外，还需要承担行政责任。权利人去法院提起民事诉讼，解决的是民事责任；请求工商局处理，解决的是行政责任。因此，工商局在接到权利人投诉后，不能拒绝受理。工商局在查处案件时，有权责令侵权人停止侵权，没收侵权商品等，但在民事责任上只能就赔偿数额进行调解，不能直接裁定赔偿数额。

【参考答案】 BD

（4）销毁假冒注册商标的商品及其制造材料、工具。

《商标法》第63条第4～5款："人民法院审理商标纠纷案件，应权利人请求，对属于假冒注册商标的商品，除特殊情况外，责令销毁；对主要用于制造假冒注册商标的商品的材料、工具，责令销毁，且不予补偿；或者在特殊情况下，责令禁止前述材料、工具进入商业渠道，且不予补偿。

假冒注册商标的商品不得在仅去除假冒注册商标后进入商业渠道。"

2. 行政责任

《商标法》第60条第2款："工商行政管理部门处理时，认定侵权行为成立的，责令立即停止侵权行为，没收、销毁侵权商品和主要用于制造侵权商品、伪造注册商标标识的工具，违法经营额五万元以上的，可以处违法经营额五倍以下的罚款，没有违法经营额或者违法经营额不足五万元的，可以处二十五万元以下的罚款。对五年内实施两次以上商标侵权行为或者有其他严重情节的，应当从重处罚。销售不知道是侵犯注册商标专用权的商品，能证明该商品是自己合法取

得并说明提供者的,由工商行政管理部门责令停止销售。"

85.【2015年第21题】工商行政管理部门处理侵犯注册商标专用权案件时,某销售商不知道所销售的是侵犯注册商标专用权的商品,能证明该商品是自己合法取得并说明了提供者。根据商标法及相关规定,下列哪种说法是正确的?

A. 该工商行政管理部门应当认定该销售商未侵犯商标专用权

B. 该工商行政管理部门可以责令该销售商停止销售

C. 该工商行政管理部门应当没收并销毁侵权商品,并及时移交司法机关依法处理

D. 该工商行政管理部门应当要求该销售商承担损害赔偿责任

【解题思路】

销售商如主观上不知情,并证明自己是合法取得并说明了提供者,那就可以免除赔偿责任。不过免除赔偿责任并不是不构成侵权,停止销售的民事责任还是需要承担的。另外,只有涉嫌犯罪的,才需要工商部门移送司法机关处理,本题所涉情形显然不属于此类。

【参考答案】 B

86.【2010年第95题】根据商标法及相关规定,工商行政管理部门处理侵犯注册商标专用权纠纷,认定商标侵权行为成立的,可以作出下列哪些决定?

A. 责令立即停止侵权行为

B. 没收、销毁侵权商品和专门用于制造侵权商品、伪造注册商标标识的工具

C. 责令侵权人赔偿损失

D. 罚款

【解题思路】

责令停止侵权,没收、销毁侵权产品和工具以及罚款都属于工商行政管理部门可以实施的行政处罚。工商行政管理部门能就赔偿数额进行调解,不能责令赔偿损失。本题中B项中的表述是"专门"用于侵权的工具,2013年《商标法》修改时就规定,"主要"用于侵权的工具都可以没收,更不用说专门用于侵权的工具。

【参考答案】 ABD

3. 刑事责任

参见刑法部分。

八、驰名商标

(一)驰名商标的认定

《商标法》第14条:"驰名商标应当根据当事人的请求,作为处理涉及商标案件需要认定的事实进行认定。认定驰名商标应当考虑下列因素:

(一)相关公众对该商标的知晓程度;

(二)该商标使用的持续时间;

(三)该商标的任何宣传工作的持续时间、程度和地理范围;

(四)该商标作为驰名商标受保护的记录;

(五)该商标驰名的其他因素。

在商标注册审查、工商行政管理部门查处商标违法案件过程中,当事人依照本法第十三条规定主张权利的,商标局根据审查、处理案件的需要,可以对商标驰名情况作出认定。

在商标争议处理过程中,当事人依照本法第十三条规定主张权利的,商标评审委员会根据处理案件的需要,可以对商标驰名

情况作出认定。

在商标民事、行政案件审理过程中，当事人依照本法第十三条规定主张权利的，最高人民法院指定的人民法院根据审理案件的需要，可以对商标驰名情况作出认定。

生产、经营者不得将'驰名商标'字样用于商品、商品包装或者容器上，或者用于广告宣传、展览以及其他商业活动中。"

87.【2008年第58题】根据商标法及相关规定，下列哪些机构可以依法认定驰名商标？

A. 商标局
B. 商标评审委员会
C. 中国消费者协会
D. 中国名牌战略推进委员会

【解题思路】

驰名商标是《商标法》中的一项重要制度，必须由有权机关来认定。中国消费者协会和中国名牌战略推进委员会并不属于有权机关，没有认定驰名商标的权利。商标局、商标评审委员会和中级以上人民法院具有认定驰名商标的权利。当然，严格地说，目前商标审查工作和商标评审工作都以国家知识产权局的名义进行。B选项姑且选择。需要注意的是，并不是所有的中级人民法院都有权认定驰名商标，只有最高人民法院指定的中级人民法院有权认定。另外，北京、上海、广州和海南自贸区知识产权法院也有权处理驰名商标案件。

【参考答案】 AB

88.【2009年第16题】根据商标法及相关规定，认定驰名商标应当考虑下列哪些因素？

A. 相关公众对该商标的知晓程度

B. 该商标是否为注册商标
C. 该商标注册时间的长短
D. 该商标的任何宣传工作的持续时间、程度和地理范围

【解题思路】

商标要让公众知晓，就必须在商业活动中使用。需要强调的是，绝大多数产品的销售对象都是全部消费者中的部分群体，如香水、化妆品等主要面对女性消费者，白酒、香烟则主要面对男性消费者。在认定驰名商标时，应当考虑的就是这些与使用该商标的商品和服务相关的公众，而不是全部公众。从统计学的角度上说，就是需要选择合适的样本。商标是否注册以及注册时间的长短不是商标被相关公众熟知的因素。如果商标注册了多年，但一直没有大规模使用，照样会默默无闻。反之，未注册商标也可能成为驰名商标。从《商标法》第13条第2款也可以看出，未注册商标也可以是驰名商标。

【参考答案】 AD

89.【2015年第90题】根据商标法及相关规定，下列关于驰名商标的哪些说法是正确的？

A. 驰名商标应当根据当事人的请求，作为处理涉及商标案件需要认定的事实进行认定
B. 生产、经营者不得将"驰名商标"字样用于广告宣传中
C. 生产、经营者可以将"驰名商标"字样用于商品包装上
D. 仅有商标评审委员会可以对商标驰名情况作出认定

【解题思路】

商标是否驰名属于一种事实状态，遵循的是"个案认定""被动保护"的原则，需要根据当事人的请求才能提起。有不少企业将认定驰名商标作为一种荣誉，将其用于后面的广告宣传，为此出现了很多通过虚假诉讼认定驰名商标的案件。为此，《商标法》作出了规定，禁止将"驰名商标"字样用于广告宣传。驰名商标是《商标法》中的一项重要制度，必须由有权机关来认定。商标局、商标评审委员会（现为国家知识产权局）和中级以上法院具有认定驰名商标的权利。

【参考答案】 AB

（二）对驰名商标的特殊保护

《商标法》第13条："为相关公众所熟知的商标，持有人认为其权利受到侵害时，可以依照本法规定请求驰名商标保护。

就相同或者类似商品申请注册的商标是复制、摹仿或者翻译他人未在中国注册的驰名商标，容易导致混淆的，不予注册并禁止使用。

就不相同或者不相类似商品申请注册的商标是复制、摹仿或者翻译他人已经在中国注册的驰名商标，误导公众，致使该驰名商标注册人的利益可能受到损害的，不予注册并禁止使用。"

90.【2019年第91题】根据商标法及相关规定，关于驰名商标说法正确的是？

A．对未在中国注册的驰名商标，在相同或者类似商品上予以保护

B．对已在中国注册的驰名商标，在不相同或者不相类似商品上予以跨类保护

C．驰名商标所有人基于相对理由对恶意注册的商标请求宣告无效的申请，其不受五年的时间限制

D．经营者可以将"驰名商标"字样用于广告宣传

【解题思路】

驰名商标的保护强度要高于普通商标。普通的未注册商标基本上不能获得保护，但未注册驰名商标可以在相同或者类似的商品上获得保护，其保护强度相当于普通注册商标。获得注册的驰名商标则可以扩展到不相同或者不相类似的商品上。注册商标如果涉及的是相对条款，需要在商标获得注册之日起5年内申请宣告无效，不过恶意注册驰名商标不受5年期限的限制。另外，驰名商标制度是对商标的保护，而不是一种荣誉，故经营者不能将"驰名商标"字样用于广告宣传。

【参考答案】 ABC

根据《商标法》第45条的规定，已经注册的商标，如果侵犯他人权利，商标所有人或者利害关系人提起商标撤销的时间是5年。不过，如果是恶意抢注驰名商标的，不受5年期限的限制。

（三）对"驰名商标"字样的使用限制

《商标法》第14条第5款："生产、经营者不得将'驰名商标'字样用于商品、商品包装或者容器上，或者用于广告宣传、展览以及其他商业活动中。"

《商标法》第53条："违反本法第十四条第五款规定的，由地方工商行政管理部门责令改正，处十万元罚款。"

91.【2014年第96题】根据商标法及相关规定，下列有关驰名商标的哪些说法是正确的？

A．驰名商标应当根据当事人的请求，作为处理涉及商标案件需要认定的事实进行认定

B．在商标注册审查过程中，商标局根据审查的需要，可以主动对商标驰名情况作出认定

C．在商标争议处理过程中，商标评审委员会根据处理案件的需要，可以主动对商标驰名情况作出认定

D．生产、经营者不得将"驰名商标"字样用于商品、商品包装或者容器上

【解题思路】

驰名商标只能是根据申请人的请求，作为处理涉及商标案件需要认定的事实进行认定，而不能主动认定。《商标法》2013年修改时，增加了驰名商标不能用于广告宣传的规定。

【参考答案】 AD

九、商标代理

（一）商标代理的概念

1. 商标代理的原则

《商标法》第18条："申请商标注册或者办理其他商标事宜，可以自行办理，也可以委托依法设立的商标代理机构办理。

外国人或者外国企业在中国申请商标注册和办理其他商标事宜的，应当委托依法设立的商标代理机构办理。"

《商标法实施条例》第5条第4款："商标法第十八条所称外国人或者外国企业，是指在中国没有经常居所或者营业所的外国人或外国企业。"

92．【2012年第54题】根据商标法及相关规定，在中国申请注册商标或办理其他商标事宜的，下列哪些应当委托国家认可的具有商标代理资格的组织代理？

A．在中国没有经常居所的美国人

B．在中国没有营业所的英国企业

C．在中国有经常居所的美国人

D．在中国有营业所的英国企业

【解题思路】

在中国没有营业所的外国人和外国企业在文件送达上存在障碍，故需要通过商标代理机构申请。关于代理方面的要求，商标和专利事实上是一致的。考生只要参考专利制度中关于代理方面的规定，很容易就能选出答案。

【参考答案】 AB

2. 商标代理的业务范围

《商标法实施条例》第83条："商标法所称商标代理，是指接受委托人的委托，以委托人的名义办理商标注册申请、商标评审或者其他商标事宜。"

3. 商标代理机构

《商标法实施条例》第84条第1款："商标法所称商标代理机构，包括经工商行政管理部门登记从事商标代理业务的服务机构和从事商标代理业务的律师事务所。"

4. 商标代理从业人员

《商标法实施条例》第85条第1款："商标法所称商标代理从业人员，是指在商标代理机构中从事商标代理业务的工作人员。"

5. 商标代理的作用

商标代理作为知识产权法律中介服务的重要组成部分，具有很强的专业性和技术性。商标申请存在各项会导致商标申请被驳回的情形，商标申请的程序也比较复杂，这些都需要具备专业知识和能力的专业代理机构来处理。

（二）商标代理机构的从业规范

1. 商标代理机构的保密义务

《商标法》第19条第1款："商标代理机构应当遵循诚实信用原则，遵守法律、行政法规，按照被代理人的委托办理商标注册申请或者其他商标事宜；对在代理过程中知悉的被代理人的商业秘密，负有保密义务。"

2. 商标代理机构的告知义务

《商标法》第19条第2款："委托人申请注册的商标可能存在本法规定不得注册情形的，商标代理机构应当明确告知委托人。"

3. 商标代理机构不得接受委托的情形

《商标法》第19条第3款："商标代理机构知道或者应当知道委托人申请注册的商标属于本法第四条、第十五条和第三十二条规定情形的，不得接受其委托。"

4. 商标代理机构申请商标注册的限制性规定

《商标法》第19条第4款："商标代理机构除对其代理服务申请商标注册外，不得申请注册其他商标。"

93.【2014年第44题】 根据商标法及相关规定，下列关于商标代理机构的哪些说法是正确的？

A. 申请商标注册或者办理其他商标事宜，应当委托商标代理机构办理

B. 委托人申请注册的商标可能存在商标法规定不得注册情形的，商标代理机构应当明确告知委托人

C. 商标代理机构除对其代理服务申请商标注册外，不得申请注册其他商标

D. 商标代理机构对在代理过程中知悉的被代理人的商业秘密，负有保密义务

【解题思路】

申请商标和申请专利适用类似的规则，可以自己申请，也可以委托代理机构申请。告知委托人商标不得注册的情形和保守客户的商业秘密是对商标代理机构在诚实信用上的要求。需要注意的是，《商标法》对商标代理机构增加了一个特别约束条款，禁止其注册代理服务之外的其他商标。

【参考答案】 BCD

（三）商标代理从业人员的行为规范

《商标法实施条例》第85条第2款："商标代理从业人员不得以个人名义自行接受委托。"

（四）商标代理机构备案的条件和程序

《商标法实施条例》第84条："商标法所称商标代理机构，包括经工商行政管理部门登记从事商标代理业务的服务机构和从事商标代理业务的律师事务所。

商标代理机构从事商标局、商标评审委员会主管的商标事宜代理业务的，应当按照下列规定向商标局备案：

（一）交验工商行政管理部门的登记证明文件或者司法行政部门批准设立律师事务所的证明文件并留存复印件；

（二）报送商标代理机构的名称、住所、负责人、联系方式等基本信息；

（三）报送商标代理从业人员名单及联系方式。

工商行政管理部门应当建立商标代理机构信用档案。商标代理机构违反商标法或者本条例规定的，由商标局或者商标评审委员会予以公开通报，并记入其信用档案。"

（五）商标代理违法行为的处理
1. 商标代理违法行为及法律责任

《商标法》第 68 条："商标代理机构有下列行为之一的，由工商行政管理部门责令限期改正，给予警告，处一万元以上十万元以下的罚款；对直接负责的主管人员和其他直接责任人员给予警告，处五千元以上五万元以下的罚款；构成犯罪的，依法追究刑事责任：

（一）办理商标事宜过程中，伪造、变造或者使用伪造、变造的法律文件、印章、签名的；

（二）以诋毁其他商标代理机构等手段招徕商标代理业务或者以其他不正当手段扰乱商标代理市场秩序的；

（三）违反本法第四条、第十九条第三款、第四款规定的。

商标代理机构有前款规定行为的，由工商行政管理部门记入信用档案；情节严重的，商标局、商标评审委员会并可以决定停止受理其办理商标代理业务，予以公告。

商标代理机构违反诚实信用原则，侵害委托人合法利益的，应当依法承担民事责任，并由商标代理行业组织按照章程规定予以惩戒。

对恶意申请商标注册的，根据情节给予警告、罚款等行政处罚；对恶意提起商标诉讼的，由人民法院依法给予处罚。"

《商标法实施条例》第 88 条："下列行为属于商标法第六十八条第一款第二项规定的以其他不正当手段扰乱商标代理市场秩序的行为：

（一）以欺诈、虚假宣传、引人误解或者商业贿赂等方式招徕业务的；

（二）隐瞒事实，提供虚假证据，或者威胁、诱导他人隐瞒事实，提供虚假证据的；

（三）在同一商标案件中接受有利益冲突的双方当事人委托的。"

2. 整改约谈

《规范商标申请注册行为若干规定》第 15 条："对违反本规定第四条的商标代理机构，由知识产权管理部门对其负责人进行整改约谈。"

（六）商标代理行业组织
1. 商标代理行业组织的职责

在商标代理行业，不存在全国性的商标代理人协会，仅在中华商标协会下设有商标代理分会。在全国数万家商标代理机构中，仅有其中一部分属于代理分会的会员。商标代理分会负有加强会员的行业自律，规范商标代理行为，维护商标代理市场的秩序的职责。

《商标法》第 20 条："商标代理行业组织应当按照章程规定，严格执行吸纳会员的条件，对违反行业自律规范的会员实行惩戒。商标代理行业组织对其吸纳的会员和对会员的惩戒情况，应当及时向社会公布。"

2. 商标代理行业自律规范

中华商标协会商标代理分会颁布了《中华商标协会商标代理分会惩戒规则》，代理分会会员违反有关法律、法规和规章规定的，由商标代理分会按照该规则给予惩戒。非代理分会会员违反有关法律、法规和规章规定的，商标代理分会可建议相关行政部门对其进行处罚。

第三节 反不正当竞争法

【基本要求】

了解《反不正当竞争法》的基本概念和原则；掌握商业秘密的概念和构成要件；了解侵犯商业秘密的法律责任。

本节内容主要涉及《反不正当竞争法》《不正当竞争民事案件解释》的规定。

一、适用范围和基本原则

（一）不正当竞争的概念和种类

《反不正当竞争法》第2条第2款："本法所称的不正当竞争行为，是指经营者在生产经营活动中，违反本法规定，扰乱市场竞争秩序，损害其他经营者或者消费者的合法权益的行为。"

《反不正当竞争法》第6条："经营者不得实施下列混淆行为，引人误认为是他人商品或者与他人存在特定联系：

（一）擅自使用与他人有一定影响的商品名称、包装、装潢等相同或者近似的标识；

（二）擅自使用他人有一定影响的企业名称（包括简称、字号等）、社会组织名称（包括简称等）、姓名（包括笔名、艺名、译名等）；

（三）擅自使用他人有一定影响的域名主体部分、网站名称、网页等；

（四）其他足以引人误认为是他人商品或者与他人存在特定联系的混淆行为。"

1.【2011年第80题】根据反不正当竞争法及相关规定，下列哪些行为属于不正当竞争行为？

A．以胁迫的手段获取权利人的商业秘密

B．经营者销售或者购买商品，以明示方式给对方折扣，并如实入账

C．擅自使用知名商品特有的装潢，使购买者误认为是该知名商品的

D．进行抽奖式的有奖销售，最高奖的金额为3000元

【解题思路】

暗中给予回扣属于不正当竞争，明示的折扣则不属于。抽奖方式销售的最高奖金额，1993年《反不正当竞争法》规定不能超过5000元；2017年法律修改后，改为不能超过5万元。

【参考答案】 AC

《反不正当竞争法》第7条："经营者不得采用财物或者其他手段贿赂下列单位或者个人，以谋取交易机会或者竞争优势：

（一）交易相对方的工作人员；

（二）受交易相对方委托办理相关事务的单位或者个人；

（三）利用职权或者影响力影响交易的单位或者个人。

经营者在交易活动中，可以以明示方式向交易相对方支付折扣，或者向中间人支付佣金。经营者向交易相对方支付折扣、向中间人支付佣金的，应当如实入账。接受折扣、佣金的经营者也应当如实入账。

经营者的工作人员进行贿赂的，应当认定为经营者的行为；但是，经营者有证据证明该工作人员的行为与为经营者谋取交易机会或者竞争优势无关的除外。"

《反不正当竞争法》第8条："经营者不得对其商品的性能、功能、质量、销售状况、用户评价、曾获荣誉等作虚假或者引人误解的商业宣传，欺骗、误导消费者。

经营者不得通过组织虚假交易等方式，帮助其他经营者进行虚假或者引人误解的商业宣传。"

2.【2013年第45题】经营者的下列哪些行为属于反不正当竞争法规定的不正当竞争行为？

A．擅自使用他人的企业名称或者姓名，引人误认为是他人的商品

B．广告的经营者在明知或者应知的情况下，代理、设计、制作、发布虚假广告

C．以低于成本的价格销售处理有效期限即将到期的商品

D．从事最高奖的金额为三千元的抽奖式有奖销售

【解题思路】

即将到保质期的商品进行亏本大甩卖属于正当的市场行为。另外，《反不正当竞争法》修改后，删除了低价倾销的规定。在实践中，除非销售者具有市场支配地位，否则想通过低价倾销来排挤竞争对手也很难实现。2017年《反不正当竞争法》修改后，有奖销售的最高金额从5000元提高到5万元。经营者误导消费者则不正当性很明显。《反不正当竞争法》涉及的是经营者损害竞争对手的行为，广告经营者和广告主不属于同一行业，故《反不正当竞争法》修改后，将广告经营者的此类不当行为由《广告法》来规制。

【参考答案】A

《反不正当竞争法》第9条第1款："经营者不得实施下列侵犯商业秘密的行为：

（一）以盗窃、贿赂、欺诈、胁迫、电子侵入或者其他不正当手段获取权利人的商业秘密；

（二）披露、使用或者允许他人使用以前项手段获取的权利人的商业秘密；

（三）违反保密义务或者违反权利人有关保守商业秘密的要求，披露、使用或者允许他人使用其所掌握的商业秘密。

（四）教唆、引诱、帮助他人违反保密义务或者违反权利人有关保守商业秘密的要求，获取、披露、使用或者允许他人使用权利人的商业秘密。"

3.【2012年第7题】根据反不正当竞争法及相关规定，下列哪种行为属于不正当竞争行为？

A．某餐厅以低于成本的价格甩卖鲜活海鲜

B．某超市中秋节过后以低于成本的价格处理月饼

C．某经销商以低于成本的价格销售电器，从而排挤竞争对手

D．某图书网站以高于成本但低于定价的折扣销售图书，以获得竞争优势

【解题思路】

不正当竞争的判断标准就是是否损害其他经营者的合法权益。本题中的餐厅、超市低价抛售具有合理的理由，图书网站的价格高于成本，都是正当的行为。另外，《反不正当竞争法》2017年修改后，删除了低价销售的相关条款。这是因为在《反垄断法》中对此类行为已经有了明确的规定。另外，根据《反垄断法》，此类行为违法的一个重要前提是行为人存在市场支配地位。经销商低于成本销售的目的是排挤竞争对手，但题中未明确该经销商是否具有市场支配地位。如果他没有市场支配地位，那降价销售实际

上也很难达到排挤竞争对手的目的。

【参考答案】 无

4.【2016年第91题】根据反不正当竞争法及相关规定，经营者的下列哪些行为属于不正当竞争行为？

A．假冒他人的注册商标

B．擅自使用他人知名商品特有的包装装潢，造成和他人的知名商品相混淆，使购买者误认为是该知名商品的

C．以低于成本的价格销售鲜活商品

D．以明示入账的方式给交易对方折扣

【解题思路】

假冒他人注册商标或者擅自使用他人的包装装潢，显然都不正当。不过前者是通过《商标法》来规制，故2017年《反不正当竞争法》修改后，不再将其纳入不正当竞争行为的范畴。鲜活产品的保质期短，为了防止更大的损失，以低于成本的价格销售也是无奈之举。另外，需要强调的是，2017年《反不正当竞争法》修改后，低价倾销行为不再认为属于不正当竞争行为。在经济生活中，如果经营者不具备市场支配地位，实际上很难通过低价倾销来排挤竞争对手。具有市场垄断地位的经营者如果从事前述行为，则构成垄断行为，由《反垄断法》规制。以明示的方式给对方折扣不属于不正当竞争，暗中在账外给回扣才是不正当竞争。

【参考答案】 B

《反不正当竞争法》第10条："经营者进行有奖销售不得存在下列情形：

（一）所设奖的种类、兑奖条件、奖金金额或者奖品等有奖销售信息不明确，影响兑奖；

（二）采用谎称有奖或者故意让内定人员中奖的欺骗方式进行有奖销售；

（三）抽奖式的有奖销售，最高奖的金额超过五万元。"

《反不正当竞争法》第11条："经营者不得编造、传播虚假信息或者误导性信息，损害竞争对手的商业信誉、商品声誉。"

5.【2016年第92题】甲公司在某地电视台投放广告，宣称"甲公司原装进口实木地板质量佳、服务好"，同时捏造虚伪事实宣称"乙公司生产的木地板甲醛严重超标"。此后，乙公司木地板销量锐减。经查明，甲公司生产的实木地板是用国内木材加工而成。根据反不正当竞争法及相关规定，下列关于该广告行为的哪些说法是正确的？

A．甲公司宣称"甲公司原装进口实木地板质量佳、服务好"的行为是不正当竞争行为

B．甲公司宣称"甲公司原装进口实木地板质量佳、服务好"的行为是正当竞争行为

C．甲公司宣称"乙公司生产的木地板甲醛严重超标"的行为是不正当竞争行为

D．甲公司宣称"乙公司生产的木地板甲醛严重超标"的行为是正当竞争行为

【解题思路】

通过捏造事实来吹嘘自己为虚假宣传，诽谤他人属于商业诽谤，两者都是不正当竞争行为。

【参考答案】 AC

6.【2017年第92题】根据反不正当竞争法及相关规定，经营者的下列哪些行为属于不正当竞争行为？

A．擅自使用他人知名商品特有的包装装潢，造成和他人的知名商品相混淆，使购

买者误认为是该知名商品的

B. 擅自使用他人的企业名称或者姓名，引人误认为是他人的商品

C. 因清偿债务、转产、歇业以低于成本的价格销售商品

D. 利用广告对商品质量作引人误解的虚假宣传

【解题思路】

不正当竞争行为的判断标准，就是违背诚信原则。擅自使用他人知名商品特有的包装装潢，擅自使用他人的企业名称或者姓名，以及虚假宣传，明显违背诚信原则，属于不正当竞争行为。《反不正当竞争法》修改后，低价倾销行为已经从不正当竞争行为中删除，更何况C选项中涉及的以低于成本的价格销售商品具有合理的理由。

【参考答案】 ABD

《反不正当竞争法》第12条："经营者利用网络从事生产经营活动，应当遵守本法的各项规定。

经营者不得利用技术手段，通过影响用户选择或者其他方式，实施下列妨碍、破坏其他经营者合法提供的网络产品或者服务正常运行的行为：

（一）未经其他经营者同意，在其合法提供的网络产品或者服务中，插入链接、强制进行目标跳转；

（二）误导、欺骗、强迫用户修改、关闭、卸载其他经营者合法提供的网络产品或者服务；

（三）恶意对其他经营者合法提供的网络产品或者服务实施不兼容；

（四）其他妨碍、破坏其他经营者合法提供的网络产品或者服务正常运行的行为。"

7.【2018年第92题】根据反不正当竞争法的规定，下列哪些行为属于互联网不正当竞争行为

A. 未经其他经营者同意，经营者利用技术手段在其合法提供的网络产品或者服务中，插入链接、强制进行目标跳转

B. 网络经营者利用技术手段误导、欺骗、强迫用户修改、关闭、卸载其他经营者合法提供的网络产品或者服务

C. 经营者利用技术手段恶意对其他经营者合法提供的网络产品或者服务实施不兼容

D. 经营者利用技术手段实施其他妨碍、破坏其他经营者合法提供的网络产品或者服务正常运行的行为

【解题思路】

互联网不正当竞争行为涉及两个因素：一是涉及互联网，前述四个选项都涉及网络产品或网络服务，符合要求；二是行为不正当，强制进行目标跳转、误导用户、恶意不兼容以及破坏其他经营者的网络产品，恶意都非常明显。

【参考答案】 ABCD

（二）经营者的概念

《反不正当竞争法》第2条第3款："本法所称的经营者，是指从事商品生产、经营或者提供服务（以下所称商品包括服务）的自然人、法人和非法人组织。"

（三）《反不正当竞争法》的基本原则

《反不正当竞争法》第2条第1款："经营者在生产经营活动中，应当遵循自愿、平等、公平、诚信的原则，遵守法律和商业道德。"

二、商业秘密

(一) 商业秘密的概念

《反不正当竞争法》第9条第4款："本法所称的商业秘密，是指不为公众所知悉、具有商业价值并经权利人采取相应保密措施的技术信息和经营信息等商业信息。"

8.【2006年第92题】甲发明了一种饮料配方，并就该配方向律师乙咨询专利保护和商业秘密保护的区别。乙提供了下列咨询意见。请问哪些是正确的？

A．专利保护有法定期限，而商业秘密保护没有法定期限

B．如果他人就同样的配方提出专利申请，并且该专利申请已被公布的，则甲不能再就其配方获得商业秘密保护

C．甲只有就其配方向国务院有关行政管理部门登记备案后才能获得商业秘密保护

D．在甲将其配方作为商业秘密加以保护的期间内，甲有权禁止他人自行研发并使用同样的配方

【解题思路】

专利有保护期限，商业秘密只要保密工作到位，理论上可以获得永久的保护。商业秘密保护的缺点是一旦被公开，就不再属于秘密，也就无法获得保护。商业秘密的保护不需要履行登记手续。另外，专利是公开换取保护，专利权人为社会的技术进步作出了贡献，故专利制度可以阻止类似技术的应用；而商业秘密权利人没有公开自己的技术，没为社会作贡献，故商业秘密的保护强度较弱，只能阻止他人通过不正当手段窃取自己的商业秘密，不能阻止他人自行研发相同的技术或通过反向工程破译该技术。

【参考答案】 AB

9.【2018年第93题】根据反不正当竞争法的规定，下列哪些采取了保密措施的信息属于商业秘密？

A．某社交网络公司将用户在互联网上公开的个人信息收集后形成的数据集合

B．某销售公司将自己多年经营的客户信息整理后形成的信息集合

C．某公司研发一种新的产品后将产品的技术特征写成专利申请文件后向国家知识产权局提交专利申请，在未授权之前专利申请文件中载明的信息属于商业秘密

D．某文化创意公司策划推出一部新的游戏作品，涉及游戏的具体设计、情节、装备、规则、人物等信息在未向社会披露之前属于商业秘密

【解题思路】

商业秘密的要件之一是秘密性，用户在互联网上公开的个人信息不符合这一条件。发明专利满18个月公开，3年进行实审，在授权之前早已经公开，缺乏秘密性。销售公司整理后的客户信息具备秘密性，同时具有商业价值，构成商业秘密。文化创意公司的游戏，其具体信息尚未向社会披露，具备秘密性和商业价值，构成商业秘密。

【参考答案】 BD

《反不正当竞争民事案件解释》第9条："信息不为其所属领域的相关人员普遍知悉和容易获得，应当认定为反不正当竞争法第十条第三款规定的'公众所知悉'。

具有下列情形之一的，可以认定有关信息不构成不为公众所知悉：

（一）该信息为其所属技术或者经济领域的人的一般常识或者行业惯例；

（二）该信息仅涉及产品的尺寸、结

构、材料、部件的简单组合等内容，进入市场后相关公众通过观察产品即可直接获得；

（三）该信息已经在公开出版物或者其他媒体上公开披露；

（四）该信息已通过公开的报告会、展览等方式公开；

（五）该信息从其他公开渠道可以获得；

（六）该信息无需付出一定的代价而容易获得。"

10.【2019年第92题】根据《最高人民法院关于审理不正当竞争民事案件应用法律若干问题的解释》，关于商业秘密的"不为公众所知悉"性质的判断，以下说法正确的是？

A．若有关信息不为其所属领域的相关人员普遍知悉和容易获得，应当认定为"不为公众所知悉"

B．如有关信息为其所属技术或者经济领域的人的一般常识或者行业惯例，则不属于"不为公众所知悉"

C．若有关信息虽经权利人采取保密措施，但已经在公开出版物或者其他媒体上公开披露，仍可以认定为"不为公众所知悉"

D．若有关信息已通过公开的报告会、展览等方式公开，则不属于"不为公众所知悉"

【解题思路】

"不为公众所知悉"意味着相关领域的公众并不容易知晓。一般常识或者行业惯例，相关领域公众普遍知晓，不符合要求。如果信息已经通过报告或者展览会公开，或者在公开出版物上出版，则显然公众也已经知晓。

【参考答案】 ABD

（二）侵犯商业秘密的行为

《反不正当竞争法》第9条第1～3款："经营者不得实施下列侵犯商业秘密的行为：

（一）以盗窃、贿赂、欺诈、胁迫、电子侵入或者其他不正当手段获取权利人的商业秘密；

（二）披露、使用或者允许他人使用以前项手段获取的权利人的商业秘密；

（三）违反保密义务或者违反权利人有关保守商业秘密的要求，披露、使用或者允许他人使用其所掌握的商业秘密；

（四）教唆、引诱、帮助他人违反保密义务或者违反权利人有关保守商业秘密的要求，获取、披露、使用或者允许他人使用权利人的商业秘密。

经营者以外的其他自然人、法人和非法人组织实施前款所列违法行为的，视为侵犯商业秘密。

第三人明知或者应知商业秘密权利人的员工、前员工或者其他单位、个人实施本条第一款所列违法行为，仍获取、披露、使用或者允许他人使用该商业秘密的，视为侵犯商业秘密。"

11.【2017年第93题】根据反不正当竞争法及相关规定，下列哪些属于侵犯他人商业秘密的行为？

A．以盗窃手段获取他人商业秘密

B．披露以胁迫手段获取的他人商业秘密

C．通过反向工程获得他人的技术秘密

D．违反权利人有关保守商业秘密的要求，披露其掌握的商业秘密

【解题思路】

商业秘密的保护强度要低于专利，构

成侵犯商业秘密的一个前提是获取商业秘密的这个行为本身不正当。盗窃、胁迫或者违反保密义务，都是不正当的，构成侵犯商业秘密。通过反向工程破译别人的技术则是正当的。

【参考答案】 ABD

12.【2019年第93题】甲公司的饮料配方是甲公司核心商业秘密，甲公司员工秘密窃取该饮料配方后，与甲公司竞争对手乙公司联系，乙公司以高薪聘请该员工，使用其提供的甲公司饮料配方开展生产，获取高额利润。下面说法正确的是？

A．该员工侵犯了甲公司商业秘密

B．该员工未侵犯甲公司商业秘密

C．乙公司的行为视为侵犯商业秘密行为

D．乙公司未直接窃取甲公司饮料配方，有雇佣员工的自由，乙公司行为不视为侵犯商业秘密行为

【解题思路】

侵犯商业秘密的前提是通过不正当手段获取，甲公司员工秘密窃取饮料配方，侵犯了甲公司的商业秘密。乙公司高薪聘请该员工的目的就是获取饮料配方，也具有不正当性，同样侵犯了商业秘密。

【参考答案】 AC

《反不正当竞争民事案件解释》第12条："通过自行开发研制或者反向工程等方式获得的商业秘密，不认定为反不正当竞争法第十条❶第（一）、（二）项规定的侵犯商业秘密行为。

前款所称'反向工程'，是指通过技术手段对从公开渠道取得的产品进行拆卸、测绘、分析等而获得该产品的有关技术信息。当事人以不正当手段知悉了他人的商业秘密之后，又以反向工程为由主张获取行为合法的，不予支持。"

13.【2015年第92题】根据反不正当竞争法及相关规定，下列关于商业秘密的哪些说法是正确的？

A．商业秘密，是指不为公众所知悉、能为权利人带来经济利益、具有实用性并经权利人采取保密措施的技术信息和经营信息

B．通过自行开发研制获得商业秘密的行为不属于侵犯商业秘密的行为

C．通过反向工程获得商业秘密的行为属于侵犯商业秘密的行为

D．确定侵犯商业秘密行为的损害赔偿额，可以参照确定侵犯专利权的损害赔偿额的方法进行

【解题思路】

2017年《反不正当竞争法》修改后，对商业秘密不再强调其能带来经济利益和具有实用性，而是上位为"具有商业价值"。如果严格按照2017年《反不正当竞争法》，A选项就不再准确。商业秘密的保护和专利保护不同。同样一项技术，如果获得了专利保护，就可以排除他人使用相同的技术，即使他也是自己研发完成了该技术。这是由于专利申请人公开了自己的技术，有利于推动技术进步，故法律授予其一定时期内的排他权作为补偿。不过，如果技术作为商业秘密保护，其所有人并没有对社会作贡献，故法律只保护别人非法窃取商业秘密，并不保护他人通过自行研发或者反向工程获取相同的技术。商业秘密和专利都属于对技术的保

---

❶ 《反不正当竞争法》修改后，对应的法条是第9条。

护，因此侵犯商业秘密的损害赔偿额也可以参考专利制度进行。

【参考答案】 BD

（三）侵犯商业秘密的法律责任

1. 民事责任

（1）损害赔偿数额的确定。

《反不正当竞争法》第17条："经营者违反本法规定，给他人造成损害的，应当依法承担民事责任。

经营者的合法权益受到不正当竞争行为损害的，可以向人民法院提起诉讼。

因不正当竞争行为受到损害的经营者的赔偿数额，按照其因被侵权所受到的实际损失确定；实际损失难以计算的，按照侵权人因侵权所获得的利益确定。经营者恶意实施侵犯商业秘密行为，情节严重的，可以在按照上述方法确定数额的一倍以上五倍以下确定赔偿数额。赔偿数额还应当包括经营者为制止侵权行为所支付的合理开支。

经营者违反本法第6条、第9条规定，权利人因被侵权所受到的实际损失、侵权人因侵权所获得的利益难以确定的，由人民法院根据侵权行为的情节判决给予权利人五百万元以下的赔偿。"

（2）举证责任的分配。

《反不正当竞争法》第32条："在侵犯商业秘密的民事审判程序中，商业秘密权利人提供初步证据，证明其已经对所主张的商业秘密采取保密措施，且合理表明商业秘密被侵犯，涉嫌侵权人应当证明权利人所主张的商业秘密不属于本法规定的商业秘密。

商业秘密权利人提供初步证据合理表明商业秘密被侵犯，且提供以下证据之一的，涉嫌侵权人应当证明其不存在侵犯商业秘密的行为：

（一）有证据表明涉嫌侵权人有渠道或者机会获取商业秘密，且其使用的信息与该商业秘密实质上相同；

（二）有证据表明商业秘密已经被涉嫌侵权人披露、使用或者有被披露、使用的风险；

（三）有其他证据表明商业秘密被涉嫌侵权人侵犯。"

2. 行政责任

《反不正当竞争法》第21条："经营者以及其他自然人、法人和非法人组织违反本法第九条规定侵犯商业秘密的，由监督检查部门责令停止违法行为，没收违法所得，处十万元以上一百万元以下的罚款；情节严重的，处五十万元以上五百万元以下的罚款。"

14.【2007年第94题】根据反不正当竞争法的规定，对侵犯商业秘密的行为，监督检查部门应当如何处理？

A. 责令停止违法行为

B. 没收违法所得

C. 吊销营业执照

D. 根据情节处以1万元以上20万元以下罚款

【解题思路】

1993年《反不正当竞争法》的规定中，侵犯商业秘密的行政责任包括停止侵权和处以罚款两种，不包括吊销营业执照和没收违法所得。2019年《反不正当竞争法》修改后，增加了没收违法所得这种行政处罚，另外罚款数额大幅提高，一般情形改为10万元到100万元，情节严重的则是50万元到500万元。需要注意的是，一般情形的上限（100万元）和情节严重的下限（50

万元）并不衔接。

【参考答案】 AB

3. 刑事责任

《刑法》第219条："有下列侵犯商业秘密行为之一，给商业秘密的权利人造成重大损失的，处三年以下有期徒刑或者拘役，并处或者单处罚金；造成特别严重后果的，处三年以上七年以下有期徒刑，并处罚金：

（一）以盗窃、利诱、胁迫或者其他不正当手段获取权利人的商业秘密的；

（二）披露、使用或者允许他人使用以前项手段获取的权利人的商业秘密的；

（三）违反约定或者违反权利人有关保守商业秘密的要求，披露、使用或者允许他人使用其所掌握的商业秘密的。

明知或者应知前款所列行为，获取、使用或者披露他人的商业秘密的，以侵犯商业秘密论。

本条所称商业秘密，是指不为公众所知悉，能为权利人带来经济利益，具有实用性并经权利人采取保密措施的技术信息和经营信息。

本条所称权利人，是指商业秘密的所有人和经商业秘密所有人许可的商业秘密使用人。"

第四节　植物新品种保护条例

【基本要求】

了解《植物新品种保护条例》的主要内容；掌握植物新品种的概念、植物新品种权的取得、保护期限、终止和无效以及植物新品种的保护。

本节内容主要涉及《植物新品种保护条例》及其实施细则、《侵害植物新品种权纠纷规定》的规定。

一、品种权的保护客体

（一）植物新品种

《植物新品种保护条例》第2条："本条例所称植物新品种，是指经过人工培育的或者对发现的野生植物加以开发，具备新颖性、特异性、一致性和稳定性并有适当命名的植物品种。"

【提醒】

不管是专利还是植物新品种，要获得保护的东西必须是以前没有的，这就是要有新颖性。不过，植物新品种保护制度中的新颖性和专利中的新颖性存在一点明显的不同，破坏品种权新颖性的方式只有在市场上销售这一种，并且在国内市场和国外市场上销售的规定还不一样。专利保护的是一种技术方案，技术方案可以通过文字来表述，故存在出版公开这类的破坏新颖性的方法。植物新品种保护的是新的植物品种，这个品种没法用文字来精确的描述，故只有在市场上有该品种销售才是破坏新颖性。

植物新品种保护制度里的特异性相当于专利制度中的创造性。植物新品种保护制度保护的是一种新的植物品种，各种不同的植物品种之间特性各不相同，没法通过"三步法"来评估是否存在"突出的实质性特点和显著的进步"，故在植物新品种保护制度中不存在创造性的概念。要获得品种权的保护，新的植物品种需要和已知的植物品种之间有明显的区别，这个区别就体现为特异性。

一致性和稳定性就好比是专利制度中

的实用性。在专利制度中，实用性是指该发明或者实用新型能够制造或者使用，并且能够产生积极效果。具有实用性的发明，应该可以在工业中大规模的应用。同样，获得品种权保护的植物新品种也需要能大规模的使用，因此用该品种繁殖出来的下一代应该在相关特征上一致，这就是一致性。另外，植物品种还存在一个退化的问题，故还需要经过时间的考验，即拥有稳定性。

1.【2013年第86题】根据植物新品种保护条例及相关规定，下列哪些说法是正确的？

A. 申请品种权的植物新品种仅指经过人工培育的植物品种，不包括对发现的野生植物加以开发的植物品种

B. 申请品种权的植物新品种应当属于国家植物品种保护名录中列举的植物的属或者种

C. 授予品种权的植物新品种应当具备适当的名称，并与相同或者相近的植物属或者种中已知品种的名称相区别

D. 授予品种权的植物新品种应当同时具备新颖性、特异性、一致性和实用性

【解题思路】

俗话说"英雄不问出处"，植物新品种保护的本质条件是具有新颖性、特异性、一致性和稳定性，至于它是人工培育的还是通过野生品种开发获得的不是关键。不是所有的植物新品种都可以获得保护，能够获得保护的必须是国家植物品种保护目录中列举的植物的属或者种。植物新品种需要靠各自的名称来区别，故不应和已知的品种名称相同或近似。植物新品种授权的实质条件中没有实用性，只有稳定性和一致性。

【参考答案】 BC

（二）授予品种权的条件

1. 国家植物品种保护名录

《植物新品种保护条例》第13条："申请品种权的植物新品种应当属于国家植物品种保护名录中列举的植物的属或者种。植物品种保护名录由审批机关确定和公布。"

2.【2014年第47题】根据植物新品种保护条例及相关规定，下列哪些说法是正确的？

A. 申请品种权的植物新品种应当属于国家植物品种保护名录中列举的植物的属或者种

B. 授予品种权的植物新品种应当具备新颖性、特异性、一致性、稳定性

C. 申请品种权的，应当提交请求书、说明书、该品种的照片以及权利要求书

D. 申请人可以在品种权授予前修改或者撤回品种权申请

【解题思路】

植物新品种申请中不需要提交权利要求书，因为其要求保护的范围没法用权利要求书中的文字来描述。需要注意的是，植物新品种保护制度实施的是"正面清单"制度，只有那些属于保护名录中列举的属或者种才能获得保护。植物新品种授权的实质条件就是新颖性、特异性、一致性和稳定性。植物新品种保护制度和专利制度一样，在授权之前修改或者撤回申请应当是申请人享有的权利。

【参考答案】 ABD

2. 新颖性

《植物新品种保护条例》第14条："授

予品种权的植物新品种应当具备新颖性。新颖性，是指申请品种权的植物新品种在申请日前该品种繁殖材料未被销售，或者经育种者许可，在中国境内销售该品种繁殖材料未超过1年；在中国境外销售藤本植物、林木、果树和观赏树木品种繁殖材料未超过6年，销售其他植物品种繁殖材料未超过4年。"

3.【2008年第82题】根据植物新品种保护条例的规定，下列哪些申请品种权的林木新品种具备新颖性？

A．在申请日前其繁殖材料未被销售的

B．在申请日前，经育种者许可，其繁殖材料在中国境内销售未超过1年，且在中国境外销售未超过4年的

C．在申请日前，经育种者许可，其繁殖材料在中国境内销售未超过1年，但在中国境外销售超过6年的

D．在申请日前，经育种者许可，其繁殖材料在中国境内销售超过1年，但在中国境外销售未超过4年的

【解题思路】

品种权保护制度和专利制度不同，破坏新颖性的方式只有在市场上销售一种，并且在国内销售和国外销售还存在差异。

【参考答案】 AB

3. 特异性

《植物新品种保护条例》第15条："授予品种权的植物新品种应当具备特异性。特异性，是指申请品种权的植物新品种应当明显区别于在递交申请以前已知的植物品种。"

4. 一致性和稳定性

《植物新品种保护条例》第16条："授予品种权的植物新品种应当具备一致性。一致性，是指申请品种权的植物新品种经过繁殖，除可以预见的变异外，其相关的特征或者特性一致。"

《植物新品种保护条例》第17条："授予品种权的植物新品种应当具备稳定性。稳定性，是指申请品种权的植物新品种经过反复繁殖后或者在特定繁殖周期结束时，其相关的特征或者特性保持不变。"

5. 适当的名称

《植物新品种保护条例》第18条："授予品种权的植物新品种应当具备适当的名称，并与相同或者相近的植物属或者种中已知品种的名称相区别。该名称经注册登记后即为该植物新品种的通用名称。

下列名称不得用于品种命名：

（一）仅以数字组成的；

（二）违反社会公德的；

（三）对植物新品种的特征、特性或者育种者的身份等容易引起误解的。"

4.【2009年第35题】根据植物新品种保护条例及相关规定，下列说法哪些是正确的？

A．申请品种权的植物新品种应当属于国家植物品种保护目录中列举的植物的属或者种

B．授予品种权的植物新品种应当同时具备新颖性、创造性、一致性和稳定性

C．授予品种权的植物新品种应当具备适当的名称，并与相同或者相近的植物属或者种中已知品种的名称相区别

D．违反社会公德的名称不得用于授权品种的命名

【解题思路】

不是所有的植物新品种都可以获得保

护，能够获得保护的必须是国家植物品种保护目录中列举的植物的属或者种。植物新品种需要有适当的名称，该名称不能违背公共利益。植物新品种制度中没有创造性，只有特异性。

【参考答案】 ACD

二、品种权的主体

(一) 一般主体

1. 中国单位或个人

《植物新品种保护条例》第19条："<u>中国的单位和个人申请品种权的，可以直接或者委托代理机构向审批机关提出申请。</u>

中国的单位和个人申请品种权的植物新品种涉及国家安全或者重大利益需要保密的，<u>应当按照国家有关规定办理。</u>"

5.【2010年第73题】中国某公司就其培育的某花卉新品种向审批机关申请品种权，根据植物新品种保护条例及相关规定，下列说法哪些是正确的？

A. 该公司应当向审批机关提交符合规定格式要求的请求书、说明书和该品种的照片

B. 该公司应当委托代理机构向审批机关提出申请

C. 该花卉品种要获得品种权，必须具备新颖性、特异性、一致性和稳定性

D. 如果另一公司也就同一个花卉品种申请了品种权，品种权将授予最先培育出该品种的公司

【解题思路】

申请品种权需要提交请求书、说明书和该品种的照片，没有权利要求书。与专利申请相似，国内申请人不一定需要委托代理机构。品种权的实质性条件是新颖性、特异性、一致性和稳定性，没有创造性和实用性。品种权和专利制度相似，实行申请在先，同时申请才适用培育在先。

【参考答案】 AC

2. 外国人、外国企业或者外国其他组织

《植物新品种保护条例》第20条："外国人、外国企业或者外国其他组织在中国申请品种权的，应当按其所属国和中华人民共和国签订的协议或者共同参加的国际条约办理，或者根据互惠原则，依照本条例办理。"

(二) 职务育种和非职务育种的品种权归属

《植物新品种保护条例》第6条："完成育种的单位或者个人对其授权品种，享有排他的独占权。任何单位或者个人未经品种权所有人（以下称品种权人）许可，不得为商业目的<u>生产或者销售</u>该授权品种的繁殖材料，不得为商业目的将该授权品种的繁殖材料重复使用于<u>生产另一品种的繁殖材料</u>；但是，本条例另有规定的除外。"

《植物新品种保护条例》第7条第1款："执行本单位的任务或者主要是利用本单位的物质条件所完成的<u>职务育种</u>，植物新品种的申请权属于该<u>单位</u>；非职务育种，植物新品种的申请权属于完成育种的个人。申请被批准后，品种权属于申请人。"

【提醒】

职务育种的规定和职务发明类似，不同之处是职务发明创造中，退职、退休或者调动工作的时间界限是1年，植物新品种保护则是3年，这是因为育种所需要的时间比较长。

（三）委托育种和合作育种的品种权归属

《植物新品种保护条例》第7条第2款："委托育种或者合作育种，品种权的归属由当事人在合同中约定；没有合同约定的，品种权属于受委托完成或者共同完成育种的单位或者个人。"

6.【2017年第94题】根据植物新品种保护条例的规定，下列哪些说法是正确的？

A．执行本单位的任务所完成的职务育种，植物新品种的申请权属于该单位

B．主要是利用本单位的物质条件所完成的职务育种，植物新品种的申请权属于完成育种的个人

C．委托育种并且没有合同约定的，品种权属于委托人

D．合作育种并且没有合同约定的，品种权属于共同完成育种的单位或者个人

【解题思路】

职务育种类似于职务发明创造，权利都属于单位。委托育种，双方如果没有明确约定，权利属于干活的一方，即受托方。如果是合作育种，双方都作出了贡献，没有预先约定，那么权利属于合作双方。

【参考答案】 AD

三、获得品种权的程序

（一）品种权的申请和受理

农业植物新品种权：农业农村部植物新品种保护办公室，负责受理和审查。

林业植物新品种权：国家林业和草原局植物新品种保护办公室，负责受理和审查。

1. 申请文件、申请语言

《植物新品种保护条例》第21条："申请品种权的，应当向审批机关提交符合规定格式要求的请求书、说明书和该品种的照片。

申请文件应当使用中文书写。"

7.【2006年第67题】根据植物新品种保护条例的规定，申请品种权的，应当向审批机关提交下列哪些文件或资料？

A．请求书

B．权利要求书

C．说明书

D．该品种的照片

【解题思路】

专利申请中需要提交请求书、权利要求书和说明书。如果有必要，还需要提供说明书附图。不过，一种新的植物品种与现有的品种之间的区别难以用文字表述，只能用照片来说明，故品种权申请必须要有照片。另外，需要保护的就是所提交的品种，而不像专利一样保护的是无形的思想，故申请品种权不需要权利要求书。

【参考答案】 ACD

2. 申请日的确定

《植物新品种保护条例》第8条："一个植物新品种只能授予一项品种权。两个以上的申请人分别就同一个植物新品种申请品种权的，品种权授予最先申请的人；同时申请的，品种权授予最先完成该植物新品种育种的人。"

8.【2017年第28题】张某于2015年10月11日独立完成了某植物新品种的育种，王某于2016年2月14日也独立完成了该植物新品种的育种。张某和王某均于2016年6月18日分别就该植物新品种申请品种权。

如果张某和王某就该植物新品种提交的品种权申请均符合授予品种权的其他条件，则品种权应当授予何人？

A．张某

B．王某

C．由张某和王某协商确定，不愿协商或协商不成的，以抽签的方式确定申请人

D．由张某和王某协商确定，不愿协商或协商不成的，驳回张某和王某的申请

【解题思路】

植物品种权也实行先申请原则，但如同日申请，则适用培育在先，这和专利制度不同，需要注意。

【参考答案】 A

《植物新品种保护条例》第22条："审批机关收到品种权申请文件之日为申请日；申请文件是邮寄的，以寄出的邮戳日为申请日。"

3. 优先权

《植物新品种保护条例》第23条："申请人自在外国第一次提出品种权申请之日起12个月内，又在中国就该植物新品种提出品种权申请的，依照该外国同中华人民共和国签订的协议或者共同参加的国际条约，或者根据相互承认优先权的原则，可以享有优先权。

申请人要求优先权的，应当在申请时提出书面说明，并在3个月内提交经原受理机关确认的第一次提出的品种权申请文件的副本；未依照本条例规定提出书面说明或者提交申请文件副本的，视为未要求优先权。"

4. 向国外申请品种权

《植物新品种保护条例》第26条："中国的单位或者个人将国内培育的植物新品种向国外申请品种权的，应当向审批机关登记。"

5. 申请的修改和撤回

《植物新品种保护条例》第25条："申请人可以在品种权授予前修改或者撤回品种权申请。"

（二）品种权的审查和批准

1. 初步审查内容

《植物新品种保护条例》第27条："申请人缴纳申请费后，审批机关对品种权申请的下列内容进行初步审查：

（一）是否属于植物品种保护名录列举的植物属或者种的范围；

（二）是否符合本条例第二十条的规定；

（三）是否符合新颖性的规定；

（四）植物新品种的命名是否适当。"

9.【2018年第95题】根据《植物新品种保护条例》及相关规定，对于植物新品种申请需要初步审查哪些内容？

A．是否属于植物新品种保护名录列举的植物属或者种的范围

B．是否符合新颖性的规定

C．植物新品种的命名是否适当

D．植物新品种是否具有稳定性

【解题思路】

植物新品种保护实行"正面清单"制度，只有列入植物新品种保护名录的品种才予以保护，审查单位在初步审查程序中需要对此予以核实。同样，新颖性和命名是否适当也可以在初步审查中发现，而是否具有稳定性往往需要对申请品种的繁殖材料进行种植几轮后才能发现，无法在初步审查程序中完成。

【参考答案】 ABC

2. 审查期限

《植物新品种保护条例》第28条："审批机关应当自受理品种权申请之日起6个月内完成初步审查。对经初步审查合格的品种权申请，审批机关予以公告，并通知申请人在3个月内缴纳审查费。

对经初步审查不合格的品种权申请，审批机关应当通知申请人在3个月内陈述意见或者予以修正；逾期未答复或者修正后仍然不合格的，驳回申请。"

3. 实质审查

《植物新品种保护条例》第29条："申请人按照规定缴纳审查费后，审批机关对品种权申请的特异性、一致性和稳定性进行实质审查。

申请人未按照规定缴纳审查费的，品种权申请视为撤回。"

《植物新品种保护条例》第30条："审批机关主要依据申请文件和其他有关书面材料进行实质审查。审批机关认为必要时，可以委托指定的测试机构进行测试或者考察业已完成的种植或者其他试验的结果。

因审查需要，申请人应当根据审批机关的要求提供必要的资料和该植物新品种的繁殖材料。"

4. 申请的驳回

《植物新品种保护条例》第31条第2款："对经实质审查不符合本条例规定的品种权申请，审批机关予以驳回，并通知申请人。"

5. 品种权的授予

《植物新品种保护条例》第31条第1款："对经实质审查符合本条例规定的品种权申请，审批机关应当作出授予品种权的决定，颁发品种权证书，并予以登记和公告。"

（三）复审

《植物新品种保护条例》第32条："审批机关设立植物新品种专利复审委员会。

对审批机关驳回品种权申请的决定不服的，申请人可以自收到通知之日起3个月内，向植物新品种复审委员会请求复审。植物新品种复审委员会应当自收到复审请求书之日起6个月内作出决定，并通知申请人。

申请人对植物新品种专利复审委员会的决定不服的，可以自接到通知之日起15日内向人民法院提起诉讼。"

10.【2011年第76题】王某对于审批机关驳回其品种权申请的决定不服，拟提起复审。根据植物新品种保护条例及相关规定，下列关于复审程序的说法哪些是正确的？

A．复审请求应当向植物新品种专利复审委员会提出

B．王某应当自收到通知之日起3个月内提出复审请求

C．植物新品种复审委员会应当在收到复审请求书的3个月内作出决定

D．申请人对专利复审决定不服的，应当在收到通知之日起3个月内向人民法院提起诉讼

【解题思路】

植物新品种保护制度和专利制度很类似，都有一个复审委员会，提起复审的期限也都是自收到通知之日起3个月内。复审委员会作出决定的期限是6个月而不是3个月。对复审决定不服的，提起诉讼的期限是15日，不是3个月。

【参考答案】 AB

四、品种权的内容

(一) 排他的独占权

《植物新品种保护条例》第6条："完成育种的单位或者个人对其授权品种，享有排他的独占权。任何单位或者个人未经品种权所有人（以下称品种权人）许可，不得为商业目的生产或者销售该授权品种的繁殖材料，不得为商业目的将该授权品种的繁殖材料重复使用于生产另一品种的繁殖材料；但是，本条例另有规定的除外。"

(二) 不需要经品种权人许可的使用

《植物新品种保护条例》第10条："在下列情况下使用授权品种的，可以不经品种权人许可，不向其支付使用费，但是不得侵犯品种权人依照本条例享有的其他权利：

（一）利用授权品种进行育种及其他科研活动；

（二）农民自繁自用授权品种的繁殖材料。"

11.【2009年第76题】根据植物新品种保护条例及相关规定，下列哪些行为可以不经品种权人许可，不向其支付使用费？

A. 利用授权品种进行育种及其他科研活动

B. 农民自繁自用授权品种的繁殖材料

C. 为了商业目的销售不知道是侵权品种的繁殖材料，但能够证明其合法来源

D. 为商业目的重复使用授权品种的繁殖材料生产另一品种的繁殖材料

【解题思路】

品种权的合理使用只规定了两种情形，即科研目的的使用和农民的自繁自用。对于善意的销售人，考生可以借鉴商标权和专利权中的侵权成立但免予赔偿的情形。基于商业目的的使用则是品种权所明确禁止的。

【参考答案】 AB

(三) 强制许可

《植物新品种保护条例》第11条："为了国家利益或者公共利益，审批机关可以作出实施植物新品种强制许可的决定，并予以登记和公告。

取得实施强制许可的单位或者个人应当付给品种权人合理的使用费，其数额由双方商定；双方不能达成协议的，由审批机关裁决。

品种权人对强制许可决定或者强制许可使用费的裁决不服的，可以自收到通知之日起3个月内向人民法院提起诉讼。"

12.【2010年第66题】根据植物新品种保护条例及相关规定，在下列哪些情形下审批机关可以作出实施植物新品种强制许可的决定？

A. 科研机构需要利用授权品种进行育种

B. 为了国家利益

C. 为了公共利益

D. 农民要自繁自用授权品种的繁殖材料

【解题思路】

强制许可制度和合理使用制度都属于对品种权的限制，但又有不同。合理使用不需要申请，也不需要付费；强制许可则需要提起申请，并支付费用。为育种使用和农民自繁自用属于合理使用，只有为国家利益和公共利益的使用才适用强制许可。

【参考答案】 BC

（四）品种权的转让

《植物新品种保护条例》第9条："植物新品种的申请权和品种权可以依法转让。

中国的单位或者个人就其在国内培育的植物新品种向外国人转让申请权或者品种权的，应当经审批机关批准。

国有单位在国内转让申请权或者品种权的，应当按照国家有关规定报经有关行政主管部门批准。

转让申请权或者品种权的，当事人应当签订书面合同，并向审批机关登记，由审批机关予以公告。"

（五）品种权的保护期限

《植物新品种保护条例》第34条："品种权的保护期限，自授权之日起，藤本植物、林木、果树和观赏树木为20年，其他植物为15年。"

13．【2018年第29题】某公司于2007年5月6日在外国就某果树新品种提出品种权申请并被受理，2007年10月9日就同一品种在中国提出品种权申请，要求享有优先权并及时提交了相关文件。我国审批机关于2008年10月31日授予其品种权。关于该品种权，下列说法哪些是正确的？

A．保护期从2007年5月6日起计算

B．保护期从2007年10月9日起计算

C．保护期从2008年10月31日起计算

D．该品种权的保护期是10年

【解题思路】

植物新品种权保护制度和专利制度存在诸多相似之处，但有一点重要区别。专利权的保护期是从申请日起算，植物新品种权是从授权之日起算。另外，不同的植物品种，保护期限也不一样。其中，藤本植物、林木、果树和观赏树木为20年，其他为15年。

【参考答案】 C

（六）品种权的终止

《植物新品种保护条例》第36条："有下列情形之一的，品种权在保护期限届满前终止：

（一）品种权人以书面声明放弃品种权的；

（二）品种权人未按照规定缴纳年费的；

（三）品种权人未按照审批机关的要求提供检测所需的该授权品种的繁殖材料的；

（四）经检测该授权品种不再符合被授予品种权时的特征和特性的。

品种权的终止，由审批机关登记和公告。"

14．【2007年第19题】根据植物新品种保护条例的规定，有下列哪些情形的，品种权在其保护期限届满前终止？

A．品种权人以书面声明放弃品种权的

B．品种权人未按照规定缴纳年费的

C．品种权人未按照审批机关的要求提供检测所需的该授权品种的繁殖材料的

D．经检测该授权品种不再符合被授予品种权时的特征和特性的

【解题思路】

除了与专利相似的书面放弃和欠费之外，未提交繁殖材料和品种退化也是品种权提前终止的原因。

【参考答案】 ABCD

五、品种权的无效

（一）无效请求人、宣告品种权无效的机构

《植物新品种保护条例》第37条："自审批机关公告授予品种权之日起，植物新品种复审委员会可以依据职权或者依据任何单位或者个人的书面请求，对不符合本条例第十四条、第十五条、第十六条和第十七条规定的，宣告品种权无效；对不符合本条例第十八条规定的，予以更名。宣告品种权无效或者更名的决定，由审批机关登记和公告，并通知当事人。

对植物新品种复审委员会的决定不服的，可以自收到通知之日起3个月内向人民法院提起诉讼。"

15. 【2019年第95题】根据植物新品种保护条例及相关规定，关于植物新品种权的无效，下列说法正确的是？

A. 请求宣告品种权无效的期限为自公告授予品种权之日起6个月后

B. 对于不具备一致性的植物新品种，植物新品种复审委员会可以依据职权宣告品种权无效

C. 对于不具备稳定性的植物新品种，植物新品种复审委员会可以依据任何单位或个人的书面请求宣告品种权无效

D. 品种权人对于宣告其品种权无效的决定不服的，可以向人民法院起诉

【解题思路】

植物新品种获得授权后，就可以申请宣告无效，没有理由还需要等待6个月。植物新品种的无效程序可以是植物新品种委员会依职权提起，也可以是社会公众申请提起。植物新品种的一致性和稳定类似专利中的实用性，属于申请宣告的理由。与专利制度相似，如果对宣告品种权无效的决定不服，当事人可以提起行政诉讼。

【参考答案】 BCD

（二）无效理由

《植物新品种保护条例》第14条（新颖性）、第15条（特异性）、第16条（一致性）、第17条（稳定性）和第18条（具有适当名称）。

（三）无效决定

（1）不具有新颖性、特异性、一致性和稳定性的，则宣告品种权无效；

（2）命名不适当的，则予以改名。

（四）对无效决定不服的救济

对植物新品种复审委员会的决定不服的，可以自收到通知之日起3个月内向人民法院提起诉讼。

（五）无效决定的效力

《植物新品种保护条例》第38条："被宣告无效的品种权视为自始不存在。

宣告品种权无效的决定，对在宣告的人民法院作出并已执行的植物新品种侵权的判决、裁定，省级以上人民政府农业、林业行政部门作出并已执行的植物新品种侵权处理决定，以及已经履行的植物新品种实施许可合同和植物新品种权转让合同，不具有追溯力；但是，因品种权人的恶意给他人造成损失的，应当给予合理赔偿。

依照前款规定，品种权人或者品种权转让人不向被许可实施人或受让人返还使用费或者转让费，明显违反公平原则的，品种权人或者品种权转让人应当向被许可实施

人或者受让人返还全部或者部分使用费或者转让费。"

六、品种权的保护

（一）对申请期间植物新品种的临时保护

《植物新品种保护条例》第33条："品种权被授予后，在自初步审查合格公告之日起至被授予品种权之日止的期间，对未经申请许可，为商业目的生产或者销售该授权品种的繁殖材料的单位和个人，品种权人享有追偿的权利。"

（二）侵犯品种权的行为

侵犯品种权的行为可以分为3种：①未经授权的生产、销售行为，即未经品种权人许可，以商业目的生产或者销售授权品种的繁殖材料的行为；②假冒授权品种的行为；③销售授权品种未使用其注册登记名称的行为。

（三）侵权纠纷的解决途径

1. 请求行政机关处理

（1）未经授权的生产和销售行为，由省级以上人民政府农业、林业行政管理部门依据各自的职权处理；

（2）假冒授权品种和销售授权品种未使用注册登记名称的行为，则由县级以上人民政府农业、林业行政管理部门处理。

2. 诉讼

未经许可的生产和销售行为，权利人可以直接提起民事诉讼。管辖法院为中级以上人民法院。

假冒授权品种的行为和销售授权品种未使用其注册登记名称的行为，不属于民事侵权行为，故无法提起民事诉讼。

3. 损害赔偿的行政调解

《植物新品种保护条例》第39条第2款："省级以上人民政府农业、林业行政部门依据各自的职权，根据当事人自愿的原则，对侵权所造成的损害赔偿可以进行调解。调解达成协议的，当事人应当履行；调解未达成协议的，品种权人或者利害关系人可以依照民事诉讼程序向人民法院提起诉讼。"

（四）侵权的法律责任

《植物新品种保护条例》第39条："未经品种权人许可，以商业目的生产或者销售授权品种的繁殖材料的，品种权人或者利害关系人可以请求省级以上人民政府农业、林业行政部门依据各自的职权进行处理，也可以直接向人民法院提起诉讼。

省级以上人民政府农业、林业行政部门依据各自的职权，根据当事人自愿的原则，对侵权所造成的损害赔偿可以进行调解。调解达成协议的，当事人应当履行；调解未达成协议的，品种权人或者利害关系人可以依照民事诉讼程序向人民法院提起诉讼。

省级以上人民政府农业、林业行政部门依据各自的职权处理品种权侵权案件时，为维护社会公共利益，可以责令侵权人停止侵权行为，没收违法所得和植物品种繁殖材料；货值金额5万元以上的，可处货值金额1倍以上5倍以下的罚款；没有货值金额或者货值金额5万元以下的，根据情节轻重，可处25万元以下的罚款。"

第五节　集成电路布图设计保护条例

【基本要求】

了解《集成电路布图设计保护条例》的主要内容；熟悉《集成电路布图设计保护条例》的基本概念；掌握申请保护的条件和程序；掌握布图设计专有权的内容、保护和保护期限。

本节内容主要涉及《集成电路布图设计保护条例》及其实施细则、《集成电路布图设计行政执法办法》的规定。

一、集成电路布图设计专有权的客体

（一）集成电路布图设计

1. 集成电路

《集成电路布图设计保护条例》第2条第1项："集成电路是指半导体集成电路，即以半导体材料为基片，将至少有一个是有源元件的两个以上元件和部分或者全部互联线路集成在基片之中或者基片之上，以执行某种电子功能的中间产品或者最终产品。"

2. 集成电路布图设计

《集成电路布图设计保护条例》第2条第2项："集成电路布图设计（以下简称布图设计），是指集成电路中至少有一个是有源元件的两个以上元件和部分或者全部互联线路的三维配置，或者为制造集成电路而准备的上述三维配置。"

（二）其他相关概念

1. 布图设计权利人

《集成电路布图设计保护条例》第2条第3项："布图设计权利人，是指依照本条例的规定，对布图设计享有专有权的自然人、法人或者其他组织。"

2. 复制

《集成电路布图设计保护条例》第2条第4项："复制，是指重复制作布图设计或者含有该布图设计的集成电路的行为。"

3. 商业利用

《集成电路布图设计保护条例》第2条第5项："商业利用，是指为商业目的进口、销售或者以其他方式提供受保护的布图设计、含有该布图设计的集成电路或者含有该集成电路的物品的行为。"

1.【2019年第94题】根据集成电路布图设计保护条例及相关规定，布图设计权利人享有下列哪些专有权？

A. 将受保护的布图设计投入商业利用

B. 将含有该集成电路的物品投入商业利用

C. 对受保护的布图设计的全部进行复制

D. 对受保护的布图设计的任何具有独创性的部分进行复制

【解题思路】

集成电路布图设计保护制度中有些类似于专利制度的部分，布图设计的保护范围包括布图设计本身，也包括含有该布图设计的集成电路，还包括含有该集成电路的物品，这类似于某核心部件、含有该部件的机器以及含有该机器的系统。集成电路布图设计保护制度同样有类似于著作权制度的部分，如保护的对象可以是布图设计全部，也可以是布图设计的独创性部分。

【参考答案】　ABCD

（三）申请保护的实质性条件

《集成电路布图设计保护条例》第4条："受保护的布图设计应当具有独创性，即该布图设计是创作者自己的智力劳动成果，并且在其创作时该布图设计在布图设计创作者和集成电路制造者中不是公认的常规设计。

受保护的由常规设计组成的布图设计，其组合作为整体应当符合前款规定的条件。"

《集成电路布图设计保护条例》第5条："本条例对布图设计的保护，不延及思想、处理过程、操作方法或者数学概念等。"

2.【2013年第92题】根据集成电路布图设计保护条例及相关规定，下列哪些说法是正确的？

A．受保护的集成电路布图设计应当是创作者自己的智力劳动成果，并且在其创作时该布图设计在布图设计创作者和集成电路制造者中不是公认的常规设计

B．受保护的集成电路布图设计应当富有美感

C．对集成电路布图设计的保护不延及思想、处理过程、操作方法或者数学概念等

D．集成电路布图设计专有权自创作完成之日起产生

【解题思路】

集成电路布图设计制度与著作权制度相似，保护的基础是具有独创性，不属于常规设计。至于美感，那是对外观设计的要求。著作权不保护思想，集成电路布图设计同样如此。不过，需要注意的是，著作权自作品完成之日起产生，但集成电路布图设计需要登记。

【参考答案】 AC

二、集成电路布图设计专有权的主体

（一）主体范围

1. 中国自然人、法人或其他组织

《集成电路布图设计保护条例》第3条第1款："中国自然人、法人或者其他组织创作的布图设计，依照本条例享有布图设计专有权。"

2. 外国人

《集成电路布图设计保护条例》第3条第2款、第3款："外国人创作的布图设计首先在中国境内投入商业利用的，依照本条例享有布图设计专有权。

外国人创作的布图设计，其创作者所属国同中国签订有关布图设计保护协议或者与中国共同参加有关布图设计保护国际条约的，依照本条例享有布图设计专有权。"

（二）专有权人的确定

1. 职务布图设计

《集成电路布图设计保护条例》第9条："布图设计专有权属于布图设计创作者，本条例另有规定的除外。

由法人或者其他组织主持，依据法人或者其他组织的意志而创作，并由法人或者其他组织承担责任的布图设计，该法人或者其他组织是创作者。

由自然人创作的布图设计，该自然人是创作者。"

2. 合作布图设计

《集成电路布图设计保护条例》第10条："两个以上自然人、法人或者其他组织合作创作的布图设计，其专有权的归属由合作者约定；未作约定或者约定不明的，其专有权

由合作者共同享有。"

3. 委托布图设计

《集成电路布图设计保护条例》第 11 条："受委托创作的布图设计,其专有权的归属由委托人和受托人双方约定;未作约定或者约定不明的,其专有权由受托人享有。"

3.【2010 年第 80 题】根据集成电路布图设计保护条例及相关规定,下列说法哪些是正确的?

A. 除集成电路布图设计保护条例另有规定外,布图设计专有权属于布图设计创作者

B. 由法人主持,依据法人的意志而创作,并由法人承担责任的布图设计,该法人是创作者

C. 受委托创作的布图设计,委托人和受托人对专有权的归属未作约定或者约定不明的,其专有权由委托人享有

D. 两个以上自然人、法人或者其他组织合作创作的布图设计,合作者对专有权的归属未作约定或者约定不明的,其专有权由合作者共同享有

【解题思路】

布图设计专有权的归属和著作权、专利权的归属也很类似。一般情况下,专有权属于设计者。职务作品的专有权属于单位,委托创造的布图设计权属没有约定或约定不明,专有权属于受托人。合作开发的布图设计专有权没有约定或约定不明,则属于合作者共有。

【参考答案】ABD

三、集成电路布图设计专有权的取得

(一)登记申请

1. 申请应提交的材料

《集成电路布图设计保护条例》第 8 条："布图设计专有权经国务院知识产权行政部门登记产生。

未经登记的布图设计不受本条例保护。"

《集成电路布图设计保护条例》第 14 条："国务院知识产权行政部门负责布图设计登记工作,受理布图设计登记申请。"

《集成电路布图设计保护条例》第 16 条："申请布图设计登记,应当提交:

(一)布图设计登记申请表;

(二)布图设计的复制件或者图样;

(三)布图设计已投入商业利用的,提交含有该布图设计的集成电路样品;

(四)国务院知识产权行政部门规定的其他材料。"

【提醒】

布图设计登记与专利申请存在巨大的差异:专利申请需要提交说明书和权利要求书,但集成电路是由数万个乃至数百万个元件组成,无法用文字来描述和划定保护范围,故申请布图设计登记不可能有说明书和权利要求书,而是用布图设计的复制件或者图样来说明需要保护的范围。另外,专利申请不需要提交实物,而布图设计投入商业利用的需要提交样品。这是因为:①提交实物对界定发明创造也没有多大作用,如一部手机上可能存在数百个专利,提交一部手机并

不能帮助审查员界定发明内容；②如果是方法发明专利，更无法提交实物；③提交实物会给发明人带来不合理的负担，如果申请一架新型飞机的专利，要求申请人提交飞机，那成本太高。布图设计完成之后，生产一个样品的成本不会很高，要求提交样品也不会给申请人带来太多的负担，因此布图设计登记时，如果布图设计已投入商业利用的，需要提交含有该布图设计的集成电路样品。

4.【2015年第29题】根据集成电路布图设计保护条例及相关规定，下列哪种文件是申请布图设计登记应当提交的？

A．权利要求书

B．说明书

C．说明书附图

D．布图设计的复印件或者图样

【解题思路】

布图设计登记与专利申请存在巨大的差异：专利申请需要提交说明书和权利要求书，但集成电路是由数万个乃至数百万个元件组成，无法用文字来描述和划定保护范围，故申请布图设计登记不可能有说明书和权利要求书，而是用布图设计的复制件或者图样来说明需要保护的范围。本题答案中将"复制件"写成了"复印件"，应该属于笔误。另外，专利申请不需要提交实物，而布图设计投入商业利用的需要提交样品。

【参考答案】 D

5.【2017年第95题】根据集成电路布图设计保护条例的规定，下列哪些说法是正确的？

A．受保护的集成电路布图设计应当具有独创性

B．受保护的集成电路布图设计应当具有美感

C．对集成电路布图设计的保护不延及思想、处理过程、操作方法或者数学概念

D．国务院知识产权行政部门负责布图设计专有权的管理工作

【解题思路】

集成电路布图设计制度，有些类似于著作权制度，比如说获得保护的前提都是要具有独创性。美感是对外观设计的要求，集成电路芯片都是装在产品内部的，设计得再有美感消费者也看不到。对集成电路的保护，涉及具体的设计，不涉及对概念的保护。集成电路布图设计制度类似于著作权制度，但布图设计需要登记。国家版权局缺乏相应的人员，并且集成电路布图设计也存在技术方面的因素，故由国家知识产权局受理此类登记。

【参考答案】 ACD

2. 保密信息的处理

《集成电路布图设计保护条例》第15条："申请登记的布图设计涉及国家安全或者重大利益，需要保密的，按照国家有关规定办理。"

3. 申请文件的语言

《集成电路布图设计保护条例实施细则》第6条第1款："依照条例和本细则规定提交的各种文件应当使用中文。国家有统一规定的科技术语的，应当采用规范词；外国人名、地名和科技术语没有统一中文译文的，应当注明原文。"

4. 提出申请的时间

《集成电路布图设计保护条例》第17条："布图设计自其在世界任何地方首次商业利用之日起2年内，未向国务院知识产权行政

部门提出登记申请的,国务院知识产权行政部门不再予以登记。"

6.【2007年第95题】根据集成电路布图设计保护条例的规定,下列哪些说法是正确的?

A. 布图设计专有权经国务院知识产权行政部门登记产生

B. 未经登记的布图设计不受集成电路布图设计保护条例的保护

C. 无论是否登记或者投入商业利用,布图设计自创作完成之日起10年后,不再受集成电路布图设计保护条例的保护

D. 布图设计自其在世界任何地方首次商业利用之日起2年内未提出登记申请的,国务院知识产权行政部门不再予以登记

【解题思路】

布图设计专有权经登记而产生,不登记就没有权利。布图设计无论是否投入使用,自完成之日起15年后,不再受保护。布图设计也有新颖性问题,如投入商业使用2年内未申请登记,则不再予以登记。

【参考答案】 ABD

5. 代理

《集成电路布图设计保护条例实施细则》第4条:"中国单位或者个人在国内申请布图设计登记和办理其他与布图设计有关的事务的,可以委托专利代理机构办理。

在中国没有经常居所或者营业所的外国人、外国企业或者外国其他组织在中国申请布图设计登记和办理其他与布图设计有关的事务的,应当委托国家知识产权局指定的专利代理机构办理。"

6. 申请日的确定

《集成电路布图设计保护条例实施细则》第5条第2款:"国家知识产权局收到布图设计申请文件之日为申请日。如果申请文件是邮寄的,以寄出的邮戳日为申请日。"

7. 不予受理的情形

《集成电路布图设计保护条例实施细则》第17条:"布图设计登记申请有下列情形的,国家知识产权局不予受理,并通知申请人:

(一)未提交布图设计登记申请表或者布图设计的复制件或者图样的,已投入商业利用而未提交集成电路样品的,或者提交的上述各项不一致的;

(二)外国申请人的所属国未与中国签订有关布图设计保护协议或者与中国共同参加有关国际条约的;

(三)所涉及的布图设计属于条例第十二条规定不予保护的;

(四)所涉及的布图设计属于条例第十七条规定不予登记的;

(五)申请文件未使用中文的;

(六)申请类别不明确或者难以确定其属于布图设计的;

(七)未按规定委托代理机构的;

(八)布图设计登记申请表填写不完整的。"

8. 文件的补正和修改

《集成电路布图设计保护条例实施细则》第18条:"除本细则第十七条规定不予受理的外,申请文件不符合条例和本细则规定的条件的,申请人应当在收到国家知识产权局的审查意见通知之日起2个月内进行补正。补正应当按照审查意见通知书的要求进行。逾期未答复的,该申请视为撤回。

申请人按照国家知识产权局的审查意见

补正后，申请文件仍不符合条例和本细则的规定的，国家知识产权局应当作出驳回决定。

国家知识产权局可以自行修改布图设计申请文件中文字和符号的明显错误。国家知识产权局自行修改的，应当通知申请人。"

（二）申请的审查和登记

1. 审查的内容

《集成电路布图设计保护条例》第18条："布图设计登记申请经初步审查，未发现驳回理由的，由国务院知识产权行政部门予以登记，发给登记证明文件，并予以公告。"

7.【2018年第94题】根据《集成电路布图设计保护条例》及其他相关规定，下列哪些说法是正确的？

A. 布图设计首次商业利用之日起2年内，未提出登记申请的，国家知识产权局不予登记

B. 国家知识产权局应当对布图设计登记申请进行初步审查

C. 国家知识产权局应当对布图设计登记申请进行实质审查

D. 布图设计明显不符合该条例所规定的布图设计定义的，国家知识产权局应当作出驳回决定

【解题思路】

为了促进布图设计早日登记，法律规定布图设计首次商业利用之日起2年内未提出登记申请的，就不再予以登记。布图设计实行初步审查制，布图设计往往包含数百万甚至数千万个电子元器件，国家知识产权局很难对其进行实质性审查。在初步审查程序中，如果国家知识产权局发现该"布图设计"明显不属于布图设计，那作出驳回决定也是应有之义。

【参考答案】 ABD

2. 权利的恢复和期限的延长

《集成电路布图设计保护条例实施细则》第9条："当事人因不可抗拒的事由而耽误本细则规定的期限或者国家知识产权局指定的期限，造成其权利丧失的，自障碍消除之日起2个月内，但是最迟自期限届满之日起2年内，可以向国家知识产权局说明理由并附具有关证明文件，请求恢复其权利。

当事人因正当理由而耽误本细则规定的期限或者国家知识产权局指定的期限，造成其权利丧失的，可以自收到国家知识产权局的通知之日起2个月内向国家知识产权局说明理由，请求恢复其权利。

当事人请求延长国家知识产权局指定的期限的，应当在期限届满前，向国家知识产权局说明理由并办理有关手续。

条例规定的期限不得请求延长。"

3. 申请的驳回

《集成电路布图设计保护条例实施细则》第19条："除本细则第十八条第二款另有规定的外，申请登记的布图设计有下列各项之一的，国家知识产权局应当作出驳回决定，写明所依据的理由：

（一）明显不符合条例第二条第（一）（二）项规定的；

（二）明显不符合条例第五条规定的。"

4. 申请的登记

《集成电路布图设计保护条例》第18条："布图设计登记申请经初步审查，未发现驳回理由的，由国务院知识产权行政部门予以登记，发给登记证明文件，并予以公告。"

5. 登记证书

《集成电路布图设计保护条例实施细则》第21条："国家知识产权局颁发的布图

设计登记证书应当包括下列各项：

（一）布图设计权利人的姓名或者名称和地址；

（二）布图设计的名称；

（三）布图设计在申请日之前已经投入商业利用的，其首次商业利用的时间；

（四）布图设计的申请日及创作完成日；

（五）布图设计的颁证日期；

（六）布图设计的登记号；

（七）国家知识产权局的印章及负责人签字。"

6. 更正

《集成电路布图设计保护条例实施细则》第22条："国家知识产权局对布图设计公告中出现的错误，一经发现，应当及时更正，并对所作更正予以公告。"

7. 复议

《集成电路布图设计保护条例实施细则》第28条："当事人对国家知识产权局作出的下列具体行政行为不服或者有争议的，可以向国家知识产权局行政复议部门申请复议：

（一）不予受理布图设计申请的；

（二）将布图设计申请视为撤回的；

（三）不允许恢复有关权利的请求的；

（四）其他侵犯当事人合法权益的具体行政行为。"

8.【2018年第28题】当事人对国家知识产权局作出的下列哪项具体行政行为不服的，不能申请复议？

A．不予受理布图设计申请的

B．驳回布图设计登记申请的

C．将布图设计申请视为撤回的

D．给予使用其布图设计的非自愿许可的

【解题思路】

集成电路布图设计的登记由国家知识产权局受理，驳回布图设计登记申请的性质和驳回专利申请相同，救济程序都是向国家知识产权局申请复审。

【参考答案】 B

（三）查阅和复制

《集成电路布图设计保护条例实施细则》第39条："布图设计登记公告后，公众可以请求查阅该布图设计登记簿或者请求国家知识产权局提供该登记簿的副本。公众也可以请求查阅该布图设计的复制件或者图样的纸件。

本细则第十四条所述的电子版本的复制件或者图样，除侵权诉讼或者行政处理程序需要外，任何人不得查阅或者复制。"

（四）费用

《集成电路布图设计保护条例实施细则》第34条："向国家知识产权局申请布图设计登记和办理其他手续时，应当缴纳下列费用：

（一）布图设计登记费；

（二）著录事项变更手续费、延长期限请求费、恢复权利请求费；

（三）复审请求费；

（四）非自愿许可请求费、非自愿许可使用费的裁决请求费。

前款所列各种费用的数额，由国务院价格管理部门会同国家知识产权局另行规定。"

《集成电路布图设计保护条例实施细则》第36条："申请人应当在收到受理通知

书后2个月内缴纳布图设计登记费；期满未缴纳或者未缴足的，其申请视为撤回。

当事人请求恢复权利或者复审的，应当在条例及本细则规定的相关期限内缴纳费用；期满未缴纳或者未缴足的，视为未提出请求。

著录事项变更手续费、非自愿许可请求费、非自愿许可使用费的裁决请求费应当自提出请求之日起1个月内缴纳；延长期限请求费应当在相应期限届满前缴纳；期满未缴纳或者未缴足的，视为未提出请求。"

四、集成电路布图设计专有权的内容

（一）复制权的内容及其范围

集成电路布图设计复制权针对的是受保护的布图设计的<u>全部</u>或者其中任何具有<u>独创性的部分</u>。

（二）商业利用权的内容及其范围

商业利用权的对象范围针对的是<u>受保护的布图设计、含有该布图设计的集成电路或者含有该集成电路的物品</u>。

9.【2016年第95题】根据集成电路布图设计保护条例及相关规定，集成电路布图设计权利人享有下列哪些专有权？

A．对受保护的布图设计的全部进行复制

B．对受保护的布图设计中的任何具有独创性的部分进行复制

C．将受保护的布图设计投入商业利用

D．将含有受保护的布图设计的集成电路投入商业利用

【解题思路】

集成电路布图设计的权利人，有权对布图设计的全部或者部分进行复制，或者将布图设计投入商业利用，这是应有之义。

【参考答案】 ABCD

（三）权利的行使

《集成电路布图设计保护条例》第22条："布图设计权利人可以将其专有权转让或者许可他人使用其布图设计。

转让布图设计专有权的，当事人应当订立书面合同，并向国务院知识产权行政部门登记，由国务院知识产权行政部门予以公告。布图设计专有权的转让自登记之日起生效。

许可他人使用其布图设计的，当事人应当订立书面合同。"

（四）专有权的保护期限和放弃

1. 保护期限和期限的起算点

《集成电路布图设计保护条例》第12条："布图设计专有权的保护期为<u>10年</u>，自布图设计登记<u>申请之日</u>或者在世界任何地方<u>首次投入商业利用之日</u>起计算，以较前日期为准。但是，无论是否登记或者投入商业利用，布图设计自<u>创作完成之日起15年</u>后，不再受本条例保护。"

10.【2015年第95题】根据集成电路布图设计保护条例及相关规定，下列哪些说法是正确的？

A．布图设计专有权的保护期为25年

B．布图设计专有权的保护期自登记申请之日或者在世界任何地方首次投入商业利用之日起计算，以较前日期为准

C．布图设计专有权经国务院知识产权行政部门登记产生

D．无论是否登记或者投入商业利用，布图设计自创作完成之日起15年后，不再

受到集成电路布图设计保护条例保护

【解题思路】

在我国，布图设计在登记后才获得保护，保护期限为10年。布图设计无论是否登记，从完成之日起15年后都不再获得保护，要注意这里的15年不要和10年的保护期限混淆。

【参考答案】 BCD

11.【2019年第28题】甲公司2018年6月10日创作完成某项布图设计，2019年2月1日首次投入商业利用，2019年8月12日向国家知识产权局申请登记，2019年9月12日获准登记。根据集成电路布图设计保护条例的规定，该布图设计保护期应自何日起算？

A．2018年6月10日
B．2019年2月1日
C．2019年8月12日
D．2019年9月12日

【解题思路】

布图设计保护期有两个计算点：一个是登记申请之日，还有一个是首次投入商业利用之日，以较前日期为准。本题是先投入商业利用再进行登记，故以投入商业利用之日为准。

【参考答案】 B

2. 专有权的放弃

《集成电路布图设计保护条例实施细则》第31条："布图设计权利人在其布图设计专有权保护期届满之前，可以向国家知识产权局提交书面声明放弃该专有权。

布图设计专有权已许可他人实施或者已经出质的，该布图设计专有权的放弃应征得被许可人或质权人的同意。

布图设计专有权的放弃应当由国家知识产权局登记和公告。"

（五）对布图设计专有权的限制

1. 合理使用、反向工程、独创布图设计的使用

《集成电路布图设计保护条例》第23条："下列行为可以不经布图设计权利人许可，不向其支付报酬：

（一）为个人目的或者单纯为评价、分析、研究、教学等目的而复制受保护的布图设计的；

（二）在依据前项评价、分析受保护的布图设计的基础上，创作出具有独创性的布图设计的；

（三）对自己独立创作的与他人相同的布图设计进行复制或者将其投入商业利用的。"

12.【2010年第87题】根据集成电路布图设计保护条例及相关规定，集成电路布图设计权利人甲公司可以要求行为人停止下列哪些未经其许可的行为？

A．某大学教授赵某为教学目的而复制甲公司受保护的布图设计

B．乙公司将自己独立创作的与甲公司受保护的布图设计相同的布图设计投入商业利用

C．丙公司为商业目的复制甲公司受保护的布图设计中具有独创性的部分

D．丁公司为商业目的销售含有甲公司受保护的布图设计的集成电路

【解题思路】

考生可以将集成电路布图设计保护制度与著作权制度对照记忆。和《著作权法》一样，为教学目的而复制属于合理使用。《著

作权法》不排除独立创作的相同作品,集成电路布图设计也是如此。只要两项设计都是独立创作的,那就可以各自受到法律的保护。为商业目的复制或销售集成电路,无疑会侵蚀权利人的市场,属于侵权行为。

【参考答案】 CD

2. 权利用尽

《集成电路布图设计保护条例》第24条:"受保护的布图设计、含有该布图设计的集成电路或者含有该集成电路的物品,由布图设计权利人或者经其许可投放市场后,他人再次商业利用的,可以不经布图设计权利人许可,并不向其支付报酬。"

13.【2006年第88题】根据《集成电路布图设计保护条例》的规定,下列哪些行为可以不经布图设计专有权人的许可并且可以不向其支付报酬?

A. 单纯为评价、分析目的而复制受保护的布图设计

B. 对受保护的布图设计中某些具有独创性的部分进行复制

C. 将布图设计专有权人投放市场的含有受保护布图设计的集成电路再次进行商业利用

D. 将自己独立创作的与受保护的布图设计相同的布图设计投入商业利用

【解题思路】

为评价、分析目的的使用属于合理使用。与《著作权法》一样,布图设计不排斥相同的独立创作,它们可以各自受到法律的保护。再次进行商业利用属于权利用尽。复制独创性的部分属于侵权。

【参考答案】 ACD

3. 非自愿许可

《集成电路布图设计保护条例》第25条:"在国家出现紧急状态或者非常情况时,或者为了公共利益的目的,或者经人民法院、不正当竞争行为监督检查部门依法认定布图设计权利人有不正当竞争行为而需要给予补救时,国务院知识产权行政部门可以给予使用其布图设计的非自愿许可。"

《集成电路布图设计保护条例》第27条:"取得使用布图设计非自愿许可的自然人、法人或者其他组织不享有独占的使用权,并且无权允许他人使用。"

4. 善意商业利用

《集成电路布图设计保护条例》第33条:"在获得含有受保护的布图设计的集成电路或者含有该集成电路的物品时,不知道也没有合理理由应当知道其中含有非法复制的布图设计,而将其投入商业利用的,不视为侵权。

前款行为人得到其中含有非法复制的布图设计的明确通知后,可以继续将现有的存货或者此前的订货投入商业利用,但应当向布图设计权利人支付合理的报酬。"

14.【2008年第66题】甲购进一批集成电路用于销售,但不知道也没有合理理由应当知道该集成电路含有受保护的布图设计。甲销售了一半后,收到布图设计权利人乙的明确通知,告知其销售的集成电路中含有非法复制的布图设计。对此,下列哪些说法是正确的?

A. 甲的行为构成侵权

B. 甲的行为不视为侵权

C. 甲应当就其在接到乙的明确通知前销售的集成电路,向乙补偿一定的费用

D. 甲在接到乙的明确通知后，可以继续销售另一半存货，但应当向乙支付合理的报酬

【解题思路】

商标和专利制度中也都有对善意商业利用的保护，但在商标和专利制度中，此种情形构成侵权，须停止侵权，免除的仅为赔偿责任。对布图设计的保护强度低于商标和专利，此种行为不视为侵权。既然不视为侵权，那就没有必要就以前的销售向权利人补偿费用。对布图设计的保护比较弱，善意销售商可以继续销售存货，但需要支付费用。

【参考答案】 BD

五、布图设计登记申请的复审、复议和专有权的撤销

（一）复审

1. 复审机构

《集成电路布图设计保护条例》第19条："布图设计登记申请人对国务院知识产权行政部门驳回其登记申请的决定不服的，可以自收到通知之日起3个月内，向国务院知识产权行政部门请求复审。国务院知识产权行政部门复审后，作出决定，并通知布图设计登记申请人。布图设计登记申请人对国务院知识产权行政部门的复审决定仍不服的，可以自收到通知之日起3个月内向人民法院起诉。"

15.【2014年第24题】根据集成电路布图设计保护条例及相关规定，布图设计登记申请人对国家知识产权局驳回其登记申请的决定不服的，可以选择下列哪种救济途径？

A. 自收到通知之日起3个月内向国家知识产权局申请行政复议

B. 自收到通知之日起3个月内向国家知识产权局专利复审委员会请求复审

C. 自收到通知之日起3个月内向国家知识产权局专利复审委员会申诉

D. 自收到通知之日起3个月内直接向人民法院提起行政诉讼

【解题思路】

集成电路布图设计与专利、商标制度一样，对驳回申请不服的，首先申请复审，对复审不服才能提起诉讼。申请复审的单位以前是专利复审委员会。不过目前专利复审委员会并入国家知识产权局专利局，当事人应当向国家知识产权局申请复审。为此，严格地说，B选项也已经不再正确。

【参考答案】 无

2. 复审请求

《集成电路布图设计保护条例实施细则》第24条："向专利复审委员会请求复审的，应当提交复审请求书，说明理由，必要时还应当附具有关证据。复审请求书不符合条例第十九条有关规定的，专利复审委员会不予受理。

复审请求不符合规定格式的，复审请求人应当在专利复审委员会指定的期限内补正；期满未补正的，该复审请求视为未提出。"

3. 请求的撤回

《集成电路布图设计保护条例实施细则》第27条："复审请求人在专利复审委员会作出决定前，可以撤回其复审请求。

复审请求人在专利复审委员会作出决定前撤回其复审请求的，复审程序终止。"

4. 复审程序中文件的修改

《集成电路布图设计保护条例实施细则》第25条:"复审请求人在提出复审请求或者在对专利复审委员会的复审通知书作出答复时,可以修改布图设计申请文件;但是修改应当仅限于消除驳回决定或者复审通知书指出的缺陷。

修改的申请文件应当提交一式两份。"

5. 复审决定

《集成电路布图设计保护条例实施细则》第26条:"专利复审委员会进行审查后,认为布图设计登记申请的复审请求不符合条例或者本细则有关规定的,应当通知复审请求人,要求其在指定期限内陈述意见。期满未答复的,该复审请求视为撤回;经陈述意见或者进行修改后,专利复审委员会认为该申请仍不符条例和本细则有关规定的,应当作出维持原驳回决定的复审决定。

专利复审委员会进行复审后,认为原驳回决定不符合条例和本细则有关规定的,或者认为经过修改的申请文件消除了原驳回决定指出的缺陷的,应当撤销原驳回决定,通知原审查部门对该申请予以登记和公告。

专利复审委员会的复审决定,应当写明复审决定的理由,并通知布图设计登记申请人。"

(二)复议范围

《集成电路布图设计保护条例实施细则》第28条:"当事人对国家知识产权局作出的下列具体行政行为不服或者有争议的,可以向国家知识产权局行政复议部门申请复议:

(一)不予受理布图设计申请的;

(二)将布图设计申请视为撤回的;

(三)不允许恢复有关权利的请求的;

(四)其他侵犯当事人合法权益的具体行政行为。"

(三)撤销

《集成电路布图设计保护条例实施细则》第29条:"布图设计登记公告后,发现登记的布图设计专有权不符合集成电路布图设计保护条例第二条第(一)、(二)项、第三条、第四条、第五条、第十二条或者第十七条规定的,由专利复审委员会撤销该布图设计专有权。

撤销布图设计专有权的,应当首先通知该布图设计权利人,要求其在指定期限内陈述意见。期满未答复的,不影响专利复审委员会作出撤销布图设计专有权的决定。

专利复审委员会撤销布图设计专有权的决定应当写明所依据的理由,并通知该布图设计权利人。"

《集成电路布图设计保护条例实施细则》第30条:"对专利复审委员会撤销布图设计专有权的决定未在规定期限内向人民法院起诉,或者在人民法院维持专利复审委员会撤销布图设计专有权决定的判决生效后,国家知识产权局应当将撤销该布图设计专有权的决定在国家知识产权局互联网站和中国知识产权报上公告。

被撤销的布图设计专有权视为自始即不存在。"

六、集成电路布图设计专有权的保护

(一)侵权行为

《集成电路布图设计保护条例》第30条:"除本条例另有规定的外,未经布图设计权利人许可，有下列行为之一的，行为人必须立即停止侵权行为，并承担赔偿责任：

（一）复制受保护的布图设计的全部或者其中任何具有独创性的部分的；

（二）为商业目的进口、销售或者以其他方式提供受保护的布图设计、含有该布图设计的集成电路或者含有该集成电路的物品的。

侵犯布图设计专有权的赔偿数额，为侵权人所获得的利益或者被侵权人所受到的损失，包括被侵权人为制止侵权行为所支付的合理开支。"

（二）侵权纠纷的解决途径

1. 协商、请求国务院知识产权行政部门处理、诉讼

《集成电路布图设计保护条例》第31条："未经布图设计权利人许可，使用其布图设计，即侵犯其布图设计专有权，引起纠纷的，由当事人协商解决；不愿协商或者协商不成的，布图设计权利人或者利害关系人可以向人民法院起诉，也可以请求国务院知识产权行政部门处理。国务院知识产权行政部门处理时，认定侵权行为成立的，可以责令侵权人立即停止侵权行为，没收、销毁侵权产品或者物品。当事人不服的，可以自收到处理通知之日起15日内依照《中华人民共和国行政诉讼法》向人民法院起诉；侵权人期满不起诉又不停止侵权行为的，国务院知识产权行政部门可以请求人民法院强制执行。应当事人的请求，国务院知识产权行政部门可以就侵犯布图设计专有权的赔偿数额进行调解；调解不成的，当事人可以依照《中华人民共和国民事诉讼法》向人民法院起诉。"

16.【2016年第29题】根据集成电路布图设计保护条例的规定，侵犯布图设计专有权引起纠纷的，布图设计权利人或者利害关系人可以请求下列哪个部门处理？

A. 国务院工商行政管理部门
B. 国务院著作权行政管理部门
C. 国务院知识产权行政部门
D. 地方各级管理专利工作的部门

【解题思路】

侵犯专利权纠纷是由地方知识产权局处理，侵犯商标权纠纷同样是由地方工商局处理。不过集成电路布图设计比较特殊，技术含量高，有权处理侵权纠纷的只有"国字头"的国家知识产权局。

【参考答案】 C

2. 赔偿数额的调解

应当事人的请求，国务院知识产权行政部门可以就侵犯布图设计专有权的赔偿数额进行调解；调解不成的，当事人可以依照《中华人民共和国民事诉讼法》向人民法院起诉。

（三）侵权责任及其承担方式

侵权人承担的侵权责任包括：停止侵权行为、赔偿权利人损失和没收、销毁侵权产品或者物品。

第六节 其他知识产权法规、规章

【基本要求】

了解《知识产权海关保护条例》和《展会知识产权保护办法》的主要内容；熟悉知识产权的备案、扣留侵权嫌疑货物的申请及其处理；了解海关对申请的调查和处理及相关的法律责任。

了解《展会知识产权保护办法》的主要内容；展会知识产权侵权案件的投诉处理；展会知识产权的保护及侵权的法律责任。

本节内容主要涉及《知识产权海关保护条例》《海关保护条例实施办法》及《展会知识产权保护办法》的规定。

一、知识产权的备案

《知识产权海关保护条例》第2条："本条例所称知识产权海关保护，是指海关对与进出口货物有关并受中华人民共和国法律、行政法规保护的商标专用权、著作权和与著作权有关的权利、专利权（以下统称知识产权）实施的保护。"

1.【2014年第81题】根据知识产权海关保护条例及相关规定，下列哪些知识产权的权利人可以请求海关实施知识产权海关保护？

A．外观设计专利权

B．注册商标专用权

C．植物新品种权

D．著作权

【解题思路】

海关管理货物的进出口，注重效率。受到植物新品种保护的水稻，和普通水稻在外形上差别不会很大，海关缺乏判断是否构成侵权的能力。因此，植物新品种权就只能排除在海关保护范围之外。此外，集成电路布图设计非常复杂，往往会涉及数百万个元件，海关缺乏判断相关产品是否侵犯了布图设计的专有权的能力，故也只能将其排除在海关保护范围之外。

【参考答案】 ABD

《知识产权海关保护条例》第4条："知识产权权利人请求海关实施知识产权保护的，应当向海关提出采取保护措施的申请。"

《知识产权海关保护条例》第6条："海关实施知识产权保护时，应当保守有关当事人的商业秘密。"

2.【2013年第65题】根据知识产权海关保护条例，下列哪些说法是正确的？

A．海关仅对与出口货物有关的知识产权实施保护

B．海关实施保护的知识产权包括专利权、商标专用权、著作权和与著作权有关的权利

C．知识产权权利人请求海关实施知识产权保护的，应当向海关提出采取保护措施的申请

D．海关实施知识产权保护时，应当保守有关当事人的商业秘密

【解题思路】

海关的保护是双向的，对进出口货物有关的知识产权都予以保护，保护范围包括专利、商标、版权及其邻接权。待遇需要主动争取，权利人要求获得海关保护需要提交申请。海关在保护知识产权时尊重当事人的商业秘密是应有之义。

【参考答案】 BCD

（一）备案申请

1. 申请书的主要内容

《知识产权海关保护条例》第7条："知识产权权利人可以依照知识产权海关保护条例的规定，将其知识产权向海关总署申请备案；申请备案的，应当提交申请书。申请书应当包括下列内容：

（一）知识产权权利人的名称或者姓

名、注册地或者国籍等；

（二）知识产权的名称、内容及其相关信息；

（三）知识产权许可行使状况；

（四）知识产权权利人合法行使知识产权的货物的名称、产地、进出境地海关、进出口商、主要特征、价格等；

（五）已知的侵犯知识产权货物的制造商、进出口商、进出境地海关、主要特征、价格等。

前款规定的申请书内容有证明文件的，知识产权权利人应当附送证明文件。"

《知识产权海关保护条例》第32条："知识产权权利人将其知识产权向海关总署备案的，应当按照国家有关规定缴纳备案费。"

3.【2007年第10题】根据知识产权海关保护条例及其实施办法的规定，知识产权权利人向海关总署申请知识产权备案的，应当办理下列哪些手续？

A. 提交备案申请书

B. 提交与申请书内容相关的证明文件

C. 缴纳备案费

D. 提交权利人对外贸易经营许可证副本

【解题思路】

备案需要提起申请，提交相关证据证明自己所述内容属实。需要注意的是，2015年9月29日，财政部、国家发改委等发布了"财税〔2015〕102号"通知，决定自2015年11月1日起，在全国统一取消和暂停征收37项行政事业性收费。其中，暂停征收的费用就包括海关知识产权备案费。海关保护的重要功能之一是防止侵权商品通过海关进入国内市场，如果权利人仅在国内销售，没有出口权，那么其权利也应该受到保护。如果海关保护需要提交对外贸易经营许可证副本，那就意味着仅面向国内市场的生产和销售商无法获得保护，于法无据。

【参考答案】 AB

4.【2014年第29题】根据知识产权海关保护条例及相关规定，知识产权权利人可以将其知识产权向下列哪个部门申请知识产权海关保护备案？

A. 海关总署

B. 权利人所在地海关

C. 货物进出境地海关

D. 侵权人所在地海关

【解题思路】

为了便于统一，全国应当只有一个海关备案部门，即海关总署。

【参考答案】 A

2. 申请文件附件

《海关保护条例实施办法》第7条："知识产权权利人向海关总署提交备案申请书，应当随附以下文件、证据：

（一）知识产权权利人个人身份证件的复印件、工商营业执照的复印件或者其他注册登记文件的复印件。

（二）国务院工商行政管理部门商标局签发的《商标注册证》的复印件。申请人经核准变更商标注册事项、续展商标注册、转让注册商标或者申请国际注册商标备案的，还应当提交国务院工商行政管理部门商标局出具的有关商标注册的证明；著作权登记部门签发的著作权自愿登记证明的复印件和经著作权登记部门认证的作品照片。申请人未进行著作权自愿登记的，提交可以证明申请人为著作权人的作品样品以及其他有关著作权的证据；国务院专利行政部门签发的专利证书的复印件。专利授权自公告之日起超过1年的，还应当提交国务院专利行政部门在申请人提出备案申请前6个月内出具的专利登记簿副本；申请实用新型专利或者外观设计专利备案的，还应当提交由国务院专利行政部门作出的专利权评价报告。

（三）知识产权权利人许可他人使用注册商标、作品或者实施专利，签订许可合同的，提供许可合同的复印件；未签订许可合同的，提交有关被许可人、许可范围和许可期间等情况的书面说明。

（四）知识产权权利人合法行使知识产权的货物及其包装的照片。

（五）已知的侵权货物进出口的证据。知识产权权利人与他人之间的侵权纠纷已经人民法院或者知识产权主管部门处理的，还应当提交有关法律文书的复印件。

（六）海关总署认为需要提交的其他文件或者证据。

知识产权权利人根据前款规定向海关总署提交的文件和证据应当齐全、真实和有效。有关文件和证据为外文的，应当另附中文译本。海关总署认为必要时，可以要求知识产权权利人提交有关文件或者证据的公证、认证文书。"

3. 不予备案的情形

《知识产权海关保护条例》第8条："海关总署应当自收到全部申请文件之日起30个工作日内作出是否准予备案的决定，并书面通知申请人；不予备案的，应当说明理由。

有下列情形之一的，海关总署不予备案：

（一）申请文件不齐全或者无效的；

（二）申请人不是知识产权权利人的；

（三）知识产权不再受法律、行政法规保护的。"

4. 备案的撤销

《知识产权海关保护条例》第9条："海关发现知识产权权利人申请知识产权备案未如实提供有关情况或者文件的，海关总署可以撤销其备案。"

（二）备案的有效期及其续展

《知识产权海关保护条例》第10条："知识产权海关保护备案自海关总署准予备案之日起生效，有效期为10年。

知识产权有效的，知识产权权利人可以在知识产权海关保护备案有效期届满前6个月内，向海关总署申请续展备案。每次续展备案的有效期为10年。

知识产权海关保护备案有效期届满而不申请续展或者知识产权不再受法律、行政法规保护的，知识产权海关保护备案随即失效。"

5.【2009年第26题】根据知识产权海关保护条例及相关规定，下列关于知识产权海关保护备案的说法哪些是正确的？

A. 知识产权海关保护备案的有效期为15年

B. 在备案的知识产权仍然有效的情况下，知识产权权利人可以在备案有效期届满前6个月内申请续展备案

C. 知识产权海关保护备案有效期届满，权利人未能在备案有效期届满前6个月内申请续展的，可以给予6个月的宽展期，但应同时缴纳规定的滞纳金

D. 每次续展备案的有效期为5年

【解题思路】

海关备案的有效期是 10 年。备案有效期满可以续展，但没有宽展期。续展的有效期和备案的有效期一致，都是 10 年。

【参考答案】 B

（三）备案的变更和失效

《知识产权海关保护条例》第 11 条："知识产权备案情况发生改变的，知识产权权利人应当自发生改变之日起 30 个工作日内，向海关总署办理备案变更或者注销手续。

知识产权权利人未依照前款规定办理变更或者注销手续，给他人合法进出口或者海关依法履行监管职责造成严重影响的，海关总署可以根据有关利害关系人的申请撤销有关备案，也可以主动撤销有关备案。"

6.【2011 年第 72 题】根据知识产权海关保护条例及相关规定，下列关于知识产权海关保护备案的说法哪些是正确的？

A. 申请知识产权备案未如实提供有关情况或者文件的，海关总署可以撤销其备案

B. 知识产权海关保护备案有效期届满而不申请续展的，知识产权海关保护备案随即失效

C. 知识产权海关保护备案有效期为 10 年，自知识产权权利人向海关总署递交申请之日起计算

D. 知识产权海关保护备案情况发生改变的，任何人都可以请求海关总署撤销其备案

【解题思路】

申请人有如实提供情况的义务，否则海关可以撤销备案。备案有效期届满不续展，则备案失效。海关备案的期限从准予备案之日而不是申请之日计算。只有利害关系人才有权申请撤销备案。

【参考答案】 AB

二、侵权嫌疑货物的扣留及其处理

（一）扣留

1. 扣留申请书的主要内容

《知识产权海关保护条例》第 12 条："知识产权权利人发现侵权嫌疑货物即将进出口的，可以向货物进出境地海关提出扣留侵权嫌疑货物的申请。"

《知识产权海关保护条例》第 13 条："知识产权权利人请求海关扣留侵权嫌疑货物的，应当提交申请书及相关证明文件，并提供足以证明侵权事实明显存在的证据。

申请书应当包括下列主要内容：

（一）知识产权权利人的名称或者姓名、注册地或者国籍等；

（二）知识产权的名称、内容及其相关信息；

（三）侵权嫌疑货物收货人和发货人的名称；

（四）侵权嫌疑货物名称、规格等；

（五）侵权嫌疑货物可能进出境的口岸、时间、运输工具等。

侵权嫌疑货物涉嫌侵犯备案知识产权的，申请书还应当包括海关备案号。"

7.【2009 年第 68 题】根据知识产权海关保护条例及相关规定，知识产权权利人请求海关扣留侵权嫌疑货物的，其提交的申请书应当包括下列哪些内容？

A. 知识产权权利人的名称或者姓名、注册地或者国籍

B. 知识产权的名称、内容及其相关信息

C. 侵权嫌疑货物名称、规格、收货人和发货人的名称

D. 侵权嫌疑货物可能进出境的口岸、时间、运输工具

【解题思路】

申请书要说明的事情不外乎这几种：自己是谁，拥有什么权利，对方是谁，对方在什么地方。如果有必要，还须提供相应的证据。上面四个选择涉及的就是这几个方面的问题。

【参考答案】 ABCD

2. 扣留担保

《知识产权海关保护条例》第14条："知识产权权利人请求海关扣留侵权嫌疑货物的，应当向海关提供不超过货物等值的担保，用于赔偿可能因申请不当给收货人、发货人造成的损失，以及支付货物由海关扣留后的仓储、保管和处置等费用；知识产权权利人直接向仓储商支付仓储、保管费用的，从担保中扣除。具体办法由海关总署制定。"

8.【2006年第15题】根据知识产权海关保护条例的规定，知识产权权利人请求海关扣留侵权嫌疑货物的，应当办理哪些手续？

A. 提交申请书

B. 提交相关证明文件

C. 提供足以证明侵权事实明显存在的证据

D. 提供不超过货物等值的担保

【解题思路】

要请求扣留货物，肯定需要提交书面申请，提供证据证明自己拥有权利，存在侵权的行为。另外，为了防止申请人滥用权利，给被申请人造成损失，申请人需要提供担保。

【参考答案】 ABCD

3. 扣留物品的放行条件

《知识产权海关保护条例》第19条："涉嫌侵犯专利权货物的收货人或者发货人认为其进出口货物未侵犯专利权的，可以在向海关提供货物等值的担保金后，请求海关放行其货物。知识产权权利人未能在合理期限内向人民法院起诉的，海关应当退还担保金。"

《知识产权海关保护条例》第24条："有下列情形之一的，海关应当放行被扣留的侵权嫌疑货物：

（一）海关依照本条例第十五条的规定扣留侵权嫌疑货物，自扣留之日起20个工作日内未收到人民法院协助执行通知的；

（二）海关依照本条例第十六条的规定扣留侵权嫌疑货物，自扣留之日起50个工作日内未收到人民法院协助执行通知，并且经调查不能认定被扣留的侵权嫌疑货物侵犯知识产权的；

（三）涉嫌侵犯专利权货物的收货人或者发货人在向海关提供与货物等值的担保金后，请求海关放行其货物的；

（四）海关认为收货人或者发货人有充分的证据证明其货物未侵犯知识产权权利人的知识产权的；

（五）在海关认定被扣留的侵权嫌疑货物为侵权货物之前，知识产权权利人撤回扣留侵权嫌疑货物的申请的。"

9.【2007年第85题】根据知识产权海关保护条例及其实施办法的规定，下列哪些说法是正确的？

A. 知识产权权利人申请扣留侵权嫌疑货物，海关依法扣留侵权嫌疑货物后，自扣

留之日起 15 个工作日内未收到人民法院协助执行通知的，海关应当放行被扣留的侵权嫌疑货物

B. 知识产权权利人接到海关发现涉嫌侵犯其备案知识产权的进出口货物的书面通知后逾期未提出扣留侵权嫌疑货物申请或者未提供担保的，海关不得扣留货物

C. 涉嫌侵犯专利权货物的收货人或者发货人在向海关提供与货物等值的担保金后，请求海关放行其货物的，海关应当放行被扣留的侵权嫌疑货物

D. 海关认为收货人或者发货人有充分的证据证明其货物未侵犯知识产权权利人的知识产权的，应当放行被扣留的侵权嫌疑货物

【解题思路】

法院的协助执行通知是 20 日不是 15 日。这个日期的考查，只能依靠记忆。扣留货物需要提出申请并提供担保，不符合自然不能扣留。专利侵权的判定比较复杂，周期也比较长，为避免被申请人的货物被不合理地扣留过长的时间，法律规定提供了等值的担保就应该放行。如果有充分的证据证明自己的清白，那么海关自然应当放行。

【参考答案】 BCD

10.【2010 年第 98 题】甲公司发现有侵犯其注册商标专用权嫌疑的货物即将出口，根据知识产权海关保护条例及相关规定，下列说法哪些是正确的？

A. 甲公司可以向货物出境地海关提出扣留侵权嫌疑货物的申请

B. 甲公司请求海关扣留侵权嫌疑货物时，应当向海关提供不超过货物等值的担保

C. 如果甲公司的注册商标专用权已经在海关进行了备案，其申请扣留侵权嫌疑货物，可以不提供担保

D. 如果海关决定扣留该侵权嫌疑货物，该货物的发货人认为其货物未侵犯甲公司的注册商标专用权，可以在向海关提供货物等值的担保金后，请求海关放行其货物

【解题思路】

发现有侵权嫌疑的货物即将进出口，最为便捷的方式就是在进出口海关申请扣留。为平衡申请人和被申请人的利益，申请扣押货物必须提供担保。被申请人提供等值的担保金换取放行货物仅适用于专利侵权，这里是商标侵权。专利侵权的判断涉及对技术方案的理解，海关人员难以胜任，但商标是否侵权是以相关公众（其中包括一般消费者）为标准，海关人员可以胜任。因此，认定是否侵犯商标权，海关有发言权，并不是货物的发货人说了算。

【参考答案】 AB

（二）调查和认定

《海关保护条例实施办法》第 27 条："海关扣留侵权嫌疑货物后，应当依法对侵权嫌疑货物以及其他有关情况进行调查。收发货人和知识产权权利人应当对海关调查予以配合，如实提供有关情况和证据。

海关对侵权嫌疑货物进行调查，可以请求有关知识产权主管部门提供咨询意见。

知识产权权利人与收发货人就海关扣留的侵权嫌疑货物达成协议，向海关提出书面申请并随附相关协议，要求海关解除扣留侵权嫌疑货物的，海关除认为涉嫌构成犯罪外，可以终止调查。"

《海关保护条例实施办法》第 28 条："海关对扣留的侵权嫌疑货物进行调查，不能认

定货物是否侵犯有关知识产权的,应当自扣留侵权嫌疑货物之日起 30 个工作日内书面通知知识产权权利人和收发货人。

海关不能认定货物是否侵犯有关专利权的,收发货人向海关提供相当于货物价值的担保后,可以请求海关放行货物。海关同意放行货物的,按照本办法第二十条第二款和第三款的规定办理。"

《海关保护条例实施办法》第 29 条:"对海关不能认定有关货物是否侵犯其知识产权的,知识产权权利人可以根据《条例》第二十三条的规定向人民法院申请采取责令停止侵权行为或者财产保全的措施。

海关自扣留侵权嫌疑货物之日起 50 个工作日内收到人民法院协助扣押有关货物书面通知的,应当予以协助;未收到人民法院协助扣押通知或者知识产权权利人要求海关放行有关货物的,海关应当放行货物。"

三、法律责任

(一)收货人或发货人的责任

《知识产权海关保护条例》第 27 条:"被扣留的侵权嫌疑货物,经海关调查后认定侵犯知识产权的,由海关予以没收。

海关没收侵犯知识产权货物后,应当将侵犯知识产权货物的有关情况书面通知知识产权权利人。

被没收的侵犯知识产权货物可以用于社会公益事业的,海关应当转交给有关公益机构用于社会公益事业;知识产权权利人有收购意愿的,海关可以有偿转让给知识产权权利人。被没收的侵犯知识产权货物无法用于社会公益事业且知识产权权利人无收购意愿的,海关可以在消除侵权特征后依法拍卖,但对进口假冒商标货物,除特殊情况外,不能仅清除货物上的商标标识即允许其进入商业渠道;侵权特征无法消除的,海关应当予以销毁。"

11.【2011 年第 99 题】根据知识产权海关保护条例及相关规定,下列关于海关没收的侵犯知识产权货物处理的说法哪些是正确的?

A. 可以用于社会公益事业的,海关应当转交给有关公益机构用于社会公益事业

B. 知识产权权利人有收购意愿的,海关可以有偿转让给知识产权权利人

C. 未经知识产权权利人同意,海关不得转交给有关公益机构用于社会公益事业

D. 知识产权权利人没有收购意愿且不同意用于公益事业的,海关应当予以销毁

【解题思路】

从绿色环保、杜绝浪费的角度出发,没收货物可以用于公益事业的,就应该用于公益事业。当然,如果知识产权权利人愿意收购,那也要尊重他的意见。侵权产品是否用于公益事业,不需要经过知识产权权利人的同意。

【参考答案】 AB

《知识产权海关保护条例》第 25 条:"海关依照本条例的规定扣留侵权嫌疑货物,知识产权权利人应当支付有关仓储、保管和处置等费用。知识产权权利人未支付有关费用的,海关可以从其向海关提供的担保金中予以扣除,或者要求担保人履行有关担保责任。

侵权嫌疑货物被认定为侵犯知识产权的,知识产权权利人可以将其支付的有关仓储、保管和处置等费用计入其为制止侵权行

为所支付的合理开支。"

12.【2012年第72题】根据知识产权海关保护条例及相关规定,下列哪些说法是正确的?

A. 知识产权权利人请求海关扣留侵权嫌疑货物的,应当向海关提供不超过货物等值的担保

B. 海关依规定扣留侵权嫌疑货物的,知识产权权利人应当支付有关的仓储、保管和处置费用

C. 涉嫌侵犯专利权货物的收货人或者发货人在向海关提供与货物等值的担保金后,请求海关放行其货物的,海关应予放行

D. 被扣留的侵权嫌疑货物,经海关调查后认定侵犯知识产权的,海关应将其交给知识产权权利人处理

【解题思路】

为了平衡货物所有人的利益,知识产权权利人申请扣留货物时,需要提供担保。海关依职权扣留货物时,仓储费用让货物所有人出显然不合理,海关自己承担也不合适,那就只能由知识产权权利人承担。当然,如果侵权成立,这笔费用就成为权利人为制止侵权行为支付的合理开支,最后会由侵权人承担。提供担保后,可以放行的是涉嫌侵犯专利权的货物,如果是商标权则不可以。海关应当将扣留的侵权货物没收而不是给知识产权权利人处理。

【参考答案】 ABC

(二) 知识产权权利人的责任

《知识产权海关保护条例》第28条:"海关接受知识产权保护备案和采取知识产权保护措施的申请后,因知识产权权利人未提供确切情况而未能发现侵权货物、未能及时采取保护措施或者采取保护措施不力的,由知识产权权利人自行承担责任。

知识产权权利人请求海关扣留侵权嫌疑货物后,海关不能认定被扣留的侵权嫌疑货物侵犯知识产权权利人的知识产权,或者人民法院判定不侵犯知识产权权利人的知识产权的,知识产权权利人应当依法承担赔偿责任。"

13.【2008年第56题】海关依法扣留的侵权嫌疑货物,后没有被认定为侵犯知识产权的,有关仓储、保管和处置等费用应当如何承担?

A. 由发货人承担

B. 由收货人承担

C. 由知识产权权利人承担

D. 从海关的行政经费中支出

【解题思路】

如果扣留货物后没有被认定为侵犯知识产权,那权利人就存在过错,由此造成的损失自然应当由他来承担。

【参考答案】 C

《知识产权海关保护条例》第31条:"个人携带或者邮寄进出境的物品,超出自用、合理数量,并侵犯本条例第二条规定的知识产权的,按照侵权货物处理。"

14.【2010年第59题】根据知识产权海关保护条例及相关规定,下列说法哪些是正确的?

A. 个人携带或者邮寄进出境的物品,超出自用、合理数量,并侵犯知识产权的,按照侵权货物处理

B. 知识产权备案情况发生改变的,知识产权权利人应当自发生改变之日起30个工作日内,向海关总署办理备案变更或者注销手续

C. 在海关认定被扣留的侵权嫌疑货物为侵权货物之前，知识产权权利人撤回扣留侵权嫌疑货物的申请的，海关应当放行被扣留的侵权嫌疑货物

D. 对被没收的无法用于社会公益事业且知识产权权利人无收购意愿的进口假冒商标货物，在清除货物上的商标标识后海关即可允许其进入商业渠道

【解题思路】

个人携带或者邮寄的物品也属于海关检查的范围，如果数量超标，并侵犯知识产权，海关有权查处。知识产权的备案信息需要及时更新，备案情况变化后，权利人应当及时变更或者注销。权利人撤回申请，海关此时如不清楚货物是否侵权，就不用多事再去查处，毕竟知识产权是私权。如果是进口的假冒商标货物，知识产权权利人没有收购意愿的，不能清除标识后直接拍卖。

【参考答案】 ABC

四、展会知识产权的保护

（一）投诉机构

《展会知识产权保护办法》第7条："展会知识产权投诉机构应由展会主办方、展会管理部门、专利、商标、版权等知识产权行政管理部门的人员组成，其职责包括：

（一）接受知识产权权利人的投诉，暂停涉嫌侵犯知识产权的展品在展会期间展出；

（二）将有关投诉材料移交相关知识产权行政管理部门；

（三）协调和督促投诉的处理；

（四）对展会知识产权保护信息进行统计和分析；

（五）其他相关事项。"

《展会知识产权保护办法》第8条："知识产权权利人可以向展会知识产权投诉机构投诉也可直接向知识产权行政管理部门投诉。权利人向投诉机构投诉的，应当提交以下材料：

（一）合法有效的知识产权权属证明：涉及专利的，应当提交专利证书、专利公告文本、专利权人的身份证明、专利法律状态证明；涉及商标的，应当提交商标注册证明文件，并由投诉人签章确认，商标权利人身份证明；涉及著作权的，应当提交著作权权利证明、著作权人身份证明；

（二）涉嫌侵权当事人的基本信息；

（三）涉嫌侵权的理由和证据；

（四）委托代理人投诉的，应提交授权委托书。"

15.**【2009年第44题】** 根据展会知识产权保护办法的规定，知识产权权利人向展会知识产权投诉机构投诉的，应当提交下列哪些材料？

A. 合法有效的知识产权权属证明

B. 涉嫌侵权当事人的基本信息

C. 涉嫌侵权的理由和证据

D. 财产担保证明

【解题思路】

要提起投诉无外乎要证明这几件事：自己是权利人，要投诉谁，投诉的理由和证据是什么。展会知识产权保护只是进行投诉，并不是申请扣押展品，因此不应该提交担保，以免给投诉人带来不合理的负担。

【参考答案】 ABC

(二) 展会知识产权保护

《展会知识产权保护办法》第16条:"展会投诉机构需要地方知识产权局协助的,地方知识产权局应当积极配合,参与展会知识产权保护工作。地方知识产权局在展会期间的工作可以包括:

(一) 接受展会投诉机构移交的关于涉嫌侵犯专利权的投诉,依照专利法律法规的有关规定进行处理;

(二) 受理展出项目涉嫌侵犯专利权的专利侵权纠纷处理请求,依照专利法第五十七条的规定进行处理;

(三) 受理展出项目涉嫌假冒他人专利和冒充专利的举报,或者依职权查处展出项目中假冒他人专利和冒充专利的行为,依据专利法第五十八条和第五十九条的规定进行处罚。"

《展会知识产权保护办法》第17条:"有下列情形之一的,地方知识产权局对侵犯专利权的投诉或者处理请求不予受理:

(一) 投诉人或者请求人已经向人民法院提起专利侵权诉讼的;

(二) 专利权正处于无效宣告请求程序之中的;

(三) 专利权存在权属纠纷,正处于人民法院的审理程序或者管理专利工作的部门的调解程序之中的;

(四) 专利权已经终止,专利权人正在办理权利恢复的。"

16.【2008年第84题】根据展会知识产权保护办法的规定,下列哪些情形下,地方知识产权局对展品侵犯专利权的投诉或者处理请求不予受理?

A. 投诉人或者请求人已经向人民法院提起专利侵权诉讼的

B. 专利权正处于无效宣告请求程序之中的

C. 专利权存在权属纠纷,正处于人民法院的审理程序之中的

D. 专利权已经终止,专利权人正在办理权利恢复的

【解题思路】

如果权利人已经提起诉讼,那就不应该多头处理。侵犯专利权的投诉受理的前提是存在稳定的权利,如果不能保证专利的稳定性,如处于无效程序或专利权已经终止,还在恢复程序中,就没有稳定的权利。另外,投诉人应当是明确的权利人,不能是存在权属纠纷的权利人。

【参考答案】 ABCD

《展会知识产权保护办法》第19条:"展会投诉机构需要地方工商行政管理部门协助的,地方工商行政管理部门应当积极配合,参与展会知识产权保护工作。地方工商行政管理部门在展会期间的工作可以包括:

(一) 接受展会投诉机构移交的关于涉嫌侵犯商标权的投诉,依照商标法律法规的有关规定进行处理;

(二) 受理符合商标法第五十二条规定的侵犯商标专用权的投诉;

(三) 依职权查处商标违法案件。"

《展会知识产权保护办法》第22条:"展会投诉机构需要地方著作权行政管理部门协助的,地方著作权行政管理部门应当积极配合,参与展会知识产权保护工作。地方著作权行政管理部门在展会期间的工作可以包括:

(一) 接受展会投诉机构移交的关于涉

嫌侵犯著作权的投诉，依照著作权法律法规的有关规定进行处理；

（二）受理符合著作权法第四十七条规定的侵犯著作权的投诉，根据著作权法的有关规定进行处罚。"

《展会知识产权保护办法》第 24 条："对涉嫌侵犯知识产权的投诉，地方知识产权行政管理部门认定侵权成立的，应会同会展管理部门依法对参展方进行处理。"

第三章 相关国际条约及国外专利、商标制度

第一节 保护工业产权巴黎公约

【基本要求】

了解《巴黎公约》的基本背景知识；了解《巴黎公约》确定的工业产权的概念；掌握《巴黎公约》确立的专利国际保护的基本原则和基本制度。

本节内容主要涉及《巴黎公约》的规定。

一、《巴黎公约》基本知识

（一）《巴黎公约》的签署

《巴黎公约》是《保护工业产权巴黎公约》（Paris Convention on the Protection of Industrial Property）的简称。该条约于1883年3月20日在巴黎签订，1884年7月7日生效。

（二）我国加入《巴黎公约》的时间、版本

我国于1985年3月19日成为该公约成员国，适用斯德哥尔摩文本。

（三）工业产权的范围

《巴黎公约》中，工业产权的保护对象有专利、实用新型、外观设计、商标、服务标记、厂商名称、货源标记或原产地名称和制止不正当竞争。

对工业产权应作最广义的理解，不仅应适用于工业和商业本身，而且也应同样适用于农业和采掘业，适用于一切制成品或天然产品，例如酒类、谷物、烟叶、水果、牲畜、矿产品、矿泉水、啤酒、花卉和谷类的粉。

专利应包括联盟国家的法律所承认的各种工业专利，如输入专利、改进专利、增补专利和增补证书等。

1.【2010年第40题】下列哪些是《保护工业产权巴黎公约》规定的工业产权？

A. 专利权

B. 商标权

C. 版权

D. 植物新品种权

【解题思路】

《巴黎公约》的全名为《保护工业产权巴黎公约》，所规定的都是"工业产权"。专利和商标无疑与工业相关，版权更多地与文化娱乐相关，不是"工业"，适用《伯尔尼公约》而不是《巴黎公约》。《巴黎公约》签订于1883年，而植物新品种是随着科学技术的进步而被纳入知识产权范围的，在该公约中并没有规定。考生也可以认为，"植物新品种"属于"农业"或"林业"，而不是"工业"。另外考生需要注意，集成电路布图设计由于出现得比较晚，也不属于《巴黎公约》中的工业产权。

【参考答案】 AB

2.【2016年第96题】根据《保护工业产权巴黎公约》的规定，下列哪些属于工业产权的保护对象？

A．商标

B．厂商名称

C．货源标记或原产地名称

D．专利

【解题思路】

商标和专利属于工业产权，当无疑义。厂商名称在我国法律当中对应的是企业名称，也属于工业产权的范畴。货源标记或者原产地名称，我国法律中对应的是地理标志，也属于工业产权。

【参考答案】 ABCD

二、《巴黎公约》确立的核心原则和内容

（一）国民待遇原则

1. 国民待遇的含义

国民待遇的含义是，加入《巴黎公约》的每个成员国在工业产权的法律保护上必须给予其他成员国的国民以本国国民的待遇。

3.【2017年第30题】《保护工业产权巴黎公约》规定，本联盟任何国家的国民，在保护工业产权方面，在本联盟所有其他国家内应享有各该国法律现在授予或今后可能授予国民的各种利益；一切都不应损害本公约特别规定的权利。因此，他们应和国民享有同样的保护，对侵犯他们的权利享有同样的法律上的救济手段，但是他们遵守对国民规定的条件和手续为限。上述规定可以概括为什么原则？

A．对等原则

B．差别待遇原则

C．最惠国待遇原则

D．国民待遇原则

【解题思路】

本题中的表述就是外国人的权益应当和本国国民相同，顾名思义应当就是国民待遇。

【参考答案】 D

2. 享有国民待遇的条件

根据公约的规定，享有国民待遇的条件包括：①为成员国国民；②如为非成员国国民，需要在某一成员国内有住所，或有真实地、有效地从事工商业活动的营业场所。

4.【2014年第97题】根据《保护工业产权巴黎公约》的规定，在工业产权保护方面，下列哪些人可在该公约成员国之一的美国享有国民待遇？

A．在美国有住所的中国公民

B．在美国没有住所的中国公民

C．在美国有营业所的中国企业

D．在美国没有营业所的中国企业

【解题思路】

中国和美国都是《巴黎公约》的成员国，因此只要是中国公民都可以在美国享有国民待遇。另外，非成员国国民在成员国有住所的，也享有国民待遇。国际公约都希望能尽量扩大自身的适用范围，故凡是能和成员国有一定关系的都能适用公约。

【参考答案】 ABCD

5.【2013年第38题】根据《保护工业产权巴黎公约》，巴黎联盟成员国的法律可对下列哪些事项作出国民待遇原则的例外规定？

A．司法和行政程序管辖权

B．指定送达地址

C. 委派代理人

D. 权利受侵犯时法律上的救济手段

【解题思路】

国民待遇要求外国人和本国人享受同等待遇，在一些原则问题上不能区别对待。如果外国人在权利受到侵犯的时候，法律上的救济手段和本国人不一致，如不能去法院诉讼，就显然不符合国民待遇的原则。管辖权上有所区别，如规定涉外案件不能由基层法院管辖那不是原则问题。指定送达地址和委派代理人方面有不同的规定，是为了便于外国人参加诉讼。

【参考答案】 ABC

（二）专利的独立性

专利的独立性是指一个缔约国授予申请人的发明专利，与其他国家就同一发明所授予的发明专利是<u>相互独立</u>的。这里的"其他国家"不限于缔约国，也包括非缔约国在内。

6.【2017年第96题】根据《保护工业产权巴黎公约》的规定，下列关于专利的独立性的哪些说法是正确的？

A. 本联盟国家的国民向本联盟各国申请的专利，与在其他国家，不论是否本联盟的成员国，就同一发明所取得的专利是相互独立的

B. 本联盟国家的国民在优先权期间内申请的各项专利，就其无效和丧失权利的理由以及其正常的期间而言，是相互独立的

C. 在公约生效之前已经存在的专利在专利保护期内与本联盟其他国家的专利之间可以是相互影响的

D. 在本联盟各国，因享有优先权的利益而取得的专利的期限，与没有优先权的利益而申请或授予的专利的期限相同

【解题思路】

根据国家主权独立的基本原则，各个国家对某个专利的授权是否无效，不应该受到在其他国家情况的影响。优先权只是影响判断新颖性的时间点，并不会对专利保护的期限产生影响。我国的《专利法》需要满足国际公约的要求，根据我国《专利法》的规定，也可以判断出D选项是正确的。

【参考答案】 ABD

7.【2019年第30题】王某就同一项发明先后在中国和美国提出了专利申请，其美国申请以在中国的申请为基础要求了优先权，根据保护工业产权巴黎公约的规定，下列说法哪个是正确的？

A. 如果王某在中国的专利申请被驳回，则其在美国的专利申请同样应当被驳回

B. 如果王某在中国的专利申请被授予专利权，则其在美国的专利申请同样应当被授予专利权

C. 对于王某在美国的专利申请，应当按照美国的法律规定来确定能否授予专利权

D. 对于王某在美国的专利申请，应当按照与中国相同的审查标准来确定能否授予专利权

【解题思路】

根据国家主权原则，专利具有独立性。同一项发明在中国被驳回，并不意味着在美国也会被驳回，反之亦然。在中国能否被授权，依据的是中国的法律，在美国则当然是美国的法律。优先权制度关注的焦点是在先申请和在后申请的主题是否一致，期限是否在优先权期限内。至于在先申请是撤回、被驳回还是授权，都不影响国外

优先权的成立。

【参考答案】 C

《巴黎公约》第4条之三："发明人有权要求在专利证书上记载自己是发明人。"

《巴黎公约》第4条之四："不得以专利产品的销售或依专利方法制造的产品销售受到本国法律的限制或限定为理由，而拒绝授予专利或使专利无效。"

8.【2015年第100题】根据《保护工业产权巴黎公约》的规定，下列哪些说法是正确的？

A. 不得以专利产品的销售或依专利方法制造的产品的销售受到本国法律的禁止或限制为理由，而拒绝授予专利或使专利无效

B. 发明人有在专利中被记载为发明人的权利

C. 在巴黎公约联盟各国，因享有优先权的利益而取得的专利的期限，与没有优先权的利益而申请或授予的专利的期限相同

D. 巴黎公约联盟国家的国民向联盟各国申请的专利，与在其他国家就同一发明所取得的专利相互独立

【解题思路】

专利产品本身被禁止销售和专利本身是否能获得保护并不相关，坦克在我国市场上不能自由销售，但新型坦克无疑可以获得国防专利保护。发明人有权在专利证书中记载，这属于他的"署名权"。专利的保护期限与是否拥有优先权无关。专利权的授予属于各个国家的内政，同一技术在不同国家所取得的专利是互相独立的。

【参考答案】 ABCD

（三）优先权

优先权是指，如果一个特定申请人在一个公约成员国提出了工业产权的正规申请，那么该申请人可以根据该申请在一定期限内在所有的成员国申请保护，而且这些在后申请被认为好像是第一个申请的同一日提出的。该申请对申请日后完成的、通常易于破坏申请人的权利或破坏其发明的专利、商标的一切性行为，也都享有优先的地位。

9.【2019年第96题】根据《保护工业产权巴黎公约》的规定，巴黎公约成员国国民就其在本国提出的下列哪些首次申请，又在其他成员国提出申请时，可以享有优先权？

A. 商标

B. 厂商名称

C. 外观设计

D. 发明人证书

【解题思路】

我国作为《巴黎公约》成员国，国内立法需要符合公约规定，因此也可以参考国内立法的规定来解题。根据《商标法》和《专利法》，商标和专利都可以享有外国优先权，而企业名称不享有。本题中的发明人证书可以理解为广义上的专利制度中的一种。另外需要注意，货源标记（即地理标志）不存在优先权，因为其针对的是已经实际使用了很久的标志，几个月的优先权期限意义不大。

【参考答案】 ACD

1. 享受优先权的条件

享受优先权的条件：①申请主体是缔约国国民和在缔约国领域内有住所或者有真实和起作用的工商业营业所的非缔约国国民，在缔约国正式提出的发明、实用新型或者外观设计申请；②作为优先权根据的外国申请必须是同一主题的第一次申请；③第一

次申请必须是正规的申请，足以确定申请日期，这种申请以后即使被撤回或者被驳回，仍然可以作为优先权要求的基础；④在外国提出第一次申请的人和在其他缔约国提出第二次申请的人应当相同；⑤前后两次的申请主题必须相同；⑥第二次申请必须在规定的期限内提出。

2. 享受优先权的手续

根据公约，要享受优先权，就需要履行相应的手续：①提出要求优先权的声明，该声明需要指明第一次提出申请的日期和受理该申请的国家。②提交申请文件副本，包括请求书、说明书（附图）、权利要求书及外观设计的图片或者照片等。这些副本应该在申请国申请后3个月内提交。

10.【2007年第65题】根据《保护工业产权巴黎公约》的规定，下列关于优先权的说法哪些是正确的？

A．作为产生优先权的基础的首次申请可以是与正规的国家申请相当的任何申请

B．要求优先权的，应当在各成员国规定的期限内提出要求优先权的声明

C．根据实用新型申请的优先权而在另一成员国提出外观设计申请的，优先权的期间应当为12个月

D．成员国可以准许根据实用新型申请的优先权提出专利申请

【解题思路】

优先权需要确定申请日，故基础需是正规国家申请或与之相当的申请，A项正确。要求优先权需要提出声明。外观设计优先权为6个月。实用新型和专利可以通过优先权制度进行转化。

【参考答案】 ABD

3. 优先权的期限

专利和实用新型的优先权期限为12个月，商标和外观设计的优先权期限为6个月。

11.【2015年第98题】根据《保护工业产权巴黎公约》的规定，下列关于优先权期间的哪些说法是正确的？

A．专利申请的优先权期间为12个月

B．实用新型申请的优先权期间为12个月

C．外观设计申请的优先权期间为6个月

D．商标申请的优先权期间为6个月

【解题思路】

《巴黎公约》中的专利指的是发明专利。根据《商标法》和《专利法》中的条文，很容易知道发明和实用新型的优先权为12个月，外观设计和商标为6个月。

【参考答案】 ABCD

12.【2016年第98题】根据《保护工业产权巴黎公约》的规定，下列哪些说法是正确的？

A．要求优先权的，应当在各成员国规定的期限内提出要求优先权的声明

B．成员国可以要求作出优先权声明的任何人提交以前提出的申请的副本

C．作为产生优先权的基础的首次申请可以是与正规的国家申请相当的任何申请

D．成员国可以准许根据实用新型申请的优先权提出工业品外观设计申请

【解题思路】

根据《专利法》和《商标法》，要求优先权的，都必须要在规定期限内提出优先权，声明提交在先申请副本。首次申请需要

是正规的国家申请或与正规的国家申请相当的申请,这样才能确定申请日。另外,《巴黎公约》允许根据实用新型的优先权提出外观设计申请。

【参考答案】 ABCD

4. 优先权的效力

优先权的效力是首次提出申请的日期被作为以后提出申请的日期,该申请日又被称作优先权日。

13.【2009年第34题】王某在中国提出了一件实用新型专利申请,并在自申请日起的第九个月时就相同主题在《保护工业产权巴黎公约》的其他几个成员国分别提出了专利、实用新型和外观设计申请。根据《保护工业产权巴黎公约》的规定,下列说法哪些是正确的?

A. 王某在其他成员国提出的专利申请,能够以在中国提出的实用新型专利申请为基础享有优先权

B. 王某在其他成员国提出的实用新型申请,能够以在中国提出的实用新型专利申请为基础享有优先权

C. 王某在其他成员国提出的外观设计申请,能够以在中国提出的实用新型专利申请为基础享有优先权

D. 如果王某在中国的实用新型专利申请被驳回,则其在其他成员国的申请均不能以该实用新型专利申请为基础享有优先权

【解题思路】

根据《巴黎公约》,在先申请的实用新型可以成为发明、实用新型和外观设计申请的优先权基础,如果在后申请是发明或实用新型,则优先权期限为12个月;如果在后申请为外观设计,则优先权期限为6个月。

C选项中在后申请为外观设计,时间已经过了9个月,无法再主张优先权。另外,根据专利独立性原则,在中国的申请被驳回不会影响优先权的成立。

【参考答案】 AB

14.【2011年第56题】根据《保护工业产权巴黎公约》的规定,下列说法哪些是正确的?

A. 优先权的期间应自第一次提出申请之日起算,申请日不计算在期间之内

B. 如果优先权期间的最后一日在请求保护地国家是法定假日,该期间应延至其后的第一个工作日

C. 国际展览会的临时保护不应延展优先权的期间

D. 国际展览会的临时保护适用于发明、实用新型、工业品外观设计但不适用于商标

【解题思路】

优先权从第一次申请起算,如果最后一日是法定假日,则应当顺延。国际展览会的临时保护不应延展优先权的期间,不然优先权的期限就会被延长。商标也适用国际展览会的临时保护制度。对于D项,参照我国的《专利法》和《商标法》也可作出选择。

【参考答案】 ABC

(四)国际展览会的临时保护

国际展览会中的临时保护,是指公约各成员国必须依据本国法律,对于在任何一个成员国举办的经官方承认的国际展览会上展出的商品中可以取得专利的发明、实用新型、外观设计和商标,给予临时保护。如以后要求优先权,任何国家的主管机关可以规定其期间应自该商品在展览会展出之日开始。临时保护有两个条件:一是展览会必须

是国际性的；二是展览会必须受到官方的承认。

15.【2013年第44题】根据《保护工业产权巴黎公约》的规定，对在巴黎联盟任何成员国领土内举办的官方国际展览会展出商品中的下列哪些工业产权保护对象，其他成员国应按其本国法律给予临时保护？

A. 实用新型
B. 集成电路布图设计
C. 商标
D. 植物新品种

【解题思路】

在《巴黎公约》中，能够获得临时保护的只有专利（包括发明、实用新型和外观设计）和商标。《巴黎公约》没有把植物新品种和集成电路布图设计纳入工业产权的范围，这两项权利显然不可能获得临时保护。集成电路是20世纪50年代末才开始发展起来的，《巴黎公约》缔结于1883年，虽然后面也有修改，但没把集成电路布图设计纳入也很正常。植物新品种则属于"农业"，不属于"工业"，没有被纳入《巴黎公约》也能理解。

【参考答案】 AC

（五）对专利权的限制

1. 强制许可

为防止由于行使专利所赋予的专有权而可能产生的滥用，各国都有权采取立法措施规定授予强制许可，可以授予强制许可的情形之一就是不实施专利。自提出专利申请之日起4年届满以前，或自授予专利之日起3年届满以前，以后满期的期间为准，不得以不实施或不充分实施为理由申请强制许可；如果专利权人的不作为有正当理由，应拒绝强制许可。这种强制许可不是独占性的，而且除与利用该许可的部分企业或商誉一起转让外，不得转让，包括授予分许可证的形式在内。

《巴黎公约》第5条之二："（1）关于规定的工业产权维持费的缴纳，应给予不少于六个月的宽限期，但是如果本国法律有规定，应缴纳附加费。

（2）本联盟各国对因未缴费而终止的专利有权规定予以恢复。"

16.【2008年第99题】根据《保护工业产权巴黎公约》的规定，下列哪些说法是正确的？

A. 使用商标的商品的性质在任何情况下不应妨碍该商标的注册
B. 自提出实用新型申请之日起4年届满以前，或者自授予实用新型之日起3年届满以前，以后届满的期间为准，不得以不实施为理由申请强制许可
C. 对外观设计的保护，在任何情况下，都不得以不实施为理由而使其丧失
D. 缴纳规定的工业产权维持费的宽限期不得少于6个月

【解题思路】

商标能够注册不应受到商品性质的影响。强制许可是对专利权的限制，但从专利权授权到技术推广，需要时间准备，故在一定期限内不得以不实施为由申请强制许可。外观专利保护的是艺术，即使不实施也没有什么不良影响，故不实施不是外观设计被强制许可的理由。既然外观设计都不适用强制许可，更不用说被宣告无效。缴纳费用需要给予宽展期，期限不得少于6个月。根据《专利法》和《商标法》中的内容，也可以

作出正确的选择。

【参考答案】 ABCD

17.【2015年第99题】根据《保护工业产权巴黎公约》的规定，下列关于强制许可的哪些说法是正确的？

A. 成员国不得以不实施为由授予专利强制许可

B. 专利强制许可在任何情况下都不得转让

C. 专利权人将在某成员国内制造的物品进口到对该物品授予专利的国家的，不应导致该项专利的取消

D. 巴黎公约中关于专利强制许可的各项规定准用于实用新型

【解题思路】

专利的不实施或者不充分实施是授予强制许可的一种重要情形。如果获得强制许可的企业本身被其他企业收购，那该企业获得的强制许可也会随之被收购方获得。专利产品的平行进口不应对专利本身造成影响。发明和实用新型属于技术领域，可以适用强制许可；外观新型属于艺术领域，不适用强制许可。

【参考答案】 CD

18.【2017年第97题】根据《保护工业产权巴黎公约》的规定，下列关于强制许可的哪些说法是正确的？

A. 本联盟各国都有权采取立法措施规定授予强制许可，以防止由于行使专利所赋予的专有权而可能产生的滥用

B. 除强制许可的授予不足以防止由于行使专利所赋予的专有权而可能产生的滥用外，不应规定专利的取消

C. 自授予第一个强制许可之日起两年届满前不得提起取消或撤销专利的诉讼

D. 自提出专利申请之日起四年届满以前，或自授予专利之日起三年届满以前，以后满期的期间为准，不得以不实施或不充分实施为理由申请强制许可

【解题思路】

为保护公共利益，在一定条件下可以对专利进行强制许可。基于对专利权人的尊重，除非在万不得已的情况下，不能直接取消专利权。取消专利的前提是强制许可不足以保障公共利益，但是这点需要足够的时间来检验，故在授予强制许可2年内不能取消专利。专利权人要实施专利也需要相应的时间准备，故在申请日起4年内，或授权日起3年内，不能以不实施或不充分实施为理由申请强制许可。

【参考答案】 ABCD

2. 临时过境交通工具的使用

《巴黎公约》第5条之三："在本联盟任何国家内，下列情况不应认为是侵犯专利权人的权利：

（1）本联盟其他国家的船舶暂时或偶然地进入上述国家的领水时，在该船的船身、机器、滑车装置、传动装置及其他附件上使用构成专利主题的装置设备，但以专为该船的需要而使用这些装置设备为限；

（2）本联盟其他国家的飞机或陆上车辆暂时或偶然地进入上述国家时，在该飞机或陆地上车辆的构造或操纵中，或者在该飞机或陆上车辆附件的构造或操纵中使用构成专利主题的装置设备。"

（六）成员国签订专门协定的权利

《巴黎公约》只是建立了保护的最低标准，并不限制成员国在与公约的规定不相抵

触的范围内,相互间签订关于保护工业产权的专门规定。

第二节 与贸易有关的知识产权协定

【基本要求】

了解协定签署的背景;了解协定确定的知识产权保护客体的范围;掌握协定确立的基本原则以及关于专利、工业品外观设计和集成电路布图设计的保护规定;理解协定关于知识产权执法的规定和争端解决机制。

本节内容主要涉及《与贸易有关的知识产权协定》的规定。

一、协定的基本知识

(一)协定的签署

《与贸易有关的知识产权协定》的英文名称为 Agreement on Trade Related Aspects of Intellectual Property Rights,简称 TRIPs。1994年,在关税与贸易总协定(GATT)乌拉圭回合中达成了 TRIPs,该协定代表了发达国家知识产权保护水平的高标准。TRIPs的订立源于美国跨国公司的激烈游说以及欧盟、日本以及其他发达国家的支持。

在乌拉圭回合后,GATT 成为世界贸易组织(WTO)的前身。由于签署 TRIPs 是 WTO 成员方的强制要求,任何想要加入 WTO 的国家或地区都必须按照 TRIPs 的要求制定严格的知识产权法律。我国于 2001 年加入了世界贸易组织,意味着我国也已经加入了该协定。

(二)知识产权的性质

TRIPs 第一次明确指出知识产权为私权。TRIPs 在序言中明确提出,"认识到知识产权为私权",这在知识产权国际公约中前所未有。

(三)协定的目标和基本原则

TRIPs 在序言中指出,协定的目标是减少国际贸易中的扭曲和障碍;促进对知识产权的有效和充分地保护;保证知识产权执法的措施和程序本身不至成为合法贸易的障碍。

各成员应实施本协定的规定,各成员可以,但并无义务,在其法律中实施比本协定要求更广泛的保护,只要此种保护不违反本协定的规定。各成员有权在其各自的法律制度和实践中确定实施本协定规定的适当方法。

TRIPs 的基本原则比较多,其中最重要的有3个,即国民待遇原则、最惠国待遇原则和透明度原则。另外,TRIPs 也规定了防止知识产权滥用的原则。

所谓最惠国待遇,是指对于知识产权保护,一成员对任何其他国家国民给予的任何利益、优惠、特权或豁免,应立即无条件地给予所有其他成员的国民。

1.【2009年第8题】根据《与贸易有关的知识产权协定》,下列说法哪些是正确的?

A. 世界贸易组织成员应当实施该协定的规定,不得在其法律中规定比该协定的要求更为广泛的保护

B. 世界贸易组织成员没有义务在其法律中规定比该协定的要求更为广泛的保护

C. 世界贸易组织成员有自由在其法律制度和实践中确定实施该协定规定的适当方法

D. 世界贸易组织成员应当将该协定规定的待遇给予其他成员的国民

【解题思路】

本题实质上考查的是考生对国家如何承担国际条约义务的理解。TRIPs只是规定了最低限度的保护标准，如果成员方愿意承担更多的义务，那自然可以提高保护标准。这是成员方的权利而不是义务。另外，TRIPs规定了基本的框架，成员方需要在该框架内制定相应的细则。D选项是国民待遇原则。

【参考答案】 BCD

2.【2010年第8题】下列关于《与贸易有关的知识产权协定》的说法哪些是正确的？

A. 该协定由世界知识产权组织管理

B. 该协定规定了知识产权保护方面的国民待遇原则

C. 该协定规定了知识产权保护方面的最惠国待遇原则

D. 在符合该协定规定的前提下，协定授权各成员采取适当措施制止滥用知识产权的做法

【解题思路】

TRIPs的中文名是《与贸易有关的知识产权协定》，与贸易有关自然应该归世界贸易组织管理。事实上，世界贸易组织的前身关贸总协定就已经把制定知识产权标准的权利从世界知识产权组织手中夺走。国民待遇、最惠国待遇和防止滥用知识产权都是TRIPs的相关原则。

【参考答案】 BCD

3.【2018年第30题】根据《与贸易有关的知识产权协定》的规定，关于知识产权的保护，一成员对任何其他国家的国民授予的任何利益、优惠、特权或豁免，应当立即无条件地给予所有其他成员的国民。上述规定可以概括为什么原则？

A. 对等原则

B. 差别待遇原则

C. 国民待遇原则

D. 最惠国待遇原则

【解题思路】

国民待遇原则是要求成员方对外国公民和对本国公民一致，如要求中国对美国人的待遇和对中国人一致；最惠国待遇原则是要求成员方对所有外国人一视同仁，如给美国人有什么优惠政策，也同样需要给日本人。

【参考答案】 D

（四）与贸易有关的知识产权的范围

根据TRIPs第二部分第1～7节的内容，知识产权包括：①版权和相关权利；②商标权；③地理标识权；④工业设计权；⑤专利；⑥集成电路布图设计；⑦对未披露信息的保护。

4.【2006年第81题】下列哪些属于《与贸易有关的知识产权协议》规定的知识产权的范围？

A. 版权

B. 工业品外观设计

C. 地理标志

D. 实用新型

【解题思路】

与《巴黎公约》相比，TRIPs涉及的范围更为广泛，不仅仅局限于"工业产权"，也包含了版权。不过考生需要注意，实用新型制度并不是每个国家都有的，不在TRIPs

的知识产权范围内。

【参考答案】 ABC

5.【2019年第99题】根据《与贸易有关的知识产权协定》的规定，下列说法正确的是？

A．成员必须利用专利制度对植物新品种给予保护

B．成员可以利用专利制度以外的有效的专门制度对植物新品种给予保护

C．成员可以将专利制度和其他有效的专门制度相结合对植物新品种给予保护

D．成员必须利用不同于专利制度的有效的专门制度对植物新品种给予保护

【解题思路】

国际条约更关注的是实质部分而不是外在形式，关键是要保护植物新品种，至于是通过专利制度还是其他有效的专门制度保护，抑或是两种制度结合起来保护并不是关键。如我国和美国都是WTO成员，我国有植物新品种保护制度，而美国则有植物专利制度。

【参考答案】 BC

二、知识产权保护的基本要求

（一）版权和有关权利

1. 协定与《伯尔尼公约》的关系

TRIPs第9条："1.各成员应遵守《伯尔尼公约》（1971）第1条至第21条及其附录的规定。但是，对于该公约第6条之二授予或派生的权利，各成员在本协定项下不享有权利或义务。

2.版权的保护仅延伸至表达方式，而不延伸至思想、程序、操作方法或数学概念本身。"

《伯尔尼公约》第6条之二规定的是作者的精神权利，TRIPs成员方对这些权利"不享有权利和义务"，也就是不予以保护。

2. 计算机程序和数据汇编

TRIPs第10条："1.计算机程序，无论是源代码还是目标代码，应作为《伯尔尼公约》（1971）项下的文字作品加以保护。

2.数据汇编或其他资料，无论机器可读还是其他形式，只要由于对其内容的选取或编排而构成智力创作，即应作为智力创作加以保护。该保护不得延伸至数据或资料本身，并不得损害存在于数据或资料本身的任何版权。"

6.【2009年第25题】根据《与贸易有关的知识产权协定》中有关计算机程序和数据汇编的规定，下列说法哪些是正确的？

A．计算机程序应当作为文字作品加以保护

B．无论计算机程序本身是否属于出租的主要客体，成员都应当向作者及其权利继受人提供出租权保护

C．对数据汇编的版权保护不涉及数据本身，不应损害存在于数据本身的任何版权

D．数据的汇编由于对其内容的选择或者安排而构成智力创作的，应当加以保护

【解题思路】

计算机程序是作为文学作品保护的。知识产权的形式都需要考虑到一定的限制，假定一台价值数十万元的设备中装有价值数十元的计算机程序，如果软件著作权人可以通过出租权来限制设备的出租，那么显然不合适。如在数据汇编中付出了创造性的劳动，就应该获得保护。如果没有智力创作，那即使投入了资金，或者包含有相当数量的

数据，也不能获得著作权的保护。在汇编过程中不能损害他人利益，那是应有之义。

【参考答案】 ACD

7.【2013年第100题】根据《与贸易有关的知识产权协定》，下列哪些应当受版权或者和版权有关的权利的保护？

A. 数学概念本身
B. 以源代码表达的计算机程序
C. 以目标代码表达的计算机程序
D. 录音制品

【解题思路】

计算机程序和录音制品属于版权保护的客体，但数学概念本身并不受版权法的保护。

【参考答案】 BCD

3. 出租权

TRIPs第11条："至少在计算机程序和电影艺术作品方面，一成员方应给予作者及其权利继承人以授权或禁止将其拥有版权的作品原著或复制品向公众作商业性出租的权利。除非此类出租已导致了对该作品的广泛复制，而这种复制严重损害了该成员方给予作者及其权利继承人的独家再版权，否则在电影艺术作品方面一成员方可免除此项义务。在计算机程序方面，当程序本身不是出租的主要对象时，此项义务不适用于出租。"

8.【2008年第91题】根据《与贸易有关的知识产权协定》中关于出租权的规定，下列哪些说法是正确的？

A. 成员有义务对以类似摄制电影的方法创作的作品提供出租权保护
B. 录音制品本身是商业性出租的主要客体的，成员有义务对其提供出租权保护
C. 计算机程序本身是商业性出租的主要客体的，成员有义务对其提供出租权保护
D. 在电影作品的商业性出租已导致对作品的广泛复制，大大损害了权利人的复制排他权时，成员有义务对其提供出租权的保护

【解题思路】

TRIPs中，出租权的客体包括计算机程序、电影作品和录音制品，3种不同的客体存在不同的限制。对电影作品的保护，如果出租没有导致对该作品的广泛复制，而这种复制严重损害该成员方给予作者及其权利继承人的独家再版权，那么成员方就没有必要提供出租权保护。

【参考答案】 BCD

4. 保护期

TRIPs第12条："除摄影作品或实用艺术作品外，只要一作品的保护期限不以自然人的生命为基础计算，则该期限自作品经授权出版的日历年年底计算即不得少于50年，或如果该作品在创作后50年内未经授权出版，则为自作品完成的日历年年底起计算的50年。"

5. 对权利的限制和例外

TRIPs第13条："各成员对专有权做出的任何限制或例外规定仅限于某些特殊情况，且与作品的正常利用不相冲突，也不得无理损害权利持有人的合法权益。"

6. 对表演者、录音制品制作者和广播组织的保护

TRIPs第14条："1.就将其表演固定在录音制品上而言，表演者应有可能防止下列未经其授权的行为：固定其未曾固定的表演和复制该录制品。表演者还应有可能阻止下列未经其授权的行为：以无线广播方式播出

和向大众传播其现场表演。

2.录音制品制作者应享有准许或禁止直接或间接复制其录音制品的权利。

3.广播组织有权禁止下列未经其授权的行为：录制、复制录制品、以无线广播方式转播以及将其电视广播向公众传播。如各成员未授予广播组织此类权利，则在遵守《伯尔尼公约》(1971)规定的前提下，应给予广播的客体的版权所有权人阻止上述行为的可能性。

4.第11条关于计算机程序的规定在细节上作必要修改后应适用于录音制品制作者和按一成员法律确定的录音制品的任何其他权利持有人。如在1994年4月15日，一成员在录音制品的出租方面已实施向权利持有人公平付酬的制度，则可维持该制度，只要录音制品的商业性出租不对权利持有人的专有复制权造成实质性减损。

5.本协定项下表演者和录音制品制作者可获得的保护期限，自该固定或表演完成的日历年年底计算，应至少持续至50年年末。按照第3款给予的保护期限，自广播播出的日历年年底计算，应至少持续20年。"

9.【2006年第85题】根据《与贸易有关的知识产权协议》的规定，下列说法哪些是正确的？

A.数据或者其他资料的汇编，因对其内容的选择或者安排而构成智力创作，应当给予版权保护

B.版权的保护应当及于表达和构思

C.成员应当将计算机程序作为文字作品给予保护

D.录音制品制作者应当享有许可或者禁止直接或间接复制其录音制品的权利

【解题思路】

数据库应当作为汇编作品予以保护，版权只保护表达，不保护思想。计算机程序应当作为文字作品保护，录音制作者享有与著作权相关的权利，可以禁止他人复制。根据《著作权法》，也可以得出答案。

【参考答案】 ACD

（二）商标

1.可保护的客体

TRIPs第15条："1.任何标记或标记的组合，只要能够将一企业的货物和服务区别于其他企业的货物或服务，即能够构成商标。此类标记，特别是单词，包括人名、字母、数字、图案的成分和颜色的组合及任何此类标记的组合，均应符合注册为商标的条件。如标记无固有的区别有关货物或服务的特征，则各成员可以由通过使用而获得的显著性作为注册的条件。各成员可要求，作为注册的条件，这些标记应为视觉上可感知的。

2.第1款不得理解为阻止一成员以其他理由拒绝商标的注册，只要这些理由不背离《巴黎公约》(1967)的规定。

3.成员可以将使用作为注册条件。但是，一商标的实际使用不得作为接受申请的一项条件。不得仅以自申请日起3年期满后商标未按原意使用为由拒绝该申请。

4.商标所适用的货物或服务的性质在任何情况下不得形成对商标注册的障碍。

5.各成员应在商标注册前或在注册后迅速公布每一商标，并应对注销注册的请求给予合理的机会。此外，各成员可提供机会以便对商标的注册提出异议。"

10.【2009年第43题】根据《与贸易

431

有关的知识产权协定》，下列说法哪些是正确的？

A．世界贸易组织成员可以将商标的实际使用作为提交商标注册申请的条件

B．世界贸易组织成员不应将商标的实际使用作为提交商标注册申请的条件

C．世界贸易组织成员不应将预期使用注册商标的商品或服务的性质，作为驳回商标注册申请的理由

D．世界贸易组织成员应当规定商标首次注册和注册的每次续展的期间不少于10年

【解题思路】

商标的注册需要时间，因此申请人为了能够及时使用商标，一般都会在商品投入市场之前就申请商标。如果将商标的实际使用作为提交商标注册申请的条件，那对申请人来说是不合理的。不过，商标作为连接企业和消费者之前的桥梁，如果该商标注册后不进行使用，也就起不到桥梁的作用，反而白白浪费社会资源，故商标的使用可以作为维持商标注册的条件。如果要驳回商标申请，那应该是基于商标本身的缺陷而不应是该商标所使用的商品方面的性质，不应该让商标受到其他因素的影响。需要注意的是，TRIPs规定的商标注册期间和续展期间为7年，短于我国规定的10年。

【参考答案】 BC

11.【2017年第98题】根据《与贸易有关的知识产权协定》的规定，下列关于商标注册的哪些说法是正确的？

A．任何标记或标记的组合，能将一企业的商品或服务与其他企业的商品或服务区别开来的，就能构成商标

B．如果标记缺乏区别有关商品或服务的固有能力，各成员可以将该标记可否注册取决于使用后所获得的显著性

C．各成员可以将商标的实际使用作为提交注册申请的条件

D．各成员可以要求将视觉可以感知的标记作为注册的条件

【解题思路】

商标需要有显著性，没有显著性的标志，不能作为商标。显著性可以是先天就具备的，也可以是通过长期使用而逐渐获得的，如五粮液。一般情况下，使用申请人都是先注册再使用，故使用不能作为商标注册的条件。放开对非视觉性的商标，如声音商标的注册并不是TRIPs的强制性要求，成员方完全可以不放开声音商标的注册。

【参考答案】 ABD

2. 权利的范围

TRIPs第16条："1. 注册商标的所有权人享有专有权，以阻止所有第三方未经该所有权人同意在贸易过程中对与已注册商标的货物或服务的相同或类似货物或服务使用相同或类似标记，如此类使用会导致混淆的可能性。在对相同货物或服务使用相同标记的情况下，应推定存在混淆的可能性。上述权利不得损害任何现有的优先权，也不得影响各成员以使用为基础提供权利的可能性。

2.《巴黎公约》（1967）第6条之二在细节上作必要修改后应适用于服务。在确定一商标是否驰名时，各成员应考虑相关部门公众对该商标的了解程度，包括在该成员中因促销该商标而获得的了解程度。

3.《巴黎公约》（1967）第6条之二在细节上作必要修改后应适用于与已注册商标

的货物或服务不相类似的货物或服务，只要该商标在对那些货物或服务的使用方面可表明这些货物或服务与该注册商标所有权人之间存在联系，且此类使用有可能损害该注册商标所有权人的利益。"

12.【2011年第8题】下列哪些国际公约对用于服务的驰名商标明确提出了保护要求？

A．与贸易有关的知识产权协定

B．保护工业产权巴黎公约

C．建立工业品外观设计国际分类洛迦诺协定

D．国际承认用于专利程序的微生物保存布达佩斯条约

【解题思路】

《洛迦诺协定》涉及的是外观设计，《布达佩斯条约》涉及的是微生物保存，都与商标无关。国际知识产权公约的一个趋势就是保护强度不断提高，在《巴黎公约》中没有关于用于服务的驰名商标的规定，在TRIPs中就明确了这方面的要求。

【参考答案】 A

3．权利的例外

TRIPs第17条："各成员可对商标所授予的权利规定有限的例外，如合理使用描述性词语，只要此类例外考虑到商标所有权人和第三方的合法权益。"

13.【2013年第27题】根据《与贸易有关的知识产权协定》，下列哪种说法是正确的？

A．世界贸易组织成员不得对注册商标所有人享有的权利规定任何例外

B．世界贸易组织成员授予注册商标所有人享有的排他权不应损害任何现有的在先权利

C．世界贸易组织成员必要时可以规定商标的强制许可

D．世界贸易组织成员可以规定商标所有人只能将商标连同其所属的企业一起转让

【解题思路】

商标权存在例外，如果商标中含有通用名称，那么商标权人就不能禁止他人使用，如商标名称为"苏宁电器"，那"电器"别人还是可以用的，如注册"大中电器"商标。商标权不能损害他人的在先权利，这是应有之义。专利和版权存在强制许可，但商标领域没有。商标所有人可以将商标和企业打包转让，也可以只转让商标。

【参考答案】 B

4．保护期限

TRIPs第18条："商标的首次注册及每次续展的期限均不得少于7年。商标的注册应可以无限续展。"

14.【2017年第99题】根据《与贸易有关的知识产权协定》的规定，下列哪些说法是正确的？

A．商标首次注册的期间不应少于7年

B．商标注册的每次续展的期间不应少于7年

C．商标的注册可以无限制地续展

D．工业品外观设计可享有的保护期间至少为10年

【解题思路】

TRIPs规定的商标首次注册和续展期限不得少于7年，《商标法》规定的是10年，符合公约的要求。商标注册的续展，不应该受到限制。外观设计的保护期限是10年，《专利法》的规定与之相同。

【参考答案】 ABCD

5. 使用的要求

TRIPs 第 19 条："1. 如维持注册需要使用商标，则只有在至少连续 3 年不使用后方可注销注册，除非商标所有权人根据对商标使用存在的障碍说明正当理由。出现商标人意志以外的情况而构成对商标使用的障碍，例如对受商标保护的货物或服务实施进口限制或其他政府要求，此类情况应被视为不使用商标的正当理由。

2. 在受所有权人控制的前提下，另一人使用一商标应被视为为维持注册而使用该商标。"

TRIPs 第 20 条："在贸易过程中使用商标不得受特殊要求的无理妨碍，例如要求与另一商标一起使用，以特殊形式使用或要求以损害其将一企业的货物或服务区别于另一企业的货物或服务能力的方式使用。此点不排除要求将识别生产该货物或服务的企业的商标与区别该企业的所涉具体货物或服务的商标一起使用，但不将两者联系起来。"

15.【2008 年第 72 题】 根据《与贸易有关的知识产权协定》的规定，下列哪些说法是正确的？

A. 成员可以规定使用是维持商标注册的条件

B. 成员不得规定使用是维持商标注册的条件

C. 他人在商标所有人控制下使用注册商标属于为维持注册目的的使用

D. 他人在商标所有人控制下使用注册商标不属于为维持注册目的的使用

【解题思路】

商标用来区分不同的厂商，不使用而仅仅注册并不符合商标立法的宗旨。为促进商标的使用，TRIPs 成员方可以规定使用作为维持商标注册的条件。当然，这种使用并不一定是商标权人的使用，也可以是许可他人使用。

【参考答案】 AC

6. 许可和转让

TRIPs 第 21 条："各成员可对商标的许可和转让确定条件，与此相关的理解是，不允许商标的强制许可，且注册商标的所有权人有权将商标与该商标所属业务同时或不同时转让。"

16.【2011 年第 48 题】 世界贸易组织成员关于商标转让的下列哪些规定是符合《与贸易有关的知识产权协定》的？

A. 注册商标所有人有权将商标连同或不连同其所属的企业一起转让

B. 注册商标所有人必须将商标连同其所属的企业一起转让

C. 注册商标的转让应当签订转让协议

D. 注册商标的转让应当经过商标主管部门的核准

【解题思路】

TRIPs 允许商标所有人仅仅转让商标而不是将商标所属企业与商标一同转让。A、C、D 选项则是成员方可以确定的商标转让的条件，我国的商标法也与此相符合。

【参考答案】 ACD

（三）地理标志

1. 地理标志的保护

TRIPs 第 22 条："1. 就本协定而言，'地理标识'指识别一货物来源于一成员领土或该领土内一地区或地方的标识，该货物的特定质量、声誉或其他特性主要归因于其地理来源。

2. 就地理标识而言，各成员应向利害关系方提供法律手段以防止：

（a）在一货物的标志或说明中使用任何手段标明或暗示所涉货物来源于真实原产地之外的一地理区域，从而在该货物的地理来源方面使公众产生误解；

（b）构成属《巴黎公约》（1967）第10条之二范围内的不公平竞争行为的任何使用。

3. 如一商标包含的或构成该商标的地理标识中所标明的领土并非货物的来源地，且如果在该成员中在此类货物的商标中使用该标识会使公众对其真实原产地产生误解，则该成员在其立法允许的情况下可依职权或在一利害关系方请求下，拒绝该商标注册或宣布注册无效。

4. 根据第1款、第2款和第3款给予的保护可适用于虽在文字上表明货物来源的真实领土、地区或地方，但却虚假地向公众表明该货物来源于另一领土的地理标识。"

2. 对葡萄酒和烈酒地理标志的补充保护

TRIPs 第23条："1. 每一成员应为利害关系方提供法律手段，以防止将识别葡萄酒的地理标识用于并非来源于所涉地理标识所标明地方的葡萄酒，或防止将识别烈酒的地理标识用于并非来源于所涉地理标识所标明地方的烈酒，即使对货物的真实原产地已标明，或该地理标识用于翻译中，或附有'种类''类型''特色''仿制'或类似表达方式。

2. 对于一葡萄酒商标包含识别葡萄酒的地理标识或由此种标识构成，或如果一烈酒商标包含识别烈酒的地理标识或由此种标识构成，一成员应在其立法允许的情况下依职权或在一利害关系方请求下，对不具备此来源的此类葡萄酒或烈酒，拒绝该商标注册或宣布注册无效。

3. 在葡萄酒的地理标识同名的情况下，在遵守第22条第4款规定的前提下，应对每一种标识予以保护。每一成员应确定相互区分所涉同名标识的可行条件，同时考虑保证公平对待有关生产者且使消费者不致产生误解的需要。

4. 为便利葡萄酒地理标识的保护，应在TRIPs理事会内谈判建立关于葡萄酒地理标识通知和注册的多边制度，使之能在参加该多边制度的成员中获得保护。"

17.【2007年第45题】根据《与贸易有关的知识产权协定》关于地理标志的规定，各成员应当为有利害关系的各方提供制止下列哪些行为的法律手段？

A. 在商品的名称上使用任何方法，以明示有关商品来源于真实原产地以外的一个地理区域，在某种意义上对商品的地理来源误导公众

B. 在商品的外表上使用任何方法，以暗示有关商品来源于真实原产地以外的一个地理区域，在某种意义上对商品的地理来源误导公众

C. 将识别葡萄酒的地理标志用于标示不是来源于该地理标志所指明地方的葡萄酒

D. 将识别烈酒的地理标志用于标示不是来源于该地理标志所指明地方的烈酒，但同时标示了商品的真实来源地

【解题思路】

保护地理标志就是为了防止公众产生混淆，A、B选项直接指出会"误导公众"，应选择。C选项中将地理标识使用在其他来

源的葡萄酒上，会构成混淆。考生需要注意的是，对葡萄酒和烈酒这两类特殊的商品，TRIPs 有额外的保护，如果不是产于地理标识所表明的地方，那就不能使用该地理标识，即使对货物的真实原产地已有说明，或该地理标识是经翻译后使用的，或伴有"种类""类型""特色""仿制"或类似表述方式。

【参考答案】 ABCD

3. 保护的例外

TRIPs 第 24 条第 5～8 款规定了一些不构成侵权行为的例外。

"5. 如一商标的申请或注册是善意的，或如果一商标的权利是在以下日期之前通过善意的使用取得的：

（a）按第六部分确定的这些规定在该成员中适用之日前；或

（b）该地理标识在其起源国获得保护之前。

为实施本节规定而采取的措施不得因一商标与一地理标识相同或类似而损害该商标注册的资格或注册的有效性或商标的使用权。

6. 如任何其他成员关于货物或服务的地理标识与一成员以通用语文的惯用术语作为其领土内此类货物或服务的普通名称相同，则本节的任何规定不得要求该成员对其他成员的相关标识适用本节的规定。如任何其他成员用于葡萄酒产品的地理标识与在《WTO 协定》生效之日一成员领土内已存在的葡萄品种的惯用名称相同，则本节的任何规定不得要求该成员对其他成员的相关标识适用本节的规定。

7. 一成员可规定，根据本节提出的关于一商标的使用或注册的任何请求必须在对该受保护标识的非法使用已在该成员中广为人知后 5 年内提出，或如果商标在一成员中的注册日期早于上述非法使用在该成员中广为人知的日期，只要该商标在其注册之日前已公布，则该请求必须在该商标在该成员中注册之日起 5 年内提出，只要该地理标识未被恶意使用或注册。

8. 本节的规定决不能损害任何人在贸易过程中使用其姓名或其业务前任的姓名的权利，除非该姓名使用的方式会使公众产生误解。"

18.【2009 年第 52 题】根据《与贸易有关的知识产权协定》有关地理标志保护的规定，如果某一商标和一项地理标志相同，下列哪些情形下，世界贸易组织成员不应因两者相同而驳回该商标注册申请或者撤销该商标？

A.《与贸易有关的知识产权协定》关于地理标志的规定在该成员适用之前，某人已经在该成员善意地提出该商标的注册申请

B.《与贸易有关的知识产权协定》关于地理标志的规定在该成员适用之前，某人已经在该成员通过善意使用获得该商标权

C. 在该地理标志的来源国对其给予保护之前，某人已经在该成员善意地提出该商标的注册申请

D. 在该地理标志的来源国对其给予保护之前，某人已经在该成员通过善意使用获得该商标权

【解题思路】

TRIPs 是一个重要的国际公约，但在考试中，对公约的考查一般不会特别深。上述 4 个选项中都提到了"善意"，根据民法的一

般原则，善意使用人的利益应当获得保护。

【参考答案】 ABCD

（四）工业品外观设计

1. 保护的条件

TRIPs 第 25 条："保护的条件

1. 各成员应对新的或原创性的独立创造的工业设计提供保护。各成员可规定，如工业设计不能显著区别于已知的设计或已知设计特征的组合，则不属新的或原创性设计。各成员可规定该保护不应延伸至主要出于技术或功能上的考虑而进行的设计。

2. 每一成员应保证为获得对纺织品设计的保护而规定的要求，特别是有关任何费用、审查或公布的要求，不得无理损害寻求和获得此种保护的机会。各成员有权通过工业设计法或版权法履行该项义务。"

2. 权利人的权利、保护期限、保护的例外

TRIPs 第 26 条："保护

1. 受保护的工业设计的所有权人有权阻止第三方未经所有权人同意而生产、销售或进口所载或所含设计是一受保护设计的复制品或实质上是复制品的物品，如此类行为为商业目的而采取。

2. 各成员可对工业设计的保护规定有限的例外，只要此类例外不会与受保护的工业设计的正常利用发生无理抵触，也不会无理损害受保护工业设计所有权人的合法权益，同时考虑第三方的合法权益。

3. 可获得的保护期限应至少达到10年。"

19.【2017年第100题】根据《与贸易有关的知识产权协定》的规定，下列关于工业品外观设计的哪些说法是正确的？

A．各成员应当规定保护独立创作而且是新颖的或者原创的工业品外观设计

B．各成员可以规定，外观设计如果与已知的外观设计或者已知的外观设计特征的组合没有显著区别的，即不是新颖的或者原创的外观设计

C．各成员可以规定，工业品外观设计的保护不应延及主要是根据技术或功能的考虑而作出的外观设计

D．受保护的工业品外观设计的所有人，应当有权制止第三方未得所有人同意而为商业目的制造、销售或进口载有或体现受保护的外观设计的复制品或实质上是复制品的物品

【解题思路】

我国《专利法》的规定需要符合 TRIPs 的要求，故本题可以根据国内法来解题。外观设计需要具备新颖性，和现有设计或现有设计的组合存在明显的区别。外观设计保护的是艺术，技术方面的因素不是外观设计保护的范围。外观设计禁止制造、进口和销售，但使用和许诺销售不在其内。在2008年《专利法》第三次修改之前，外观设计的保护中不包括许诺销售。修改后的《专利法》增加了许诺销售，但这次修改并不是为了满足 TRIPs 的要求，而是我国提高了对外观设计的保护强度。

【参考答案】 ABCD

（五）专利

1. 可获得专利的客体

TRIPs 第 27 条第 1 款："除了某些例外，所有技术领域内的任何发明，无论是产品还是工艺，均可能获得专利。"

20.【2012年第83题】根据《与贸易有关的知识产权协定》关于专利的规定，下

列哪些说法是正确的？

A．专利的获得和专利权的享有，不应因发明地点、技术领域以及产品是进口还是本国生产的不同而受到歧视

B．治疗动物疾病的外科手术方法可以被排除在可享专利性以外

C．专利权可享有的保护期间，自专利申请提交之日起计算的20年期间届满前不应终止

D．对撤销或取消专利的任何决定，均应提供司法审查的机会

【解题思路】

A选项为非歧视原则，B选项为不授予专利权的客体，C选项为20年的保护期限，D选项为法院的最终审查，全选。根据《专利法》中的相关规定也能得出答案。

【参考答案】 ABCD

2. 授予专利权的条件

根据TRIPs第27条，授予专利权的条件具有新颖性、包含发明性步骤并可供工业应用。此外，TRIPs还规定，对发明的专利的授予和专利权的享受不应因发明地点、技术领域、产品是进口的还是当地生产的而受到歧视。

3. 可以不给予专利保护的客体

TRIPs第27条第2款："各成员可拒绝对某些发明授予专利权，如在其领土内阻止对这些发明的商业利用是维护公共秩序或道德，包括保护人类、动物或植物的生命或健康或避免对环境造成严重损害所必需的，只要此种拒绝授予并非仅因为此种利用为其法律所禁止。"

TRIPs第27条第3款："各成员可拒绝对下列内容授予专利权：

（a）人类或动物的诊断、治疗和外科手术方法；

（b）除微生物外的植物和动物，以及除非生物和微生物外的生产植物和动物的主要生物方法。但是，各成员应规定通过专利或一种有效的特殊制度或通过这两者的组合来保护植物品种。本项的规定应在《WTO协定》生效之日起4年后进行审议。"

4. 专利申请应满足的条件

TRIPs第29条："1.各成员应要求专利申请人以足够清晰和完整的方式披露其发明，使该专业的技术人员能够实施该发明，并可要求申请人在申请之日，或在要求优先权的情况下在申请的优先权日，指明发明人所知的实施该发明的最佳方式。

2.各成员可要求专利申请人提供关于申请人相应的国外申请和授予情况的信息。"

21.【2018年第98题】根据《与贸易有关的知识产权协定》的规定，关于专利的规定哪些是正确的

A．各成员可拒绝对某些发明授予专利，只要此种拒绝授予并非仅因为此种利用方式为其法律所禁止

B．各成员应要求专利申请人以足够清晰和完整的方式披露其发明，使该专业的技术人员能够实施该发明

C．各成员可对专利授予的专有权规定有限的例外，只要此类例外不会对专利的正常利用发生无理抵触，也不会无理损害专利所有权人的合法权益，同时考虑第三方的合法权益

D．各成员可以要求专利申请人提供关于申请人相应的国外申请和授予情况的信息，该信息会直接决定在该国是否会给予授权

【解题思路】

不被授予专利权的原因应当是技术本身,而不仅仅是因为使用该技术的方式受到法律禁止。枪支弹药的制造技术受到严格限制,但此类技术可以申请国防专利。专利是公开换取保护的一种制度,申请人须清晰完整地披露发明,其标准是本领域人员能够实施。为维护公共利益,在不损害专利权人的合法权益的前提下,可以对专利权规定有限的例外。各国的专利审查和授权都是独立的,国外的申请和授权信息只是作为参考,并不会直接决定是否授权。

【参考答案】 ABC

22.【2019年第97题】根据《与贸易有关的知识产权协定》的规定,下列说法正确的是?

A. 专利权的保护期限为自授予专利权之日起20年

B. 如果一项发明的商业性实施会导致对环境的严重损害,各成员可以不授予专利权

C. 各成员因未缴纳专利年费而撤销专利的决定可以不提供司法审查的机会

D. 各成员可以要求专利申请人提供关于其相应的外国申请和授予专利的信息

【解题思路】

TRIPs中的专利指的是发明专利,其保护期限是20年,但是从申请日起算,不是授权日。发明的实施导致对环境严重损害,则损害公共利益,不能授权。撤销专利的决定属于行政行为,当事人可以提起行政诉讼。涉案专利在国外申请和授权的信息可作为审查的参考,审查机关有权要求申请人提供。

【参考答案】 BD

5. 权利人的权利

TRIPs第28条:"1.一专利授予其所有权人下列专有权利:

(a) 如一专利的客体是产品,则防止第三方未经所有权人同意而进行制造、使用、标价出售、销售或为这些目的而进口该产品的行为;

(b) 如一专利的客体是方法,则防止第三方未经所有权人同意而使用该方法的行为,并防止使用、标价出售、销售或为这些目的而进口至少是以该方法直接获得产品的行为。

2.专利所有权人还有权转让或以继承方式转移其专利并订立许可合同。"

6. 专利权的例外

TRIPs第30条:"各成员可对专利授予的专有权规定有限的例外,只要此类例外不会对专利的正常利用发生无理抵触,也不会无理损害专利所有权人的合法权益,同时考虑第三方的合法权益。"

7. 专利的强制许可的条件

TRIPs第31条:"如一成员的法律允许未经权利持有人授权即可对一专利的客体作其他使用,包括政府或经政府授权的第三方的使用,则应遵守下列规定:

(a) 授权此种使用应一事一议;

(b) 只有在拟使用者在此种使用之前已经按合理商业条款和条件努力从权利持有人处获得授权,但此类努力在合理时间内未获得成功,方可允许此类使用。在全国处于紧急状态或在其他极端紧急的情况下,或在公共非商业性使用的情况下,一成员可豁免此要求。尽管如此,在全国处于紧急状态或在其他极端紧急的情况下,应尽快通知权利

持有人。在公共非商业性使用的情况下，如政府或合同方未作专利检索即知道或有显而易见的理由知道一有效专利正在或将要被政府使用或为政府而使用，则应迅速告知权利持有人；

（c）此类使用的范围和期限应仅限于被授权的目的，如果是半导体技术，则仅能用于公共非商业性使用，或用于补救经司法或行政程序确定为限制竞争行为；

（d）此种使用应是非专有的；

（e）此种使用应是不可转让的，除非与享有此种使用的那部分企业或商誉一同转让；

（f）任何此种使用的授权应主要为供应授权此种使用的成员的国内市场；

（g）在充分保护被授权人合法权益的前提下，如导致此类使用的情况已不复存在且不可能再次出现，则有关此类使用的授权应终止。在收到有根据的请求的情况下，主管机关有权审议这些情况是否继续存在；

（h）在每一种情况下应向权利持有人支付适当报酬，同时考虑授权的经济价值；

（i）与此种使用有关的任何决定的法律效力应经过司法审查或经过该成员中上一级主管机关的独立审查；

（j）任何与就此种使用提供的报酬有关的决定应经过司法审查或该成员中上一级主管机关的独立审查；

（k）如允许此类使用以补救经司法或行政程序确定的限制竞争的行为，则各成员无义务适用（b）项和（f）项所列条件。在确定此类情况下的报酬数额时，可考虑纠正限制竞争行为的需要。如导致授权的条件可能再次出现，则主管机关有权拒绝

终止授权；

（1）如授权此项使用以允许利用一专利（'第二专利'），而该专利在不侵害另一专利（'第一专利'）的情况下不能被利用，则应适用下列附加条件：

（ⅰ）与第一专利中要求的发明相比，第二专利中要求的发明应包含重要的、具有巨大经济意义的技术进步；

（ⅱ）第一专利的所有权人有权以合理的条件通过交叉许可使用第二专利具有的发明，以及

（ⅲ）就第一专利授权的使用不得转让，除非与第二专利一同转让。"

23.【2010年第32题】根据《与贸易有关的知识产权协定》的规定，如果成员的法律允许在未经权利持有人许可的情况下对其专利的主题作经政府许可的第三方使用，则应当遵守下列哪些规定？

A. 使用人可以自由转让或者再许可其他人使用，但应当向权利持有人支付足够的报酬

B. 任何情况下，意图使用的人只有在使用前曾经努力按合理的商业条款和条件请求权利持有人给予许可，但在合理的期间内这种努力没有成功，才能允许这种使用

C. 在涉及半导体技术的情形下，这种使用只能限于为公共的非商业性使用，或者用于经司法或行政程序确定为反竞争行为而给予的补救

D. 在对被许可人的合法利益给予足够保护的前提下，如果以及在导致这种许可的情况已不存在，并且不大可能再发生时，这种使用的许可应即终止

【解题思路】

强制许可人获得的是普通许可，无权再向外发放许可证。一般情况下，要获得强制许可，意图使用人需要先付出一定的努力，毕竟动用强制力量需要非常慎重，但如果是在紧急状况下，涉及公共利益，那显然需要公共利益优先。

【参考答案】 CD

24.**【2013年第54题】** 根据《与贸易有关的知识产权协定》，如果成员的法律允许未经权利持有人许可即可由政府使用或者由政府许可第三方使用专利，则这种使用应当遵守下列哪些规定？

A. 这种使用的许可应当根据个案情况予以考虑

B. 这种使用应当在合理的期限内通知权利持有人，但无需向其支付报酬

C. 这种使用应当是独占的，权利持有人不得再许可其他人使用该专利

D. 这种使用不得转让，除非是与享有这种使用的企业或者商誉一起转让

【解题思路】

强制许可严重影响知识产权人的利益，需要慎重处理。任何一项权利是否要实施强制许可都需要单独地进行严格评估，并及时通知权利人。强制许可不是免费试用，需要支付费用。强制许可的类型为普通许可，以免影响权利人自己使用或者是向外发放许可。这种强制许可不能转让，除非和企业一起打包转让，以免不符合条件的企业获得这种强制许可。

【参考答案】 AD

8. 专利权的撤销或丧失

TRIPs第32条："对任何有关撤销或宣布一专利无效的决定应可进行司法审查。"

9. 专利的保护期限

TRIPs第33条："可获得的保护期限不得在自申请之日起计算的20年期满前结束。"

10. 侵犯方法专利权的举证责任

TRIPs第34条："1.就第28条第1款（b）项所指的侵害所有权人权利的民事诉讼而言，如一专利的客体是获得一产品的方法，则司法机关有权责令被告方证明其获得相同产品的方法不同于已获专利的方法。因此，各成员应规定至少在下列一种情况下，任何未经专利所有权人同意而生产的相同产品，如无相反的证明，则应被视为是通过该已获专利方法所获得的：

（a）如通过该已获专利方法获得的产品是新的；

（b）如存在实质性的可能性表明该相同产品是由该方法生产的，而专利所有权人经过合理努力不能确定事实上使用了该方法。

2.只有满足（a）项所指条件或只有满足（b）项所指条件，任何成员方有权规定第1款所指的举证责任在于被指控的侵权人。

3.在引述相反证据时，应考虑被告方在保护其制造和商业秘密方面的合法权益。"

（六）集成电路布图设计

1.集成电路布图设计的保护范围

TRIPs第36条："在遵守第37条第1款规定的前提下，如从事下列行为未经权利持有人授权，则应视为非法：为商业目的进口、销售或分销一受保护的布图设计、含有受保护的布图设计的集成电路、含有此种集

成电路的物品,只要该集成电路仍然包含非法复制的布图设计。"

2. 非自愿许可

TRIPs 第 37 条:"1. 尽管有第 36 条的规定,但是如从事或命令从事该条所指的与含有非法复制的布图设计的集成电路或包含此种集成电路的物品有关的行为的人,在获得该集成电路或包含该集成电路的物品时,不知道且无合理的根据知道其中包含此种非法复制的布图设计,则任何成员不得将从事该条所指的任何行为视为非法。各成员应规定,在该人收到关于该布图设计被非法复制的充分通知后,可对现有的存货和此前的订货从事此类行为,但有责任向权利持有人支付费用,数额相当于根据就此种布图设计自愿达成的许可协议应付的合理使用费。

2. 第 31 条(a)项至(k)所列条件在细节上作必要修改后应适用于任何有关布图设计的非自愿许可情况或任何未经权利持有人授权而被政府或为政府而使用的情况。"

25.【2012 年第 39 题】根据《与贸易有关的知识产权协定》的规定,世界贸易组织成员可以针对下列哪些知识产权规定强制许可或者非自愿许可?

A. 专利
B. 商标
C. 工业品外观设计
D. 集成电路布图设计

【解题思路】

商标和外观设计不适用强制许可。强制许可是对权利人权利的限制,一般来说,只有在涉及更为重要的利益并且无法避开的时候才能适用。商标是用来区别不同商品生产者的标志,如果为了公共利益,需要对该产品实施强制许可,强制许可生产出来的产品也没有必要贴上许可人的商标,故商标不适用强制许可。工业品外观设计涉及的是"艺术"而不是"技术",产品只要能够符合使用的要求,在美感上有所欠缺也能接受,故外观设计也不适用强制许可。

【参考答案】 AD

3. 集成电路布图设计的保护期限

TRIPs 第 38 条:"1. 在要求将注册作为保护条件的成员中,布图设计的保护期限不得在自提交注册申请之日起或自世界任何地方首次进行商业利用之日起计算 10 年期限期满前终止。

2. 在不要求将注册作为保护条件的成员中,布图设计的保护期限不得少于自世界任何地方首次进行商业利用之日起计算的 10 年。

3. 尽管有第 1 款和第 2 款的规定,任何一成员仍可规定保护应在布图设计创作 15 年后终止。"

26.【2008 年第 54 题】根据《与贸易有关的知识产权协定》的规定,对于布图设计的保护期,下列哪些说法是正确的?

A. 以登记为保护条件的成员可以规定,布图设计的保护期间为自登记申请提交之日起 10 年

B. 以登记为保护条件的成员可以规定,布图设计的保护期间为自其在世界上任何地方第一次商业利用之日起 10 年

C. 不以登记为保护条件的成员可以规定,布图设计的保护期间为自其在世界上任何地方第一次商业利用之日起 10 年

D. 成员可以规定,布图设计自创作以后 15 年保护终止

【解题思路】

TRIPs 并没有强调布图设计必须登记才能获得保护。另外，布图设计的保护期限为 10 年，登记申请之日和投入商业使用之日都可以成为期限起算点，此外还有一个 15 年的最长保护期限。布图设计保护制度有些类似于著作权制度，但因为布图设计更新换代比较快，故保护期比著作权短。

【参考答案】 ABCD

27.【2011 年第 24 题】根据《与贸易有关的知识产权协定》的规定，下列关于集成电路布图设计保护期的说法哪些是正确的？

A. 在以登记为保护条件的成员中，布图设计的保护期间应为自登记之日起 10 年

B. 在不以登记为保护条件的成员中，布图设计的保护期间自其在世界上任何地方第一次商业利用之日算起不少于 10 年

C. 以登记为保护条件的成员可以规定，布图设计自创作以后 15 年，保护应当终止

D. 不以登记为保护条件的成员可以规定，布图设计自创作以后 15 年，保护应当终止

【解题思路】

在公约当中，一般只会规定保护的最低期限而不会规定只能保护几年。这就好比是考试 60 分以上及格，但不会说只有考正好 60 分才能及格。TRIPs 成员方中，对集成电路布图设计的保护制度可以选择以登记为保护前提，也可以不选择。但无论是哪种制度，保护期限都不低于 10 年，且自从创作完成 15 年后，保护应当终止。

【参考答案】 BCD

（七）未公开信息的保护

1. 获得保护的条件

TRIPs 第 39 条第 2 款："自然人和法人应有可能防止其合法控制的信息在未经其同意的情况下以违反诚实商业行为的方式向他人披露，或被他人取得或使用，只要此类信息：

（1）属秘密，即作为一个整体或就其各部分的精确排列和组合而言，该信息尚不为通常处理所涉信息范围内的人所普遍知道，或不易被他们获得；

（2）因属秘密而具有商业价值；并且

（3）由该信息的合法控制人，在此种情况下采取合理的步骤以保持其秘密性质。"

28.【2018 年第 100 题】根据《与贸易有关的知识产权协定》的规定，未公开信息符合下列哪些条件的，各成员应当对其提供保护？

A. 该信息的整体或者其各部分的确切排列和组合，并不是通常从事有关这类信息的人所普遍了解或容易获得的

B. 已经呈送给政府机构登记备案

C. 由于是保密信息而具有商业价值

D. 合法控制该信息的人已经根据情况采取了合理的保密措施

【解题思路】

TRIPs 中涉及的未公开信息就是《反不正当竞争法》中的商业秘密。商业秘密需具备秘密性，即该信息不是本领域的人员普遍了解或容易获得的信息。此外，商业秘密需要具备商业价值，并且控制该信息的人对其采取了保密措施。顺便指出的是，商业秘密并不要求是原创的，否则购买的商业秘密就

不能受到保护。

【参考答案】 ACD

2. 权利的内容

自然人和法人应有可能阻止由其合法掌握的信息在未得到其同意的情况下,被以违反诚实商业行为的方式向他人披露,或被他人取得或使用未公开信息。

3. 实验数据的保护

TRIPs第39条第3款:"各成员如要求,作为批准销售使用新型化学个体制造的药品或农业化学物质产品的条件,需提交通过巨大努力取得的、未披露的试验数据或其他数据,则应保护该数据,以防止不正当的商业使用。此外,各成员应保护这些数据不被披露,除非属为保护公众所必需,或除非采取措施以保证该数据不被用在不正当的商业使用中。"

三、对协定许可中限制竞争行为的控制

(一)协定列举的限制竞争的行为

TRIPs第40条第1款:"各成员同意,一些限制竞争的有关知识产权的许可活动或条件可对贸易产生不利影响,并会妨碍技术的转让和传播。"

第2款:"本协定的任何规定均不得阻止各成员在其立法中明确规定在特定情况下可构成对知识产权的滥用并对相关市场中的竞争产生不利影响的许可活动或条件。如以上所规定的,一成员在与本协定其他规定相一致的条件下,可按照该成员的有关法律法规,采取适当的措施以防止或控制此类活动,包括诸如<u>排他性返授条件</u>、<u>阻止对许可效力提出质疑的条件</u>和<u>强制性一揽子许可等。</u>"

29.【2019年第98题】根据《与贸易有关的知识产权协定》的规定,下列哪些属于该协定列举的可能构成知识产权滥用的情形?

A. 排他性的返授条件

B. 制止对知识产权有效性提出质疑的条件

C. 强迫性的一揽子授予许可

D. 禁止被许可方将专利产品出口至许可方享有专利的另一成员境内

【解题思路】

知识产权滥用的行为有违公平原则。排他性的返售条件限制当事人从他人手中获得更好的交易条件,制止对知识产权有效性提出质疑的条件意味着当事人即使发现该专利缺乏创造性也只能继续缴纳专利费而不能去申请宣告无效,强迫性的一揽子授予许可意味着要求当事人购买根本不需要的专利技术。这些行为都是不公平的,构成知识产权滥用。D选项涉及的是平行进口,条约成员方对此分歧严重,故TRIPs并未对该行为作出明确规定,而是由各成员方通过国内立法解决。

【参考答案】 ABC

(二)成员之间的协商

TRIPs第40条第3款:"应请求,每一成员应与任一其他成员进行磋商,只要该成员有理由认为被请求进行磋商成员的国民或居民的知识产权所有权人正在采取的做法违反请求进行磋商成员关于本节主题的法律法规,并希望在不妨害根据法律采取任何行动及不损害两成员中任一成员做出最终决定的充分自由的情况下,使该立法得到遵守。被

请求的成员应对与提出请求成员的磋商给予充分和积极的考虑，并提供充分的机会，并在受国内法约束和就提出请求的成员保障其机密性达成相互满意的协议的前提下，通过提供与所涉事项有关的、可公开获得的非机密信息和该成员可获得的其他信息进行合作。"

TRIPs 第 40 条第 4 款："如一成员的国民或居民在另一成员领土内因被指控违反该另一成员有关本节主题的法律法规而被起诉，则该另一成员应按与第 3 款预想的条件相同的条件给予该成员磋商的机会。"

四、知识产权执法

（一）成员的总义务

TRIPs 第 41 条："1.各成员应保证其国内法中包括关于本部分规定的实施程序，以便对任何侵犯本协定所涵盖知识产权的行为采取有效行动，包括防止侵权的迅速救济措施和制止进一步侵权的救济措施。这些程序的实施应避免对合法贸易造成障碍并为防止这些程序被滥用提供保障。

2.有关知识产权的实施程序应公平和公正。这些程序不应不必要的复杂和费用高昂，也不应限定不合理的时限或造成无理的迟延。

3.对一案件是非曲直的裁决，最好采取书面形式并说明理由。至少应使诉讼当事方可获得，而不造成不正当的迟延。对一案件是非曲直的裁决只能根据已向各方提供听证机会的证据做出。

4.诉讼当事方应有机会要求司法机关对最终行政裁定进行审查，并在遵守一成员法律中有关案件重要性的司法管辖权规定的前提下，至少对案件是非的初步司法裁决的法律方面进行审查。但是，对刑事案件中的无罪判决无义务提供审查机会。

5.各方理解，本部分并不产生任何建立与一般法律实施制度不同的知识产权实施制度的义务，也不影响各成员实施一般法律的能力。本部分的任何规定在实施知识产权与实施一般法律的资源分配方面，也不产生任何义务。"

30.【2015 年第 97 题】根据《与贸易有关的知识产权协定》的规定，下列哪些属于各成员在知识产权执法方面应当履行的义务？

A．知识产权的执法程序不应不必要地复杂或花费高昂，也不应规定不合理的期限或导致不应有的拖延

B．就案件的是非作出的决定最好应写成书面，并说明理由

C．程序的双方当事人应当有机会要求司法机关对终局的行政决定进行审查

D．应当建立一种与一般法律执行的司法制度不同的知识产权执法的司法制度

【解题思路】

知识产权执法程序如果过于复杂和成本高昂，那就实际上难以起到应有的作用。不管是行政处罚还是法院的判决，都需要有书面的文件。对行政决定不服的，应当可以去法院起诉。另外，知识产权也是财产权的一种，对其进行的司法保护可以在现行制度下完成，没有必要另起炉灶。

【参考答案】 ABC

（二）民事和行政程序及救济

TRIPs 第 42 条："各成员应使权利持有人可获得有关实施本协定涵盖的任何知识产权的民事司法程序。被告有权获得及时的和

445

包含足够细节的书面通知，包括权利请求的依据。应允许当事方由独立的法律顾问代表出庭，且程序不应制定强制本人出庭的过重要求。此类程序的所有当事方均有权证明其权利请求并提供所有相关证据。该程序应规定一种确认和保护机密信息的方法，除非此点会违背现有的宪法规定的必要条件。"

TRIPs 第44条："1. 司法当局应有权令一当事方停止侵权，特别是应有权在清关后立即阻止那些涉及知识产权侵权行为的进口商品进入其管辖内的商业渠道。如果这些受保护的客体是在某人知道或有合理的根据知道从事这些客体的买卖会构成知识产权侵权之前获得或订购的，各成员没有义务赋予上述授权。

2. 虽然有本部分其他条款的规定，只要符合第二部分专门针对未经权利持有人许可的政府使用或政府认可的第三者使用而作的规定，各成员可以把针对这种使用给予的救济限于根据第三十一条（h）款应支付的报酬。在其他情况下，应适用本部分项下的救济，或如这类救济与一成员的法律不符，则应采取公告裁决的方式，并应给予足够的补偿。"

TRIPs 第45条："1. 司法部门应有权责令侵权者向权利所有人支付适当的损害赔偿费，以便补偿由于侵犯知识产权而给权利所有者造成的损害，其条件是侵权者知道或应该知道他从事了侵权活动。

2. 司法部门应有权责令侵权者向权利所有者支付费用，其中可以包括适当的律师费。在适当的情况下，即使侵权者不知道或者没有正当的理由应该知道他从事了侵权活动，缔约方也可以授权司法部门，责令返还其所得利润或／和支付预先确定的损害赔偿费。"

31.【2016年第100题】根据《与贸易有关的知识产权协定》的规定，下列哪些属于针对侵权行为规定的民事救济措施？

A. 监禁
B. 责令停止侵权
C. 损害赔偿
D. 责令侵权人向权利持有人支付适当的律师费用

【解题思路】

监禁属于刑事制裁，责令停止侵权、损害赔偿属于民事责任。另外，在知识产权侵权中，权利人可以要求侵权人赔偿合理费用，其中包括律师费。

【参考答案】 BCD

（三）临时措施

TRIPs 第50条："1. 司法机关有权责令采取迅速和有效的临时措施以便：

（a）防止侵犯任何知识产权，特别是防止货物进入其管辖范围内的商业渠道，包括结关后立即进入的进口货物；

（b）保存关于被指控侵权的有关证据。

2. 在适当时，特别是在任何迟延可能对权利持有人造成不可补救的损害时，或存在证据被销毁的显而易见的风险时，司法机关有权采取不作预先通知的临时措施。

3. 司法机关有权要求申请人提供任何可合理获得的证据，以使司法机关有足够程度的确定性确信该申请人为权利持有人，且该申请人的权利正在受到侵犯或此种侵权已迫近，并有权责令申请人提供足以保护被告和防止滥用的保证金或相当的担保。

4. 如已经采取不作预先通知的临时措

施,则至迟应在执行该措施后立刻通知受影响的各方。应被告请求,应对这些措施进行审查,包括进行听证,以期在做出关于有关措施的通知后一段合理期限内,决定这些措施是否应进行修改、撤销或确认。

5. 执行临时措施的主管机关可要求申请人提供确认有关货物的其他必要信息。

6. 在不损害第4款规定的情况下,如导致根据案件是非曲直做出裁决的程序未在一合理期限内启动,则应被告请求,根据第1款和第2款采取的临时措施应予撤销或终止生效,该合理期限在一成员法律允许的情况下由责令采取该措施的司法机关确定,如未做出此种确定,则不超过取20个工作日或31天,以时间长者为准。

7. 如临时措施被撤销或由于申请人的任何作为或不作为而失效,或如果随后认为不存在知识产权侵权或侵权威胁,则应被告请求,司法机关有权责令申请人就这些措施造成的任何损害向被告提供适当补偿。

8. 在作为行政程序的结果可责令采取任何临时措施的限度内,此类程序应符合与本节所列原则实质相当的原则。"

32.【2018年第99题】根据《与贸易有关的知识产权协定》的规定,关于临时措施的规定哪些是正确的?

A. 司法机关有权责令采取迅速和有效的临时措施以防止侵犯知识产权的行为

B. 司法机关有权采取迅速和有效的临时措施保存关于被诉侵权的有关证据

C. 在适当时,特别是在任何迟延可能对权利持有人造成不可补救的损害时,或存在证据被销毁的显而易见的风险时,司法机关有权采取不作预先通知的临时措施

D. 司法机关有权责令申请人提供足以保护被告和防止滥用的保证金或相当的担保

【解题思路】

对知识产权采取的临时保护措施就是《民事诉讼法》中提到的财产保全和行为保全,对证据采取的临时措施则是证据保全。如果事件紧急,则此类保全措施可以在诉讼之前采取,"先斩后奏",保全完毕后再通知被保全人。为防止申请人滥用保全措施,法院有权要求申请人提供担保。

【参考答案】 ABCD

(四) 有关边境措施的专门要求

为防止侵权物品的进口,TRIPs第3部分第4节规定了成员应采取的边境措施,主要包括:海关的中止放行、申请、保证金或同等的担保、中止放行的通知、中止放行的期限、对进口人和货物所有人的赔偿、检验和获得信息的权利、依职权的行为、救济、微量进口。

具体来说,各成员应在符合规定的情况下,采取程序使在有正当理由怀疑假冒商标或盗版货物的进口有可能发生的权利持有人,能够向行政或司法主管机关提出书面申请,要求海关中止放行此类货物进入自由流通。各成员可针对涉及其他知识产权侵权行为的货物提出此种申请,只要符合相关要求。各成员还可制定关于海关中止放行自其领土出口的侵权货物的相应程序。

33.【2012年第21题】根据《与贸易有关的知识产权协定》,下列哪种说法是正确的?

A. 世界贸易组织成员只能规定依当事人申请的知识产权海关边境措施

B. 世界贸易组织成员只能规定海关当局依职权的知识产权海关边境措施

447

C. 世界贸易组织成员有义务规定依当事人申请的知识产权海关边境措施，还可以规定海关当局依职权的知识产权海关边境措施

D. 世界贸易组织成员没有规定知识产权海关边境措施的义务

【解题思路】

TRIPs的一个趋势就是加强知识产权保护的力度，如果海关边境措施的类型只能有一种，那无疑和协定的宗旨不符。经申请的边境措施相对来说保护力度弱一些，属于TRIPs的必选条款，依职权的力度更强一点，属于可选条款。成员没有规定知识产权海关边境措施的义务则明显和TRIPs的加强保护的宗旨不一致。

【参考答案】 C

（五）刑事程序

TRIPs第61条："各成员应规定至少将适用于具有商业规模的蓄意假冒商标或盗版案件的刑事程序和处罚。可使用的救济应包括足以起到威慑作用的监禁和/或罚金，并应与适用于同等严重性的犯罪所受到的处罚水平一致。在适当的情况下，可使用的救济还应包括扣押、没收和销毁侵权货物和主要用于侵权活动的任何材料和工具。各成员可规定适用于其他知识产权侵权案件的刑事程序和处罚，特别是蓄意并具有商业规模的侵权案件。"

34.【2006年第75题】根据《与贸易有关的知识产权协议》的规定，成员至少应当对下列哪些故意的、具有商业规模的案件规定刑事程序和处罚？

A. 假冒商标案件

B. 盗版案件

C. 假冒专利案件

D. 侵犯集成电路布图设计专有权的案件

【解题思路】

根据协定，至少应当对假冒商标案件和盗版案件提供刑事保护。

【参考答案】 AB

五、争端的防止和解决

（一）透明度

TRIPs第63条："1.一成员有效实施的、有关本协定主题（知识产权的效力、范围、取得、实施和防止滥用）的法律和法规及普遍适用的司法终局裁决和行政裁定应以本国语言公布，或如果此种公布不可行，则应使之可公开获得，以使政府和权利持有人知晓，一成员政府或政府机构与另一成员政府或政府机构之间实施的有关本协定主题的协定也应予以公布。

2.各成员应将第1款所指的法律和法规通知TRIPs理事会，以便在理事会审议本协定运用情况时提供帮助。理事会应努力尝试将各成员履行此义务的负担减少到最小程度，且如果与WIPO就建立法律和法规的共同登记处的磋商获得成功，则可决定豁免直接向理事会通知此类法律和法规的义务。理事会还应考虑在这方面就源自《巴黎公约》（1967）第6条之三的规定、在本协定项下产生的通知义务需要采取的任何行动。

3.每一成员应准备就另一成员的书面请求提供第1款所指类型的信息。一成员如有理由认为属知识产权领域的一特定司法裁决、行政裁定或双边协定影响其在本协定项下的权利，也可书面请求为其提供或向其告

知此类具体司法裁决、行政裁定或双边协定的足够细节。

4. 第1款、第2款和第3款中的任何规定均不得要求各成员披露会妨碍执法或违背公共利益或损害特定公私企业合法商业利益的机密信息。"

35.【2008年第46题】根据《与贸易有关的知识产权协定》的规定，对于下列哪些文件，成员应当予以公布？

A. 普遍适用的有关知识产权侵权的终局司法判决

B. 普遍适用的有关知识产权获得和维持的终局行政决定

C. 已经生效的有关防止知识产权滥用的法律

D. 成员政府与非成员政府之间有关知识产权执法的双边协定

【解题思路】

基于国民待遇和最惠国待遇方面的要求，那些普遍使用的法律、司法判决和终局的行政决定等文件需要公开。不过，成员方政府和非成员方政府之间的双边协定并不适用于TRIPs成员方之间，因此TRIPs没有权利要求成员方公布这方面的文件。

【参考答案】 ABC

36.【2009年第75题】根据《与贸易有关的知识产权协定》中有关透明度的规定，各成员可以不公开下列哪些信息？

A. 其公开将会妨碍法律执行的机密信息

B. 其公开将会违反公共利益的机密信息

C. 成员已经生效的与本协定内容有关的法律和规章

D. 其公开将会损害特定企业的合法商业利益的机密信息

【解题思路】

透明度原则不能损害成员方的正当权益，从试题中可以看出，A、B、D三个选项中都属于"机密信息"，这些信息成员方应当有权予以保密。反之，已经生效的法律和规章即使没有国际公约的要求，也需要公开以便公众遵守，成员方不能要求对已经生效的法律和规章进行保密。

【参考答案】 ABD

（二）争端的解决

TRIPs第64条："1.由《争端解决谅解》详述和实施的GATT1994第22条和第23条的规定适用于本协定项下产生的磋商和争端解决，除非本协定中另有具体规定。

2. 自《WTO协定》生效之日起5年内，GATT1994第23条第1款（b）项和（c）项不得适用于本协定项下的争端解决。

3. 在第2款所指的时限内，TRIPs理事会应审查根据本协定提出的、属GATT 1994第23条第1款（b）项和（c）项规定类型的起诉的范围和模式。并将其建议提交部长级会议供批准。部长级会议关于批准此类建议或延长第2款中时限的任何决定只能经协商一致做出，且经批准的建议应对所有成员生效，无须进一步的正式接受程序。"

37.【2019年第100题】下列关于《保护工业产权巴黎公约》和《与贸易有关的知识产权协定》的说法正确的是？

A. 两者都规定了国民待遇原则

B. 两者都规定了最惠国待遇原则

C. 两者都规定了透明度原则

D. 两者都规定了防止权利滥用的原则

【解题思路】

国民待遇原则是国际公约普遍适用的基本原则，《巴黎公约》和TRIPs都有规定。《巴黎公约》规定了防止专利权滥用的强制许可制度，TRIPs则明确规定了知识产权滥用的三种具体情形，包括排他性的返授条件、制止对知识产权有效性提出质疑的条件和强迫性的一揽子授予许可。最惠国待遇和透明度原则仅在TRIPs中有规定，《巴黎公约》并未涉及。

【参考答案】 AD

第三节 国外主要国家和地区专利、商标制度基础

【基本要求】

了解国外主要国家和地区专利、商标制度基础知识；掌握美国、欧洲、日本、韩国等国家和地区专利和商标的申请、授权或注册流程、条件；掌握美国、欧洲、日本、韩国等国家和地区专利权和注册商标专用权的保护。

本节内容主要涉及相关国家和地区的专利法、商标法相关规定。

一、国外主要国家和地区专利制度基础知识

（一）专利保护的对象和主题

美国专利法规定的专利类型包括发明专利、植物专利和外观设计专利，其中植物专利保护的是发明（或发现）并用无性繁殖方式复制的独特、新颖的植物品种。发明专利和植物专利的保护期都是自申请日起20年，外观设计专利的保护期为自注册日起15年。

在欧洲，基于市场一体化的需要，专利制度也走向区域一体化。《欧洲专利公约》建立了欧洲范围内发明专利的授权程序，参加国不要求必须是公约成员国，根据该条约获得的专利在指定成员国有效。欧洲专利的保护期为申请日起20年。《欧盟理事会共同体外观设计保护条例》则创立了"共同体外观设计权"（也称作欧盟外观设计）这种新的权利。欧盟外观设计保护期为自申请日起5年，期满后可续展四次，每次5年，最长保护期为25年。

日本专利保护类型有发明、实用新型、外观设计三种，分别通过《特许法（专利法）》《实用新案（实用新型）》和《意匠（外观设计）法》予以规范。发明专利保护期为自申请日起20年，实用新型保护期为自申请日起10年，外观设计保护期为自申请日起15年。对于药品和农用化学品一类的发明专利，专利保护期可以最多延长5年。

韩国的专利制度与日本相似，通过《特许法》《实用新案法》和《意匠法》分别保护发明、实用新型和外观设计。三类专利的保护期限也和日本相同。

在专利保护的主题上，美国、欧盟、日本和韩国都是世界贸易组织成员，其专利制度都需要遵守TRIPs中的相关规定。当然，TRIPs仅规定了知识产权保护基本框架和最低标准，协议各成员方在各自的知识产权制度上依然存在各自的特点。在美国，专利保护的客体理论上"包括阳光照耀下的所有人造之物"。在实践中，被普通法排除在外的包括自然规律、自然现象、抽象概念、非应用数学算法、印刷品和天然产物等。美国专利法对可取得专利的主题限制较少，除

原子核裂变物质等不能取得专利外，微生物、计算机执行的方法、商业模式乃至动物都属于专利保护的客体。

在欧洲，《欧洲专利公约》，对于任何有创造性并且能在工业中应用的新发明，授予欧洲专利。以下项目则不属于发明的范畴：(a) 发现科学理论和数学方法；(b) 美学创作；(c) 执行智力行为、进行比赛游戏或经营业务的计划、规则和方法，以及计算机程序；(d) 情报的提供。对人体或动物体用外科或治疗方法以及在人体及动物体上施行的诊断方法，同样不属于能在工业中上应用的发明。另外，公布和利用违反公共秩序或道德的发明，以及植物或动物品种或者实质上是生产动植物的生物学方法，虽然属于发明的范畴，但不能取得专利。

日本专利法对科学发现、智力活动的规则和方法、疾病的诊断和治疗方法不予专利保护，但动物和植物品种以及用原子核变换方法获得的物质可以获得专利的保护。另外，对妨害公共秩序、善良风俗及公共卫生的发明不授予专利权。

韩国的专利制度与日本相似，原子核变换方法、动物品种、无性变种植物都属于专利保护的客体。对可能扰乱公共秩序或道德，或危害公共健康的发明，不授予专利权。对国防所必需的发明，政府可拒绝授予专利，该发明如被授权，政府基于国防的原因可以予以征用。在医疗领域，除对人的手术处理和诊断方法不能授予专利权。

（二）专利申请及审查流程

在美国，受理专利申请的机构为美国专利商标局（USPTO）。专利申请应由发明人或其授权之人提交书面申请文件；应在法定期限内缴纳各项相关费用。美国专利申请构成的四大要素是：①说明书（即对发明创造的说明和至少一项权利要求）；②附图（如果需要）；③誓词或声明（通常由发明人签署）；④费用（法定应缴的各项费用）。其中，前两个要素是能否获得申请日的基本条件。美国专利商标局的专利申请审批流程为：由发明人或其授权之人提交申请→USPTO受理部门接收，确定收到日并给出申请号→由申请部门进行形式审查并确定申请日，完成文件处理和数据采集，同时由权利转让部门处理涉及权利转让事务→分类→按分类号将申请分配到审查部门进行审查。审查流程主要包括：①形式审查和检索；②实质审查；③申请人答复；④再次审查；⑤作出最终决定等内容→对决定不服的可向专利审查与上诉委员会提出上诉。当事人专利审查与上诉委员会的裁判结果不服，则可以美国联邦专利商标局为被告，向联邦巡回上诉法院提起行政诉讼。

欧洲专利的申请程序一般包括以下步骤：①提出申请和对专利申请的形式审查。欧洲专利局的官方语言为英语、法语和德语。②检索请求及检索报告的公布。申请人在提交申请时必须提出检索请求及缴纳检索费。③公布专利申请。通过《巴黎公约》途径提出的欧洲专利申请，公布时间为自优先权日起18个月内，通过PCT途径提出的欧洲专利申请，如果PCT公开的语言属于欧洲专利局的官方语言，则不需要重复公开；反之则以原语言公开。④提出实质性审查请求。对于通过《巴黎公约》途径提出的欧洲专利申请，申请人提出实质审查请求的期限为欧洲专利局检索报告公布日起6个月内，同时需从缔约国中指定具体成员国。通过PCT途径的欧洲专利申请，申请人应在提交欧洲专利申请的同时提出实质审查请求，同时需从EPC缔约国中指定具体成员国。⑤实质性审查。在提出实质审查请求后进入实审程序，申请人通常在提出实审请求后1~3年内收到欧洲专利局的审查意见。⑥授权、驳回和异议。授权决定做出后，异议期为自授权公告日起9个月。在欧洲专利的授权公告日起9个月后，由生效国的专利局自行处理无效请求。⑦生效。一般在收到授权通知后，申请人就必须决定在指定国名单中选择生效国。根据各生效国的规定，通常都需要将专利的全部内容翻译成该国的语言，并提交给该生效国。⑧维持。完成在不同国家生效的工作后，申请人则拥有不同国家的专利，他们相互独立，每一件都需缴纳年费。日本对发明专利实行先申请制、申请公开制和实审请求制；在发明技术已经实施或被侵权的情况下，申请人可要求提前审查；自授权日起6个月内，任何人均可向日本专利局复审部提出异议；自1994年起，对日本的申请可提交英文版，但自申请日起2个月内须再次提交日文申请；日本设有提前复审制度。日本曾对实用新型采用实审制，1994年改为无实审登记制，申请人可要求日本专利局提供实用新型技术评价书。日本对外观设计实行实质审查制（授权后公开），申请人可要求提前审查。自2005年起，外观设计申请人在发现侵权仿制品后可向日本专利局提出请求，日本专利局即对其申请案实行优先审查，并于1个月（普通申请为8个月）内结案。

韩国对于发明专利申请适用先申请原则、早期公开延迟审查和授权后异议制度。申请人如要求优先权，须自在先申请日起16个月内提交优先权文本。韩国知识产权局对于专利申请首先进行形式审查，对于审查合格的专利申请自申请日或优先权日起满18个月即进行专利申请公布。申请人可以在此期限之前申请早期公布，以便在侵权纠纷中获得充分保护。申请人或任何其他人可自申请日5年内提出实质审查请求。申请人须自收到专利授权决定之日起3个月内缴纳前3年的专利年费，作为登记费。任何人如对专利权存有质疑，均可向知识产权裁判所提出无效宣告请求。此外，申请人如对最终审查决定不服，可自收到审查决定之日起30日内向知识产权裁判所（IPT）提出申诉。当事人如对知识产权裁判所的决定不服，可以向专利法院提出上诉，直至最高法院。韩国的实用新型审查制度同样为实质审查制，程序与发明专利类似。在外观设计方面，在1998年3月1日之前，韩国对外观设计只规定了实审制一种审查制度，之后对部分领域的外观设计采用非实审制，并不断扩大非实审制的范围。

（三）专利授权条件

在美国，发明专利、外观设计专利和植物专利的授权条件都是新颖性、非显而易见性和实用性，其中"非显而易见性"对应的是中国专利制度中的"创造性"。2011年9月16日，美国总统奥巴马签署了《美国发明法案》，2013年3月16日以后提交的专利申请的新颖性判断由"先发明制"（first to invent rule），改为"发明人先申请制"（first inventor-to-file rule），该制度远比中国的先申请制复杂。关于创造性，根据美国专利法

第 103 条，如果一项专利发明，在其产生的时候，相对于当时的现有技术，对同领域的技术人员是显而易见的，该发明不能获得专利。美国专利法第 101 条中提到可获得专利的发明创造必须是"新的及有用的……"，但并没有对实用性的含义作出界定，需要案例法予以填补空白。一项可获得专利的发明创造必须具备某些现实世界中的用途，但这种用途不必是"显著的"或者"影响深远的"。实践中，实用性的门槛比较低，大部分发明创造不会因为缺乏实用性受到质疑。

根据欧洲专利公约，授予欧洲专利的实质性要件是新颖性、创造性和实用性。如果一项发明不属于现有技术，则它就有新颖性。现有技术包括在欧洲专利申请日前，公众通过书面或口头的方式、使用或任何其他方法能够了解或获得的东西。关于创造性，欧洲专利公约使用了"创造性步骤"一词。一项发明对于本专业技术人员不是显而易见的，应认为是具有创造性步骤的发明。在判断创造性时，抵触申请不能用于判断创造性。欧洲专利公约并没有将"技术进步"作为专利授权的实质性条件，但与市场上商品相比所具有的技术进步可以作为支持创造性的理由，但不能代替与最接近的现有技术相比具有创造性的证明。根据欧洲专利公约，一项发明要得到授权，必须可以在产业上应用。如果可以在任何一种产业上，包括农业上应用，就符合这一条件。产业的解释相当宽泛，只要是持续性的、独立的、可赢利的活动就可以解释为产业。

根据日本专利法，授予发明专利的要件同样是新颖性、创造性和实用性。申请人提出的申请专利为"已为公众所知晓"的发明、"已公开实施"的发明、"登载于出版发行物上"的发明或"通过电信电路已成为公众能够利用"的发明，均丧失新颖性，不能获得专利。此外，当发明人自己将发明公之于众，出现前述情形时，同样会丧失新颖性。关于创造性，如果在提出发明专利申请时，同领域的同业者基于《专利法》第 29 条第 1 款的公知、共用、出版发行物的登载内容，可以轻易做出同样发明的，不得获得专利。关于实用性，发明需要在产业上具有可利用性。发明在产业上的利用性，只要存在即可，无须追求其经济价值的多寡。

韩国专利制度与日本比较相似，授予发明专利的新颖性、创造性和实用性的表述也和日本专利法近似。关于新颖性，在专利申请日前，在韩国或外国被公众知悉或实施的发明，记载于韩国或外国的出版物中的发明或通过总统法令规定的电子通信电路公开的发明，不能被授予专利权。关于创造性，如果发明在专利申请日前能由发明所属领域的普通技术人员容易地作出，该发明不能被授予专利权。关于实用性，则要求发明具有工业实用性。

（四）专利权的保护

美国专利法第 271 条对规定了侵犯专利权的情形，包括直接侵权、诱导侵权、帮助侵权、不可作为专利滥用抗辩的情况、向美国药物管理局提交新药申请的专利侵权、提供产品部件到美国境外的侵权、在美国境外侵犯方法权利要求等侵权行为。针对侵犯专利权的行为，权利人可以获得的救济包括：①针对将要发生的侵权所实施的禁令（临时性禁令和/或永久性禁令）；②未被禁止的未来侵权行为的许可费；③对于已发生的侵权行为所作出的损害赔偿（补偿性赔偿和/或扩大赔偿）；④律师费；⑤成本；⑥判决前利息。在案件管辖权方面，专利侵权和无效的诉讼，都与专利法相关，而专利法属于联邦法，故由联邦法院管辖。至于专利许可费相关的纠纷，涉及的是合同法，由州法院管辖。

根据欧洲专利公约的规定，申请欧洲专利侵权纠纷的是成员国法院。确定欧洲专利保护范围以及保护方式，主要由成员国的法院来确定。虽然专利保护范围与专利有效性有密切联系，但对于欧洲专利的保护范围，欧洲专利局并没有权利决定。欧洲各国具有不同且复杂的专利救济模式和法律适用上的独立性，导致同一专利权人就同一主题所获得的欧洲专利在各国的命运可能各不相同。为了促进欧洲专利的诉讼更有效和集中，欧洲专利公约成员国正酝酿设立一个欧洲专利法院专门处理侵权诉讼和撤销诉讼。2013年2月，欧盟24个成员方的部长于布鲁塞尔签署了《统一专利法院协议》。2020年11月26日，德国联邦议院通过了包括《统一专利法院协议》（UPCA）在内的法案草案。在该年2月，德国联邦宪法法院曾以五比三多数裁定，批准该协议的法案无效。

在日本，专利人可以要求他人停止以商业目的实施专利发明的排他权。如果是物的发明，当其他人以商业目的实施了生产、使用、转让、出租、进口该物的行为，就与专利权相抵触。如果是方法发明，那么其他人以商业目的实施该方法之行为也就与专利权相抵触。如果是关于物品生产方法的发明，那么对于使用该方法所生产的物品实施了上述行为，该行为也与专利权抵触。针对侵犯专利权的行为，专利权人有权要求因故意或过失侵害到其专利权而造成损失的侵权人承担赔偿责任。另外，专利权人有权请求侵权人停止实施侵权行为，对将要发生的侵权行为也可提出停止侵权的请求。日本的专利侵权案件由地方法院审理，不过值得注意的是，日本实施判定制度和权利范围行政确认制度，即由专利行政部门确认第三人实施的技术方案是否落入现有专利权的保护范围。不过该判定没有法律效力，只是由专利局表明对技术范围的见解，所以判定结果对相同案件的侵权裁判不具拘束力。

韩国专利法与日本比较相似，如同样由专利行政机关判定第三人实施的技术方案是否落入涉案专利权的保护范围。不过韩国的权利范围行政确认是韩国专利复审委员会的审查决定，它作为准司法程序，在一定程度上具有对当事人的拘束效力。对于已确定的审查决定，任何人不得以相同的事实和证据再次提出请求。当事人或参与人对审查决定不服的，可以向韩国专利法院提起诉讼。在案件管辖上，专利案件的一审由地方法院审理，二审则从2016年1月1日开始，由韩国专利法院审理。

二、国外主要国家和地区商标制度基础知识

（一）商标保护客体

在美国，根据《兰哈姆法》，能区分一企业和其他企业的货物或服务的标记或者标记的组合，都可以构成商标，如单词或短语、字母数字、颜色、气味、声音、标签的位置、产品的撰写、商品外观——包装与外观设计等。1995年，美国最高法院在

"Qualitex"案确认单一颜色可以作为商标受到保护。产品的描绘是指对产品作出两维的描绘，然后将其申请商标或作为商标使用。如普兰特公司的"花生先生"商标，是一颗长出了胳膊和腿，拿着眼镜和拐杖并戴着帽子的花生形象，该形象被用作花生的商标。美国商标注册的有效期为自注册日之日起10年，可无限续展，每次续展期限同样为10年。自商标获得注册后5年到6年的期限内，商标权人应向美国专利商标局提交该商标已在商业中连续使用5年并且目前仍在使用的声明，否则将导致商标被中止撤销。

欧盟范围内存在两种并行的商标制度，一种是1993年通过的《共同体商标条例》所建立起的共同体商标制度，二是通过《协调成员国商标立法指令》调和的各成员国国内商标制度。2015年12月，欧盟通过新《欧盟商标条例》（欧盟第2015/2424号条例），对商标主管机构的名称、注册程序、收费标准、涉嫌商标侵权的过境货物、商标保护程度等多个方面都做了重点调整。根据《欧盟商标条例》，能够将一个企业的商品或服务同其他企业的商品或服务区分开的任何标识都可被注册为商标，包括单词、相关人名或图片、拼写、数字、颜色及商品包装，或者声音等标志。欧盟商标有效期为10年，自申请之日起算，期满可续展，续展有效期为10年，续展无次数限制。

日本传统的商标类型包括文字、图形、符号、立体图形或者其组合或其与色彩的组合。从2015年4月1日开始，日本商标法中引入了"动画商标""全息商标""仅由色彩构成的商标""声音商标"及"位置商标"。动态商标是指商标的视觉要素（如文字、图形等）随着时间的变化而发生变化的商标，如电视、电脑画面等中显示的变化的文字、图形等。全息影像商标是指采用全息技术或类似方法、从不同的角度观看商标时，商标呈现出不同景象的商标。即，因观看角度不同而发生变化的文字、图形等。日本商标保护期为自注册日起10年，可无限次续展，续展期为10年。

根据2012年韩国商标法，商标的类型包括符号、文字、图形、三维形状、色彩、全息图、动作，以及这些要素的任意组合。2016年9月1日，韩国《商标法》完整版修正案正式生效。根据该修正案，只要能够指示商品的来源，无论表达形式如何，都可以注册为商标。韩国商标权的有效期为10年，自其设立登记之日起算，期满可申请续展。

（二）商标注册流程

美国的商标受理单位为美国专利商标局，商标注册簿分为主簿与副簿两部分。大多数申请人在美国申请注册商标，除非有特殊说明，一般都是指主簿注册。副簿注册更灵活，获得副簿注册的商标在保护力度上不如主簿注册，但副簿注册更灵活，一部分缺乏显著性无法获得主簿注册的商标，通过副簿注册同样可以获得一定程度的保护。主簿注册有异议公告程序，而副簿注册没有异议公告程序，但是有商标撤销公告程序。申请人申请主簿注册，可以是基于实际使用的商标，也可以是基于意图使用的商标，而副簿注册只能基于已经使用的商标。基于意图使用的主簿申请，申请人最晚必须在核准通知签发之日起3年内使用该申请的商标并递交使用声明，否则该商标申请将被撤销。美国主簿商标申请注册大致分为四个阶段：

①受理申请阶段；②审查阶段；③异议审查阶段；④核准注册阶段。美国商标审查包括绝对理由和相对理由审查，前者审查商标是否违法禁用条款，后者则是审查在相同或类似商品上是否存在相同或近似的在先商标。

申请人如果想在整个欧盟获得商标保护，可以向欧盟知识产权局申请注册欧盟商标。欧盟商标审查分为以下阶段：①申请阶段，申请人可以提交纸件申请，也可以采用网上电子递交。②审查阶段，欧洲知识产权局在收到申请后只进行绝对理由的审查，对欧盟体系内申请注册的欧盟商标进行一次相对理由的审查，但不会主动引证冲突商标进行驳回，而是制作一份欧盟商标查询报告通知给在先欧盟商标的权利人或者代理人。③公告阶段，商标审查通过后将被公告，任何利益相关人或者在先权利人都可以在公告后的3个月内向欧盟知识产权局提出异议。④异议程序，包括提交异议申请→异议申请受理通知（形式审查）→和解期→异议人提交证据材料→申请人答辩申请→官方裁定→上诉。⑤注册阶段，欧盟商标公告期内无异议或者异议不成立的，欧盟知识产权局将发布注册公告并颁发注册证书。

日本受理商标申请的为日本特许厅，大致分为以下阶段：①申请阶段，日本商标申请采用网上电子递交；②审查阶段，日本特许厅将对新申请的商标进行形式审查和实质审查，实施审查包括商标显著性、是否违反禁用条款以及是否与在先权利相冲突等问题进行审查；③注册阶段，审查通过后即可核准注册并颁发注册证书；④公告阶段，核准注册后日本特许厅颁发注册证书并安排注册公告，自公告日期起2个月内任何第三方均可提出异议。

韩国受理商标申请的为韩国知识产权局。韩国商标申请同样会经历形式审查和实质审查，只有通过形式审查的，才会对其授予申请日期和申请号。实质审查的内容包括绝对理由审查和相对理由审查。商标通过审查后会进行公告，在公告之日起2个月内，任何人均可提出异议。商标申请未发现驳回注册申请理由的，商标将核准注册。

（三）商标注册条件

根据美国《兰哈姆法》第2条，不得作为或限制作为商标的标记，主要包括以下情形：主要是姓氏的标记，与在先商标性近似的标记，丑恶的和带有贬损性质的标记，欺骗性的标记和描述性标记。美国最高法院先后在2017年的"Matalv.Tam案"和2019年的"Iancuv.Brunetti案"中，认为商标申请中的"贬损禁令"和"不道德或诽谤性禁令"违反美国宪法，应当取消。

欧盟商标除需要具备显著性和非功能性条件外，还需要满足合法性、在先性的要求，商标申请也不得有恶意。合法性要求具体体现在以下商标申请不得予以注册：①违反公众秩序和善良风俗的商标；②带有欺骗性质的，例如有关商品或服务的性质、质量或地理来源的商标；③与国徽、官方检验印章和政府间组织徽记相似，未经主管机关认可的商标；④具有特殊公众利益的徽章、徽记或者纹章图案的商标；⑤葡萄酒和烈性酒地理标志；⑥农产品及食品地理标志。

根据日本商标法，商标注册的消极性要件主要包括：①缺乏出处识别力和垄断适应性的商标，如常用名称、极为简单且常用的标章；②可能产生出处混同的商标，如其他人的类似商品或服务的广知性标记；③不当申请注册的商标，如可能危害公众秩序的商标；④可能误认商品品质的商标，如葡萄酒、蒸馏酒的原产地标记；⑤违背公共利益和国际礼仪的商标，如代表国际组织的标记；⑥姓氏、名称等；⑦其他。

根据韩国商标法第7条，不得获准商标注册的情形，大致包括：①与大韩民国的国旗、国徽、勋章、奖章、政府机关印章，巴黎公约或WTO成员的国旗、标徽、旗帜等，著名国际机构的名称、标识，公众广为知晓的国家和公共团体的非营利性标识，展览会颁发的奖牌、奖章等相同或近似；②虚假标明与某个国家、种族、民族、公共团体、宗教或已故名人有联系的商标，或存在侮辱、诽谤、贬低前述对象情形的商标；③商标有悖于社会公德以及良好习惯，或有可能损害公众秩序；④含有著名人士的姓名、肖像、签名等；⑤在相同或类似商品上，与他人申请在先并已经注册的商标、在消费者中已被广泛认为是表示他人商品的商标或他人的地理标志相同或近似；⑥与可能与消费者广为知晓的他人商品或经营活动产生混淆的商标；⑦有可能使消费者对商品质量误认或受到欺骗的商标；⑧仅由为了确保商品本身或包装功能而不可缺少的立体形状、色彩或其组合而成的商标等。

（四）注册商标专用权的保护

在美国，商标侵权是指未经许可使用了他人的商标或与他人商标近似的商标，并且有可能造成消费者在商品或服务来源上的混淆。1995年，美国国会通过《联邦商标反淡化法》，对驰名商标提供反淡化保护，商标淡化的判定标准是，未经授权而对他人驰名商标的使用减低了公众对该商标指示商品和服务的唯一性和特别性的感受，不要求存在竞争关系或混淆可能。在商标侵权诉讼中，如果法院判定被告侵权，商标权人可以获得的法律救济方式包括禁令、损害赔偿、律师费等。注册商标所有人应当标准注册商标的标记，如果没有适当的标记，则在侵权诉讼中不能获得赔偿，除非能够证明被告已经注意到了自己的商标是注册商标。

欧盟对商标基本功能的保护是制止混淆，对声誉商标的保护则是防止淡化。每一个欧盟国家都必须指定特别法院受理欧盟注册商标侵权诉讼，在司法救济中，禁令则是传统司法救济的主要方法，主要的救济结果是损害赔偿。欧盟法院在判决前，为了制止侵权行为的扩大或发生不可挽回的损失，权利人可以向法院申请采取行动（包括扣押、封存、冻结等措施）。其主要目的是保证最终判决之前维持现状，防止被告逃避法律责任。

在日本，注册商标的商标权人以外的人，在指定商品、服务的类似范围内，使用类似注册商标的行为构成对商标权的侵害，其大致由商标的类似性，商品、服务的类似性以及商标的使用等构成。商标权人对因故意或过失侵害了其商标权的行为人，可以要求赔偿因上述行为所遭受的损失。商标权人对于现在的侵权行为以及将来可能的侵权行为，不仅可以请求行为人停止侵权，也可以请求销毁侵害物、拆除侵害设备，并且还可以请求实施必要的预防行为。另外，对于商标权的侵权行为，还设有刑事责任；对于法人的侵权行为要课以重罚。

在韩国，根据韩国商标法，将在同一种商品或者类似商品上使用与其注册商标相同或者近似的商标的行为，视为对商标的侵害行为。另外，交付、销售、伪造、仿造或持有假冒的商标，制造、交付、销售或持有用于制造假冒商标的工具，为了转让和移交而持有假冒商标的商品的行为，同样视为对商标权的侵害。根据韩国商标法，商标权人或专有使用权人可以请求侵害或可能侵害其专利的人停止或预防该侵权行为的发生，可销毁侵权产品，拆除用于侵权行为的设备以及防止侵害的其他必要措施。当然，商标权人或专有使用权人有权要求侵权人赔偿损失，如权利人的商誉受损，可以要求侵权人采取恢复商誉的必要措施。

参考文献

[1] 卞耀武.中华人民共和国商标法释义[M].北京：法律出版社，2002.
[2] 陈维国.美国专利诉讼：规则、判例与实务[M].北京：知识产权出版社，2014.
[3] 董涛.中华人民共和国商标法实施条例释义[M].北京：法律出版社，2003.
[4] 董涛.中华人民共和国著作权法实施条例释义[M].北京：法律出版社，2003.
[5] 冯晓青.著作权法[M].北京：法律出版社，2010.
[6] 郭明瑞，房绍坤.民法[M].3版.北京：高等教育出版社，2010.
[7] 国家知识产权局条法司.2006年全国专利代理人资格考试试题解析[M].北京：知识产权出版社，2007.
[8] 国家知识产权局条法司.2007年全国专利代理人资格考试试题解析[M].北京：知识产权出版社，2008.
[9] 国家知识产权局条法司.2008年全国专利代理人资格考试试题解析[M].北京：知识产权出版社，2009.
[10] 国家知识产权局条法司.2009年全国专利代理人资格考试试题解析[M].北京：知识产权出版社，2010.
[11] 何秉松.刑法教科书[M].北京：中国法制出版社，2000.
[12] 胡锦光.行政法与行政诉讼法[M].北京：高等教育出版社，2007.
[13] 胡康生.中华人民共和国合同法释义[M].2版.北京：法律出版社，2009.
[14] 胡康生.中华人民共和国著作权法释义[M].北京：法律出版社，2002.
[15] 黄晖.商标法[M].北京：法律出版社，2004.
[16] J.M.穆勒.专利法[M].3版.沈超，等.译.北京：知识产权出版社，2013.
[17] 江必新，何东宁.民法总则与民法通则条文对照及适用提要[M].北京：法律出版社，2017.
[18] 孔祥俊.商标与不正当竞争法原理和判例[M].北京：法律出版社，2009.
[19] 朗胜.中华人民共和国商标法释义[M].北京：法律出版社，2013.
[20] 李明德，等.欧盟知识产权法[M]，北京：法律出版社，2010.
[21] 李明德：美国知识产权法[M]，北京：法律出版社，2003。
[22] 李明德，许超.著作权法[M].2版.北京：法律出版社，2009.
[23] 刘凯湘.民法学[M].北京：中国法制出版社，2008.
[24] 刘心稳.专利代理执业法律基础知识[M].增补本.北京：知识产权出版社，2006.
[25] 齐树洁.民事诉讼法[M].2版.北京：中国人民大学出版社，2008.
[26] 全国人大常委会法制工作委员会民法室.民事诉讼法修改前后条文对照表[M].北京：人民法

院出版社，2012.

[27] 沈德咏.《中华人民共和国民法总则》条文理解与适用［M］.人民法院出版社，2017.

[28]《十二国商标法》翻译组.十二国商标法［M］，北京：清华大学出版社，2013.

[29]《十二国专利法》翻译组译.十二国专利法［M］，北京：清华大学出版社，2013.

[30] 田村善之.日本知识产权法［M］，周超，等.北京：知识产权出版社，2011.

[31] 田平安，陈彬.民事诉讼法学［M］.2 版.法律出版社，2010.

[32] 王利明，等.民法学［M］.2 版.北京：法律出版社，2008.

[33] 吴汉东，陈燕.高级知识产权专业职称考试辅导用书，［M］.北京：知识产权出版社，2020.

[34] 奚晓明.《中华人民共和国民事诉讼法》修改条文理解与适用［M］.北京：人民法院出版社，2012.

[35] 杨黎明，杨敏锋.企业商标全程谋略：运用、管理和保护［M］.北京：法律出版社，2010.

[36] 杨立新.侵权责任法［M］.北京：法律出版社，2010.

[37] 姚红.中华人民共和国民事诉讼法释义［M］.北京：法律出版社，2007.

[38] 应松年.行政法与行政诉讼法学［M］.北京：法律出版社，2005.

[39] 袁杰.中华人民共和国行政诉讼法解读［M］.北京：中国法制出版社，2014.

[40] 张春生.中华人民共和国行政复议法释义［M］.北京：法律出版社，2001.

[41] 张正钊.行政法与行政诉讼法［M］.3 版.北京：中国人民大学出版社，2007.

[43] 赵元果.中国专利法的孕育与诞生［M］.北京：知识产权出版社，2003.

[44] 朱显国，杨晨.企业知识产权管理实务［M］.北京：知识产权出版社，2006.